야만과 문명의 경계에서
바라본 세계사

지금까지 세계사는 유럽인의 시각으로 쓴 역사였다. 이제는 모두를 위해 새로운 시점에서 세계를 관찰해야 할 때라고 생각한다. '새로운 역사'라면 셀 수 없을 만큼 많다. 멀고 먼 옛날 호모 사피엔스(Homo Sapiens)는 유럽에 등장하기 훨씬 이전에 오스트레일리아에 이미 살고 있었다. 로마인이 잔뜩 겁에 질린 채 해안가를 따라 노를 살살 젓고 있을 때 드넓은 태평양 수천 킬로미터를 건너 다른 곳까지 간 사람도 있었다. 아메리카 대륙에 세워진 도시와 피라미드는 바빌론과 이집트에서 지어진 것과 견주어도 손색이 없다. 근대에 와서 서유럽이 종교 전쟁을 치르느라 혼란스러울 때 헝가리에서 인도 남부까지 연결된 다문화 무역 지대가 번성하기도 했다. 이 책의 저자 에발트 프리는 다른 입장에서 봤을 때 당연히 야만인으로 비쳤던 유럽인에 대해서도 다룬다. 유럽의 발견과 정복, 혁명과 전쟁은 세계를 바꾸어 놓았다. 이런 변화로 우리가 살고 있는 행성은 마치 하나의 커다란 도시가 된 듯하다. 빈부의 차로 생활 영역이 분리되어 있다고는 해도 알고 보면 모든 사람은 서로 연결되어 있다. 현재의 메가시티는 수천 년 전에도 이미 큰 도시가 존재했던 곳이었다. 물론 유럽이 아닌 다른 곳에 말이다.

야만과 문명의 경계에서
바라본 세계사

에발트 프리 | 지은이

소피아 마르티네크 | 그린이

손희주 | 옮긴이

동아엠앤비

DIE GESCHICHTE DER WELT
Neu erzählt von Ewald Frie
© Verlag C.H.Beck oHG, München 2017

* * *

야만과 문명의 경계에서
바라본 세계사

—

초판 1쇄 발행일 2021년 09월 10일

—

지은이 에발트 프리
그린이 소피아 마르티네크
옮긴이 손희주

—

펴낸이 이경민
펴낸곳 ㈜동아엠앤비

—

출판등록 2014년 3월 28일(제25100-2014-000025호)
주소 (03737)서울특별시 서대문구 충정로 35-17 인촌빌딩 1층
홈페이지 www.dongamnb.com
전화 (편집)02-392-6903 (마케팅) 02-392-6900
팩스 02-392-6902
SNS 🄵 🄾 blog
전자우편 damnb0401@naver.com

—

ISBN 979-11-6363-522-2(03900)

—

* 책 가격은 뒤표지에 있습니다.
* 잘못된 책은 구입하신 곳에서 교환해 드립니다.

—

편집 디자인 E&D

에발트 프리(Ewald Frie) ｜ 지은이

1962년생. 독일 튀빙겐대학교 교수(근대사)로 있으며, 이곳에서 세계 역사 연구 프로젝트를 총괄 지휘하고 있다. 독일과 유럽, 오스트레일리아 역사를 다룬 수많은 저서 외에 청소년을 위한 역사책으로《초콜릿 문제 *Das Schokoladenproblem: Die Verfassung von Nordrhein-Westfalen jungen Menschen erzählt*》(2009년)가 있다.

소피아 마르티네크(Sophia Martineck) ｜ 그린이

1981년생. 베를린, 뉴욕, 리버풀 등지에서 시각커뮤니케이션을 전공한 뒤 독일과 여러 나라의 출판사에서 일러스트레이터와 디자이너, 만화가로 활동하고 있다. 다양한 작품과 전시를 통해 '젊은 작가상', '아메리칸 일러스트레이션상' 등을 받았다.

페터 팔름(Peter Palm) ｜ 지도

1966년생. 서적 판매원으로 직업 훈련을 받은 뒤 베를린에서 그래픽 디자이너로 독립하였다. 1990년부터 출판사, 방송국, 박물관에서 필요한 지도를 제작 중이다.

손희주 ｜ 옮긴이

충남대학교 독문과를 졸업했으며, 독일 뒤셀도르프대학에서 미술사학과 일본학 석사학위를 받았다. 현재 독일에 살면서 번역 에이전시 엔터스코리아의 번역가로 활동 중이다. 옮긴 책으로는《성취하는 뇌: 기억력·집중력·공부머리를 끌어올려 최상의 뇌로 이끄는 법》,《자기화해: 아주 오랜 미움과의 작별》,《나는 자주 죽고 싶었고, 가끔 정말 살고 싶었다: 조현병을 이겨낸 심리학자가 전하는 삶의 찬가》,《브레인 마라톤》,《나는 내가 제일 어렵다: 남에겐 친절하고 나에겐 불친절한 여자들을 위한 심리학》,《심리학에 속지 마라: 내 안의 불안을 먹고 자라는 심리학의 진실》,《잠들면 천사: 내 아이 잠 습관 평화롭고 행복하게 가르치기》,《100만 원의 행복: 돈밖에 모르던 부자 전 재산을 행복과 맞바꾸다》,《별과 우주》,《남자는 왜 잘 웃지 않을까: 호기심을 풀어주는 100가지 과학상식》,《나는 아직도 내가 제일 어렵다: 마음의 민낯을 보여주고 싶지 않은 여자들을 위한 심리학》,《감정 폭력: 세상에서 가장 과소평가되는 폭력 이야기》,《엄마는 너를 기다리면서, 희망을 잃지 않는 법을 배웠어》,《인권과 민주주의, 뭔데 이렇게 중요해?》,《나는 그래도 날 잘 안다고 생각했는데: 어린 시절이 나에게 하는 말, 애착 심리학》 등이 있다.

※일러두기

이 책은 원어 사용을 원칙으로 하나, 콘스탄티노플 등
우리나라에서 굳어진 지명 등은 독자의 이해를 돕기 위해 영문 표기를 하였습니다.

차례

1장:
공간과 시간

나는 친구들에게 몇 년 전부터 수백 장에 걸쳐 네안데르탈인이 살았을 때부터 현재까지의 기나긴 시간에 대한 이야기를 쓰고 있다고 했다. 주먹도끼에서 컴퓨터, 버펄로 고기에서 햄버거, 동굴에서 고층 건물, 죽은 사람을 앉은 자세로 매장하는 풍습에서 유골함 문화, 씨족 사회에서 국가, 국제연합에 이르기까지의 발전의 역사에 대해서, 또한 이 모든 것이 얼마나 즐거운 작업인지를 말이다.

그런데 늘 그랬듯이 막상 글을 쓰려고 하니 좀 막막했다. 네안데르탈인이 살던 모든 지역에 버펄로가 존재한 것은 아니라서 모든 네안데르탈인이 버펄로 고기를 먹고 살았다고는 할 수 없다. 대추와 풀꽃의 씨, 달팽이, 조개를 먹고 산 네안데르탈인도 있었다. 어떤 지역의 네안데르탈인은 동굴에 살지 않고 매머드 뼈로 지지대를 만들고 가죽을 걸치고는 그 아래에서 살기도 했다. 그런데 네안데르탈인이 살았던 당시에 다른 곳에는 다른 인종도 동시에 존재했다. 생김새도 다르고, 할 줄 아는 능력도 다르고, 문화도 달랐다. 고고학자들은 완전히 다른 형태의 무덤을 통해 이 사실을 밝혀냈다. 다른 종의 집단이 쓰던 언어도 분명 달랐을 것이다. 그런데도 유럽에 살던 네안데르탈인과 해부학적으

로 현대 인류라 불리는 인종은 함께 살고 아이도 함께 낳았다. 사실 세계사의 출발 지점은 짙은 안개에 가린 넓은 영역이라 어디라고 확실히 말할 수 없을 정도다. 또 우리가 알 수 없는 수많은 사건이 동시에 일어나기도 했다.

현재라고 해서 상황이 나아진 것은 아니다. 요즘 사람이 햄버거를 먹는다고 하지만, 햄버거가 모든 사람의 입맛에 맞는 것도 아니며, 여전히 버펄로 고기를 열렬히 좋아하는 사람도 있다. 전 세계의 모든 사람이 고층 아파트에 사는 것도 아니고, 또 아예 살고 싶어 하지 않는 사람도 있다. 중세에 이미 유골함에 장례를 치르는 사람이 점점 많아지긴 했지만, 어떤 지역에서는 무조건 다른 방식으로 장례를 치르고 싶어 하기도 했다. 지구에 있는 대부분의 나라가 꼭 국제연합에서 원하는 방향으로 굴러가는 것도 아니다. 과거와 마찬가지로 지금도 다양한 집단이 매우 다른 능력과 문화 속에서 다른 언어를 쓰며 살고 있다. 하지만 현재의 많은 지역이 이전처럼 신비로운 안개에 싸인 것만은 아니다. 서로에 관해 훨씬 더 많이 알고 시간을 들여 제공되는 모든 정보를 학습하고 습득하려고만 한다면 서로를 훨씬 더 많이 알 수 있다. 현재도 역시 과거와 마찬가지로 다양하다. 단지 다른 방식으로 다양할 뿐이다.

어디가 출발점이고 어디가 종착지인지 불분명한 세계의 역사가 꾸준히 발전과 성공만 해 온 것은 아니다. 역사는 릴레이 경주가 아니다. 잘 훈련된 사람이 미리 잘 세운 계획표에 따라 빠른 속도로 달려가다가 언제 다음번 주자에게 배턴을 완벽하게 건네줄지 생각하면서 결승점을 통과하는 게임이 아니다. 출발점과 끝에는 많은 사람이 있다. 서로 정보를 교환하는 사람이 있는가 하면, 아예 서로의 존재를 모르는 사람도 있다. 학습하는 사람도 있고, 학습한 것을 잊는 사람도 있다. 지배하고 지배당하는 사람, 행복해지려고 부단히 애쓰지만 실패하는 사람도 있다. 세계의 역사는 영웅만을 위한 장애물 달리기 경주가 아니다. 세계사는 오히려 양탄자를 어떻게 짜는지 설명을 듣지 못한 사람에 비유할 수 있다. 방법을 모르기 때문에 이 사람이 짠 양탄자에는 구멍이 숭숭 뚫리고, 여기저기 틈이 생기고, 두껍게 짜인 곳과 얇게 짜인 곳이 있고, 실이 짧은 곳과 긴 곳도 있고, 색깔도 전혀 조화롭지 못하다. 무수히 많은 사람이 어떤 큰 계획에 따라 자기의 행동과 말, 생각을 불어넣어 양탄자를 짜 온 것은 아니다. 하지만 이들은 자기가 지금 무슨 일을 하는지, 어떤 말을 하며, 어떤 생각을 하는지는 알고 있었다. 다음 사람이 이어받아 계속해서 짓고 짜 나간 실이 있지만, 그렇지 않은 실도 있다. 이런 양탄자를 들어 올려보면 한 군데에서도 서로 다른 효과와 연결 매듭, 헐렁한 끝마무리, 구멍, 틈 등을 더 명확히 관찰할 수 있을 것이다. 어쩌면 어떤 무늬가 있는지도 알아볼 수 있다. 엉성하게 짜여 구멍과 틈이 생긴 양탄자는 보기에 따라 육상계의 영웅이 달리는 릴레이 경주보다 흥미로움이 덜할지도 모른다. 하지만 이런 것이 바로 역사다. 이런 역사의 모습을 알리기 위해 세계를 전체적으로 보았던 사람이 최초로 나타났다.

18세기 말, 제임스 쿡(James Cook, 1728~1779) 선장은 세 차례에 걸쳐 모든 대륙을 두루 여행했다. 게다가 자기가 여행한 대륙 외에는 또 다른 대륙이 존재하지 않는다는 사실도 밝혀냈다. 그에게는 역사라는 양탄자에서 세계 모든 지역과 우리에게까지 이르는 기다란 실이 있었다. 제임스 쿡 선장의 탄생과 죽음을 좀 더 살펴보면 한 가지 사실을 이해할 수 있다. 영웅이나 실패자, 보잘것없는 사람이나 위대한 사람, 발전이나 중단, 망각 등 모든 것을 진지하게 살펴보는 일이 왜 중요한지를 말이다.

제임스 쿡, 세상을 발견하다

제임스 쿡은 산업이 발달하기 이전 영국 동부 바닷가 마을에서 전형적인 가난한 농부의 아들로 태어났다. 쿡의 아버지는 아들을 데리고 돈벌이를 찾아 여기저기 옮겨 다니며 살았다. 훗날, 제임스 쿡과 함께 여행길에 올랐던 동료는 제임스 쿡이 거의 모든 음식을 다 먹고 소화할 수 있는 대단한 능력의 소유자라고 회상했다. 제임스 쿡의 형제자매는 모두 일곱 명이었는데, 그 가운데 누이 두 명만 성인이 되고 나머지는 어린 나이에 일찍 세상을 떠났다. 쿡은 어느

제임스 쿡의 세 차례에 걸친 항해(1768~1779)

- ┅➡ 첫 번째 항해(1768~1771)
- ┅➡ 두 번째 항해(1772~1775)
- ┅➡ 세 번째 항해(1776~1779)
- ┅➡ 쿡의 사망 후 찰스 클레크와 존 고어의
  지휘 아래 계속된 세 번째 항해
  (1779~1780)

알래

세인트로렌스섬

베링해

캄차카반도

유빙 한계선

알류샨 열도

하ㅇ
(샌드위ㅊ
카우아이섬 오ㅎ
몰로
하와이

제임스 쿡 살해당함(1779년 2월 14일

필리핀

마셜제도

마제로엔제도
(로드쿨네제도)

콸리크제도   라타크제도
잴루이트섬 마루조
나모릭

팔미라

패닝
크리스마

캐롤라이나

미크로네시아

길버트제도

수마트라

자카르타(바타비아)
자바

파푸아뉴기니

멜라네시아
솔로몬제도

피닉스제도

엘리스제도   토켈라우제도
아타푸 파카오푸

펜린

토레스해협

케이프요크

뉴헤브리디스제도
바누아트

사모아제도   마니히키
사바이섬 우폴루섬 수와로우
피지섬 투투일라섬 게절샤프
새비지 제도
(니우에섬)

쿡타운

그레이트
배리어 리프
(대보초)

로열티
제도

오스트레일리아
(뉴홀랜드)

뉴
칼레도니아섬 Mare
누메아

통가제도
(프랜들리제도)

쿡ㅈ
(Cook |

노퍽

케르메덱 제도

시드니 보터니만

로드하우제도

인도양

기슨본

뉴질랜드

태즈메이니아

유빙 한계선

100° 110° 120° 130° 140° 150° 160° 170° 180° 170° 160°

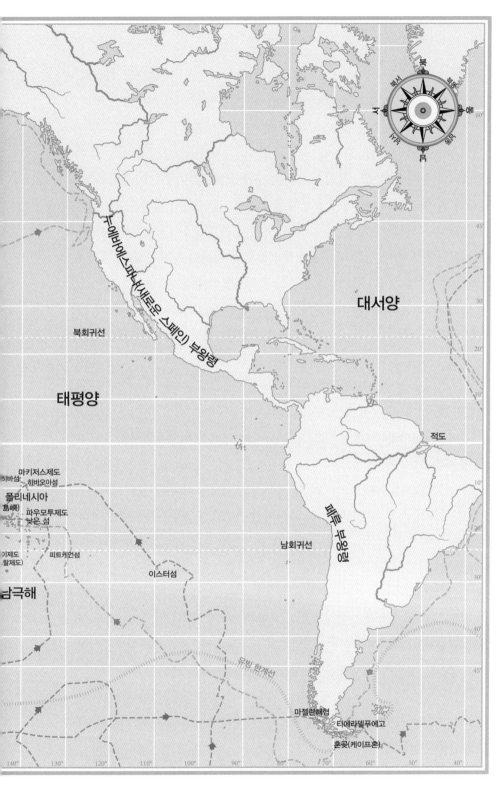

대서양

태평양

북회귀선

적도

마키저스제도
히바섬 히바오아섬
폴리네시아
(島嶼)
파우모투제도
낮은 섬

이제도
피트케언섬 랄제도)
이스터섬

남극해

남회귀선

페루 부왕령

누에바에스파냐(새로운 스페인) 부왕령

유빙 한계선

마젤란해협
티에라델푸에고
혼곶(케이프혼)

북

서

애

남

50°
45°
30°
20°
10°
10°
20°
30°
40°
45°

140° 130° 120° 110° 100° 90° 80° 70° 60° 50° 40°

상인 밑에서 견습공으로 지냈고 나중에는 배를 타고 바다로 나갔다. 단순히 선원으로 뱃일을 시작한 것이 아니라, 배를 타고 고향과 런던 사이를 오가며 사업을 했다. 멀리 노르웨이와 러시아까지 가기도 했지만, 대부분은 후원자의 사업 중심지였던 런던을 오갔다.

그런데 항해 분야에서 제임스 쿡의 인생만 꽃핀 것이 아니다. 운하와 도로, 항구가 건설되고 새로운 배의 유형이 발전하면서 운송업이 전반적으로 발전했다. 영국은 산업화에 첫걸음을 내디뎠고 런던의 항구는 전성기를 맞이했다. 쿡은 이곳에서 여러 사람과 거래하기 시작했고 더불어 훗날 아내인 엘리자베스를 알게 되었다. 그는 1750년대 중반에 해군에 입대했다. 알고자 하는 열망과 믿음직스러운 성품, 열심히 하는 쿡의 모습은 짧은 시간 내에 다른 이의 이목을 끌었다. 1756년부터 1763년까지 일어난 7년 전쟁은 그의 성공을 돕는 계기가 됐다. 7년 전쟁은 프로이센의 왕인 프리드리히 2세가 유럽 대륙의 열강 전체를 상대로 벌인 전쟁으로 잘 알려져 있는데, 이때 유일하게 영국만이 프리드리히 2세의 편에 서서 싸웠다. 영국의 관점에서 봤을 때 이 전쟁은 프랑스와 벌인 세계대전이었다. 전쟁은 북아메리카에서 벌어졌는데 다양한 인디언 부족은 영국과 프랑스의 도움으로 각자 자신의 목적을 이루고자 했다(이 때문에 이곳에서는 '프렌치-인디언 전쟁'이라고 부름). 전쟁은 인도에서도 벌어졌는데 여기에서도 마찬가지로 영국은 식민지였던 인도 현지인과 연합한 프랑스를 상대로 전쟁을 치렀다. 영국은 유럽에서 프로이센이 벌인 전쟁을 재정적으로 지원했다. 아메리카나 인도, 그리고 쿡의 관점에서 봤을 때 유럽 국가의 전쟁은 세계대전의 일부로 비쳤다.

쿡은 유럽의 전쟁터에서 처음으로 지휘관 자리에 올랐고, 1757년에는 선장으로 임명되었으며, 이듬해에는 프랑스와 싸우기 위해 식민지의 일부였던 캐나다로 향했다. 주목할 만한 것은 쿡 선장이 전쟁을 치르는 데만 몰두한 것이 아니라, 토지 측량에도 심혈을 기울였다는 사실이다. 쿡은 믿을 만한 세인트로렌스강 지역의 지도를 만들었는데, 이 지도는 영국군에게 큰 도움이 되었다. 쿡은 1762년에 뉴펀들랜드에서 프랑스군을 쫓아내는 함정에도 승선했다. 이때 그는

세인트로렌스 해안 앞에 있는 모든 섬의 지도를 부분적으로 제작하다가 이후에
는 섬 전체 지도를 제작하는 임무를 맡았다. 전쟁이 끝난 뒤에도 이 일에 매달렸
다. 그런 와중에 쿡은 천문학에도 관심을 가졌다. 천문학은 망망대해에서 방향
을 찾을 때 필요한, 생사를 가르는 중대한 학문이다. 쿡은 1762년에 런던에서
결혼 차 잠시 휴가를 얻었다. 그 후 몇 년간 쿡과 그의 아내인 엘리자베스는 짧
은 만남과 긴 헤어짐을 반복했다. 쿡이 대부분 시간을 바다에서 보냈기 때문이
다. 그런데 쿡의 아버지가 겪어야만 했던 불행이 성공 가도를 달리던 쿡과 엘리
자베스에게도 찾아왔다. 바로 쿡과 엘리자베스가 낳은 여섯 명의 아이가 어린
나이에 일찍 죽은 일이다. 다행히도 엘리자베스는 이 슬픔을 모두 이겨냈다.

    전쟁이 끝난 후 몇 년 뒤에 쿡이 무슨 임무로 남태평양으로 떠나야 했는지
는 잘 알려지지 않았다. 당시 쿡은 경험이 풍부하고 많은 곳을 돌아본 선장으
로서 명성이 높았다. 런던의 정치계와 해군에도 친분이 두터운 사람이 많았
다. 또 그는 자기가 탈 배에 관해서도 이미 잘 알고 있었다. 이런 이유에서 그
가 큰 임무를 맡은 것이 아닌가 추측해 볼 수 있다. '인데버호(Endeavour)'는 이
전에 '펨브룩의 백작(Pembroke, 영국 웨일스 지방의 도시)'이라는 이름으로 영국 연안
에 석탄을 실어 나르던 배다. 쿡은 이전에 이와 같은 배를 타고 다니면서 직업
의 길로 들어섰다. 그의 공식적 임무는 그의 주된 관심사인 천문학과도 잘 맞
았다. 금성이 태양 면을 통과하는 현상을 관찰하는 일인데, 특히 관측 조건이
좋은 남태평양에서 관찰해야만 했다. 이 관찰로 지구와 태양 간 거리를 정확하
게 측정하고, 이를 바탕으로 드넓은 바다에서 배의 위치를 좀 더 정확하게 표
시할 수 있었다. 쿡의 항해에 숨겨진 또 다른 목적은 이런 천문학적 숙제를 해
결해서 남태평양 어딘가에 있다는 커다란 대륙을 찾아내는 일이었다. 지도 제
작에 관한 쿡의 지식은 이런 비밀 탐사에 큰 도움이 되었다.

    첫 번째 항해 때 '인데버호'는 홀로 탐사 길에 올랐다. 두 번째와 세 번째 항
해에서는 다른 배 여러 척이 쿡과 동행했다. 이들은 배 사고가 났을 때 생명보
험과도 같았다. 첫 번째 항해 때 같이 승선했던 선원은 이런 혜택을 받지 못했
다. 그 당시만 해도 항해할 때 위도는 정확하게 측정할 수 있었지만, 경도를

알아내는 일은 어려웠다. 거친 폭풍이 몰아쳐 배가 다른 곳으로 떠밀려 가면 도대체 배가 어디쯤 있는지 그 위치를 알아내기가 쉽지 않았다. 이런 거친 바다에서 선원의 목숨은 기상 상태와 선장의 능력에 달렸고, 반대로 선장도 선원이 없으면 힘들기는 마찬가지였다. 하지만 쿡이 가장 두려워했던 것은 어쩌다 선원들이 일으키는 반란이 아니었다. 폭동을 주도한 사람은 체벌로 한배를 탄 운명 공동체에서 불명예스럽게 쫓아내면 그만이었다. 선원들의 반란보다 오랜 항해 길에서 더 위험한 것은 바로 질병이었다. 특히, 괴혈병은 모두가 너무나 두려워하던 병이었다. 그 당시에는 비타민 C 부족으로 발병하는 괴혈병이 어떤 병이며, 발병 원인이 무엇인지도 잘 몰랐다. 질병의 원인은 배에서 제공하는 일률적인 식단에 있었다. 선원들은 이가 빠지고, 피부 출혈과 근육 위축이 일어나고, 고열과 설사가 끊이지 않는 등 전신이 약해졌다. 돛을 단 배는 —증기선은 1백 년이 지나서야 큰 바다를 건널 때 타기 시작함 —많은 사람이 육체적으로 힘들게 노를 저어야 해서 배에 괴혈병이 발병하면 모두 위험한 상황에 놓이게 된다. 이런 상황에서 제임스 쿡은 사우어크라우트(Sauerkraut, 소금에 절인 양배추)를 배에 싣고 여행하는 동안 항상 신선한 과일과 채소, 허브를 저장해 놓게 했다. 쿡 선장은 분명 어디선가 괴혈병에 대한 새로운 연구 결과를 듣고 이런 결정을 내렸을 것이다. 그런데 선원들은 사우어크라우트 먹기를 꺼렸고, 배가 항구에 상륙하도록 허가받을 때마다 시간과 공을 들여 허브 모으는 일을 너무 호들갑 떤다고 투덜댔다. 하지만 시간이 지나면서 선장이 내린 이해하지 못할 조치를 긍정적으로 평가하기 시작했다. 그다음 항해를 위해 인데버호에 오른 선원 중에 죽은 사람은 다른 배에 비해 비교적 적었다. 쿡이 매서운 선장이었다는 평가도 있지만, 그는 매우 신중하고 뛰어난 지휘자였다.

인데버호에서의 생활은 어땠을까? 21세기에 살고 있는 우리가 그것을 상상하기는 쉽지 않을 것이다. 배의 길이는 약 40미터에 넓이는 9미터였다. 축구장과 비교하면, 대략 한쪽 끝에서 상대 쪽 페널티킥 지점까지도 미치지 못하는 크기다. 배가 몇 층이라고는 해도 94명이나 되는 사람 모두에게 충분한 자리가 있던 것도 아니고, 배 안에는 기계와 몇 년 치 양식으로 가득 차 있었다. 몇

달 동안 땅을 보지 못할 때도 허다했다. 이 배에는 젠틀맨 학자인 조지프 뱅크스(Joseph Banks)도 있었다. 스웨덴 출신의 자연과학자 두 명과 삽화가 두 명, 하인 네 명, 그리고 개 두 마리도 뱅크스와 함께였다. 그 외에도 선원과 군인, 목수, 무기공, 돛 재단사, 요리사, 제빵사가 타고 있었다. 뱅크스를 제외한 이들은 오늘날처럼 개인 공간이 크게 필요하지도 않았고, 실제로 이들이 지정받은 자리는 말할 것도 없이 매우 좁았다. 선원들에게는 잠자리도 따로 없었다. 그래서 식당의 식탁 위에 해먹을 걸어놓고 자기도 했다. 갈아입을 옷은? 차라리 생각하지 않는 편이 낫다. 쿡은 그래도 배를 탄 모든 사람에게 일주일에 한 번씩은 꼭 몸을 씻도록 명령했다. 당연히 바닷물로 말이다. 독일에서 온 젊은 식물학자이자 삽화가이며 훗날 대학교수와 혁명가가 된 게오르크 포스터(Georg Forster)는 뱅크스 일행을 돕고자 쿡의 두 번째 항해에 함께 참여했다. 그는 이때 만난 뉴질랜드의 마오리족에게서 고약한 냄새가 난다고 삽화를 통해 토로한 적이 있다. 그런데 우리는 인데버호의 식당에서 아침마다 풍기던 냄새 때문에도 코를 싸쥘 것이다.

유유히 바다 여행이나 즐기려고 뱅크스가 승선한 것은 아니었다. 인데버호는 금성이 태양을 통과하는 현상을 관찰하고 남태평양에 있을지도 모를 대륙을 찾아 나서는 것 외에 또 다른 학술적 프로그램을 수행해야 했다. 바로 미지의 인간, 동식물, 광물과 흙을 탐색하고 기록하는 일이다. 1760년대와 1770년대는 계몽주의 학문의 전성기였다. 유럽인은 자신의 문명을 다른 문명과 비교했다. 이들은 자신에 대해 더 공부하고 인류 역사를 발전시키고자 수많은 분야의 지식을 모으고 분류했다. 이런 목적을 달성하기 위해 삽화가와 학자까지 탐사 길에 동행했다.

쿡의 배는 대서양을 건너 브라질 동남부 리우데자네이루에 잠시 정착했다. 그 후에 티에라델푸에고(Tierra del Fuego)와 오늘날 칠레의 남쪽 끝에 있는 혼곶(Cape Horn)을 돌아 남태평양 타히티섬(Tahiti I.)의 마타바이만(Matavai Bay)으로 향했다. 이 경로는 이미 이전부터 탐험가의 경로로 잘 알려져 있었다. 이곳의 원주민은 외지인에게 친절하기로 평판이 높았는데, 쿡의 배가 3개월간 머물렀을 때도 마찬가지로 예우가 매우 좋았다. 금성 관측 책임자로서 임무를 수행할 천문학자는 모든 재료를 인데버호에 신고 와 이곳에 천문대를 세웠다. 천문대가 세워진 후부터 본격적으로 탐색 여행이 시작되었다. 영국인이 유럽에서 가져온 물건을 타히티섬에 남겨 놓은 덕에 이 지역 포마레(Pomare) 씨족의 족장은 타히티섬에서 영향력이 가장 큰 부족장이 되었다. 하지만 유럽인이 남긴 것 중에는 그때까지 남태평양 섬에 알려진 적이 없는 성병도 포함되어 있었다. 물론 치료법도 없었다.

쿡 선장은 타히티에서 그 지역을 잘 아는 제사장인 투파이아(Tupaia)를 배에 함께 태웠다. 쿡은 투파이아의 도움으로 먼저 타히티섬 서쪽의 수많은 섬을 둘러보았다. 그 후에는 위도 40도를 넘어 남쪽으로 뱃머리를 돌려 계속 전진했다. 하지만 이곳에서는 섬을 발견하지 못했다. 쿡은 서쪽으로 방향을 바꾸었다. 네덜란드 사람들이 말했던 '뉴질랜드'가 있는 방향이었다. 쿡은 1769년 10월에 오늘날 뉴질랜드의 기즈번(Gisborne)이라 불리는 북섬에 첫발을 디뎠다. 그는 이곳에서 6개월간 머무르며 뉴질랜드의 지형을 상세히 지도에 담았다. 이번 여행에서 투파이아는 지형에 대한 지식보다는 언어로 쿡에게 큰 도움이 되었다. 타히티에서 쓰는 언어는 놀랍게도 섬에서 남서쪽으로 4천 킬로미터 떨어진 곳에서도 사용되고 있었다. 쿡과 일행은 호기심도 많고 호전적 성격인 뉴질랜드 마오리족에게 경의를 표했다. 이렇게 한 것은 매우 잘한 일이었다. 뉴질랜드에서는 19세기 중반까지도 백인을 살해하거나 잡아먹는 일까지 벌어졌다. 마오리족의 법을 아예 모르거나 경시했기 때문이었다. 지금도 뉴질랜드 사람은 제임스 쿡이 어떤 사람이었는지 잘 알고 있으며 존경을 표한다. 자기 나라를 세계 지도에 올리고 존경하는 자세로 마오리족을 대했기 때문이다. 쿡의 일대기와 항해 일지를 출판한 작가 중에 가장 중요한 작가인 존 비글홀(John Beaglehole, 1901~1971)도 뉴질랜드 출신이다.

쿡이 탄 배는 뉴질랜드를 떠나 서쪽으로 향했다. 소문으로는 그곳에 '새로운 네덜란드'라는 뜻의(역자 추가) '뉴홀랜드(Newholland)'가 있다고 했다. 훗날 우리가 '오스트레일리아'라고 부르는 곳이다. 오늘날 퍼스(Perth)가 있는 서쪽 해안은 네덜란드 사람인 아벌 타스만(Abel Tasman, 1603?~1659)이 이미 백 년도 더 앞서 대략적으로나마 그렸었다. 하지만 오스트레일리아의 동쪽은 전혀 알려지지 않은 미지의 땅이었다. 쿡은 배를 끌고 태즈메이니아섬(Tasmania I.)부터 남쪽 열대 지역인 케이프 요크(Cape York)까지 동쪽 해안 전체를 쭉 훑어 내려왔다. 드디어 오스트레일리아의 새로운 지도도 완성되었다. 하지만 오스트레일리아에 사는 사람과의 교류는 거의 없는 편이었다. 이곳의 원주민은 마오리족과는 달리 백인과의 무역에 그다지 관심을 보이지 않았다. 투파이아도 이곳에서는 언어 실력을 발휘하지 못했다. 훗날 유럽인들이 '애버리지니(Aborigines)'라고 부른 오스트레일리아 원주민은 타히티섬 주민과 마오리족과는 완전히 다른 인종에 속했다. 쿡은 이들이 유럽인보다 훨씬 더 행복한 사람이라고 생각했다. 백인들이 사는 내내 갖고 싶어 안달하는 물건이나 편안함을 추구하지 않았기 때문이다. 쿡은 오늘날 시드니 근처의 보터니만(Botany Bay)이 영국의 전초 기지로 좋은 지점이라고 추천했다. 그러고는 20년도 채 지나지 않아 이곳에 유형지가 세워졌다. 이곳은 유럽인이 오스트레일리아 내에 조성한 최초의 거주지가 되었고, 이곳에서부터 애버리지니와 그들의 언어, 문화가 말살되기 시작했다.

보터니만에서 북쪽으로 약 2,500킬로미터 떨어진 오늘날의 쿡 타운(Cook Town) 근처에서 인데버호가 그레이트배리어리프(Great Barrier Reef, 대보초)의 미로 속에서 수리할 수 없을 정도로 망가질 뻔했다. 이때 인데버호를 급한 대로 응급 수리해서 리프를 빠져나와 넓은 바다로 꺼내 온 쿡의 전문적 항해술은 높이 평가되었다. 이제 인데버호는 영국으로 다시 돌아오는 길이었다. 배는 네덜란드인의 기지가 있던 인도네시아의 수도, 오늘날의 자카르타인 바타비아(Batavia)를 향해 먼저 토러스해협(Torres Str.)을 지나고 있었다. 이때 쿡의 일행 가운데 많은 사람이 질병에 걸리고 말았다. 말라리아균 때문이었는지 아니면 이질 혹은 설사병이었는지는 자세히 알 수 없었다. 하지만 확실한 점은 쿡의 여행길에 중요한 임무를 맡아 수행하던 타히티의 제사장 투파이아가 몇 명 안 되는 사망자에 포함되었다는 사실이었다. 인데버호는 바타비아에서 출발해 인도양을 건너 아프리카 최남단인 케이프타운에서 잠시 정박한 뒤, 1771년 7월 17일 마침내 런던에 도착했다.

쿡 사령관의 두 번째 항해 목적은 더 이상 천문학적 연구가 아니었다. 이보다 더 중요한 임무는 신비에 싸인 거대한 남방 대륙인 '테라 아우스트랄리스 인코그니타(Terra Austalis Incognita)'를 찾아내거나, 아니면 이런 대륙은 아예 존재하지 않는다는 것을 증명하는 일이었다. 쿡은 1772년과 73년, 1773년과 74년, 1774년에서 75년에 걸친 세 번의 여름 동안(남반구에서는 12월부터 3월 사이가 여름) '레졸루션호(Resolution)'를 타고 지구의 최남단을 향해 항해했다. '어드벤처(Adventure)'라는 배가 이 항해를 동행했다. 오랜 항해 기간을 견디기 위해 배에는 식량을 가득 실었다. 배 두 척에 실린 식자재와 식수, 술 등을 나열해 보면 그 양이 어마어마하다. 건빵 45톤, 밀가루 14톤, 소금에 절인 돼지고기와 쇠고기 42.5톤, 완두콩 25톤, 밀 10톤, 사우어크라우트 14톤, 절인 양배추 4톤, 식수 8만 8천 리터, 맥주 2만 9천 리터, 럼주 7천7백 리터, 브랜디, 여기에 포도주 4천 7백 리터(선장, 장교, 학자만 마시는 것이 허락되었음), 버터, 치즈, 설탕, 식용유, 식초, 건포도, 소금과 그 외에 다른 여러 가지 음식물 등이다. 신선한 과일과 채소는 배가 중간에 정박한 곳에서 구해야만 했는데, 남극을 향한 오랜 항해에서는 과일과 채소 없이 견뎌야 했다.

연구자로서 두 번째 항해에도 함께했던 게오르크 포스터는 항해의 어려움을, 특히 남극해의 유빙 한계선에서 항로를 정하는 일이 얼마나 힘들었는지를 다음과 같이 회상했다.

"거의 항상 안개가 짙게 끼었다. 내기라도 하듯이 비와 우박, 눈이 번갈아 가며 쏟아졌다. 한여름인데도 온도계는 0도를 가리키고 찬 바람이 불었다. 주위는 온통 얼음 섬으로 둘러싸여서 배가 부딪치지 않을까 하는 위험이 항상 도사렸다. 매일 먹는 음식이라고는 소금에 절인 것뿐이다. 안개와 습기 때문만이 아니라, 음식 때문에 혈액 순환이 정상적이지 못했다. 그래도 이 모든 것을 통틀어서 우리가 가장 간절히 바라는 것은 언젠가 꼭 상황이 나은 위치로, 온순한 날씨가 기다리고 있는 곳으로 가는 것이었다."

독일에서 온 학자였던 포스터는 선원이 하는 일에 일찍이 경의를 표했다.

"몸을 따뜻하게 유지하려고 이들은 쉬지 않고 계속 오르락내리락 뛰어다녔다. 돌발 상황이 생겨서 그곳으로 출동하기 전까지 말이다. 바람 방향이 바뀐 경우에는 돛을 다른 방향으로 향하게만 하면 된다. 하지만 바람이 강해지면 어떤 돛은 접거나 어떤 돛은 완전히 펼쳐야만 했다. 적어도 자기 목숨을 내놓고 일하는 것을 별로 본 적이 없는 나로서는 이런 위험천만한 일을 바라보는 일은 끔찍할 정도로 무서웠다. 갑판 쪽에 있는 돛의 맨 아래 끄트머리 끈이 풀어져 완전히 펴지면 바람이 그 안으로 불어오고, 기둥과 돛대에 묶여 있는 돛을 펼치면 배 전체가 휘청거렸다. 선원들은 전혀 힘들어하지 않고 능숙하게 길게 빼 놓은 두 번째, 세 번째 돛대 꼭대기까지 기어올랐다. 그곳에는 활대나 야드가 밧줄에 팽팽하게 묶여 배를 가로질러 걸려 있었다. 활대 양쪽 끝과 가운데에는 헐렁헐렁한 밧줄이 걸려 있었는데, 대담무쌍한 뱃사람의 발에는 편안한 휴식처였다. 이 밧줄 위로 여섯에서 여덟 명의 선원이 민첩하고 안전한 발걸음으로 활대 양 끝을 왔다 갔다 했다. 바람이 불어서 돛이 이리저리 펄럭이고 밧줄이 발아래에서 흔들거리는데도 상관없었다. 배가 출렁일 때 갑판에 있는 것과 저 높은 데 있는 것과의 느낌은 비교할 수 없을 정도로 클 것이다. 나는 동시에 커다란 활대의 한쪽 끝이 출렁이는 파도 속으로 풍덩 빠지는 것을 보았다. 약 50피트(약 16미터) 높이의 돛의 활대 끝에 서 있던 선원 한 명은 파도가 일렁일 때마다 50~60피트(16~19미터)의 상공에서 좌우로 마치 활을 그리듯이 휘청거렸다. 방금 전에는 바닷속으로 빠진 것처럼 보이던 사람이 지금은 하늘의 별을 따고 있는 것 같았다. 해가 환하게 비추는 낮이나 칠흑같이 깜깜한 한밤중에도 언제나 자기의 투박한 손의 감촉에 자기 목숨을 의지해야만 한다는 사실은 그 사람에게는 상관없었다.”

항해를 떠난 첫 번째 해에 남태평양의 얼음장처럼 차가운 안개 속에서 쿡의 배와 동행하던 어드벤처호가 실종되고 만다. 포스터는 이때 레졸루션호의 승무원들이 느낀 감정을 이렇게 기록했다.

“슬픈 운명에 빠진 채 불안에 떨며 남쪽으로의 항해를 홀로 계속해야 한다는 사실. 운 나쁘게 우리 배가 실종되면 우리를 도와주고 구해줄 유일한 희망이었던 어드벤처호 없이 혼자 얼음장같이 차가운 미지의 지역으로 가야 한다는 슬픈 운명에 우리는 모두 낙담했다.”

석 달이 지나서 레졸루션호와 어드벤처호는 남반구의 겨울을 보내려고 정했던 뉴질랜드의 한 지점에서 재회했다. 하지만 이듬해에는 두 배 사이에 연락이 완전히 끊기고 말았다. 그래서 어드벤처호는 쿡이 탄 레졸루션호보다 1년 앞서 영국으로 돌아왔다.

쿡은 남반구에서 겨울을 보내는 동안 뉴질랜드나 타히티에서 배를 수선하고, 선원들에게 휴식을 취하게 했다. 그리고 유럽에서 발행한 태평양의 지도에 새로 찾은 섬을 표시했다. 쿡이 지나간 행로의 거리는 굉장했다. 1774년 3월에 쿡은 오늘날 칠레에 속한 이스터섬에 도달했다. 그다음에는 서쪽으로 방향을 돌려 마르키즈(Marquises) 제도는 물론 타히티와 통가(Tonga), 섬이라고는 인정하지 않았던 피지제도의 최남서쪽 해안을 거쳐 바누아투제도까지 갔다. 다시 그곳을 출발해서는 오스트레일리아의 브리즈번에서 북동쪽으로 1,500킬로미터 떨어지고 이스트섬에서 서쪽으로 8천 킬로미터나 떨어진 뉴칼레도니아(New Caledonia)섬을 향해 남쪽으로 배를 몰았다. 8천 킬로미터라면 시카고에서 모스크바까지 갈 수 있는 거리다! 쿡은 바누아투와 뉴칼레도니아섬의 원주민과 태평양 동쪽에 멀찍이 떨어져 있는 부족이 사용하는 언어가 완전히 다르고 문화도 차이가 나는 사실을 알게 되었다. 그는 이런 관찰을 통해 멜라네시아

(Melanesia)와 폴리네시아(Polynesia)를 구분했다.

그 당시 스페인이나 네덜란드에는 쿡이 찾아간 수많은 섬에 관한 문헌이 이미 존재했다. 하지만 경도가 부정확해서 신뢰성이 많이 떨어졌다. 쿡의 두 번째 항해는 영국의 시계 제조업자인 해리슨(John Harrison, 1693~1776)이 제작한 시계로 실제 경도를 측정하는 문제를 풀 수 있었을지도 모른다는 증거를 지리학 역사에 남겼다. 해리슨은 온도 변화와 습기, 폭풍에도 끄떡없이 정확하게 가는 시계를 제작했다. 이를 통해 현지 시각(태양이나 별의 관측을 통해 알아낼 수 있는)과 영국의 시각(해리슨이 만든 시계를 통해 알 수 있었음) 사이의 시차를 알아냄으로써 실제 경도를 측정할 수 있게 되었다.

1775년에 쿡은 영국으로 돌아왔다. 그는 왕실에 소개되었고 런던 사교계에서는 그를 위한 파티가 열렸다. 하지만 쿡은 1년 뒤에 다시 세 번째 항해를 떠난다. 쿡은 오랫동안 어쩌면 존재할지도 모른다고 알려진 지구 남쪽의 커다란 대륙이 없다는 사실을 증명한 경력으로 수백 년 전부터 내려온 의문점을 풀어주기에 적합한 사람으로 평가받았다. 쿡의 과제는 바로 북아메리카를 우회할 수 있는 경로를 찾는 일이었다. 그런데 대서양 쪽이 아니라 태평양 쪽에서부터 접근할 수 있는 경로를 찾는 것이었다. 북서 항로를 찾는 일은 이미 16세기부터 시작되었지만, 아무런 성과가 없었다. 어떻게 하면 중국과 인도에 가장 빨리, 저렴하게 갈 수 있는지가 늘 문제의 관건이었다. 이때만 해도 파나마 운하가 생기기 전이고, 티에라델푸에고와 혼곳(Cape Horn)을 지나서 남아메리카를 빙 돌아가는 길은 멀고도 험했다. 수에즈 운하도 그때는 없었다. 아프리카 대륙을 돌아 인도양을 건너서 중국으로 가고, 인도양을 건너 남중국해로 가는 길은 시간이 오래 걸리고 해류 때문에 특정한 계절에만 가능했다.

이번에도 쿡은 배 두 척과 함께 길을 떠났는데 이번에는 항해 내내 같이 움직였다. 다시 남태평양의 첫 번째 목표지였던 곳, 타히티와 새로운 작은 곳을 방문했는데 이번 여행에서는 다른 여행과 다른 점이 있었다. 우선 동행한 학자가 없었고 삽화가도 단 한 사람만 배에 타고 있었다. 첫 번째, 두 번째 여행의 주요 목적이 계몽주의적 학문이었다면 세 번째 항해는 영국의 위력을 과시하는 일이 우선이었다. 제임스 쿡조차 세월이 지나면서 인내심이 점점 짧아지고 군림하려는 모습으로 변한 것 같다. 쿡과 같이 간 선원은 쿡에게 종종 불만을 품었다. 섬에서 만난 사람도 마찬가지로 쿡을 이해심 없는 사람으로 여겼다.

쿡은 타히티에서 북쪽으로 항해하던 도중인 1778년 1월에 뜻밖에 하와이섬에 도착했다. 유럽인으로는 최초였다. 쿡은 그곳에서 잠깐 지낸 후에 동쪽으로 항해해서 1778년 3월 북아메리카 해변에 도착했다. 그 후, 오늘날의 캐나다와 미국의 경계에서 약간 아래쪽 지점에서부터 점점 북쪽으로 올라갔다. 대서양으로 향하는 육지와 얼음이 없는 동쪽으로의 통로를 찾아가는 항해가 계속되었다. 그는 베링해협(Bering Str.)에 도착했고, 유럽의 배가 이전에는 가 본 적이 없을 만큼 북쪽으로 높이 올라갔다. 하지만 끝내 북서 항로를 찾아내지는 못했다. 20세기에 이르러서야 비로소 노르웨이 출신의 탐험가인 로알 아문센(Roald Amundsen, 1872~1928)이 소형 배를 타고 아메리카 대륙을 북쪽으로 지날 수 있는 북서 항로를 발견했다. 오늘날 지구 온난화가 아무리 심해서 빙하가 많이 녹았다고는 하지만, 배로 북서 항로를 지나갈 수 있는 정규 항로는 여전히 없다.

북극의 여름이 끝나자 쿡은 점점 더 많아지는 빙하를 피해 남쪽으로 다시 내려왔다. 그는 11월 말에 하와이섬에 도착했다. 이곳에서 겨울을 보낸 뒤 1779년에 북서 항로를 다시 찾을 목적이었다. 하지만 제임스 쿡은 다음 해 여름을 맞이하지 못했다. 하와이 원주민이 조그마한 배 한 척을 훔쳐 간 일로 벌어진 큰 싸움에서 쿡은 칼에 찔려 1779년 2월 14일에 사망했다. 이 싸움으로 20명이나 넘는 사람이 죽었다. 여기서 모든 것이 원점으로 돌아온 듯했다. 첫 번째 항해에서 쿡이 뉴질랜드의 마오리족과 처음 만났을 당시에도 갈등이 통제되지 못한 적이 이미 한 차례 있었기 때문이다. 이때는 원주민이 한 명 죽었다. 그 당시 타히티의 제사장이었던 투파이아가 마오리족과 대화를 나누고 문화적 중재자 역할을 했지만, 불어나는 오해를 피해갈 수는 없었다.

쿡은 원주민에게 조심스럽게 접근하고 평화적인 모습을 보이려 애썼다. 쿡과 함께 간 사람들은 쿡이 낯선 원주민을 너무 믿는 것처럼 보여 걱정할 정도였다. 하지만 세 번째 항해 내내 문화적 차이에서 오는 오해가 곁에 늘 따라다녔다. 부부 생활과 가족, 재산, 명예, 남녀 간 역할 분담, 자신과 타인의 신체를 대하는 방법, 종교와 국가, 과거와 미래에 관해 유럽에서는 당연시하던 것이 태평양에 존재하는 사회에는 맞지 않거나 아무런 의미가 없었다. 포스터는 타히티섬에 체류하는 동안 서로를 이해하는 데 한계가 있다는 사실을 깨달았다.

> "우리는 종교와 그 나라의 법에 관해서는 충분한 정보를 줄 수 없다. 체류 기간이 짧고 그 나라의 언어를 잘 이해하지 못하기 때문이다."

이해의 부족은 오해를 불러일으켰다. 유럽인은 폴리네시아인이 장례를 치르는 동안 자신을 자해하는 행위를 보고 깜짝 놀랐다. 반대로 타히티섬의 원주민은 포박당해 저항하지 못하는 백인을 같은 편 사람이 채찍으로 때리는 행동을 보고 큰 충격을 받았다. 원주민은 그 뒤에 숨어 있는 체벌 제도와 형벌 제도를 이해하지 못했기 때문이다.

쿡과 그의 일행이 쓴 항해 일지에는 원주민이 저지른 도둑질과 사기 행위, 불충실함에 대한 불평이 가득하다. 그러나 폴리네시아인은 물건을 주고받는 일을 통해 상대방과의 사회적 상호 관계를 표현했기 때문에 유럽인의 물건을 가져오는 일이 이상하거나 나쁘지 않다고 여겼다. 둘 사이에 종종 폭력이 왔다 갔다 하거나 살벌한 싸움이 벌어지기도 했다. 유럽까지 다시 무사히 돌아오려면 꼭 있어야 하는 중요한 측량기나 연장이 없어졌기 때문이다. 반대로 남태평양의 원주민에게는 당연한 일을 유럽에서 온 이방인이 도무지 이해할 수 없는 경우도 있었다. 바로 터부(taboo)였다. 터부에는 결코 접근하거나 절대로 입에 올려서는 안 되는 어떤 장소나 사람 혹은 대상이 있다. 그런데 쿡의 일행 가운데는 이런 금기를 무시하다가 결국에 목숨을 잃는 사람이 있었다. 남태평양 원주민은 터부를 지키지 않으면 자신의 질서와 미래를 보장해주는 신과의 관계가 위협받는다고 생각했기 때문이다. 어떨 때는 서로 다른 부족과 갈등을 빚기도 했는데, 유럽인은 이러한 상황을 조금밖에 이해하지 못하거나 아예 이해하지 못했다.

　1779년 2월 14일에 제임스 쿡이 사망한 일도 이와 마찬가지로 오해에서 비롯된 결과였다. 이번에도(유럽인의 관점에서 봤을 때) 사유 재산 위반이 문제였다. 이와 더불어(하와이 원주민의 입장에서 봤을 때) 신과 인간 세계 사이에서 이해할 수 없는 행동을 하던 쿡의 애매한 위치가 원인이었다. 하와이 부족민은 치명적인 칼 공격으로 쿡을 죽인 후에 그의 신체를 조각내어 종교 지도자끼리 나누어 가졌다. 케리보 족장은 머리를 가졌고 몇몇 지도자는 다른 부분을 나누었으며, 쿡의 머리카락은 하와이의 다른 족장인 마야 마야가 받았다. 선원들은 죽은 선장을 돌려달라고 요구했지만, 대부분 살만 건네받았다. 이들은 (백인의 입장에서 봤을 때) 살을 잘 추슬러 제대로 예의를 갖춰 바다에서 수장을 지냈다. 쿡의 뼈는 하와이 원주민이 보존했다. 이들이 생각하기에 쿡은 백인의 풍습에 따라 함부로 땅에 묻어버릴 수는 없던, 적어도 신에 가까운 존재였다. 땅에 묻는 것은 자신들에게 너무나 위험했다. 특정한 힘이 몸의 어딘가에 남아 계속해서 영향을 끼칠 수 있다고 믿었기 때문이다. 산 자의 몰락을 막아주고 안녕을 기원하기 위해 죽은 이를 이용하는 것이다. 쿡이 사망한 지 20년이 훨씬 넘도록 쿡의 뼈는 하와이에서 높이 칭송받았다.

　1780년 10월에 탐험대가 탄 배 두 척은 선장 없이 런던으로 돌아왔다. 1779년 여름에 북서 항로를 찾는 데 실패했다는 소식이 이미 한 차례 돌았던 후여서 쿡이 사망했다는 소식은 더 빨리 런던에 퍼졌다. 쿡의 장례식이 치러졌고, 많은 사람이 그를 칭송하기 시작했다. 첫 번째, 두 번째 여행 후 그랬던 것처럼 세 번째 항해에 함께했던 사람의 수많은 학술 보고서와 이야기가 발표되었다. 제임스 쿡의 여행은 유럽 전역에서 큰 관심을 끌었다. 남태평양에 있을 거로 믿었던 대륙이 존재하지 않는다는 최종 결론이나, 해리슨 시계, 사우어크라우트가 화제의 중심이 아니었다. 오히려 태평양 원주민에 대한 이야기가 풀기 어려운 숙제를 안겨주었다. "이들은 어떻게 태평양으로 왔을까?" "지금까지 우리가 쌓아 온 경험과 지식으로 이들의 완전히 다른 풍습과 의례를 설명할 수 있을까?" 18세기 후반에 유럽인은 미지의 것에 관심을 보이면서 이런 의문도 품었다. 이 시기에는 중국에서 유럽으로 도자기와 비단을 들여오고 모방하기도 했다. 또 이때에는 중국과 일본의 건축 요소로 유럽의 정원을 장식하기도 했다.

얽히고설킨 세상

유럽의 역사학자는 쿡이 최초로 세계를 하나로 보고 항해하던 시대를 다양하게 표현했다. 이 시대를 일컫는 단어 중에는 전제주의(프랑스 태양의 왕 루이 14세와 베르사유궁을 떠올려 보자)나 바로크(독일 바이에른 지방에 있는 교회와 수도원, 볼이 터질 듯이 빵빵한 천사 조각, 게오르크 프리드리히 헨델이 작곡한 왕국의 불꽃놀이 음악을 생각해 보자) 등이 있다. 하지만 이런 시대의 스타일은 쿡의 생애와 썩 어울리지 않는다. 쿡이 세 번째 탐사 길에 오른 동안 북아메리카에서는 영국과 영국의 식민지에 살던 주민 사이에 전쟁이 발발했고, 이후에 미합중국이 탄생했다. 바로크와 전제주의와는 완전히 다른 성격의 세계였다. 그런데 알고 보면 제임스 쿡의 어린 시절도 나중과 달랐다. 어렸을 때는 영국의 동쪽 해안에서 일거리를 찾아다니던 배고픈 소년이었지만, 훗날에는 사회에서 눈부실 정도로 큰 성공을 거두었다. 하지만 이런 일은 결코 드물지 않았다. 18세기에도 하류층 사람이 크게 성공할 수 있었다. 반대로 그가 살았던 시대에는 명문 귀족 집안과 왕실 집안이 빨리 이름을 잃거나 집안 자체가 사라지기도 했다. 오늘날 우리가 상상하는 것보다 전제주의 군주의 권위는 덜 절대적이었고, 바로크 수도원도 비할 데 없이 찬란하기만 한 것은 아니었다.

제임스 쿡이 살던 시대를 계몽주의 시대라고도 말한다. 쿡의 삶은 계몽주의와 연관시키는 것이 훨씬 더 어울린다. 쿡은 호기심도 많고 어떤 것을 학문화하고 체계화하는 일에 늘 열심이었기 때문이다. 자세히 그린 지도와 해리슨 시계, 그리고 사우어크라우트를 보면 알 수 있다. 하지만 여러 면에서 계몽주의적으로 사고했다고 해도 모든 관점이 우리 마음에 드는 것은 아니다. 계몽이란 개념은 자신의 위치를 세상 가운데에 새롭게 정의하는 것도 의미한다. 계몽주의자는 자신의 위치를 새롭게 배치하면서 자신을 앞에 내세웠다. 제임스 쿡이 살던 당시에 아시아와 태평양 세계는 유럽인에게 먼 동시에 가까운 곳이었다. 18세기 말경, 세계의 모든 문명은 공통된 기본 지식에 근거했다. 예를 들면 이런 식이었다. 배는 사람의 힘과 바람으로 움직인다. 정보를 듣는 일은 배를 타고 가는 것이나 동물이 달리는 것보다 빠르지 않다. 모든 사람은 영아 사망에서 균 감염, 회복 불가능한 육체 손상에 이르기까지 언제나 죽음이 함께하는 삶을 산다. 하지만 이런 유사점이 있다면 큰 차이점도 있었다. 쿡의 탐사 덕분에 자기가 살고 있는 땅의 가장자리에 낯선 세계가 존재한다는 것을 이제는 유럽인, 마오리족, 하와이 주민 모두가 알게 되었다. 거기까지 이르는 길은 매우 불편하고 위험하다. 쿡과 투파이아의 운명이 이를 보여주었다. 유럽의 지식층은 다른 문화에 관한 많은 이야기를 함께 생각하고 체계화하기 위해 열심히 노력했다. 이때까지만 해도 이들은 원칙적으로 다른 문화와 유럽 문화의 가치를 동등하게 평가했다. 하지만 곧 자신이 모든 발전의 꼭대기에 있다고 생각하기 시작했다. "우리 유럽 뱃사람이 먼바다와 연안을 따라 거둔 발견은 우리에게 큰 공부도 되고 또 재미도 준다." 1789년 독일의 시인이자 극작가인 프리드리히 실러(Johann Christoph Friedrich von Schiller, 1759~1805)는 예나(Jena)에서 열린 교수 취임 공개 강의에서 '보편사란 무엇이며 그것을 연구하는 목적은 무엇인가?'라는 주제로 이처럼 말했다.

> "이런 발견(항해사의 발견-역자 추가)은 우리 주변을 에워싼 문명 발달의 다양한 단계에 있는 종족을 보여준다. 마치 다양한 연령의 아이가 한 명의 성인 남자를 둘러서 있는 모습 같다. 이들을 바라보며 남자는 자신이 이전에 무엇이었고 어디에서부터 출발했는지를 회상해 본다. 어떤 현명한 손이 우리가 우리의 문명 속에서 충분히 발전할 때까지 이런 거친 종족(역사 초기 인간의 상태를 비유적으로 표현한 말-역주)으로부터 우리를 보호해준 듯하다. 이는 우리가

이런 발견을 우리 자신을 위해 유용하게 활용하고, 잊고 살았던 인류의 출
발점에 서 있는 모습을 거울로 다시 재현하기 위해서다."

실러는 그 시대에 쿡과 포스터, 그리고 다른 세계의 여행자가 발견한 것을
관심 있게 관찰했다. 그리고 모든 인간은 근본적으로 동등하지만, 제각각의
발전 단계에 있으며, 그중에 유럽은 가장 높은 단계 즉, 어른의 위치에 있다고
구분하기 시작했다.

실러보다 몇 년 앞서서 독일의 계몽주의 철학자인 이마누엘 칸트(1724~1804)
는 세계사가 '인류의 완전한 시민적 통합을 달성하기 위해' 자연의 계획을 이
해할 필요가 있다고 주장했다. 세계사는 고대 그리스에서 시작해서 로마 제국
으로 이어지고 현재까지 진행되어 왔다. 칸트에게 유럽이 아닌 나라의 역사는
크게 중요하지 않았다.

"계몽된 국가들에 의해 우리가 알게 된 다른 민족의 국가 역사는 점차 단편
적인 사건들로 드러난다. 이를 통해 세계 각지에서 국가 체제를 개선하기
위한 규칙적인 과정을 발견하게 될 것이다. (분명 다른 모든 미래의 법에 적용될)"

칸트에게 세계사란 사실 유럽의 역사만을 의미했다. 나머지 다른 나라의 역
사는 '규칙적으로 유럽의 국가 헌법을 개선하는 데 방해가 되지 않기 위한 에
피소드에 지나지 않았다. 유럽 국가는 자연의 계획 그 자체라고 생각했던 칸트
의 견해는 유럽인이 아닌 다른 사람의 가치를 평가 절하하고 있다.

수십 년 뒤에 게오르크 빌헬름 프리드리히 헤겔은 저서 《역사철학 강의》에
서 강한 어조로 아메리카와 아프리카에는 아예 역사가 존재하지 않고, 아시아
는 역사의 초기 단계에 있다고 묘사했다. "세계사는 동쪽에서 서쪽으로 진행
한다. 따라서 유럽이 당연히 역사의 종점이며 아시아는 그 시작에 불과하다."

쿡의 여행과 18세기 후반부에 일어난 아시아를 향한 열광은 호기심, 그리
고 유럽이 우월하다는 의식에서 아시아의 가치를 평가 절하하고자 하는 마음,

또 한편으로는 세계 지배라는 낯선 것에 대한 경계심 사이에 놓여 있었다. 유럽인은 아직 투파이아 제사장과 같은 중개인 없이는 어떻게 다른 문화를 대해야 할지 몰랐고, 자신이 정말 우월한지 확신이 서지 않았다. 쿡과 같이 존경받던 인물의 죽음도 피할 줄 몰랐다. 하지만 유럽인은 7년 전쟁(Seven Years' War, 1756~1763)이나 '프렌치-인디언 전쟁(French and Indian War, 1754~1763)' 같은 전쟁을 아시아와 미국 땅에서 일으켰다. 독일의 사학자인 위르겐 오스터함멜(Jurgen Osterhammel)은 이렇게 말했다.

> "18세기에 유럽은 자신을 아시아와 비교했다. 하지만 19세기에 와서 자기가 비교 대상이 되지 않는다고 생각했다. 세상에 자기 혼자만 존재했다."

1800년부터 1945년까지의 세계 역사를 쓴 사람은 유럽이 어떻게 세계 역사의 중심과 목적이 되었는지를 보여주고자 했다. 제2차 세계대전 후에 유럽이 스스로 세계사의 중심에서 빠져나오자 미국과 소련이 세계를 지배했다. 이제는 서구 문명의 발생 혹은 인류의 발전에서 공산주의의 멈추지 않는 승리를 서술하는 세계 역사책이 생겨났다. 이런 역사는 진보의 릴레이 경주와 비슷한 점이 많다.

21세기 초반의 유럽은 더 이상 세상의 중심이 아니다. 공산주의 체제를 고수했던 나라는 무너졌고, '서유럽'은 자기 존재에 확신이 없었다. 이런 상황에 마주 서서 우리는 쿡이 이방인에게 보여준 경의를 다시 생각해 볼 필요가 있다. 쿡이 탐색한 뒤에 우리는 지구 끝에 있는 다른 곳을 알게 되었다. 그가 가져온 정보를 통해 실러나 칸트, 헤겔과 같은 유럽인은 세상을 서열을 두고 차별하기 시작했고, 자신을 가장 높은 위치에 올려놓았다. 제임스 쿡은 이 문제에 좀 더 조심스럽게 접근했다. 쿡은 뱃사람으로 살면서 사람의 삶과 죽음은 예상할 수 없다는 사실을 경험했다. 세세하게 지도를 그리고 낯선 것을 찾을 수 있기를 바랄 때, 수월하게 방향을 찾고 선원의 목숨을 좀 더 확실하게 보장해 주는 기술이 진보하기를 바랄 때 쿡은 계몽주의적 영혼의 소유자였다. 하지

만 그는 유럽의 사고방식에서 벗어나서 다른 나라가 무조건 더 나쁘다고 말해서는 안 된다는 열린 생각을 했다. 쿡의 두 번째 여행을 함께했던 게오르크 포스터는 다음과 같이 기술했다.

"인간의 본성은 기후에 따라 어느 곳에서는 차이가 나긴 해도 전체적으로는 구성에서 보나 인류 발전 과정으로 보나 모두 같다. 사람 가운데 완전히 절대적으로 동일한 사람은 육체적으로든 윤리적으로든 어디에도 존재하지 않는다."

쿡이 그랬던 것처럼 우리도 세계의 역사를 발전의 릴레이 경주로 바라보는 것이 아니라, 호기심으로 가득 차 조심스럽게 연구하는 자세로 들여다보는 탐구 여행으로서 보아야 한다. 책 표지에 펼쳐진 그림에 등장하는 역사상 유명한 곳만을 돌아보며 영웅의 길을 가는 것이 아니라, 매우 독특하고 얼기설기하게 짜여 알록달록한 양탄자를 찬찬히 살펴보아야 한다. 우리는 다음 장에서 소개되는 새로운 장소에서도 다시 이런 양탄자를 발견할 것이다. 물론 세계 곳곳에서 말이다. 굵기와 길이, 색깔이 가지각색인 실을 흥미롭게 바라보게 된다. 양탄자를 위로 들어 올렸을 때 각각의 실이 다른 곳과 연결된 지점도 볼 수 있다. 기술, 예술, 정치, 음식이 어떻게 발달했는지도 본다. 물론 실패와 소멸도 있다. 발전의 릴레이 경주와는 다르게 우리는 역사의 풍부한 다양성을 보게 될 것이다. 그런데 어떻게 해서 우리는 다양함의 신이 되었을까?

디오니시우스 엑시구스 – 시간을 정리하다

우리는 다양성을 정리하기 위해 시간을 이용한다. 언제 무슨 일이 일어났는지 시간을 기록하고 비교하고 조합한다. 하지만 날짜를 매기는 것은 인간이 만든 일이라서 그 자체가 혼란스러운 역사의 양탄자를 짜는 데 한 부분이 된다.

내가 컴퓨터 앞에서 글을 쓰고 있는 2017년 2월 27일 월요일을 완전히 다른 날로 나타낼 수도 있다. 이날은 이슬람력으로는 1438년 주마다 I(Jumada I, 5월) 30일이고, 유대력에서는 5777년 아다르(Adar, 5월) 1일이다. 두 달력에 따른 명명법은 아주 많은 다른 이름 가운데 든 두 개의 예에 지나지 않는다. 만약 날짜를 기재하는 다른 방법이 통용되었다면 우리는 다른 이름으로 이날을 불렀을 것이다. 날과 달, 연에 이름을 붙이려고 사람들은 정말 다양한 방법을 찾았다. 현재 전 세계적으로 오늘을 2017년 2월 27일이라고 부르는 것은 권력과 무능함, 종교와 정치, 상징, 그리고 실용적 해결책에 대한 인간의 관심과 연관된다. 또 학자승이었던 디오니시우스 엑시구스(Dionysius Exiguus, 500?~560?)와도 깊은 연관이 있다.

디오니시우스는 오늘날 루마니아인 흑해 연안 출신이다. 디오니시우스가 언제 태어나고 죽었는지는 알려지지 않았다. 다만, 서기 500년에 수도사의 신분으로 로마에 온 사실이 알려져 있다. 로마에 오기 전에는 콘스탄티노플에 머물렀다. 그는 라틴어와 그리스어에 뛰어났는데, 6세기에 이런 실력을 갖춘 사람은 드물었다. 그래서 디오니시우스는 학자이자 번역가, 선별자, 이른바 카논(Canon)이라 하는 교회 법전의 편찬자로서 일했다. 이런 사람을 그 당시에는 캐노니스트(Canonist, 교회법 학자)라고 불렀다. 디오니시우스는 그 당시의 주류에 맞게 겸손하게 편지에 디오니시우스 엑시구스라고 서명했다. 풀이하자면, '소(小) 디오니시우스' 혹은 '부족한 디오니시우스'라는 뜻이다. 이런 예의 바른 문화가 오래전에 잊히고 디오니시우스가 쓴 책의 일부만이 남게 되자 사람들은 그를 디오니시우스 엑시구스라고 불렀다. 그리하여 오늘날까지도 사전에 디오니시우스 엑시구스라고 소개된다.

520년대에 그 당시 유명 인사였던 디오니시우스는 수십 년 동안 정치적이고 종교적으로 격한 논쟁을 일으킨 문제를 해결하라는 임무를 받는다. 바로 '부활절은 정확히 언제인가?'라는 문제를 풀어야 했다. 오늘날 우리에게 이 질문은 세상을 뒤흔들 만큼 심각한 문제로 다가오지 않는다. 하지만 디오니시우스가 살았던 당시에는 목숨만큼 중요한 문제였다. 일 년 중 중요한 기독교 행사의 시기가 논쟁 한가운데 서자 각 개인의 미래도 논쟁에 휘말렸다. 당시에는 일반적으로 신의 도움에 개인과 공동체의 운명이 달렸다고 여겼다. 이러한데 어느 누가 예수 그리스도의 죽음과 부활, 승천을 일 년 중 잘못된 날짜로, 아무런 효력이 없는 날로 정하고 의식을 행하고 싶어 했을까?

　성경에는 언제 그리스도가 죽었고 무덤에서 다시 일어났는지(오늘날 우리가 말하는 수난일과 부활절) 구체적으로 나온다. 두 사건은 모두 유대교의 유월절 축제와 연관되어 묘사되었다. 유월절은 유대력으로 봄에 첫 보름달이 뜰 무렵이다. 아직은 기독교가 유대교에서 나온 종파라고 여겨질 초창기라서 기독교 신자도 춘분 이후 처음 보름달이 뜨는 날인 유월절에 최대 명절을 지냈다. 그러다 기독교 공동체가 점점 커지고 기독교가 로마 제국 전체로 퍼지면서 유대교에서 분리할 필요성을 느꼈다. 이제 신자 가운데 부활절을 성경에 맞춰 치르는 것은 옳지만, 유대교의 유월절 축제와는 별도로 치러야 한다는 의견이 나왔다. 문제는 유대력을 기준으로 하지 않으면 언제 봄이 시작하고 언제 뜨는 보름달이 첫 보름달인지가 불분명했다. 그런데 그 당시 로마 제국에서는 유대력 말고도 이 질문에 제각각 답을 줄 수 있는 여러 달력을 동시에 사용하고 있었다.

　다양한 달력을 사용한 이유는 그때 있던 모든 달력의 체계에 기본적으로 같은 문제가 있었기 때문이다. 사람들이 살면서 반복적으로 접하는 가장 중요한 세 가지 사실이 수학적으로 봤을 때 서로 일치하지 않았다. 이 세 가지는 바로 지구가 자기의 축을 중심으로 한 바퀴를 돌면 1일이 되고, 달이 지구 한 바퀴를 돌면 한 달, 지구가 태양 주위를 한 바퀴 돌면 1년이 된다는 것이다. 이 세 가지는 서로 맞물려 있다. 따라서 달이나 연(年)을 일로 나누었을 때 하루라도 남아서는 안 된다. 태음년은 1년이 354일 12시간 44분 약간 넘는다. 태양년은 1년이 365일 5시간 49분 정도다. 예로, 이슬람에서 사용하는 음력 달력으로 1년을 정의하면 1년 전체의 합보다 약 10일 정도가 짧다. 이러다 보면 결과적으로 월이 점점 뒤로 밀리고 만다. 따라서 이슬람교의 아홉 번째 달과 금식을 하는 달인 라마단(Ramadan)은 매년 그 시기가 달라진다. 양력으로 1년을 정했을 때는 이런 일이 거의 생기지 않는다. 4년에 한 번씩 하루가 더 짧아질 뿐이다.

하루 더 많아지는 일이 별것 아닌 듯 보이겠지만, 파종, 추수, 여기에 따라 바뀌는 세금과 납세일, 채무와 이자, 축제와 명절들을 달력에 맞춰 정하는 사회에서는 얼마 지나지 않아 문제가 생기고 만다.

이 문제는 이미 수천 년 전에도 잘 알려져 있었다. 달력의 정확성이 중요했던 사회에서는 일반적으로 태음년을 함께 사용함으로써 이 문제를 해결했다. 많은 문화권에서는 각각의 태음년을 매월 전체에 추가했다. 태음년은 임의적이고 불규칙적인 데도 있었겠지만, 중국이나 일본에서는 매우 정확하게 천체를 관측하고 계산하는 데 기본적으로 쓰였다. 유대력에도 윤달이 있긴 한데, 이 때문에 1년의 길이가 353일에서 385일까지 너무 달라졌다. 1년의 끝에 윤달을 집어넣었기 때문에 부활절의 날짜를 정하는 데는 그리 영향을 미치지 않았다. 하지만 1년의 길이에 너무 큰 차이가 있으면 태양의 주기를 기준으로 만든 달력 체계로 바꿔 계산하기가 어려웠다. 태양력에서는 1년이 365일이나, 달력과 계절적 주기와의 조화를 이루기 위해 가끔 366일이 된다. 이러면 월과 달의 공전의 길이가 일치하지 않는다. 이는 더 이상 매월 첫날에 초승달이 뜨지 않는다는 것을 의미했다. 오늘날 우리는 주 단위로 요일을 나누고 달과 연과는 전혀 상관없이 시간이 흐르게 놔둠으로써 일과 월과 연을 합치시킨다. 이 방법으로 월은 달의 공전 주기와는 상관없게 되었다. 정확히 계산하고 남는 날은 그해에 윤일을 추가한다.

이 해결 방법에는 두 가지 근거가 있다. 주(週)의 개념은 유대력에서 나왔는데, 유대인도 그 지역의 훨씬 더 오래된 문화에서 이를 따왔다. 이런 주의 개념은 성경에서 말하는 6일 동안 세상을 창조하고 하루를 쉬는 날을 묘사한 내용의 바탕이 된다. 유대력에 일을 하지 않는 토요일 혹은 사바스(Sabbath, 안식일)가 있다면 기독교인에게는 일하지 않는 일요일이 있다. 예수의 부활이 사바스 다음에 일어났기 때문이다. 따라서 많은 언어권에서는 일요일을 주일(主日-독일어는 해당 안 됨)이라고도 부른다.

월과 연, 윤일을 정한 것은 율리우스 카이사르 때의 일이다. 카이사르는 이집트를 본떠 로마력을 개혁했다(따라서 율리우스력이라고 부름). 현재도 여전히 2월의 끝에 윤일이 들어있는데, 이는 2월이 로마에서는 1년의 마지막 달이었기 때문이다. 로마에서는 3월에 새로운 해가 시작했다. 따라서 아홉 번째 달이라고 부르는 9월(September)은 로마에서는 실제로는 일곱 번째 달을 의미했다. 율리우스력에서 10월(October)은 여덟 번째 달이고, 11월(November)은 아홉 번째 달, 12월(December)은 열 번째 달이다. 카이사르의 해결책이 로마에서 통용되기까지는 오랜 시간이 걸렸다. 하지만 이 역법이 특별히 정확한 것도 아니었다. 교황 그레고리우스(Gregorius) 13세는 1582년에 율리우스력을 개정한다(그의 이름을 따서 그레고리력이라고 부름). 그즈음에 지구가 태양 주위를 공전하는 길이와 율리우스력에서 정한 1년 사이에 10일이나 더 차이가 났기 때문이다. 유럽에서 율리우스력에서 그레고리력으로 바꾸어 사용하는 데는 수백 년이 걸렸다. 교황이 착수한 이 개정에 대해 개신교도와 정교도 신도는 매우 강하게 반대했다. 러시아에서는 1917년에 일어난 러시아혁명을 20세기 초기만 해도 그 당시 여전히 사용했던 율리우스력에 따라 '10월 혁명'이라고 불렀지만, 러시아혁명 정부가 1918년에 그레고리력을 도입한 이후로 11월에 혁명을 기리고 있다.

이렇게 혼란스럽고 서로 맞지 않으며 항상 똑같지 않은 역법 때문에 기독교 신자는 언제가 진짜 부활절인지에 대한 문제로 불안해했다. 이를 놓고 치열한 논쟁도 수없이 벌어졌다. 궁극적으로 신의 구원을 눈앞에 보여주는 날이기 때문이었다. 분쟁을 끝내려면 우선 어떤 달력과 어떤 기상학적 현상에 따라 봄이 언제 시작하는지를 정해야 했다. 이것을 정하고 나면 예수 그리스도가 십자가에 매달린 날부터 달과 보기에 태양이 지구 주위를 얼마나 많이 돌았는지가 계산된다. 이 값으로 예수가 십자가에 매달려 죽은 날부터 계산한 시점까지 언제가 부활절이었는지 목록을 만들 수 있었다. 그리고 마침내 우리의 박식한 교회법 학자인 디오니시우스 엑시구스가 시행할 수 있는 해법을 찾아냈다. 그는 더 오래된 계산법을 바탕으로 부활절 날짜가 532년마다 규칙적으로 같은 날이 된다는 것도 추가로 알아냈다. 또 향후 95년 동안 언제가 부활절이 될지를 기록했다. 디오니시우스의 부활절 계산법은 굉장한 업적이었다. 그런데 이 자체보다 더 중요한 사실을 디오니시우스의 계산법을 통해 얻어냈다. 부활절이 언제

인지 적힌 목록을 보면서 사람들은 사실상 무궁무진한 미래를 생각할 수 있었고 (부활절이 매년 다른 날짜에 오고 532년마다 주기가 반복되는 점), 거꾸로 과거로의 계산도 가능하니 예수의 사망 날짜까지 알 수 있다는 사실이었다. 게다가 또 한 가지 오래된 질문에 대한 답도 제시했다. "예수는 언제 태어났을까?"

기독교 신자라면 네 권의 복음서 가운데 한 가지라도 찾아보면 답을 얻을 수 있지 않았을까? 예수가 죽은 후 몇십 년이 지났다고는 해도 마가, 마태, 누가, 요한이 예수의 생애에 관한 기록을 모으고 정교하게 '복음서'에 잘 기록했으니 말이다. 그런데 네 명의 복음 전도사 중 두 명은 아예 예수의 탄생에 관해 언급조차 하지 않았다. 마태와 누가도 예수의 탄생을 서기 0년 혹은 1년이라고 날짜를 기록하지 않았다. 복음서에는 날짜에 관한 어떤 다른 묘사나 월 혹은 날에 대한 이야기가 아예 나오지 않는다. 예수의 탄생은 단순히 '헤롯 왕의 시대'에 (마태복음과 누가복음) 혹은 아우구스투스의 집정 당시에 구레뇨(Quirinius)가 시리아의 총독으로 있을 때 일어난 일(누가복음)이라고 적혀있을 뿐이다. 하지만 이것은 사실 정확한 기록이 아니다. 헤롯 1세의 재위 기간은 기원전 37년부터 기원전 4년까지로, 예수가 태어나기 전이었다. 또 아우구스투스의 독재는 기원전 27년부터 서기 14년까지의 일이었다. 로마의 의원이었던 구레뇨가 시리아에 있었는지, 그곳에서 언제 어떤 자리에 있었는지는 오늘날까지 분명하지 않다. 다만 그가 집정관으로 지냈고 서기 6세기쯤 인구 조사를 했다는 사실은 증명되었다. 하지만 이렇게 되면 헤롯 왕이 살았던 시대와 일치하지 않는다.

복음서에서 가장 정확하게 기록된 날짜도 예수의 탄생과는 직접적인 연관이 없다. "티베리우스 황제가 재위한 지 15년 되는 해다. 당시 빌라도(Pontior Pilatos, 폰티우스 필라투스)는 유대(Judae)의 집정관이었고, 헤롯은 갈리아의 분봉왕(分封王, tetrarch)이었으며, 그의 형제인 빌립보(Philippus)는 이두래(Iturea)와 드라고닛(Traconitis)의 분봉왕, 루사니아(Lysanias)는 아빌레네(Abilene)의 분봉왕이었다. 대사제는 안나스(Annas)와 가야바(Caiaphas)였다." 누가는 그 당시에 요한이 등장해 예수에게 세례를 베풀었으며, 그때 요한의 나이가 약 서른 살이었다고 말한다. 이제 우리는 앞에 등장한 여러 인물이 어느 시기에 살았는지를 알아내기만 하면 된다. 그러면 어디선가 서로 겹치는 부분을 찾을 수 있을 테니 거기에서 '약 서른 살'을 계산하면 된다. 이렇게 하면 '약'이라는 단어 때문에 정확한 수치는 못 구하더라도 예수의 탄생 연도를 대략 알 수 있다.

　예수의 복음 전도사가 셈을 못해서 정확한 나이를 모르는 것은 아니다. 이들은 예수의 정확한 나이를 알 생각이 없었을 뿐이다. 이들은 예수가 몇 살인지보다 그가 지나온 삶의 모습과 전하는 말씀을 훨씬 더 중요하게 생각했다. 그래서 날짜와 일시를 기록하는 일은 부수적이었다. 그렇다고 그 당시에 날짜를 기록하는 일 자체가 드물지는 않았다. 숫자를 날짜별로 순서대로 나열해서 추상적으로 연대를 기록하는 일은 불가능했다. 그 당시에는 지구에 어디에 살았든지 대부분의 나라에서는 지배자가 언제부터 지배했는지에 따라 연(年)을 매기고 이름을 붙였다. 예로, 로마에서는 연도를 집정관의 재위 햇수로 세기를 좋아했다. 집정관이 매년 바뀌다 보니 이렇게 기록된 연도는 정확했다. 하지만 전체를 훑어보는 일이 쉽지 않아서 비실용적이기도 했다. 1년보다 더 긴 시간을 표현하는 일도 쉽지 않았다. 날짜를 정확히 알고 싶은 사람은 로마의 집정관 이름이 새겨져 있는 포로 로마노(Foro Romano, 로마의 광장)로 가야만 했다. 지배자의 임기가 끝나거나 왕조 전체가 끝났을 경우에는 이를 기준으로 했던 연도 표기법도 함께 끝났다. 새로운 시대는 새로운 이름으로 늘 시작했다.

　예수가 살았을 당시에 지구상의 다른 많은 곳에서도 시간을 기록하는 방법과 연도를 표기하는 방법은 지배자와 깊이 연관되었다. 더 나아가 지도자를 서술하고 지배력을 굳건히 하려는 목적으로 일부러 사용하기도 했다. 특히, 중국을 보면 이 사실을 확실히 알 수 있다. 60가지 연호는 중국의 역사 자체를 설명하며, 그중 대부분은 정략적 이유로 쓰였다. 즉, 새로운 연호는 '이제 우리가 새로 시작한다'고 신호를 보내는 셈이다. '우리가 시간의 근본으로 돌아간다!'

다른 나라에서는 지도자나 왕조에 연호를 붙여 연도를 표기하는 방법 외에도 반복적으로 돌아오는 주기로 날짜를 기록하기도 했다. 스페인이 지배하기 전의 중미에서 마야가 사용하던 달력이 이에 속한다. 마야는 한 해의 주기나 인간의 임신 기간과 같은 다양한 주기를 규칙적으로 돌아오는 대주기와 맞물려 계산했다. 가장 긴 주기는 52년인데, 이 주기가 지나면 처음부터 다시 숫자를 셌다. 고대 그리스인은 그리스의 올림피아에서 4년마다 치르는 경기를 올림피아드라고 부르고 각각의 올림피아드에 숫자를 덧붙였다. 예로, 27번째 올림피아드의 세 번째 해에 어떤 사건이 일어났다고 정확하게 날짜를 유추할 수 있다. '기근의 해' 혹은 '전쟁 발발 X해'라는 연도도 있었다. 선지자 무함마드(마호메트)의 평전을 최초로 쓴 이븐 이샤크(Ibn Ishaq)는 무함마드가 이집트의 집정관이 코끼리 떼로 메카(Mecca)를 습격한 '코끼리의 해'에 태어났다고 썼다. 아라비아반도에는 코끼리가 잘 알려지지 않았으므로 한동안 이 사건을 기준으로 날짜를 기록했다. 주목할 만한 일이 일어나지 않았던 해에는, 예를 들어 코끼리 해가 지난 다음 해 혹은 기근의 해로부터 2년이 된 해라는 식으로도 연도를 표기했다. 그런가 하면 오스트레일리아의 많은 지역에서처럼 시간이라는 개념이 아예 없던 곳도 있었다.

왕과 지배자, 왕조에 따라 연도를 표기할 때는 그 끝 시점도 함께 고려했다. 어느 날 새로운 큰 사건이 일어나겠지, 언젠가 왕조가 끝나면 새로운 왕조가 세워지겠지, 혹은 새로운 사건이 일어나서 새로운 시간이 생기겠지 등의 생각을 늘 하는 것이다. 딱 정해져 있는 시점에서 시작해 다가올 미래를 고려해서 시간을 표기하는 일은 드물었다. 중미의 마야에는 주기적인 달력 체계 외에도 저 먼 과거에서부터 존재하던 원점부터 시간을 기록하는 '장기 달력'도 있었다. 설명하자면, 마야는 어떤 한 날을 원점에서부터 1,411,200일이라고 나

타냈다. 하지만 이 숫자는 우리가 잘 알고 있는 10진법에 따라 적은 것이 아니라, 다른 기간을 조화시켜서 만든 숫자였다. 9.16.0.0.0은 9×144,000일 +16×7,200일+0×360일+0×20일+0×1일과 일치한다. 우리가 날짜를 세는 방식으로 바꾸어 계산하면 1,411,200일이 된다. 정말 복잡하게 들리지만, 실제로도 복잡했다. 8세기 일본에서는 서구의 날짜 표기법에 따르면 수천 년 전에 일어난 어떤 하나의 사건에서 기인한 연도 표기법이 도입되었다. 그 사건이란 바로 섬나라 일본을 일본의 첫 번째 덴노(てんのう, 일본 천황)가 독립시킨 일이다.

기원전과 기원후: 시간 표기법이 한 가지로 통일되다

고대 로마 후기 때에는 이집트에서부터 새로운 달력인 디오클레티아누스력이 유행했다. 서기 300년에 디오클레티아누스 황제는 로마 제국을 완전히 개혁했다. 여기에 대해서는 '비잔티움'에 관한 장에서 다시 살펴보자. 그가 황제에 즉위한 해부터 디오클레티아누스력이 시작된다. 디오니시우스 엑시구스는 이 달력을 기준으로 부활절이 디오클레티아누스 248년에 있었다고 계산했다. 하지만 당시에는 이 해를 순교의 248번째 해라고 불렀다. 디오클레티아누스가 기독교 신자를 박해한 왕 가운데에서도 가장 심하게 탄압한 사람이었기 때문이다. 기독교 신자는 황제의 이름을 기억하는 대신 황제 때문에 희생당한 사람을 기억하는 일이 훨씬 더 의미 있다고 생각했다.

하지만 디오니시우스는 더 이상 기독교도를 박해한 사람이나 박해를 당한 사람을 기리고 싶은 마음이 없었다. 그런 것보다 예수 그리스도를 시간의 한가운데 세우고 싶은 마음이 훨씬 간절했다. 이 목적을 달성하려면 결국은 십자가에 못 박힌 시점까지 거꾸로 계산해야만 했다. 그러고는 이미 앞서 살펴봤지만, 그 시점에서부터 복음 전도사가 전한 서로 맞지도 않고 정확하지도 않은 날짜를 꼼꼼히 연구하고 따져서 예수의 출생 연도를 알아내는 데 성공했다. 하지만 오늘날의 연구 결과를 보면 디오니시우스의 계산법은 틀렸다. 정확히 어느 해에 태어났다고 결론짓지는 못하겠지만, 예수는 '예수 그리스도의 탄생'이라고 기록된 시점보다 앞서 태어났다.

사람들은 디오니시우스의 새로운 연도 표기법을 여러 번 베꼈다. 이런 표기법은 그 당시 사람들에게 영혼을 구원하고 기독교 교단 내의 분쟁을 피하고자 당대 사람들이 매우 중요하게 여겼던 부활절의 날짜를 표기한 목록의 한 부분이 되어 널리 퍼졌다. 책을 쓰는 사람들은 목록에 부수적으로 대충 매해 어떤 중요한 사건이 있었는지를 기록했는데, 그런 방법으로 '그리스도 탄생 후'라는 기록이 최초로 나오게 된다.

새로운 연도 표기법의 중요성은 몇백 년이 지나서야 비로소 늦게 멀고 먼 길을 돌아 영국에서 발견된다. 7세기 말, 영국에서는 몇몇 왕국이 여러 연도 표기법을 가지고 서로 경쟁을 벌이고 있었다. 상황이 이렇다 보니 영국 전체를 아우르던 교회 의회는 다수의 지도자가 동시에 사용하는 각각의 재위 연도에 따라 여러 가지로 날짜를 표현해야만 했다. 매우 성가신 일이었다. 이때 앞으로 드러나지는 않았지만, 오랫동안 사용되고 있었던 '그리스도 탄생 후'라는 표기법이 일상생활에서 편하게 쓸 수 있는 대안으로 등장했다. 영국과 아일랜드 출신의 수도사가 유럽 북서 지역에서 선교 활동을 펼칠 때 유럽 대륙으로 새로운 연도 표기법도 다시 들어왔다. 서유럽 사람들은 10세기에 이미 새로운 달력에 익숙해졌다. 그러나 교황청은 11세기에 이르러서야 비로소 연도를 여기에 따라 표기하기 시작했다. 깜짝 놀랄 것도 없이 교회에서는 이전에 교황의 즉위 기간을 기준으로 한 연도 표기법을 쓰고 있었다. 새로운 달력 체계는 특별히 기독교적이라기보다는 굉장히 실용적이었으므로 중요하게 여겨졌다.

현재와 미래를 위해서만이 아니라 과거의 시간을 정돈하는 데도 상당히 큰 노력이 필요했다. 교황이나 왕, 영주, 집정관의 즉위 기간에 따라, 아니면 납세 주기와 올림피아드 혹은 자연재해가 일어난 해와 코끼리의 해에 맞춰서 경쟁하듯이 끝없이 많은 연대가 아직까지 조정되고 바뀌어 계산되었다. 8세기 초 영국의 수도사이자 역사가인 비드(베다 베네라빌리스, Saint Bede the Venerable, 672/673~735)는 율리우스 카이사르 때부터 영국 민족의 교회 역사를 다룬《영국인들의 교회사 *Historia Ecclesiastica Gentis Anglorum*》(731)를 썼다. 이 책에서 그는 새로운 연도 표기법을 사용했다. 그는 이 일에 착수한 여러 명의 학자 가운데 초창기 멤버였다. 그런데 '그리스도 탄생 전'에 일어난 모든 일에 연도를 매기는 것이 훨씬 더 어렵다는 점을 깨달았다. 이들은 사건과 관련된 사람이 전혀 알지 못했던 어떤 한 시점을 지정해서 연도를 계산해야만 했을 것이다. 유럽에서 최초로 예수 탄생 이전과 이후에 일관적인 연대를 표기한 역사책이 나온 것은 중세 말엽이었다.

다른 공간, 다른 시간

우리는 1453년(오스만이 비잔티움 제국을 정복한 해)이나 1530년(인도에 무굴 제국을 세운 바부르가 사망한 해)과 같이 연도를 표시하는 방법으로 고대 로마 후기 때 발전한 기독교 정신을 따르고 있다. 이 속에는 로마인의 미래를 지향하는 묘미와 보편화하려는 성향, 상징적 힘이 함께 깃들어 있다. 점점 더 많은 유럽의 기독교 지도자는 한마음으로 예수 그리스도가 시간을 초월한 주님이라고 생각했다. 하지만 세상에는 유럽 말고 다른 세상도 있었다. 있었다. 유럽은 단지 세상의 한 부분에 지나지 않았다. 중국이나 일본, 인도에서는 유럽이 그리 중요하다고 생각하지도 않았다. 1492년 이후에 우선 남아메리카로, 그다음에는 아메리카를 거쳐 18세기 들어서는 아시아, 오스트레일리아, 아프리카까지. 유럽에서 쓰는 달력 체계를 전 세계로 퍼트리려면 평화적 교류뿐만 아니라, 유럽의 군사적 승리도 필요했다.

우리는 이 과정을 단순히 폭력적이고 일방적이었다고 생각해서만은 안 된다. 이것은 단순히 직선적이고 미래 지향적으로 생각하는 기독교적 유럽인과 주기나 시간의 층을 믿는 비유럽인, 인도인, 무슬림 혹은 불교 신자의 만남이 아니었다. 앞에서 보았듯이 날짜를 차례대로 나열하고 미래의 존재를 인정한 달력은 세계 곳곳에 있었다. 유럽 사람은 어쩌면 그렇다고 생각할 수도 있겠지만, 유럽에 존재하던 달력과 연도 계산법은 지구의 다른 지역과 비교해 보았을 때 훨씬 나은 방법도 아니었고 기본적으로 다르지도 않았었다. 연도 계산법이 동시에 여러 가지가 존재했었고, 여러 사람이 각기 다른 목적을 위해 시간을 계산했다. 유럽에 살던 농부는 언제 씨를 뿌리고, 추수하고, 일하고, 쉬고, 예배를 보고, 세금을 내고, 공물을 바치고, 빚에 대한 이자를 다 갚을지 계산하는 일이 무척 중요했다. 이런 모든 일을 해야 하므로 믿을 만하고 불편함 없이 사용할 수 있는 달력이 필요했다. 달력을 보면서 어느 연도에 자기네가 살았는지를 알고 크게 감동하는 일은 없었을 것이다. 지구의 다른 곳에 살던 다른 사람들도 비슷했다. 어떤 지역의 사람들은 우연히 유럽의 달력을 접하고는 쉽게 시간을 알 수 있다는 장점이 마음에 들어 유럽에서 쓰던 연도 표기법을 쓰기 시작했던 것 같다. 아니면 유럽의 식민지가 된 곳의 사람은 유럽의 연도 표기법을 강제로 써야만 했다.

19세기와 20세기 초에 어떤 나라에서는 지도자가 새롭게 건국한 일을 체계적으로 정당화하려고 '서양의' 것으로 여기던 달력을 도입하기도 했다. 일본은 1872년에 나라를 산업화하고 전반적으로 현대화하는 데 도움이 된다는 명분 아래 서구식 연도 표기법을 도입했다. 오스만 제국은 1873년에 이슬람에서 쓰던 음력을 율리우스력으로, 나중에는 그레고리력으로 개정했다. 아나톨리아와 이스탄불 지역에서 오스만 제국을 계승한 터키공화국은 1926년에 그레고리력으로 바꿨다. 터키 역시 이런 변화를 국가의 서구화와 현대화를 위한 상징으로 생각했다. 하지만 일본이나 터키에 사는 사람이 유럽과 같은 시간의 축에 있다고 자동으로 진보적 이념이나 기독교 신앙의 신봉자가 된 것은 아니다. 이들 중 많은 사람은 기독교적 달력을 다른 시간, 세계, 신에 대한 관념에 곁들여 부수적으로 사용했다.

예수의 복음 전도사가 살았던 시절과 디오니시우스 엑시구스가 살았던 때, 그리고 훗날 근대까지의 긴 역사를 들여다본 독자는 여러 공간뿐만 아니라 많은 시간 여행도 했다. 사람들은 시간을 언제나 다르게 묘사하고 말했다. 일과 월에 다른 이름을 붙이고 그 길이도 달랐으며, 하루를 나누는 방법도 달랐다. 하루를 시간으로 나눠 생각했던 유럽에서는 계절에 따라 하루의 길이가 달라졌다. 해가 밝은 낮에는 시간이 더 길고, 깜깜한 밤에는 시간이 짧다고 생각했기 때문이다. 따라서 여름에는 낮 시간이 더 길고, 겨울에는 밤 시간이 더 길다고 여겼다. 날이 밝고 어두운 것과 상관없이 시간은 항상 동일하다는 것을 정하기 위해 우선 역학적 시계와 모래시계를 발명해야 했다. 중세 후기부터 유럽에서는 마을에 있는 종탑 시계의 종소리로 시간을 알았는데, 도시에 있는 시계마다 종을 치는 간격이 제각각이었다. 19세기에 와서 기차가 다니고부터 도시 간에 시간을 똑같이 맞추는 일이 필요해졌고, 이윽고 유럽 전체의, 더 나아가서는 세계의 시간이 모두 통일되었다.

디오니시우스 이후로 수백 년이 지난 뒤 기독교 달력을 전 세계에서 사용함으로써 하나의 통일된 시간 간격인 통시가 생겼다. 역사책을 쓸 때도 통시를 적용해서 역사 속 연대를 표기했다. 그러자 이전까지는 실제로는 전혀 존재하지 않았던 통일성이 생겼다. 중국과 오스트레일리아, 남아메리카에 살던 사람은 하나의 동일한 시간 간격을 따르지 않았다. 유럽에서조차도 하나로 통일된 시간 계산법 없이 지역마다 다른 시간을 표기했다. 따라서 세계사 책을 쓰거나 읽으려면 우리는 매우 다양한 지역의 무수히 많은 집단과 사회가 쓰던 고유 시간에 관해 잘 알고 있어야 한다.

이러한 각각의 고유 시간은 과거를 배열하는 방법에도 영향을 미쳤다. 유럽인은 시대를 선조 시대 역사나 고대, 중세, 근대라고 부르는 데 익숙한데, 이러한 분류법은 14세기 이탈리아의 인본주의자가 발명했다. 인본주의자들은 자신이 현대적이라고 여겼으며, '중간-세기'라고 부르는 어두웠던 중세 탓에 자신이 정신적인 본보기를 찾을 수 있는 그리스와 로마인의 유산에서 분리되었다고 생각했다. 중세가 끝난 후에 찾아온 르네상스기(Renaissance)의 그림은-500년이나 지난 후에도 여전히 듣기 좋지 않은- 오늘날까지 유럽 역사학자들이 역사를 바라보는 시선에 깊은 영향을 미친다. 이 관점은 최근 세분되어서 고대를 다양한 문명이 일어난 공간별로 분류하고, 근대를 1789년에 일어난

프랑스혁명을 기준으로 전기와 후기로 나누었다. 하지만 이렇게 시대를 나타
내는 모델은 벌써 지금까지 약 700년이나 되었다.

  이 모델은 유럽 역사를 전 세계와 연관 지어 관찰하기에는 맞지 않는다. 중
국에는 유럽의 고대에 있던 것과 매우 비슷한 유산이 있지만, 중세의 위협을
받지는 않았다. 인도에는 유럽에서 말하는 중세와 같은 시기가 없었다. 중남
미에는 스페인에 정복당한 1492년 이후 수십 년 동안 깊은 단절의 시기가 있
었다. 이를 유럽의 중세와 근대의 구분과 비교할 수도 있겠지만, 이탈리아에
서 즐거운 인본주의가 발생해 꽃피던 근대를 이해하는 관점으로 마야와 아스
테카 왕국의 번창했던 시기와 멸망을 단순히 비교하는 것은 부적절하다. 아니
면 1백 년 사이에 인구의 90퍼센트를 폭력과 유럽에서 건너온 병균으로 잃은
인디오가 보냈던 시기를 새롭게 찾아온 좋은 시절이라고 말해야 할까? 1788
년에 유럽인이 건너온 일은 오스트레일리아인에게는 1492년에 중남미 사람들
이 겪었던 일과 같았을 것이다. 오스트레일리아가 파괴된 일은 프랑스혁명과
같은 시대에 일어났다. 하지만 내용상으로는 아무런 상관이 없다. 중국과 일본,
인도에 1492년이나 1788년, 1789년은 시대를 구분하는 데 어떤 의미도 없다.

  어쩌면 1914년부터 1918년까지 일어났던 제1차 세계대전이 전 세계가 공
감한 최초의 사건이었을 수도 있다. 1922년에서 1933년까지 지속되었던 세계
경제 공황 위기나, 세계 곳곳에서 다른 시점에 시작하고 끝나며 1941년에서
1945년까지 정점에 치달았던 제2차 세계대전에는 세계를 하나의 시간 속에
넣는 극단적인 힘이 있었는지도 모르겠다. 오늘날 모두 같은 달력을 사용하고
있더라도 세계의 역사는 수많은 시간의 이야기로 이루어져 있다. 언제 역사가
시작되었는지는 정의하기 나름이다.

2장:
아프리카

최초의 인간

최초의 인간은 누구였을까? 이 질문의 답은 어느 관점에서 보느냐에 따라 다르다. 6천 5백만 년 전에 원숭이와 비슷한 생쥐만큼 작은 영장류 동물이 살았다. 이런 영장류에서 여러 종의 원숭이가 진화했고 여기에는 유인원도 포함된다. 이들 중 몇몇 종은 7백만 년 전부터 두 발로 걷기 시작했다. 이제 세상을 보는 눈높이가 달라졌고, 걸어가면서 사물을 파악하고 두드리거나 코를 후비는 데 손을 사용할 수 있었다. 이 시기쯤에 인간과 비슷한 존재와 오늘날 동물계에서 사람과 가장 가까운 침팬지의 조상은 서로 다른 진화의 길을 걷기 시작했다.

약 250만 년 전 아프리카 동부 지역에 살던 인간과 유사한 존재가 도구를 만들기 시작했다고 추정된다. 이들은 더 효과적으로 갈고, 자르고, 때려 치기 위해 돌을 작게 떼어내 다듬었다. 이들은 자신이 습득한 지식을 다른 사람에게도 전달했을까? 답을 알아낼 길은 없다. 고고학적 소견에 따르면, 오히려 습득한 지식은 사라졌다가 다른 곳에서 새로 발견되곤 했다. 최초로 도구를 만든 인류

가 우리처럼 말할 수는 없었을 것이다. 입과 코, 목구멍의 구조는 10만 년에서 30만 년 전부터 비로소 말을 할 수 있게 진화했다. 단순히 해부학적으로 봤을 때 말을 할 수 있었다고 해도 그 당시 인간이 과연 실제로 언어를 구사할 수 있었을까? 만약 가능했다면 무슨 언어를 사용했을까? 당연히 아무런 증거도 남아 있지 않으므로 이 또한 증명할 수 없다. 문자가 생겨난 지는 겨우 5천 년에서 6천 년밖에 되지 않았고, 녹음기는 1900년대에 와서, 영화는 1920년대에 이르러 발명되었으니까 말이다. 그런데 얼마 전에 고고학자들이 4만 년 정도 이전에 쓴 것으로 보이는 피리를 발견했다. 또한, 비슷한 시기의 것으로 추정되는 인간과 동물의 모습을 예술적으로 표현한 그림도 발견했다. 우리가 알고 있는 최초의 장신구뿐 아니라, 사람의 모습을 그리는 데 사용된 안료 역시 이 연대쯤에서 기원한다. 인류가 그린 가장 오래된 동물 벽화는 이보다 시기적으로 약간 늦다. 곡을 연주하고, 그림을 그리고, 자신과 다른 이를 치장할 수 있었던 인류는 분명 언어도 사용했을 것이다.

    그런데 어떤 인류를 말하는 걸까? 4만 년 전에는 최소 네 종의 인류가 출현했다. 이들은 모두 똑바로 서서 두 발로 걷고, 도구를 이용하고, 언어를 쓰고, 동물을 사냥하고 열매를 따서 먹고 살았다. 하지만 이들은 각각 너무나 달라서 서로 교류한 적이 거의 없거나 드물었다. 해부학적으로 봤을 때 네 종 가운데 한 종이 본질적으로 현생 인류의 조상인 호모 사피엔스다. 이들이 출현한 곳은 아프리카다. 두 번째 종은 네안데르탈인(Neanderthal)이다. 이 이름은 19세기 중반에 독일 뒤셀도르프 근교의 네안데르 계곡(독일어로 네안데르탈-역주)에 있는 동굴에서 처음 뼈를 발견한 데서 따왔다. 출현 지역은 유럽으로, 30만 년 전부터 스페인에서부터 중동, 러시아 남부 지역에 걸쳐 살았다. 네안데르탈인은 마치 어떤 묵직한 것에 눌린 투포환 선수처럼 생겼다. 키가 작고 땅딸막한 데다 두개골이 편평하지만 몸은 근육질에 우람했다. 세 번째 종은 데니소바인(Denisovan)이다. 지금까지 우리가 이 인류에 관해 아는 것이라고는 시베리아의 한 동굴에서 발견된 어금니 하나, 새끼손가락 하나, 그리고 발가락 한 개가 전부다. 네 번째 종은 플로레스인(Flores Man, 학명 *Homo floresiensis*)으로, 2003년

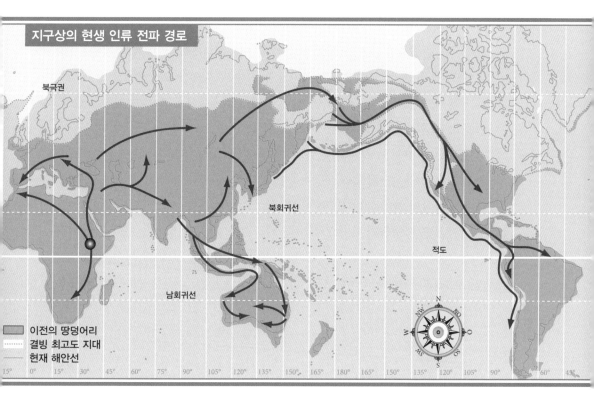

지구상의 현생 인류 전파 경로

북극권

북회귀선

적도

남회귀선

이전의 땅덩어리
결빙 최고도 지대
현재 해안선

15° 0° 15° 30° 45° 60° 75° 90° 105° 120° 135° 150° 165° 180° 165° 150° 135° 120° 105° 90° 60° 4

인도네시아에서 눈에 띄게 왜소한 키의 인간 해골이 발견되었다. 어쩌면 이보
다 더 많은 인류 집단이 존재했으나, 단순히 우리가 모르는 것일 수도 있다.
지구 곳곳을 고고학적으로 제대로 조사하지도 못할뿐더러 시간이 흐르면 인간
의 뼈가 대부분 흔적도 없이 썩어 사라져버리기 때문이다.

지금까지 알려진 네 종 가운데 유일하게 현생 인류만 살아남았다. 네안데르
탈인은 3만 년 전에 소멸했고, 호모 플로레시엔시스는 1만 3천 년 전에 사라졌
다. 데니소바인이 지구상에서 얼마나 오랫동안 살았는지, 인구가 몇 명이나
되었는지는 아무도 모른다.

그런데 어째서 현생 인류만 살아남았을까? 6만 년에서 8만 년 전에 아프리
카에 살던 인류 집단은 새로운 사냥법과 사냥 무기를 발달시켰다. 그뿐만 아니
라 새로운 먹거리를 찾아내고 이미 먹어도 된다고 알려진 식물을 재배하기 시
작했다. 게다가 조개와 보석으로 상업 활동도 했을 것이다. 이런 물건들이 절

대 나오지 않을 만한 지역에서도 발굴되기 때문이다. 인류는 분명 절박함으로 말미암아 독창적인 존재가 되었을 것이다. 이 시기 아프리카에서는 기후가 매우 빠르게 변화했다. 사람들은 살아남기 위해 무엇인가 고안해야만 했다. 지금 진행되고 있는 지구 온난화는 인류가 역사상 처음으로 만들어낸 기후 현상이지만, 아주 옛날에 지구가 뜨거워졌던 현상은 말 그대로 완전히 지구 최초의 온난화였다. 따뜻한 시기와 추운 시기가 번갈아 가면서 나타났는데, 때로는 기후가 정말 순식간에 급작스럽게 변화했다. 인류 역사상 최고 해수면과 최저 해수면 사이의 차가 최고 120미터가 된 적도 있었다. 아프리카에서 기원한 인류는 새로운 발명품의 도움으로 이런 기후 변화를 이겨낼 수 있었다. 더 나아가 기후가 적당할 때는 특정 지역에서 이전보다 더 많은 사람이 생존하기도 했다. 또한, 지구의 다른 지역으로 이동하는 것은 물론, 이주한 곳에 잘 적응하며 살아갔다.

세계 정복

약 6만 년 전쯤 아프리카에 살았던 현생 인류는 아프리카를 떠나 먼저 남아시아로 이동했다. 그보다 5만 년 앞서 살던 다른 아프리카 인종도 이동을 시도해 보았지만, 자기보다 강한 네안데르탈인을 밀쳐내고 전진할 수 없었다. 세월이 흘러 선조보다 더 좋은 무기를 만들고, 더 좋은 영양분을 이것저것 섭취하며, 언어나 예술에서도 더 앞서게 된 후손은 드디어 다른 대륙으로 진출하는 데 성공한다. 1만 년이 지난 후에는 최초의 현생 인류가 오스트레일리아에까지 이동한다. 유럽에서 현생 인류가 등장한 것은 약 4만 년 전이다. 여기서 이들은 네안데르탈인과 마주친다. 네안데르탈인은 새로운 침입자의 문명에 관심을 가진 듯하다. 유물에서 낯선 인종의 무기와 염료, 장신구들을 받아들였다는 증거가 발견되었기 때문이다. 네안데르탈인과 현생 인류는 함께 아이를 낳았는데, 이것이 바로 우리 몸속에 여전히 네안데르탈인의 유전자가 있는 이유다. 서로 사이좋게 지낸 것 같지만, 원래 유럽에 오래전부터 존재했던 네안데르탈인은 장기적인 시점에서 봤을 때 아프리카에서 건너온 현생 인류보다 열세했다. 이들은 자기의 경쟁자인 아프리카인이 덜 좋아하는 장소로 옮겨 가 살았다. 하지만 이렇게 피하고 도망치는 데에도 한계가 있었다. 어느 시기가 되자 이런 곳에서조차 위협을 느꼈다. 3만 년 전 이후, 네안데르탈인이 살았다는 증거는 어디에서도 찾아볼 수 없다. 이런 배척의 과정이 폭력적이었는지 아니면 평화적이었는지, 한쪽은 얼마나 심한 고통을 받았으며, 또 다른 한쪽은 승리한 후 얼마나 기뻐했는지 알 수 있으면 좋으련만, 아쉽게도 고고학자가 발굴한 무덤이나 거주지에서 이에 대한 정보를 얻어내는 일은 매우 힘들다.

　어쨌든 결론적으로 말하자면 유럽, 아시아, 오스트레일리아 혹은 아메리카, 어디에 살든지 우리는 모두 아프리카 사람이다. 그러나 현대 인류의 역사는 지구 어느 부분에서 일어났느냐에 따라 그 길이가 모두 다르다. 역사가 가장 긴 지역은 말할 나위도 없이 아프리카이고, 그다음에는 아시아 남쪽, 오스트레일리아, 유럽 순이다. 아메리카에서 현생 인류가 등장한 것은 더 훗날의 일이다. 이곳에서는 현생 인류 이전의 인종이 살아온 정착 단계를 발견할 수 없다. 현생 인류가 수천 킬로미터에 이르는 바닷길을 건너왔다고(이에 대해서는 어떤 근거도 존재하지 않음) 전제하지 않는다면 아메리카로 올 수 있는 우리가 생각할 수 있는 유일한 길은 해수면이 낮아졌을 때 건널 수 있는 러시아 북쪽과 알래스카 사이에 있는 지협(두 개의 육지를 연결하는 좁고 잘록한 땅-역주)이다. 현생 인류가 아메리카에 정착한 시기는 분명 2만 년 전일 것이다. 이들은 알래스카에서부터 아메리카 대륙 전체로 퍼져 살았다. 남미 칠레의 산티아고 남쪽 지역에서 1만 4천 년 정도 이전 사람의 거주지가 발견된 것을 살펴보면 이들은 해로와 육로 양쪽으로 이동했을 것이다. 만약 육로를 통해서만 이동했다면 남미의 남단까지 오는 데 훨씬 더 오랜 시간이 걸렸을 것이다. 물론 아메리카에 최초로 도착한 인류가 파나마가 얼마나 멋있는지 보려고 혹은 티에라델푸에고에 얼마나 불이 많이 지펴져 있는지를 보려고 일부러 남쪽까지 내려온 것은 아니었다. 오히려 사냥꾼과 채집자 무리로 나뉘어 그때까지 기존에 돌아다녔던 지역을 벗어나 새로운 양식을 찾기 위해서였다. 북쪽에서 오늘날의 칠레에 이르는 아메리카인의 '빠른' 정착은 각 세대가 40킬로미터씩 남쪽으로 '이동'하며 이루어진 셈이다.

남미에 도착한 뒤 좀 더 늦게 나타난 인류의 후예는 카리브해 섬으로 건너간다. 이번에는 확실히 목표 의식이 뚜렷한 탐색 여행이었다. 바다를 항해할 수 있도록 제대로 만든 배만 대륙에서 트리니다드(기원전 5000년경)로, 쿠바와 히스파니올라섬(Hispaniola, 기원전 3000년경)으로 향하는 뱃길을 견뎌낼 수 있었기 때문이다. 좀 더 훗날에 인류는 아시아를 떠나 바다를 건너 태평양에 있는 섬으로 진출했다. 그리고는 기원전 2000년경부터는 필리핀에도, 기원전 1500년 전부터는 뉴기니에도 살기 시작했다. 인류는 이곳에서부터 출발해 다시 솔로몬제도와 사모아, 타히티를 향해 계속 원정했을 것이다. 망망대해를 건너 머나먼 길을 가려면 뛰어난 항해술이 필요했다. 언제부터 사람이 살았는지 여전히 논쟁 중인 이스터섬은 사람이 살고 있는 가장 가까운 섬과 2천 킬로미터 넘게 떨어져 있다. 하와이에는 서기 4백 년경부터 사람이 살기 시작했는데, 이 섬을 발견한 사람은 분명 마르키즈제도(Marquesas Islands)에서부터 배로 바다를 건너왔을 것이다. 우리는 그 당시 배를 타고 5천 킬로미터가 넘는 여행길에 오른 사람이 여행이 끝나가기 전까지도 하와이를 마주하리라고는 상상도 못 했다는 사실을 염두에 두어야 한다. 서기 1200년경에는 뉴질랜드에도 드디어 인류가 나타났고 6백 년 동안 마오리가 두 개의 주요 섬에 살았다. 그리고는 캡틴 쿡이 찾아왔다.

인류는 아프리카에서 출발해 세계를 정복했다. 이들은 짧은 기간에 여러 기후 조건을 잘 극복하고, 다양한 종류의 식물과 동물에도 적응해 나갔다. 아프리카와 아시아, 유럽에 살던 인간은 서로 계속해서 교류했다. 사하라와 고비 사막 같은 건조 지대와 힌두쿠시산맥이나 히말라야 같은 장애물이 있었지만, 이들은 사막과 산의 건너편에 다른 사람이 살고 있다는 사실을 알았으며, 그 사람들의 생활 방식과 세계관이 어떤지를 대략 상상했다. 이와는 달리 아메리카와 오스트레일리아 대륙과 태평양에 있는 섬에 살던 사람은 처음 자리 잡은 뒤에는 더 이상 다른 지역의 사람과 교류하지 않았다. 따라서 이런 지역에서는 그들만의 완전히 독특한 문명이 발달했다. 유럽인은 1492년에 아메리카를 발견하고 1788년에 오스트레일리아를 발견했을 때, 이 지역의 사람이 자기네끼리 어떻게 의사소통을 하고 어떤 사회적 관계와 규칙 속에서 살고 있는지를 유럽의 언어와 세계관으로는 전혀 파악할 수 없을 정도였다. 물론 거꾸로 봤을 때도 상황은 마찬가지였다. 첫 만남은 매우 조심스럽게 이루어졌지만, 점점 폭력이 잇달았다. 무엇보다 서로를 오해하고 이해하지 못하는 사태가 잦았다. 캡틴 쿡이 사망했던 이유다.

세계의 인구: 성장과 재앙

네안데르탈인이 소멸했을 때나 아메리카에 사람이 도착했을 때 혹은 인류가 뉴질랜드로 배를 타고 건너갔을 때 지구에는 얼마나 많은 사람이 살았을까? 이 질문의 답을 얻기란 쉽지 않다. 마오리족이나 아메리카인, 네안데르탈인이 인구 조사를 해서 인구수를 기록했을 리 없으니까 말이다. 메소포타미아에서는 기원전 3800년경에 인구 조사를 시행했고, 이집트에서도 기원전 2500년경에 인구 조사를 했다. 누가복음서는 예수가 어렸을 당시를 이야기하면서 아우구스투스 황제가 다스리던 시절 로마 제국에서 인구 조사를 했다고 전한다. 조사 결과는 아쉽게도 남아있지 않다. 또 유일하게 시리아 지역에서만 인구 조사를 했을 것으로 추측된다. 중국에서는 2세기 때 시행한 인구 조사 결과가 남아있다. 오늘날 통계학자가 조사하는 것만큼 정확하지는 않지만, 어쨌든 인구수를 알 수 있는 자료가 존재한다는 사실이 중요하다. 이 자료에 따르면, 2세기에 중국에는 5천 9백만 명에서 7천 1백만 명 사이의 사람이 살았다. 안타깝지만 그 이전과 이후에 얼마나 많은 사람이 있었는지에 대한 자료는 없다. 게다가 아무리 넓다고는 해도 중국은 세계의 한 부분에 지나지 않으므로, 이것으로 전 세계 인구를 알 수는 없다. 유럽 인구에 대한 믿을 만한 자료는 1800년 이후에나 얻어 볼 수 있다. 조사 당시 쿡 선장이 태평양을 측정할 때 숫자와 데이터, 지도와 토지 대장, 측량과 규칙을 이용했던 방법을 조사 연구 방법의 기준으로 삼았다. 인구 역사 분야에서 연구 활동이 가장 활발했던 영국이 17세기 중반부터 제대로 된 데이터를 내놓긴 했지만, 1800년대 이전 시대의 세계 인구와 관련된 모든 것은 사실 추정할 수밖에 없다. 세계사에서 인구수에 관해 말하다 보면 우리는 다시 암흑 속으로 되돌아오고 만다. 그 시대에 살았던 사람이 알고 있던 것보다 오늘날 우리가 통계를 통해 아는 것이 훨씬 더 많다. 우리는 각각의 도시 관할 지역, 중세 유럽의 왕궁과 납세 목록, 중국의 인구 조사 목록에서 얻은 숫자를 바탕으로 인구수에 관한 정보를 얻는다. 당대 사람들이 평가하고 관찰한 것을 숫자로 나타내는 현대적인 방법으로 전환하고 고고학적 유물을 활발히 해석한다. 하지만 역사 속을 점점 더 멀리 들여다볼수록 점점 더 불확실해지는 것은 어쩔 수 없다.

기원전 8000년경 지구에는 5백만 명이 살았다. 메트로폴리스인 현재 카이로 인구의 3분의 1밖에 안 되는 숫자다. 인구 밀도는 이에 맞게 낮거나 지역별로 많은 차이가 났다. 어느 지역에는 한 사람도 살지 않은 곳도 있었지만, 다른 지역에서는 사냥꾼과 채집자가 무리를 지어 눈에 익은 길을 따라 이동한 곳도 있다. 어떤 곳에서는 재배를 시작하고 가축을 키우기 시작해서 인구 밀도가 눈에 띄게 높아지기도 했다. 우리는 이런 변화를 '신석기혁명'이라고 부른다. 혁명이라고는 해도 몇백 년에 걸쳐 서서히 바뀌던 과정이라고 표현하는 편이 더 어울린다. 사람들은 먹이를 찾아 돌아다니는 길에 발견한 동물의 새끼를 잡아 와 길렀다. 또 몇 차례 작업을 거쳐 먹을 수 있는 풀과 뿌리를 수확하는 법도 배웠다. 특정한 뿌리와 풀이 자라는 동일한 장소를 찾아 돌아다녔다. 그다음에는 몇몇 식물이 잘 자랄 수 있게 영향을 미쳤을 것이다. 동물이 새끼를 낳으면 매번 해마다 새로운 새끼를 잡으러 가지 않아도 되므로, 잡아먹을 만큼 커져도 계속해서 키웠다. 이렇게 세대를 거치면서 삶이 이어졌다. 그러자 어느새 주거 생활이 가능해졌다. 이렇게 해서 작은 마을이 생기고, 점차 마을이 커져 갔다.

이런 과정은 지구의 여러 곳에서 동시에 일어났다. 유럽에서는 비교적 약간

늦은 시기에, 그리고 오스트레일리아에서는 유럽인이 건너온 이후에야 비로소 모여 살기 시작했다. 가축과 재배 작물의 종류가 다양해서 지역에 따라 정착 과정의 모습도 매우 달랐다. 남미의 안데스에서는 콩과 감자를 심고 기니피그(모르모트)를 길렀다. 멕시코의 고산 지대에서는 옥수수와 호박을 키우고 칠면조를 길렀다. 아프리카 동부에서는 조와 참마를 심고 소를 길렀고, 근동 지방에서는 밀과 보리를 경작하고 양과 염소를 쳤다. 오늘날의 파키스탄 지역에서는 보리와 면, 소를 집중적으로 길렀고, 중국에서는 조와 쌀을 심고 돼지를 치는 데 심혈을 기울였다. 경작하고 가축을 기르는 일은 새로운 생활 형태와 연결된다. 여성은 더 이상 어린아이를 하루 종일 데리고 다니지 않아도 되었다. 시간 간격을 두고 젖을 주자 집중적인 모유 수유가 내는 자연적 피임 효과가 약해져서 더 많은 아이를 낳았다. 부락에서 공동으로 살면서 개개인은 밭일에서 벗어나 수공업 일이나 상업 혹은 이승 저편의 영원한 존재, 신성한 존재와 관계를 이어주는 일을 맡는 등 전문적인 일에 종사할 수 있었다.

기원전 5000년경 사람이 살았던 거주지를 보스니아에서 발견했는데, 그 당시 집터에서 다양한 물건이 나왔다. 그런데 모두 같은 방식으로 베를 짜고,

곡식을 빻고, 동물의 가죽을 벗기지 않았다는 사실이 밝혀졌다. 이른바 전문가가 따로 있었다. 또 이와 같은 거주지에서는 1천 킬로미터나 떨어진 먼 곳에서 전파된 것으로 추정되는 물건도 나왔다. 가치가 있어 보이는 손도끼나 장신구는 먼 곳에서 가져왔거나, 구입 혹은 교환으로 얻었을 것이다. 고고학자가 찾은 또 다른 무엇인가가 있는데, 보스니아에서만 발견된 새로운 사실은 결코 아니었다. 바로 같은 지역에서 매우 다양한 방법으로 사람을 매장한 풍습이다. 사람들은 저승에서의 삶을 수월하게 해주리라고 믿고 매장을 했는데, 대충 조성한 무덤도 있고, 심혈을 기울여 만든 무덤도 발견되었다. 매장품 수에도 다소 차이가 나는 등 다양한 방식이 눈에 띈다. 분명 그 당시에도 죽은 상태에서조차 차이를 알 수 있는 사회 계층이 구분되어 있었다.

한 장소에 오랜 기간 살기 시작하자 수공업과 상업 분야에서 직업이 구분되기 시작됐다. 그러면서 소유자와 무소유자, 수공업자와 비수공업자, 남성과 여성 간의 사회적 구분이 점차 지속적으로 이루어졌다. 작은 부락의 족장에서 도시의 지배자, 그다음에는 여러 도시를 거느린 지배자, 영주, 왕, 사제왕까지 구분할 수 있었다. 농업과 축산업 등 직업의 구분과 계급은 한 공간에 여러 사람이 함께 살았음을 의미한다. 이 덕분에 지구의 인구수가 빨리 증가할 수 있는 여건이 이루어졌다. 수천 년을 관찰해 보면 이 사실을 확실히 알 수 있다. 예수가 태어났을 무렵 전 세계의 인구는 3억 명 정도였는데, 1200년경에는 약 4억 5천만 명이었다. 그중 약 3분의 2는 아시아에 살고 있었다. 하지만 인구 증가는 비싼 값을 치러야 했다. 남미 안데스 지역에서 발견된 사람의 유골 크기를 측정해보면 인간이 정착하고 경제적 활동을 분담하기 시작했을 때부터 평균 키가 눈에 띄게 줄어든 것을 알 수 있다. 평균 키는 사람들이 얼마나 잘 살고 있는지를 가늠할 수 있는 척도다. 일반적으로 영양소를 잘 섭취한 아이가 그렇지 못한 아이보다 키가 큰 성인으로 성장하기 때문이다.

경제학자의 입장에서 봤을 때 해를 거듭하여 얻은 별 볼 일 없는 작은 이익 뒤에는 이보다 훨씬 높고 해마다 변동이 심한 소득이 숨어 있다고 말할 수도 있겠다. 더 많은 아이가 태어났지만, 죽는 아이도 훨씬 많아졌다. 더 좁아진 공간에 더 많은 사람이 모여 살다 보니 박테리아와 바이러스가 퍼지기에 이상적인 환경이 조성되었다. 결과적으로 사냥꾼과 채집자였던 사람이 거의 알지 못했던 전염병이 발생했다. 권력을 손에 쥐고 있던 몇몇 사람은 대규모의 전쟁을 일으키기도 했다. 가축 전염병이 유행하고 거주지의 식량 기반을 위태롭게 하는 흉작도 들었다. 그러자 헤어날 수 없는 기근이 찾아왔다. 운송 수단과 도로 사정이 여의찮아서 다른 지역과 함께 힘을 모아 이런 상황을 극복할 수 없었다. 다시 숲으로 돌아가는 것도 대안이 아니었다. 사냥꾼과 채집자로 살았을 때 지녔던 능력과 능숙함이 일정한 곳에 정착하는 과정에서 잊혔기 때문이다. 사냥꾼과 채집자는 상황에 잘 적응하고 어딘가가 맘에 안 들면 그곳을 떠나거나 변화에 적응하며 살았다. 따라서 자연재해가 일어나도 홀로 죽거나 소수의 무리만 피해를 봤다. 그런데 부락과 마을, 도시에 살면 훨씬 안전하기는 했지만, 더 크게 사고를 당할 수도 있었다.

　속도는 느리지만, 점진적으로 불어나는 인구수를 나타내는 인구 도표를 보고 사람들이 얼마나 많은 사고와 자연재해 속에서 살았는지는 알 수 없다. 유럽에 있는 도시의 사망자 중 절반은 아이와 젖먹이 아기였다. 몇몇 문화권에서는 고의로 유아를 살해하여 인구수를 조절했다. 사냥꾼과 채집자 시절보다 오히려 출생 시 인간의 수명이 평균적으로 훨씬 낮아졌다. 태어나서 초기 몇 해를 넘기기만 하면 상황은 월등히 좋아졌다. 하지만 정착하기 시작한 인간은 모두 인생에 한 번씩은 성경 〈요한계시록〉에 묘사된 것과 같은 전쟁과 기근, 전염병 같은 커다란 재앙을 겪었을 것이다. 그 규모는 가늠할 수 없을 만큼 엄청나다. 1233년에 중국 진 왕조의 수도였던 카이펑[開封]에서 흑사병이 돌아 두 달 사이에 거의 1백만 명이 희생되었다. 1346~1353년 유럽에서는 대역병이 돌아 서유럽과 중유럽 전체 인구의 30~50퍼센트가 사망했다. 흑사병에 걸리면 며칠 안에 죽고 말았다. 몇 주 안에 인구의 절반 이상이 죽어 나가는 것을 봐야 했던 주거 밀집 지역이나 도시에서의 삶이 얼마나 고통스러웠을지는 말할 필요도 없다. 스페인인이 카리브해와 남미에 도착했을 때는 단 1세기 만에 그곳에 살던 인구의 90퍼센트가 사망했다. 대부분 유럽인이 들여온 독감, 홍역, 수두와 나중에는 티푸스와 같은 전염병 때문이었다. 남미에 있던 도시와 집들이 가깝게 붙어있던 시골에 살던 사람은 이런 병균에 대항할 항체가 전혀 없었기 때문이다.

하지만 14세기에 무시무시한 규모로 세계 인구 그래픽에 영향을 끼치며 창궐한 흑사병과 16세기에 남미를 휩쓸었던 재앙적인 전염병은 매우 예외적인 상황이었다. 이와 같은 전 세계적 재앙보다 인구수에 더 큰 영향을 끼친 것은 농업과 축산업을 기반으로 세워진 사회의 높은 유아 사망률과 늘 곁에 도사리는 감염 위험, 또는 사회 전체의 종말과 같은 치명적인 '보통의' 위기였다.

이런 배경을 알면 지난 2세기 동안 세계 인구가 급속도로 증가한 현상이 매우 특이하다는 것을 알 수 있다. 유럽에서는 이미 18세기에 비정기적으로 노동을 하고 배고픔과 가난에 위협받는 하층 계급이 급격히 늘어났다. 영국의 토머스 맬서스(Thomas Malthus) 목사는 1789년에 가난한 사람을 지원해야 한다고 강력히 경고했다. 인구는 기하급수적(1, 2, 4, 8, 16)으로 늘어나는 경향이 있지만, 식량은 기껏해야 등차급수적(1, 2, 3, 4)으로밖에 증가할 수 없다. 유럽인은 1800년대까지만 해도 기근과 빈곤층의 몰락은 훗날 더 큰 재앙을 막기 위해 꼭 필요하다고 믿었다. 이처럼 인정이라고는 눈곱만큼도 찾아볼 수 없는 견해를 오히려 경험으로 얻은 소중한 자산이라고까지 여겼으며, 자신이 틀렸다고는 전혀 생각하지 못했다. 하지만 그 뒤에 잇따라 이들이 경험해보지 못한 전혀 다른 일이 일어났다. 인구가 점점 더 증가한 것이다. 이와 함께 살 기회도 늘어났다. 산업화와 농업, 의학의 발달 혹은 유럽 외의 다른 지역에서 빼앗아 온 물건 가운데 어떤 요인으로 인구가 증가했는지는 이 책의 뒤편에서 살펴보자. 중요한 점은 기근이 물러가고(1845~1852년에 일어난 아일랜드 대 기근은 제외), 1900년대 후기에 하층민의 생활 수준이 높아지자 유럽의 인구가 1800년대(1억 5400만 명)부터 1900년대(2억 9500만 명)까지 거의 두 배 가까이 증가했다는 사실이다. 1900년대경 유럽의 인구는 세계 인구의 18퍼센트를 차지했다. 전체 인구의 55퍼센트에 달했던 아시아 인구와 비교하면 높은 비율은 아니지만, 1세기 전과 비교하면 뚜렷이 증가했다. 그런데 여기서 우리는 19세기에 수많은 사람이 유럽 대륙을 떠났다는 사실을 염두에 두어야 한다. 이렇게 많은 사람이 유럽을 떠난 일은 이전에도 그 이후에도 없었다. 북미, 남미의 몇몇 곳과 아프리카, 오스트레일리아와 뉴질랜드는 오늘날까지 여전히 19세기 유럽에서 온 이주민의 흔적이 역력하다.

20세기의 유럽 인구(2000년 5억 1천만 명)는 19세기 때만큼 성장률이 높지 못했다. 21세기 초에 와서는 아예 성장을 멈췄다. 프랑스는 이미 19세기 말에 인구 성장 정체 현상의 선두에 자리 잡았다. 영국의 맬서스 목사의 눈에 비친 이런 세계 현상은 확장하는 식량의 스펙트럼(음식의 종류)보다 이해하기 어려운 현상이었다. 충분히 먹고살게 된 인간은 자의로 아이 낳기를 꺼리게 되었나 보다. 그 대신에 유럽이 아닌 다른 나라에서는 19세기의 유럽과 비교될 만큼 역동적으로 인구가 성장했다. 이로써 세계 인구의 폭발적 성장이 일어났다. 1800년대에 이미 10억 명의 사람이 살았고, 1920년대에는 20억 명, 1974년에는 40억 명, 2011년에는 70억 명으로 불었다. 1970년대 이후로 세계 인구의 증가 속도가 예전보다 늦추어지긴 했어도 여전히 꾸준히 성장하는 추세다. 국제연합은 인구 성장 곡선이 계속 완만해져서 22세기 우리의 고손자들이 다른 100억 명과 함께 살아가길 예상하고 간절히 바란다.

이런 살인적인 숫자 외에도 21세기 인구의 연령 구조를 보면 특이한 점을 볼 수 있다. 세계 모든 도시의 영아 사망률이 1900년대 당시 세계적으로 본보기가 되었던 독일보다도 낮다. 이에 상응하듯 수명도 크게 늘어났다. 1900년대 독일인의 평균 수명은 약 47세였다. 2012년 UN의 인구 조사에 따르면, 아프리카 시에라리온(Sierra Leone)의 오늘날 평균 수명이 이 연령으로, 세계에서 가장 낮다. 오늘날 독일인의 평균 수명은 80세다. 우리의 공동묘지는 고령의 나이에 죽은 사람으로 가득하다. 역사적으로 매우 특이한 현상이다.

3장.
바빌론

사람들이 거주하기 시작하다

신석기혁명으로 되돌아가 보자. 사람들은 처음에 지구의 여섯 군데에서 정착하기 시작했다. 이 과정이 어떻게 진행되었는지 이집트 북쪽과 중동 아시아 지역을 예로 들어 살펴보자. 비옥한 초승달 지대라고도 불리는 이 지역은 오늘날의 이스라엘에서부터 시리아, 이라크 그리고 이란의 서쪽을 지나 페르시아만까지 이른다. 이곳에서는 고고학적 유물도 많이 발굴되고 문자 유적도 풍부해서 이에 대한 연구도 매우 활발하게 이루어졌다. 이 덕분에 우리는 사람들의 정착 과정에 관한 정보를 상당히 많이 얻을 수 있다. 1916년에 미국의 고고학자였던 제임스 브레스테드(James Henry Breasted, 1865~1935)는 마을과 도시의 유물이 계속 쏟아져 나왔던 이 지역의 지도를 보고 작은 초승달을 닮았다고 생각했다. 그래서 약간의 상상력을 더해 이곳의 이름을 '비옥한 초승달 지대(the Fertile Crescent)'라고 지었다.

고고학적으로 중동 지역이 관심을 끈 이유는 바벨, 바빌론 혹은 아수르, 아시리아와 같은 장소가 구약성서에 등장하기 때문이었다. 한편에서는 발굴 과

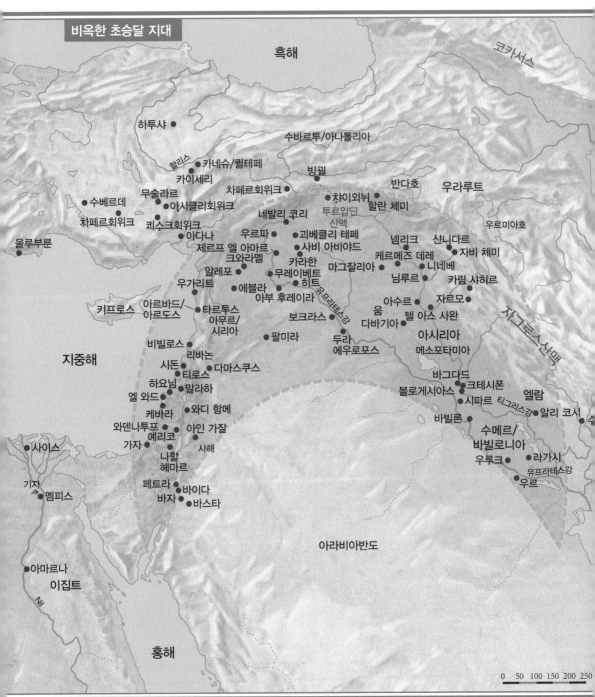

비옥한 초승달 지대

흑해

코카서스

하투샤

수바르투/아나톨리아

할리스
카네슈/퀼테페
카이세리
빙괼

차페르회위크
반다호
우라루트

무술라르
챠이외뉘
할란 체미
아시클리회위크

수베르데
투룹압딘 산맥
네발리 코리
우르미아호
차페르회위크
쾨스크회위크
아다나
우르파
괴베클리 테페
넴리크
샨니다르

제르프 엘 아마르
사비 아비야드
케르메즈 데레
자비 체미
크와라멜
카라한
마그잘리아
니네베
알레포
무레이베트
님루르
카림 샤히르
우가리트
히트

에블라
아부 후레이라
아수르
자르모

키프로스
아르바드/
아르도스
타르투스
보크라스
움
텔 아스 사완

아무르/
시리아
다바기아
아시리아

비빌로스
팔미라
두라
에우로포스
메소포타미아

지중해
시돈
다마스쿠스
리바논
티로스
하요님
말라하
바그다드
크테시폰
엘람
엘 와드
볼로게시아스
시파르

케바라
와디 함메
바빌론
알리 코시

와덴나투프
아인 가잘
수메르/
예리코
사해
바빌로니아

가자
나할
헤마르
우루크
라가시

사이스
페트라
바이다
우르

기자
바자
바스타

멤피스

아마르나
아라비아반도

이집트

Nil

홍해

0 50 100 150 200 250

정에서, 특히 설형문자를 해석할 수 있게 되면서 구약성서에서 말하는 장소와 사건이 실제로 존재했다는 것이 분명해졌다. 고대 오리엔트 학문의 전문화된 지식을 바탕으로 책 중의 책인 성경이 증명되는 것은 기독교 종교학자로서 너무나 기쁜 일이었다. 다른 한편에서는 욥의 고난에 관한 이야기나 노아의 방주 이야기, 대홍수 이야기 같은 구약성서의 중심 문장이 바빌론의 문학에서 인용되었다는 점이 분명해졌다. 기독교에서 구약성서가 대체로 그리 중요하게 받아들여지지 않았던 것일까? 혹은 구약성서란 단순히 바빌론 문학 원문을 베낀 것에 불과했나? 이와 같은 질문에서 본질적인 이른바 비벨-바벨 논쟁(Bibel-Babel-Streit)이 일어났다. 1900년대의 많은 유럽인에게 이 질문은 서양 문명의 유대교와 기독교의 근본이 걸린 중요한 논쟁이었다. 따라서 이에 대한 사람들의 관심도 점점 커졌고, 결과적으로 이 지역에서 점점 더 많은 발굴 작업이 진행되었다. 다양한 문화로 물든 거대한 공간이 다시 발견되는 순간이었다.

이 지역은 1만 년보다도 훨씬 이전에 많은 사람에게 커다란 자연적 혜택을 베풀었다. 재배하고 기를 수 있는 동식물, 충분한 수확을 약속하는 대지와 강수량, 그리고 배수로를 연결할 수 있는 강도 마련되어 있었다. 오늘날의 레바논이나 시리아 혹은 이라크의 황량하고 먼지가 날릴 정도로 건조한 자연조건을 바라봤을 때는 이를 믿기 힘들다. 하지만 3,500년 전에 시리아에서는 사자와 코끼리, 영양과 타조를 사냥할 수 있었다. 시리아와 이라크의 북부에는 작은 숲과 널찍한 초원이 번갈아 가며 펼쳐졌다. 기후는 그 당시나 지금이나 비슷했지만, 인간이 자연에 끼친 영향은 현저히 낮았다. 우리가 현재 보는 자연은 몇천 년 동안 사람이 살며 이룩한 결과다.

정확히 비옥한 초승달의 어느 지대에서 생산적 농업으로 넘어가는 과도기가 성공적으로 이루어졌는지는 알 수 없다. 아무리 열정적인 고고학자라도 이지역 전체를 모든 고고학적 기술의 규칙을 동원해 파헤치고 발굴해서 완전히 모든 것을 알아내기란 불가능하다. 서기 1만 2천 년에서 1만 년이라는 오랜 기간에 과도기가 있었기 때문이다. 이 과도기를 유물의 발굴지인 서요르단의 와덴나투프(Wadi an-Natuf)에서 이름을 따와 '나투피안(Natufian)'이라고 부른다. 사람들은 식량을 구하기 쉬운 장소에 흙으로 오두막을 지었는데, 집의 바닥은 주위 지면보다 1미터 정도 아래에 놓여 있었다. 이곳에 죽은 자를 매장하고 동시에 그곳에서 살았다. 오두막에는 돌로 만든 도구와 음식물을 보관하던 식기가 발견되었다. 그 당시에도 여전히 사냥과 채집을 통해 식량을 구하기도 했다. 하지만 마을을 이루어 거주하던 사람은 이미 야생 곡식의 씨를 뿌리고 개를 길들이기 시작했다. 비옥한 초승달 지대의 중앙 지역이나 서부 지역에서는 '나투피안' 혹은 이와 유사한 거주지가 발견되었지만, 동쪽과 남동쪽 지역에서는 발견되지 않았다.

인류는 기원전 1만 년에서 기원전 6000년 사이에 식량을 찾거나 사냥하는 대신 스스로 계획을 짜고 이에 맞춰 생산하는 단계로 넘어간다. 사람들은 농사를 지어 주변 지대의 모습을 바꾸어 놓았다. 식물을 선별하고 새로 씨를 뿌리는 과정을 통해 밀과 보리 같은 특정한 식물을 변화시켰다. 처음에는 염소와 양을 기르다가 나중에는 돼지를, 좀 더 후에는 소까지 기르기 시작했다. 집은 직사각형으로 땅과 같은 높이에 세워졌고 내부 공간도 커졌다. 부락의 전체 면적이 넓어지고 어떤 집은 더 이상 주거용이 아니라 집합소나 종교적 공간으로 사용된 듯 보인다. 집 둘레는 벽과 담을 둘러쌓았다. 가장 오래된 거주지의 예는 팔레스타인의 예리코(Jericho, 기원전 8000년경부터)이고, 아나톨리아의 남쪽에 자리한 차탈회위크(Catal Huyuk)는 이보다 약간 뒤진다. 최근 터키에서 고고학적으로 활발한 조사가 이루어지고 있어서 우리는 이런 이른 시기에 인류가 얼마나 다양하게 발전했는지 더 많이 배울 수 있다. 한 장소에서 얻은 어떤 새로운 지식을 다른 모든 곳에 전파하지는 못했다. 그렇다기보다는 다양한 장소에서 기술을 발달시키거나 다른 곳에 살던 사람에게서 지식을 배우고 익혔다. 새로운 기술을 사용하거나 그러지 않기도 했고, 잊힌 기술도 있다. 주거 부락은 세워지고 다시 버려지거나 파괴되기도 했다. 그 과정에서 주거 공동체에서 세대를 거쳐 내려오던 지식은 잊혔다.

인류는 얼마 지나 진흙으로 그릇을 만들기 시작했고, 불에 구워 오래 쓸 수 있고 물이 새지 않게 했다. 도기 시기에는 식량을 보존하고 준비하는 일이 수

월해졌다. 인류는 도기와 주거지가 발견된 장소와는 멀찍이 떨어진 곳에서 발견된 흑요석으로 상업 활동을 한 것으로도 추정된다. 흑요석은 화산 활동으로 생기는 자연 유리로, 무언가를 자를 때 사용하는 도구로 가공할 수 있었다. 시칠리아 북쪽에 위치한 화산 활동으로 생긴 리파리섬(Lipari Island)에는 흑요석이 넘쳐났던 덕에 기원전 5000년기에 살았던 섬 주민은 흑요석으로 장사를 해서 고수익을 올렸다. 동물과 식물로 만든 바구니나 가죽 혹은 옷감도 사고팔았는지는 알 수 없다. 1만 년이라는 세월이 흐르면서 남아있는 것이 없어서 고고학자가 발견할 방법이 없기 때문이다. 도기는 이와는 달리 썩지 않는다. 따라서 고고학자는 도기를 만든 기술의 종류(형태, 색깔, 문양, 제작 기술)로 다양한 문명을 구분하고, 발견 장소에 따라 각각 이름을 붙였다. 하수나(Hassuna) 문명에서는 도기를 기하학적 문양으로 장식했고, 사마라(Samarra) 문명에서는 도기에 색깔을 입히고, 좀 더 큰 크기의 도기에는 동물과 식물 문양을 멋지게 그려 넣었다. 할라프(Halaf) 문명은 도기 굽는 기술이 매우 앞섰다. 어떤 특정한 도기의 형태로 지배자와 사회, 마을과 도시 조직, 사냥과 농사 기술을 구분할 수 있는지와 발굴된 일부 도기가 전체 도기의 전형적인 형태였다고 평가할 수 있는지 판단하기란 매우 어렵다.

　기원전 5500년경에 유프라테스강과 티그리스강의 중류와 하류 지역에 인류가 정착하기 시작했다. 이 지역은 몇천 년 동안 비옥한 초승달 지대의 문화적·정치적 중심지 역할을 했다. 이곳에 바빌론이 생겼고, 이 지역은 바빌로니아라는 이름을 얻었다. 두 강이 흐르는 지역 혹은 메소포타미아(그리스어로 meso potamos, '강 사이'를 의미)는 유프라테스강과 티그리스강이라는 두 강의 큰 영향 아래 발전했다. 두 강은 산에서 비옥한 토질의 흙을 흘려보냈다. 땅이 평평하고, 특히 유프라테스강은 유속이 느리며 함께 쓸려온 모래가 점점 쌓여서 홍수가 끊이지 않았다. 어느덧 강은 방향을 바꾸어 흘렀고 비옥한 땅은 그 자리에 그대로 남았다. 하지만 이런 과정에서 어촌이나 항구가 강에서 갑자기 몇 킬로미터 떨어져 존속할 이유를 잃기도 했다.

　유프라테스강과 티그리스강 지역은 비 오는 날이 적어 강수량도 적었기 때문에 관개용수를 받아야지만 농사짓는 일이 가능했다. 그나마 땅이 평평하고 모든 땅이 관개에 적합해서 관개용수를 위한 조건을 잘 갖추고 있었다. 이곳에 정착하려면 관개수로를 만들고 유지하며 곧 들이닥칠 토양의 염류화 문제를 해결해야 했으므로 사회 구조가 다양하게 구성되어야 했다. 이 문제만 해결하면 많은 수의 인구를 지속적으로 먹여 살릴 수 있었다. 그 밖에도 여분의 식량을 거두어 장사도 할 수 있었다. 메소포타미아 지역에는 돌이나 철, 나무가 거의 없었다. 건물을 짓는 데는 점토나 굽지 않거나 구운 벽돌, 아스팔트 등이 쓰였다. 그 외에 다른 모든 재료는 다른 지역에서 사 오거나 약탈했다. 사람들은 많은 노동력이 요구되는 관개농업에서 보리와 참깨, 대추 재배에 집중했다. 이와 같은 생산물은 양과 염소를 키워 얻은 우유와 고기 및 강과 습지에서 잡은 물고기와 함께 풍족한 식량의 기본이 되었다. 하지만 주변에 있는 초원 지대와 산악 지대에 살던 사람과 무역을 하면서 식량 사정이 비로소 훨씬 나아졌다. 이곳 사람들도 지형 특색에 맞춰 적응해 나갔다. 농사를 짓고 가축을 치는 일과 나란히 유목이 발달해갔다. 이 두 가지 형태는 처음부터 상호 의존적이었다.

이로 말미암아 유프라테스강과 티그리스강 지역에는 노동의 분담과 계급이 정해진 사회적 구조가 형성되었다. 공동체로 살아가는 데는 외부와의 활발한 교류가 필요했다. 기원전 4000년과 기원전 3000년 사이에 관개농업을 하던 강의 남쪽 지역에 있던 수메르(Sumer)의 인구가 뚜렷이 증가한 반면에 북쪽 지역의 인구는 줄어들었다. 수메르인은 처음에는 많은 수의 작은 부락에 살았지만, 곧 큰 부락에, 나중에는 도시에 사는 편을 선호했다. 큰 도시 주변에는 마을이 옹기종기 모여 있었다. 기원전 3000년기에 메소포타미아의 남쪽에서는 오늘날 우리가 말하는 도시국가가 서로 평화롭게 지내기도 하고 폭력을 쓰기도 했으며, 지역을 벗어나 더 먼 곳까지 무역 관계를 형성하기도 했다. 유프라테스강 하류 지역에서 발굴 조사된 도시 중 가장 큰 곳은 우루크(Uruk, 이라크 남부에 있는 수메르의 도시 유적)였다. 이곳의 사원 구역은 특징적이고 도시를 보호해 주었으며, 신이 안녕을 위해 항상 각각의 도시를 지켜보고 있다고 여겨졌으리라 추정된다. 그러나 이런 신은 동시에 신의 집단이나 신의 가족 혹은 신의 세계의 일부이기도 했다. 사원 구역은 화려하게 장식되었다. 도시를 지배하는 지도자 외에 관리자와 토지를 지닌 사원이 도시에서 특별히 중요한 경제 요소였으리라 추정된다. 사원과 지도자의 거처는 이와 같은 도시에서 그림과 조형 예술이 매우 발달했었다는 것을 보여준다. 하지만 무엇보다 중요한 것은 완전히 새롭고 모든 인류의 미래 문명에 영향을 미칠 요소도 보여준다는 점이다. 바로 문자다.

문자의 발명

문자는 사실 메소포타미아 지역에 있던 어느 도시보다도 훨씬 앞서 발명되었다. 문자의 역사는 토큰이나 칼쿨리(calculi)와 함께 시작되었다. 학자들은 뚜껑이 닫히는 밀폐된 토기 속에 양이나 염소를 넣어 운반할 때 사용했던 숫자가 적힌 돌을 칼쿨리라고 불렀다. 이 숫자를 보고 물건을 받는 사람은 양이나 염소가 실제로 숫자만큼 도착했는지를 검사할 수 있었다. 그리고 보내는 사람이 고의로 동물을 적게 넣었는지, 혹은 운반한 사람이 중간에 빼돌렸는지, 아니면 양이나 염소가 혼자서 다른 길로 벗어났는지를 알 수 있었다. 쓸데없는 오해가 생기지 않도록 보낸 사람은 숫자 돌에 글씨를 썼다. 숫자는 선으로 표시하고, 양 한 마리는 동그라미를 그리고 그 안에 십자가를 긋는 등 운반할 물건은 상징적으로 그렸다. 기원전 4000년기 후반기에는 칼쿨리와 인장이 찍힌 토기를 사용하는 대신 점차 부드러운 점토판에 글자를 새겨 넣거나, 나중에는 갈대 줄기로 만든 석필로 글씨를 새겼다. 글 쓰는 작업이 끝나면 햇볕 아래에서 점토판을 딱딱하게 굳혔다. 만드는 법이 간단하고 운반하기에도 수월한 이런 점토판은 처음에는 일종의 '운송장'과 같은 역할을 했다. 하지만 글자판은 너무나 획기적인 발견이었다. 글자판은 기록을 목적으로 하는 다른 분야에서도 점점 많이 쓰였고, 석필을 사용하면 연한 점토판에 다양한 모양을 남길 수 있었다. 숫자를 나타내는 선뿐만 아니라, 양을 표시하는 십자가가 안에 그려진 동그라미 같은 모양 말이다.

　일반적으로도 그렇지만 그 당시 사람도 새로운 '매체'의 가능성을 빨리 알아챘다. 우선 집, 나무, 머리, 그릇과 같은 구체적 사물을 나타내는 기호를 만들었다. 그다음에는 '머리+그릇=먹다'와 같은 기호를 조합하고 발전시켰다. 이런 문자는 언어와는 상관없이 뜻을 '읽어낼' 수 있었다. 하지만 기호의 개수가 사물과 행위의 종류만큼 점점 많아졌다. 그러자 한눈에 다 파악하지 못할 정도가 되었다. 그래서 두 단계의 추상적 과정을 거쳐 이 문제를 해결하고자 했다. 우선 처음에 대상 자체를 연상시키는 기호(물 = 물결무늬 두 줄)를 훨씬 쉽고 빨리 쓸 수 있는 쐐기 모양을 한 반듯한 선의 조합으로 대체해서 석필로 점토판에 썼다. 이리하여 바로 쐐기문자가 탄생했다. 그다음에는 몇몇 기호를 사물과는 상관없이 소리와 음절로 나타내기 시작했다. '바, 비, 부, 라, 리, 루'처럼 말이다. 이제 문자는 더 이상 단순히 구체적인 사물과 이와 관련된 사실('양 일곱 마리를 도살한다')만을 나타내는 것이 아니라, 단어를 문법적으로 '올바르게' 쓰고 문장을 만들 수도 있게 했다. 문자가 만들어지자 가능한 한 모든 정보를 다른 사람에게 전달하고, 잊어버리기 전에 기록해서 보존하며, 운송장과 사원의 문서, 궁정 문서, 편지, 법전, 역사책 등을 다양하게 편찬할 수 있었다. 그러나 문자는 안타깝게도 더 이상 '국제적'으로 통용하는 기호가 아닌 각자의 언어와 관련된 문자로 쓰였다.

　기원전 4000년기 말 무렵 메소포타미아 남쪽의 도시국가에서 이런 쐐기문자를 사용했다. 최초로 문자로 쓰인 언어는 수메르어였다. 하지만 표기 체계의 장점이 너무나 뚜렷해서 다른 언어로도 정보를 기록했다. 수메르어는 어느 시기에 사멸하긴 했지만, 오늘날의 라틴어처럼 문자 언어로 계속해서 가르쳐지고 사용되었다. 가장 중요한 살아있는 문자 언어는 기원전 2000년기부터 사용된 바빌론과 아시리아 지역 방언의 특색을 지닌 아카드어(Akkadian)다. 인류는 지식을 모은다. 지식을 보관하려고 도서관과 기록 보관소를 세웠고, 1만 개의 점토판으로 그 안을 꽉 채웠다. 점토로 만든 판은 파피루스나 종이 혹은 양피지와는 달리 썩지 않고 불에 탄 경우 오히려 상태가 더욱 좋아진다. 그래서 고대의 유물 중 라틴어로 된 것보다 아카드어로 된 유물이 훨씬 많이 보존되었다. 무엇보다 법 관련 증명서, 편지, 영수증, 메모 등 사적인 기록의 수는 월등히 많다. 수적으로 봤을 때 건물에 새겨져 있는 글의 수는 매우 적지만, 정치적 · 역사적 면에서는 상당히 중요한 많은 정보를 준다. 오늘날 단어장처럼(물론 종이가 아닌 점토판에 적혔다는 점이 다르지만) 생긴 단어 목록과 기호 목록, 이야기, 종교적 주문, 요리법 등이 적힌 필경사 양성학교가 남긴 기록도 존재한다.

그런데 메소포타미아에서만 인류가 정착하는 과도기로 들어가고 문자가 발명된 것은 아니었다. 이집트에는 기원전 3000년 전부터 상형문자를 쓰고 있었다. 남미의 마야 문자가 최초로 기록된 것은 기원전 100년경이다. 기원전 3000년기부터 페루에 기록이 남아 있는 키푸(Quipu)라는 매듭 체계를 문자로 인정해야 할지 아닐지는 아직 논쟁이 끝나지 않았다. 중국에서는 서기 1200년 전에 붓으로 갑골에 글씨를 쓴 것이 남아 있는데, 이때의 문자 형태는 이미 현재의 음절문자와 비슷하다. 참고로 중국에서는 최초의 문자가 상업적 목적에서가 아니라 조상 숭배와 점을 치는 데 사용된 것으로 보인다.

중국의 경우와는 다르게 수메르의 쐐기문자는 현재의 언어로 이어지지 못했다. 기원전 1세기에 중동 지역에서는 아람 문자를 가장 많이 사용했다. 처음에는 지중해 연안의 페니키아인이 만든 음소 문자로 파피루스나 양피지에 기록을 남겼다. 한 세기 동안 일상적으로 사용할 수 있는 문자가 동시에 존재해서 이 문자로 파피루스나 양피지에 기록했고, 쐐기문자는 점토판에 쓰거나 돌에 새겨서 지배자와 학문적 목적으로 썼다. 그러다가 쐐기문자는 더 이상 쓰지 않고 결국 잊었다. 크리스토퍼 콜럼버스(Christopher Columbus, 1451~1506)나 제임스 쿡이 활동하던 시대에 유럽에서 온 대부분 사람은 메소포타미아의 궁전이 있던 유적지에서 발견한 쐐기 모양의 문자를 아무런 독자적 의미가 없는 추상적 문양이라고 생각했다.

쐐기문자를 해독한 일은 무엇보다 19세기에 이룩한 위대한 업적이다. 문자를 발굴하거나 건축물 표면에서 발견하고, 베껴 쓰고, 비교하고, 의미를 알아

낸 학문적 영웅은 영국인, 프랑스인, 독일인이었다. 이들의 업적을 다룬 이야기도 꽤 많다. 이들은 말 그대로 진정한 영웅이다. 여러 언어가 모두 쐐기문자 형태로 기록되어 문자를 해독하는 작업이 상당히 어려웠기 때문이다. 게다가 시간이 흐르면서 언어는 물론 문자 모양 역시 변했다. 새로운 시대의 얼간이들은 달라진 문자와 언어에 대한 증거를 하나씩 하나씩 찾고, 언어가 쓰인 시기를 결정하고, 언어를 분류, 정리해야만 했다. 그다음에는 각각의 문자와 단어, 음절 혹은 소리를 표현하는 방법을 알아내야만 했다. 이 지역에서 살지 않은 지 2천 년에서 5천 년 정도 되고, 아예 다른 식으로 언어를 구사했으므로 예전의 언어에 대해 아는 바가 전혀 없는데도 말이다. 오늘날까지도 쐐기문자로 쓰인 모든 기록이 해독된 것은 아니다. 만약 이 문자를 읽을 수 있는 사람이 있다면 내일부터 당장 일거리가 넘칠 것이다.

메소포타미아 지역의 도시, 농부, 유목민

우리는 문자 덕택에 기원전 3000년기부터 그 당시 사람들이 불렀던 대로 문명과 도시의 이름을 알고 더 나아가 영향력이 있던 사람의 신원까지 파악할 수 있게 되었다. 하지만 그렇다고 이를 알아내는 일이 결코 간단한 작업은 아니었다. 우루크에서 번성했던 문명이 알 수 없는 원인으로 소멸하고, 그 뒤를 이어 불안정한 시대가 지속되어 지배자와 그의 경쟁자에 관한 역사의 전체적 흐름을 파악하는 일이 쉽지 않기 때문이다. 지구가 탄생했을 때부터 메소포타미아 전체 지역을 다스렸던 왕의 재위 기간과 수도를 정해놓고, 그곳에서 나라 전체를 경영하던 왕조를 이룬 수메르 왕의 이름을 순서대로 나열해 놓은 유명한 왕의 목록이 있다. 하지만 이 목록은 아주 먼 훗날(서기 1800년)에 바빌론의 한 작가가 예전에 있던 견본을 베껴 종합해 놓은 것으로, 완전히 순수한 의도로 쓴 것만은 아니라는 흠이 있다. 그는 이 목록을 만들어서 메소포타미아가 예부터 항상 한마음 한뜻으로 조화를 이루며 살았고 신의 축복을 받았다는 점을 보여주고자 했다. 따라서 사실은 각각 다른 지역을 동시에 다스리던 몇몇 왕조를 순서에 맞춰 나열하기도 했다. 문자로 기록된 자료나 고고학적으로 증명된 몇몇 왕조가 완전히 빠지기도 했다. 이 목록을 예수 탄생 이전인 기원전 약 2세기 동안의 역사적 학문과 현실을 정당화하려는 신호로 중요하게 생각할 수 있다. 즉, 이 목록을 그 출발점으로 이용할 수 있지만, 실제로 신뢰할 수는 없다.

기원전 2500년경부터 좀 더 확실한 그림을 그릴 수 있도록 고고학적인 면과 기록적인 면에서 증거가 보완되었다. 사르곤 1세(기원전 2334년~기원전 2279년)는 메소포타미아 남부의 도시를 함께 통치하고 자신이 세운 새로운 왕조를 위해 아카드(Akkad)라는 신도시를 건설했다. 도시 위치가 어디였는지는 불분명하다. 오늘날의 백만 인구 도시 바그다드 지역의 어느 한 곳이라고만 추정된다. 이곳은 유프라테스강과 티그리스강이 강 하구에서 페르시아만으로 빠지기 바로 전에 굉장히 가깝게 만나는 곳이라서 두 강을 한꺼번에 제어할 수 있었다. 그 장소는 전통 깊은 도시가 있던 남쪽 지역과 당시 세력이 강해진 북쪽 지역의 통일을 상징하기에 매우 적합했다. 그 당시 사람들의 입에도 오르내렸듯이 남부와 북부, 수메르와 아카드의 경쟁 혹은 훗날 사람들이 말하게 될 바빌로니아와 아시리아 사이의 경쟁은 메소포타미아의 계속된 역사에 매우 중요한 일이었다. 사르곤 왕은 전쟁과 반란을 여러 번 진압하면서 통일을 이룩했다. 하지만 이에 못지않게 크기나 무게를 재는 단위의 통일, 같은 언어, 관개농업의 개선과 조정 같은 개혁이 통일의 중요한 발판이 되었다.

그러나 사르곤 왕이 사망한 지 1백 년도 채 안 돼서 아카드 제국은 이란의 산악 지대에서 온 유목 집단인 구티족(Gutians)에게 멸망하고 말았다. 하지만 구티족은 그 후 역사 기록에서 다시 사라졌다. 그래서 메소포타미아 출신의 한 작가가 이들을 두고 야만스럽다고 쓴 것 외에는 구티족에 관해 알려진 사실이 너무나 적다. 야만스럽다고 표현한 것은 놀라운 일도 아니다. 농부와 도시 주민이 유목 집단과 때로는 평화롭게 교류하며 지내지만, 때로는 폭력이 오가는 관계를 유지했던 일은 메소포타미아 역사에서 계속 반복해서 등장하는 요소다. 교류 내용 대부분은 우리가 알 수 있게 기록으로 남지도 않았다. 따라서 얼마나 많은 이방인이 슬그머니 도시로 들어와 적응하고, 얼마나 많은 농민이 생활 방식을 바꾸어 유목민으로 살았는지는 정확히 알 수 없다. 분명한 것은 기원전 3000년기 후반기와 2000년기 전반기에 메소포타미아 지역의 도시로 아무르 유목민이 꾸준히 이주해 온 일이다. 도시의 지배자 이름에서 아무르인이 도시를 점령했다는 사실을 알 수 있다. 하지만 수메르 혹은 정확히 말해 아카드의 문화는 계속 남았다. 새로운 문화가 침투하여 기존 사회에 적용되는 과정은 기원전 2000년기 후반기와 기원전 1000년기에도 비슷하게 일어났다. 이때 아카드의 종교적·사회적·정치적 혹은 문화적 생각이 다소 강하게 첨가되었다. 예로, 동쪽에서 온 유목민인 카시트인(Kassites)은 바빌로니아에 말을 들여오고 말이 끄는 두 바퀴가 달린 전차를 가져왔다. 그러면서 말을 사육하는 데 쓰는 전문 용어와 카시트인이 숭배하던 신의 이름을 아카드어에 남겼다. 나중에는 바빌로니아에 완전히 동화되었기 때문에 카시트인에 대해 알려진 것이 별로 많지 않다. 기원전 16세기에는 카시트인이 바빌론을 지배할 수 있는 위치까지 오를 정도로 적응하는 데 성공했다.

　　구티족이나 아무르인 혹은 카시트인의 예에서 볼 수 있듯이, 언어와 사회 집단과 '민족'을 서로 연관시키는 일은 매우 어렵다. 언어만 놓고서 단순히 어떤 공동체나 민족이 다른 민족과 근본적으로 다르다고 말할 수는 없다. 사람은 집단을 이루어 살다가도 다시 떠나기 마련이다. 언어 집단과 사회적 집단이 반드시 같아야 한다는 법도 없다. 언어와 민족 사이에 분명한 선을 긋고, 틀에 딱 들어맞는 통일성이 있다고 전제하기보다는 과도기와 겹치는 부분, 즉, 불분명한 경계선을 그대로 받아들이는 것이 훨씬 중요하다. 언어와 행동 방식은 배우기도 하고 잊기도 한다. 사람들은 부득이한 경우에는 자기의 정체성을 속이기도 한다.

　구티족과 아무르인, 카시트인에게서 볼 수 있는 또 한 가지 사실이 있다. 유목 집단은 대부분 문자가 없기 때문에 정착 생활을 하던 작가가 유목민에 관해 글을 쓸 만한 거리를 찾거나 글을 쓸 필요성을 느끼기 전에는 기록하지 않았다. 그래서 우리는 유목민에 관해 아무것도 모르는 경우가 대부분이다. 또 당연히 유목민에 관해 남아있는 기록은 작가의 관점에서 묘사된 것이며, 때로는 유목민의 역사와 문화 관련 기록도 마찬가지다. 따라서 기록된 내용이 실제 유목민의 역사나 문화와 다를 수도 있다. 어쨌거나 편파적이긴 해도 우리는 그나마 이런 문헌을 통해 구티족과 다른 집단이 존재했다는 사실을 알 수 있다. 이들은 우리의 역사 속에 잠깐 나타났다가 다시 사라져버린다. 작가의 시야 밖에 있던 사람이었다면 역사학자도 그 사람을 기록하지 않고 지나쳐 갔을 것이다. 그러면 훗날 태어난 우리에게 이런 인물은 아예 존재하지 않는 사람이나 마찬가지다. 어쩌면 부지런한 몇몇 고고학자가 그 사람을 찾아낼 수도 있다. 셀 수 없이 많은 사회 집단과 민족이 사라졌다. 어떤 집단과 민족은 멸망했고, 스스로 자멸하거나 자연재해의 희생양이 되기도 했다. 많은 집단이 다른 사회에 동화되었거나 어쩌면 엘리트 계급을 없앨 때 좀 더 앞서가던 집단의 구성원으로 들어갔을 수도 있다. 훨씬 많은 '민족'이 있었겠지만, 작가의 시야에 들어오지 않았기 때문에 우리가 이들의 역사를 모르고 지나치는 경우가 허다하다. 우리가 할 수 있는 일이라고는 자기의 흔적을 남긴, 오늘날까지도 중요하다고 생각되는 집단의 역사에 집중하는 것뿐이다. 그런데 우리가 아는 것보다 훨씬 더 많은 인간이 존재했었다는 징후가 존재한다.

　기원전 2112년에 우르(Ur)의 중앙 통치적이며 관료주의적인 세 번째 왕조가 메소포타미아를 다시 통일했다. 통일 후에는 측량 기준과 무게 계량법을 통일하고, 새로운 철자법, 사회 설비, 농업 분야를 다시 개혁했다. 이 당시에 나온 수많은 책을 보면 쐐기문자가 이제는 많이 배운 지식층인 작가 범위를 벗어나 일반적으로도 잘 알려지고, 읽히고 쓰였다는 사실을 알 수 있다. 기원전 2000년이 되기 얼마 전에 우르 제국은 유목 집단인 아무르인의 군사적 압박과 엘람

(Elam) 왕국의 압제 아래 오늘날 이란의 남서쪽에 놓인 수도 수사(Susa)에서 분리되었다. 그 이후의 '비옥한 초승달 지대' 전 지역은 지방과 지역마다 각각 권력의 중심지 역할을 했을 것으로 상상할 수 있다. 이들은 각자 본인의 영향력 범위를 넓혀가려고 서로 협력하거나 싸우거나 했다. 그런 와중에도 메소포타미아의 남쪽과 북쪽 및 멀리 강 상류에 놓인 유프라테스 중간 지역은 문화적으로 비교적 통일된 상태를 유지했다. 주변 지역은 메소포타미아 지역의 문화에 영향을 받았다. 어떤 집단은 자신의 언어를 쐐기문자로 기록하기 시작했다. 하지만 이 사람들은 자신의 문화가 메소포타미아의 원래 문화와는 다르다는 사실을 알고 있는 듯했다.

지도에는 정치적·문화적 지도만 있는 것이 아니라, 경제적 지도도 있다. 한 점토판을 보면 기원전 19세기에 티그리스강에서 북쪽으로 멀찌감치 떨어진 도시인 아수르 출신의 상인들이 소아시아의 도시에 살았다고 기록했다. 아수르인은 당나귀를 타고 다니는 대상(카라반, caravan, 낙타나 말에 짐을 싣고 떼를 지어 먼 곳으로 다니면서 특산물을 교역하는 상인의 집단―역주)이었다. 이들은 타지키스탄과 우즈베키스탄에서 주석을, 아프가니스탄에서 청금석을, 이란에서는 철을, 바빌로니아에서는 양모와 직물을 가져와 장사했다. 상인들은 재정적으로 서로를 보호했다. 이들은 아수르와 세금과 관세를 통해 이익을 챙기는 각 도시의 보호를 받았다. 이런 체계는 한 세기 동안 잘 굴러갔다. 그러다가 아시리아 상인의 연결망이 끊긴 듯했다. 그 선례는 도시 중심의 경제에 지배자뿐 아니라 사원과 사원의 제사장이 영향을 끼친다는 것을 보여준다. 반면 역동적이며 독자적인 길을 찾으려는 민간 경영 관리 부문도 있었다. 보존된 많은 점토판(상인의 편지, 채권)에서 이런 사실을 엿볼 수 있다.

기원전 18세기에 바빌론은 급속도로 성장했다. 이런 성장 뒤에는 아무르 출신 왕조의 여섯 번째 왕인 함무라비(Hammurabi)가 있었다. 함무라비 왕은 그때까지만 해도 말할 가치라고는 눈곱만큼도 없던 유프라테스강 하류의 지방 도시를 메소포타미아 지역의 막강한 힘을 지닌 도시로 변화시켰다. 이런 변화는 노련한 연합 정치와 전투에서 따른 행운, 승자의 위치에서 겸손할 줄 아는 능력, 더불어 안으로는 군사적 성공을 지속적인 통치권 획득으로 연결하려 애쓰는 정치가 있었기에 가능했다. 함무라비의 지배력은 수메르와 아카드 문학이 전성기를 맞이하는 데도 한몫을 했다. 하지만 오늘날까지 함무라비 왕이 유명한 이유는 누가 뭐래도 그의 이름을 따 제정한 법전 때문이다. 2.25미터의 높은 돌기둥에 쐐기문자로 280개의 판결문과 조항이 가운데 새겨져 있고, 이를 둘러싸고 서문과 맺음말이 적혀 있다. 이것은 말할 나위도 없이 바빌론 시대에 으뜸가며 체계적으로 정리된 법전의 위대한 종합편이었다. 또한, 체벌 강도와 '동해보복법(同害報復法, Lex Talionis, '눈에는 눈, 이에는 이'와 같이 해를 끼친 만큼 해를 가하는 벌–역주)'에 따라 죄를 벌하는 원칙이 자주 등장하기도 한다. 하지만 이 법전의 의미가 단순히 사람들에게 제시하는 방향인지, 아니면 의무적으로 꼭 지켜야 하는 사항인지는 분명하게 밝혀지지 않았다.

함무라비 왕이 왕국을 성공적으로 다스리면서부터 바빌론은 메소포타미아의 중심지가 되었고, 적어도 남쪽의 지배자 사이에서는 이 도시를 다스리는 일이 필수라고 여겼다. 기원전 1750년에 함무라비 왕이 죽은 뒤에 후계자들은 제국을 유지하려고 부단히 애를 썼다. 하지만 페르시아만에 가까운 남쪽 영역은 이미 함무라비 왕의 아들이 왕위에 있을 때 빼앗기고 말았다. 그곳에는 새로운 바다의 왕조가 나타났다. 북서쪽 역시 곧 위협을 받았다. 자연재해와 경제적 어려움, 새로운 유목 집단의 침투가 원인이었다고 추정된다. 규모가 줄어든 고대 바빌로니아 왕국의 명예와 권리에 종말이 찾아온 것은 기원전 1595년이었다. 기원전 17세기에 아나톨리아에 왕국을 세우고 이때부터 꾸준히 세력을 키워 왔던 히타이트족(Hittite)이 바빌로니아를 무너뜨렸다. 히타이트의 왕인 무르실리스(Mursilis)는 노략질을 일삼고, 도시를 파괴하고, 바빌론의 수호신인 마르두크(Marduk) 동상을 훔쳐 갔다. 함무라비 왕조는 이런 치욕을 떨쳐내고 더 이상 다시 일어설 수 없었다. 우선 남쪽에 있던 바다 나라의 왕조가 정권을 넘겨받았다. 그다음에는 카시트 가문이 권력에 올랐다. 카시트는 곧 마르두크 동상을 바빌로니아에 되돌려주었다.

고대 바빌로니아 왕국 다음에 중세 바빌로니아 시대가 이어졌다. 이 시기에는 수많은 이주민의 이동과 권력 이동이 극적으로 일어났다. 메소포타미아는 정치적으로 이집트와 소아시아와 같은 외부 세력의 영향 아래 놓이고 만다. 기술적인 부분에서는 대부분 철로 연장과 무기를 만드는 시대였다. 사람들은 단봉낙타를 가축으로 기르기 시작했고, 나중에는 쌍봉낙타도 길렀다. 낙타를 타고 다니기 시작하면서 사막에 대한 두려움은 사라지고, 교역과 전쟁을 위한 새로운 길이 펼쳐졌다.

기원전 1000년기의 아시리아와 바빌로니아

기원전 1000년기의 전반부에 메소포타미아에는 두 거대 왕국이 세워졌다. 이 두 왕국은 기원전 6세기 중엽부터 권력과 정치적 주도권이 동쪽(페르시아)이나 서쪽(그리스 국가, 훗날 로마)으로 넘어가기 전까지 메소포타미아를 중심으로 한 번 더 '비옥한 초승달 지대'를 다스렸다. 기원전 9세기부터 기원전 7세기까지의 아시리아 왕국은 북쪽이 얼마나 중요한지를 마지막으로 강조했다. 바빌로니아 대제국은 기원전 7세기와 기원전 6세기 때 남쪽의 권력 아래 지배당했다.

아시리아 제국은 여러 분야에서 기본을 잘 갖추었다. 특히, 군대는 훌륭했다. 정복당한 적을 대할 때는 의도적으로 잔인무도하게 굴었다. 이를 본 미래의 적이 전쟁을 치르지 않고 항복하게 하기 위해서였다. 모든 적의 무리는 왕국의 다른 곳으로 추방했다. 패전 상대가 규칙적으로 조공을 바치면 이를 통해 아시리아 제국의 지배층이 또 다른 전쟁을 준비하고 호사로움을 누릴 수 있는 한, 전쟁의 패배자가 정치적인 독립 상태를 유지하도록 보장했다. 아시리아 제국 전체는 효율적으로 조직되고 운영됐다. 특히, 지도자에 대해 잘 알 수 있는데, 모든 지도자는 거의 한 명꼴로 새로운 수도를 정하거나, 적어도 새로운 거대한 왕궁을 짓도록 했기 때문이다. 궁전 내부는 이들의 명망 높은 업적을 기리는 그림과 글로 가득했다.

아슈르나시르팔(Ashurnasirpal, 기원전 884~기원전 859년) 왕은 지금까지 수도였던 아수르(Assur)에서 칼후(Kalhu)로 수도를 옮겼고, 그의 아들 살마나사르 3세 (Salmanassar Ⅲ, 기원전 859~기원전 824년)는 칼후에 머물며 새로운 궁전을 지었다. 아시리아인이 힘든 시기를 보냈던 기원전 8세기 말엽에 다시 한번 왕국의 영토를 확장하고 안정적으로 나라를 다스렸던 사르곤 2세(Sargon Ⅱ, 기원전 722~기원전 705년)는 새로운 수도를 세우고 직접 '두르샤루킨(Dur Sharrukin, 사르곤성)'이라는 이름을 붙였다. 사르곤 2세의 아들인 산헤립(Sennacherib, 센나케리브, 기원전 705년~기원전 681년)은 그곳에 지방 장관을 한 명 임명하고 자신은 니네베(Nineveh)를 수도로 삼았다. 기원전 7세기의 지배자는 니네베에 머물렀다. 니네베는 아시리아 왕국이 가장 넓어지고 호화로움이 뻗어 나간 시기의 상징이 되었고, 얼마간 아시리아는 이집트와 지중해 동쪽 연안까지 지배했다.

아시리아의 지배자는 모두 폭동과 관련이 있다. 이들은 결과적으로 철권통치를 했고 무자비할 정도로 높은 조공을 요구했다. 아시리아 중앙은 자원이 부족해서 아시리아의 지도자는 확장과 약탈을 위해 태어난 사람 같았다. 따라서 더 이상 나라를 확장하지 못하고 한계에 부딪히자 무너지고 말았다. 아슈르바니팔(Ashurbanipal, 기원전 669~기원전 631년)이 전쟁에서 성공을 거두고 나라 안으로는 개혁 임무를 이끌 수 있었던 마지막 왕이었다. 그가 종말에 이르기 전에 이미 위기 상황은 점점 더 심해졌고, 그가 죽은 지 20년이 지나자 아시리아인이 세웠던 왕국은 더 이상 존재하지 않았다. 기원전 614년 옛 수도였던 아수르는 바빌로니아인과 이란의 메디아족 연합군에게 정복되었다. 기원전 612년에는 니네베가 파괴되고 다시는 이곳에 사람이 살지 않게 되었다. 폐허가 된 언덕은 오늘날 이라크 북쪽의 도시 모술(Mosul)의 일부에 자리한다.

승리를 거둔 바빌론은 얼마 전까지만 해도 아시리아에 종속되어 있었다. 기원전 689년에 산헤립은 도시를 파괴하게 했다. 그러고는 전승 신호로 유프라테스강 지류의 방향을 틀어 시내 나머지 지역에 물이 범람하게 했다. 그러나 그의 아들은 바빌로니아를 재건했다. 메소포타미아 문명의 중심지를 완전히 파괴하는 일은 죄악이라고 느꼈기 때문이었다. 반세기가 지난 후 아수르와 니네베의 승자는 연합을 이루었던 메데르인과 아시리아 제국을 나누기로 약속했

다. 이에 따라 바빌론은 네부카드네자르 2세(Nebuchadnezzar Ⅱ, 느부갓네살 2세라고
도 함, 재위 기간은 기원전 605~기원전 562년) 아래 시리아와 지중해 연안을 다스렸다.
네부카드네자르 2세는 반란을 일으킨 예루살렘을 두 번이나 정복했고, 두 번
째 정복 때는 유대인 중 일부를 추방했기 때문에 구약성서('느부갓네살'이라고 기록―
역주)에도 등장한다. 참고로, 전혀 긍정적인 모습으로 묘사되지는 않았다. 반대
로 바빌론은 그가 오랜 기간 지배하는 동안 비교적 좋은 시절을 보냈다. 도시
는 확장되고 거대한 왕궁이 세워졌다. 상위층이 살던 주택 시설은 잘 갖추어졌
던 것으로 보인다. 마르두크 성전도 새로 수리되었고, 층계로 오를 수 있는 높
은 탑도 지어졌다. 이처럼 '지구라트(Ziggurat)'라고 불리던 성탑(聖塔)은 메소포타
미아 전 지역의 사원에서 볼 수 있는 전형적인 탑 형태였다. 그중에서도 바빌
론에 있던 탑은 특히 크고 화려해서 성경에 등장하는 바벨탑의 모델이 되었다.

　성경에 나오는 바벨탑은 잘 알려져 있듯이 완성되지 못했다. 신바빌로니아
왕국도 네부카드네자르 왕의 죽음 후에 장기간 버티지 못했다. 구조적으로 문
제가 있어서였는지 아니면 후계자가 무능력해서였는지 그 원인은 알 수 없다.
어쨌거나 바빌론 사람은 왕이 없던 기원전 539년에 바빌론인 페르시아 왕인
키루스 2세(Cyrus Ⅱ, 재위 기간은 기원전 558~기원전 530년)에게 신바빌로니아 왕국을
넘긴다. 메소포타미아가 그 이후에 다시는 세계 역사 속에서 중요한 왕국 건설
의 중심이 되지 못한 것을 생각해보면 너무나 싱겁게 전쟁 없이 왕국이 끝난
일이 바빌론 사람에게 해가 되지는 않았다. 그들의 도시는 페르시아 제국의 행
정수도로 남았다. 바빌론의 수호신인 마르두크를 섬기는 풍습도 이어졌고, 상
형문자 전통도 계속해서 장려되었다. 중심지로서의 바빌론의 명성은 계속된
전쟁 끝에 바빌론을 자기 대제국의 수도로 만들려고 했던 알렉산더 대왕의 재
위 시절까지 영향을 끼쳤다. 하지만 알렉산더 대왕은 기원전 323년에 이른 나
이로 죽고 그의 꿈은 실현되지 못했다. 소아시아에서 알렉산더 대왕의 뒤를 이
은 셀레우코스 왕국(Seleucid Empire, 시리아 왕국)에서 바빌론의 중요성은 빠르게
잊혔다. 그러나 상형문자는 그나마 계속 사용되었다. 우리가 아는 가장 최근
의 점토판은 서기 75년도에서 유래한 것이다. 기록 체계로서 상형문자는 물론

그 당시에 더 이상 의미가 없었다. 지중해 지역에서는 그리스인과 훗날 로마인이 페니키아와 아람인이 쓰던 철자 문자의 개념에서 따온 문자를 썼다. 지금 쓰고 있는 책도 이런 알파벳으로 적은 것이다.

우리는 지금까지 장기적으로 어떤 곳에 정착하고 먹거리를 스스로 장만할 수 있게 된 사람이 사는 지역에 관해 두루 살펴보았다. 그 후 우리는 도시에 정착해서 사는 것과 그렇지 않은 것, 문자가 존재하는 것과 존재하지 않는 것, 그리고 직업과 사회적 계층에 차이가 있고 없고는 큰 차이가 있다고 말할 수 있다. 원한다면 어떤 사람은 도시를 세우고, 문자를 사용하며, 뚜렷하게 업무가 구분된 조직적인 인간 집단을 발달된 문명이라고 말할 수도 있다. 하지만 어려움은 그다음부터 시작된다. 인류는 어떤 문화의 속으로 들어갔다가 다시 그 문화에서 벗어나곤 한다. 한 문화에서 다른 문화로 넘어가는 과도기가 있는가 하면, 한계에 부딪히는 경우도 있었다. 인류는 언어와 건축 양식, 기술을 배우고 또 잊어버리기도 했다. '고도'의 문명이라는 식의 평가는 일반적으로 글을 쓰고 도시에 살며 사회 계층의 차별을 아는 사람에게서 나온다. 기록들이 남아 우리 시대까지 전해져 왔기 때문에 이런 기록을 남긴 사람이 문명을 어떻게 평가했는지 안다. 밭을 돌아다니며 밭 여기저기서 가장 좋은 것을 생산하려고 일하는 사람이 이렇게 평가했을 리는 없다.

지구의 적어도 여섯 군데서 신석기혁명이 각각 독자적으로 일어났다. 메소포타미아의 역사를 이런 지역 가운데 한 부분으로 설명했다고 해도 이것이 역사의 계속된 흐름을 완전히 결정하는 것은 아니다. 수메르인, 아카드인, 아무르인, 아시리아인, 바빌로니아인은 이집트와 아나톨리아, 아르메니아와 페르시아, 아라비아인이 등장하는 세계를 알고 있었다. 이들은 이따금 지중해, 흑해, 카스피해, 그리고 페르시아만이라는 사대양이 자신들의 시야를 좁혔다고 썼다. 미비하나마 교역을 통해 인도를 알던 이들은 이탈리아를 인도만큼이나 멀찍이 떨어진 곳이라고 생각했다. 우리는 학교 수업 시간에 바빌론의 역사가 마치 이집트, 그리스, 로마로 그리고 계속해서 서유럽의 중세로 방향을 틀어 이어지는 것처럼 배워 왔다. 하지만 이런 연결은 그 당시 바빌론에 살던 사람들이 상상했던 미래에 반드시 들어맞지는 않는 잘 짜 맞춘 각본일 수도 있다. 만약 우리가 바빌론에 살던 사람의 의견을 따랐다면 서쪽(유럽)을 향해 바라보는 만큼 남쪽과 동쪽으로도 시선을 돌렸을지도 모른다.

4장:
바리가자

서기 1세기 인도양의 교역망

열차가 발명되기까지 세계의 주된 교통로는 물길이었다. 사람들은 강과 호수, 바다를 통해 대량의 물건을 실어 나를 수 있었다. 또 배를 타고 새로운 소식과 지식도 함께 다른 지역으로 옮겨졌다. 육로도 있었지만, 대량으로 물건을 이동하는 일은 아직 불가능했다. 짐을 싣고 다니는 동물과 수레는 뗏목이나 배만큼 물건을 한꺼번에 많이 싣지 못했다. 게다가 강이라고 해도 모두 같은 강은 아니었다. 아프리카에는 폭포나 급류가 많아서 물의 흐름을 막기 때문에 바다에서 내륙 깊숙이 흘러들어 올 수 없는 강이 많다. 아프리카의 역사에서 이 점은 꼭 염두에 두어야 할 중요한 기본 사안이다. 대양 가운데 인도양에서만 이미 이른 시기에 강의 하구와 다른 주요 상업 도시를 잇는 거대한 물길을 만들 수 있었다.

인도양은 대서양이나 태평양과는 다르게 북극에서 남극 쪽으로 흐르는 것이 아니라, 아프리카 대륙과 유라시아 대륙에 다다른다. 또 대서양이나 태평양과는 달리 인도양에서는 바람이 반년은 히말라야를 향해 불고, 반년은 히말

라야 쪽에서 계절풍이 일정하게 불어온다. 이런 자연조건은 인도의 넓은 지역은 물론 인도양과 접한 주변의 다른 지역에서 농사를 짓는 데 바탕이 되었다. 또한, 항해하기에 좋을 가능성도 제시했다. 대서양과 태평양에는 어느 한 군데도 쉽고 정기적으로 건널 수 있는 곳이 없었다. 그래서 폴리네시아인이 하와이나 이스터섬, 뉴질랜드까지 태평양을 건너간 여행이나 크리스토퍼 콜럼버스가 대서양을 건넌 일은 센세이션을 일으킬 만한 사건이었다. 하지만 인도양과 접한 곳에서는 2천 년 전에도 이미 많은 사람이 눈앞에 보이지 않는 멀리 놓인 건너편 해안가를 향해 노를 젓는 위험을 감수했다. 망망대해를 건너는 일은 당연히 위험했지만, 미리 어느 정도 기간을 예상할 수 있었다. 다음은 서인도의 도시 바리가자[Barygaza, 오늘날의 명칭은 바루치(Bharuch)]의 해상 교통을 소개한 글이다.

"바리가자 옆의 강 하구는 좁고, 파도가 높은 바다 쪽에서 오는 사람이 통과하기 힘든 지점이다. 물결이 이들을 좌우로 밀치기 때문이다. 설상가상으로 오른편에는 바로 입구에 깎아지른 듯한 바위투성이인 곳이 펼쳐져 있고, 왼쪽 맞은편에는 아스타캄프라(Astakampra)에서 이어진 구릉 맥이 있다. 강 쪽에서는 해류 때문에, 또 바다 바닥이 거칠고 바위투성이라 닻이 떨어져 나가서 배가 정박하기 힘들다. 누군가 강 쪽으로 올라오는 데 성공하더라도 바리가자 쪽에서 강 하구를 찾기는 어려울 것이다. 물가가 낮아서 이곳에 근접해 오는 사람조차 제대로 보지 못하기 때문이다. 하구를 찾더라도 강이 얕은 곳이 있어서 배로 강을 따라 올라오기가 힘들다. 이런 이유로 현지 왕실의 선원들조차 강의 입구에서 다른 사람이 끄는 기다란 배를 타고 시라스트렌(Syrastrene, Surat) 해안까지 가서 그곳에서부터 배를 바리가자까지 끌고 왔다."

나르마다강(Narmada R.)이 캄베이만(Gulf of Cambay, Gulf of Khambat)으로 빠지는 하구 지점의 물이 얕다는 점과 조류의 위험성에 대해 경고하고 그 지방의 통치자가 마련해 준 길잡이에게 배를 맡기라고 추천한 것을 보면, 이 사람은 틀림없이 이곳 지형을 잘 아는 사람이다. 그런데 바리가자는 그가 묘사한 수많은 항구 중의 한 곳에 불과했다. 그가 쓴 책은 전체 66장(章)으로 되어 있어서 독자를 동아프리카와 홍해, 아라비아반도, 페르시아만, 이란의 해안가와 파키스탄, 인도까지 주요 해상무역장이 되었던 무대로 두루 안내한다. 선원과 상인은 짧고 간략하며 단순한 문장으로 된 이 책을 통해 여러 나라와 사람, 시장과 다른 나라의 화폐, 바람과 날씨에 대한 모든 시시콜콜한 정보를 얻었다. 매우 쓸모 있는 글이다. 아쉽게도 누가 이 글을 썼는지는 알려지지 않았다. 분명 직업이 장사꾼이거나 선장인 이집트 사람이었을 것이다. 어쩌면 둘 다였을지도 모른다. 그가 쓴 이 책의 제목은 《에리트레아 항해지 *Periplus Maris Erythraei*》(홍해 연안 항해)다. 원본은 서기 1세기 중엽에 로마 최초의 황제가 재위하던 시절에 나왔다. 하지만 코이네(Koine) 그리스어로, 이른바 평민의 말 즉, 일반 언어로 쓰였다. 코이네는 기원전 4세기 후반에 이루어진 그리스의 공통어로, 예수 그리스도가 태어났을 즈음 지중해 동부 지역에서 통용되던 가장 중요한 언어였다.

　항해지를 보면 2천 년 전에 이집트의 상인이 지중해를 건너 오늘날의 스리랑카까지, 또 오늘날의 이라크 바스라에서 케냐에 이르는 지역까지 오가며 교역했다고 나온다. 이들은 수천 킬로미터가 넘는 거리를 직접 돌아다니며 장사했다. 이는 전혀 불가능한 일이 아니었다. 배를 만드는 사람은 배를 어떻게 만들어야 할지 알았고, 선장도 자기가 할 일이 무엇인지 파악하고 있었다. 배를 타고 가는 사람 역시 여기에서 인용한 것과 같은 항해지의 충고 사항을 숙지하고 필요한 지식을 얻을 수 있었다. 많은 사람이 물건과 일거리, 돈을 찾아서, 그리고 가능하다면 모험까지 체험하고자 뱃길에 올랐다. 이들은 주요 항구에서 고향 사람을 만나기도 했다. 다양한 인종의 많은 사람이 주요 교역 도시에서 짧게 머물기도 하고, 도시에 정착해 살기도 했다. 이들은 작은 집단 거주 지역을 세우고 네트워크를 형성해서 살았다. 또 새로 도착한 고향 사람들의 안내자 역할을 했고, 이 사람들을 토착민에게도 소개했다. 그런데 그 당시의 교역망과 교역 대상이었던 물품은 우리 이집트 출신의 증인이 여행하며 보았던 것보다 훨씬 더 크고 많았다. 그가 서인도 도시 바리가자에서 보았던 물건 목록을 보면 이를 알 수 있다.

> "시장이 열린 곳에 와인이 들어왔다. 대부분은 이탈리아와 라오디케아 (Laodicea), 아라비아에서 온 것이다. 구리와 아연, 납, 산호초, 감람석, 단순하고 잡다한 가짜 의복, 알록달록한 긴 허리띠, 향나무 수지, 전동싸리, 유리 원석, 편백나무와 상록수의 수지, 안티모니, 장사에 일반적으로 통용되는 동전보다 가치가 더 나가는 금화와 은화, 값어치는 없지만 향긋한 크림 등 없는 것이 없다. 이곳에서 왕은 비싼 은제 식기와 곡을 훌륭하게 연주하는 젊은 남자, 하렘을 위해 예쁘게 차려입은 처자, 특별히 좋은 와인, 단순하면서 값이 나가는 옷, 그리고 좋은 크림을 선물로 받았다. 이 밖에도 이 지역에서는 나드 식물에서 추출한 향유(기름)와 코스투스, 베델리엄 나무 수지, 상아, 줄마노(onyx), 무르니쉬 그릇, 구기자, 다양한 목면, 비단과 중국의 직물, 긴 후추 등 또 다른 교역장에서 들여온 물건도 보였다."

이 목록을 작성한 사람은 실무자였다. 그의 목록은 사람들이 찾을 만한 물건을 꼭 맞게 공급함으로써 상인이 장사에 성공하는 데 도움이 되었을 것이다. 목록에 적힌 물품을 살펴보면 다양하고 몇 가지 특색이 있다는 점이 눈에 띈다. 바리가자는 확실히 사치품을 사고팔기에 최적의 장소는 아니었다. 왕만이 유일하게 선별된 식탁 장식품이나 와인, 의복, 크림 그리고 노예를 샀다. 호사품은 다른 아라비아 혹은 인도의 항구에서 더 잘 팔렸다. 그 대신 바리가자에는 단순 금속이나 유리 원석 등 현지 수공업자가 가공할 다양한 원료와 같은 생산품이 대량으로 들어왔다. 이것은 항해하는 데 원칙적으로 좋은 소식이었다. 금과 은으로 세공된 최상급 상품만 배에 싣고 갈 수는 없었다. 파도가 높은 곳을 항해하려면 사치품 외에도 무게가 나가는 물건이 필요했기 때문이다.

인도에서 나가는 수출품의 가치는 훨씬 더 높게 평가받았다. 그 당시 지중

해 영역의 표준 통화였던 금과 은으로 된 데나르(Denare)를 가지고 오라고 추천
했던 점으로 이를 알 수 있다. 일부에서는 물물 교환도 이루어졌고, 또 일부는
물품 대 화폐로 장사를 했다. 이제 인도에도 통화가 생겼다. 그러나 물품 내역
을 살펴보면 알겠지만, 유럽인이 인도에 수출한 것보다 인도에서 수입해 온
것이 훨씬 많아서 인도 통화를 실용하지는 않았다. 고대의 많은 작가는 인도
와의 교역 때문에 대차대조표에서 보이듯 적자가 나고, 이와 관련하여 로마
화폐가 유출되는 것을 우려했다. 우리의 이집트 작가가 항해지를 쓴 지 몇 년
후에 로마의 플리니우스 2세는 해마다 5천만 세스테르티우스(Sestertius,
Sesterce, 그 당시 로마의 화폐 단위)가 인도로 빠져나가고 그에 비해 로마 제국으로
수입되는 상품은 너무 비싼 값을 치르고 들어온다며 불평을 토로했다. 이런
연유에서인지 오늘날 많은 고고학자는 인도에서 로마 화폐를 무더기로 발견하
기도 한다. 상품 목록을 보면 이런 사실 외에도 로마 제국의 상인이 히말라야
에서 나는 나드(nard) 향유의 원료인 나드에 완전히 심취해 있었다는 점을 알
수 있다. 인도의 오지에서 나는 마노석과 상아는 로마에서 장신구로 가공되었
다. 면직물도 마찬가지로 인도의 오지에서 생산되었다.

꽤 일정하게 상품이 유통되는 것 뒤에는 대부분 정치적 의도가 숨어 있었
다. 지방과 지역의 통치자는 낯선 선장들을 돕는 길잡이만 제공하는 데 그치
지 않았다. 통치자들은 자기의 관할 영역 내에서 행해지는 교역 행위를 몇몇
항만 광장으로 옮기도록 조직하기도
했다. 이들의 관심은 상인이나 배,
교역에만 국한된 것은 아니었다.
노예를 육지로 데리고 오는 일
과 권력을 행사하는 사람과
경쟁할 때 자기를 과시할 수
있는 사치품에도 큰 관심을 두
었다. 관세도 올려서 매우 일정
하게 이루어진 화물 운송을 통해

서도 큰 이익을 남겼다. 이익을 얻을 수 있는 또 다른 방법은 당연히 해적질이었다. 해적은 일반적으로 지배자 간 위계질서가 불분명한 곳에서 성행했거나, 너무 넓은 지역을 다스리다 보면 지배자의 권력이 약해지기 때문에, 아니면 상인이 장기적으로 수입을 얻기보다 단기적으로 높은 이익을 취하려 했기 때문에 출몰했다. 하지만 해적은 영구적으로 무역망을 끊지는 못했다. 상인들은 다른 경로로 돌아서 다녔다. 이 밖에도 많은 지배 세력은 교역이 잘 행해지도록 주의를 기울였다. 비상시에는 폭력을 행사해서라도 교역의 길이 열려 있는지 살피고 위험 요소를 제거하는 데 신경 썼다.

상품 목록에는 인도뿐 아니라 중국에서 온 물건도 포함되어 있었다. 비단은 인도의 많은 항구에서 중요한 상품으로 다루어졌고 비단 외에 다른 고가의 물건도 들어왔다. 원산지가 정확히 어디인지는 확실히 알 수 없었다. 항해지를 쓴 우리의 이집트 특파원에게 오늘날의 우리가 바코드와 인공위성으로 알아낼 수 있는 것보다 더 많은 다른 것을 요구해서는 안 된다. 몇몇 상품 중에는 도대체 무엇에 쓰는 물건인지 용도조차 알 수 없는 물건도 있다. 분명 중국에서 생산된 물품은 육로를 거쳐 서인도의 바리가자까지 왔을 것이다. 동인도에 있는 항구는 뱃길을 통해 마찬가지로 중국산 물건을 들여왔다. 물품 목록을 보면 우리의 이집트 저자는 고대에 존재했던 교역망 중 단지 일부만 직접 경험했다는 사실을 알 수 있다. 그는 상품이 자신이 머물렀던 항구까지 어떤 육로를 거쳐 왔는지도 당연히 알지 못했다. 또한, 항해 분야에 대한 그의 기술은 꽤 인상적이기는 해도 지식의 한계가 있었다. 그는 교역로가 인도의 최남단까지 내려간 뒤에는 다시 북쪽으로 이어진다는 것을 알고 있었다. 갠지스강이 있다는 것도, 최소한 그 이름만은 알고 있었다. 하지만 그는 실제로 있었던 일과 상상 속에서 일어난 일을 섞어가며 항해기를 썼다. 그는 어떤 사람들을 납작코를 한 거친 종족이라고 했다가 다른 때에는 얼굴이 말상이라고 묘사하고, 또 다른 때에는 식인종이라고 불렀다. 이후에는 디나이(Thinai)라는 거대한 내륙 도시가 있는데 이곳에서 비단과 면이 생산된다고도 썼다. 이곳으로 가기는 쉽지 않고 디나이 사람 몇 명만이 인도의 항구로 장사를 하러 왔다. 추측건대 디나이는 카스피해를 사이에 두고 유럽과 맞닿은 경계에 있는 게 분명하다. 그러고는 디나이에 대한 보고를 이렇게 끝마친다.

> "그 뒤에 오는 지역은 엄청나게 불어닥치는 폭풍과 무시무시한 추위 때문에 가기가 매우 힘들거나, 초자연적인 신의 영향력으로 헤아릴 수 없는 곳이다."

그가 말했던 디나이는 바로 중국이다. 우리의 상인이자 선장이었던 이집트 사람은 인도가 교역로의 끝이 아님을 알았다. 하지만 스리랑카 뒤에 무엇이 있는지는 전혀 상상하지 못했기에 여러 가지 정보를 이리저리 둘러 조합했다. 그 당시 중국도 거꾸로 히말라야와 아시아의 사막 건너편에 존재하는 나라의 문화에 대해 어렴풋이만 알고 있을 뿐이었다. 이들은 사람 얼굴에 용의 몸뚱이를 한 신들이 다른 많은 이상한 상상의 생명체와 함께 살고 있다고 믿었다. 실제로 갠지스강에서 시작된 교역은 벵골만을 지나 수마트라와 말라야(Malaya) 사이에 놓인 믈라카해협(Melaka Str. 옛 이름은 말라카)을 따라 계속되었고, 베트남 연안에서 중국과 일본으로 이어져 태평양에 있는 아시아 이웃 나라에서까지 이루어졌다. 항해지에 묘사된 심한 폭풍과 얼음장같이 차가운 추위는 선원들이 일본 북부에서 경험한 것을 의미했을 것이다. 약 1,800년 뒤에 캡틴 쿡의 세 번째 항해를 방해했던 바로 그 폭풍과 추위 말이다.

우리의 이집트 증인이 쓴 이야기는 그가 살았던 당시에 동아프리카·이집트와 중국·일본 사이를 오가던 교역로를 통틀어 동인도와 수마트라·말라야를 잇는 경로가 사람들이 가장 적게 다녔던 길이었으므로 더욱더 흥미진진하게 다가온다. 마찬가지로 이집트나 중국에서 동인도로 오는 사람도 드물었다. 그렇다고 우리 이집트 상인만 미래를 계획하고, 지식을 모으고, 이윤을 추구하고, 행운을 얻은 것은 아니었다. 인도와 중국에 살던 상인도 마찬가지였다. 교역과 관련된 모든 사람은 교역로의 전체 구조에서 서로 간에 더욱더 끈끈한 관계를 맺고자 애썼다. 그러면서 위험과 이윤을 산출했다. 나머지 모든 것은 신의 손에 맡겼다. 그런데 물품은 이들이 상상할 수 있는 범위를 넘어 더 먼 곳까지 갔다.

　원료와 상품의 이동으로 생긴 교역망이 전체적으로 어디까지 이어졌는지는 누구도 현실적으로 상상할 수 없었다. 모든 경로를 빼놓지 않고 항해한 배는 한 척도 없었다. 호사품과 대량 생산품이 이동하면서 짜낸 거미줄 같은 무역망에는 짧은 항해로도 있었고, 좀 더 긴 장거리 항해로도 있었다. 지방과 지역 간 교역과 장거리 교역은 서로 얽히고설켜 연결되었고, 모두 육로와 해로를 통해 이루어졌다. 사냥과 수집이라는 문명이 이제는 무역망과 연결되었다. 하지만 우리의 이집트 증인이 기록한 것에 따르면, 죄수를 진주 조개잡이 잠수부로 판결 내릴 수 있었던 강한 국가 구조를 갖춘 인도 사회 역시 이제 무역망으로 연결되었다. 교역이 활발히 이루어진 교역로도 있었고, 교역 활동이 뜸하게 이루어진 곳, 목적지가 흐지부지한 곳, 또 교역로가 연결되지 않은 지역도 있었다. 작은 배들이 중국, 인도, 아라비아나 아프리카의 항구를 오가며 교역을 했다. 대양을 지나다닐 수 있던 배는 수천 킬로미터를 오갔다. 상품과 원료는 최종 목적지에 도달하기 전까지 주인이 여러 번 바뀌었다. 그래서 우리 항해지의 저자는 바리가자에 물건이 최종적으로 도착했을 때 목록에 '여러 교역 시장에서 들여옴'이라고 적었다. 이런 방식을 거쳐 중국의 비단과 동남아시아의 향료가 로마에 왔고, 로마에서 통용되던 동전을 인도와 더 멀리 중국에서도 볼 수 있었다. 대부분 비단이나 화폐는 교역 경로에서 짧은 거리만 이동했다. 일부는 잃어버리기도 하고 도둑을 맞거나 바다로 가라앉았기 때문이다.

　누가 최초로 큰 바다로 나갈 것을 결심했는지는 당연히 알 길이 없다. 세상 모든 곳에 문서가 보존된 것도 아니고, 보존되어 있더라도 뱃사람의 업적을 최고로 중요하다고 다룬 일도 없기 때문이다. 고고학자가 인도양 연안 전역을 동일한 열정과 관심으로 조사한 일도 없을뿐더러, 유물의 시대를 추정하는 일도 늘 쉬운 작업은 아니다. 단순히 사라져버린 배도 많고, 이와 함께 없어진 관련 물품도 상당수에 이른다. 유한한 재료로 만든 물건이 시간이 흐르면서 흔적도 없이 썩어 없어지기 때문이다. 배에 관해 전혀 모르는 오스트레일리아의 애버리지니와 같은 종족이 아니라면 연안에 살던 사람은 고기잡이와 이를 위한 기본적인 해양 지식이 있었을 것이다. 어쩌면 베트남과 수마트라, 자바, 뉴기니, 필리핀의 수천 개나 되는 섬 사이에 있는 바닷물이 얕은 지역에서도 그곳을 벗어나 다른 지역과 교역했을 것이다. 쌀의 수확량이 매번 일정하지는 않았기에 기본 식량도 교역 대상에 포함되었다. 이런 목적을 위해 좀 더 큰 배가 교역에 이용되었고, 바다를 건너는 위험도 감수해야 했다. 인도양의 다른 편에 놓인 동아프리카 대륙과 앞에 놓인 섬들에서도 분명 이른 시기부터 배가 오갔을 것이다.

　수요 측면에서 생각해보면, 티그리스강과 유프라테스강 지역의 우루크와 다른 수메르 도시 문명은 이전의 인더스 도시 문명처럼 지역을 넘어서는 무역 활동에 자극을 주었다. 엘리트층은 사치품과 예술품을 소장하고 싶어 했다. 실제로 메소포타미아 지역과 인도의 고도 문명 사이에는 이미 5천 년 전에 육로가 아닌 해안과 강을 통한 교역이 이루어졌다. 하지만 기원전 2000년기 중엽에 인더스 문명이 멸망하자 교역은 다시 중단되었다. 이집트의 파라오도 어쩌면 마찬가지로 기원전 3000년 전부터 홍해와 동아프리카의 교역을 장려했을 것이다. 이를 통해 상아와 황금, 몰약(Myrrha, 쓴맛이 나지만, 향이 좋은 아프리카에서 나오는 식물성 수지-역주), 그리고 값이 나가는 수지까지 구할 수 있었다. 홍해 입구에 있는 예멘의 성장은 이와 관련해서 생각할 수 있다. 우리는 어디에서 대양을 누비던 항해가 시작되었는지 출발점을 찾아서는 안 된다. 대신 넓게 확장되었다가 다시 줄어들기도 하고, 상호적으로 작용하기 시작했다 다시 제각각 흩어지기도 했지만, 전체적으로 봤을 때 점점 더 많아지고 중요해졌던 항해 교역망을 상상해야만 한다. 마치 빈틈이 많고 끝이 헐거운, 수많은 작은 거미줄 같은 경로 말이다.

　서기 50년경에 인도양에서 항해가 자리 잡기 시작했고, 사람들은 이에 적응해 갔다. 우리의 이집트 상인은 바리가자 여행기 끝에서 "이집트에서 이곳의 교역 시장으로 온 사람은 7월경에 적당한 시기가 오면 다시 돌아간다."라고 했다. 사람들은 배를 타는 데 적당한 바람이 언제 불어오는지 알고 있었다. 이 지식을 활용해서 도중에 아라비아반도에서 쉬지 않고 소말리아에서 북인도까지 단번에 도달할 수 있는 특정한 시기를 미리 알아낼 수 있었다. 다른 상인은 말라야나 수마트라에서 출발한 뒤에 우선 미얀마나 벵골로 배를 모는 것이 아니라, 남인도 혹은 스리랑카까지 직접 왔다. 이런 적절한 시기를 놓친 사람은 발이 묶인 채 마냥 기다려야 했다. 항해를 수월하게 해줄 계절풍이 배를 이집트 쪽으로 밀어줄 때까지 우리의 이집트 상인은 바리가자에서 머물렀다. 항구가 있는 지역도 마찬가지로 계절풍의 영향을 받았다. 아라비아와 이집트에서 온 배는 특정한 계절에만 인도에 머무를 수 있었다. 9월이 되면 바리가자에는 이곳에 완전히 자리를 잡고 사는 몇 명의 이집트와 아랍인, 아프리카인, 그리스인, 유대인, 페니키아인을 제외하고는 현지인만 있었다. 다음 해 여름이 되면 비로소 외국인이 다시 바리가자를 찾아왔다.

《에리트레아 항해지》는 성장 중이던 아프리카, 유럽, 아시아의 교역 네트워크에 스포트라이트를 비추고 있다. 예수 그리스도의 탄생 이후 첫 세기 중반쯤에 아직은 다양한 구역이었던 동인도에서는 굉장히 미약하게 연결되어 있던 교역이 이후 몇천 년 안에 세계 경제로 성장했다. 교역 네트워크에 접해 있던 로마 제국과 중국 같은 강대국과 그 사이에 있던 많은 약소국가는 교역에 영향을 끼쳤다. 하지만 이들 나라 가운데 누구도 교역망을 지배하는 일은 없었다. 한편에서는 교역망이 너무 큰 탓도 있었지만, 다른 한편에서는 교역이 농사와 가축 재배, 사냥과 나라가 지원하는 상업 외에 수입을 얻을 수 있는 원천의 하나에 지나지 않았기 때문이다. 교역망은 하나의 통일된 계획에 따라 형성된 것이 아니라, 셀 수 없이 많은 사람의 이해관계에 얽힌 상호 역학과 관련되었기 때문에 교역망에 연결된 모든 지역의 통치자와 지역의 변화에 민감하게 반응했다.

그리스도의 탄생 이후 교역망은 처음 몇 세기 동안 함께 성장했다. 벵골만에는 오가는 배가 많아졌다. 동인도의 주요 상업 도시에 살던 페르시아와 아라비아의 상인은 늦어도 7세기에 중국의 양쯔강까지 정기적으로 오갔다. 중국인은 이제 동남아시아와 남아시아를 구체적으로 경험할 수 있었다. 이 시기에 만든 엄청난 수의 중국 도자기가 스리랑카와 서인도에서도 발견되었다. 오늘날의 싱가포르와 수마트라를 거쳐서 바다를 건너 도자기가 스리랑카로 건너갔을 것이다. 그런데 중국 외에 인도와 동남아시아의 배도 이곳까지 오간 것으로 추정된다. 흥미는 덜하지만, 그 외에도 물질적으로 중요한 연안 교역도 이루어졌다.

서기 3세기 인도의 서쪽 지역에서는 사산(Sassanid) 제국의 흔적을 찾아볼 수 있다. 사산 제국의 중심지는 오늘날의 이란이지만, 그 영향력은 페르시아만 전체로 금방 퍼졌다. 4세기 때 북인도 지역에는 굽타(Gupta) 왕조가 세워졌다. 이 두 개의 거대한 제국은 내륙 아시아가 비교적 안전한 지역이 되도록 신경 썼다. 페르시아만의 항구는 거래 물품의 종류를 확장해 제공할 수 있었다. 바스라에서부터 믿음직한 교역로가 육지를 거쳐 지중해 방향까지 생겨났다. 어쩌면 이로 말미암아 교역 면에서 홍해가 지녔던 중요성이 줄어들었을 수도 있다. 두 갈래로 갈라진 교역로가 있었다고 추정된다. 하나는 인도와 페르시아, 아라비아 배가 다니던 북쪽 경로다. 이곳은 페르시아만과 인도를 연결하는 경로다. 두 번째 경로는 에티오피아와 그리스, 남인도 배가 아프리카의 뿔(소말리아반도)과 인도의 남단 혹은 스리랑카 사이의 열린 바다를 건너는 것이다. 이로써 동아프리카와 홍해를, 그리고 남아시아와 동아시아를 연결했다. 6세기에는 유럽의 역할을 전혀 찾아볼 수 없다. 로마 제국은 망했고, 동로마의 후예라며 나타난 비잔티움 제국은 영향력을 잃었다. 고트족(Goths), 랑고바르드족(Langobards), 프랑크족(Franks)이라고 불리는 서쪽 지중해 지역에 있던 서로마의 후예는 인도양의 상인과 선원의 관심조차 끌지 못했다. 이들은 단순히 야만인으로 멀리 떨어져 있고, 문화도 모르며 돈을 낼 능력조차 없었다.

이념과 종교의 발전

인도양의 네트워크 안에서 거대한 정치적 변화만 일어난 것은 아니었다. 이곳에서는 물건뿐만 아니라 정보와 이념도 교환되었다. 상인들은 다양한 종교 집단에 속했다. 우리가 이제까지 살펴봤던 어떤 종교 공동체는 이때 성장하기도 했다. 로마 제국의 종교는 311년 후에 점차 기독교로 바뀌는 추세였다. 하지만 벌써 이 시기에 기독교 자체 내에는 다양한 종파가 생겨났다. 이로 말미암아 한편에서는 높은 신학적인 수준의 싸움이, 다른 한편에서는 폭력적이며 수단 방법을 가리지 않는 치열한 싸움이 벌어졌다. 얼마 안 가 로마에 기독교가 있었다면 아시아 지역에는 네스토리우스파(Nestorians)가 있었다. 이들은 예수 안에 신성과 인성이 구분되어 존재한다고 믿었다. 마리아는 단지 인간의 본성만을 지닌 예수를 낳았기 때문에 성모로 숭배해서는 안 되었다. 기독교의 이단인 네스토리우스파는 로마 제국에서 유죄 판결을 받았지만, 동쪽에서는 번성했다. 네스토리우스교는 사산 제국을 거쳐 바다와 육지를 통해 동쪽으로 뻗어 나갔다. 네스토리우스파가 14세기에 흑사병과 이슬람화, 중국과 몽골 제국에서의 박해로 급격히 줄어들었기 때문에 우리는 이들이 600년과 1400년 사이에 아시아에서 가장 중요한 기독교의 대표자였다는 사실을 잊었다.

사산 제국에서 네스토리우스파보다 더 중요하게 여겨졌던 종교는 조로아스터교(Zoroastrianism)였다. 이미 1,500년의 역사를 지닌 조로아스터교는 세계를 인격화된 선과 악의 원칙 사이에서 일어나는 싸움으로 설명하는 이원적 종교로서, 지배층의 지지를 받아 새로운 전성기를 맞았다. 그 외에 인도양의 서쪽 지역에서는 유대인도 많이 보였다. 먼 동쪽에서는 불교와 힌두교가 중요성을 띠었다. 그 외에도 많은 다른 종교가 존재했다. 교회와 비슷하게 조직된 단체도 있었고, 생활 지침에 가까운 종교도 있었다. 많은 다양한 사람이 자신이 신봉한 종교적 신념을 어떻게 경험했으며, 종교가 다른 사람과 어떻게 지냈는지는 알 수 없다. 예로, 인도의 많은 항구에는 종교에 따라 도시 구역이 분리되기도 했다. 통치자는 국적이 아니라, 어느 종교에 소속되었는지에 따라 다른 권리와 우선권을 제공하기도 했다. 솔직히 그 당시에는 분명 '국적'이 무엇인지 아는 사람도 아직 없었다.

교역 네트워크 내에서 가장 큰 종교적 · 정치적 변화는 7세기부터 이슬람교가 급속도로 성장한 일이었다. 시조인 아브라함에서부터 기원한 유대교와 기독교 다음의 세 번째 종교인 이슬람교의 탄생에 관해서는 7장 '비잔티움' 편에서 상세하게 살펴보겠다. 여기서는 예언자 무함마드가 아라비아반도의 서쪽에 있는 메디나에서 사망한 지 20년도 채 되지 않아서 651개의 무슬림 부대가 사산 제국을 통제했다고만 말해두겠다. 다음 세기에는 지중해 남쪽과 남서쪽 지역 전체가 이슬람화되었다. 이슬람 제국은 지중해 북쪽의 소아시아에 있던 비잔티움 제국과 훗날 프랑스가 되는 프랑크족(Franks)의 저항에 부딪혀 이곳을 완전히 제압하지 못했지만, 남동쪽으로는 오늘날의 아프가니스탄과 인더스에 이르기까지 급속도로 세력을 키워 갔다. 우마이야(Umayyad) 왕조는 칼리프(khalfa, caliph, 이슬람 제국 주권자의 칭호)로서 다마스쿠스를 수도로 정하고 다스렸는데, 그의 후임인 아바스(Abbās) 왕조는 수도를 사산 왕조의 옛 수도였던 바그다드로 천도했다. 아바스 왕조는 이로써 교역 네트워크의 중심지에 더욱더 가까워졌다.

초기 무슬림의 통치자들이 아라비아 전통과 문화의 특색을 강조했다면, 아바스 왕조는 특별히 유연한 성격에 호기심이 많았다. 이들은 지역에 관한 지식을 세계관에 포괄해 이 두 가지를 재형성했다. 이렇게 하지 않으면 스페인과 북아프리카, 아라비아, 페르시아 그리고 아프가니스탄과 같이 경제와 문화, 삶의 방식이 너무나도 다른 지역을 통치할 수 없었다. 중세 초기 지중해 북쪽의 기독교적 통치자보다 무슬림은 훨씬 더 열성적으로 그리스와 로마의 철학과 수학, 건축, 자연과학 등의 연구를 위해 노력했다. 이들은 사산 제국의 전통도 마찬가지로 받아들였다. 유럽과 서아시아 지역에 발을 들여놓은 후에 이슬람교도가 보인 지식의 습득력과 전파력은 매우 인상적이다.

인도양 주변의 넓은 지역에서 이루어졌던 교역은 이슬람교의 성장으로 뚜렷한 변화를 보였다. 페르시아만과 홍해의 대부분 지역은 이제 정치적으로 일인 지배 체제에 속했다. 비잔티움은 관찰 시야에서 벗어났고, 북서 유럽은 연결고리를 잃었다. 홍해의 남서쪽에 있던 기독교 제국인 악숨 왕조는 고원 지대로 밀려났다. 4세기 때 로마 제국에서 기독교의 이단으로 몰렸던 종파는 기독교인 유럽과의 연결이 끊기고 에티오피아의 정교로서 19세기 식민지 시기까지 독자적으로 명맥을 유지했다. 홍해에서의 항해는 무슬림의 손에 놓이게 되었다. 더 먼 동쪽에서는 수백 년 동안 끊임없이 사산왕조와 비잔티움 제국의 전쟁 아래 고통을 받은 후, 이제 넓은 지역을 한 명의 통치자가 다스리게 되자 서아시아의 육로는 좀 더 안전해졌다. 무슬림의 관용 덕에 지중해와 페르시아 지역 출신의 기독교와 유대교 상인도 교역 관계를 넓혀갔다. 중국의 문서에 점점 더 많은 아라비아와 페르시아 상인이 등장했다는 점은 서구의 이슬람화가 전체적으로 봤을 때 교역망을 통합하는 데 유익했다는 표시로 이해할 수 있다. 다른 한편에서 보면 북서 유럽과의 교류단절로 훗날 포르투갈인, 스페인인, 프랑스인, 독일인 혹은 영국인에게 인도양에 있던 나라는 낯선 세계가 되었다.

증가하는 무슬림 세계를 전체적으로 한 명의 통치자가 다스리는 일은 오래가지 못했다. 바그다드에 있던 칼리프가 공식적으로는 최고 상급자로 인정받았지만,

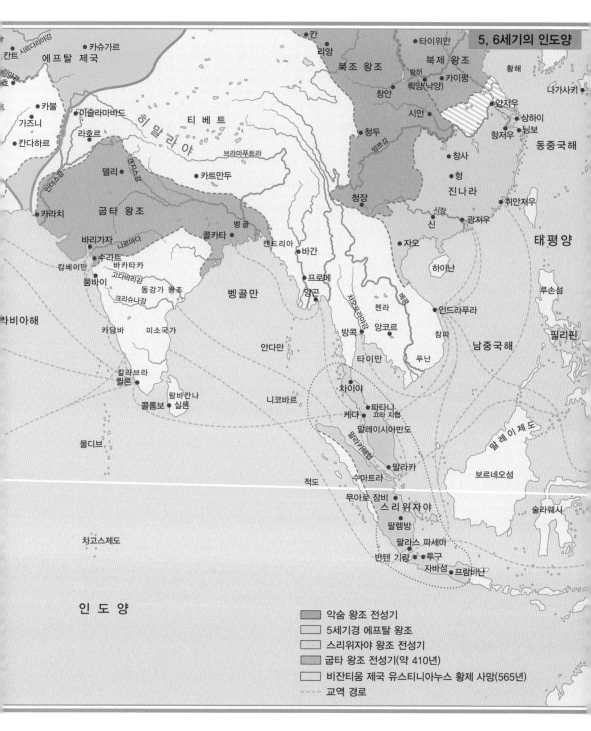

5, 6세기의 인도양

인 도 양

악숨 왕조 전성기
5세기경 에프탈 왕조
스리위자야 왕조 전성기
굽타 왕조 전성기(약 410년)
비잔티움 제국 유스티니아누스 황제 사망(565년)
- - - - - 교역 경로

이집트나 페르시아 혹은 스페인에 살던 무슬림의 통치자들은 점차 독자적 행보를 취했다. 1258년에는 몽골이 바그다드를 정복했다. 이로써 아바스 왕조 또한 공식적으로 끝이 났다. 군사적 분쟁은 페르시아만 영역의 교역에 지속적인 피해를 주었다. 다음 수백 년 동안 홍해의 중요성이 다시 부각되고 지중해와 인도양 사이의 교역로는 더욱 견고해졌다. 13세기부터는 서로 독자적으로 경쟁하는 무슬림 국가에 북인도의 델리 술탄국도 포함되었다. 이 나라는 아프가니스탄에서부터 세워졌고, 곧 벵골만(Bengal B.)에서 인더스 계곡에 이르기까지 큰 영향력을 발휘했다. 델리 술탄국(Delhi Sultanate)은 아라비아와 페르시아 출신 상인들과 함께 교역망을 따라 한쪽으로는 동아프리카로, 다른 쪽으로는 인도를 지나 동남아시아까지 이슬람 확장에 기여했다. 이로부터 오늘날 동남아시아 국가 중 무슬림 인구가 가장 많은 국가인 인도네시아의 무슬림 역사가 시작되었다.

중국과 인도 사이의 교역로

인도양의 역사는 로마와 사산, 무슬림의 물결을 따라 서쪽에서 동쪽으로만 흐르지는 않았다. 하지만 누가 뭐래도 가장 강력하게 영향을 끼친 것은 바로 중국이었다. 교역 사슬의 서쪽에서와 마찬가지로 중국도 통치자와 정치의 변화에 따라 그 영향력을 달리했다. 누가 통치하느냐에 따라서도 미치는 영향력이 달랐다. 따라서 '해상의 비단길' 역사는 이미 동쪽에서부터 시작되었다고 해도 과언이 아니다. 어쩌면 우리는 교역 사슬의 끝에 놓인 대제국의 영향을 문서와 유물을 통해 가장 잘 알 수 있기 때문에 높게 평가하고 있는지도 모르겠다. 하지만 교역망에 상당한 영향력을 미치고 이로부터 이익을 취하고자 한 또 다른 세력이 있었다. 바로 북인도 왕조와 대제국이다. 더불어 인도 남부의 많은 지배층도 교역을 통해 한몫을 얻고자 했다. 그러면서 인도와 중국 사이에서 동남아시아 지역은 점차 중요해졌다.

5세기와 6세기에 말레이반도와 수마트라에서 교역망이 촘촘해지면서 대부분 교역에 의존해 사는 크고 작은 도시국가가 많이 생겨났다. 7세기 말엽에 이들은 오늘날의 남동 수마트라의 팔렘방(Palembang)에 중심지를 두었던 스리위자야(Sriwijaya) 왕국의 영향권으로 들어갔다. 이들은 말라카의 중심 해로 주변에서 해적질하는 무리를 저지하는 데 성공했다. 한동안 물건을 실은 배는 오늘날 태국 땅인 말라위반도의 가장 좁은 곳인 끄라 지협(Kra Isthmus)을 통과해서 갔다. 이제는 폭은 좀 더 넓지만 덜 힘든 해로를 다시 지나다닐 수 있었다. 이로써 상인과 선원은 물론 스리위자야에도 큰 이득을 보았다.

　　중국과 인도는 물론 기독교 및 서방의 이슬람교까지도 관심을 갖고 지켜보던 동남아시아의 물건이 빠진 것 없이 팔렘방에 전부 모여들었다. 그래서 아라비아와 페르시아, 중국은 이 도시를 중요하게 생각했다. 팔렘방이 정치적으로 혹은 군사적으로 얼마나 크게 영향력을 끼칠 수 있었는지는 가늠하기 힘들다. 어쨌든 인도의 남동 연안의 3천 킬로미터도 더 떨어진 곳에 있던 야심 찬 촐라(Chola) 왕조는 스리위자야 왕조의 영향력에서 벗어나 자체 교역 활동을 통해 더 많은 이익을 취하고자 11세기에 스리위자야 왕조를 상대로 전쟁을 벌였다. 이 공격으로 스리위자야 왕국이 얼마나 파괴되었는지는 여전히 논쟁 중이다. 어떤 학자는 전쟁이 실제로 일어났는지조차 의심한다. 스리위자야 왕국은 늦어도 13세기 때부터 몰락하기 시작했다. 이 시기는 중국이 강성해지고 동남아시아 전 지역으로 교역망을 확장할 때였다. 스리위자야 왕국은 경제적·정치적인 면 외에 문화적으로도 인도와 교류했다. 이곳에서는 기독교와 이슬람교의 세계 말고도 종교적으로 다른 다양한 세계를 볼 수 있었다. 스리위자야 왕국은 인도에서 불교를 받아들였다. 860년에 스리위자야의 통치자는 왕국의 승려를 위해 날란다(Nālandā)에 불교 교육과 가르침을 위한 중심 기관인 사찰을 세웠다. 이곳은 북동 인도의 파트나(Patna) 근처다. 12세기 말엽, 날란다는 이슬람교가 관철되면서 파괴되어 현재는 유적지만 남았다. 스리위자야는 오랜 시간이 지난 후에야 비로소 이슬람교로 변화되었다.

비단길 위의 대상

유럽과 중앙아시아, 인도, 중국 사이의 교역은 바다를 통해서만 이루어지지 않았다. 카라반이라고 불리는 대상은 육로로 다니며 교역을 한 사람들이다. 이들은 항구만 연결한 것이 아니라, 내륙의 공급자와 구매자도 연결했다. '비단길'은 우리가 고속도로까지는 아니더라도 다소나마 휴게소와 교역 장소가 있는 포장된 도로라고 상상할 수 있는 수많은 교역 경로를 가리키는 종합 용어다. 육지를 통한 교역은 서기 2세기 때 집중적으로 이루어졌다. 중국의 통치자가 여러 유목 집단에 선물을 주고 대신 말을 가져오려고 했기 때문이다. 바다 위에서처럼 육지에서도 단 하나의 교역로만 있던 것이 아니라 중국에서 비잔티움에 이르는 동서로도 여러 개 있었다. 러시아나 인도로 향하는 북남로도 여러 갈래로 길이 나 있었다. 상인은 주의 깊게 자신의 경로를 고르고 도중에 내야 하는 관세와 사적 네트워크, 안전에 신경을 썼다. 몇몇 통치자는 자기 영역에 놓인 교역로를 특별히 안전하고 매력적으로 조성하는 데 세심하게 주의를 기울였다. 이렇게 해서 상인을 끌어들이면 세금과 관세를 통해 수익을 올릴 수 있었기 때문이다.

육로는 상인이 한 번에 전체를 지나갈 수 있는 길이 아니었다. 그래서 경로는 중간마다 상품을 매매하거나 옮겨 실을 수 있는 시장과 시장 사이의 구간으로 나뉘어 구성되었다. 낙타를 탄 대상만 지나다닌 것이 아니라, 낙타보다 작은 말과 노새, 당나귀가 끄는 수레가 다녔다. 비단 외에 말, 유리 제품, 옥, 청금석, 보석도 매매되었다. 4세기에서 8세기까지 소그드(Sogd) 출신의 상인들이 비단길 교역에서 중요한 역할을 했다. 이들의 도시국가가 꽃을 피웠고, 부하라(Bukhara)와 사마르칸트(Samarkand)는 중심 장소로 발돋움했다. 조로아스터교는 이들과 함께 새로운 전성기를 맞이했다. 소그드 상인은 중국에서 유명했다. 6장 '장안'에서 알아보겠지만, 중국 당나라가 멸망했을 때 비단길을 따라 대륙을 횡단하며 이루어지던 교역은 눈에 띄게 줄었다.

소그드 문화가 쇠퇴한 이유는 무슬림이 조로아스터교를 박해했기 때문이기

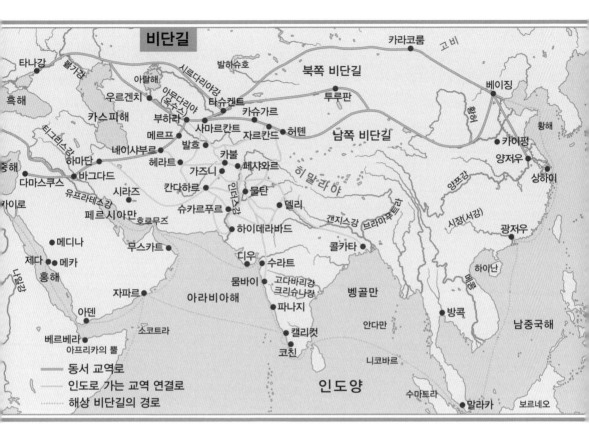

도 하다. 경제적인 측면에서 남북을 연결하는 비단길이 중요해졌다. 특히, 모피 및 목재, 왁스와 꿀, 호박석은 러시아와 동유럽에서 페르시아와 중앙아시아, 중국으로 팔렸다. 북쪽으로는 철로 만든 제품과 천, 무기 등이 팔렸다.

중앙아시아에서 몽골이 주도권을 잡는 동안 동서 교역이 다시 중요해졌다. 이에 관해서는 8장 '시데바이'에서 살펴보겠다. 교역로는 다시 안전해졌다. 베네치아의 상인 마르코 폴로(Marco Polo, 1254~1324)와 플랑드르 출신의 프란체스코 수도사인 빌헬름 폰 루브룩(Wilhelm Von Rubruk)은 인도와 몽골을 거쳐 중국까지 기나긴 여행을 했다. 이들의 여행기는 유럽에서 큰 관심을 끌었다. 14세기에 몽골의 지배가 끝난 후 교역은 다시 지역 내부 간의 교류로 제한되었다. 중국과 인도는 계속해서 말을 중앙아시아에서 사 오고, 인도는 천을, 중국은 비단 외에

차도 수출했다. 비단길의 시대는 중국에서 비잔티움까지를 연결했던 동서 교역의 중요성이 점점 약해지면서 끝났다. 반대로 중간 지점에서의 무역은 오히려 더욱 집중적으로 활성화되었다. 예를 들어 무굴(Mughal) 왕조 시대의 인도에서처럼 왕조가 전성기에 이르러 호사품에 대한 수요가 커졌을 때 말이다.

5장:
갠지스

힌두쿠시와 히말라야의 남쪽

인도 지도를 한번 보자. 유라시아 대륙에서 남아시아와 남동쪽 앞에 거대한 쐐기 모양처럼 튀어나온 섬인 스리랑카는 마치 인도양의 북쪽과 아라비아해, 벵골만을 나눈 것처럼 보인다. 지질학계에서는 반대로 이전에 섬이었던 인도 아대륙이 해마다 20센티미터씩 이동해서 유라시아 대륙 안으로 밀고 들어왔다고 주장한다. 이와 같은 충돌로 히말라야와 카라코룸(Karakorum), 힌두쿠시(Hindu Kush)와 같은 거대한 산맥이 솟아올랐다. 오늘날에는 대륙판의 이동 속도가 늦춰져서 인도판(印度板)은 유라시아판을 향해 매년 5센티미터밖에 움직이지 않는다. 하지만 이따금 일어나는 이런 충돌로 지진이라는 재앙이 발생한다. 인도 아대륙의 역사를 알려면 우선 쐐기 모양을 한 대륙의 지각적 충돌을 기본으로 알아야 한다.

오늘날의 바리가자 위치가 지각판의 충돌 현상 때문에 《에리트레아 항해지》를 썼던 저자가 활동했던 시대보다 100미터 북쪽으로 더 멀어졌다는 사실은 그리 중요하지 않다. 이보다 더 중요한 것은 충돌 결과로 형성된 산맥의 발

아래에 강이 생겼다는 점이다. 이때 생긴 여러 강은 지금도 남아시아 북쪽의 지형적 특색을 이루고 있다. 인더스강과 갠지스강, 브라마푸트라강은 히말라야와 카라코룸, 힌두쿠시산맥과 접하는데, 바로 이곳이 강의 발원지다. 땅은 큰 강을 따라 매우 비옥해졌다. 사람들은 이곳에서 농사를 짓기 시작하고 가축도 길렀다. 그러면서 부유하고 경제력 있는 도시가 세워졌고, 이 도시들은 힌두쿠시 협곡을 넘어 중앙아시아에서 침입해 온 이방인이 선호하는 목표가 되었다. 세 강줄기는 인도의 뾰족한 끝의 하구에서 만나 아라비아해나 벵골만으로 빠져나간다. 강은 한때 섬이었던 인도의 안쪽으로 흐르지 않기 때문에 인도 남부를 열지 못했다. 남인도에는 강 주변의 편평한 연안 지대가 펼쳐진 서쪽과 도시가 형성되고 강의 삼각지대가 있는 동쪽 사이에 거대한 두 산맥이 뻗어 있다. 바로 조금 더 험준한 서고츠산맥(Western Ghats Mts.)과 약간 완만한 동고츠산맥(Eastern Ghats Mts.)이다. 이 두 산맥 사이에는 데칸고원(Deccan Plateau) 지대가 펼쳐져 있다. 인도 남쪽에는 서쪽에서 동쪽으로 흘러 벵골만과 만나는 강이 또 하나 있다. 인도의 북쪽과 남쪽은 지난 세기까지만 해도 우거진 숲과 빈디아산맥(Vindhya Range), 사트푸라산맥(Satpura Range)으로 분단되어 있었다.

다시 말하자면, 대륙이 충돌하면서 아대륙이 근본적으로 나뉘었다. 북쪽에서는 경쟁이라도 하듯이 커다란 강 옆으로 많은 도시가 생겨났다. 특히, 힌두쿠시를 넘어 중앙아시아와 접경하고 있는 중국과 페르시아, 지중해 지역과 활발히 교류했다. 북쪽에서는 초기 고도 문명이 발생했다. 통치자들은 곧 더 넓은 지역을, 더 나아가 아대륙 전체를 다스리는 것을 목표로 삼았다. 반면에, 남쪽은 북쪽보다 면적이 작았다. 인도양에서 행해졌던 해상 무역상이 남아시아의 뾰족한 지역 끝까지 오지 않았기 때문에 많은 항구는 오지에 있었다. 남쪽은 지중해 지역과 아라비아반도, 페르시아, 동남아시아, 그리고 중국과 같은 나라와 문화를 교류하고 해상 무역을 했다. 다른 나라의 군대가 바다를 건너 침략하지도 못했고, 힌두쿠시를 넘어 온 침략자도 이곳까지는 아무런 힘을 쓰지 못했다. 인도 남부에는 또한 광범위하게 농업 용지를 사용하거나 사냥, 수집으로 생존을 유지했던 산림이 울창한 산지대의 사회적 연합에도 속했다.

그런데 나라를 세우는 데 이들을 끌어들이는 일은 매우 힘들었다. 심지어 이들을 왕국에 통합해도 이것이 실제로 무엇을 의미하는지조차 이해하지 못했다. 골짜기나 연안에서 숲으로 가려는 사람도 아무도 없었다. 말라리아에 걸릴 위험이 도사리고 있었기 때문이기도 했다.

인도 전체는 계절풍 영향권에 들어있다. 대부분 일정하게 6월부터 9월, 10월까지 많은 비를 동반한 남서 계절풍이 인도양에서 히말라야를 향해 분다. 또 12월부터 3월까지는 상당히 건조한 북동 계절풍이 히말라야에서 인도양 쪽으로 분다. 계절풍이 영향을 끼치는 강도가 지역마다 다르기는 해도, 인도의 농업에서는 전반적으로 일정하지만, 계절에 따라 매우 달라지는 바람과 강수량을 늘 계산해야 한다. 농업은 항상 물을 가둬 놓는 저수와 계획, 조직과 얽혀 있다. 농사짓는 사람은 다른 이에게 의지해야만 하고, 서로 돕거나 계급적인 집단에 속해 있어야만 살아남을 수 있었다.

남아시아는 예전이나 지금이나 유럽보다 인구가 훨씬 많다. 다양한 인종이 공존하고 있다는 사실은 이곳에서 사용 중인 언어가 30여 개에 이르는 것에 그대로 반영되어 있다. 지금도 여전히 1백만 명 정도의 사람이 이 많은 언어 중 각자 고유의 언어를 사용하고 있고, 조금 덜 쓰이는 언어와 방언도 언어에 포함되어 있다. 전체는 아니지만, 대부분 언어는 인도−아리아계(대체로 북부 지역) 어족이나 드라비다어족(남부 지역)에 속한다. 이렇게 다른 점이 많은데도 남아시아에서는 통치자 한 명이 아대륙 전체를 다스리려는 시도가 유럽에서보다 훨씬 더 자주 있었다. 하지만 세대를 넘어 그다음 세대까지 지배하는 일에 성공한 통치자는 단지 몇몇에 그친다. 통일은 지역 차가 크다는 사실을 다시 확인시켜 주는 일이었을 뿐이고, 이런 차이점은 제국이 급속히 붕괴하는 원인이 되었기 때문이다. 우리는 이 장에서 오랫동안 존재했던 마우리아(Maurya) 왕조와 굽타(Gupta) 왕조에 관해 알아볼 것이다. 왕조의 중심지는 남아시아에서 두 번째로 긴 강인 갠지스강 변이었다. 두 왕조의 역사를 이해하기에 앞서 우리는 우선 아대륙 최초의 '고도 문명'을 연대적으로 거슬러 올라가 봐야 한다. 이 문명은 남아시아에서 가장 긴 강인 인더스강 변에 놓여 있었다.

서기 2000년의 인더스 문명

고고학계는 20세기에 들어서 비로소 우리의 연대 계산법이 생기기 2,000년 전 인더스 계곡에 이미 문자 문명이 발달한 대도시가 존재했다는 사실을 발견했다. 이것은 말 그대로 학계에서 센세이션을 일으켰다. 오늘날 파키스탄의 모헨조다로(Mohenjo-Daro)와 하라파(Harappa) 제국을 중심으로 발전했던 인더스 문명은 고대 인도 역사의 대부분이 그렇듯이 단순히 잊혀 있었다. 후기 통치자들은 예전에 다른 신을 믿거나 다른 방식으로 살았던 왕조의 역사에 관심을 갖고 보존할 마음이 없었다. 18세기 후반부에 이르러서야 비로소 학계와 인도에 심취한 세대가 인도 역사학을 되살리려고 노력하기 시작했다.

고고학자는 인더스강의 하류에 자리 잡았던 모헨조다로 왕국이 전성기 때 세계에서 가장 큰 도시적 집단 거주지였을 것으로 추정한다. 이곳에 살았던 사람도 그렇게 믿었던 것 같다. 하지만 이곳 주민은 선천적으로 약간 작은 세계에서 출발했다. 도시는 목적에 맞게 계획에 따라 지어졌고, 구역이 분명하게 나뉜 구조였다. 십진법이 통일된 계량 단위와 무게 단위의 기본이 되었을 것이다. 관개수로와 하수도 체계는 주민 생활을 편리하게 했다. 인더스 문명이 흥했던 범위는 이 시대의 다른 고도 문명에 견주어 봤을 때 거대했다. 고고학자들은 오늘날의 페르시아와 아프가니스탄의 국경에서부터 델리에 이르는 지역에 인더스 문명과 연관된 거주지가 있었다는 증거를 찾았다. 약 1천 킬로미터에 이르는 반경이다. 인더스 문명은 우리가 3장, '바빌론'에서도 이미 살펴보았듯이 유프라테스강과 티그리스강 변에 자리한 수메르의 도시 문명과 무역 교류를 했다. 인장에서 발견된 문자를 해독할 수만 있다면 인더스 문명에 관해 더 많은 것을 알아낼 수 있을 것이다. 하지만 지금껏 해독할 수 있는 사람이 등장하지 않았다. 문자와 언어가 인더스 문명의 소멸과 함께 그대로 사라져버렸기 때문이다. 그 이후에 인도에는 천 년 동안 고유 문자가 없었다. 이로 말미암아 언어사학과 문자사학적으로 연구할 수 있는 모든 연결선이 끊겨버렸다.

인더스 문명이 멸망한 원인은 밝힐 수 없다. 문자가 없으면 역사학자에게 중요한 문서도 존재하지 않기 때문이다. 어쩌면 복합적인 환경 문제가 몰락의 원인이 아니었을까 추정할 수 있다. 가뭄으로 말미암은 재해가 이에 속했다. 인더스강 물줄기의 방향이 바뀌어 강물이 범람했고 관개수로가 파괴되었다. 분명 도시 주변의 농촌에서도 이런 너무나 힘든 상황에 진이 다 빠져 어느 시기부터는 더 이상 식량을 도시로 공급하지 못했을 것이다. 고고학계에서는 인더스 문명이 쇠퇴할 즈음 약탈과 내부 분열, 집단 학살이 일어났으리라 추정한다. 그 후 살아남은 사람은 동쪽 지역으로 이주했다. 모헨조다로 왕조와 하라파 왕조의 마지막 시기는 몹시 살기 힘들었을 것이다. 안타깝게도 지금은 돌과 유골만이 남아 이를 말해준다.

더욱더 정확한 고고학적 조사가 이루어지기 전에 연구자들은 오랫동안 언어사학적 관점에서 인더스 문명이 쇠퇴한 원인은 페르시아 영역에서 온 아리안족(Aryan)의 '침범'과 연관됐다고 결론 내렸다. 독일의 국수주의자와 국가사회주의독일노동당 당원은 이런 이론을 반갑게 받아들였다. 이전에 살았던 아리안족이 이루어 낸 개선 행렬이 자신들의 이념 세계와 일치했기 때문이다. 19세기 때 몇몇 영국 식민지 개척자도 자신들을 유럽 최초 문명의 후예라고 내세우고자 이런 이론을 옹호했다. 수천 년 전에 아리안족이 인도 사람에게 말과 전차, 유럽 언어 가운데 하나인 산스크리트어를 가져다주었다면, 영국인은 훗날 인도를 문명화할 임무를 띠었다는 주장이다. 모든 이들은 북인도 언어가 인도·유럽어족에 속하고, 인도인이 힌두쿠시를 넘어 유럽과 적어도 밀접하게 교류했다고 주장하는 이론이 옳다고 판단했다. 하지만 언어의 변화와 이주, 문화의 변화를 직접 연관시킬 필요는 없다. 언어를 유입했다는 증거를 아리안 집단이 침범한 결과로 생각하기보다는 오히려 점차 침투한 결과라고 하는 편이 더 옳다. 이 밖에도 고고학적 유물은 인더스강 주변의 번창하던 도시가 아리안족이 이주하기 훨씬 이전에 이미 경제적으로 심각한 위기에 빠져있었다는 점을 보여준다. 결국, 인더스강에서 사용되던 문자는 사라졌지만, 도시 문화 전체가 사라진 것은 아니다. 도시 문화는 변하고 단순화된 모습으로 농촌에서 계속 이어졌다. 그렇더라도 인더스강 주변 도시의 삶이 어떻게 전부 끝날 수 있었는지는 의아하다. 동쪽으로 한참 멀리 떨어진 갠지스강 주변에 새로운 도시 거주지가 생긴 것은 거의 천 년이라는 세월이 흐른 뒤였다.

베다와 힌두교

새로운 도시 거주지와 새로운 문자, 새로운 언어와 함께 기원전 500년 전부터 고고학계에 확실한 정보를 가져다 준 문헌이 존재한다. 그중에서도 가장 오래된 베다(Veda) 경전을 들여다보자. 베다 경전은 수백 년 동안 외워서 입에서 입으로 전해진 시 구절과 찬미가를 모아둔 전집이다. 문자로 기록되기 이전부터 있었기 때문에 우리가 가진 것은 훗날에 기록된 것이다. 베다 경전은 만트라(mantra, 성전), 브라마나(Brahmana, 제의서), 우파니샤드(Upanishad, 철학서), 그리고 수트라(Sūtra, 학술적 교과서) 등 네 부분으로 구성되었다. 이를 바탕으로 훗날 우리가 '힌두교'라는 이름 아래 하나로 종합한 종교 개념이 발전했다. 하지만 인도의 다른 종교 역시 그 근본은 베다 경전의 영향을 받았다.

학자들은 베다 경전마다 다른 발행 연도를 매겼다. 그래서인지 베다 경전들을 비교하면서 읽다 보면 베다의 발달사가 눈에 들어온다. 사람이 어떻게 살아야 하는지와 실제로 어떻게 살고 있는지에 관한 생각은 사회의 변화에 따라 달라진다. 우리는 경전에서 마을에서 도시 문화로 바뀌는 과정을 볼 수 있다. 그뿐만 아니라 카스트(caste) 제도도 볼 수 있다. 카스트 제도는 사람들에게 특정한 직업을 지정했고(처음부터 알아보자면: 브라만=성직자, 크샤트리아=무사, 통치자, 바이샤=상인, 수드라=수공업자와 농부), 사람들은 이런 직업을 영광스럽게 여기며 권리와 의무와 삶의 방식이라고 간주하고 자손에게도 물려주었다. 모든 사람은 자기가 어디에 속하고 무슨 일을 해야 하는지 마땅히 알았다.

인도 사람은 이런 숙명에서 벗어날 수 있었을까? 카스트 제도는 이론적으로 들리는 것보다 실제로는 훨씬 느슨했던 것 같다('카스트'라는 매우 딱딱하게 들리는 개념은 포르투갈어에서 왔다. 이 용어가 남아시아 언어권에서 표출하려고 했던 의미를 제대로 전달하는지에 관해서는 논란이 있다). 실제 삶에서는 책에 쓰여 있지 않은, 예견하지 못하는 일이 일어나곤 한다. 성직자 가족 출신의 사람(브라만)이 장사를 하는가 하면, 장사꾼이 왕이 되고, 농부가 전쟁에 나가 싸우는 군인이 되기도 했다. 카스트 제도는 훗날 유럽의 도시 모델처럼 삶의 세계에 방향을 제시해주지만, 거기에 꼭 매달릴 필요는 없는 하나의 이상 사회의 모습을 알려주었던 것처럼 보인다. 인도 사회에는 오늘날까지도 카스트 제도가 남아있다. 사회의 변화에 따라 제도도 마찬가지로 변화를 거듭한다.

베다 경전은 인도의 종교가 처음부터 그리고 지금까지도 하나의 종교 제도가 아니라는 것을 가르쳐준다. 인도의 종교에서는 엄격한 가르침이나 올바른 믿음 혹은 교회 안에서의 계급 문제를 다루지 않는다. 베다 경전의 말씀에 끊임없이 따르고 귀를 기울이는 사람은 세계를 이해할 수 있고, 이에 맞게 행동할 특별한 자세로 삶에 임해야 했다. 이때 환생에 대한 생각과 브라만을 공경하는 마음, 카스트 제도를 존중하고, 지역에서 열리는 의례 행사와 순례 여행에 참여하며, 가족과 고장의 신을 경배하는 일이 도움이 됐다. 19세기 영국 식민지 통치자는 인도의 다양한 신앙과 종교를 전체로 묶어 '힌두교'라고 이름 지었다. 유럽의 관찰자들은 이런 힌두교를 마치 하나의 동일한 종교나 심지어 교회처럼 묘사했다. 인도의 국수주의자 무리는 오늘날까지도 여전히 힌두교를 인도에서와 마찬가지로 매우 강한 세력을 이루고 있는 무슬림에 대항해서 하나의 국가적 신앙으로 치켜세우려 하고 있다. 하지만 유럽인이나 인도의 국수주의자가 하는 이런 행위는 힌두교 전통과 일치하지 않는다는 것을 분명하게 보여주었다. 힌두교 전통의 특색은 행동은 자제하되, 내용상으로는 모든 것을 열린 마음으로 받아들여야 하는 의지다.

인도와 기원전 4세기의 알렉산더 대왕 제국

리강(볼가강)

스키

코카서스

카스피해

초라스미야

아랄해

야크사르강
(시르다리야강)

아르메니아

구르간

옥소스
(아무다리야강)

알렉산드리아/아
(쿠잔트)

마라칸다
(사마르칸트) ● 키!
소

알렉산드리아
(메르프) ●

가우가멜라
아벨라

티그리스강

메디아

차드라카르타

헤카톰필로스

마슈하드

박트리아

박트리아-차리ㅣ오
(발흐)

카뷔

메소포타미아

하마단
(에크바타나) 파르티아

아르타코아나

알렉산드리아 (헤라트) 가르더

유프라테스강

오피스

쿠사이르

알렉산드리아
프로프타시아

(파라)

알렉ㅣ
(칸다

바빌론
바빌로니아

수사

육시아

드란기아네

아라코시아

알렉산드리아

페르세폴리스

파사르가대

카르마니아

파르스주
(페르시스)

게드로시아

오레이타

푸라

모헨조다

아라비아

호르무즈해협

마크란

아ㅁ

페르시아만

과다르

카라치

북회귀선

아라비아하

홍해

--◁-- 알렉산더 대왕의 이동 경로

☐ 마우리아 왕조 아소카 왕의 영

▨ 부족 지역 및 기타 주요 지역

▬▬ 인더스 문명의 확산 경로

□ 인더스 문명 유적지

▨ 불교 중심지

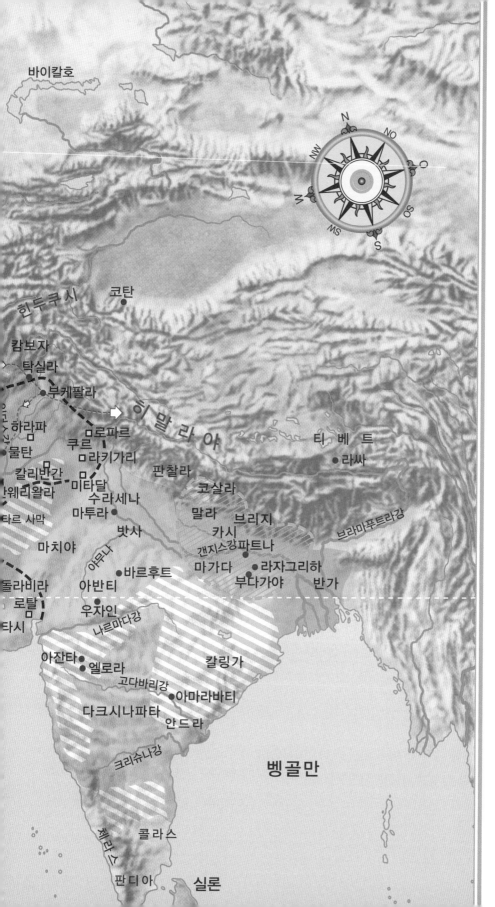

바이칼호

힌두쿠시

코탄

캄보자

탁실라

부케팔라

히말라야

티베트

하람파
물탄

로파르
쿠르
라키가리

판찰라

라싸

칼리방간
미타달
웨리왈라

수라세나
마투라

코살라

타르 사막
마치야

밧사

말라
카시

브리지

브라마푸트라강

아무나

갠지스강 파트나

돌라비라

아반티

바르후트

마가다

라자그리하

로탈

부다가야

반가

타시

우자인

나르마다강

아잔타
엘로라

칼링가

고다바리강

아마라바티

다크시나파타

안드라

크리슈나강

벵골만

콜라스

판디아

실론

기원전 3세기의 마우리아 왕조와 불교

기원전 500년 전 이후의 정치사를 연구할 때는 베다 경전보다 돌에 새겨진 헌정문이나 명문, 묘비명이 더 귀중한 대접을 받는다. 이런 문장에 통치자의 재임 기간과 업적이 들어있기 때문이다. 인도에서도 다른 나라에서처럼 이런 명문 중 많은 부분은 안타깝게도 훗날 파괴되거나 건축 재료 혹은 다른 목적으로 재활용되었다. 가장 중요한 묘비석 중 하나가 인도의 한 건설 회사에서 발견된 적이 있는데, 길을 평평하게 할 때 사용하는 롤러로 쓰이고 있었다! 하지만 19세기부터 수집된 많은 비문은 다른 문헌에서 찾아볼 수 없던 역사를 파악하는 데 충분한 자료가 되었다. 19세기 초 영국의 동양학자들은 브라미 (Brahmi) 문자로 쓰인 아소카(Aśoka)의 칙령을 해독하는 데 성공했다. 이로써 우리는 마우리아 왕조에서 가장 중요한 232년에 죽은 지배자뿐 아니라, 그의 가문이 남긴 업적도 알 수 있다. 마우리아 왕조는 기원전 4세기 말부터 비로소 최초로 대인도 제국을 통일했지만, 이들도 인더스 문명과 마찬가지로 기억에서 사라지고 말았다. 아소카는 그의 아버지와 할아버지가 이미 정복했던 영토를 아프가니스탄에서 벵골(Bengal)까지, 또 갠지스 계곡에서 데칸고원 지대까지 넓혀가며 지배했다.

우리는 아소카 왕조가 문자와 법에 바탕을 둔 관리 체계를 갖추었고, 농업과 상업에 세금을 매기고, 강력한 군대를 편성했었다는 점을 안다. 로마의 작가 대(大) 플리니우스는 아소카의 건국자인 찬드라굽타(Chandragupta)가 코끼리 9천 마리와 기사 3만 명, 60만 명의 보병을 동원한 적이 있다고 묘사했다. 곧이곧대로 믿을 수는 없을 것이다. 너무나 틀에 박힌 듯 보이는 숫자 때문이다. 게다가 9천 마리나 되는 코끼리를 한군데에서 어떻게 매일 배불리 먹일 수 있었을까? 전투에서 희생당한 군사 숫자도 틀림없이 과장했을 것이다. 하지만 주어진 역할을 제대로 수행했던 관리와 전투력을 갖춘 군대, 그리고 큰 손실을 고려할 준비가 되어 있었던 마우리아 왕조의 위대한 통치자 세 명은 연이어 승리를 거두고 나라를 안정화했다.

그래도 마우리아 왕국이 현대적 국가의 모습이었을 것이라는 상상은 지나치다. 주요 도시 사이에는 길을 놓아 서로 연결하고 함께 관리하였다. 아무리 먼 곳이라도 중앙에서 관리를 파견 보냈다. 관계 제도를 설치하고, 숲을 개간해서 경작지로 만들었다. 그런데 집약적 통치를 받는 구역과 그 주변의 중간에는 마우리아 왕조가 다스리는 것을 인정은 했지만, 조공을 바치는 것 외에 마음대로 살아가던 사람들이 있었다.

　　아소카는 남아시아 최초의 지배자다. 우리는 아소카 칙령을 통해 그가 어떤 사람이었는지 알 수 있다. 칙령은 분명 재위 초기 군사적으로 승리한 후에 전장에서 죽은 많은 희생자를 기리고 불교를 높이 기리는 법을 알리기 위해 발표되었을 것이다. 아소카는 지방 관리에게 칙령을 반복해서 낭독하게 했고, 민중이 왕국 어디서나 볼 수 있게 바위와 기둥에 글을 새겨놓고 알림으로써 전쟁과 폭력에서 눈을 돌리고 불교의 가르침을 따르게 했다. 부처가 사망한 지 2백 년 혹은 3백 년 정도가 지났을 때였다. 나중에 '깨달은 자'라는 뜻을 지닌 단어, 부처라고 불린 고타마 싯다르타(Gautama Siddhārtha)가 살았던 시기는 불분명하다. 사제도, '신도 없는 종교'는 욕망을 조절하고 영원한 환생의 고리에 영향을 끼칠 수 있도록 인간의 행동과 귀감을 중심 주제로 다룬다. 가난과 어리석음, 죄와 평화에 대한 이념은 불교의 중심 가치이며, 이는 불교가 추구하는 채식주의에서도 드러난다. 개인 각자의 행동력이 중시되고 사회적 계급은 어떤 역할을 해서도 안 되기 때문에 불교는 곧 도시와 상인, 지식에 목마른 자의 종교로 부상했다. 상인과 무역상은 불교를 중국에 전해준 장본인이다. 불교는 발생지인 인도에서보다 중국에서 훨씬 더 번창했다. 다음 장인 '장안'에서 더 자세히 살펴보겠다.

　　오늘날 우리에게 익숙한 그림이나 불상은 종교의 창립자였던 부처가 사망한 지 오랜 시간이 지난 뒤에 그의 추종자가 그가 거부했던 신격화를 시작하면서 비로소 생겨났다. 영생하지 못한 부처의 유골은 숭배 대상이 되었고, 그가 살면서 머물렀던 곳과 대표적인 추종자들이 살았던 곳에는 성지가 생겼다. 학파도 다양하게 발전했는데, 한 학파는 힌두교와 유사하기도 했다. 어떤 힌두교파에서는 부처가 여러 신 가운데 가장 권위 있는 자리를 차지하기도 한다. 아소카는 불교의 전파를 환영하고 불교 영향력을 행사했다. 심지어 논쟁에 휩쓸렸던 문제를 설명하기 위해 불교 공회의를 소집하기도 했다. 아소카는 그의 칙령과 일상적 정치를 통해 불교가 세계 종교로 성장하는 데 크게 기여했다. 이 과정에서 종교를 장려하는 일과 외교에 주력하는 일을 서로 상반된 것으로 볼 필요는 없다. 예컨대, 불교가 스리랑카에서 성공적으로 포교된 것은 아소카 왕의 왕자 마힌다(Mahinda)가 훗날 유럽에서 실론(Ceylon)이라 부르던 스리랑카섬의 통치자였던 데바남피야 티사(Devanampiya Tissa) 왕을 만나 불교에 귀의하게 하면서 이루어낸 일이다. 마우리아 왕조의 통치자는 자기의 영향력이 어디까지 뻗치는지 볼 수 있었다. 아소카는 불교를 전파하기 위해 스리랑카와 네팔 혹은 미얀마뿐 아니라, 그리스 황제가 통치하던 지중해 영역과 서아시아까지 사절단을 보냈다. 그리스에 보낸 메시지는 수십 년 전에 알렉산더 대왕(재위 기간 기원전 336~기원전 323년)의 혜성 같은 성장이 몰고 왔던 많은 후유증 가운데 하나였다. 마케도니아 출신의 젊은 왕은 로마와 이집트, 메소포타미아, 그리고 인도까지 그물처럼 엮인 역사 속으로 실을 짜 나갔던 인물 중 한 명이었다. 알렉산더 대왕은 기원전 334년에 그리스에서부터 이집트, 메소포타미아, 카스피해의 남쪽을 건너고 오늘날의 아프가니스탄과 파키스탄을 거쳐 갠지스 계곡까지 전진해 갔다. 이로써 짧은 기간에 정치적으로 대부분 분열되어 있던 지중해 지역과 서아시아, 인도를 성공적으로 통일했다. 동화에서나 일어날 듯한 일이었다. 그런데 갠지스강 근처에 와서 그의 군사가 더 이상 그를 따르기를 거부했다. 군인들은 다시 그리스로 돌아가길 원했다. 알렉산더 대왕이 인더스 계곡과 발루체스탄(Baluchistan)의 게드로시아(Gedrosia) 사막을 지나 철군한 후에도 인도와 그리스 간의 왕래는 유지되었다. 처음에는 폭력적인 관계였다. 323년에 알렉산더가 바빌론에서 사망하자 알렉산드리아 왕국은 한때 다른 나라를 정복한 것만큼이나 빠른 속도로 멸망했다. 이제는 왕국에서 독립해 독자적으로 영토를 다스리던 여러 곳의 후계자 혹은 디아도코이(Diadochoi, '후계자'라는 의미의 그리스어로 일반적으로 알렉산더 대왕 사후의 후계자를 의미함-역주) 가운데

셀레우코스 니카토르(Seleucus Nicator)가 있었는데, 그가 알렉산드리아 왕국의
아시아 쪽 영토를 넘겨받았다.

그가 영토 확장을 위해 인도에 쳐들어갔을 때 그에 맞서
싸운 사람은 아소카 왕조의 건국자인 찬드라굽타였다. 마우
리아 왕조의 창건은 그리스를 상대로 군사적으로 영토를 지
켜내는 데 성공한 일부터 시작한다. 결과적으로 셀레우코스
니카토르는 힌두쿠시산맥을 넘어 후퇴해야 했고, 인도 정벌
의 꿈을 접어야만 했다. 그는 훗날 평화적인 방법으로 인도
와 교류하려 했다. 어쨌든 알렉산더 대왕 이후에 그리스인
이 오늘날의 북아프가니스탄인 박트리아와 투르크메니스탄
남부, 우즈베키스탄으로 이주했는데, 이들을 통해 그리스
와 인도 간 왕래가 이루어졌다. 아소카가 갠지스에서부터
북서쪽으로 향해 그리스와 대화할 수 있었던 것도 이곳에
살던 그리스인 덕분이다.

마우리아 왕조는 아소카가 죽으면서 급격히 쇠퇴했다.
어쩌면 세 명의 뛰어난 지도자가 연달아 등장했던 우연으
로 기원전 3세기에 아대륙의 원심력을 한참 동안 제어할
수 있었는지도 모른다. 마지막 마우리아 왕은 기원전 185
년경에 살해되었다. 그가 살아생전 다스렸던 영역은 매우
작은 부분에 지나지 않았다. 기원전 200년부터 서기
300년 사이에 있었던 통치자들은 다수가 영토를 국지적
으로 다스렸다. 인도 북서부는 다시 힌두쿠시산맥을 넘어
서 오는 침략군에 시달렸다. 아시아 쪽 초원 지대에서는 거대한 기마 부족이
형성됐다. 이에 대해서는 8장 '시데바이'에서 살펴보겠다. 우선 우리가 앞부분
에서 알렉산더 대왕과 연관 지어 잠깐 언급했던 박트리아에 거주했던 그리스
인은 기마 민족을 피해 인도 쪽으로 도망갔다. 그다음에는 파르티아(Parthia)와
샤카(Shaka), 쿠샨(Kushan) 왕조가 뒤따라 도망했다. 샤카 왕조와 쿠샨 왕조는

서기 2세기 초에 카니슈카(Kanishka) 왕의 지배 아래 북인도를 거의 카스피해까지 이르는 중앙아시아와 연결하는 왕국을 세우는 데 성공했다.

　　그러는 사이에 수 세기 동안 전쟁에 휩싸여 시달리던 남아시아의 북서 지역은 불교의 영향 아래 평화와 교역, 문화의 회복기를 맞이해 평화로운 시간을 보냈다. 쿠샨 왕조가 자신을 어떻게 생각했는지는 통치자의 칭호를 어떻게 지었는지에 잘 나타나 있다. 이들은 2세기 초부터 통치자에게 마하라자(mahārāja, 인도 왕의 칭호), 라자디라자(rājadirāja, 이란 왕의 칭호), 데바푸트라(Devaputra, 천자라는 중국 황제의 칭호), 그리고 카이사라(Kaisara, 로마 카이사르에서 따옴)라는 칭호를 붙였다. 이것은 과대망상증이 아니라 쿠샨 왕조가 여러 커다란 문명의 영향권에 속해 있다는 것을 내비친다.

　　인도의 남쪽은 마우리아 왕조가 성립될 때 약간 바깥쪽에 있었다. 내륙 아시아에서 쳐들어오던 위협 세력은 이곳에 아무런 영향도 끼치지 못했다. 이들에게 훨씬 중요했던 것은 바다를 건너 외부와 교류하는 일이었다. 아소카 왕국이 멸망한 후 통치자는 작은 지역에 한하여 지배했다. 하지만 문화적인 면에서는 북인도의 영향을 받았다는 것이 더 많이 느껴진다. 불교 승려는 사원을 지었지만, 훗날 힌두교의 브라만이 많은 영주의 궁중에서 사제장이나 참모로서 주요 직책을 맡았다.

힌두교의 굽타 왕조

　　굽타 왕조는 서기 4세기와 5세기 때 인도의 많은 지역을 다시 통합해 다스렸다. 왕국은 한때 아소카가 지배했던 마우리아 왕조 때만큼 넓지는 못했지만, 그때와 완전히 달랐다. 어떤 점에서 차이가 났는지에 대한 첫 번째 힌트는 위대한 굽타 통치자 중 두 번째 왕이었던 사무드라굽타(Samudragupta, 재위 기간 335~376) 지배 당시 주조된 금화다. "왕 중의 왕이 지상의 세계를 정복한 뒤에 맞설 수 없는 영웅적 힘으로 하늘을 정복한다."라는 글귀가 금화에 적혀 있다.

금화의 한 면에는 말 한 마리가 제단 앞에 서 있고, 다른 한 면에는 왕의 본부인 모습이 새겨져 있다.

주화가 물건값을 치르는 수단이자 선전 도구로 사용된 것은 인도에서만은 아니었다. 주화를 주조한 사람은 적어도 주화의 가치를 보장할 수 있다고 주장해야만 했다. 이 주장을 믿는 사람은 물건을 다른 물건으로 맞바꾸지 않고 값이 나가는 쇠붙이와 바꿀 수 있다. 계속해서 또 다른 사람도 이 쇠붙이를 마찬가지로 다시 물건에 대한 대가로 인정한다는 믿음 안에서 이루어질 수 있는 행위다. 제대로 기능할 주화를 주조하는 사람은 힘이 있어야 했다. 주화 소유주가 계속 바뀌기 때문에 권력이 있는 사람은 단순히 화폐의 가치나 문양만을 찍어 내는 것이 아니라, 메시지를 부여했다. 돈의 가치를 믿는 사람은 이 메시지 역시 마음에 간직했을 것이다.

인도에서 화폐는 쿠샨 왕조 시대 때부터 물건값을 지불하는 수단으로서 점점 더 비중 있는 역할을 했다. 쿠샨 왕조가 힌두쿠시산맥을 넘어 발전했기 때문에 인도 아대륙은 육로를 통해 서아시아 및 동아시아와 점점 더 친밀하게 사업적으로 왕래했다. 많은 지방 통치자가 주화를 찍어냈고, 많은 종류의 주화가 동시에 여기저기서 통용되었다. 원거리 교역 시에는 로마 주화도 인정받았다. 굽타 왕조는 완전히 자기 고유의 스타일로 주화를 찍어냈고, 인도 외부에 이미 있었던 모형을 따라 하는 것을 의도적으로 배제한 인도 최초의 지배자였던 것 같다. 주화에서도 굽타 왕조의 예술에서처럼 '고전' 스타일을 알아볼 수 있다.

앞서 말한 금화의 제단 앞에 서 있는 말 그림은 사무드라굽타 시대 때 살았던 동시대 사람들에게 분명한 메시지를 전달한다. 사실 말은 인더스 문명의 그림 프로그램에서는 찾아볼 수 없는 주제다. 하지만 힌두교 전통의 바탕을 이루는 베다 경전의 시나 찬미가에서는 자주 등장하는 동물이다. 따라서 말은 아리안 문화와 교류하거나 힌두쿠시산맥을 넘어 아리안족이 서아시아로 이주했을 때 들어온 것이 분명하다. 말은 힌두교 전통과 처음부터 관련이 있었다. 말을 희생하는 것은 힌두교 왕의 중요한 의례의 한 부분이다. 반대로 불교에서는 신의 마음을 얻고자 말을 죽이는 일 따위는 아무런 의미가 없다. 사무드라굽타는 이렇게 말을 바치는 의식을 다시 도입하고 주화를 통해 완전히 의도적으로 힌두교 전통을 받아들였다는 것을 공식적으로 알린 셈이다.

굽타 왕조가 남쪽 지방의 왕조 및 훗날 북쪽 지방의 왕조에서도 확실하게 해 두었던 것은 힌두교의 전통이 불교 아래 놓이거나 불교에 흡수된 것이 아니라는 점이었다. 힌두교는 되살아났고 굽타는 이를 위해 시간과 공간을 제공했다. 이런 전통으로 브라만의 산스크리트어도 같이 새로워졌다. 5세기 초반 굽타 왕의 궁전에는 나라에서 가장 중요하게 추앙받던 산스크리트어로 시를 짓는 다수의 시인이 모여 있었다. 미술과 건축은 날로 발전했고 본보기가 될 만큼 뛰어났다. 굽타의 고전 스타일은 이제 왕조의 주요 도시를 넘어 힌두교나 불교를 믿는 모든 곳에서 발전해 갔다. 굽타 왕조의 힌두교식 전통을 장려하는 방법은 다른 삶의 방식이나 종교적 믿음의 방식을 배척하지 않았다.

주화에는 그림 말고도 사무드라굽타가 하늘을 정복한 세계 통치자라고 칭송하는 글도 적혀 있다. 동시에 이때 만들어진 비문에는 그가 "지구의 끝 네 군데를 정복한 자"와 "이 땅에 사는 신"이라고 새겨져 있다. 이런 것을 보면 힌두교에서는 성공을 이룬 통치자를 신격화하는 일이 일상적이었다고 볼 수 있다. 주화는 사무드라굽타가 실제로도 군사적인 면에서 매우 적극적으로 나서서 많은 성공을 거두었다는 것을 알려준다.

2세대 이전에 굽타 왕조는 아직 갠지스 강가에서 권력과 영향력을 놓고 쟁탈하던 많은 가문 중의 하나에 지나지 않았다. 사무드라굽타의 시조인 찬드라굽타는 이런 쟁탈전에서 성공을 거두었다. 어쨌든 그는 자신에게 '마하라자디라자(Mahārāja dhirāja, 위대한 왕 중의 왕)'라는 칭호를 붙이고, 그가 왕위에 오른 서기 320년부터 새롭게 시작하는 연대기법(굽타 기원)을 공표했다. 그는 갠지스강에서 멀리 떨어진 비하르 지방의 막강한 세력으로 알려진 리차비(Licchavi) 가문의 공주와 혼인함으로써 더 큰 세력으로 발전하였다. 리차비 가문은 어쩌면 오늘날의 알라하바드(Allahabad)인 프라야그(Prayag)와 가까운 출신지에서는 굽타 가문보다 훨씬 더 중요한 가문이었을지도 모른다. 사무드라굽타는 아버지가

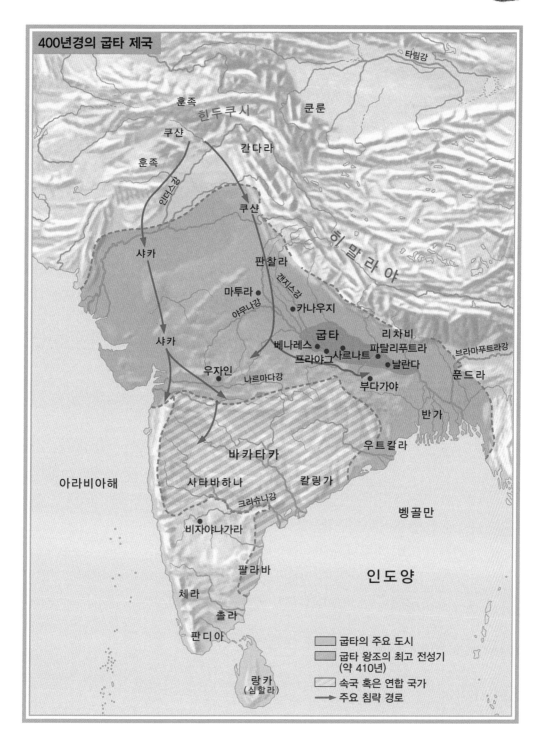

400년경의 굽타 제국

타림강

훈족

힌두쿠시

쿤룬

쿠샨

간다라

훈족

인더스강

쿠샨

히말라야

샤카

판찰라

갠지스강

마투라

카나우지

야무나강

굽타

리차비

샤카

베나레스

파탈리푸트라

브라마푸트라강

프라야그 사르나트

우자인

날란다

푼드라

나르마다강

부다가야

반가

바카타카

우트칼라

아라비아해

사타바하나

칼링가

벵골만

크리슈나강

비자야나가라

팔라바

인도양

체라

졸라

판디아

랑카
(심할라)

- 굽타의 주요 도시
- 굽타 왕조의 최고 전성기
  (약 410년)
- 속국 혹은 연합 국가
- → 주요 침략 경로

수많은 전쟁에서 승리한 곳에 도시를 세웠다. 그가 거둔 성공을 알려주는 많은 비석에는 중간중간에 그가 갠지스 계곡 중간 지점쯤 자신이 통치했던 곳의 주요 지역에서만 이전의 통치자를 물리치는 데 성공했다고 적혀 있다. 그는 정복한 지역에 자신의 관리를 파견해 다스리게 하고, 그 지방에서 나온 수익은 자신의 금고로 들어오게 했다고도 적혀 있다. 중앙 인도와 남쪽에서는 왕과 영주가 사무드라굽타의 군대와 대치한 후에도 계속해서 다스렸다. 분명 이들은 사무드라굽타 왕국을 종주국으로 인정하고 조공을 바쳤을 것이다. 왕이 살아남지 못했다면 영국의 언론인이자 작가인 존 케이(John Kay)가 살짝 아이러니하게 표현한 것처럼 '마하라자디라자'라는 타이틀 또한 아무런 의미가 없었을 것이다. 그러나 다르게 해석하는 것도 가능하다. 바로 힌두교의 전통에서는 통치자가 전제적인 지도자가 아니라, 같은 지배자 사이에서 최고 권력을 인정받는 자였으리라고 이해할 수 있다. 어쨌든 우리는 굽타 왕조가 500년 전에 있었던 아소카 왕조보다 탈중심적이었다고 생각해야 한다. 이를 두고 연구 분야에서는 '다양한 정치 제도의 연합'이라고 말한다.

　사무드라굽타 다음에는 찬드라굽타 2세가 재위했다. 그는 왕국의 영토를 서쪽으로 더 확장했다. 그는 정략결혼을 통해 중앙 인도에서 자신의 입지를 굳혔다. 쿠마라굽타(Kumaragupta, 415~455)의 재위 시절 왕국이 지닌 문화적 전파력은 특별히 이목을 끈다. 주화에 새겨진 도안은 쿠마라굽타가 뛰어난 기사(말과 코끼리)였고 사냥을 좋아했다는 사실을 알려준다. 그의 재위 기간에 주조된 많은 주화는 특히 잘 알려져 있다. 이 주화를 본 주화 전문가들은 왕국이 비교적 부유했었다고 추론한다. 그런데 그 당시 북인도 도시의 유적지는 주거지가 좁아졌고 도시계획이 덜 이루어졌다는 것을 보여준다. 지역을 넘어서 이루어졌던 교역량 규모도 줄어들었다. 어쩌면 굽타의 황금시대에 점점 쇠퇴하던 이면이 있었던 것일까?

　쿠마라굽타가 사망한 후, 후계자 자리를 놓고 쟁탈전이 일어났다. 하지만 이 분쟁보다 왕국을 더욱 위협한 것은 힌두쿠시산맥을 넘어 침입해 왔던 훈족의 연합 기병대였다. 점점 더 쇠퇴해 가던 굽타 왕조의 통치자는 자기의 위상을 유지하는 일이 점차 어려워졌다. 훈족은 잠깐 사이에 인도의 북서쪽에 그들의 왕국을 세우는 데 성공했고, 굽타 왕조는 붕괴되었다. 지역에 따라 결과는 상당히 다르게 나타났다. 굽타 왕조에 조공을 바쳐야만 했던 남부 지역과 중앙의 각 왕조의 상황은 우선 크게 변하지 않았다. 하지만 굽타 왕조를 통해 평탄하게 살아왔던 지역은 심한 고통을 겪었다.

굽타 왕조가 막을 내린 후에 하르샤바르다나(Harsavardhana, 590?~647?) 대왕이 인도 북부를 다시 한번 통합하여 다스렸다. 그의 재위 기간 중 종교는 다시금 평화적으로 발전했고, 문화는 전성기를 이루었다. 하지만 상당히 야망이 넘치고 능력이 많았던 대왕은 인도 남부를 명목상으로라도 지배할 수 없었다. 그는 북쪽에서도 군사적으로 실패를 겪었다. 그의 성공은 이제 한계에 다다랐다. 그 후 다음 왕조는 인도가 어떻게 발전했는지를 가르쳐준다. 지역 세력은 점점 더 강해지고 각자 지역별로 고유성을 주장했다. 남쪽의 지역 왕조는 단순히 북쪽에서 멀리 떨어져 있어서라기보다는 독자적으로 행동할 수 있었기 때문에 자신의 지위를 유지했다. 굽타 왕조 이후에 지역 세력 간 균형이 이루어졌다. 북쪽과 남쪽뿐 아니라, 중앙 지역과 동쪽의 벵골도 균형을 유지했다. 농업은 도시적 상업과 수공업을 상대로 중요성을 되찾았고, 농업 분야 내에서는 지주와 소작인 간 차이가 뚜렷해졌다. 카스트 제도는 더 경직되었다. 인도는 여전히 다양했지만, 다양성의 규칙은 변하지 않았다. 불교가 국교였던 마우리아 왕조와 힌두교였던 굽타의 찬란함은 결국 사라지고 말았다.

6장: 장안

장안(长安, Chang'an, 창안)은 오늘날 중국 산시성[陝西省] 시안[西安]에 있는 구(區)로, 7세기, 8세기 때 세계에서 가장 큰 도시였다. 도시는 펀수이강(汾水, 펀허강) 하구 근처의 웨이허강[渭水] 계곡에 자리했었다. 웨이허강은 다시 서쪽으로 150킬로미터를 더 흘러가 황허강(黃河, 황하)과 만난다. 두 강이 만나는 곳은 정확히 말하자면 황허강이 더 이상 남쪽으로 흐르지 않고 동쪽으로 물길을 바꿔 황해(한국에서는 '서해'라고 부름)로 유입되는 곳이다. 오늘날 장안의 옛 중심지에서 북쪽으로 몇 킬로미터 떨어지지 않은 곳에 중국 산시성의 수도인 시안이 있다. 시안은 인구가 1백만 명이 넘는 수많은 중국 도시 중 한 곳이다. 시안의 옛 이름 장안은 그 당시 유일하게 인구가 1백만 이상 되는 도시로 세계에서도 유일무이했다. 이런 중국의 대도시는 그 당시 이미 600년 전통이 있는 곳이었고, 고색창연하면서도 매우 새로웠다. 도시 역사는 천 년이 넘었고, 중국의 여러 왕조를 거치면서 수도로서 역할을 했던 곳이다. 그런데 수나라와 당나라의 황제는 6세기 말부터 도시에 이제껏 세상에 한 번도 없었던 무엇인가를 설계했다. 이 설계도는 예를 들어, 한국이나 일본이 수도를 계획할 때 본보기가 되었다. 도시 성곽은 84제곱킬로미터의 면적을 에워쌌다. 비교하자면,

영국 런던의 히드로공항(Heathrow Airport) 면적보다 7배나 더 큰 크기였다. 도시에는 1백만 명의 사람이 살았다. 당시의 사람과 훗날 학자 중에 장안의 인구가 2백만 명에 달했다고 주장하는 이도 있다. 이해를 돕고자 비교해보면, 그 당시 로마에는 약 2만 명이 살았고, 중세 유럽에서 비교할 대상이 없을 만큼 컸던 비잔티움의 인구는 1200년경에 최대 50만 명에 지나지 않았다.

7세기 인구 100만 도시의 생활

'황제가 탄 수레바퀴 통', '중국 왕조의 뿌리', '심장과 배' 등은 장안을 표현한 말이다. 황제는 가족과 신하와 이곳에 살았다. 당나라를 세운 고조 황제가 22명의 아들과 19명의 딸을 두었다는 점을 고려하면 궁전과 왕실의 규모가 얼마나 되었을지 어림짐작할 수 있다. 장안에는 황제 말고도 고위 관리가 가족과 하인들과 함께 살았다. 이들은 장안에 사는 것을 좋아했다. 당나라 후반기쯤까지 도읍지에서 관리직을 맡고 있다면 성공한 사람으로 여겨졌다. 지방에는 장안에 견줄 만큼 수입이 많고 큰 책임을 질 만한 높은 자리가 없었다. 장안에 살던 인구 중 세 번째로 많은 집단은 군인이었다. 이들 역시 가족과 하인과 함께 이곳에 살았다. 네 번째 집단은 수도에서 일해야 했던 사람이었다. 이곳에는 다른 나라에서 온 사절단이나 지방 관리도 있었고, 시험을 치러 온 사람, 일자리를 구하러 온 사람, 자기 관할 지역 업무를 봐야 했던 사람 또는 세 가지 일을 모두 하려고 온 사람도 있었다. 이와 더불어 국가고시를 준비하려고 온 젊은 중국인도 있었고, 그중에는 외국인 응시자도 많았다. 다섯 번째 집단은 도시가 원활히 돌아가게 하고, 이곳에 사는 모든 사람에게 필요한 것을 조달해주는 사람들이었다. 예를 들어, 무역상, 상인, 수공업자, 매춘부 같은 사람들이었다. 그다음으로는 어떤 문제가 발생했을 때만 문헌에 등장하는 부류가 있다. 바로 거지, 사기꾼, 일용직 근로자, 게으름뱅이 등이 그들이었다. 다시 말해 이들은 근근이 입에 풀칠하며 사는 사람들로, 하루하루를 어떻게 버틸

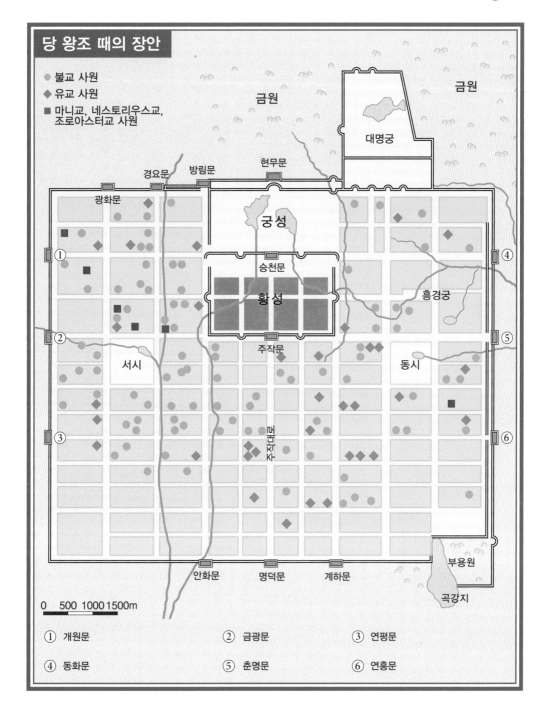

당 왕조 때의 장안

- 불교 사원
- ◆ 유교 사원
- ■ 마니교, 네스토리우스교,
  조로아스터교 사원

금원

금원

대명궁

경요문   방림문   현무문

광화문

궁성

① 개원문

승천문

황성

흥경궁

② 금광문

서시

주작문

동시

주작대로

③ 연평문

④ 동화문

⑤ 춘명문

⑥ 연흥문

안화문   명덕문   계하문

부용원

곡강지

0   500 1000 1500m

① 개원문   ② 금광문   ③ 연평문

④ 동화문   ⑤ 춘명문   ⑥ 연흥문

지 걱정이 컸다.

장안은 계획도시였다. 19세기 이전에 있던 중국의 모든 대도시는 정치 및 행정 중심지 역할을 했다. 도심에는 공개 토론장이나 교회가 서 있던 것이 아니라, 궁이 세워졌다. 장안 구경을 하러 온 사람은 폭이 거의 60미터에 이르고, '사람의 마음에 있는 맑은 본성의 문'이라는 뜻의 명덕문을 열고 들어와 폭이 보통 약 20미터나 되는 다섯 통로 중 한 곳을 지나야 도시로 들어올 수 있었다. 이곳을 지나면 주작대로나 도시의 가장 중심 거리인 천도에 이른다. 이 거리의 폭은 축구장 절반에 이르는 150미터에 달했다. 여행객은 나무 그늘에 배수구가 있는 길을 따라 행정 중심 지역과 황제가 있는 북쪽의 황성으로 갈 수 있었다. 만약 어쩌다가 방문이 허용되기라도 한다면 말이다. 주작대로는 도시의 북쪽에서 남쪽으로 향하는 11개 도로와 서쪽에서 동쪽으로 나 있는 14개의 거리가 교차하는 거리다. 나머지 길은 중앙 도로보다는 폭이 좁지만, 아무리 제일 작은 옆길이라고 해도 5미터나 되는 높은 도시 방벽의 그림자가 드리웠고, 폭은 25미터에 이르렀다.

정확하게 장방형으로 된 도로망은 도시를 108방이라는 일종의 블록으로 분할했다. 방에는 '흥화'나 '수화', '평안'과 같이 마음을 평안하게 하는 이름을 지었다. 모든 방은 동서로와 남북로로 나뉘고, 사이에는 골목길이 있어 다른 방과 연결되었다. 국가의 도시계획은 골목에 이르러서야 끝났다. 집과 토지의 주인이 바뀌고 사람들이 마음대로 꾸미다 보니 장방형으로 짠 구조에서 어긋나고, 구부러지고, 짧은 골목길이 곧 생겨났다. 현실적으로 실패한 다른 계획도 많았다. 대규모 공사에 착수한 도시 남쪽에는 방이 매우 늦게 지어졌거나 아예 없는 곳도 있었다. 남쪽에서는 꽤 오랫동안 계속해서 농사를 짓고 가축을 기르는 사람이 있었다. 다른 한편으로는 특히, 9세기에 와서 주요직 관리와 군인이 신분에 걸맞은 새로운 건물을 지을 공간을 찾아다니다 한 군데를 찾으면 직접 그곳을 번화가로 만들기도 했다.

수도와 지방의 차이는 자유의 허용 기준치에서가 아니라, 안정과 질서, 통제에서 나타났다. 도시 주민은 스스로 무엇인가를 할 수 있는 사람이 아니라,

견제를 당하는 신하였다. 각각의 방은 독자적인 방벽으로 둘러싸였고, 네 군데 문이 있었다. 이곳에서 두 방을 연결하는 길이 끝났다. 매일 밤과 아침에 북을 울려 성문 여닫는 것을 알렸다. 높이가 3미터에 이르는 방벽을 기어오르는 자는 곤장 90대를 맞는 태형에 처해졌다. 통금 시간에 대로를 오가다 걸리면 회초리로 20대 맞는 일을 각오해야 했다. 얼마나 많은 사람이 이런 형벌에 처해졌는지, 또 실제로 형벌을 받았는지는 알지 못한다. 하지만 처음 백 년 동안 장안의 주요 도로는 밤에 사실상 텅 빈 거리였다. 그러나 9세기 초에는 사람들이 더 이상 통금 규정을 지키지 않는다고 순찰대가 토로한 기록이 남아 있다. 삼엄한 감시에도 방의 안과 밖에서 사람들의 삶은 계속되었나 보다. 장안에서는 출신 배경이나 경제 수준이 비슷한 사람끼리 모여 살았다. 북동쪽에는, 특히 황성 근처에는 부자와 주요직 관리의 집이 많았다. 서쪽과 남쪽에는 대부분 소시민이 살았고, 빈곤 지역과 사창가도 있었다.

도시의 거의 모든 방에는 종교적 건물이 있었다. 대부분 불교 사원이었는데, 사실 불교는 인도에서 온 종교였다. 장안이 재건되기 전에 힘들고 경제적으로 어려웠던 시기에 불교를 추종하는 사람이 많이 생겨났다. 인도에 갔던 상인들이 불교의 가르침을 가지고 돌아왔다. 수도 생활이나 죽은 사람을 화장하는 생각은 사실 중국의 기본 관념과 맞지 않았다. 첫째, 종교적으로 조직된 불교의 종교와 신들의 세계는 중국 문화에 적응할 수 없었다. 둘째, 많은 중국인은 정치적인 혼란과 일상에서의 폭력을 경험하다 보니 일상의 문제를 해결하고 심적으로 안정을 찾기 위한 새로운 방법을 찾으려 했다. 당나라 때의 불교는 강력하고 대중적이며 다양했다. 가끔 또는 무분별하게 사원을 해산시키는 등의 방법으로 불교를 금지하기도 했지만, 이것만으로는 불교를 완전히 몰아낼 수 없었다.

불교 사원 외에 도교 사원도 많았다. 도교는 민속신앙의 요소와 불가사의한 수행을 바탕으로 한 중국 현자의 가르침에서 발생해 종교로 발전하였다. 도교와 불교에서 나온 수많은 형태의 변종을 구분하기란 쉽지 않다. 어쩌면 구분하는 일은 그리 중요하지 않았을 수도 있다. 원래 중국의 모든 가장은 집에 사원을 차려놓고 조상에 대한 제례를 통해 유교적·국가적 제례 의식을 치를 수 있었다. 사제는 존재하지 않았다. 황제 스스로, 또 그를 대신하는 직위에 뽑힌 관리가 제례와 제물을 통해 지상 세계와 우주의 질서를 연결했다. 신과 속세의 질서는 황제의 직무와 인성에 함께 들어 있었다.이런 사실은 한편에서는 황제를 사멸하는 무리에서 들어내어 거의 닿을 수 없는 먼 곳으로 떨어뜨려 놓았다. 장안의 주작대로 끝에 자리 잡은 황궁은 이를 상징했다. 하지만 다른 한편에서는 일이 잘못될 경우 황제가 정말 황제의 자격을 갖추었는가라는 위험한 질문에 맞닥뜨릴 수 있었다. 이런 경우 황제는 깊은 나락으로 빠르게 추락할 수 있었다.

국가 제식의 형식이 완전히 갖추어져 있고, 의례 행사로 정해지고, 감히 범할 수 없었기 때문에 황제는 관용을 베풀 수도 있었다. 황제의 생일을 맞이하여 황궁에서는 유교와 도교, 불교계의 대표가 서로 토론을 벌이고, 황제는 토론 끝에 이번에는 어떤 종교가 우세했는지를 결정했다. 주요 종교 외에도 외국에서 건너온 소규모의 '외국인 종교'도 있었다. 그중에서도 특히, 네스토리우스교와 페르시아에 온 조로아스터교가 장안에 사원을 두었다. 당나라 시대는 종교 활동을 가끔 금지하는 것을 제외하곤 낯선 것을 발견하고, 다른 것의 이념과 신념을 연구 주제로 삼고, 고유 전통을 해결할 가능성으로 다른 종교를 관찰한 준비가 잘되어 있다는 특징이 있었다.

장안의 주민은 장을 보려면 서시와 동시로 가야 했다. 도시를 계획한 사람들은 시장을 담으로 둘러싸면 쉽게 통제할 수 있겠다고 생각했다. 그곳에서 상인들은 말고삐, 얇은 비단 천, 큰 규격의 옷, 철, 고기 등 파는 품목에 따라 정해진 열에 자리를 잡아야 했다. 이렇게 정해진 규칙이 정말 제대로 지켜졌는지는 알 수 없다. 이 두 시장에만 많은 것이 집중된 것은 아니었다. 여관과 주점, 빵집은 도시 여러 지역에 흩어져 있었고, 책방도 있었다. 유럽에서 책 인쇄술이 발명되려면 아직 500년이라는 시간이 더 있어야 하는 시기였다. 중국에서는 이미 기원전 2세기부터 종이가 발명되었는데, 페르시아와 아라비아, 스페인, 이탈리아를 지나 12세기가 되어서야 비로소 유럽에 전해졌다. 장안의 한

구역은 보석상과 금 세공사와 같은 특수한 수공업자나 악기를 만드는 사람이
선호하던 곳이었다. 그 외에도 빵이나 기름, 장작을 수레에 싣고 방을 돌아다
니면서 파는 상인도 있었다. 851년에 황제는 두 시장을 다시 독점 거래소로 지
정하려고 법령을 내렸지만, 실패하고 2년 뒤에는 법령이 폐지되었다.

시장에서 판매되는 품목은 무척 다양했다. 장안과 같은 대도시에 있는 시장
에 내다 팔려고 전문성을 갖추고 특수 상품을 집중적으로 생산하는 농부들이
많았다. 밀과 조, 쌀 외에 채소와 오렌지도 상업적으로 재배했다. 식용유는 다
양한 재료에서 추출했다. 술은 중요한 상품이었고, 차는 점차 상품성이 높은
품목으로 자리 잡기 시작했다. 쌀과 비단을 공급하는 일은 특히나 다양했다.
당 시대 때 중국의 도시에는 흰 쌀과 큰 쌀, 끈적이지 않는 쌀을 각각 따로 파
는 열이 시장에 있었다는 증거가 있다. 그 밖에 작고 얇은 비단 천과 비단실,
비단 천, 크고 얇은 비단 천, 새로 나온 얇은 비단 천, 알록달록한 작은 천, 베,
그리고 머릿수건을 파는 열도 따로 정해져 있었다. 부자들은 먼 곳에서 온 보
석과 악기, 섬유 제품과 같은 물건을 친구나 경쟁자에게 과시했다. 중국 수공
업자는 외국의 제작 기술을 배워 금과 은, 유리 제품, 도자기,
가구 등을 직접 생산하거나 가공했다.

수공업자는 만드는 일만 할 수
있었고, 상인은 장안에 도착하
는 물건을 판매하는 일만

맡아서 했다. 식품과 의복, 원료와 완성품은 수도로 우선 들어와야만 했다. 지금도 여전히 인구 백만 도시의 주민을 먹여 살리려면 절대로 쉽지 않다. 이것은 큰 도전이며 힘에 부치는 일이다. 7세기에서 9세기까지 중국에는 전화는 물론 기차나 화물차도 없었다. 그 대신 중국인은 하천 공사 분야에서 상당히 오랫동안 경험을 쌓아 왔다. 이들은 댐과 운하, 급수 시설을 통해 이미 오래전부터 큰 강의 물을 끌어와 생활에 이용해 왔다. 예를 들어, 벼를 재배하는 논은 항상 일정하게 물을 대고 빼줘야 했다. 가뭄과 홍수로 변하는 강물의 상황을 생각하면 이는 결코 쉬운 일이 아니다. 농부 조합과 마을 공동체는 이를 위해 상부상조해야 했다. 운하는 물건을 여러 지역으로 운송하는 데 이용되었고, 이런 목적을 이루기 위해 전략적으로 설계하고 건설되었다. 강과 함께 운하는 사실상 중국의 교통 체계 근간을 이루었다. 배가 지나다닐 수 있던 강은 무척 활기찼을 것이다. 764년 어느 날 밤, 중앙아시아 양쯔강 근방의 한 도시에 화재가 일어나 정박해 있던 배 3,000척이 소실되는 일이 생기기도 했다.

장안을 유지하려면 지금까지 알려진 모든 것을 능가할 운하 체계가 필요했다. 대운하를 팔 계획과 공사를 시작한 사람은 황제가 되고 나서 자신을 '문제(文帝)'라고 칭한 양견(楊堅, 541~604)이었다. 그리고 운하를 완성한 사람은 폭력적이고 권력에 눈이 멀었다고 묘사되는 수나라 왕조의 마지막 황제였던 후계자, 양제(煬帝, 560~618)였다. 당시의 문헌에 따르면, 5백만 명이 넘는 일꾼이 운하 건설에 강제로 동원되었다. 그들 중 절반이 운하 공사를 하다 죽었는지는 여전히 논쟁 중이다. 아무튼 남자 수가 줄어 노동력이 귀할 때는 여자도 동원되었다. 운하 덕분에 장안은 양쯔강 하류와 북쪽 고지대인 오늘날의 베이징 지역과 연결되었다. 대운하는 다른 운하와 강, 뱃길과도 연결되었기 때문에 많은 농부가 판매할 물건을 배에 싣고 수도까지 올 수 있었다. 대운하는 장안뿐 아니라, 통일된 중국에서 없어서는 안 될 소중한 생명줄이었다. 북쪽의 만리장성과 함께 장안의 대운하는 오늘날까지도 중국이 자랑스러워할, 운하 공사에 동원된 많은 이의 고통이 가려진, 하지만 동시에 천 년보다 훨씬 이전에 현실화한 통치자의 유토피아를 상징하는 뛰어난 기술자의 업적이다.

　　운하만큼이나 도로도 운송에 무척 중요한 역할을 했다. 당연히 배나 거룻배, 뗏목을 이용하는 것처럼 손수레(유럽보다 천 년 더 빨리 발명됨)나 짐수레, 썰매로 크고 무거운 짐을 한꺼번에 많이 옮길 수는 없었다. 하지만 어쨌든 나무로 둘러싸인 곳의 흙을 꾹꾹 다져 눌러 만든 길 위로 짐을 운반할 수는 있었다. 중국에서는 가운데를 약간 솟아오르게 해서 비가 오면 길 바깥쪽으로 빗물이 흘러갈 수 있게 길을 만들었다. 좁은 강에는 다리를 놓고 폭이 큰 강에는 나룻배가 있었다. 도로는 대부분 장안과 뤄양(Luoyang, 洛陽)에서 시작해 북쪽을 향했다. 이는 남쪽의 물자를 운반하는 것보다 황제와 관리들을 위한 군대와 전략 물자를 빠르게 운송하기 위해서였다. 그러나 경제적인 면에서 점점 중요한 위치를 차지하게 된 남쪽이 훨씬 많이 개발되었다. 도로는 소식을 전달하는 데도 이용됐다. 당나라는 중앙 대로의 일정한 곳에 지점을 두고 급행 우편 제도를 시행했다. 장안에서부터 멀리 떨어진 다른 도시까지 마차로 우편을 전달하는 데는 길어야 14일이었다.

　　지리와 인구, 통치자, 관리, 사회, 도시, 시골, 지역, 현자의 가르침, 경제, 기반 시설, 우편 제도까지 중국 역사 전체가 장안에서부터 시작했다고 말해도 과언이 아니다. 하지만 황성이나 명덕문에서 바라본 장안의 광경은 우리를 착각에 빠뜨릴 수도 있다. 그 광경은 황제가 계획했던 바가 마치 실제 실행된 것처럼 생각하도록 잘못된 인상을 준다. 실상은 시간이 지나도 편지가 도착하지 않는 경우도 있고, 모든 길이 안전한 것도 아니었는데 말이다. 어떤 지역에서는 관리들의 평판이 좋지 않아서 지방의 권력자와 만나려면 많은 조언을 받아야 했다. 657년에는 5천만 명의 인구에 약 13,465명이나 되는 관리가 있었다. 즉, 3,700명 중 한 사람이 관리였던 셈이다. 7세기의 유럽이나 아프리카, 북아메리카와 비교했을 때 실로 어마어마한 숫자다. 하지만 대부분 사람은 현장에서 알아서 일을 해야만 했고, 국가는 단지 주민에게 협조만 하는 식이었다. 이들은 일정하게 통일된 집단이 아니었다. 첫 번째로, 이미 보았듯이 관리를 맡은 사람은 제각기 하는 일이 너무나 다양했고, 두 번째로, 이들은 각기 다른 문화 환경과 관행 속에서 자란 사람들이었다. 예로, 쌀농사를 짓는 사람은 밀

농사를 짓는 사람과는 다른 방식으로 공동체 생활을 했을 테고, 유목민이나 불교 신자는 유교를 믿는 사람들의 공동체와 다르게 삶과 죽음을 정의하고, 한족은 중국 남쪽 출신의 민족을 경시했다. 그리고 세 번째로, 이들은 출생 때부터 소속된 집단이 달랐다. 당나라에는 사실 귀족 계급이 있었던 것은 아니었지만, 황제와 관리들조차 중요하게 여겼던, 수백 년 전부터 막강한 세력의 가문이 존재했다. 당나라의 황제로 하여금 국가와 황제를 위한 관료와 업적 대신 귀족의 출생을 우선시하게 하는 데 성공함으로써 이런 가문의 힘은 최고점에 이르렀다. 훗날 여기에서 기인하는 새로운 귀족 계급이 생겼다. 이를 통해 귀족 가문은 돈벌이가 되는 관직을 차지하거나 군대를 갖출 수도 있었다.

중국 역사에서 도읍지와 지방, 통일과 다양성은 중요하다. 하지만 중국 왕조와 주변 아시아 권력의 중심지들 또한 몹시 중요한 역할을 한다. 왕조가 통일을 이룩하는 일은 당연한 것이 아니었다. 무엇을 중국과 중국의 문화로 결정할지와 수많은 지역 문화 가운데 어떤 것에 좀 더 중점을 두어야 할지를 늘 정해야 했다. 장안과 수, 당의 역사를 중국 역사의 큰 관계 속에서 찾아보면 이런 점이 더욱더 뚜렷하게 보일 것이다.

양쯔강과 황허강

중국 왕조는 커다란 두 강이 만들어낸 결과로 이루어진 농업과 운송 제도를 통해 설명할 수 있다. 북쪽에는 웨이허강이 흘러드는 황허강이 있고, 남쪽에는 양쯔강이 있다. 양쯔강은 티베트 고원 지대에서 발원하여 산맥과 구릉지를 힘겹게 통과하고 많은 지류와 합쳐지기 때문에 물의 양이 매우 많다. 황하는 서쪽 구릉지에서 출발해 사막 같은 곳과 경작지 지대를 유유히 지나 흐른다. 이 과정에서 물과 함께 떠밀려 내려와 끊임없이 쌓이는 침전물 때문에 황허라는 이름이 붙었다. 이런 퇴적물로 말미암아 강이 범람하여 재해가 발생하고 물줄기의 방향도 바뀐다. 황해로 빠지는 황허강의 하구 위치는 중국 역사에서 여

러 차례 변했는데, 그 차이가 100킬로미터도 더 된다. 강에 생계가 달린 농부나 마을, 도시에 사는 사람들에게 이런 모든 현상이 무엇을 뜻하는지 쉽게 짐작할 수 있다. 어떻게 될지 예측할 수 없는 황허강 옆이 아니라, 황하의 지류인 웨이허강 근처의 장안을 도읍지로 정하고 건설한 것은 현명한 판단이었다.

중국의 북쪽은 다른 곳에 비해 더 건조하고, 춥고, 편평하다. 남쪽은 구릉지가 많고 더 따뜻하며 습도가 높은 아열대 기후까지 나타나는 지역이다. 바로 그곳, 양쯔강의 물줄기가 들어오는 지역에서는 이미 7, 8세기부터 벼농사가 시작되었고, 1년에 두 번 혹은 심지어 세 번까지 수확할 수 있었다. 북쪽에서는 조와 밀을 재배했는데, 황허강의 북쪽에 살던 농부는 비 내리는 횟수가 점점 줄자 농사짓는 일이 어려웠고, 일부는 농사를 아예 지을 수 없었다. 농사가 가능한 지역과 그렇지 않은 경계 지역에 사는 사람은 유목민과 교역을 했고, 중국 황제와 군사를 위해 유목민에게서 말과 낙타를 사기도 했다. 때로는 무역이 평화롭게 진행되지 못하는 경우도 생겼다. 유목민이 중국으로 쳐들어오기도 했는데, 중국은 이에 대비해 만리장성을 쌓았다. 그렇다고 모든 침략을 막을 수는 없었다. 중국 왕조 가운데 몇몇은 유목민의 우두머리가 창건하기도 했다. 당 왕조 역시 조상이 유목민이었다고도 전해진다. 북방은 따라서 정치적·군사적 힘의 중심지였다. 인구 1백만 명의 수도 장안은 기가 막히게 정확한 지점에 자리 잡았다. 남쪽은 한참 뒤에야 비로소 한족이 정착했고, 8세기에도 여전히 중국인이 아닌 민족이 다수였다. 그래서 정치적 엘리트는 경제적인 면에서 남쪽의 역할이 상당히 중요했음에도 이곳에 사는 사람을 자신보다 한 단계 아래로 여기고, 문화적 수준이 떨어진다고 평가했다.

이전에 추정했던 것과는 달리 농사를 짓고 가축을 기르는 단계로의 과도기는 약 1만 년 전에 북쪽과 남쪽에서, 바로 황허강과 양쯔강의 중류와 하류 지점에서 일어났다. 그 외에 남서쪽에 자리한 사천 분지는 신석기혁명에서처럼 훗날에도 점점 더 자주 독자적인 역할을 했다. 이처럼 커다란 세 지역에서 다양한 문화가 꽃을 피웠다. 중국의 역사는 처음부터 다양하며, 통일과 분열을 반복하는 특색이 있었다. 문자는 기원전 1200년 선부터 존재했다고 확인되었다. 왕조 이름이 적힌 목록도 이때부터 존재하는데, 이들의 권력과 능력이 통일된 중국 사회에 어느 범위까지 미쳤는지는 확실하지 않다. 조 왕조 말기와 금 통일 왕조(기원전 221년~기원전 206년), 그리고 한 왕조(기원전 202년~서기 9세기)의 사이에는 여러 왕조가 동시에 존재했던 정치적으로 분열된 시기가 있었다. 하지만 이 기간에 적어도 엘리트 계층은 정치적 권력의 차이를 넘어서 문화적으로 유대감을 느끼던 시대가 아니었나 싶다. 금과 한은 관료주의적 중앙 집권제를 추가했다.

　당 시대를 한눈에 보여줄 중국의 통일은 깨지기 쉬웠지만, 파괴할 수는 없었다. 모두가 하나에 속한다고 생각했고, 문자와 고도 문명, 황제에 대한 이념, 국가 제식, 행정기관, 사회기반시설이 장려되었다. 하지만 어마어마한 크기와 지리적 · 기후적 · 종교적 · 문화적 차이로 지역마다 독자성도 띠었다. 이와 더불어 중국의 문화를 변화시키는 외부의 영향도 추가되었다.

　중국의 새로운 왕조는 언제나 새로운 연호와 화폐, 수도를 정함으로써 통치력을 상징적으로 드러냈다. 황제가 새로운 연호로 시간을 새롭게 시작했던 것처럼 새로 정한 수도는 새롭고 힘 있는 왕조를 공간적으로 상징했고, 왕조의 지위를 공고히 했다. 반대로 왕조의 종말은 기존의 수도를 파괴하고 새로운 도읍지를 정하는 것으로 나타나는 경우가 허다했다. 중국은 이런 까닭에 수도로서 나라 전체에 영향력을 끼쳤다고 주장할 수 있는 도시가 셀 수 없을 정도로 많다. 장안과 동쪽으로 300킬로미터는 족히 떨어져 있는, 서기 500년경에 재건된 후의 인구가 약 50만 명에 달했던 뤄양은 전통적으로 북쪽의 수도였다. 남쪽에서는 수도가 자주 바뀌었고, 남쪽이 중국을 통일해 전체적으로 지배한 적은 극히 드물었다. 오늘날의 수도인 베이징은 장안에서 북동쪽으로 800킬로미터 이상 떨어져 있다. 사실 수나라나 당나라는 베이징을 수도로 전혀 염두에 두지 않았다. 7, 8세기의 베이징은 북쪽의 국경을 방어하는 데 군사 전략적으로 중요한 지점이었다. 하지만 장안에서 봤을 때 베이징은 초원 지대와 유목민, 야만족으로 넘어가는 문턱에 있었다. 베이징의 위대한 시대는 당나라 말엽에 북쪽에서 온 유목민 출신의 통치자가 세력을 점점 확장하면서 비로소 열

리기 시작했다.

중국의 수와 당 왕조

수 왕조(581~617년)는 수 세기 동안 여러 통치자가 일으킨 내전으로 혼란기였던 중국을 정치적으로 다시 통일했다. 수 왕조는 옛것과 새로운 것을 연결하고자 했다. 그래서 옛 수도인 장안으로 다시 돌아왔다. 건축적으로 수도를 새롭게 정비하고, 명성을 크게 떨칠 곳이라는 의미의 대흥성(大興城)이라고 이름을 바꾸었다. 이름이 곧 프로그램을 의미했다. 수 왕조는 한나라의 영광스러웠던 시대와 다시 연결되고, 분쟁과 분열의 시대를 마무리할 것이라고 말해야 했다. 이런 메시지는 매력적으로 들렸다. 한 왕조가 끝나고(기원전 202년~서기 220년) 수 왕조가 군림하기까지의 400년도 채 안 되는 기간은 몹시 불안정하고 폭력이 난무했기 때문이다. 수 왕조는 이제 다시 통일과 평화를 약속했다. 통일을 이루고 말 것이라는 강렬한 인상을 새로운 수도 대흥성을 통해 상징적으로 내보여야 했다. 새로운 수도는 지금까지 있던 모든 수도보다 백배는 더 반짝이고 더 커야 했다.

수 왕조를 건립한 양견은 원래 수나라의 영주였다. 그는 권세 있는 장군 가문 출신으로, 경쟁 관계에 있던 지방 왕조의 여러 지배층 가문과 친척 관계였다. 그는 581년에 자신을 '북쪽의 황제'라고 칭하고, 다음 해 몇 년 동안 남쪽의 경쟁 관계에 있던 왕조를 굴복하게 한 후 자신이 한나라가 끝난 지 400년이 지나 드디어 중국을 다시 통일했다고 주장했다. 지난 몇백 년간 이렇게 주장한 사람은 이미 많았다. 일일이 다 헤아릴 수 없을 정도로 많은 전투와 황궁에서의 책략에 따라 경쟁하던 과정에서 짧은 기간이나마 주도권을 쥐어 봤던 모든 왕조가 한 번씩은 이렇게 주장했다. 하지만 그들과는 다르게 양견은 중국의 북쪽뿐 아니라 남쪽, 또 국경 밖으로도 군사적 승리를 정치적 권력으로 끌어올리고, 오랫동안 성공적으로 이끌었다.

양견은 특히, 과거 유목민 출신이 많았던 북쪽의 막강한 세력의 가문과 남쪽에서 완전히 다른 전통을 따라 살던 엘리트층도 역시 제국에 편입시키는 데 성공했다. 그는 행정조직을 재편하면서 여러 지역의 다양한 전통을 검토하고 편파적이지 않도록 조심스럽게 맞추어 나갔다. 또한, 관리를 뽑는 과거 시험 제도를 통일하기 시작했다. 이 시험 제도는 50년 후에 당나라 태종의 재위 기간에 잠정적으로 중단되었다. 몇 년 후에 다시 장안으로 불리기 시작한 새로운 도읍지 대흥성에는 방방곡곡에서 온 귀족과 비슷한 지배자 무리가 거주하기 시작했다. 양견에게는 훌륭한 황제뿐만 아니라, 책임감 있는 지배자가 되려는 신념이 있었다. 그는 자신을 행정의 수뇌로 임명하고 관리에 관여하며, 관리자를 임용하고, 필요한 경우 이들을 벌하거나 숙청했다. 그는 옛 본보기에 따라 토지를 균등하게 분배하는 균전제를 도입했다. 성인 남자라면 누구나 똑같은 크기의 경작지를 배당받아 농사를 짓고 이에 대해 세금을 부과하는 제도였다. 이 제도는 백 년 이상 그럭저럭 잘 굴러갔고, 왕조의 일정한 수입을 보장했다.

양견의 뒤를 이어 그의 아들 수양제가 604년부터 618년까지 수나라를 다스렸다. 그는 아버지의 정책을 계승하기만 했지 뛰어넘을 생각이 없었다. 이로 말미암아 수 왕조는 제대로 시작도 하기 전에 멸망하고 만다. 수양제는 북쪽과 남쪽의 결속을 강화하고 수도에 물자를 공급하고자 우선 대운하를 완성하라고 강하게 압박했다. 이 엄청난 건설 계획의 비용과 이용 목적은 이미 알아보았다. 두 번째로, 그는 지금 막 완성된 대도시 대흥성 대신에 서쪽으로 300킬로미터 떨어져 있지만, 운하에 조금 더 가까운 뤄양을 수도로 정하고 수도 이미지에 걸맞게 건설할 것을 결심했다. 그러고는 양쯔강 하류에 자리한 양저우[揚州]를 세 번째 도읍지로 정할 것을 계획하기도 했다. 양제는 왕조의 권위를 확고히 하고자 모든 국경에서 전쟁을 일으켰다. 특히나 심한 격전에 손실도 컸던 전쟁은 612년에서 614년까지 고구려를 상대로 한 전쟁이었다. 이곳에서 백만 명에 이르는 수나라 군사가 목숨을 잃었다. 그러자 이제 반란이 일어났다. 권세 있는 가문의 수장들은 양제의 통일 정책과 국경 수호 정책에 반

대해 혁명을 일으켰지만, 실패하고 만다. 하지만 양제는 더 이상 반란 세력에 대항할 수 없었고, 그의 제국은 도산에 처했고 외세의 공격에 군사력도 소진되었다. 나라는 다시금 쪼개질 것 같았고, 618년에 수양제는 목욕하던 중 그의 부하인 장군에게 살해당했다.

늦어도 614년 이후부터 수나라의 많은 부분에서 질서가 붕괴하기 시작했다. 양제는 도망쳤고 그의 지휘하에 있던 군대의 몇몇 지휘관은 독립하였다. 그 외에 막강한 영향력을 행사하던 많은 가문은 자신들의 통치력을 바탕으로 새로운 왕조를 세우려 시도했다. 616년에 서쪽에서 몰려오는 터키군의 공세에 맞서 성공적으로 군사를 이끈 지휘관 한 명이 이연과 손을 잡고 실제로 새 왕조를 세우기까지 10년이라는 세월이 걸렸다. 그는 승리 후에 자신을 따르던 군대를 안으로 돌려 다른 반란 집단을 누르고 617년 말에 장안을 차지했다. 이연은 반년에 걸쳐 다른 혁명군 지도자들과의 동의 아래 북쪽의 두 번째 수도인 뤄양을 정복하고 황제 칭호를 얻었다. 그리고 자신을 '고조(高祖)'라고 불렀다. 이로써 당 왕조가 건국되었다. 그 후 몇 년 동안 당고조(唐高祖)는 황제의 위치에서 거둔 군사적 성공과 다른 대제국과의 평화적 통일, 행정, 군사, 교육 분야에서 적당히 질서 잡힌 혁신을 통해 사람들로부터 인정받았다.

하지만 당고조는 승리의 기쁨을 오래 맛보지 못했다. 그의 아들인 이세민(李世民, 599~649)이 공식적으로 황태자였던 형제와 또 다른 형제를 죽인 후 626년에 당고조를 강제로 퇴위시키고 자신이 황제 자리에 올랐기 때문이다. 이세민은 자신을 '태종(太宗)'이라고 칭했다. 황제로서의 시작이 이처럼 몹시 잔인했지만, 이세민은 훗날 당나라가 맞이했던 두 번의 전성기 중 한 번을 이룬 황제로 기억된다. 당태종(唐太宗)의 군대는 도시 중심에서 전쟁을 일으키는 것이 아니라, 멀찌감치 밖으로 나가 서쪽 중앙아시아 초원 지대에서 오늘날 우즈베키스탄의 사마르칸트까지 정복했다. 당태종은 안으로는 평화를 가져오고 당고조가 추진했던 개혁을 완성해 갔다. 권세 있는 귀족 가문의 사람에게는 국가의 관리와 관료 자리를 맡겼다. 관리를 뽑는 과거 시험 제도는 유교의 오경(五經)에서 문제를 낼 것을 최종 지시했다. 수나라의 두 황제와는 다르게 당태종은

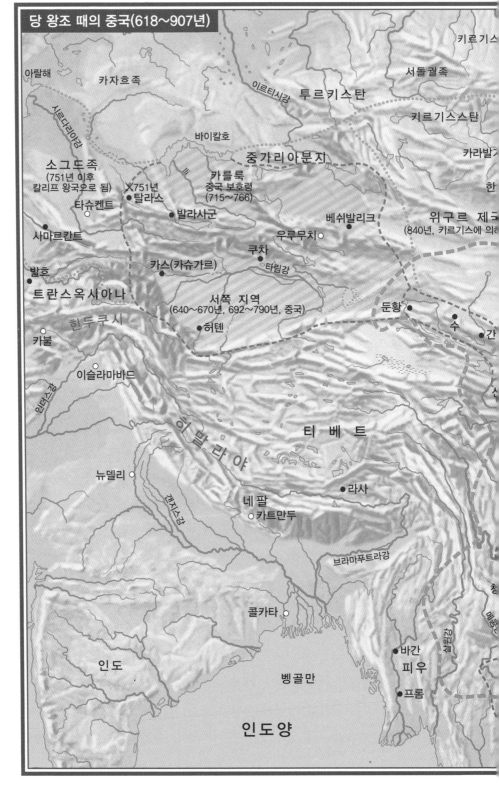

당 왕조 때의 중국(618~907년)

키르기스

아랄해

카자흐족

서돌궐족

이르티시강

투르키스탄

키르기스스탄

시르다리야강

바이칼호

카라발

소그드족
(751년 이후
칼리프 왕국으로 됨)

X751년
탈라스

카를룩
중국 보호령
(715~766년)

중가리아분지

한

위구르 제국
(840년, 키르기스에 의해

타슈켄트

발라사군

사마르칸트

쿠차

우루무치

베쉬발리크

발흐

카스(카슈가르)

타림강

둔황

트란스옥사이나

서쪽 지역
(640~670년, 692~790년, 중국)

수

힌두쿠시

허텐

간

카불

이슬라마바드

인더스강

히말라야

티베트

소

뉴델리

라사

네팔
카트만두

갠지스강

브라마푸트라강

청

콜카타

바간
피우

인도

벵골만

프롬

인도양

바이칼호

아무르강

동돌궐족

위구르
630년에 중국에 예속됨)

발해

블라디보스토크

거란

동해

요동

신라
(755)

닝 샤 웨이허강

베이징

일본

우나라

교토

나라

은 왕조

보하이

한주

타이위안

기

등나라

신라

웨이

황해

가야

장

대운하

류양

피엔 성

양

장안

수

상해

시앙

쉬안

항

찬성 분지

장링

장

주

동중국해

창사

헝

태평양

츠위앤

자오

신

광

홍콩

당 왕조

한때 당 왕조의
지배하에 놓임

중국 문화의 영향권

왕조의 수도

하이난

현

트 남 (안 남)

남중국해

현대 도시

피칭

르

참파

인드라푸라

필리핀

지도자급의 행정 전문 관리자의 말에 귀 기울이고 이들의 지식을 활용할 줄 알았다. 군사적으로나 외교적으로 성공을 거두고 나라가 내부적으로 비교적 안정을 유지하면서 중국은 동아시아에서 알려진 세계에서의 중심이 되었고, 수도인 장안은 세계의 수도가 되었다. 수나라에서 물려받은 황제와 관리의 도시는 이제 계획했던 규모만큼 실제로 커졌고, 그곳에 있던 사절단과 물품, 온갖 신들의 만남의 장소로, 또 가장 훌륭한 음악가와 문학가, 서예가가 최고를 가리는 격전장으로 발전했다.

7세기 후반은 평가하기 힘든 시기다. 서쪽에서는 티베트가 성장했다. 당태종은 북서쪽으로 중앙아시아를 정복하지 못했다. 중국의 서쪽과 북쪽 지역 전체는 수십 년 동안 군사적으로 평정하기 힘든 곳이었다. 결과적으로 국가 재정과 내부 안정이 흔들렸다. 하지만 우리 입장에서 이보다 더 힘든 것은 그 시대에 가장 큰 권력을 쥐고 있던 주요 인물인 측천무후(則天武后, 624?~705)에 대한 그 당시 사람들의 의견과 역사에 서술된 기록이 부정적인 선입견으로 가득하다는 점이다. 이 여성은 도대체 누구였을까? 무조(武曌, 측천무후 본명)는 늙어가는 당태종의 후궁으로 정치권에서 출세하기 시작했다. 그 후 태종의 후계자인 고종의 후궁이 되었다가 훗날 고종이 첫 번째 부인을 쫓아내자 그의 왕후 자리에 오른다. 660년에 고종이 뇌졸중으로 쓰러지자 그가 죽기 전인 683년까지는 비공식적으로, 그 후부터는 공식적으로 황제의 직무를 수행했다. 무조는 수도를 다시 뤄양으로 옮겼다. 690년에 무조는 스스로 제왕의 자리에 올라 당의 국호를 주(周)로 고치고 성신 황제(聖神皇帝)라 칭하였다. 많은 역사 문헌에서 여황제는 잔인하고, 권력에 눈이 멀고, 사악하며, 예측하기 힘든 사람으로 묘사되었다. 하지만 한편으로 이런 묘사는 무조가 유교적 성향을 띤 국교의 대표자가 싫어할 불교를 적극적으로 장려했기 때문이기도 했다. 게다가 만약 남성 통치자가 무조가 저지른 것에 비교될 만큼 잔혹한 짓을 했더라도(태종은 여하간 자신의 형제들을 죽였다) 대부분은 강함과 독립성의 표시로 평가되었을 것이다. 어쨌든 무조는 치세 기간 중 중국의 전체 역사 흐름에 해를 끼친 일은 없다.

무조가 죽은 후 몇 년 뒤에 현종(玄宗, 재위 기간 713~756)이 오랜 기간 다스렸을

때 당나라는 두 번째 황금시대를 맞이했다. 도로와 운하는 새로 정비되고 확장
되었다. 인구를 등록하고(균전제를 바탕으로 세금 조사가 더 잘 이루어지게 함), 관료와 학
문을 장려하였다. 개인적으로 현종은 분명 전적으로 겸손한 사람이었을 것이
다. 하지만 그는 중국 황실이 세계에 있는 모든 것을 과시할 수 있는 장소가
되도록 정성을 다했다. 이로 말미암아 궁전은 외국의 동식물, 선별된 음식과
음료, 문예와 음악, 서예가 중 뛰어난 대표자, 특이한 놀이로 가득했다. 현종
자신도 폴로(polo) 놀이를 즐겼다.

안사의 난

현종의 삶이 영화처럼 비참하게 끝나지 않았다면 현종을 중국에서 정말 행
복했던 몇 안 되는 황제 중 한 명이라고 말할 수도 있었을지 모른다. 현종이
오랫동안 신임했던 장군들이었던 안녹산(安祿山)과 사사명(史思明)은 756년에 반
란을 일으켜 군대를 이끌고 뤄양과 그다음에는 장안을 차례로 함락시켰다. 현
종은 피란길에 올라 그의 후궁이었던 미모의 양귀비(楊貴妃. 719~756)를 먼저 목
졸라 죽이고, 그가 황제 자리에 앉혔던 양귀비의 사촌을 처형하라고 강요받았
다. 그 후 아들에게서 황제 자리에서 물러나라는 압박을 받았다. 현종은 유배
지에서 죽음을 맞이했다.

당은 장안과 뤄양을 757년에 다시 탈환했다. 안사(안녹산. 사사명)는 모두 자기
아들에게 암살당하고 만다. 당 왕조는 763년까지 나라를 다시 통제했다. 하지
만 새로운 황제는 이를 위해 중앙아시아의 위구르족에게 도움을 청했으나, 이
들은 당나라에 도착하기 전까지 장안과 뤄양이 피폐해질 정도로 약탈 행위를
자행했다. 장안은 다시 힘겹게 회복했지만, 앞으로 150년간 북쪽과 동쪽에서
쳐들어오는 침략군 때문에 항상 불안에 떨며 살아야 했다.

도대체 어떻게 이런 일이 생길 수 있었을까? 몇몇 역사학자는 양귀비에게
책임을 전가한다. 아들의 전 후궁이었던 양귀비는 늙어 가는 황제를 우롱하

고, 혼란에 빠트리고, 직무에서 멀어지게 했다. 이로 말미암아 황제는 나라를 통제할 능력을 잃었다. 맞는 말일 수도 있다. 하지만 당이 안고 있던 구조적 원인도 한몫했다. 현종이 재위하던 시절 내내 서쪽과 북쪽 국경을 수비하는 일이 점점 더 버거워졌다. 중앙아시아에서 몰려오는 티베트족과 돌궐족, 몽골과 만주에서 오는 거란족을 막기 위해 현종은 농부로 편성된 군대 대신 직업 군인을 양성해야만 했다. 이들에게는 우선 비용이 많이 들었고 이를 감당하려면 세금을 올릴 수밖에 없었다. 두 번째로, 직업 군인을 지방의 군사 총독이 감독하고 관리해야 했다. 하지만 지방 군사 지도자들은 해당 지역 사람들이 품고 있는 불만족을 앞에 나서서 대신 토로하는 경향이 있었기에 제국 전체를 위험에 빠트렸다. 이것이 '안사의 난' 배경이다.

　결과적으로 황제는 생존 위기에 몰린 상황에서 뚜렷해진 구조적 난제를 해결하려고 시도했다. 군대는 지방에서 관리했는데, 중앙이 무엇보다 북쪽을 지키는 군대의 지휘관을 얼마나 잘 다스리는지에 당나라의 미래가 달렸다. 반란으로 많은 농부가 죽거나 피란길에 오른 상태인 데다 토지가 망가지거나 새로운 인부와 새 주인의 소유로 넘어간 바람에 납세 제도를 시행할 기초가 더 이상 마련되지 않았다. 하지만 국가가 나서서 다시 토지 분배 계획을 전반적으로 수행하기에는 너무나 역부족이었다. 국가는 소득과 개간된 땅을 지방에서 거두어 중앙으로 전달한 세금으로 연명했다. 이것은 지방에 권력을 양보하는 행위였다. 다른 수입은 독점을 통해, 그중에서도 특히, 소금을 독점해서 올렸다. 독점하는 관리들이 점점 더 부자가 된 상업이 성행하던 남쪽에서 효과를 보았다. 권세가 있는 가문과 관리로부터 자주권을 유지하기 위해 황제들은 환관에 의지했다. 하지만 환관들은 곧 자기 권력의 보루를 세우고 친척과 믿을 만한 사람에게 권력을 나눠주었다. 당은 이런 개혁과 다양한 권력 중심의 균형 유지를 통해 다시 한번 백 년이 넘게 권력을 유지하였고, 심지어 840년과 850년에 이르러서는 이전의 영광을 되찾기도 했다. 당은 9세기 말에 쇠퇴하기 시작했고, 장안은 훗날 후량(後梁)을 건국한 주전충(朱全忠, 852~912)이 이끄는 군사에 의해 904년에 파괴되었다.

당나라에 대한 개요에서 봤듯이, 중국은 7, 8세기에 세상에서 가장 강력한 권력을 행사했다. 비단길과 뱃길을 통한 무역의 연결 사슬은 중국을 중앙아시아와 인도 아대륙, 페르시아, 아라비아, 그리고 유럽의 세계와 연결하게 했다. 기술적으로 문화적으로 중국인은 몇백 년간 다른 모든 나라를 앞서갔다. 콘스탄티노플이 1452년에 함락된 후 교역 관계가 끊어졌을 때 유럽은 아시아에서 해방되고, 15세기부터 아메리카의 풍요로움을 약탈하기 시작하면서 비로소 유럽의 힘은 점차 강해지기 시작했다. 그리고 19세기와 20세기에 와서는 그 힘을 과시했다.

7장 : 비잔티움

서양의 중국

지중해 지역은 서양의 중국이다. 이곳도 유라시아 대륙의 가장 끄트머리에 놓여있고, 더 멀리 가면 영국령 섬이 몇 개 있을 뿐이다. 이 섬들은 어쩌면 일본의 자리를 대신할 수도 있겠다. 단지 차이라면 섬들의 위도가 북쪽으로 훨씬 더 높은 곳에 있다는 점이다. 지중해 지역에도 중국처럼 고도의 문명 세계가 있었고, 세상을 변화시킨 이념과 세계 종교를 배출하여 수백 년, 수천 년을 지나며 현재에 이르기까지 구부러진 길을 따라 자취를 남겼다. 하지만 지중해 지역에는 중국과 달리 내해(육지로 둘러싸인 바다-역주)를 둘러싸고 많은 나라가 모여 있다. 덕분에 기차와 자동차, 비행기가 발명되기도 이전에 큰 공간에서 사람과 화물, 다른 곳의 소식을 전달하는 일이 무척 수월했다. 또한, 바다는 한계가 아니라 다른 곳에 가장 빨리 다다를 수 있는 가능성을 제시했다. 이런 조건 덕분에 지중해 지역에서는 항해와 무역이 성행했다. 카르타고와 알렉산드리아, 티루스, 안티오키아(안타키아), 에페수스, 비잔티움, 아테네, 로마, 마르세유 혹은 타라코와 같은 주요 도시는 항구도시이거나 인근 항구도

시와 *끈끈한* 연대를 이루며 발전했다. 이런 이유로 무역 중심지 간의 경쟁과 협력은 지중해 지역의 역사에 중요한 역할을 했다.

지중해 지역은 중국과 달리 지리적으로 고립되지 않았다. 1500년경까지 서쪽에는 건널 수 없는 대서양이 장애물처럼 펼쳐졌다. 남쪽에 있는 사막과 지중해 지역의 정착민과 교류하던 유목민을 중국의 주요 지역 북쪽에 있던 사막과 그곳에 살던 유목민에 비추어 생각해 볼 수 있겠다. 하지만 지중해 북쪽에서는 산 너머에 살던 종족의 문명이 덜 발달하긴 했어도 피레네산맥과 알프스산맥, 카르파티아산맥을 넘어 때로는 군사적 분쟁이, 때로는 평화로운 교류가 끊이지 않았다. 반면, 동쪽으로는 메소포타미아와 페르시아, 그리고 멀리 인도에 다다르기 전까지 문명이라고는 찾아볼 수 없었다. 기원전 4세기에 알렉산더 대왕이 세계 제국을 건설하고자 정복 길에 나섰을 때도, 훗날 인도양을 오가던 상인들도 이미 이 사실을 깨달았다. 그리스도 탄생을 기준으로 전후 500년 동안 지중해 동쪽과 메소포타미아 및 페르시아에서 끝없이 교체된 통치자들 간에 있었던 교류와 갈등은 지중해 지역의 역사에서 중요하다. 유럽의 서쪽과 북서쪽의 역사는 이에 견주면 단순히 부록 편에 지나지 않는다.

우리가 스페인과 메소포타미아, 알프스와 사하라까지 이르는 지중해 근방의 다양한 지역에 관해 알고 있는 지식은 천차만별이다. 관심의 대상이 어디인지와 그곳에 얼마만큼 많은 역사적 기록이 전해 내려오는지에 따라 아는 폭이 달라지기 때문이다. 예로, 성경에 나오는 이야기의 무대가 되었던 '거룩한 땅'인 작은 팔레스타인에 대해서는 아는 것이 많다. 솔직히 이곳은 이집트와 메소포타미아 사이에 낀 우선순위에도 들지 못하는 지역이었고, 이후 로마 제국에서도 역시 어떤 중요한 역할도 하지 못했다. 하지만 유대교와 기독교의 출발점이라는 이유에서 이 지역의 역사는 끊임없이 연구되고 조사된다. 성경이 이런 질문에 대해 답해 줄 것이다. 유대인과 기독교인이 물려받아서 늘 최신으로 유지되는 성경은 수백 년 넘게 발전되어 역사적, 종교적 문헌을 망라해 왔다. 성경은 계속해서 다른 문헌과 비교되기도 했다. 이런 일에 어떤 폭발력이 있었는지는 3장 '바빌론'에서 언급했던 비벨-바벨 논쟁을 보면 알 수 있다.

그리스에 대한 지식도 꽤 많은 편이다. 이는 고대 초기에 폴리스라고 불리던 그리스의 도시들과 관계가 있다. 이 도시들은 정치적 권력을 시간상으로 제한하는 방법을 찾아 폭군이 나타나는 것을 막고 왕정 정치, 귀족 정치를 벗어난 시스템을 발전시켰다. 아테나나 스파르타와 같은 도시국가의 정치적 혹은 군사적 헌법은 끊임없이 토론 대상이 되었고, 그중 어떤 헌법은 현대 민주주의의 모범이 되기도 했다. 우리가 그리스에 관해 너무나 잘 알고 있는 이유는 그리스 시인과 현자의 가르침, 철학자와 학자에 관심이 많기 때문이기도 하다. 이들이 집필한 문헌은 로마와 아라비아, 서유럽 중세의 수도원에서 사필해서 보관 중인데, 훗날 사람들의 큰 관심을 끌었다. 반면에 그리스인이 바빌로니아와 페르시아, 페니키아의 지식 또한 장려하고 발전시켰다는 사실은 종종 간과되었다. 그리스를 너무나 매혹적으로 느끼느라 서기 500년경 그리스 세계가 실제로는 페르시아가 지배하던 지역의 끝에 놓인 도통 중요한 나라가 아니었다는 점을 간과해서는 안 된다. 그리스는 알렉산더 대왕이 지배하던 때와 그 후 잠깐 동안만 지중해 동쪽에서 정치적으로 중요한 역할을 맡았을 뿐이다.

로마가 세계 제국의 중심이었기 때문에 역사학자와 고고학자가 로마에 관해 아는 지식의 양은 특히 엄청나다. 파라오와 피라미드, 파피루스 덕분에 이집트 관련 정보도 많이 남아있다. 하지만 잠깐 지도로 눈을 돌려보자. 지중해 주변으로 팔레스타인과 그리스, 로마, 이집트 외에도 우리가 알지 못하는 나라가 많다는 것이 보일 것이다. 우리가 관심을 두지 않는 이런 곳에서도 사람이, 더군다나 수많은 사람이 살았다.

지중해의 위치와 권력의 불공평한 분배, 역사 기록을 고려했을 때 기원전 500년에서 서기 500년까지 지중해 지역의 짧은 역사를 관찰하기 위한 지점으로 동쪽의 한 항구도시를 지정하는 방법을 추천한다. 예를 들면, 지중해와 흑해 사이의 좁은 곳에 자리한 오늘날의 이스탄불(Istanbul)인 비잔티움을 그 지점으로 정해 역사를 들여다보자. 흔히 이스탄불은 유럽과 아시아의 경계에 놓여 있다고 말한다. 그러나 지금 우리에게 이런 지식은 아무런 의미가 없다. 훨씬 중요한 것은 지중해가 교류의 공간이었다는 점이다.

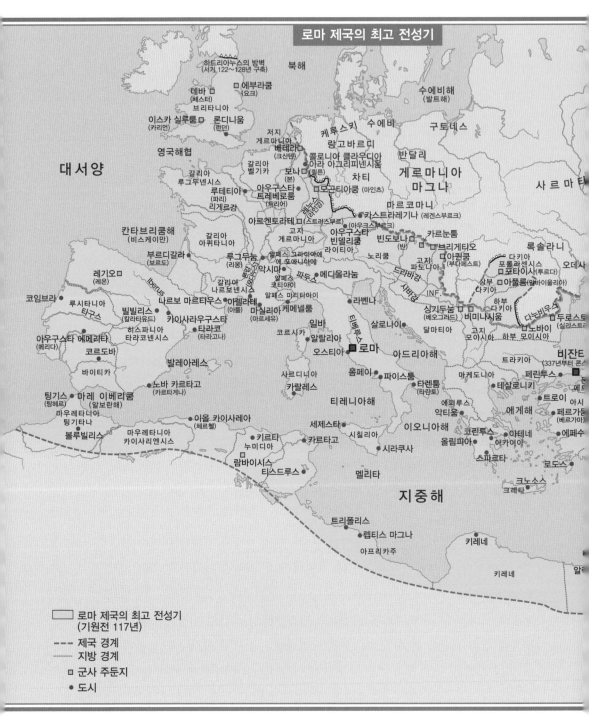

로마 제국의 최고 전성기

하드리아누스의 방벽
(서기 122~128년 구축)   북해

데바 ㅁ (체스터)   ㅁ 에부라쿰 (요크)   수에비해 (발트해)

이스카 실루룸 ㅁ (카리언)   론디니움 (런던)   구토네스

브리타니아

영국해협   저지 게르마니아   케루스키 수에비   사르마티아

베테라나 (크산텐)   랑고바르미

갈리아 벨기카   콜로니아 클라우디아   반달리
아우구스타   아라 아그리피넨시움   차티   게르마니아 마그나
루그두넨시스   보나ㅁ (본)

아우구스타 트레베로룸 ㅁ모군티아쿰 (마인츠)   마르코마니

루테티아 (파리)   (트리어)   카스트라레기나 ㅁ (레겐스부르크)

리게르강   아르겐토라테 ㅁ (스트라스부르)   아우크스부르크   카르눈툼

칸타브리쿰해 (비스케이만)   갈리아 아퀴타니아   고지 게르마니아   아우구스타 빈델리쿰   빈도보나 (빈)   ㅁ브리게티오   록솔라니

부르디갈라 (보르도)   루그두눔 (리옹)   알페스 그라이아이에 에 포에니아에에   라이티아   노리쿰   고지   ㅁ아퀸쿰 (부다페스트)   다키아 포롤라센시스

레기오ㅁ (레온)   악시마   알페스 코티아이   파도바   메디올라눔   드라바강   상부 다키아   ㅁ포타이사 (투르다)   오데사

코임브라   갈리아 나르보넨시스   알페스 마리타아에   라벤나   INF   싱기두눔 (베오그라드)   하부 다키아

루시타니아 타구스   나르보 마르티우스   이헬라테 (아를)   마실리아 케메넬룸 (마르세유)   비미나시움   ㅁ노바이   두로스토
    빌빌리스 (칼라타유드)   카이사라우구스타 타라코 (타라고나)   일바   코르시카   알랄리아   일리리아   살로나이   달마티아   고지 모이시아   하부 모이시아   실리스트

코르도바   히스파니아 타라코넨시스   오스티아 ㅁ 로마   아드리아해   마케도니아   트라키아 (337년부터 콘스

아우구스타 에메리타 (메리다)   바이티카   사르디니아   폼페이   파이스툼   타렌툼 (타란토)   페린투스   비잔티

발레아레스   카랄레스   티레니아해   에피루스   테살로니키   트로이 아시
    노바 카르타고 (카르타헤나)   악티움   에게해   페르가뭄 (베르가마)
틴기스 (탕헤르)   마레 이베리쿰 (알보란해)   세제스타   이오니아해   코린투스   아테네   에페수
마우레타니아 틴기타나   이올 카이사레아 (체르첼)   시칠리아   올림피아   야카이아   로도스
볼루빌리스   마우레타니아 카이사리엔시스   키르타   카르타고   시라쿠사   스파르타

람바이시스   누미디아   크노소스   크레타
티스드루스   멜리타

지중해

트리폴리스
렙티스 마그나   키레네
아프리카주

키레네   알레

범례

ㅁ 로마 제국의 최고 전성기 (기원전 117년)
--- 제국 경계
······· 지방 경계
ㅁ 군사 주둔지
● 도시

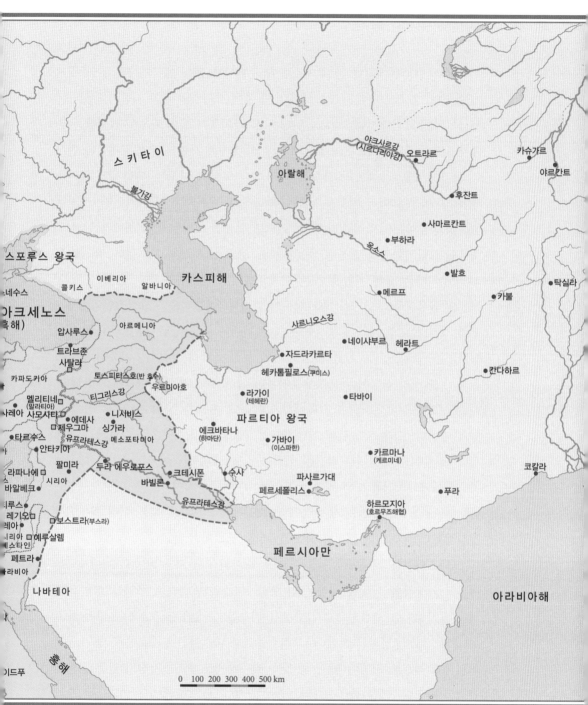

스 키 타 이

볼가강

스포루스 왕국

이베리아   알바니아
콜키스

카스피해

네수스

야크세노스
(흑해)

압사루스

아르메니아

트라브존
사탈라

카파도카아

토스피티스호(반 호수)
우루미아호

멜리티네
(말라티아)

티그리스강

사레아 사모샤타
타르수스
에데사   니시비스
제우그마   싱가라
유프라테스강 메소포타미아

안타키아

라파나에
시리아
팔미라
두라 에우로포스

바알베크
루스
레기오모
예아
리아 예루살렘
타인
페트라
라비아

보스트라(부스라)

나바테아

해

아랄해

야크사르강
(시르다리아강)   오트라르

카슈가르

야르칸트

후잔트

사마르칸트

부하라   발호

옥소스

메르프   카불   탁실라

사르니오스강

자드라카르타   네이샤부르
헤카톰필로스(쿠미스)   헤라트   칸다하르

라가이
(테헤란)   타바이

파르티아 왕국

에크바타나
(하마단)   가바이
(이스파한)

크테시폰   수사   카르마나
(케르미네)

바빌론   파사르가대

유프라테스강   페르세폴리스   푸라   코칼라

하르모지아
(호르무즈해협)

페르시아만

아라비아해

0 100 200 300 400 500 km

페니키아와 그리스

기원전 700년에는 오늘날 이스탄불의 아시아 쪽에 페니키아의 무역 기지가 있었다. 또 660년에는 오늘날의 유럽 쪽에 그리스의 무역 지점이 있었다는 사실이 입증되었다. 메가라(Megara)에서 온 상인들이 상업 지구를 형성했는데, 메가라에서 서남쪽으로 300킬로미터, 아테네에서 서쪽으로 30킬로미터 떨어진 항구도시였다. 메가라 사람들은 그리스 신화에 나오는 건립자인 비자스(Byzas)의 이름을 따서 이곳을 '비잔티움(Byzantium)'이라고 이름 지었다. 비잔티움은 트라키아어에서 유래한 말로, 어쩌면 그리스 사람이 살기 전에 서쪽 이웃 나라인 트라키아인이 그곳에 살았을 수도 있지만, 확실하지는 않다. 비잔티움의 거주지에는 요새 기능을 하는 아크로폴리스(성채)와 신전이 몇 채 있었다. 북쪽의 골든혼(Golden Horn)에는 항구가 있었다. 비잔티움은 그리스인이 8세기부터 그리스 외의 지역에 형성한 수많은 거주지 중 하나로, 가장 중요한 곳이었다고는 볼 수 없다. 이보다 조금 이른 시기에 페니키아인은 지중해 연안에 걸쳐, 스페인과 심지어는 포르투갈에까지 상설 무역 시장을 만들기 시작했다. 따라서 오늘날의 이스탄불 지역에까지 이들의 거점이 있었다는 것은 절대 우연이 아니다. 그리스 도시는 페니키아의 도시와는 내부적으로 다르게 조직되었다. 일반적으로 왕이나 막강한 권력을 지닌 사제 집단이 없었고, 그 대신에 자긍심이 좀 더 강한 시민 집단이 있었다. 이런 일반적인 차이점이 보스포루스 해협(Bosporus Str.) 주변의 두 거주지에서도 눈에 띄었는지 혹은 이런 차이점이 일상생활과 서로 간에 어떻게 작용했는지는 알려지지 않았다.

그리스인이나 페니키아인 중 누구도 도시와 거주지를 바탕으로 대제국을 세우고 지중해를 장악할 생각은 안 했다. 이들의 관심사는 무역이었다. 고향에서 경작농이나 축산농으로서의 삶을 지속할 수 없었던 그리스 농부는 새로운 삶의 기회를 얻기를 바랐다. 그리스인과 페니키아인은 새로운 모양의 문자처럼 문화적으로 모범이 될 만한 것을 전파하기도 하고, 자신도 다른 문화의 자극을 받았다. 예를 들어, 그리스 시인인 호메로스(Homeros, ?~?)와 헤시오도스(Hesiodos, ?~?)가 쓴 글을 더 자세히 살펴보면 이를 알 수 있다. 또 기원전 7세기 그리스 화병의 그림에서 고고학자는 '동양적 감각의 스타일'을 본다. 그리스인은 물론 페니키아인도 이 당시의 지중해 지역이 얼마나 큰지 분명 알고 있었을 것이다. 자신들의 세상이자 다른 방식으로 사는 사람들의 세계이며, 교환의 기회를 주는 세계에 관해서 말이다. 그러나 전 지역을 통째로 정치적으로 지배하는 일은 분명 불가능하리라고 여겼을 것이다.

공화국과 왕정: 로마가 지중해 세계를 지배하다

　제국의 수도 비잔티움은 우선 페르시아의 영향권에 있다가 훗날 알렉산더 대왕이 등극하자 마케도니아의 영향을 받았다. 서기 146년부터 비잔티움은 이웃 도시와 마찬가지로 로마 제국에 속했다. 이로부터 반세기 정도가 지나자 비잔티움의 세력이 지중해를 지배할 정도로 막강해졌다. 하지만 계획적으로 펼친 전략적, 군사적 공격을 통해서가 아니었다. 로마는 수백 년 동안 세계 제국이자 도시국가였다. 하지만 이런 이중적 구조 덕분에 궁극적으로 성공할 수 있었던 것은 아니다. 적은 수의 엘리트 계층은 영역을 확장하고 관리함으로써 부를 축적했다. 하지만 도시 하층민에게 하던 것처럼 정복당한 사람에게도 어느 정도는 이익을 나누어 줄 정도로 현명했다. 개인적으로나 정복당한 집단 전체가 로마 도시 엘리트 계층으로 신분 상승하는 일은 어려웠지만, 원칙적으로 불가능하지는 않았다. 그래서 사람들은 점점 더 로마 외부 영역을 차지하고, 또 이와 연관된 수입의 원천을 챙기기 위해 싸움을 벌였다.

　비잔티움처럼 로마 제국의 지배하에 놓이게 된 곳의 사람들은 자주성을 잃었다거나 자신들의 처지가 비참하다고 느낄 필요가 전혀 없었다. 이들은 제국 안에서 비교적 박해를 받지 않고, 안정과 문명의 이기를 누릴 수 있었다. 지방 행정 구조는 그대로 유지되거나 현실에 맞게 재구성됐다. 로마 제국은 여러 종교를 넓은 아량으로 받아들였고, 여러 신과 교리가 공존하는 것에도 관대했다. 그래도 로마에 적대적인 사람은 물론 제국의 강력한 권력을 몸소 체험했다. 이것은 정복당한 자의 입장에서조차 매력적으로 보일 수 있는 내부 경쟁으로 돌아가는 권력 기구 가운데 하나였다. 반로마적 국수주의와 같은 태도는 작은 팔레스타인에 사는 유대인 집단에서 일부 볼 수 있었는데, 이는 어디까지나 예외였다.

　로마는 이런 방법으로 반격과 위기의 한 세기를 극복하고 지중해 전역을 손에 넣었다. 그곳에 살던 사람에게 로마는 세상 전부를 뜻했다. 하지만 기원전 2세기 말부터 도시국가의 내부 헌법과 점점 더 커져 가는 세계 제국 간에 긴장감이 돌기 시작했고, 결국에는 권력 쟁취를 위한 암투와 내전으로 이어졌다. 이 분쟁은 그리스도의 탄생 전, 가장 긴 기간에 일어난 피비린내 나는 분쟁으로 기록되었다. 그리고 그 끝에 마침내 로마의 원수정(元首政)이라는 정치 체제가 등장했다. 원수정은 아우구스투스(Augustus)가 공화제의 전통을 살린 제정(帝政)이다. 아우구스투스의 본명은 가이우스 옥타비아누스(Gaius Octavianus)로, 기원전 27년에 로마 원로원에서 수여한 프린켑스(princeps)를 공식 칭호로 삼아 원수정을 시작하였다. 아우구스투스는 원래 '존엄한 자'를 뜻하는데, 점차 이 호칭을 부여받은 사람 자체를 의미하기 시작했다. 프린켑스는 원래 같은 무리 중에서 가장 뛰어난 사람이라는 뜻인데, 아우구스투스는 자기가 세대를 거쳐 지속된 내전을 끝내고 평화와 통일, 공화국을 재건했다고 주장했다. 하지만 전제주의를 이루려는 그의 야망은 숨길 수 없었다. 권력은 정치 제도에서 언젠가 프린켑스의 손을 거쳐 결정되면 그에 절대 반대할 수 없도록 분배되었다. 서기 14년에 아우구스투스가 죽은 후, 그의 후계자는 모두 '프린켑스'나 '아우구스투스'가 되었다. 훗날에는 여기에 '임페라토르(Imperator, 황제, 원수)'까지 더해졌다. 프린켑스는 로마 제국을 거의 붕괴 직전까지 몰고 간 로마 엘리트층의 자기 파괴적인 힘을 억제했다. 단순히 엘리트 계층의 권력을 빼앗는 것이 아니라, 이들이 원하던 욕구를 다른 대상으로 돌림으로써 권력을 제한하는 데 성공을 거두었다. 원로원은 권력과 부를 분배하는 작업에 계속해서 참여했다. 원로와 이들의 아들은 주요 관직을 차지하고, 지방 행정을 관리하고, 돈과 명예를 점점 불려 갔다. 프린켑스 혹은 황제는 독재자가 아니었고, 사실상 로마에서는 세습군주제를 허용하지 않았다. 물론 황제들은 자기 아들이나 양아들을 후계자로 채택하려고 안간힘을 썼다. 그러나 새로운 황제가 계속 황제 자리를 지키고 싶은 경우 우선 원로원과 군대, 그리고 로마 시민으로부터 인정받아야 했다. 이를 위해 어떤 형식적 절차를 거칠 필요는 없었다. 후계자를 정해 놓지 않은 상태에서 황제가 급작스럽게 죽은 경우에는 군사적 분란이 일어나기도 했다. 바로 이런 경우 원로원과 좀 더 많은 수의 부유한 엘리트 계층이 로마 제국과 이미 오랜 기간 서약을 한 공화 제도의 수호자로서 중요한 역할을 담당했다.

원수정은 또한 로마의 권력 기관을 멈추게 했다. 아우구스투스가 사망한 후 로마 제국은 여전히 영토를 확장해 나갔지만, 이미 오래전부터 이전 시대만큼은 아니었다. 게다가 퇴각 명령을 내린 적도 있었다. 아우구스투스의 후임자였던 티베리우스(Tiberius, 기원전 42년~서기 37년)는 아우구스투스가 이루고자 했던 목표 즉, 라인강 오른편에 있는 게르마니아와 다뉴브강 북쪽을 로마의 속주(이탈리아 밖의 로마가 지배하던 지역–역주)로 만들려던 계획을 포기했다. 영토 확장

이 실제로 무엇을 뜻하는지 늘 분명하지도 않았다. 로마 제국의 가장자리에는 로마 없이 사실상 어떤 중요한 결정도 내릴 수 없는 '친한' 왕국들이 있었다. 때때로 이런 왕국은 실용적인 이유에서 로마의 속주가 되기도 했지만, 때로는 속주가 왕국이 되는 경우도 있었다. 이런 변화무쌍한 상황은 분명 지도 제작자에게는 악몽으로 다가왔을 것이다.

아우구스투스 이후 지중해 지역에 살던 사람들은 로마 제국에 사는 데 익숙해져 갔다. 이는 그다지 힘든 일이 아니었다. 로마 제국은 도시의 평화를 보장했다. 특히, 도시 수가 적었던 서쪽과 북쪽 지역에는 많은 지원을 아끼지 않았다. 훗날 독일에는 트리어(Trier)와 쾰른(Koln), 마인츠(Mainz)라는 도시가 생겼다. 도시 중심으로부터 로마의 생활 방식인 로마니타스(Romanitas, 로마 제국의 순수한 라틴 문화)가 전해졌다. 트리어 사람들의 생활 방식은 비잔티움이나 알렉산드리아, 카르타고 사람들의 생활 방식과 물론 달랐다. 기후도 달랐고, 자연조건도 모두 달랐다. 사람들은 각자 좋은 삶이라고 여기는 다양한 생각을 로마니타스에 집어넣었다. 군인과 관료, 상인은 자기 지역을 벗어나 이곳저곳으로 돌아다녔고, 일반적으로 승인받은 물품과 정보, 생활 방식을 다른 지역으로 전했다. 로마 사회에도 물론 엄청난 부자와 시민, 농부, 노예와 같은 사회 계급이 존재했다. 다시 말해, 모두가 좋은 포도주를 마시고 값비싼 보석으로 치장할 수 있던 것은 아니었다. 하지만 이들은 모두 공통 언어를 사용했다. 또 공통의 행정관리 제도, 관수와 건축 기술, 예술 장르, 무역 상품이 있었다. 이들은 대부분 국경 밖의 미개인과는 교류를 꺼렸다. 멀리까지 확장된 무역망 덕분에 소시민들도 부유한 사람들이 얻은 성공의 일부를 조금이나마 맛볼 수 있었다. 로마 제국에서 사람들은 사회적 신분 상승이 가능하다고 믿었다. 로마인 대부분이 이를 수용했다는 것은 로마 제국의 항구성을 설명한다. 또한, 훗날에 생겨난 제국들이 어떻게 일부는 19세기까지 자신이 로마 제국 전통의 합법적 후계자와 수호자라는 허구에 매달렸는지를 설명해준다.

로마 제국은 통치자 덕이 아니라, 통치자가 있었는데도 3세기를 잘 버틴 것처럼 보였다. 수십 년간 로마 원로원과 군대, 시민들이 진심으로 인정한 황제는 나오지 않았다. 190년대에 일어난 왕위 쟁탈전 당시 파괴되었던 곳들이 점차 복구되었지만, 비잔티움 역시 이 기간 경제적으로 많이 피폐해졌다. 그러나 이런 '제국의 위기' 뒤에는 불행한 황제들이 책임지지 않아도 될 근본적인 문제가 숨어있었다. (로마 제국에서) 가장 심각했던 문제는 페르시아와 메소포타미아 지역의 통치자였던 동쪽의 파르티아인을 해산시킨 사산 제국의 성장이었다. 이들은 237년부터 로마 군대에 심각한 손실을 입혔다. 로마의 황제였던 발레리아누스(Publius Licinius Valerianus, ?~260)는 사산 제국의 포로가 되어 죽음을 맞이했고, 그의 가죽은 트로피처럼 여기저기에서 전시되었다. 이것은 로마가 영토 장악의 싸움에서 사산족에 패배함으로써 권력이 뒤바뀌었다는 것을 똑똑히 알리기 위한 과격한 표현이었다. 라인강과 다뉴브강의 북쪽 국경에서도 역시 적군의 침입이 잦아졌기 때문에 전쟁에 시달리던 지역의 많은 사람은 로마 제국에 대한 믿음을 잃었다. 로마는 나라를 안정시키기 위해 더 많은 군사와 돈이 필요했고, 더 많은 세금을 거두어야 했다. 하지만 세금을 올리자 사람들의 불만이 쌓여 갔고 세금 납부를 회피하는 사람이 증가했다. 이로 말미암아 농업의 수익이 감소했고 무역도 심한 손상을 입었다. 동시에 점차 중요한 위치로 부상한 군대 지휘관은 황제 선출 시에 점점 큰 목소리를 냈고 본인이 원하는 사항을 내밀었다. 이로써 위기는 더욱 고조되었다. 3세기 중엽 로마 제국의 북쪽과 동쪽의 상황은 암담하고 비참했다. 반면, 북아프리카 지역에는 위기감이 적었다.

이런 상황에 반전이 생겼다. 재위 기간이 얼마 되지는 않았지만, 군사적으로 성공을 거둔 몇몇 황제가 270년대부터 로마 제국을 다시 안정적으로 통치해 나갔다. 4세기 초반 들어 이들은 새로운 제국을 위한 기반을 마련했다. 여러 황제 가운데 특히, 디오클레티아누스(Gaius Aurelius Valerius Diocletianus, 245~316)와 콘스탄티누스(Constantinus, 274~337) 황제의 기여는 괄목할 만한 수준이었다.

디오클레티아누스, 콘스탄티누스
그리고 4세기의 기독교 신자

　　디오클레티아누스에 관해서는 디오니시우스 엑시구스와 그의 연대 기록법과 관련해서 책의 앞부분에서 이미 알아보았다. 고대 로마 후기에서는 그의 이름을 따서 연도를 기록했다. 이렇게 하는 것은 전적으로 정당하다. 디오클레티아누스가 군대를 새로 정비하고, 행정을 개편하고, 세금과 화폐를 개혁하는 등 많은 분야에서 연이어 개혁을 단행함으로써 로마 제국을 새로운 기초 위에 세웠기 때문이다. 이런 일은 국가 대외적으로뿐 아니라, 대내적으로도 정치적 안정을 되찾고 시민에게 신뢰를 얻었기에 가능했다. 이런 새로운 로마 제국을 위해 사두 정치(四頭政治)가 등장한다. 사두 정치란 네 명의 군대 지휘관이 다스리는 통치 제도로, 동쪽과 서쪽에 아우구스투스와 그보다 서열이 아래인 카이사르(Caesar)를 각각 한 명씩 두었다. 디오클레티아누스가 차례로 뽑은 사람들은 북쪽과 동쪽 국경에서 군사적으로 성공을 거두는 것을 중요한 목표로 삼았다. 이들은 입양과 결혼을 통해 서로 결속되었고, 모두 신처럼 추앙받았다. 이렇게 함으로써 세속의 비판에서 벗어날 수 있었다. 디오클레티아누스는 자신과 공동 통치자들의 정체성을 로마의 훌륭한 전통에서 찾았다. 아우구스투스와 카이사르의 재위 기간과 후임자를 결정하는 규칙은 그의 손에 달렸다. 그는 스스로 좋은 본보기를 보이고자 305년에 20년간의 통치를 끝내고 황제 자리에서 물러나 새로 지은 궁전으로 돌아갔다. 그 궁전은 오늘날 크로아티아의 스플리트(Split)에서 볼 수 있다. 그가 다스리던 영역의 카이사르는 그의 뒤를 이어 아우구스투스가 되었다. 새로운 아우구스투스는 자신이 맡았던 카이사르 자리를 이을 신임을 임명하고, 이 신임은 언젠가 아우구스투스의 자리를 물려받아야 했다. 이런 식으로 계속 이어졌다.

　　디오클레티아누스는 기독교를 박해했는데, 이것은 로마 제국 역사상 대규모로 조직된 가장 마지막 박해였다. 이런 잔혹한 행위는 그가 내세운 로마 제국의 개혁과 연관되어 있었다. 십자가에 못 박혀 죽은 행각승(여러 곳을 다니며 수행을 하는 수도자-역주)인 예수 그리스도의 부활과 재림을 믿었던 많은 사람들은 원래 유대교에서 나온 사이비 종교의 신도였다. 이들이 선교사 바울의 영향 아래 비(非)그리스도교 신도를 동등하게 공동체에 받아들일 것을 결정하자 그 후에 로마 제국의 동쪽에서는 기독교를 따르는 추종자가 증가했다. 기독교 공동체는 수장(주교)을 최고 권한자로 뽑았다. 이들은 서로 간에 연락망을 갖추었다. 또 끊임없이 발생한 내부 갈등 속에서 공동의 가르침을 발전시켰고, '신약'이라고 이름 지은 책과 유대인들의 성서인 '구약'을 함께 합쳤다. 3세기 때 이들은 희생 제물을 바치는 것을 거부했기 때문에 로마 당국과 수시로 갈등을 일으켰다. 로마에 살던 다른 종교인은 대부분 희생 제물을 바쳐 황제의 신성함을 확인하는 일을 문제 삼지 않았다. 이들은 여러 신이나 각자의 신을 관대한 태도로 대했기 때문이다. 이들과는 달리 기독교 신자와 유대인은 신은 유일한 존재이기 때문에 황제는 신이 될 수 없으며, 따라서 황제에게 희생 제물을 바칠 수는 없다고 한목소리로 외쳤다. 로마 제국에서는 유대인이 그리 많이 살지 않았고 선교 활동도 벌이지 않았기 때문에 예외적으로 봐주는 경우가 잦았다. 하지만 기독교 신자 수는 점점 불어났다. 디오클레티아누스의 눈에는 기독교와 유대교의 정신적 근본이 로마의 전통 그리고 지휘관이 신과 같은 위치에서 이끄는 사두 정치를 정착하게 하려는 자기의 개혁을 위협하는 것으로 보였다.

그런데 기독교인에 대한 박해와 사두 정치가 실패로 돌아갔다. 기독교 신자는 이미 이전에 겪었던 박해 속에서 어려움을 극복하는 데 도움이 되는 순교자 제식을 발전시켰다. 기독교 공동체는 결과물과 협상가들 안에서 분열되고 다시 하나로 뭉치는 데까지 오랜 시간이 필요했다. 하지만 기독교는 무너지지 않았다. 311년에 들어서자 디오클레티아누스의 후계자인 갈레리우스(Valerius Maximianus Galerius, 242?~311)가 박해를 중단했다. 전통 의식이 강하고 신앙심이 깊었던 로마인들은 평소처럼 이것을 계기로 기독교 신자라면 이제 분명 '우리와 국가, 그리고 자신들의 안녕을 위해 그들의 신에게 기도할 것'이라고 바랐다. 기독교인이 신을 특정한 방법으로 이해했던 반면에 로마인이었던 갈레리우스는 그렇지 못했던 것 같다.

사두 정치가 실패한 원인은 통치자 네 명의 욕심과 가족사 때문이었다. 통치자들의 아들은 매우 추상적인 통치자와 계승자의 이념을 실천하기 위해 자신의 야망을 뒤로 미룰 준비가 전혀 되어 있지 않았다. 그래서 디오클레티아누스가 황제 자리에서 물러나자마자 바로 후계자 자리를 두고 쟁탈전이 일어났고, 여기에서 324년에 콘스탄티누스가 승리자로 떠올랐다. 하여간 다수의 황제가 지역을 분할해서 담당한다는 사두 정치 개념은 여전히 남았다. 지방을 각자 관리한다는 사고방식이 다시 적용되었고, 로마 제국을 동서로 나누는 일이 매우 중요하다는 의견이 우세했다. 콘스탄티누스는 디오클레티아누스가 시작했던 개혁 가운데 많은 것을 물려받아 계속 이어 갔다. 이런 까닭에 콘스탄티누스의 새로운 개혁이 무엇이며, 디오클레티아누스가 계획했던 개혁이 무엇인지 뚜렷이 구분되지 않는다. 지방을 더 엄격하게 관리하자 납세가 확실히 이루어지고, 물가가 안정되고, 군대를 위해 믿을 만한 후예를 양성할 수 있었다. 이런 개혁이 얼마나 성공했는지는 불분명하다. 어쨌든 로마 제국은 1세기 동안 다시 찾아온 안정을 누렸다(수많은 사람과 물자를 들여 건설했던 소비에트 연방이 80년도 채 버티지 못한 것과 비교하면 절대 짧은 기간이 아니다). 그런데 로마 제국의 영토는 어마어마하게 넓었다. 로마에서 어떤 지시를 내리면 이것이 북아프리카나 발칸, 런던의 상황에 맞지 않는 일이 벌어지기도 했다. 정세에 딱 맞추어 무엇인가를 수행할 수단이 없었다. 이와 더불어 사람들은 국가가 관여하는 것을 요리조리 피하고 법을 자기 마음대로 해석했다. 이는 당연히 통일을 불러오는 것이 아니라, 지역성을 더 조장하는 결과를 낳았다.

　　콘스탄티누스는 기독교인을 박해하는 종교 정책이 실패하자 중대한 결정을 내렸다. 여기에 많이 인용되는 '콘스탄티누스적 전환(Constantinian shift)'이 있었다. 콘스탄티누스는 공식적으로 기독교를 종교로 인정하고, 장려하고, 로마 제국의 지주로 만들려고 노력했다. 그는 심지어 '일관성을 주장하는 사람과 타협하려는 사람이 박해의 끝에 어떻게 서로 화해할 수 있을까? 예수가 신과 마리아 사이에 태어난 아들이라면 그는 신인가, 인간인가? 아니면 신인 동시에 인간인가? 만약 그렇다면 그가 지닌 어떤 면이 인간이고, 어떤 면이 신인가?'

와 같이 반복되는 기독교 내부 문제로 기독교가 분열되기 전에 이를 막으려고
애썼다. 세례를 받지 않은 콘스탄티누스 황제는 주교들의 집회(공의회)에 참석
했을 때 이런 논쟁에서 모든 이가 수긍할 수 있는 설명을 해야 했다. 이들이
정치적으로 얼마나 큰 영향을 끼칠 수 있는지 알고 있었기 때문이다. 그러나
콘스탄티누스는 이후 통치자들도 피하지 못한 사실을 경험해야만 했다. 바로
종교 내적 갈등은 정치적으로 발생하고 이용될 수는 있지만, 정치를 통해 해결
할 수는 없다는 사실이다. 기독교는 콘스탄티누스가 죽고 한 세대가 지난 뒤
황제들이 눈에 띌 정도로 선호하는 종교가 되었고, 로마 제국은 이제 로마식으
로 꼭 지켰던 국가 제식과 이를 그대로 인정했던 다수의 신과 종교를 뒤로하는
대신 유일신을 믿었다.

　하지만 기독교는 로마 제국의 핵심 엘리트층과는 멀리 떨어진 곳에서 생겨
났고, 다양한 방법으로 다양한 공동체에 영향을 끼쳤다. 그러다가 기독교가
이제 모든 지혜와 철학을 총동원해 완성되고 국가의 목적을 위해 단합되었을
때 쪼개졌다. 주교 회의와 공의회는 협상하고 저주를 내리며 기독교를 갈라놓
으려 시도했다. 하지만 이런 시도가 항상 성공한 것은 아니었다. 대부분 논쟁
에서는 예수 그리스도가 단순히 특별한 인간에 지나지 않는다거나, 신성을 지
녔다면 아버지 하느님과 어떤 관계를 맺고 있는지와 같은 질문이 반복되기 일
쑤였다. 각각의 개념과 형식을 두고 오간 논쟁을 오늘날 우리의 관점에서 보면
지나치게 세세하게 파고든 느낌마저 든다. 그러나 기독교와 정치권이 '콘스탄
티누스적 전환' 때부터 연관을 맺은 이후로 기독교는 세계 역사에서 중요한 역
할을 맡기 시작했다. 5, 6세기에 수많이 열렸던 공의회에서 저주받았던 네스
토리우스인은 특히, 로마의 동쪽 국경에서 번창했다. 우리는 4장 '바리가자'와
6장 '장안' 편에서 네스토리우스인에 관해 이미 알아봤는데, 8장 '시데바이'에
서 다시 한번 만나게 될 것이다.

콘스탄티노플과 비잔티움 제국

하드리아누스(Publius Aelius Hadrianus, 76~138) 황제가 하드리아노플(Hadrianople)—이후에 아드리아노플(Adrianople), 오늘날에는 에디르네(Edirne)가 됨—을 세운 것이나, 트라야누스(Marcus Ulpius Trajanus, 53~117) 황제가 도시의 이름을 트라야노폴리스(Traianopolis)와 아우구스타 트라이아나(Augusta Traiana)—두 도시 모두 동쪽, 자세히 말해 발칸반도의 남동쪽에 자리함—라고 지은 것처럼 콘스탄티누스도 자신의 이름을 딴 도시를 세웠다. 이런 도시의 본보기를 찾아 거슬러 올라가 보면 두말할 필요도 없이 알렉산더 대왕이 세운 알렉산드리아가 있다. 콘스탄티누스의 도시는 한편으로는 라인강과 다뉴브강의 경계가 있고, 다른 편으로는 사산 왕국과의 경계가 있는 로마 제국의 위험한 두 전방 사이에 있었다. 이 도시는 로마와 경쟁 관계가 아니라, 로마와 트리어 혹은 안티오키아 외의 또 다른 정부 소재지 역할을 담당해야 했다. 4세기 초반에 이런 계획을 세운다는 것은 무리한 도전에 가까웠다. 콘스탄티누스 황제는 새로운 중심으로 보스포루스를 선택했다. 그래서 작은 비잔티움이었던 곳이 324년부터 황제의 도시 콘스탄티노플로 재탄생했다. 콘스탄티누스가 337년에 사망할 때까지 많은 곳에서 여전히 공사가 한창 진행 중이었다. 전차 경기장인 히포드롬(Hippodrome)은 그의 생전에 이미 완성되었는데, 이 경기장은 분명 로마의 콜로세움과 한 쌍을 이루게 세워졌을 것이다. 그에 비해 처음 지어진 아야 소피아 성당(아야 소피아 성당, Ayasofya, Hagia Sophia, 오늘날 우리가 알고 있는 궁륭 천장으로 된 교회는 세 번째 보수된 것으로, 서기 532년 이전에 있던 건물이 파괴된 후 다시 지어졌다)은 그의 아들인 콘스탄티누스 2세 때에야 비로소 지어졌고, 콘스탄티누스 황제의 무덤과 연결된 사도교회도 이때 완성되었다. 콘스탄티노플이 진정한 수도가 된 것은 400년도였다. 화려한 광장이 있고, 도시 한 면은 다른 계획을 위해 대범하게 비워둔 채, 다른 한편으로는 도시의 중심지가 사실상 난공불락의 성벽을 갖춘 도읍지였다. 로마 외에 두 번째 수도가 있음으로써 로마 제국은 이제 서로 의지할 수도 있지만, 비상시에는 각자 독자적으로 임무를 수행할 수 있게 되었다. 이로써 머지않아 제국을 둘로 분할할 것을 결정하였다.

　이 상황을 이해하기 위해 사두 정치 제도로 돌아가 다시 한번 살펴보자. 디오클레티아누스의 측근은 모두 발칸반도 북서쪽 출신의 일리리아(Illyria) 사람이었다. 옥타비아누스 시대였다면 여전히 '미개인' 취급을 받았을 이 사람들은 로마니타스를 통해 자신을 로마 전통과 생활 방식의 수호자로, 로마 제국의 임무를 띤 개혁자로 생각하도록 철저하게 영향받았다. 알프스의 북쪽에도 역시 많은 '로마인'이 살았다. 다시 말해 공식적으로 그어진 국경의 이편, 저편에 모두 말이다. 북쪽 국경 지역의 문명 차이는 시간이 흐르면서 많이 좁혀졌다. 국경의 안팎 모든 곳에 농부들이 정착했고, 서로서로 아는 지식을 주고받았다. 야만인이 로마 군대에서 복무하기도 했다. 사람들과 집단이 국경을 넘어 양편으로 이주하기도 했고, 일전에 이방인이었던 사람도 이제 로마를 다른 이방인으로부터 지키려고 로마 제국 국경 안의 거주지로 들어와 살기도 했다. 로마 사람은 이런 집단에 고트족, 반달족(Vandals), 알란족(Alans)과 같은 이름을 지었다. 하지만 이 사람들이 실제로 자신을 '고트족'이라고 생각했는지 혹은 이들이 이따금 (성공적인) 집단으로 성장해서 다른 집단에 소속감을 느꼈는지는 불분명하다. 여하튼 확실한 것은 고트족과 반달족이 크고 작은 집단을 만들고, 지도자를 교체하고, 여러 곳에서 동시에 출현했다는 사실이다. 멀리는 콘스탄티누스 황제 이후에도 로마 제국은 이들을 편입하거나 거부하거나 할 수 있었다. 대부분은 두 일이 같이 일어났다.

　4세기의 마지막 4반세기부터 이런 집단에 압박이 가해지기 시작했다. 우리가 8장 '시데바이' 편에서 만나게 될 기마 집단인 훈족(Hun) 때문이었다. 이들은 분명히 중앙아시아에서 오다가 동유럽 쪽으로 방향을 바꾼 듯했다. 고트족과 알란족, 반달족과 다른 집단의 전사뿐만 아니라, 온 가족과 마을 전체가 이들을 피해 도망쳤다. 이들은 안전한 곳과 새로운 거주지를 찾으려 고군분투하는 과정에서 라인강과 다뉴브강의 경계를 넘어 로마 군대를 공격하고 도시를 약탈했다. 이것이 바로 많이 들어봤던 '민족 대이동(Volkerwanderung)'이다. 4세기 말에는 훈족이 로마 제국 국경까지 접근해 왔다. 이들은 보통 정착하지 않고 부를 분배해서 기마 연대의 결속을 보장하기 위해 상대에게 조공을 바칠 것을 요구했다. 로마 황제들은 훈족의 공격에서 제국의 재산을 지키려 죽을 각오로 싸웠다. 예측하기 어렵고 순식간에 바뀌는 상대의 정세와 맞닥뜨린 로마 황제들은 훈족 기마 연합군과 동맹을 맺고, 배반하고, 요새를 탈환했다가 다시 빼앗기곤 했다. 로마 제국의 북쪽 전 지역에서는 군수 회사인 용병 시대가 열렸다. 이들 가운데는 아무리 자신을 로마인이라고 생각하고 로마 편에 서서 싸운다고 주장해도 적군보다 더 믿기 힘든 사람들도 섞여 있었다. 로마를 방어하든지 아니면 탈취하든지, 누구를 막론하고 어떤 방법으로든 로마와 연관되고 싶어 했고 로마 제국을 항상 염두에 두었다. 하지만 로마 제국이 어땠으며, 무엇이었는지는 점점 불확실해져 갔다. 안정과 문명화된 생활 방식이 있었던 공간은 더 이상 북쪽에서 찾아볼 수 없었다.

　이런 상황을 고려하면 여러 사람이 책임을 분배해서 로마를 방어하고 사실상 나누는 일이 이성적이었다. 로마 동서 두 부분에 즉시 공격이 몰려왔다. 하지만 동로마는 이런 공격을 이겨냈다. 이것 역시 콘스탄티누스가 현명하게 위치를 선택한 결과였다. 비잔티움 즉, 지금의 콘스탄티노플은 실로 난공불락의 도시였다. 도시의 3분의 2가 물로 둘러싸였고, 나머지 3분의 1은 완벽에 완벽을 더해가는 성벽과 연못, 탑으로 조화를 이룬 구조로 보호되었다. 로마군의 함대가 존재하는 한 도시는 뱃길을 통해 물자를 공급받을 수 있었다. 로마가 여러 번 약탈을 당했던 반면, 콘스탄티노플은 무사했다. 7세기까지 로마 인구는 전성기에 비해 10분의 1로 줄어들었지만, 반대로 콘스탄티노플의 인구는 증가했다. 콘스탄티누스 황제가 사망했을 당시에 약 10만 명에 가까운 사람이 이곳에 살고 있었다. 541년에 처음으로 흑사병이 돌아 대재앙이 일어나기 전에는 약 40만 명이 살았고, 12세기에는 인구가 50만 명 정도 되었다고 추정한다. 같은 시기에 인도나 중국의 도시와 비교하면 그다지 많은 숫자는 아니었지만, 지중해 지역의 도시 가운데에서는 매우 많은 수였다.

　서기 476년에 동로마 관료이자 죽은 훈족의 아틸라(Attila, 406?~453) 왕이 소중히 여기던 심복의 아들이었던 오도아케르(Odoacer)는 로마 원로원의 대표단을 콘스탄티노플에 파견했다. 이들은 왕관과 황제의 망토를 포함한 황제의 관복을 들고 왔다. 오도아케르는 이들에게 가서 서쪽에는 더 이상 황제가 필요 없다고 공표하게 했다. 그러고는 아직 아이에 불과했던 서로마의 마지막 황제 로물루스 아우구스툴루스(Romulus Augustulus, ?~?)에게 캄파니아(Campania)에 있는 영지를 선물했다. 로물루스는 이곳에서 퇴직금을 받으며 몇십 년을 더 살았다. 하지만 오도아케르는 어린 로물루스의 삼촌을 처형했다. 아이 황제와는 다르게 그에게는 군대가 있어서 자기를 위협할 수 있다고 생각했기 때문이다. 서로마의 황제 직권은 이제 아이들 장난처럼 되어버렸다. 오도아케르는 스스로 이탈리아 왕임을 자처하였다. 이런 행위는 서로마 제국에서 여전히 일반적으로 일어나는 일이었다. 오도아케르가 이탈리아의 왕이 됨으로써 북아프리카, 이베리아반도, 라인강 왼편의 서유럽 그리고 영국은 '민족의 대이동'이 배출한 지도자의 손에 놓였다. 이후 몇십 년 동안 유럽의 북쪽과 서쪽에서는 힘의 균형이 몇 번이나 왔다 갔다 흔들리게 된다. 그나마 교회의 조직은 어느 정도 안정적인 상태를 유지했다. 일반 시민들이 겪는 고통은 이만저만이 아니었다. 계속해서 라틴어로 의사소통이 가능했지만, 점점 더 많은 사람들이 읽고, 쓰는 방법을 몰랐고, 글씨를 쓸 줄 아는 사람들은 체계적인 고급 라틴어를 이용했다. 로마 삶의 방식이 여전히 살아있고, 멀리 떨어진 콘스탄티노플에 사는 황제에게도 아직은 권위가 있었지만, 도시는 급작스럽게 주민을 잃고 농사를 통해 얻는 이익도 뚝 떨어졌다. 금은 세공사와 같이 사치품을 취급하는 사람이 살 만한 시대는 아니었다.

　동로마 제국의 상황은 그래도 약간 나았다. 동로마는 다뉴브강 근처 변방에 닥쳤던 심각한 문제와 서로마 제국의 멸망도 극복했다. 로물루스 아우구스툴루스가 퇴위하고 시골로 쫓겨났을 무렵에 아나스타시우스(Anastasius, 430?~518) 황제는 동쪽을 다시 안정시켰다. 수십 년에 걸쳐 안정을 되찾은 동쪽 국경을 다시 불안에 떨게 한 페르시아의 공격도 받아쳤다. 콘스탄티노플의 주민들은 지극히 당연하다는 듯 자신을 로마인이라고 여겼고, 원수(元首)와 공화국의 전통 안에서 정체성을 찾았다. 이들의 수도 콘스탄티노플은 이제 세계의 중심

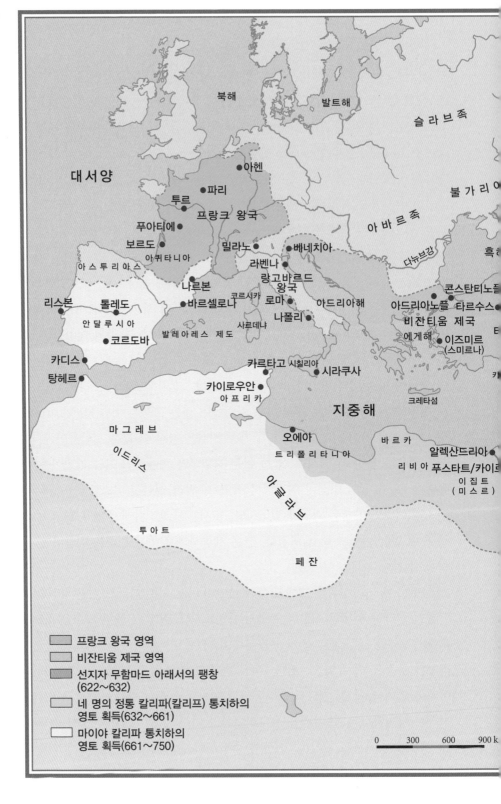

북해

발트해

슬 라 브 족

대 서 양

●아헨

●파리

불 가 리 아

투르●

프랑크 왕국

아 바 르 족

푸아티에●

보르도●

밀라노●

●베네치아

다뉴브강

흑 해

아퀴타니아

라벤나

●

콘스탄티노플

아 스 투 리 아 스

나르본●

랑고바르드
왕국

아드리아노플 타르수스

리스본

톨레도

●

바르셀로나●

코르시카

로마●

아드리아해

비 잔 티 움 제 국

안 달 루 시 아

나폴리●

에게해

●이즈미르
(스미르나)

●코르도바

발 레 아 레 스 제 도

사르데냐

카디스●

카르타고 시칠리아

●시라쿠사

탕헤르●

카이로우안●

지 중 해

아 프 리 카

크레타섬

마 그 레 브

오에야●

바 르 카

알렉산드리아●

이드리스

트 리 폴 리 타 니 아

리 비 아 푸스타트/카이로

아
라
비
아

이 집 트
(미 스 르)

투 아 트

페 잔

프랑크 왕국 영역

비잔티움 제국 영역

선지자 무함마드 아래서의 팽창
(622~632)

네 명의 정통 칼리파(칼리프) 통치하의
영토 획득(632~661)

마이야 칼리파 통치하의
영토 획득(661~750)

0   300   600   900 k

페체네그족

아랄해

터 키 족

쿠 메 넌

트란스옥시아나

우젠

소그드

사마르칸트

부하라

호 라 즘

자르족

발흐

카스피해

터 키 족

메르프

가즈니

트빌리시

헤라트

아 르 메 니 아

호 라 산

타 바 리 스 탄

모술

하마단

이 란

(페르시아)

티그리스강

유프라테스강

바그다드

인더스강

핸 두 스 탄

포

케 르 미 네

신 드

아

스쿠스

쿠파

이 라 크

시라즈

마 크 란

렘

바스라

페르시아만

오만만

사라

네 지 드

무스카트(마스카트)

오 만

예 마 마

메디나

아 라 비 아

마 흐 라

메카

하 드 라 마 우 트

아 라 비 아 해

홍 해

사나

예 멘

악숨

티 오 피 아

아덴만

지, 새로운 로마였다. 황제도 이곳에 거처를 두고 자주 머물렀다. 이것은 부유함을 불러오는 신호였다. 궁전을 지을 때 모든 것을 대표하는 사치품으로 채우려면 이것을 누릴 능력 또한 있어야 하기 때문이다. 서유럽의 프랑크 왕국(Frankenreich)과 뒤따라 생긴 왕국에서 황제들은 동로마의 관점에서 보기에 딱하기 이를 데 없는 수행원과 함께 9세기와 10세기에도 여전히 팔츠(Pfalz) 지방을 전전했다. 아무도 이들을 먹여 살릴 수 없었기 때문이다. 동로마는 또한 안정감도 주었다. 동로마의 지배자는 여태 서로마의 군인 황제와는 다르게 스스로 전장에 나가 군사를 지휘하지 않아도 되었다. 게다가 장군이나 콘스탄티노플의 시민, 엘리트 집단과 상관없이 누구도 황제를 퇴위시킬 수 없었다. 만약 그랬다면 황제는 아예 처음부터 새로운 수도로 올 생각을 하지 않았을 것이다.

6세기의 황제 중에 유스티니아누스(Justinianus, 483~565)라는 뛰어난 황제가 있었다. 그는 가장 오랫동안 황제 자리에 앉았고, 전쟁에서 가장 스펙터클 넘치는 승리를 이끌었으며, 또 가장 많은 사람을 죽인 황제였다. 유스티니아누스는 행정과 세제를 개혁했고, 또한 로마법을 체계화하고 종합했다. 그가 공들인 유스티니아누스 법전(Justinian's Code, 정식 명칭은 '로마법 대전', Corpus Juris Civilis-역주)은 유럽의 근대까지 로마법의 핵심 법전으로 간주되었다. 그러나 출발은 별로 좋지 않았다. 페르시아를 상대로 한 전쟁에서 패한 뒤에 수도에서 민중 봉기가 끊이지 않았다. 이로 말미암아 끝에는 사망자가 3만 명이나 생겼다. 아야 소피아 성당과 다른 교회들, 궁전과 중심 도로의 일부가 불에 타 무너지고 파괴됐다. 유스티니아누스 황제는 그러다가 북아프리카와 훗날 이탈리아에서 반달족을 상대로 싸운 전투에서 힘겹게 승리를 거둔 뒤에 명성을 다시 얻었다. 그의 재위 기간 후반에는 알프스에서 이집트까지, 지브롤터(Gibraltar)에서 보스포루스까지 이르는 (동)로마 제국이 실제로 창건되는 듯했다. 유스티니아누스는 콘스탄티노플의 중심지를 재건하도록 했다. 아야 소피아의 새롭고 화려한 모습은 오늘날까지 그를 상기시킨다. 그러나 아무리 수도가 화려하고 제국이 확장되었어도 다시 탈환한 지역이라는 점과 특히, 이탈리아가 수십 년 동안 전쟁을 치른 탓에 진이 몽땅 빠져버렸다는 사실은 숨길 수 없었다. 이 지역들이 로마 제국에 이익을 가져줄 수 있을 때까지는 얼마간의 시간이 걸렸다. 541년과 542년에 발생한 끔찍한 페스트와 다른 자연재해는 유스티니아누스의 재위 기간을 음울하게 했다. 이런 힘든 도전을 극복하려고 유스티니아누스는 강해지고 밖으로 더 잘 드러나는 신앙심에 매달렸다. 그는 로마 공화정의 전통은 이용하지 않았다. 이로써 전체적으로 불화가 일어날 것 같았다.

페르시아인, 무슬림, 기독교인: 로마의 다른 후예들

로마 제국은 565년에 유스티니아누스가 죽은 후 이탈리아에서 얻은 영토를 빨리 다시 잃었다. 6세기 말엽에 페르시아인과의 갈등 상황은 로마 제국의 생존을 위협하는 원인이 되었고, 아프리카와 스페인 정복도 오래가지 못했다. 로마인이 유스티니아누스 정부의 끝에 경험할 수 있었던 평화로운 시대는 자리 잡지 못했다. 7세기에는 기마 부대가 이슬람교라는 새로운 종교의 이름으로 한 세대 이내에 지중해 남쪽 영역 전체를 휩쓸었다. 700년에는 포르투갈부터 아라비아, 아프가니스탄까지 모두 무슬림 지배자의 손에 놓였다.

그렇게 된 원인은 아직 논쟁 중이다. 페르시아와 로마가 수백 년 동안 아라비아의 유목민을 지원했던 것은 사실이다. 각자 상대편과 전쟁을 치를 때 유목민을 전장에 내보내기 위해서였다. 이것은 우리가 중국의 북쪽에 있던 왕조와 로마 제국에서 관찰했던 것과 유사하게 장기적으로 초지방적인 구조가 생겨나게 했다. 하지만 이런 구조가 구원을 약속하는 종교와 연관된 것은 완전히 새로웠다. 메카 출신의 상인이었던 무함마드는 이 종교를 준비했다. 그가 고독한 사막의 동굴에서 610년부터 느꼈던 예지력은 그를 유일신을 믿는 엄격한 가르침의 선지자로 만들었다. 그는 비록 유대교와 기독교, 아라비아의 비기독교인들의 전통을 인정했지만, 상업 중심지였던 메카에서 격한 반대에 부딪혔다. 무함마드는 야스리브(Yathrib)로 돌아갔다. 훗날 야스리브는 '예언자의 도시'라는 말의 준말인 메디나(Medina, 알마디나, al-Madinah)라는 이름으로 바뀌었다. 이곳에서부터 무함마드는 메카와의 전쟁을 일으키고 마침내 승리했다. 메카로 향하는 성지순례는 '이슬람교의 다섯 기둥(arkan al-Islam kamsah, 믿음, 기도, 베풂, 금식, 순례)' 중 하나가 되었다. 무함마드는 632년에 죽었다. 그의 후계자들은 역동적으로 유목민의 전쟁을 계속했고, 정복당한 사람들을 종교를 통해 안정시키는 데 성공했다. 단숨에 정복하는 것은 무함마드의 마스터플랜에는 들어있지 않았다. 또 《코란》에는 선교 활동에 관해 명확히 명시된 구절이 없다. 그런데도 이슬람이 성공적으로 전파된 특이한 상황을 설명하려면 기독교에서처럼 종교의 창립자가 죽은 후 변화된 상황을 자세히 관찰해야만 했다. 이미 4장 '바리가자' 편에서 이야기했듯이, 무슬림이 혜성처럼 나타나 전쟁을 일으키면서 성공을 거둔 것과 비교해 보면 로마 제국의 기독교화 과정은 솔직히 매우 평화로웠다.

무슬림의 승리로 로마와 페르시아 두 슈퍼 파워의 경쟁은 막을 내린다. 이둘의 이야기는 지중해 역사의 거의 한 세기를 차지했다. 페르시아는 이슬람화되었고, 로마는, 정확히 말해서 콘스탄티노플은 힘의 크기가 중간 단계로 떨어졌다. 소아시아와 발칸 지역을 완고히 지배하긴 했지만, 그 외의 지역에 끼치는 영향력은 미비했다. 그렇다고 무슬림이 지중해 근방 지역을 정치적으로 완전히 장악할 수 있었던 것은 아니었다. 732년에 무슬림의 행군은 북서쪽에서 프랑스의 투르(Tours)와 푸아티에(Poitiers) 근처에서 끝을 맞이했다. 동쪽에는 비잔티움 제국이 반세기 넘도록 버티고 이슬람교도의 공격에 대항했다. 1453년에 오스만 제국은 비잔티움 제국을 함락했다. 천 년 동안 콘스탄티노플의 요새는 제대로 임무를 수행했지만, 신무기(대포)에는 더 이상 당해낼 수 없었다. 그 후에 로마 비잔티움(콘스탄티노플)에서 오스만 제국의 '콘스탄티니예' 또는 '이스탄불'로 불렸다.

몰락한 로마 제국의 북서쪽에 사는 사람들 사이에서는 '로마' 세계에 속했다는 의식이 여전했다. 800년에 로마 교황은 프랑크 왕국의 통치자인 샤를마뉴(Charlemagne, 742~814, 카를 대제)를 황제로 임명한다(고대 황제 중에서 샤를마뉴가 처음으로 이런 절차를 거쳤다). 오도아케르와 로물루스 아우구스툴루스에서 명맥이 끊겼던 로마 황제 직권과 다시 연결하기 위해서였다. 중세 독일 지배자들은 프랑크 제국을 계승했고, 비로소 1806년이 되어서야 '신성 로마 제국'은 사라졌다.

무슬림이 주도권을 잡은 남쪽에서는 로마인과 그리스인의 문화유산을 특별히 소중하게 취급했다. 무슬림 학자들은 의학과 수학, 천문학, 철학 분야에서 로마와 그리스(그리고 더 오래된) 전통을 계속해서 발전시켜 갔다. 이런 학문은 유라시아에 있던 다른 많은 이슬람 제국을 거쳐 인도까지 전해졌다. 그리스 철학자의 많은 문헌은 무슬림의 사서들이 보존했고, 그다음에는 스페인에 살던 이슬람교도를 통해 중세 서유럽의 수도원 도서관에 도달했다.

비잔티움 사람들이 언제까지 자신을 로마인이라고 느끼고 로마니타스의 전통에 따라 살았는지는 확실하지 않다. 유스티니아누스 황제가 살았을 때까지는 확실했다고 본다. 7세기 혹은 8세기에 들어서 과거로의 연결 다리가 흔들리기 시작했는지는 아직 논쟁 중이다. 로마인으로 사는 것이 무엇을 뜻하는지 점점 더 모르고, 더 이상 라틴어로 말할 줄 모르며, 보존된 건물에서 볼 수 있는 로마의 상징과 그림이 무엇을 의미하는지 몰랐지만, 이곳 사람들은 이후에도 자신을 로마 사람이라고 말했다. 또한, 로마에 뿌리를 두고 살았던 서쪽 지역보다 오랫동안 문명적으로 앞서갔다. 자신들이 우월하다고 느끼는 의식도 마찬가지로 이어졌다. 이들은 800년에 로마에서 개최된 프랑크 왕국의 샤를마뉴 황제 즉위식을 야만족의 고난도 사기 행위라고 비웃었다.

지중해 지역의 네트워크는 서로마 제국이 몰락한 뒤에도 천 년 동안 유지되었고, 더 나아가 오늘날까지도 계속된다. 로마에 대한 기억 역시 아직도 잔존한다. 하지만 그 기억은 로마 제국이 멸망한 뒤 시선의 방향을 바꾼 세계 제국에 머물러 있다. 16세기의 스페인 사람과 포르투갈인, 훗날 프랑스인은 지중해에 의해, 또 지중해와 함께 살았다. 1453년에 비잔티움 제국과 지중해의 남쪽 및 동쪽에서 이슬람 제국이 쇠퇴하기 전까지의 상황도 유사했다. 하지만 이 제국들은 점점 더 지중해 전체에 영향력을 끼치거나 이곳을 지배할 생각이 없어졌다. 세계 제국을 이루려는 상상은 로마가 남긴 지중해의 유산으로부터 새로운 세계로 향했다.

8장:
시데바이

유라시아의 지리적 중심은 시데바이(Shidebaj)다. 이곳은 구 소비에트 연방이 원자폭탄을 실험하던 세메이(Semey. 옛 지명은 Semipalatinsk)에서 180킬로미터 떨어져 있는 카자흐스탄의 초원 지대에 자리한다. 지금도 인구 밀집도가 낮지만, 원자폭탄 실험이 있기 전에도 인구수는 많지 않았다.

카자흐스탄이 유라시아의 중심이라고 여기는 사람은 그다지 많지 않다. 그러다 보니 도대체 몇 명이나 시데바이를 알고 있는지는 아예 물어볼 필요조차 없다. 이전에 유라시아에서 경작할 수 있던 지역은 대륙의 가장자리로 중국과 동남아시아, 인도, 메소포타미아, 지중해, 그리고 서유럽, 중유럽, 동유럽 등 온화한 지대였다. 이런 곳에서 유라시아의 고도 문명이 발생하고 최초의 도시들이 세워졌다. 이들 모두는 자신이 사는 곳이 세계의 중심이라고 생각하는 경향이 있었는데, 오늘날까지도 이렇게 생각하는 사람이 여전히 있다. 하지만 앞에서 말했듯이 유라시아의 중심은 시데바이다.

그런데 우리는 어째서 유라시아의 역사를 지리적 중심지에서부터 살펴보아야 할까? 첫 번째로 이 지점은 유라시아의 역사가 고도 문명의 역사에서 출발한 것이 아니라는 사실을 알려준다. 초원의 북쪽 러시아에서는 타이가(taiga)라

고 불리는 숲이 시작된다. 이곳에는 오래전부터 사냥꾼과 채집자가 살고 있었다. 이들은 어쩌면 그 어떤 다른 문명보다도 주변에 영향을 적게 끼친 작은 집단이었을 것이다. 그리고 이들에게도 역사가 있었다. 시베리아 북쪽에서 사냥과 순록을 기르며 사는 퉁구스족(Tungus)을 떠올려 봐야 할까? 어떻게 살았는지 연구할 수 있는 고고학적인 유물이 전혀 남아있지 않으므로 언제부터 퉁구스족이 이곳에서 이런 방식으로 살기 시작했는지는 확인할 수 없다. 이들은 견디기 힘든 길고 긴 겨울에는 타이가에서 머물고, 여름에는 순록이 풀과 나뭇가지 등을 뜯어 먹을 수 있도록 툰드라로 이동한다. 여름이 되면 영구 동토층은 녹기 시작하고, 습지가 생기고, 모기가 날아든다. 그러면 모기가 접근하지 못하도록 계속해서 연기가 많이 나게끔 불을 지펴야 한다. 유라시아 북부에 사는 사람은 척박한 자연환경에 맞서며 삶을 쟁취한다.

두 번째로 유라시아의 가운데 지역은 조금은 다르지만, 인도양 지역에서 이루어졌던 것과 비슷하게 유라시아의 가장자리에 있던 고도 문명과 서로 왕래가 있었다. 지도를 보면 어쩌면 처음에는 이것이 이상하게 느껴질 수도 있다. 카자흐스탄은 중앙아시아의 일부로 거대한 면적을 차지하고 있고, 자연환경이 매우 다양하며, 어떤 곳은 생명체가 살기에 혹독하기 때문이다. 대부분 강은 바다로 흘러 들어가지 않고 내해나 내륙의 삼각지에서 끝난다. 따라서 운송은 대부분 육로를 통해 이루어지는데 상당히 고되다. 중앙아시아에는 여기저기 초원만 널린 것이 아니라, 사막과 산맥이 펼쳐져 있다. 히말라야산맥처럼 높은 산도 있고, 오늘날의 키르기스스탄에 있는 베델 고개(Bedel Pass)나 타지키스탄에 있는 아크바이탈 고개(Ak-Baital Pass)와 같은 산 고개는 해발 4천 미터 이상의 높은 곳에 나 있다. 대륙성 기후를 띠고, 겨울에는 눈이 많이 내리지 않고 몹시 추우며, 여름은 짧고 매우 덥다.

중앙아시아는 이런 까다로운 자연조건에 굴하지 않고 문화를 연결할 수 있었다. 삼림 초지와 대평원, 반사막 지대가 많은 산맥 중 하나에 가끔 가로막히면서 헝가리에서 북중국까지 유라시아 전체로 이어진다. 광활한 카자흐스탄도 마찬가지로 여기에 속한다. 비단길의 수많은 경로는 초원을 통과해서 혹은 국

경에 맞닿은 산과 사막을 통해서 연결되었다. 물자와 새로운 소식, 학문과 세균 등이 이를 통해 오갔다. 유목민은 자신이 키우는 동물을 데리고 지역을 돌아다니며 카라반 상인이나 이웃한 정착민과 서로의 문화를 교류했다. 중앙아시아 역사의 주제는 장거리 교역과 지역 교류 문화라는 조건, 정착한 경작농과 가축을 기르는 사람 간에, 한편으로는 농촌 및 도시 주민과 유목민 간에 존재했던 다양한 차이가 만들어낸 문화 교류였다. 즉, 중앙아시아 역사의 주제는 경계와 차이를 넘어 이루어진 교류와 갈등이다.

중앙아시아 초원 지대의 기마 유목 민족

유목민은 사냥꾼이나 채집가가 아니다. 사냥꾼과 채집가는 계절에 따라 바뀌는 자연조건에서 동식물성 식량을 찾아다니지만, 유목민은 가축을 돌보고 길러야 하므로 이동하며 거주한다. 유목민은 먹을 것이 있는 곳을 찾아다니는 것이 아니라, 자신이 기르는 식량을 최대한 이용하기 위해 옮겨 다닌다. 그래서 역사적으로 보면 사람들은 우선 경작하고 가축을 기르는 단계로 넘어갔고, 그 이후에는 경작의 생물학적 한계로부터 유목 생활을 발전시켰다. 정기적으로 씨를 뿌리고 수확하기에는 너무 건조하거나 춥거나 혹은 고온 지역에서 사람들은 염소와 양, 소, 말, 낙타와 같은 특정한 종류의 가축을 기르는 데 집중했다. 가축 무리를 먹이려면 넓은 목초지가 필요했기 때문에 사람들은 유동적으로 움직이게 되었다. 이들은 유르트(Yurt, 몽골이나 시베리아 유목민의 원형 천막-역주) 혹은 해체나 조립이 가능한 통나무 오두막을 집 대신 가지고 다녔다. 이런 방법으로 유목민은 살아남을 수 있었다. 하지만 다른 대가를 치러야만 부자가 될 수가 있었다. 이들은 이용할 수 있는 면적의 땅에 지나치게 많은 동물을 방목하지 않으려고 가축 수를 확실하게 제한했다. 이와 더불어 가축으로 먹고살 수 있는 사람 수에도 한계가 있었다. 목축 규모를 더 키우려면 더 많은 공간이 필요했다. 전염병이 돌거나 자연재해가 일어나 가축이 위협을 받으면 유목민은 다른 초원 지대로 옮겨 가거나 정착민에게 있는 자원에 의존해야 했다. 두 가지 모두 마찰을 일으킬 소지가 컸다. 따라서 정착민과 유목민 사이의 경계 지역은 항상 교류와 긴장이 동시에 일어나는 장소였다. 바로 앞 장의 '바빌론'에서도 이미 이 점을 살펴볼 수 있었다.

언제부터 유목 생활 형태가 생겼는지는 말하기 어렵다. 고고학적 유물을 보면 기원전 1000년 전부터 중앙아시아에서 정착 생활을 했던 경작농과 유목민이 구분되었다는 것을 알 수 있다. 사람들은 시간이 얼마 지나자 말과 낙타를 더는 짐을 옮기고 수레를 끄는 데만 사용하지 않고 타고 다니는 수단으로도 이용했다. 말하자면, 이동성이 높은 문화를 지닌 기마 유목민이 탄생했다. 중앙아시아에서는 이런 특징이 유독 뚜렷이 나타났다. 13세기 몽골족이 나타나기 이전 시대에는 전 세계에 있는 말 가운데 절반이 중앙아시아에 있었다고 추정된다. 하지만 오늘날 중앙아시아에서는 더 이상 야생마를 찾아볼 수 없다. 이번 장에서 우리가 살펴볼 세계는 지금과는 다른 세계다.

기마 유목민의 발자취는 우선 고고학적 유물에서 볼 수 있다. 그러나 중국에서 유럽에 걸쳐 발견된 정착민의 문헌에서도 이들을 언급한다. 이런 책에서는 기마 유목민을 잘 알지 못하고, 믿음이 가지 않으며, 속을 알 수 없는 미개인이라고 묘사했다. 식사 예법도 없고 예의도 바르지 못하며 사회적 행동은 미숙했다. 편견에 사로잡힌 저자들이 기록한 글을 통해 우리는 유목민에 관해 배워 왔다. 유목민에 관한 설명은 사실 이런 편견에서 많이 벗어나지 못한다. 그렇지만 많은 유목민 문화에도 문자가 존재했다. 유목민은 끊임없이 옮겨 다니는 삶의 방식 때문에 기록에 많은 시간을 할애하지 않았고, 기록을 했더라도 상당 부분이 제대로 보존되지 못했다.

많은 문헌에서 위기가 닥친 시기를 다룰 때 유목민을 자주 언급했다. 책은 유목민이 일으킨 습격과 전투, 전쟁을 다루었다. 여기에는 필자 자신과 유목민 간의 차이점과 경계에 관해서도 명확하게 서술하였다. 그러나 일상은 덜 호전적이고 자연스럽게 변했다. 보통 이동하면서 가축을 기르는 사람은 동시에 농사를 짓기도 하고 힘든 상황에서는 농사를 통해 수익을 높이려고 애썼다. 영어권 연구에서는 "진정한 유목민은 가난한 유목민"이라고 말한다. 하지만 다른 한편에서는 정착 생활을 하던 농민도 농업에 위기가 닥쳤을 때 가축을 기르고 다른 곳으로 옮겨 가기도 했다. 이런 현상을 살펴보면 정착과 유목이라는 두 세계의 경계는 유동적이며, 명확하게 딱 그어진 선이라기보다는 오히려 전환 지점이라고 말할 수 있다. 기후 변화는 이들이 이 두 생활 형태를 왔다 갔다 하는 데 한몫했다. 유목민과 정착민이 만나는 전환 지점에는 양쪽에 득이 되는 유목민과 정착민 세계 간의 교류가 늘 있었다. 도시와 마을에 살던 사람은 말과 가축, 고기, 가죽 그리고 다른 생산품을 유목민에게서 구입했다. 이전에는 서양에만 있던 당나귀가 북쪽 유목민을 통해 중국으로 전해지자 이제는 중국에서 당나귀를 중요한 짐꾼으로 부렸다. 또 유목민은 자신이 직접 만들지 못하는 도시의 물건이 필요했다. 중국과 북쪽 유목민 집단 사이의 국경에는 시장이 있었다. 이런 시장은 중국 왕조가 통제했고, 정치적 상황에 따라 폐쇄하기도 했다. 그러나 중앙아시아와 서아시아의 오아시스가 있던 도시에서는 이처럼 엄격하게 통제가 이루어지지 않았다.

  그런데 이 유목민들은 누구였을까? 책을 보면 스키타이족이나 사르마트족, 흉노족, 오손족(烏孫族), 훈족, 돌궐족, 타타르족, 몽골족에 관한 내용이 나온다. 하지만 이들의 이름 뒤에 역사의 어둠을 뚫고 튀어나왔다가 어둠 속으로 다시 사라진 특정한 민족의 집단이 반드시 숨어있는 것은 아니다. 현실은 좀 더 유연했다. 중앙아시아에 살던 유목민은 초원 공동체에서 함께 살림하고 천막을 치고 머물렀다. 이런 집단은 혈통으로 이루어진 공동체라서 가족 역사적으로도 설명할 수 있다. 대모나 대부를 두거나 의형제를 맺고, 정략결혼을 함으로써 가족이 아닌 사람끼리 새로운 가족 구성원이 될 수도 있었다. 이런 씨족은 정치적으로 결속되고 이를 통해 더 큰 집단을 형성할 수 있었다. 하지만 이런 집단은 자유롭게 관계를 맺고 끊고 대부분은 목적을 위해 서로 엮였다. 그러나 자기네가 같은 민족이라는 개념은 없었다. 공동체는 출신 지역이나 자신이 추종하는 지도자의 이름을 따서 집단의 이름을 지었다. 집단이 해체되면 또 다른 초원 공동체나 가족으로 들어가서 그들의 이름을 따랐다. 이런 방식 때문에 역사를 기록했던 정착민은 마치 거대한 규모의 몽골족이나 훈족이 한꺼번에 갑자기 위협적으로 몰려왔다가 다시 갑자기 사라지는 듯한 인상을 받았다. 그러고는 금방 완전히 다른 '기마 민족'이 나타나는 듯 보였다.

이런 과정에서 여러 가지 이유로 좀 더 큰 정치적 연합체가 생겨났다. 이들은 주로 무역이나 전쟁 또는 약탈을 일삼는 공동체였다. 이런 조직에서는 지도력이 있고 신뢰감을 풍기는 사람이 중요한 역할을 맡았는데, 그 직위를 가족 내의 다른 구성원에게 물려줄 수 있었다. 즉, 어디 출신인지 모르는 사람보다는 성공했던 지도자의 형제나 아들 혹은 손자에게 지도자 조건을 충족할 수 있는 더 큰 기회가 주어졌다. 하지만 지도자는 지도자의 자격을 행동으로 증명해야만 했다. 공동체가 복종하는 것이 재위 기간에 도움이 되기 때문이었다. 공동체를 이끄는 지도자는 전쟁에서 성공해야만 했다. 이런 능력이 없는 지도자는 인색한 지도자와 마찬가지로 재위 기간이 위태로웠다. 또 지도자는 다른 사람들에게 나누어 줄 재산이 필요했다. 물건을 얻는 정당한 방법은 교역이었고, 또 다른 방법은 약탈과 습격이었다. 참고 기다리는 것은 대응책이 아니었다. 그래서 초원에 형성된 왕국은 정착민이 보기에 도적질을 잘하고, 다이내믹하고, 지속성이 없는 집단이었다. 유목민 입장에서도 마찬가지로 지속성은 다루기 힘든 주제였다. 유목민의 생활 방식에 부를 쌓아 두고 보관하는 것은 맞지 않았기 때문이다. 그래서 유목 생활을 하는 큰 집단은 연이어 승리한 뒤에도 '고도 문명적' 부를 놓고 어떻게 처리해야 할지 항상 고민했다. 이들은 대개 정착민의 재산을 넘겨받는 것을 거부했다. 그것은 곧 유목 생활의 종말을 의미했기 때문이다. 대신 정기적으로 조공을 바칠 것을 요구하는 데 더 만족했다. 만약 조공을 바치지 않으면 폭력을 행사해서 빼앗아 올 것이라는 협박과 함께 말이다.

아프리카와 유럽, 그리고 소아시아와 메소포타미아에도 유목민과 정착민 간의 교류가 있었다. 이곳 유목민 집단에서는 정치적으로 더 큰 어떤 집단도 생기지 않았다. 그런데 이와는 반대로 중앙아시아에 살던 유목민은 한 명의 지배자를 두고 여러 집단이 몇 배나 큰 연합체를 형성했다. 분명 중국과 교류할

때 커다란 조직이 필요했을 것이다. 중국은 이들에게 가장 중요한 파트너였다. 중국은 오랜 기간에 걸쳐 끊이지 않고 꾸준히 이어 온 고도 문명을 지닌 전통이 있었다. 유목민의 눈에 중국 도시의 중심지는 부유해 보였다. 중국은 이른 시기에 지속적으로 국가 조직을 이루었다. 중국의 힘이 초원에까지 팽창했을 때 중국은 유목민에게 어떤 입장을 취할지를 결정하도록 강요했다. 중국 왕조는 거꾸로 국경 바깥쪽에 있던 상대자와 대화하기를 원하기도 했다. 유목민의 동태를 살피고 동시에 이들이 가진 물자, 특히 제국에서 필요한 말을 얻기 위한 목적이었다. 유목민의 입장에서 생각했을 때는 무역이 되었든 전쟁이 되었든 중국과 더욱 큰 교역 공동체나 같은 편에 서 있는 전쟁 공동체가 되는 것을 의미했다. 이러한 과정은 7장 '비잔티움' 편에서 보았듯이, 중부 유럽에서도 영향력을 느낄 수 있을 만큼 대단히 역동적이었다. 반대로 유럽의 왕국들이 형성되고, 결속을 이루고 전쟁에서 역전하면서 중국에까지 끼친 효과는 근대에 와서야 보인다. 이전에 유라시아의 가운데에서 바라본 유럽은 멀리 떨어져 있는 작고, 조각조각을 이룬 곳에 불과했다.

규모가 좀 더 커진 유목민 연합 최초의 예는 기원전 3세기 초에 일어난 중국의 통일과 관련되어 있다. 그 당시 중국을 지배하던 한 왕조는 북쪽을 공격하는 정책을 펼쳤다. 북쪽 변방에서 성장해 오던 유목 집단인 흉노족이 약탈과 도적질만 일삼는 집단 같았기 때문이다. 한 왕조는 흉노족을 상대로 전쟁과 안정화 정책을 번갈아 가며 펼쳤고, 그 계획의 중심에는 만리장성을 계속해서 쌓는 일이 있었다. 만리장성으로 흉노족의 약탈 행각을 막아야 했다. 그다음에 양측 간에 계약이 성사됐다. 중국은 서로 평화롭게 사는 것을 보장받는 대신에 비단과 선별한 음식, 수 명의 공주를 흉노족에게 제공했다. 흉노족은 계약에 동의했지만, 공주는 필요하지 않았다. 흉노족은 중국과 접한 국경 지역에서 평화와 중국 물건을 손에 넣을 수 있던 덕에 내적으로나 외적으로 초원에서 권력의 영역을 넓혀 갔다. 중국은 흉노족이 강력해지는 것을 가만히 보고만 있자니 심기가 불편했다. 그래서 먼 서쪽 지방의 영역을 확보하고, 내륙 아시아의 유목민과 협력하여 흉노족을 막으려 시도했다. 유목민 연합은 결국 깨졌다.

흉노족과 4세기에 페르시아와 유럽을 공포에 떨게 했던 훈족 사이에 직접적으로 어떤 연관이 있는지는 불분명하다. 중앙아시아의 다른 모든 유목민처럼 훈족도 사실은 '민족'이 아니라 유목민 연합이었다. 유럽 사람들은 훈족이 볼가강의 다른 편에 살고 있다고 믿었고, 이들이 저지르는 말도 못 할 만큼 끔찍한 일을 겪어야 했다. 훈족의 기병 전투와 사수의 전략은 새로웠고, 전장에서의 행동은 믿을 수 없을 정도로 잔혹했다. 유럽 사람 생각에 훈족이 정복한 영역에 정착하기를 포기하는 것은 이해할 수 없는 일이었다. 서로마 제국은 훈족을 진정시키기 위해 조공을 바쳤고, 심지어 훈족의 군대를 고용할 수도 있었다. 5세기 중반부터 훈족의 연합은 무너졌다. 하지만 이들이 떨쳤던 악명은 훗날에도 오랫동안 계속되었으며, 제1차 세계대전에서 프랑스와 영국은 독일인의 잔인함과 야만적 태도를 비판하기 위해 독일을 훈족이라고 부르기도 했다.

칭기즈 칸과 13세기 몽골 제국

　　역사상 가장 컸던 초원 왕국은 13세기 때의 몽골 세계 제국이었다. 몽골 제국 전성기 때의 영토는 아프리카 대륙의 면적에 버금갔고, 중국에서부터(몽골이 정복함) 다뉴브강과 바그다드까지, 시베리아에서 아라비아만과 오늘날 베트남의 북쪽 국경에까지 이르렀다. 몽골 제국은 13세기까지 중요한 역할을 했던 수많은 통치자를 파멸시켰다. 중국 진나라와 송나라도 몽골에 의해 멸망했고, 바그다드의 아바스(Abbās) 왕조의 칼리프도 같은 신세를 겪었다. 하지만 몽골의 성장으로 직접 혹은 간접적으로 이익을 본 통치자와 국가도 있었다. 이들은 오랫동안, 일부는 오늘날까지 역사에 영향을 미치기도 했다. 인도의 무굴 제국이나 러시아 제국이 그 예다. 몽골 제국은 중앙아시아를 통과하는 무역 경로를 오랜 기간 더욱 안전하게 하고 강화했다. 중앙아시아가 세계 역사에 끼친 의미는 꼭 시데바이 때문이 아니더라도 13세기 때보다 더 큰 적이 없었다. 따라서 역사적으로 봤을 때 몽골족은 극히 이례적인 집단이었고 비교적 급속히 멸망했지만, 몽골족이 이룬 초원 왕국을 좀 더 정확하게 들여다보는 편이 좋다.

초기 몽골 제국에는 테무친[鐵木眞]이 있었다. 1206년에 중요한 남자들의 회의인 쿠릴타이(Khuriltai, 옛 몽골어로 집회를 뜻함. 몽골인을 비롯하여 북방 유목민 사이에 옛날부터 관행되어 온 합의 제도)는 테무친을 초원 전체의 지배자로 선출했다. 테무친은 이후에 자신을 '세계 통치자'라는 뜻을 지닌 칭기즈 칸(Chingiz Khan, 1167?~1227)이라고 이름 지었다. 참고로 그의 본명과 통치자가 된 후의 이름은 알파벳으로 나타내면 여러 가지 방법으로 쓸 수 있다. 테무친은 1204년 이후에 위구르 언어를 바탕으로 몽골어에 적합한 문자를 만들었다. 하지만 이는 당연히 유럽에서 쓰는 문자와는 다르게 작동했다. 따라서 몽골 문자를 알파벳으로 옮기는 방법은 매우 다양하다.

테무친은 1162년이나 1167년쯤 몽골의 중요하긴 해도 그렇게 특출나게 빼어나지는 않은 집안에서 태어났다. 유년기와 청소년기에 관해서는 차라리 전설에 가까운 묘사가 많아 중요한 사건만 골라내어 설명한 문헌을 바탕으로 재구성해야 할 필요가 있다. 테무친이 아홉 살이었을 때 그의 아버지는 살해당했다. 그 후로 오랫동안 궁핍하고 힘든 시기를 겪었다. 이때 그는 자신이 똑똑하고, 약삭빠르고, 실천력이 강하며, 정에 약하지 않다는 것을 깨달았다. 그는 일찍이 배다른 형제를 죽였다. 그의 주위로 그를 숭배하며 그와 함께 사회적 신분 상승을 꿈꾸는 젊은 사람들이 모여들었다. 테무친은 이런 작은 집단에서부터 시작해서 동맹을 융통성 있게 잘 다루어가며 위를 향해 길을 헤쳐나갔다. 테무친이 나누어 줄 수 있는 전리품이 점점 늘어나자 이전의 동지들은 많은 이익을 얻었다. 근방의 유목민 공동체는 그를 받아들이거나 아니면 공격에 쓰러지거나 파괴되었다. 오래지 않아 작은 무리에서 출발한 집단의 이름은 훈족이나 흉노족처럼 점차 알려졌다. 바로 몽골족이었다.

테무친은 칭기즈 칸이라는 이름으로 즉위한 뒤에 그의 주변 조직을 새로 구성했다. 앞서 말했던 몽골 문자 체계의 개발은 행정 개혁의 일부로 이루어졌었다. 아울러 군대 조직은 흉노족에게 이미 있었던 십진법 체계를 통해 개혁했다. 초원과 가족에 대한 충성심을 더 이상 군대 내부로 가지고 올 수 없었기 때문에 전체를 아우르는 공동체 의식이 필요했다. 그 외에도 전리품을 어떻게 분배할지 규칙도 새로 정해야 했다. 이제는 더 이상 모든 전사가 자기의 전리품을 마음대로 전쟁터에서 취해서는 안 되었다. 그러다 보면 제압한 적을 쫓는 일이 어려워졌기 때문이다. 이제부터는 모든 전리품이 우선 칸의 소유로 돌아갔다. 칸은 충성심과 누구에게 더 많은 혜택을 줄지를 기준으로 전리품을 분배함으로써 통치권을 더욱 공고히 할 수 있었다. 다른 한편으로 칸의 통치권과 입장 역시 전리품을 분배하는 데 달렸다.

통치자와 행정, 군사를 갖춘 기마 유목 집단이 무서운 추진력으로 극단적으로 극악무도한 통치자 아래 어떻게 발전했는지는 이후 20년간의 역사를 보면 알 수 있다. 몽골 지배하의 영역은 급속도로 팽창했다. 몽골족의 군대는 북중국과 크림반도(Crimean Pen.) 사이에서 작전을 수행했다. 몽골군의 지휘관이었던 제베(Jebe, ?~1225, 도중에 사망함)와 수부타이(Subutei, 1176~1248)는 1221~1223년까지 카스피해를 돌아 코카서스를 통과해서 크림을 건너고 볼가강까지 갔다가 아랄해로 다시 돌아오기까지 8천 킬로미터 이상을 전진하며 수차례의 전투를 승리로 이끌었다. 몽골족이 진격하는 속도는 흑해의 북동쪽에서 일어난 할하강(Khalkha R.) 전투에서 자기 편 군사가 패한 것을 기록했던 러시아의 연대 기록자가 상대편이 누군지조차 알아채지 못할 정도로 굉장히 빨랐다. 몇몇은 타타르족이라고 불리는 알려지지 않은 집단이었다. 이들이 누군지, 어디서 왔는지 아무도 몰랐다. 몽골족은 이후에도 실제로 지배하려 하기보다는 단순히 약탈 행각을 이어갔다. 몽골족의 지배 아래 놓인 지역 중 최전선에는 황폐해진 지역이 많았다. 몽골족에게 이런 지역은 적어도 단기간 내에는 더 이상 위협적이지 못했다.

하지만 빠른 속도감만 가지고 몽골의 승리를 평가할 수는 없다. 이들이 전진하는 단계는 전략적으로 매우 잘 짜였다. 몽골족의 전투 전략은 유럽인과 중국인 모두를 혼란에 빠트렸다. 말을 탄 사수는 계속해서 새로운 말을 갈아타며 보병대와 기병대를 공격하면서 몰려왔다. 몽골족에게는 말이 충분히 준비되어 있었다. 또 몽골의 화살은 세계 멀리 날아가서 유럽의 기사가 입고 있던 쇠사

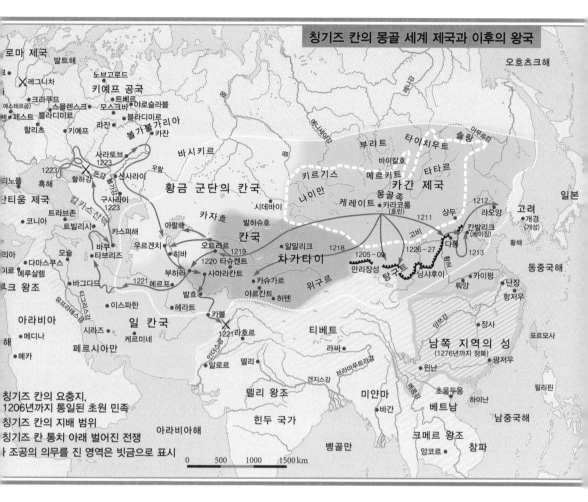

칭기즈 칸의 몽골 세계 제국과 이후의 왕국

슬 옷까지 뚫었다. 유럽 기사는 가볍고 느슨한 가죽 갑옷으로 무장한 몽골 기
사를 사실상 전혀 위협할 기회도 얻지 못했다. 따라서 우리 러시아 작가를 충
격을 빠트렸던 할하강 전투에서와 같은 패배는 극히 불공평했다. 그래서 제베
와 수부타이는 자신들의 군사 중 대부분을 다시 아랄해로 데리고 돌아올 수 있
었다. 전투에서 몽골족의 주요 목적은 명령 전달 체계를 파괴하기 위해 상대방
의 사령관을 차단하는 것이었다. 몽골족은 후퇴하는 체하고 매복 같은 특정한
책략은 배제한다는 전사로서의 명예에 대한 관념 따위에는 신경도 쓰지 않았
다. 또한, 몽골인은 요새로 둘러싸인 도시를 포위하는 법과 같이 그때까지 몰

랐던 기술을 빨리 습득했다. 새로운 기술이 늘 필요한 것은 아니었다. 성문을
열지 않은 도시의 주민들은 본보기로 처참하게 처형되었다. 이런 행동은 사람
들에게 저항은 아예 꿈도 못 꾸게 했다. 갈기갈기 찢긴 얼굴과 노예가 된 주민
에 관한 소식은 사실 여부 확인도 되지 않은 채 빠르게 퍼졌고, 몽골인에게 이
는 전적으로 유리했다. 몽골인이 영주와 통치자에게 조공을 바칠 것을 요구하
며 보낸 편지에는 공납하지 않으면 무슨 일이 일어날지 아무도 책임질 수 없다
는 협박 문구도 적혀 있었다.

　　여러 집단의 의견이 서로 맞지 않는 경우도 몽골족에게 역시 유리했다. 라
틴어권 기독교 사회에서는 혐오스러운 이슬람 제국의 저편에 언젠가 이교도를
끝내줄 그리스도교의 군대가 있으리라는 굳은 믿음이 있었다. 내륙 아시아에
서 강력한 군대가 공격해 온다는 소식이 처음 들려왔을 때 기독교인들은 몽골
족을 이슬람에 반대하는 연합군으로 여겼다. 하지만 늦어도 1241년에 레그니
차(Legnica, 폴란드 서남부에 위치한 도시-역주) 전투가 끝난 후 승리에 의기양양해진
몽골족이 슐레지엔의 대공 헨리크 2세의 머리를 창에 끼워 이리저리 돌아다니
고, 소문으로는 잘린 귀를 가득 채운 자루를 아홉 개나 끌고 다녔을 때 자신들
의 믿음이 잘못되었다는 것을 깨달았다. 그러나 그다음에도 교황과 황제는 지
방 통치자와 함께 누가 방어 부담금을 지어야 할지를 놓고 협의했다.

　　칭기즈 칸은 1227년에 중국의 북서쪽에 있던 서하(西夏) 왕국의 탕구트족
(Tangut)을 상대로 한 전쟁터에서 전사했다. 칸의 첫 번째 아내인 보르테 우진
이 낳은 네 명의 아들 중 셋째 아들인 오고타이(窩濶台, 1185~1241)가 후계자로
임명되었다. 들리기에는 칭기즈 칸이 그를 선
택했다고 한다. 이를 의심하는 사람도 있
었지만, 이번에는 그때까지 가족 간 의
견이 일치했다. 칭기즈 칸의 가족 구
성원만 현재와 미래의 후계자를 선
출하는 선별권이 있었다. 이들
만이 제국의 건립자로서의 카리

스마를 몸속에 지니고 있었다. 그런데 어떤 가족 구성원을 말하는지에 관한 규칙은 없었다. 나이가 두 번째로 많은 형? 첫째 아들? 막내아들? 가장 뛰어난 능력을 지닌 사람을 뽑으려고 애썼지만, 능력이란 해석하기 나름이다. 정복한 땅을 분배하는 것은 지배자의 후계자 선별과 달랐다. 여기에는 많은 가족 구성원이 참여했다. 빠르게 성장한 왕국은 두 가지 장애에 가로막혀 있었다. 첫째로는 아시아와 유럽 전역에 퍼져있는 가족 구성원의 요구에, 둘째로는 어느 정도 제대로 기능하는 세금 관리와 아직 더 발전해야만 하는 부대에 가로막혔다.

두 번째 문제는 오고타이가 자초한 것이라고 해도 과언이 아니다. 알코올 중독으로 평판이 좋지 않았던 그는 몽골 제국의 내부 체계를 강화했다. 소식을 빠르게 전달할 수 있도록 우편 제도를 도입했다. 그리고 몽골의 초원 지대에 수도인 카라코룸(Kharakorum)을 세우게 했다. 수도는 전략적으로 알맞은 곳에 있었지만, 그곳에는 자급자족할 여건이 갖추어져 있지 않았다. 그래서 날마다 수도에 사는 사람들을 위해 중국에서 황소가 끄는 수레가 수백 대 이상 왔다. 몽골에서는 오고타이가 다스리던 시기에 처음으로 세금 제도를 마련하려고 했다. 또한, 정벌한 지역의 수장으로 총독을 두고 시민 행정으로 바꾸기도 했다. 조공과 세금을 바치고, 군대를 마련하고, 필요한 경우 궁전으로 와서 얼굴을 비추는 등의 주요 업무를 다 제대로 할 때에만 총독 아래 직위는 이전에 있던 행정 구조 그대로 유지할 수 있었다. 몽골족은 작가와 학자, 관리, 광부 혹은 무기 기술자 등 누구나 할 것 없이 만나는 사람의 능력을 최대한 이용했다. 이들 중 몇몇은 고용되기도 하고, 수도로 이주하기도 했다.

오고타이가 1241년에 죽은 후에 몇십 년 동안은 오고타이의 과부인 퇴레게네 카툰(Toregene Khatun, 1186~1246)과 오고타이의 후계자인 귀위크(Guyuk, 1206~1248)가 주로 섭정했다. 이는 기독교와 이슬람교 신자를 매우 놀라게 했다. 1251년에 다시 한번 위대한 칸이 의견 일치하에 몽골 제국의 제4대 황제로 몽케(蒙哥, 1208~1259)가 왕좌에 올랐으며, 그는 내부 구조를 계속 공고히 해 갔다. 그다음에는 점차 다양한 문화와 정치 제도를 지배하면서 규모가 점점 더 커지는 가족의 힘은 강해졌고, 주위의 다른 집단을 끌어들이는 데 성공했다.

서서히 네 개로 나뉜 큰 집단이 눈에 띄었는데, 이들이 13세기 나머지 기간을 주름잡았다. 이런 집단은 황금 군단이라고 불렸다. 이들의 영역은 중국의 원 왕조와 오늘날의 이라크, 이란, 시리아에 중심지를 두었던 일한국(Il汗國, Ilkhanate, 몽골 제국의 사한국의 하나)이 있던 흑해에서부터 카스피해와 아랄해를 거쳐 바이칼호에 이르고, 여기에서 북쪽을 향해 중앙아시아와 티베트의 차가타이(Chagatai)에 달할 만큼 광활했다.

14세기 때 위 네 제국의 운명은 매우 다르게 갈렸다. 중국에서는 몽골족이 나라를 세웠다. 유목민이 한 나라를 장기간 정복하는 매우 드문 사례 중 하나다. 오고타이의 수도 카라코룸은 남쪽으로 이전되었다. 오늘날의 베이징과 카라코룸에서 남쪽으로 약 200킬로미터 떨어진 곳에 황제의 여름 별장과 겨울 별장이 지어졌다. 수십 년간 자연재해와 기근이 일어나고 1320년대까지 몽골 지배자의 경제 사정을 책임졌던 인구가 감소한 뒤 1368년에 몽골족은 다시 중국에서 쫓겨났다. 1335년에 남쪽과 서쪽에 있던 일한국(Il汗國) 왕조는 아부 사이드(Abu Said, 1305~1335)의 죽음과 함께 막을 내렸다. 그가 재위했던 약 20년간의 세월은 황금시대로 기억된다. 그의 뒤를 잇는 후계자가 나오지 않았고, 1335년 이후로는 오랜 세월 지속된 전쟁으로 그의 재위 기간이 더 돋보일 수도 있다. 북쪽과 서쪽에 있던 황금 군단은 몽골의 모든 왕국 중에서 가장 오래 버텼다. 15세기가 되어서야 비로소 차르(Tsar, 제정 러시아 때의 황제 칭호)가 다스리던 러시아, 폴란드, 리투아니아의 세력이 강해지고 몽골 제국은 몰락했다. 마지막 후계 국가였던 크림한국(Krym汗國)은 1738년 러시아의 예카테리나 2세(Ekaterina II, 1729~1796)에 의해 멸망하였다. 내륙 아시아에 있던 차가타이한국(Chaghatai Khanate)은 1338년에 이슬람교를 믿는 것과 칭기즈 칸의 전통을 유지하는 것을 두고 갈등이 더해지면서 분열되었다. 하지만 어쨌든 후임 한국(汗國)인 티무르(Timūr, 1336~1405, '절름발이 티무르'라고도 부름)의 성장이 시작되어 14세기 후반기에 다시 한번 거대한 왕국을 통일하고 칭기즈 칸의 전통을 세웠다. 하지만 이 왕국 역시 오래가지 못했다.

팍스 몽골리카나– 평화의 제국?

13세기와 14세기 초를 두고 학자들은 '팍스 몽골리카나(Pax Mongolicana, 몽골 제국의 평화)'라는 개념으로 설명한다. 마치 로마 황제 아우구스투스 때 제국의 평화를 뜻하는 '팍스 로마나(Pax Romana)'를 상기시키기라도 하듯이 말이다. 거대 제국이 유라시아의 넓은 지역을 지배했으니 평화와 안정, 무역, 문화적 전성기가 가능하지 않았을까. 하지만 '팍스 몽골리카나'라는 개념은 헨리크 2세에 관해서는 제대로 사용되지 않은 듯하다. 1241년에 레그니차 전투에서 그를 죽인 몽골군은 그의 머리를 창끝에 꽂은 채 들고 다녔다. 알렉산더 대왕의 재위 기간부터 오늘날의 우즈베키스탄에 있는 중요한 무역의 오아시스 역할을 했던 도시 부하라(Bukhara)의 관점에서 봤을 때도 이 개념은 의미가 없다. 부하라는 1220년에 칭기즈 칸에게 정복당한 후 대부분 파괴되었다. 1238년에 몽골족에 저항해 일어난 민중 봉기로 많은 사람이 죽고 봉기는 실패로 돌아갔다. 1263년에는 왕위 쟁탈전에 휩싸여 수천 명의 사상자가 생겼다. 1273년에 부하라는 일한국(Ⅱ汗國)에서 온 몽골군에게 함락됐다. 주민들은 살해당하거나 노예로 전락했다. 3년 뒤에는 몽골군이 계속 정복을 시도하는 과정에서 특히, 부하라 주변의 농촌에 살던 사람들이 희생되었다. 1316년에 도시는 또다시 파괴되었다. 물이 부족한 지역의 주거지에서는 이렇게 공격을 당하고 난 뒤에 고도로 발달하고 공격의 대상이 되기 쉬운 관개시설이 대부분 그 기능을 상실하고 말았다. 전쟁 중에 파괴되거나, 파괴되지 않았어도 살아남은 사람들이 더 이상 돌볼 상황이 아니었기 때문이다. 여러 차례의 전쟁으로 사람들이 굶어 죽어 갔다. 1330년대에 아라비아를 여행한 이븐 바투타(Ibn Battūtah, 1304~1368)는 부하라를 사람은 적고 황폐한 곳이 가득한 도시라고 묘사했다.

무자비하다고밖에 표현하지 못할 일이 벌어졌고, 이를 부연 설명할 필요가 없음에도 '팍스 몽골리카나'라는 개념이 전혀 가치 없는 것은 아니다. 전쟁의 끔찍함과 말로 표현하지 못할 정도의 잔인함을 잊어서는 안 되겠지만, 다른 한편에서 몽골 제국과 뒤따라온 후계 제국은 온갖 종류의 것을 교환하는 데 필요한 좋은 조건을 제공했다. 이미 칭기즈 칸 때부터 몽골은 사회기반시설과 무역, 언어, 문자 그리고 문화에 관심이 있었다. 그때까지 몽골은 장거리 무역상에게 전혀 중요하지 않은 부수적인 목표였다. 하지만 몽골이 성장하기 시작하면서 중요한 교역 지역으로 떠올랐다. 특히, 오고타이는 대규모의 교역 경로 중간마다 일정한 지점을 세웠고, 또 카라반 상인을 위한 커다란 여관을 짓는데 신경을 썼다. 정찰대의 활동으로 치안도 좋아졌다. 오고타이의 후계자들은 수많은 왕위 쟁탈전이 벌어지는 동안에도, 그리고 중국 왕조와 일한국(汗國)이 쇠망할 때까지도 유럽과 동아시아의 무역로를 이용할 수 있도록 큰 노력을 했다. 통치 지역이 넓고 집중적이었던 13세기와 14세기 초기에는 확실히 무역로가 비교적 안전했다. 마르코 폴로는 바로 이 시기에 여행 중이었다. 상인들은 몽골 이전의 시기보다 세금과 조공을 수적으로 훨씬 적은 지배자에게 바쳤다. 유럽과 아시아 간의 물물교환은 더욱 활발해졌고, 노예무역도 마찬가지로 규모가 커졌다. 비단길을 통해 거래되는 물건 가격은 내려갔다.

오늘날 이란의 대도시 중 한 곳인 타브리즈(Tabriz)는 아제르바이잔과 아르메니아의 국경까지 1백 킬로미터는 족히 떨어져 있다. 이곳은 팍스 몽골리카나의 은총을 상징하며, 이것으로 부하라가 겪은 불행과 반대의 한 쌍을 이루었다. 타브리즈에서는 지중해 지역과 인도양, 중앙아시아에서부터 이어진 모든 무역 경로가 만났다. 활기가 넘치는 무역 시장은 일한국(汗國)의 수도가 되었다. 이곳의 통치자인 가잔 칸(Ghazan Khan, 1271~1304)은 새로운 시의회와 이슬람교 사원, 시장을 짓도록 지시했다. 20만 명이 넘는 주민이 이곳에 살았다고 추정된다. 힘든 신세로 전락해버린 부하라를 경험한 적이 있는 이븐 바투타는 질 좋은 다양한 물건이 많이 제공되는 타브리즈의 시장을 세계에서 가장 화려한 곳이라고 썼다. 다른 유럽에서 온 상인 외에 베네치아와 제노바에서 온 상인이 이곳에서 사업을 벌였기 때문에 타브리즈는 내륙 아시아에서 최초의 중요한 유럽 무역 식민지로 알려지게 되었다.

팍스 몽골리카나에는 종교적 관대함도 포함되어 있었다. 테무친은 무속 신앙적 종교관을 익히며 성장했고, 그의 주위에는 다양한 신을 믿는 사람이 많았다. 유럽의 기독교 신도가 이슬람교에 반대하기 위해 몽골족과 연합할 수 있을 것이라며 중간에 잠깐 가졌던 희망은 몽골의 공주 몇몇이 네스토리우스파 기독교 신자였다는 데서 기인하기도 했다. 테무친이 칭기즈 칸이라는 이름으로 즉위한 뒤에는 하늘이 그를 전 세계의 통치자로 임명했다는 사상이 번졌다. 그가 이를 그대로 믿었는지는 불확실하지만, 그의 후계자인 오고타이는 이에 대한 믿음이 더 강했던 것 같다. 이 믿음을 반박하지 않는 한 다른 종교는 몽골 제국에서 호응을 받았다. 제국 내 대표적인 종교 지도자들은 조세를 면제받기도 했다. '신성한 남자'에 대한 존경심에서 우러난 확신이었다. 단지 자신들의 신만을 통해 구원받을 수 있다고 말하는 기독교와 이슬람교는 몽골 사람에게는 낯설게 다가왔다. 이들은 여러 종교 간의 평화를 중요하게 생각했다. 다양한 종교가 함께 병존하는 것은 중앙아시아에서 볼 수 있는 생활 세계의 일부였다. 이들은 어떤 방법으로 하늘의 부름을 받는지에 관한 논쟁을 벌이고 싶어 하지 않았다.

13세기 후반, 서쪽의 몽골 지배자는 이슬람교로, 그리고 동쪽에 있던 지배자는 불교로 개종했다. 각각의 종교적 신념이 이 단계를 위해 어떤 의미를 부여했는지는 불분명하다. 몽골 제국의 팽창이 수그러들었을 때 그 지역에서 가장 우세했던 종교에 대한 신앙 고백은 그 지역 사람들의 내적 단결력을 강화하기도 했다. 그러나 통치자가 이슬람교로 개종한다고 해서 전체 인구가 이슬람교를 믿어야 하는 것은 아니었다. 그 당시에 일반 사람들이 이슬람교로 개종했다는 기록도 없다. 몽골인이 이슬람교의 전파를 전체적으로 촉진했는지는 확실하지 않다. 몽골족은 초기에 세력을 넓혀 가던 시기에는 우선 이슬람교를 억제했다. 중앙아시아에서는 얼마 동안 종교적 통치자가 이슬람의 학문을 더 이상 장려하지 않은 적도 있었다. 그래서인지 이슬람 학계 내에서 중앙아시아는 꾸준히 부진한 성과를 냈다.

19세기 이전의 세계사 속에서 어떤 시대도 몽골 시대보다 세계가 서로 더 가깝게 연결된 적은 없었다. 흉노족이 활동했던 시대를 제외하고는 어떤 시대에서도 전 대륙의 미래를 위해 중앙아시아가 그만큼 도드라지고 중요한 위치를 차지한 적도 없었다. 몽골 제국의 일부가 쇠망하고 난 뒤에 유라시아에서는 물자와 학문의 교류가 눈에 띄게 감소했다. 어쩌면 14세기 중반에 발생한 흑사병이 유라시아 교역로의 마지막 수익자였을지도 모르겠다. 그 이후에는 무역로의 의미가 퇴색되어 갔다. 이전에 세계 중심에 섰던 중앙아시아는 이제 가장자리로 밀려났다. 이런 이유가 어쩌면 시데바이가 유라시아의 지리적 중심지라는 사실을 잊게 했을 수도 있다.

9장:
모체 계곡

모체(Moche) 계곡은 오늘날 페루의 도시 트루히요(Trujillo) 근처에 있으며, 수도인 리마(Lima)에서 북쪽으로 500킬로미터 떨어져 태평양으로 흘러드는 강의 영향으로 생겨났다. 강 가까이에는 태양과 달의 사원인 '우아카 델 솔(Huaca del Sol)'과 '우아카 데 라 루나(Huaca de la Luna)'가 우뚝 서 있다. 이 중 태양의 사원은 남미에서 완성된 것 중 가장 큰 단일 구조물이다. 하지만 안타깝게도 피라미드의 일부만 아직 남아있다. 나머지는 스페인에서 온 침략자들이 보물을 찾으러 다니며 파괴했다. 두 피라미드는 바람에 말린 점토 벽돌로 만들었다. 우아카 델 솔을 짓는 데만 약 1억 4천만 개의 벽돌이 사용되었다고 추정된다. 우아카 델 솔과 우아카 데 라 루나 주위를 흐르는 모체 강가에 짧은 기간이었지만, 적어도 문화적 중심지가 있었다. 이곳은 서기 500년경에 영향력이 절정에 이르렀던 곳으로, 이곳에 살던 사람은 중심지에서부터 북쪽과 남쪽으로 태평양 연안의 강 유역을 따라 300킬로미터 이상을 지배했다.

옆에 있는 계곡에서는 점토 벽돌로 만든 궁전과 피라미드가 서 있던 수많은 작은 도시 중심가가 발견되었다. 1만 5천 명 정도가 거주할 만한 크기다. 도로는 따로 떨어져 있는 도시를 연결했다. 모체강에는 관개수로 시설이 연장되어

있던 것이 확인되었다. 또한, 길이 100킬로미터가 넘는 운하와 커다란 저수지도 마련되어 있었다. 이렇게 강물을 효율적으로 이용함으로써 꽤 건조한 평지에서도 옥수수와 콩, 땅콩, 마니옥(카사바), 감자, 고구마, 호박, 고추 등을 재배할 수 있었다. 건축물과 관개수로 시설, 도시 거주지의 건설은 노동의 분배뿐 아니라, 장기간 믿을 수 있는 조직이 필요한 작업이었다. 모체족(고고학자는 자신들이 찾은 유물의 주인이었던 사람들의 문화의 총체적인 면과 이에 속한 사람에게 모체라는 이름을 붙였다)은 국가 형태에 유사한 구조를 갖춘 남미 최초의 사회였다.

1500년도 이전: 하나의 지구, 두 개의 세계

우아카 델 솔과 우아카 데 라 루나, 관개수로 체계, 도로는 우리가 지금까지 집중해서 살펴보았던 유라시아–아프리카 세계 외에도 두 번째 세계가 존재했다는 사실을 상기시킨다. 앞서 보았듯이, 중국과 지중해 지역에서는 유럽 역사학자들이 '고대'와 '중세'라고 이름 지은 시기 내내 물자와 정보의 교환이 이루어졌다. 하지만 이런 교환은 직접적으로 일어나지 않았다. 콘스탄티노플에는 중국에서 온 비단 장사꾼이 없었고, 당나라 궁전에도 로마에서 온 사절단이 없었다. 그 대신 유라시아 외에도 아프리카 대륙까지 모두 뻗쳐 있던 무역망과 정보망이 존재했다. 그렇지만 유라시아인과 아프리카인은 대서양의 반대편(유럽의 관점에서 봤을 때)에 있는 혹은 태평양의 건너편(중국의 입장에서 봤을 때)에 있는 두 번째 세계에 관해 아는 바가 전혀 없었다. 거꾸로 모체인이나 남북 아메리카 대륙에 살았던 주민도 마찬가지로 다른 세계에 관해 아무것도 몰랐다. 이들도 역시 남아메리카와 북아메리카 두 대륙 전역에 걸쳐 무역을 하고 정보를 교환할 수 있는 네트워크를 갖추었다. 이곳에서도 마찬가지로 개인적 용무로 오늘날의 캐나다에서 칠레까지 여행한 사람은 분명 없었다. 하지만 물건은 여러 사람의 손을 거쳐 수천 킬로미터를 이동했다. 아메리카 대륙에 살던 사람도 당연히 대서양과 태평양이 세계의 끝일 것이라고 전제했다.

아메리카 대륙은 매우 다양한 종족의 고향이었다. 모체 문명은 중앙집권제와 무역과 수공업, 농작과 축산 등 노동 분배 제도를 이룩한 수많은 고도 문명 중 하나였다. 유라시아에서와는 달리 동물은 짐수레를 끌기 위해서가 아니라, 가축으로 기르거나 등에 짐을 실어 나르고 타고 다니는 용도로만 이용했다. 경작용 연장은 단순했고, 이와 관련된 수공업도 간단했다. 뚜렷하게 노동이 분배된 사회는 태평양 연안뿐만 아니라, 안데스산맥의 고지대와 중미에도 있었다. 이들은 각각 다른 물건을 생산했으므로 서로 교환하거나 교역 활동을 펼쳤다. 이와는 반대로 안데스산맥의 동쪽으로, 아마존 지대부터 아래로 쭉 내려와 오늘날의 아르헨티나가 있는 초원 지대까지 광활한 곳에 걸쳐서는 대부분 단순하고 훨씬 규모가 작은 사회들이 있었다. 농경과 어업에 종사했던 집단도 있었으며, 일부는 사냥꾼과 채집가였다. 하지만 이곳 사람들도 마찬가지로 교역을 통해 다른 집단과 접촉하며 살았다. 통용되던 무역 용어가 널리 퍼져 있었다는 점이 이 사실을 뒷받침해준다.

예전에 있었던 아메리카 대륙의 많은 사회에도 통치자와 부자의 성공과 실패, 지식의 성장과 소실, 경제적 부흥 시대와 위기 상황 등과 같은 그곳만의 역사가 있었다. 그러나 대부분 집단은 문자가 없어서 이들의 역사 가운데 아직 밝혀지지 않은 부분이 상당하다. 서기 600년이라는 시기는 분명 남아메리카 많은 사회에 중요한 변혁기였다. 오늘날에는 이를 두고 엘니뇨(El Nino) 현상이라고 부르는데, 연달아 급격히 날씨가 변했던 탓에 이곳 주민들은 매우 큰 위험에 빠졌다. 특히, 562~594년까지 30년 넘게 가뭄이 들었다. 고산 지대에서부터 매우 적은 양의 물이 오늘날의 브라질인 거대한 아마존 지역과 태평양을 향해 서쪽으로 흐르는 짧고 폭이 좁은 많은 지류로 흘러들었다. 가뭄으로 인해 몇몇 강은 바짝 마르고 경작지는 모래사막처럼 되어 모래 언덕이 생겨나기도 했다. 그러다가 602~635년에는 강이 범람할 정도로 엄청난 양의 비가 쏟아져 위험한 상황이 자주 생겼다. 지리학자는 이 모든 현상을 빙하 속에 큰 구멍을 뚫고 강들의 충적지를 조사해 밝혀냈다.

모체족뿐 아니라 페루 고산지와 태평양 가장자리에 있던 사회도 혹독한 일들을 겪어야 했다. 고고학자들은 새로운 건축물이 줄어들고, 집과 도로, 수도, 관개수로 시설이 파괴되고, 예술적 전통이 끝난 일을 기록했다. 이 시기에 무슨 일이 있었을까? 사회적 내부 갈등이 자기 파멸로 이어진 것이 아닐까 추정해 볼 뿐이다. 서기 600년도가 지난 후에 태평양과 안데스산맥 지역의 정치적 양세는 근본적으로 변화했다. 이곳에는 거대한 새로운 왕국이 세워졌고, 오래된 지배 구조와 기존의 문화 양식은 사라졌다. 가장 중요한 희생자는 모체 문화였다.

도자기가 아메리카의 역사를 이야기하다

문자 기록이 남아 있지 않아 모체인이 자신을 어떻게 불렀는지는 모른다. 유럽의 관점에서 봤을 때 국가와 문자는 서로 뗄 수 없는 관계이기 때문에 모체족에게 문자가 없었다는 사실은 매우 특이하다. 하지만 고도 문명이 발달했던 중남미의 많은 종족은 언어를 사용하지 않고도 뛰어나게 조직을 구성했고 복잡한 건축물을 지었다. 어떻게 이런 일을 해낼 수 있었는지는 자세히 알 수 없다. 일반적으로 건축물과 무덤만 남았기 때문이다. 게다가 스페인 정복자와 선교사가 원주민과 처음 대면한 이후에 기록한 것이 있다고는 해도 유럽인은 완전히 낯설게 다가온 문화를 제대로 이해하지 못하는 경우가 많았다. 그 외에도 어떤 상황을 1,500년이 지나 묘사한 것을 훨씬 이전에 일어났던 시대와 연관시키고 결론짓는 일이 과연 가능한지는 논쟁의 여지가 크다.

이러한 어려움에도 우리는 모체인이 어땠는지 머릿속에서 비교적 잘 그려 볼 수 있다. 모체족이 남긴 유물 중 90퍼센트 이상이 도자기인데, 바로 이 덕분이다. 도자기 대부분은 죽은 사람이 저승으로 갈 때 가지고 가라고 무덤에 같이 넣어준 것이다. 어떤 그릇에는 사람과 동물 그림이 여러 가지 색으로 사실적으로 그려져 있다. 섬세하게 묘사되고 그림으로 가득한 도자기도 출토되었다. 유럽인은 모체족의 도자기에 매료되었다. 그래서 몇백 년 동안 도굴꾼들이 큰 관심을 가졌다. 도자기는 도둑맞고, 팔리고, 유럽의 수집가 시장에서 다시 나타나곤 했다. 100년 전부터 고고학자는 뚜렷한 목표 의식을 갖고 페루에서 도자기를 찾아다니고, 유적지와 유물을 지도에 표시해 왔다. 이들은 하나씩 낱개로 된 유물을 수집할 뿐 아니라 사람이 죽을 때 이승의 저편을 함께하는 매장품의 전체 세트에 큰 관심을 가졌다. 고고학자는 지역과 시대적 변화를 알아볼 수 있도록 도자기를 유적지와 생산 연대별로 구분해서 기록한다.

그런데 도자기를 이해하는 일이 그리 만만치만은 않다. 도자기는 고고학자에게 메시지를 보내기 위해서가 아니라, 죽은 사람이 다른 세계로 가는 길목에 있거나 혹은 저승에 머무르는 동안 도움을 주기 위해 쓰였다. 도자기에 멋있게 그려진 그림은 일상의 모습을 담고 있지 않다. 모체족에게 혹시라도 있었을 법이나 관습에 관한 내용, 혹은 지배자나 다른 주요 인물의 초상화가 아니라, 종교와 제례 의식의 주요 요소가 그려져 있다. 사람과 동물, 혹은 반인반수의 혼합체, 전쟁, 달리기 경주, (사람) 희생 제례 의식, 정화와 장례 의식 등의 비슷한 장면이 반복적으로 나타난다. 꿈과 현실, 이승과 저승, 삶과 죽음이 그림 속에 뒤섞여 묘사되어 있고 많은 피도 흐른다. 그림을 더 자세히 들여다보면 밤잠을 설칠 것 같다.

이 모든 것은 무엇을 의미할까? 모체인은 오늘날의 우리와는 완전히 다른 삶을 살고, 다르게 생각하며 죽었다는 것을 분명하게 나타내고자 했던 것일까? 우선 우리는 적어도 모체족의 엘리트 한 명이라도 이런 그림을 이해하고 이를 둘러싼 신화를 아는 사람이 있었다고 전제해야 한다. 이들의 세계에는 문자로 된 부연 설명이 있을 수 없었다. 따라서 이 그림 속에 모체족 자신과 세계를 이해하는 데 필요

한 모든 열쇠가 들어 있다. 하지만 이를 정확하게 이해하기란 쉽지 않다. 도자기에 묘사된 그림에서 보여주는 희생 제물 의식은 종교적 행위의 핵심이었다. 식민지가 되기 전 중남미에서 이런 제식은 특이한 일이 아니라, 잘 알려진 의식의 일부였다. 최근의 발굴 작업에서 인간을 제물로 희생시키는 일이 실제로 행해졌고, 도자기 표면에 그려진 반환상적 존재를 효과적으로 표현하기 위해 사람이 의상을 뒤집어썼다는 사실이 밝혀졌다. 다양한 사람이 희생되었지만, 신의 수가 많았던 것은 아니다. 중요한 신의 숫자는 모체 왕조 후기로 갈수록 줄어들었다. 도자기의 그림에는 두 집단이 자주 등장하는데, 바로 무속인과 군사였다. 군사의 중요성은 모체 시대 기간 점점 더 커졌다.

종교적 주제를 중심적으로 다루기는 했지만, 도자기에는 의복과 생활용품, 무기, 가축 같은 모체족의 일상생활도 엿볼 수 있다. 우리는 그림의 기술을 비교 분석함으로써 작품 연대를 구분할 수 있다. 어떤 고고학자는 연대를 5단계로 나누고, 또 다른 학자는 3단계로 나누기도 한다. 다른 의견을 낸 사람들은 지난 몇십 년 동안 발굴을 통해 얻은 자료를 증거로 삼았다. 그런데 이들은 더 이상 도자기에만 집중하지 않고 무덤과 매장되어 있는 사람, 집, 사원, 도로, 그리고 관개수로를 자세히 관찰했다. 우리는 모체인의 구강 구조를 비교하고 유전자를 분석하는 등의 새로운 방법을 통해 이들이 어떻게 살았고 어떤 역사를 지녔는지 더욱더 입체적이고 생생하게 그려낼 수 있게 되었다.

모체 문화의 유물은 대략 기원전 1세기부터 서기 7세기 사이에 있던 것으로 연대를 추정할 수 있다. 모체 문화는 분명 모체 계곡에서 시작했을 것이다. 500년도까지 모체족은 태평양 연안을 따라 가장 넓게 영토를 확장했다. 이 일은 하나의 통일된 중앙 권력과 군사적 정벌로 이루어지지 않았을 것이다. 최근에 발굴된 무덤을 보면 여러 정치 집단이 기본적인 문화의 바탕을 공유했다는 사실을 알 수 있다. 어쩌면 남쪽은 모체 계곡에서부터 시작된 영토 확장으로 인해 통일되었을지도 모른다. 그러나 통일되었다고 해서 그때까지의 문화가 바로 완전히 사라지지는 않았다. 북쪽에서는 여러 집단이 공물 교환이나 결혼을 통해 관계를 맺은 듯하다. 몇몇 고고학자는 정치적으로 다양한 모체 집단이

모체 문명
와리 문명
티와나쿠 문명
자연과 문명 공간의 경계

멕시코만

타카판
올멕
사카
마야
유카탄반도
마야
촐
렝카
파야
마타갈파
울바
오로티나
보루카
구아이미
수브타이노 타이노
시와요
카리브해
카리브해 지역
카리
대서양

중간 지역

모스키토해안

코아힐로
모릴롤
치브차
이푸레캉
아라우코
카우파
카리티오
캉크라카라
아루로
차이마
팔렝케
와라우
카리브
아라와크
카리
마포요
와이카
마쿠시
아파라이
안데스 북부 지역
콜로라도
히바로
네그로강
(大)아마존 지대
위토토
투카노
자푸라강
마추
아라와크
아루아
투피남바
템베
트레멤베
보라
오마과
아마존강
마데이라강
무라
문두루크
팀비라
제이코
세레테
키에타
카투키나
캄파
이푸리나
카와이브
남비콰라
보로로
아크로아
보로로
카이포
모체 북부 지역
시판
치무
모체
잉카
카랄
모체 남부 지역
친차
마추픽추
잉카
티티카카호
티아우아나코
코야 아이마라
아타카마
디아기타
초로티
치키토
치리쿠아노
음바야
보아구이
구아쿠라
투피남비
과라니
이라차네
브라질 산악 지대와
해안 접경지대
안데스 중앙 지역
태평양
마타라
코메친곤
쿠에란디
와르파
푸엘체
헤트
팜파스
안데스 남부 지역
치키야미
페우엔체
포야
차누
태우엘체
미누안
사후아
푸엘체
마푸체
칠로테
초노
남 태우엘체
알라칼루프
대서양
파타고니아
포클랜드제도
오나
야간
케이프혼(혼곶)
티에라델푸에고

사막
모체 북부 지역
라렌헤강
림바예케
시판
세 데 모로
에케테페케
치카마
모콜로페
엘 브루호
모체
갈린도
세로블랑코
(우아카 데 모체)
비루
치오
모체 남부 지역
팜파 데 로스 잉카
네페냐
카스마
콜레브라스
우아르메이
태평양
안데스 산맥 코르디예라 네그라

0 50 100 150 km

종종 폭력적인 갈등 상황에 빠졌으며, 폭력으로 제압한 상대방을 고문하고, 모독하고, 신에게 제물로 바쳤다고 가정한다. 하지만 이에 대해서는 의견이 분분하다.

서기 500년 이후에 남쪽에 있던 종족은 북쪽에서도 군사적으로 성공적이었다. 이 시기에 제작된 도자기에는 전사의 의미가 중요해졌다. 신에 버금가는 통치자가 가장 위에 오고, 전사 계급이 중요한 지위를 차지하고, 이승과 저승 사이를 연결하는 무속인이 있는 강력한 국가와 비슷한 형태의 집단이 생겨났다. 그런데 이들 모두를 먹여 살린 사람은 누구였을까? 사원과 궁전, 도로, 운하는 '학습된' 노동자들이 얼마 동안 일을 한 뒤 그다음 사람으로 대체되는 방식으로 지어졌음을 암시한다. 어쩌면 노동자들은 국가에 내야 할 세금을 힘든 노역으로 갚았을지도 모른다. 항상 똑같은 벽돌, 비슷한 모양의 도자기, 거의 문법적 규칙에 맞춰 그린 것 같은 그림에는 일정함이 있지만, 개인의 솜씨도 표현할 수 있는 자리도 있던 집약적 노동 구조를 보여준다. 도시 거주지에서 발굴된 고고학적 유물은 도시에 살던 수공업자가 정해진 식량을 배급받았음을 알려준다. 상인과 경작과 목축, 어업으로 식량 생산에 종사했던 계층도 있었다. 꼼꼼하게 잘 짜이고, 수완이 좋은 사회였다는 것을 가늠할 수 있다.

문화 중심지로부터 멀리 떨어진 곳에서 출토된 도자기 유물이 보여주듯이, 지배자 영역 외에서도 이들은 인상 깊은 작품을 만들었다. 거꾸로 고고학자들은 모체족의 무덤과 가옥에서 분명 먼 길을 거쳐 들여왔을 귀중품과 일상용품을 발견했다. 예컨대, 에콰도르 해변에서 온 조개는 매우 중요한 역할을 했다. 놀랍게도 식민 시대 이전에도 남미에서는 멀리 있는 사람과 물자 간 교류가 이미 이루어졌다. 각 집단의 문화도 상호 간에 단호하게 경계를 두고 구분되는 것이 아니라, 서로 겹치거나 섞이고, 어떤 지역에서는 여러 문화가 동시에 나타나기도 했다.

서기 600년경에 모체족은 갑자기 남쪽의 통치 영역을 포기하고 모체 계곡에 있던 우아카 델 솔과 우아카 데 라 루나를 떠났다. 그리고 이곳에서 북쪽으로 150킬로미터 이상 떨어져 있고 해안에서도 50킬로미터 더 가야 하는 곳에

6제곱킬로미터의 새로운 계획도시를 세웠다(옛 중심지는 2~3제곱킬로미터). 웅장한 우아카 포르탈레자(Huaca Fortaleza)가 영혼의 중심으로서 수도 역할을 했다. 이들은 식량을 새로운 형태의 창고에 저장했으며, 동시에 도자기 스타일도 바꾸었다. 문자로 된 기록이 없기 때문에 우리는 이렇게 급격한 단절이 일어난 원인이 무엇인지 확실히 말할 수 없다. 추정하건대, 분명 오랫동안 지속된 가뭄으로 관개용수에 의지하고 있었던 농업이 위기에 처했을 것이다. 그러다 비가 많이 내린 해에는 관개시설이 많은 양의 비를 이겨내지 못하고 어쩌면 파괴되었을 수도 있다. 집단의 사람들은 엘리트층이 완전히 신과의 연결고리를 잃어서 이런 재앙이 일어났다며 이들에게 책임을 떠넘겼을 것이다. 그러고는 다른 신과 지도자를 찾아 그들을 섬겼을 것이다. 우아카 데 라 루나에서는 희생 제물이 되기 전에 상당한 폭력에 노출되었을 것으로 추정되는 75구 이상의 유해가 발견되었다. 이는 어쩌면 모체 집단의 엘리트층이 신의 은총을 다시 얻고자 저지른 절망적 시도였을지도 모른다. 하지만 이런 희생은 아무런 도움도 되지 못했다.

새로운 계획도시는 가뭄에도 계속해서 물을 공급해 주는 람바예케 강 옆에 세워졌다. 오랫동안 압박을 받던 북쪽의 정치적 집단들이 멸망하는 남쪽 국가를 상대로 람바예케 강가에서 새 출발의 기회를 잡았을 수도 있다. 그러나 매우 위험한 여러 지역에서 온 주민들이 모여서 새롭고 친밀한 조직을 이루는 일은 쉽지 않았을 것이다. 더군다나 새로운 중심지에서 엄청난 기후 변화에 대항해야 하는 일도 수월하지 않았다. 어쨌든 모체 문화를 다시 새롭게 정착하게 하는 일은 장기적으로 봤을 때 성공하지 못했다. 끝에는 분명 폭력적인 분쟁이 일어났을 것이다. 이곳에 있던 와리(Wari, Huari)가 오늘날 페루의 남쪽에서 전투적인 대제국을 세우고, 혁신적인 북–모체–공동체의 멸망을 적극적이고 폭력적으로 이끌어냈는지 혹은 단순히 이 멸망으로 이익을 취했는지는 여전히 의견이 분분하다.

모체족의 공동체는 저지대에 제한적으로 자리했다는 점에서 특히, 와리와 매우 늦은 시기에 나타난 잉카와는 달랐다. 이들의 영향력은 해발 500~600

미터 정도에서 이미 그쳤다. 안데스산맥 고지대로 영토를 확장하려 힘쓰지 않았다. 이들의 자원이나 능력으로 영토를 확장하는 일은 큰 무리였을 수도 있다. 하지만 아직도 사람들은 이 경계 지역에서 볼 수 있는 모체족의 업적을 보고 큰 감명을 받는다.

올멕, 마야 그리고 다른 종족

모체족은 중남미 넓은 지역에서 사회 조직을 구성하고, 도시 거주지를 만들고, 문화 유적을 생산했던, 여전히 많은 사람들을 매료시키는 수많은 종족 중 한 집단에 불과하다. 처음에 중앙아메리카에는 올멕인이 멕시코만 근처에 있었다. 대략 멕시코에서 가장 좁은 곳으로 대서양과 태평양의 지협이 있는 곳이다. 기원전 1천 년에서 기원전 500년 사이에 올멕인은 거주지를 세우고 예술 작품을 창작했다. 이 가운데 특히, 거대한 두상(Olmec Head)은 매우 인상적이다. 돌로 만든 두상은 높이가 수 미터에 이르고 무게는 30톤까지 나간다. 얼굴마다 이목구비가 제각각 다르게 생겼고 살아있는 인상조차 준다. 올멕인이 만든 작은 석상들은 멕시코에서 먼 남쪽으로 오늘날의 코스타리카에서도 발견되었다. 이것으로 이 지역에 왕조가 존재했다고 말할 수 있을지 아니면 단순히 중심지 밖으로까지 무역망이 연결되어 있었다고 보아야 할지는 분명하지 않다. 게다가 올멕에 문자와 연대 표기법이 있었다는 흔적도 찾아볼 수 있다. 하지만 이런 흔적이 실제로 올멕 문명에서 기인했는지 아니면 좀 더 나중에 생긴 것인지는 확실하지 않다.

중미에서 올멕인 이후에 이들에 견줄 만한 뛰어난 집단은 나오지 않았다. 멕시코 중부와 남부 지역 및 오늘날의 과테말라에서 기원전 500년과 서기 1천 년 사이에 중미에 도시를 형성했던 문명의 가장 뚜렷한 흔적을 찾아볼 수 있다. 이들은 분명 올멕인과 문화적으로 서로 영향을 주고받았을 것이다. 하지만 이들 가운데 올멕인의 직접적인 후계자라고 단정 지을 수 있는 집단은 없었다. 이들은 모체족이 그랬던 것처럼 정성을 다해 문화적·종교적 중심지를 짓고, 그다음에는 마찬가지로 다시 버렸다. 모체족과 비슷하게 이들의 문화적 특색을 묘사하는 일은 집단의 발전과 때로는 재앙 수준으로 무너져버린 붕괴 과정을 쓰는 일보다 훨씬 더 쉽다. 이 문명에서 가장 잘 알려진 종족은 바로 서기 300~900년까지 존재했던 고대 마야족(Maya)이다. 이 기간은 스페인이 정복하기 전 중앙아메리카의 역사를 세 단계로 구분했을 때 중간 단계에 속한다. 마야 왕조 역사의 무대는 유카탄반도(Yucatan Pen.)로 오늘날 멕시코, 벨리즈(Belize) 그리고 과테말라에 속한 지역이다.

서기 300년부터 유카탄에는 계획에 따라 세운 도읍지가 있는 영주령이 있었다. 통치자 숭배와 계층 사회를 암시하는 내용이 그림과 비문에도 나타나 있다. 마야족은 음절 기호와 그림 기호를 조합한 효율적인 문자를 개발했다. 이들은 돌에만 글을 새긴 것이 아니라, 종이, 헝겊이나 가죽에도 글자를 썼다. 얼마나 많은 사람이 마야어를 읽거나 쓸 수 있었는지는 알 수 없다. 스페인 군대가 점령한 뒤에 마야의 지식은 잊혔다. 약 150년 전부터 문자에 대한 연구가 힘들게 다시 진행되고 있다. 하지만 마야 문자가 변형되어 통용되고, 서로 관련된 몇몇 마야어를 기록한 수백 개의 기호만 존재하기 때문에 마야어를 해석하는 작업은 결코 쉽지 않다. 아직도 문자의 10퍼센트는 확실하게 풀리지 않았다.

6세기에 닥친 힘든 위기가 지난 후에 마야 사회는 600년부터 새로운 전성기를 맞았다. 인공 관개용수 체계를 통해 좀 더 효과적으로 이루어진 농업 활동이 전성기의 발판이 되었다. 농업의 발전으로 더 많은 도시 주민을 먹여 살릴 수 있었기 때문이다. 도시에는 경제와 정치·종교를 담당하는 관청이 있었다. 종교와 정치적으로 지도자 위치에 있던 사람은 귀족 계층에 속했다. 650~850년 사이에는 마야 지역을 분할하는 지역 중심지가 점차 형성되었다. 그 이후에 도시에서는 차례로 기념물과 비문 세우는 일을 그만두었고, 왕정 제도에 대한 증거는 사라져버렸다. 색채가 들어간 도자기도 더는 생산하지 않았다. 무슨 일이 있었던 것일까? 전쟁으로 폭력이 점차 늘면서 사람들이 멕시코 중심에서 다른 지역으로 이주했기 때문이라고 추정된다. 어쩌면 이로 인해 도시에서의 삶을 가능하게 했던 무역망도 파괴되었을 수 있다.

에콰도르에서 칠레에 이르는 남아메리카 서쪽에도 중앙아메리카에서처럼 선진 문명의 역사가 있었다. 모체는 그중 초기의 역사를 형성했다. 남아메리카의 역사는 중앙아메리카보다 좀 더 복잡하다. 지역이 더 넓고 지리와 기후에서 더욱 뚜렷한 차이가 나타났기 때문이다. 티티카카호(Titicaca L.) 주변의 해발 4천 미터 위에서는 일찍이 농경작이 이루어졌고, 조금 더 높고 넓은 지대에서는 가축을 키웠다. 밭을 경작하고 가축을 기르는 일은 낮은 지대에서도 행해졌다. 지리적으로 봤을 때 토양 종류가 매우 다양하고, 기후적으로는 적도까지의 거리가 천차만별이었다. 또한, 저지대는 다양한 해류의 영향을 받는 등 농업과 목축업을 하기에 매우 다양한 조건을 갖추었다. 이런 특색을 고려하며 모체족은 무역과 친인척 맺기 혹은 군사적 정벌을 통해 여러 가지 농업 지역의 수확물을 한 곳에 모으는 전략을 펼쳤다. 이와 비슷한 일이 안데스고원에서도 일어났다. 저지대와 고지대 사이에서 문화, 경제, 정치 분야의 차이점이 그리 뚜렷이 보이지 않는 이유도 바로 이 때문이다. 최신의 연구는 안데스산맥의 오른편에 자리한 아마존 지역에 있던 문명의 적극적인 역할을 강조한다. 이곳에서 도자기를 만들기 시작했는데, 안데스고원 지대의 예술과 그림 주제는 아마존 저지대에 있던 선구자에게서 영향을 받은 듯하다.

마야인을 제외하고 올멕인에서 모체인까지 이르는 중남미 종족 대부분은 아예 문자가 없거나, 있더라도 표현하는 데 매우 제한적인 체계 수준이었다. 그런데도 이들 종족은 문화적으로나 기술적인 측면에서 뛰어난 능력을 발휘했고 창작 활동을 활발하게 펼쳤다. 또한, 문자 없이도 대형 건축물이나 관개수로 시설, 지역을 초월하는 사회 제도와 같은 복잡한 문제를 해결할 수 있었다. 모체인, 마야인, 올멕인은 오랫동안 표준으로 삼았던 유럽식 모델과는 동떨어진 다른 인간도 존재한다는 가능성을 보여준다. 아메리카인은 시베리아와 베링해협, 알래스카를 넘어 이주한 이후로 1만 년 이상을 유라시아에서 분리되어 살아오며 완전히 독자적인 길을 갔다. 서기 1500년 이전에는 다소 촘촘히 엮인 수없이 많은 작은 세계로 이루어진 두 개의 커다란 세계가 나란히 존재했다. 1500년 이후에 이들은 아메리카 세계의 대도시에서 격렬하게 충돌했다.

10장: 테노치티틀란과 쿠스코

1500년도 이후: 두 개의 메트로폴리스와 그 종말

테노치티틀란(Tenochtitlan)과 쿠스코(Cuzco, Cusco)는 올멕과 마야, 모체 이후에 수백 년 동안 한편에서는 남아메리카를, 또 다른 한편에서는 남아메리카의 서쪽 지역을 지배했던 두 대제국의 수도였다. 아즈텍(Aztec) 왕국의 수도였던 테노치티틀란은 오늘날 멕시코시티의 주택 아래 묻혀있다. 잉카의 수도였던 쿠스코는 페루 지역 안데스산맥의 해발 3천 미터보다 더 높은 곳에 아직 존재하며, 인구는 35만 명에 달한다. 오늘날 쿠스코의 많은 집에는 잉카 시대 때 세운 담들이 아직 그대로다. 이 담들은 모르타르나 다른 접착제를 쓰지 않고도 틈새 없이 딱 들어맞게 지어져서 스페인 사람들의 공격과 여러 차례의 지진에도 끄떡없이 견디었다.

최초의 유럽인은 중남미의 대도시에 발을 들여놓았을 때 그 광경에 압도되었다. 1325년경에 세워진 테노치티틀란의 인구수는 1520년경에 20만 명 혹은 30만 명에 가까웠다. 도시는 텍스코코호(Lago de Texcoco) 위의 여러 섬에 지어졌다. 섬과 섬 사이는 제방으로 서로 연결되었고, 본토와도 이어졌다. 콘키스

타도레스(Conquistador, 16세기 초 멕시코나 페루를 점령한 스페인 정복자) 중 한 명인 베르날 디아스델카스티요(Bernal Diaz del Castillo, 1492?~1581?)는 자기가 받은 강한 인상을 다음과 같이 묘사했다.

"우리는 이 마법의 왕국에 그저 깜짝 놀랄 뿐이었다. 높고 기세등등하며 탄탄하게 쌓아 올린 돌로 된 탑과 사원, 집들이 물 위에 떠 있었다. 우리 부대원 중 몇몇은 모든 것이 환영에 지나지 않는다고 말했다…. 궁전에는 꽃이 만개한 나무와 장미 넝쿨, 꽃밭으로 화려하게 꾸며진 정원이 딸려 있으며, 과실수와 운하를 통해 호수와 연결된 연못도 있었다. 여기저기 호수에는 새들이 둥둥 떠 있고… 실로 우리 시대 이전에 이보다 더 아름다운 나라를 발견한 적은 없다고 생각한다."

잉카의 수도였던 쿠스코는 테노치티틀란보다 더 오래된 도시였다. 그러나 1440년 이후에 잉카의 한 통치자가 밑바닥부터 완전히 새롭게 정비하였다. 쿠스코 역시 새롭게 성장하는 대제국에 어울리게 세워졌다. 성 아우구스티노 수도회의 수도사였던 셀소 가르기아는 최초의 유럽인들과 함께 쿠스코에 도착했을 때 놀라움으로 가득 찬 눈빛이었다.

"거의 모든 건물이 다 돌로 지어졌고, 도로는 규칙적으로 나 있었다. 어디를 둘러보아도 풍요롭고 호화로워 보였다. 주민의 수는 나중에 들은 바로는 20만 명이며, 도시 외곽에도 이 정도 수준의 사람이 더 살고 있었다. 궁전 역시 감탄을 자아내는 모습이었다. 궁전들은 여러 가지 색으로 채색되어 있고, 진정한 예술가들은 궁전 문의 겉면을 대리석으로 치장했다. 이곳 원주민들이 돌을 다루는 솜씨는 우리를 뛰어넘는다고 인정할 수밖에 없다…. 광장에서는 왕국의 주요 국도로 이어지는 네 개의 주요 도로가 뻗어 나갔다. 광장 바닥은 고운 조약돌로 덮여있었다. 강은 도시 한복판을 가로질러 흐르고, 강가에는 판석이 깔려있었다. 강 위로는 최소 12개의 다리가 놓여 있었다. 이 다리들은 수양버들 덩굴을 꼬아서 만든 것이 아닌 돌다리였다."

이 두 메트로폴리스는 통치자와 그 수호신의 의지를 표현하는 분명한 계획에 따라 조성되었다. 테노치티틀란의 중심에는 전쟁의 신, 우이칠로포치틀리(Huitzilopochtli)의 사원이 있었다. 아즈텍족은 우이칠로포치틀리가 종족의 발전에 동행하며 성장을 장려했다고 믿었다. 그러나 우이칠로포치틀리는 위험한 신이었다. 아즈텍족은 우이칠로포치틀리의 비위를 맞추기 위해 계속해서 사람을 희생 제물로 바쳐야 했다. 이승과 저승을 주관하는 신들에 대한 두려움은 아즈텍족의 종교에서 큰 역할을 했다. 몇몇 전쟁은 우이칠로포치틀리를 위해 새로운 희생자를 얻고자 일어나기도 했다. 그런데 전쟁을 통해 얻은 모든 새로운 신하가 아즈텍족을 좋아한 것만은 아니었다.

크기 면에서 비교가 되지 않을 정도로 훨씬 큰 잉카 제국에서 감탄을 자아내는 것은 건축과 수도 쿠스코의 풍요로움만이 아니었다. 도로와 우편 제도, 정비된 행정관리, 노동의 의무, 쿠스코를 지나가는 군대나 흉작으로 인한 기근에 대비해 식량을 저장해둔 창고 등의 산업 기반 시설은 잉카의 놀라운 업적으로 꼽힌다. 잉카 제국은 1440년 이후에 사실상 중요한 위치로 등극했다. 잉카는 아즈텍 왕국보다 출발은 늦었지만, 더 빠른 기간 내에 더욱더 크게 성장했다. 1520년대에 잉카 제국은 북쪽으로는 오늘날의 콜롬비아와 에콰도르의 경계에서부터 칠레 남부에까지 걸쳐 확장되었다. 이것으로 안데스 지대와 앞에 놓인 태평양 저지대에 이르는 곳이 모두 잉카의 고도 문화 영역에 포함되었다.

1520년대 초와 1530년대에 스페인 군대는 테노치티틀란과 쿠스코를 정복하고 약탈하였다. 그 당시 아즈텍족과 이들에게 지배받던 남미의 다른 집단 간에, 또 남미에서 잉카의 왕위를 차지하려는 여러 종족 간에는 분열이 일었다. 덕분에 스페인의 정복자는 테노치티틀란과 쿠스코를 정복할 때 유리한 입장에 설 수 있었다. 인디오의 아군과 함께 스페인 사령관 에르난 코르테스(Hernan Cortes, 1485~1547)는 테노치티틀란으로, 프란시스코 피사로(Francisco Pizarro, 1475?~1541)는 쿠스코로 가서 직접 상대의 권력 핵심부를 공격했다. 이 둘은 모두 승리를 거두었다. 그것도 아주 큰 승리였다. 인디오 군대와 연합을 이룬 규모가 작은 스페인 부대는 아즈텍 왕국과 잉카 제국을 재빨리 전국적으로 무찔렀다. 두 집단의 통치자는 죽임을 당했으며, 수도는 파괴되었고, 금과 은은 빼앗겨 녹여졌다. 정복자는 그 외에 값비싼 것을 자신의 집에서 쓰거나 스페인으로 가져갔다.

수도와 달리 지방과 지역 행정관리 조직 및 사회기반시설은 무사히 유지되었다. 스페인 정복자는 말하자면, 국가를 점유하고, 부를 갈취하고, 인디오들을 자신들의 일꾼으로 부렸다. 수백 년이 지난 후에도 여전히 잉카와 아즈텍 왕국이 지배했던 곳의 경계를 알아볼 수 있다. 즉, 잉카와 아즈텍 왕국이 지배하던 곳에서는 스페인 사람들 역시 잘 지낼 수 있었다. 그러나 구 왕국의 경계

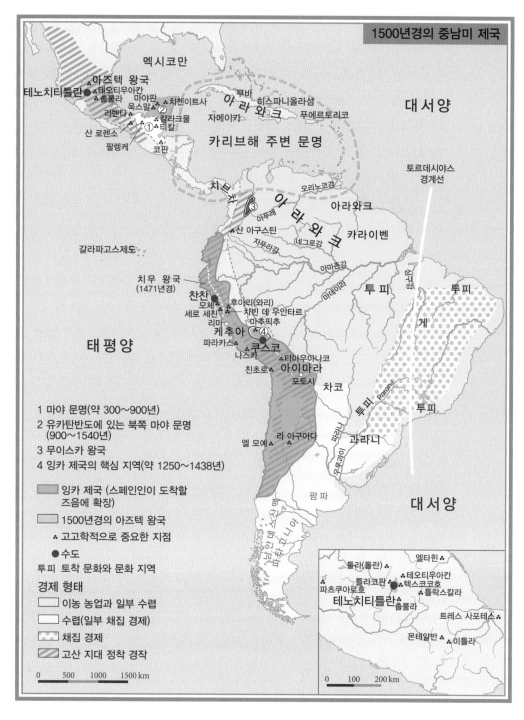

1500년경의 중남미 제국

멕시코만

아즈텍 왕국
테노치티틀란 ● 테오티우아칸
촐룰라   마야판   치첸이트사   쿠바   히스파니올라섬
욱스말   아라와크
라벤타   ②
①   칼라크물   자메이카   푸에르토리코
산 로렌소   티칼
팔렝케   코판   카리브해 주변 문명

치브차

대서양

토르데시야스
경계선

오리노코강
③   아라와크
아푸레   아라와크
산 아구스틴
네그로강   카라이벤
자푸라강
아마존강

갈라파고스제도

마데이라

투피

투피

게

치무 왕국
(1471년경)
찬찬   후아리(와리)
모체   차빈 데 우안타르
세로 세친   마추픽추
리마   케추아   ④
파라카스   쿠스코
나스카   티아우아나코
친초로   아이마라
포토시   차코

투피

과라니

태평양

대서양

엘 모예   라 아구아다

팜파

1 마야 문명(약 300~900년)
2 유카탄반도에 있는 북쪽 마야 문명
  (900~1540년)
3 무이스카 왕국
4 잉카 제국의 핵심 지역(약 1250~1438년)

▨ 잉카 제국 (스페인인이 도착할
   즈음에 확장)
▢ 1500년경의 아즈텍 왕국
⚬ 고고학적으로 중요한 지점
● 수도
투피 토착 문화와 문화 지역

경제 형태
▢ 이농 농업과 일부 수렵
▢ 수렵(일부 채집 경제)
▨ 채집 경제
▨ 고산 지대 정착 경작

0   500   1000   1500 km

테노치티틀란

엘타힌
툴라(톨란)   테오티우아칸
틀라코판   텍스코코호
파추쿠아모호   틀락스칼라
촐룰라
트레스 사포테스
몬테알반   미틀라

0   100   200 km

밖 지역을 다스리는 일은 수월하지 않았다. 스페인 정복자는 대부분 이곳에서 추장이 있는 부락이나 여전히 사냥과 채집으로 살고 있는 집단과 마주쳤는데, 이들은 흩어졌다가 다시 오곤 했기 때문에 군사를 동원해도 감당할 수 없었다. 이곳 사람들은 스페인의 문명이 가져다줄 혜택에는 관심조차 없었다. 거꾸로 이 지역에서 생활하는 스페인 사람도 마찬가지로 많은 부를 챙기지는 못했다. 19세기까지도 구 왕국의 경계 밖에 있는 스페인 지배자는 실제로 아무 의미가 없는 유명무실한 자가 대부분이었다.

　　그런데 스페인은 어떻게 이처럼 훌륭하게 조직되고, 위대한 건축 업적을 남기고, 전쟁으로 통치 영역을 더욱더 확장하고 안정시켰던 왕국을 상대로 승리할 수 있었을까? 이들에게 있었던 머스킷(musket, 소총)과 대포 때문만은 결코 아닐 것이다. 인디오들은 처음에만 두 무기에 놀랐을 뿐 유럽인이 총포에 탄환을 다시 장전하는 데 시간이 꽤 오래 걸린다는 사실을 알아차렸다. 유럽인의 기술적 장점은 오히려 인디오가 소유한 무기보다 훨씬 효과적으로 사람을 죽일 수 있는 무기, 즉 철로 만든 칼과 끝에 쇠가 장착된 창이었다. 유럽인은 대서양을 오가는 배로 먼 거리의 사람과 재료를 운반할 수 있었다. 더욱 중요한 것은 말이었다. 말을 본 인디오들은 분명 한니발이 천 년 전에 코끼리를 타고 로마를 공격했을 때 사람들이 느낀 것과 유사한 인상을 받았을 것이다. 차이점이라면 아즈텍족은 말이라는 동물이 존재한다는 사실을 아예 몰랐다는 점이다. 말은 완전히 새로운 크기와 속도, 행동반경, 파괴력으로 군사를 거인으로 만들었다. 그 외 승리의 바탕으로 병균을 꼽을 수 있다. 테노치티틀란이 정복당할 당시에 도시에는 천연두라는 전염병이 퍼져 많은 희생자를 냈다.

　　기술과 생물학이 유럽인에게 승리를 가져다주긴 했지만, 이것이 실질적으로 아메리카인에게 갑작스럽고 완전한 재앙을 불러온 것은 아니었다. 재앙은 오해와 잘못된 해석에서 기인한 결과였다. 아즈텍 왕국의 황제였던 몬테수마(Montezuma, 1390?~1464)가 유럽인을 케찰코아틀(Quetzalcoatl) 신이 보낸 사절단이라고 믿었던 것이 문제는 아니었다. 물론 아즈텍족의 눈에 유럽인은 외계인처럼 보였을 것이다. 이상한 옷으로 온몸을 감싸고, 피부가 허옇고, 수염이 잔

뚝 났으며, 낯선 말을 하고, 배와 머스킷 총, 대포, 말을 대동했으니 말이다. 하지만 아즈텍족과 및 잉카인은 신이 세상에 나타날 것을 예상했고, 신과 전쟁을 벌이는 것도 삶의 일부라고 여겼다. 더욱더 심각한 문제는 아메리카인의 관점에서 봤을 때 유럽인이 어떤 규칙도 지키지 않는다는 점이었다. 이들은 손님 대접을 하며 준 선물에 만족하지 못했고, 손님으로 갖추어야 할 자격에 주의하지 않았다. 이들은 합의한 것을 지키지 않았고, 왕이 손댈 수 없는 존재라는 사실에 연연하지 않았다. 그러나 유럽인들이 살인적이며 단지 포획물에만 눈이 먼 고도로 발달한 야만인이라는 사실을 아즈텍족과 잉카인이 깨달았을 때는 이미 너무 늦어버렸다. 1600년경에야 비로소 페루 고산 지대 출신의 인디오 작가인 포마 데 아얄라(Felipe Guaman Poma de Ayala)가 쓴 연대기를 보면 다음과 같은 문구가 나온다.

> "돈 프란시스코 피사로와 돈 디에고 데 알마르고 그리고 다른 군인들이 숨겨져 있던 금, 은, 장신구, 보석과 같은 값나가는 물건을 모두 찾아내어 스페인의 왕과 교황에게 보냈다…. 그리고 이들은 모두 스페인과 카스티야에 있는 집과 아내, 아이, 친척에게도 재물을 보냈다. 많은 목사와 스페인 사람, 여자와 상인이 탐욕에 눈이 멀어 배를 타고 페루로 몰려왔다…. 처음에는 160명의 스페인 사람과 한 명의 콩고인이 왔는데, 여기에 이제는 스페인 사람과 상인, 무역상, 소매상, 까만 피부색의 사람 등 많은 이가 왔다. 페루 구석구석에는 스페인 사람들로 북적였고, 두 명에 한 명, 혹은 각자 한 명꼴로 인디오를 하인으로 부렸다. 인디오가 큰 고통을 받는데도 자기들의 이익과 살림에 도움이 될 것을 찾아다녔으며, 인디오에게서 금과 은을 요구하고 옷과 식량을 빼앗았다. 예전에는 본 적이 없는 낯선 사람들을 본 인디오는 기겁을 하고 숨거나 기독교인들에게서 도망쳤다."

포마 데 아얄라는 금을 가지려는 욕심, 물욕, 무분별함을 생생하게 묘사했다. 이 글은 스페인의 승리를 설명한 것 중 일부에 지나지 않는다. 스페인인은 올바른 종교를 전파해야 한다고 확신하고 전장으로 갔다. 신이 자신들과 함께하고, 적은 신을 믿지 않는 미개인이라고 확신했다. 신에게 사람을 희생 제물로 바치다니! 스페인 사람은 적의 제례 의식과 규칙을 알지 못했고 알려고도하지 않았다. 행운을 찾아 부자가 되려고 아메리카의 미지로 온 사람들이 대부분이었기 때문이다. 수적으로 밀리다 보니 스페인 사람들은 위치가 유리해질 기회라면 무엇이든 이용했다. 코르테스나 피사로는 어리석은 학살자가 아니었다. 전쟁 초기에 이들은 상대방의 강점과 약점을 연구했다. 그리고 인디오 가운데 자기와 함께할 파트너를 찾았다. 이들이 극악무도하게 행동한 것은 사실이지만, 전략적으로는 수완이 좋았다.

대서양을 건너다

테노치티틀란과 쿠스코에서는 그 당시까지 서로 알지 못했던 문화와 정서, 군대가 충돌했다. 이는 스페인이 대서양을 건너온 결과였다. 대서양은 서쪽(유럽인의 관점에서) 및 동쪽(아메리카인의 관점에서)의 끝이라는 생각에 종말이 왔다. 대서양에는 이제 경계와 형태, 역사가 생겼다. 잉카인에게 대서양은 굉장히 멀리 떨어져 있었고, 이들은 태평양에도 그다지 관심이 없었다. 이들 권력의 중심은 저지대를 통치하고 있었음에도 안데스산맥의 고지대에서 나왔다. 아즈텍족은 해안을 좀 더 잘 아는 편이었고 생선도 먹었다. 하지만 이들은 예로, 카리브해의 섬을 정벌하기 위해 바다를 넘어 영토를 확장하겠다는 생각은 상상조차 하지 않았다. 카리브해의 섬에는 섬 밖에서 일어나는 일에 아무 관심이 없는 추장이 이끄는 부족이 있었다. 오늘날의 콜롬비아에서 아르헨티나까지 이르는 남미 대서양의 이웃 나라 사람 중 일부는 추장이 있는 부락에 살고 일부는 사냥과 채집으로 살았는데, 이들도 마찬가지로 배로 망망대해를 건널 생각은 하지 않았다. 중남미에 살던 사람 중 누구도 드넓은 바다 건너 다른 쪽에 사람이 살 거라고는 예상하지 않았다.

유라시아에 있는 나라가 오랜 기간 남미 종족보다 대서양에 훨씬 많은 관심이 있었다고도 볼 수 없다. 태평양이 중국 사람에게 세상의 끝이었던 것과 마찬가지로, 사무드라굽타와 당나라의 태종과 현종, 칭기즈 칸 혹은 콘스탄티누스 대제의 시대에 대서양은 유럽인들에게 세상의 끝을 의미했다. 유라시아 세계에서의 의사소통, 무역, 정복은 강과 지중해, 인도양, 남·북중국해를 통해 이루어졌다. 아시아 내륙의 초원 지대와 사막도 중요한 역할을 했다. 하지만 대서양이나 태평양은 그렇지 않았다. 유럽에서 중세 후기라고 불리던 시기에 지구는 공처럼 생겼을 것이라는 가정이 자리 잡긴 했다. 따라서 중국과 서유럽은 동일한 대양의 끝에 놓여 있어야만 했다. 하지만 이런 추측은 실제로 어떤 증거도 없는 인식에 그쳤다. 이 대양이 광대하다는 것은 명백한 사실이었다. 그 당시에 이런 바다를 건너는 일은 오늘날 화성 탐사보다 훨씬 더 대담무쌍한 모험이었다. 무엇이 좋다고 어떤 사람이 이런 위험을 무릅쓰려고 했을까?

　그런데 1453년 오스만 제국의 사람들이 콘스탄티노플을 정복한 후, 지중해 지역 기독교인 사이에서 이런 모험에 도전해 보려는 마음이 점점 커졌다. 콘스탄티노플 정복은 세계 역사의 한 장을 기록할 사건이었다. 앞서 7장 ‘비잔티움’ 편에서 살펴봤듯이 콘스탄티노플은 이 사건으로 이미 수백 년 전부터 세계적으로 강력했던 권력을 잃었다. 그렇지만 도시는 이슬람에 대항한 보루로 간주되었다. 이런 도시가 함락되자 매우 큰 반향이 일었다. 오스만 제국의 사람들과 더불어 이슬람의 팽창력은 저항에 부딪혔다. 이슬람이 중부 유럽으로 퍼지는 일은 적어도 상상할 수 있었다. 유럽은 세계에서 유일하게 기독교가 우세한 지역이었는데, 이 피신처마저 위험에 빠진 듯했다. 1529년에 오스만 군대는 황제의 수도인 빈에 진지를 구축했다. 밀려오는 ‘투르크 공포’는 유럽의 화젯거리가 되었다. 그 외에도 이제는 돈벌이가 되는 인도 무역까지 무슬림이 통제했다.

　이슬람은 지중해 동쪽 지역과 인도까지 이르는 아시아 내륙에서는 확장되었으나, 유럽의 서쪽에서는 완전히 후퇴 중이었다. 이베리아반도는 이슬람의 기마병대가 연이어 큰 승리를 거둠으로써 8세기에 결국 이슬람화하고 말았다.

그러나 10세기부터 기독교도는 먼 북쪽에서부터 점차 다시 주도권을 쥐게 되었고, 분열되었다가 다시 통일된 여러 제국에서 기독교를 조직했다. 15세기에 포르투갈은 반도의 나머지 지역과 지속적으로 분리되었다. 그런데 면적이나 인구수가 포르투갈보다 훨씬 더 큰 이 나머지 부분이 하나의 왕국으로 합쳐졌다. 여러 경쟁 상대를 여전히 군사적으로 억제해야 하긴 했지만, 훗날 카스티야 왕국(Reino de Castilla)의 여왕인 이사벨(Isabel, 1451~1504)과 훗날 아라곤 왕국의 왕인 페르난도(Fernando, 1452~1516)의 결혼은 1469년에 이 통일을 더욱 확고히 했다.

　이사벨과 페르난도는 스페인을 가톨릭화하는 일을 공동 프로젝트로 정했다. 콘스탄티노플의 운명과 유럽에 퍼진 투르크족을 향한 공포심을 고려하면 이런 상황이 이해된다. 그런데 이 프로젝트의 첫 번째 희생자는 엉뚱하게 유대인이었다. 독실한 유대인이었다가 공식적으로 기독교로 개종한 콘베르소(conversos)는 새로 열린 종교 재판에서 조사를 받았다. 1492년에 내려진 훈령은 스페인에 사는 모든 유대인에게 가톨릭으로 개종하든지 아니면 이민을 떠날 것을 선택하도록 강요했다. 이에 따라 20만 명이 넘는 유대인이 이후에 나라를 떠난 것으로 추정된다. 같은 해 스페인에 있는 무슬림의 마지막 요새인 그라나다(Granada)가 함락되었다. 카스티야와 아라곤의 통일 왕국은 (어쨌든 대외적으로는) 이제 완전한 가톨릭 국가가 되었다. 페르난도와 이사벨은 1496년에 교황 알렉산더 4세가 수여한 '가톨릭의 왕'이라는 칭호를 받기 충분했다. 가톨릭화와 함께 통치와 행정의 개혁이 시작되었는데, 이런 개혁의 목적은 지방과 귀족, 성직자에 맞서 왕정의 권력을 강화하는 것이었다.

　스페인의 가톨릭화가 점차 이루어져 가는 동안 이미 안정화된 작은 포르투갈은 다른 방법으로 가톨릭교의 재성장에 심혈을 기울였다. 포르투갈의 배는 아프리카 해안을 따라 점점 더 멀리 남쪽으로 나아갔다. 이들은 아프리카 대륙을 한 바퀴 돌려고 했다. 마찬가지로 콘스탄티노플 사례에 대한 반응으로서 뒷문을 통해 기독교를 지중해의 동쪽과 남쪽에서 강화하고 인도와의 무역을 새롭게 소생시키려는 목적이었다. 상당히 모험에 가까워 보이는 계획이었다. 그런데 그 당시 유럽인 중 누구도 아프리카 대륙의 남쪽으로 얼마나 가야 다른 쪽으로 갈 수 있는지 몰랐다는 사실을 고려해야 한다.

포르투갈인은 계속해서 탐험을 위해 새로운 배를 띄웠다. 배에는 지중해 전 지역에서 모인 선원과 선장, 전문가가 타고 있었고, 종종 제노바나 베네치아 출신도 있었다. 이런 사업을 오늘날에는 '민관 합작'이라고 부를 것이다. 민간인은 노하우와 어쩌면 자본까지 공급했고, 왕은 통행증(위험한 상황에서 도움이 되거나 아니면 도움이 안 되는)과 아마도 배나 운항에 필요한 자금을 대주었으며, 일에 성공하면 포상이나 이익 분배를 제시했다. 구체적인 조건은 매번 각각 새로 협의해서 정했다. 지중해 전 지역에서 온 뱃사람과 전문가를 태운 '포르투갈' 국적 배는 아조레스제도(Azores Is.)와 마데이라섬(Madeira)을 발견했고, 1444년에는 카보베르데(Cabo Verde, Cape Verde)를 찾았다. 이로써 아프리카 노예무역이 시작되었다. 노예들은 발견된 뒤에 곧바로 수익을 가져다줘야 하는, 마데이라섬에 새롭게 생긴 사탕수수 농장에서 중노동에 시달렸다. 싸고 항상 대체할 수 있는 노동력으로 얻은 설탕은 유럽에서 큰 이익을 남기고 팔렸다. 마데이라에서 검증된 사업 모델은 곧바로 카리브해 섬과 브라질에서도 더욱 큰 규모로 실행되어야 했다. 1483년에 포르투갈의 배는 콩고강 어귀에 이르렀고, 1488년에 마침내 오늘날의 남아프리카공화국의 케이프타운 앞에 놓인 희망봉에 도달했다. 아프리카의 남쪽 끄트머리에 도착한 것이었다. 10년이 지난 뒤에 포르투갈의 바스쿠 다가마(Vasco da Gama, 1469?~1524) 선장은 리스본에서 희망봉과 동아프리카 연안을 거쳐 서인도의 캘리컷(Calicut, 오늘날의 코지코드, Kozhikode)에 닻을 내렸다. 1499년에 바스쿠 다가마가 승리를 이루고 리스본으로 돌아왔을 때 인도로 가는 해로를 발견해 바로 실제로 가 보았다. 몇 년 뒤에 포르투갈과 아라비아 그리고 인도의 배가 아라비아해에서의 무역권을 놓고 격렬한 갈등을 빚었다. 포르투갈은 월등한 성능의 대포를 배에 싣고 항해를 강행했다. 그때부터 포르투갈이 인도양에서의 원거리 무역에서 주도권을 잡고 큰돈을 벌었다.

콜럼버스의 착각

포르투갈이 아프리카 대륙을 돌고 있을 때 이사벨과 페르난도는 스페인을 가톨릭화하는 데 심혈을 기울였다. 그라나다에서 최종적으로 무슬림이 패배했을 때에야 비로소 가톨릭의 왕과 왕비는 대서양과 인도와의 무역에 신경 쓸 여유가 생겼다. 그러나 이미 앞서간 포르투갈과 진정한 경쟁을 할 수는 없을 정도였다. 1454년 교황은 아프리카에 대한 우선권이 포르투갈에 있다는 것을 인정했다. 이런 상황에서 '가톨릭의 왕'은 몇 년 전부터 마드리드와 리스본에 있던 제노바 사람 크리스토퍼 콜럼버스(Christopher Columbus, 1451?~1506)를 기억해냈다. 콜럼버스는 인도로 가기 위해 굳이 힘들게 남쪽으로 돌아가지 말고 직접 서쪽으로 가면 된다고 주장하고 다녔다. 지구는 둥글고 생각보다 작다. 카나리아제도(Islas Canarias, Canary Islands)에서 중국 앞의 지팡구(ジパング, 일본) 섬까지 잘해야 6천 킬로미터밖에 되지 않기 때문에 이곳에서부터 인도로 가면 된다는 의견이었다. 리스본에 있던 사람들은 콜럼버스가 측정한 거리를 믿을 수 없어 그의 계획을 거절했다. 인도는 말할 것도 없이 중국은 그의 예상보다 훨씬 먼 곳이었다. 배로 가기에는 너무나 멀리 떨어져 있었다. 그런데 스페인의 왕과 왕비는 당시 콜럼버스의 말을 그대로 믿었다. 어쩌면 자기 나라에 성공을 가져다줄 것이라는 생각에 경솔해졌는지도 모르겠다. 어쩌면 포르투갈이 선위를 지키고 있었기에 이런 전혀 믿을 수 없는 생각이라도 기대야 할 만큼 절망적이었을 수도 있다. 콜럼버스는 그 당시 통례였던 민간 합작 협의 계약 아래 배 세 척을 받았다. 그리고 인도나 다른 어떤 영토든 발견하여 무역 교류를 성사시키면 엄청난 보상을 받기로 약속했다. 페르난도와 이사벨은 자기네가 한 약속을 설마 정말로 이행하게 되리라고는 전혀 예상하지 않았다.

말할 것도 없이 당연히 포르투갈인들이 옳았다. 콜럼버스는 거리를 끔찍할 정도로 틀리게 측정했다. 넓은 바다를 지나 일본이나 중국, 그다음에 인도에 도달하기란 완전히 불가능했다. 그런데 도중에 알려지지 않은 나라가 존재했으니, 콜럼버스와 스페인 왕과 왕비에게는 너무나 행운이었다. 성경에도 나오지 않고, 어떤 해양학 관련 논문에도 등장한 적이 없는 나라였다. 그래서 유럽인들은 자신 앞에 놓인 완전히 새로운 나라가 하나의 커다란 대륙 전체라는 사실을 이해하기까지 몇십 년이 걸렸다. 유럽인들은 기존에 있던 표본으로 오랫동안 연구했다. 스페인 사람들은 콜럼버스가 마주한 사람이 당연히 중국인이 아니라는 것을 즉시 알아차렸다. 콜럼버스가 만난 이들은 인도 아대륙의 어떤 섬이나 혹은 대륙 앞에 떠 있는 섬에 사는 인도인임이 틀림없었다. 즉, 또 다른 마데이라나 카보베르데와 같은 섬 말이다. 콜럼버스는 아메리카로 네 차례나 갔으며, 1506년 사망할 때까지 인도에 속하는 나라를 발견했다고 믿었다 (혹은 최소한 그렇다고 주장했다). 그래서 아직도 아메리카의 토착민을 인디오(Indio) 혹은 인디언(Indian)이라고 부르기도 한다. 카리브해의 섬은 서인도(영어로는 오늘날까지 West Indies라고 함)라고 불린다. 섬을 유럽에서 봤을 때 서쪽 경로를 지나 도달할 수 있는 인도의 일부라고 믿었기 때문이다. 인도 자체는 동인도(East Indies)라고 불렸다.

콜럼버스가 인도를 발견했다는 첫 번째 소식이 들린 후, 1494년에 스페인과 포르투갈은 각자 통치 영역의 분계선을 정하는 토르데시야스 조약(Treaty of Tordesillas)에 서명하였다. 서경 46도를 기준으로 오른쪽은 포르투갈이, 서쪽은 스페인이 다스리기로 했다. 이를 통해 포르투갈은 아프리카와 인도양에서 지배권을 갖게 되었고, 스페인은 서인도를 확보했다. 그리하여 스페인은 거의 대륙 전체를 모두 얻었다. 그런데 서명한 사람들은 포르투갈이 대서양 쪽으로 쑥 들어와 있는 브라질의 동쪽을 지배할 권한을 얻었다는 사실을 몰랐다. 이들은 조약을 맺기 전까지 오늘날 카리브인의 일부에 관해서만 알고 있었다. 이 토르데시야스 조약문이 생기면서 현재 브라질에서는 포르투갈어를 쓰고, 나머지 남미 지역에서는 스페인어를 사용하게 되었다.

콜럼버스와 다른 유럽의 선원은 새로운 나라와 사람을 만나기 위해 서쪽으로 출발했다. 이들은 자신들이 발견한 것을 보고 어리둥절했다. 그러나 자신들이 무엇인가를 찾았다는 사실 자체에는 놀라지 않았다. 카리브해 지역의 사람들은 반대로 유럽인을 보고 무척 놀랐을 것이다. 이들이 무엇을 생각했는지는 겨우 추측해 볼 수 있다. 이들은 멕시코에 살던 아즈텍족과는 다르게 자기 생각을 기록할 수 있는 문자가 없었다. 그리고 이들은 잉카인과는 다르게 도망해서 살아남은 사람도 없고 그러한 경험을 보고할 공간이나 종교를 초월하는 단결력도 없었다. 카리브해 지역 인구 전체가 거의 한 세대 안에 모두 사라져 버렸다. 저 멀리 카리브해 남쪽의 작은 섬들에서만 인디오가 살아남았다. 카리브해 지역에서는 여태 존재하지 않았던 유럽의 전염병이 이곳으로 건너와 많은 사람이 죽었다. 섬의 토착민은 이런 질병에 대항할 항체가 없었기 때문이었다. 또 많은 사람이 유럽인의 공격으로 죽었다. 유럽인이 강요한 노동과 노동 조건을 참아내지 못한 사람도 많았다. 유럽인이 가장 좋은 자리를 차지하고 인디오가 그때까지 지켜온 생활 습관을 파괴했으므로, 인디오들의 식량 사정은 분명 나빠졌을 것이다. 그리하여 여성들이 병들거나 영양이 부족해진 탓에 분명 훨씬 적은 수의 아이가 태어났거나, 태어나도 제대로 성장하지 못했을 것이다. 70년 이전만 해도 인디오의 선조들이 섬에 살았으나, 16세기 중반에는 스페인 남성과의 사이에 아이를 낳은 인디오 여성의 자식들 외에는 쿠바와 자메이카, 히스파니올라섬, 그리고 푸에르토리코에 등지에서는 더 이상 아무도 살지 않게 되었다. 카리브해 지역 사람들에게는 자신이 겪은 재앙의 역사를 말할 시간이 충분하지 않았다. 하물며 역사를 기록할 문자를 배우기에는 시간이 턱없이 부족했다.

하지만 이런 과정에서 섬 토착민들이 단순히 수동적인 희생자만은 아니었다. 콜럼버스는 1493년에 오른 두 번째 여행길에서 1492년에 최초의 유럽인 거주지인 라나비다드(La Navidad)를 세웠던 장소에 다시 찾아갔을 때, 폐허가 된 보루와 39명의 죽은 남자들을 발견했다. 이웃 마을도 파괴되어 있었다. 이런 광경은 콜럼버스가 토착민들에게서 느낀 평화로운 인상과는 어울리지 않았고, 콜럼버스는 도대체 무슨 일이 있었는지 알아내지 못했다. 오늘날 아이티와 도미니카공화국으로 분리된 히스파니올라섬에 콜럼버스가 지은 두 번째 거주지도 역시 오래가지 못했다. 이번에는 자리를 잘못 잡았다. 경작을 할 수 없는 곳이었다. 처음 10년간은 유럽인의 사망률도 높았다. 원주민들이 대항했고, 유럽인들은 우선 카리브해 지역의 기후와 환경에 적응하는 법을 배워야 했기 때문이다.

1500년부터야 비로소 유럽인이 히스파니올라섬에 세운 정착촌이 제대로 계획대로 굴러가기 시작했다. 이곳으로는 더 이상 선원과 모험가만 오는 것이 아니라, 가족들도 건너왔다. 나중에는 행정 시설이 운영되기 시작했다. 인디오의 저항 운동은 추앙받던 추장이 살해당한 후에 꺾였다. 그 후 이주 유럽인들은 곧장 자메이카, 쿠바, 푸에르토리코와 같은 대앤틸리스제도(Greater Antilles Islands)의 다른 섬들을 정복해 나갔다. 이때 스페인 군대가 쿠바에서 저지른 만행은 특히나 폭력적이었다. 유럽인이 다른 나라를 정복한 주된 동기는 노동력 부족이었다. 스페인 사람들은 인디오가 '자신들'의 밭과 '자신들'의 광산에서 일하리라 생각했다. 그런데 많은 인디오가 일하기 싫어했고, 또 더는 일할 사람도 없었다. 콜럼버스가 오기 전에 히스파니올라섬의 인구수는 추측건대, 20만 명에서 수백만 명 사이로 매우 천차만별이었다. 1509년에 어쨌든 6만 2000명까지 있었고, 1518년에는 1만 5600명뿐이며, 이 중 노동을 할 수 있는 남성의 수는 무척 적었다. 1515년부터는 특히 많은 이익을 남기는 마데이라를 본뜬 사탕수수 농장에서 필요한 노동력이 너무나 부족했다. 그러자 유럽 이주민들은 아프리카에서 노예를 대규모로 사 오기 시작했다.

노예무역과 농장의 관계는 이미 16세기 초부터 대서양을 가로질러 삼각 무역을 탄생시켰다. 이는 1800년까지 견고하게 확장되며 유럽의 상인과 거주민, 또 유럽 국가를 부자로 만들었다. 유럽의 배가 아프리카로 물건을 보내면 그곳에서 노예와 교환했다. 그 뒤 카리브해 지역으로 보낸 아프리카 노예는 유럽 시장에서 매우 특별하고 잘 팔리는 설탕, 담배, 커피, 면 등과 같은 환금성 작물(cash crops)을 생산하기 위해 농장으로 팔려 나갔다. 카리브해를 출발해서 유럽으로 가는 배에는 이런 환금성 작물이 실려 있었다. 배는 다시 유럽에서 아프리카로 보낼 물건을 실었다.

신스페인과 신카스티야

카리브해 지역에서 스페인 사람들은 포르투갈인이 아프리카에서 겪었던 것과 비슷한 경험을 했다. 남아메리카의 동쪽 해안 앞에서 최초의 탐험가들은 이곳 사람들이 아프리카 사람과 유사하게 살고 있다고 기록하기도 했다. 그러나 아메리고 베스푸치(Amerigo Vespucci, 1454~1512)는 항해 탐험에 관한 보고서에서 서인도에는 섬들이 모여 있는 것이 아니라, 새로운 세계 즉, 새로운 대륙이 존재한다고 말했다. 그래서 베스푸치는 북쪽도 있다는 사실을 몰랐기 때문에 두 개의 대륙을 자기의 이름을 따서 하나로 '아메리카'라고 이름 붙였다. 그런데 '아메리카'는 베스푸치가 생각했던 것보다 훨씬 더 크고 다양했으며, 낯설고 풍요로웠다. 무엇보다 아즈텍 왕국과 잉카 제국은 아프리카와 카리브해 지역에서 봤던 것과는 비교가 안 되었다. 그래서 테노치티틀란과 쿠스코를 최초로 본 유럽인들은 그 모습과 규모에 압도당했다.

스페인 장군과 왕들이 이 때문에 인디언 왕국을 정벌한 것은 아니었다. 그 사람들은 바로 약탈에 눈이 먼 군대 장교들이었다. 무역상들이 책임 있는 자리에 있었더라면 분명 좀 더 조심스럽게 접근하고 인디오의 강국들과 갈등을 불러일으키지 않았을 것이다. 에르난 코르테스와 프란시스코 피사로, 또 그의 부하들은 이와는 반대로 모든 것을 얻기 위해 큰 도박을 했다. 완전히 다른 두 세계의 충돌에서 유럽이 승리한 일은 이들에게 큰 행운이었다. 스페인 사람들은 자신들이 승리한 것은 신의 도움이 컸고 문명적으로 자신들이 우세하기 때문이라고 믿었다. 하지만 실제로는 앞서 이미 보았듯이 병균과 무분별함을 승리의 요인으로 꼽을 수 있다. 남미에서의 승리는 우선 스페인을, 그다음에는 유럽을 풍요롭게 했다.

아즈텍 왕국과 잉카 제국의 통치자가 살해당하고, 테노치티틀란과 쿠스코가 약탈당하고 파괴된 후에 스페인은 장기적으로 승리를 유지하기 위해 변화해야만 했다. 스페인인의 해결책은 아직 살아남은 사람이 있다면 오랜 왕국의 엘리트층과 손을 잡고, 또 조세와 노동 의무에 관한 지금까지의 규칙을 스페인에 이롭게 하는 것이었다. 그리하여 스페인 출신의 사람을 토착 지방 관리직에 임명했고, 이보다 더 좋은 방법은 토착민 곁에 스페인 관리자를 나란히 앉히는 것이었다. 이제 대규모로 남미에 왔던 스페인인은 도시에 살았다. 16세기에는 40여 개의 도시가 세워졌고, 대부분은 이전의 테노치티틀란과 쿠스코와 같은 계획도시였다.

이런 도시에서부터 관리가 시작되었다. 두 개의 총독 제국이 가장 상급 관리 단계에 놓였다. 예전에 테노치티틀란이었던 멕시코를 수도로 삼은 신스페인(New Spain)이 카리브해 지역과 오늘날의 베네수엘라, 그 외에도 필리핀까지를 담당하였다. 필리핀은 그 당시 중미 태평양 연안에서부터 통제되고 점유되었다. 신카스티야(New Castile)는 근본적으로 예전의 잉카 제국을 맡았다. 신카스티야의 중심은 쿠스코가 아니라 스페인이 잉카를 상대로 승리를 거두자마자 세운 리마(Lima)였다. 리마는 스페인 사람들이 안데스산맥의 고지대에서 살기를 원하지 않았기 때문에 태평양 연안에 자리했다. 그러다 보니 남미 서쪽에서 스페인 사람은 평지에, 인디오는 산에 사는 것으로 분리되었다. 이 두 총독이 관리하는 제국은 지사를 둔 지방으로 세분되었다. 총독과 지사 외에 차례로 고등법원이 설치되었다. 이 고등법원이 사실상 중앙 관리 기관이 되었고, 본국인 스페인의 통제를 더 수월하게 받을 수 있었다.

총독 제국의 가장 중요한 사업 분야는 광산업이었다. 스페인 정복자들은 금과 은을 찾으려고 혈안이 되어 있었다. 아즈텍 왕국과 특히, 잉카의 보물 원료가 분명 어딘가에 있다고 생각했고, 반드시 그 출처를 찾아 모두 빼앗아야만 했다. 계속해서 더 많은 탐험가와 정복자가 옛 왕국의 경계 이곳저곳에서 금과 은을 찾기 위해 길을 나섰다. 1530년에 은광 건설이 중앙 멕시코에서 시작되었다. 1545년에 오늘날의 볼리비아에 있는 포토시(Potosi)에서 은 광맥이 발견되었고 1546년에는 다시 멕시코의 사카테카스(Zacatecas)에서 은이 나왔다. 인디오는 의무적으로 광산에서 일해야 했기에 사망률이 높아졌다. 광산이 생기는 곳은 연기와 냄새, 더러워진 물, 소음, 수많은 사람, 보란 듯 내세운 부와 고통스러운 빈곤으로 명확히 알아볼 수 있었다. 은의 도시 포토시는 16세기 말엽에 아메리카에서 가장 큰 도시였다. 하지만 가장 아름다운 도시는 아니었다. 멕시코에서는 드물었지만, 특히 안데스산맥 지역에서는 은 외에도 금이 발견되는 곳이 많았다.

16세기에만 30조 원의 독일 은화에 해당하는 귀금속이 남미에서 유럽으로 옮겨졌다. 그러자 유럽에서 은 가격이 추락했다. 라틴아메리카의 은을 주로 사들인 나라, 스페인과 훗날의 벨기에에서는 주화를 찍는 데 기본 재료인 은의 가치가 떨어졌기 때문에 화폐 가치가 떨어지고 물가가 높아졌다. 이를 두고 일반적으로 16세기에 유럽의 '가격 혁명'이라고 하는데, 이것이 은의 유입 때문인지 화폐경제의 증가(물품 교환 대신)와 인구 성장 때문인지는 불확실했다.

신스페인의 두 번째 주요 수출품 역시 한정된 지역에서 나왔다. 수출용 설탕은 특히 카리브해 지역에서 재배되었고, 수백 년간 이 지역의 대표 생산품이었다. 멕시코와 페루에도 농장이 있었지만, 이곳의 생산품은 무엇보다 아메리카 시장을 위한 것이었다. 유럽 이주민들은 아메리카에 정착한 스페인 사람이 인디오처럼 단것을 먹기 좋아하는데, 어쨌든 유럽 사람보다 훨씬 더 달게 먹는다고 기록했다. 나중에 더 자세히 살펴볼 13장 '카프 프랑세' 편에서 알 수 있듯이, 이런 관찰 뒤에 숨겨진 작은 세계의 역사를 들여다볼 수 있다. 사탕수수는 동아시아나 동남아시아가 원산지인데, 로마 제국 시대 때 인도양에서 이루어진 무역을 통해 인도와 아라비아까지 전파되었다. 이곳에서부터 사탕수수는 지중해 남쪽을 정복하였다. 포르투갈인은 마데이라에 시험 삼아 대규모로 사탕수수 경작을 해 보았다. 스페인 사람들은 이후에 이를 새로운 세계로 가지고 왔다. 아메리카에 온 스페인 사람과 인디오가 새로운 기호 식품을 발견하고 충치를 앓는 동안, 아프리카 노예들은 이제 사탕수수 때문에 카리브해 섬에서 살게 되었고, 또 이 때문에 죽임을 당했다. 16세기에는 물론 귀금속과 설탕 외에도 다른 많은 사업 품목이 중남미에서 생산되었다. 옷감과 의복이 이곳에서 생산되었고, 온갖 종류의 식량이 재배되었다. 하지만 이것은 대부분 자급자족이나 국내 시장을 위한 것이었다.

식민지 경제에서 지배적인 주제는 노동력이었다. 우리가 카리브해 지역에서 관찰한 인디오의 재앙이 대륙에서도 그대로 반복되었기 때문이다. 죽음이 늘 따라다녔다. 사망자 수는 당연히 훨씬 높았다. 하지만 이번에는 생존자들이 있었다. 구체적으로 얼마나 많은 인디오가 살아남았는지는 말하기 어렵다. 식민지 이전의 왕국에서 인구 조사가 이루어지지 않았고, 1520년 이후에도 역시 대륙 전체의 인구수가 기록되지 않았기 때문이다(유럽에서도 그 당시에는 아직 인구 조사가 시행되지 않았음). 그러나 오늘날 멕시코 지역의 인구는 1492년에서 1650년 사이에 약 1천 2백만 명에서 1백만 명으로 줄어든 것으로 추정한다. 페루의 인구는 9백만 명에서 9천 명으로 줄어든 것으로 보인다. 전체 중남미에서의 인구 손실은 약 85퍼센트에서 90퍼센트에 달했다. 1800년대에도 여전히 중남미 인구는 1492년에 비해 절반 수준에 그쳤다.

인구가 급격히 감소한 원인은 카리브해 지역과 비슷했다. 단지 대륙에서 반복적으로 발생한 전염병이 더욱더 큰 영향을 끼쳤을 뿐이다. 오늘날 감염병 학자들은 인디오를 괴멸한 여러 질병이 수백 년 전부터 유럽에 있었고, 사람들에게 알려지지 않은 채 사람과 가축에 감염되었으리라 본다. 유럽인과 그들의 가축에는 인디오에게서는 전혀 없는 항체가 발달되어 있었다. 영국의 선교사인 토머스 게이지(Thomas Gage)는 1648년에 이런 전염병(추정건대, 티푸스)이 일어난 뒤의 상황을 다음과 같이 적었다.

"온 나라가 어떤 전염병에 걸렸다. 거의 흑사병만큼이나 감염성이 높고 발진열이라 불렸다. 또 이 병은 몸의 내부, 특히 내장에서도 열이 나며, 7일째 되는 날까지 계속되는 일이 드물고, 대부분은 사람들이 사흘이나 닷새 만에 죽어서 무덤으로 갔다. 이 병에 걸린 사람들에게서 나는 병든 냄새와 악취만으로도 집 전체와 모든 방문객을 전염시키기에 충분할 정도였다. 이 질병은 입과 혀를 망가뜨려서, 사람들은 죽기 전에 입과 혀가 숯처럼 까맣게 되었다. 스페인 사람 중에 이 병에 걸린 사람은 굉장히 드물었다. 하지만 인디오는 대부분 병에 걸리고 말았다."

이런 일을 겪자 스페인 사람은 물론 인디오까지 이 모든 것은 신이 주관하는 일이며, 인디오는 적어도 다른 종류의 인간이라고 생각하게 되었다. 이러한 믿음은 당연하게 받아들여졌으나, 사람마다 매우 다른 결론을 이끌어냈다. 스페인 사람들은 서로 의견 일치를 보지 못했다. 광산과 농장의 많은 경영자는 그들의 입장에서 봤을 때 아무 병에나 전부 쉽게 걸리는 노동자를 보고도 동정심이라고는 눈곱만치도 보이지 않았다. 그들은 인디오의 상태가 이미 나빠져 있으니 노동이 힘들고 노동 조건이 열악하다고 해서 더 나빠질 수는 없다고 주장했다. 자신의 개인적 이익을 얻으려는 욕심과 인디오라는 다른 범주의 인간을 상대하고 있다는 생각이 상황을 더 악화시켰다.

　대부분의 사제와 수도회 사람들은 달랐다. 이들은 식민지를 두둔하기는 했지만, 다른 동기를 우선했다. 바로 기독교를 전파하고 인디오를 개화해서 가톨릭 왕의 훌륭한 신하로 만들려는 것이었다. 성직자들은 토착민의 언어를 배우고 그들의 규칙과 제례 의식을 이해하려고 노력했다. 인류학자라서가 아니라, 인디오를 효과적으로 재교육하기 위해서였다. 그래서 가톨릭 성직자들은 자기들이 보기에 식민지의 본질적 목적에 역행하는 광산과 농장 경영에서의 적폐를 비난하였다. 이들은 유럽인들에게 인디오도 이미 기독교도거나 혹은 기독교도가 될 수 있으므로 기독교 정신에 맞게 이들을 대해야 한다고 상기시켰다. 특히, 예수회는 유럽인과 인디오를 공간적으로 분리할 것을 요구했는데, 이렇게 해야만 인디오를 구할 수 있기 때문이었다. 마드리드에 주재하며 식민지를 위한 모든 권한을 지녔던 인디언 위원회(Council of Indies)는 중도를 지키려 노력했다. 인디오를 기독교 신도로 만드는 일과 개화는 이사회의 주요 안건이었지만, 당연히 식민지에서 이익도 챙겨야만 했다. 이사회에서 정한 몇몇 법칙과 명령은 무력하기만 했다. 이사회는 자신들의 결정 조건을 실제로 이해하고 그 결과를 통제하기에는 남미에서 너무 멀리 떨어져 있었다.

　인디오들이 16세기에 전개된 상황을 스스로 어떻게 받아들였는지는 말하기 어렵다. 분명 단순히 단념한 채 아무것도 안 하지는 않았을 것이다. 당시에는 수차례 소요와 폭동이 일어났다. 한편, 인디오들은 낯선 것을 자신의 것으로 만들기도 했다. 기독교 교회들은 토착 종교적 전통과 기독교적 상징을 연결한 그림으로 장식되었다. 인디오가 지닌 법의 개념은 식민의 사법 제도로 변화했다. 1540년부터 멕시코에 있던 도시 틀락스칼라(Tlaxcala)에서는 이사회 회의록을 남겼는데, 여기에는 인디오의 언어인 나우아틀어(Nahuatl language)와 스페인어의 방언이 섞여서 쓰였다. 철자는 라틴어였다. 인디오는 희생자였지만, 동시에 관계자이기도 했다. 이 두 가지 입장 모두가 라틴아메리카의 역사가 되었고 현재를 만들고 있다.

포르투갈의 브라질

스페인이 '자신'의 대륙을 뒤에서부터 정복하고 식민지화하는 동안에 포르투갈은 1494년에 맺어진 토르데시야스 조약에 따라 갑자기 우연히 얻은 지역으로 무엇을 시작할 수 있을지를 오랫동안 알지 못했다. 1500년에 처음으로 포르투갈의 배가 아메리카에 도착했다. 하지만 이것이 단순히 우연이었는지를 놓고 오늘날까지 논란이 많다. 그 당시에 인도로 가려면 항해에 적당한 대서양풍을 이용하려고 아프리카 대륙을 크게 돌았는데, 어쩌면 16세기 초 포르투갈의 항해자 카브랄(Pedro Alvares Cabral, 1467?~1520)의 선박은 아프리카 대륙 주변을 너무 크게 돌았다가 우연히 아메리카에 닿았을 수도 있다는 것이다. 카브랄은 새로 발견한 육지의 크기가 얼마나 되는지도 모른 채 이곳을 포르투갈 왕의 소유로 정했다. 몇 년이 지나서야 비로소 포르투갈 사람들은 이곳이 이제 '아메리카'라고 불리는 대륙의 일부라는 것을 확신했다. 이 땅을 소유하기 위해 포르투갈이 한 일은 그리 많지 않다. 이들의 주요 관심은 인도양에 있었기 때문이다. 그런데 새로운 땅에서 자라는 브라질우드(brazilwood, 빨간 물감을 채취하는 나무)는 염료를 추출할 수 있으므로 쓸 곳이 많았다. 포르투갈은 그때까지 이 목재를 동아시아에서 수입해 왔는데, 투르크(오스만 제국)가 콘스탄티노플을 함락한 후부터는 점점 더 수입하기 어려워졌다. 포르투갈인들은 브라질 나무가

자라는 곳이라는 의미로 아메리카의 이 부분을 브라질이라고 이름 지었다.

브라질은 1550년부터 식민지화되기 시작했는데, 그 과정은 미국보다는 카리브해 지역에서 이루어진 것과 유사했다. 그러나 브라질에는 포르투갈인이 아즈텍족이나 잉카인과 같이 강탈할 만한 큰 토착 세력이 없었다. 사업 모델로 고려해볼 수 있는 분야는 고작 농장 운영뿐이었다. 브라질에서 금이 발견된 것은 느지막이 18세기에 들어서였다. 그러나 그 규모가 엄청나서 나라를 완전히 근본적으로 변화시켰을 정도다. 1550년경에 우선 사탕수수 농장을 열었고, 이후에는 담배 농사를, 그리고 19세기에는 커피 농사를 짓기 시작했다. 인디오는 이곳에서도 강제 노역을 당했다. 처음으로 전염병이 돌아 몸이 약해진 인디오들이 폭력적인 싸움에서 죽임을 당하는 일이 생겼다.

16세기의 마지막 250년 동안에는 수출 품목 중 설탕이 브라질 목재보다 더 중요한 자리를 차지하게 되었다. 원주민들이 죽었기 때문에 16세기 말부터는 아프리카에서 대규모로 노예를 사들였다. 하지만 카리브해 지역과는 다르게 삼각 무역은 이루어지지 않았다. 브라질 배는 아프리카 노예 시장에서 직접 사람과 담배, 술, 금을 교환했다. 스페인과 포르투갈의 자본가는 이를 통해 큰 이익을 얻었고, 국가도 마찬가지였다. 하지만 유럽에서 이런 배는 거의 보이지 않았다. 유럽에서는 단지 설탕과 담배만 볼 수 있었고, 19세기 들어서는 브라질에서 온 커피만 볼 수 있었다. 어쩌면 이러한 이유로 영국에서는 노예무역이 큰 스캔들을 일으켰지만, 스페인과 포르투갈에서는 1800년대에 와서도 토론조차 되지 않았나 보다.

스페인과 포르투갈이 누렸던 말 그대로의 황금시대는 오래가지 못했다. 유럽 북쪽 대서양에서 우위를 차지하고 상향 중인 프랑스와 네덜란드, 영국도 역시 돈이 많이 되는 대서양 사업에 참여하고 싶어 했다. 그러나 스페인과 포르투갈이 교황과 맺은 신성한 조약을 근거로 내세우면서 아무것도 내주려 하지 않았기 때문에 다른 나라들은 폭력을 이용해서 사업에 발을 들이려 시도했다. 포르투갈인은 브라질 역사 초기에 이미 프랑스와 전쟁을 치렀다. 오늘날 브라질 북쪽에 프랑스령 기아나, 수리남으로 불리는 네덜란드령 기아나, 그리고 영국령 기아나(오늘날의 가이아나) 등 세 군데의 기아나가 존재하는 것도 우연이 아니라 이런 전쟁의 결과였다. 국가와 사설 폭력단이 손에 손을 잡고 일했던 카리브해 지역에서 벌어진 혼란스러운 전쟁에서 많은 작가가 영감을 받았다. 에피소드 '캐리비안의 해적' 또한 이와 같은 역사를 반영하고 있다. 결국에는 강대국들이 섬을 나누어 갖는 것으로 전쟁이 끝났다. 그래서 오늘날에 카리브해 지역에서는 스페인어, 영어, 프랑스어 혹은 네덜란드어가 사용되고 있다. 각각 섬 하나마다 다른 언어를 쓰는 꼴이 되었다.

라틴아메리카는 세 군데의 기아나만 제외하면 스페인과 포르투갈 사람이 모두 차지했다. 나폴레옹이 1800년 이후에 스페인 왕궁을 점령하고, 그의 형이 스페인의 통치권을 넘겨받고, 포르투갈의 왕궁이 진격해오는 프랑스 군대를 피해 브라질로 도망갔을 때 라틴아메리카는 독립을 선언했다. 스페인 왕국은 분열되었다. 결과적으로 북쪽의 멕시코, 과테말라, 벨리즈부터 칠레와 남쪽 아래의 아르헨티나까지 많은 독립국이 생겼다. 이에 비해 포르투갈 왕국은 하나로 유지되었다. 브라질이 오늘날 남미에서 제일 큰 나라인 까닭이다.

낙오자 북아메리카

북아메리카는 콜럼버스 시대에도 이미 있었다. 하지만 유럽인들은 북아메리카에 별로 관심이 없었다. 그곳에는 잉카나 아스테카 문명과 비교할 만한 고도 문명이 없었다. 북아메리카 남서부와 남동부 지역에서 인디언들은 거주지를 세우고, 경작하고, 도기를 만들고, 베를 짜며 살았다. 하지만 유럽의 관점에서 이 문명은 유럽의 관점에서 잉카나 아스테카 문명보다 훨씬 뒤떨어져 보였다. 게다가 이 문명에서는 유럽인의 눈에 가치 있어 보이는 것이라고는 하나도 찾아볼 수 없었다. 금은 분명 없는 것 같았다. 북아메리카 남쪽에 있던 스페인 사람들과 북쪽의 프랑스인은 누군가에게 대륙의 내륙 어딘가 먼 곳에 금이 쏟아져 나오는 나라가 있다는 전설 같은 이야기를 듣기는 했다. 하지만 이 나라를 찾을 수는 없었다. 탐험가들이 다양한 행로로 찾아보았지만, 북서 행로가 없다는 사실만 알게 되었다. 만약 있었다면 중국이나 인도로 좀 더 쉽게 가는 길을 이용할 수 있었을 텐데 말이다. 프랑스는 1530년부터 홀로 북아메리카에서 새로운 것을 경험하고자 탐험대를 준비했다. 하지만 물고기와 모피를 만들 수 있는 동물 외에 특별히 값진 것은 없는 듯했다. 프랑스인은 이 두 가지를 남획해서 거래처와 여름 항구를 통해 팔았다. 북아메리카를 식민지로 만들려는 생각은 애초부터 아예 없었다.

그런데 17세기와 18세기에 들어 두 가지 이유로 상황이 변했다. 하나는 정치적인 이유였고, 또 하나는 종교적 이유였다. 첫 번째 이유는 대서양에 접한 나라들, 즉 스페인, 프랑스, 영국 간에 경쟁이 치열해졌기 때문이다. 포르투갈은 브라질과 인도양에 집중하고 있었고, 북쪽에서 일어나는 일에 아무 상관도 하지 않았다. 스페인, 프랑스, 영국 등 세 경쟁국은 북아메리카를 더 이상 단순히 경제적 관점에서만이 아니라, 권력 정치와 군사 전략적인 면에서 관찰하였다. 그래서 이들은 식민지를 만드는 데 기꺼이 돈을 쓸 준비가 되어 있었다. 스페인은 중남미 남쪽 지역에서 자신들에게 돈을 많이 안겨주는 소유물을 지키려고 북아메리카 남쪽 지역에서 영향권을 넓혔다. 프랑스는 오늘날의 캐나다 동부 지역을 요구하며 대호수와 미시시피강을 따라 내려와 뉴올리언스까지 이르는 지역에 관심을 갖기 시작했다. 영국은 북부의 뉴잉글랜드부터 남부의 조지아까지 아메리카 대서양 연안을 따라 여러 곳에 식민지를 두었다.

두 번째 이유는 독일에서 시작해 서양 기독교 교회가 분열되었기 때문이다. 이런 종류의 분열은 7장 '비잔티움' 편에서 보았듯이, 고대에 매우 자주 일어났으며, 엄청난 정치적 결과를 초래했다. 이 책에서 우리는 중앙아시아와 중국에까지 미친 네스토리우스파의 영향력을 여러 군데에서 살펴보았다. 이후에 서유럽의 기독교는 막강해져 가는 교황의 명령으로 이러한 분열을 점점 더 많이 제지하거나 누를 수 있었다. 하지만 그 이후 1517년에 마르틴 루터(Martin Luther, 1483~1546)가 더 이상 막거나 제거할 수 없는 개혁 운동을 불러일으켰다. 이 개혁은 곧 단순히 하나가 아닌, 많은 새로운 기독교 공동체를 형성하도록 이끌었다. 이 공동체는 이제 더는 라틴어가 아니라 그 나라 민족이 사용하는 언어로 된 성경을 읽었다. 이들은 더 이상 교회의 전통과 교황에 따라 움직이지 않고, 믿음과 각 개인의 양심에 따른 선택을 중점에 두었다.

　이것 역시 센세이션이었다. 스페인의 '가톨릭 왕'이 스페인에서 강제로 종교와 국가의 합의를 이루고 이런 체제를 아메리카에 적용한 일이 겨우 두 세대 이전에 일어났다. 하지만 이제 유럽의 왕정은 새로운 종교의 변형에 맞춰 어떤 식으로든 자신의 위치를 찾아야 할지 결정해야만 했다. 프랑스, 스페인, 포르투갈은 오래된 '가톨릭'에 충의를 보였다. 독일에서는 종교계에서 권력을 쥐고 있던 사람이 종교의 방향을 선택했는데 이는 매우 천차만별이었다. 유럽의 북쪽 스칸디나비아반도(Scandinavia Pen.)에서는 루터를 따랐다. 영국은 성공회(聖公會, The Anglican Domain)라는 고유의 새로운 변형을 발전시켰다. 어떤 나라에서도 각각 다른 기독교적 신념을 관용적으로 대하지 않았다. 이런 까닭에 1618~1648년에 유럽의 중심에서 무자비한 30년 전쟁이 발발했다. 이 전쟁은 종교 전쟁으로 시작했는데, 신성 로마 제국에서는 인구가 1천 6백만 명에서 1천만 명으로 줄어들었다. 메클렌부르크(Mecklenburg)와 포메른(Pommern), 튀링겐(Thuringen), 프랑켄(Franken), 팔츠(Pfalz)에서는 인구수가 70퍼센트까지 감소했다.

　어떤 마을에서는 주민들이 종교 때문에 박해를 당하고 조금 더 평화로운 시기에 북아메리카로 이주하기도 했다. 1620년에는 '메이플라워호(Mayflower)'라는 배를 타고 건너온 '필그림 파더스(Pilgrim Fathers)'가 유명해졌다. 스페인과 가톨릭이 지배하던 남미에서는 사람들이 조롱 조로 '청소하는 사람들'이라고 불렀던 '청교도'와 같은 극단적 기독교 개혁자를 위한 자리가 절대 없었을 것이다. 반대로 북쪽은, 특히 대서양 연안의 영국 통치 지역에서는 다양한 기독교 교회들이 그나마 평화적으로 공존했다.

　남미의 중부 및 남부와 비교했을 때 북쪽에서의 식민지 과정은 더디고, 일관적이지 못하며, 토착민의 많은 반격을 맞으며 진행되었다. 군대와 전쟁보다 더 중요한 것은 낯선 환경에서 살아남고자 했던 탐험가와 상인, 안정적인 자리와 종교적 공동체였다. 그래서 토착민과의 관계도 매우 다양했다. 질병과 전염병으로 인구는 감소했다. 그 규모는 책정하기 어렵지만, 남미에서보다 적지는 않았을 것이다. 무엇보다 영국이 지배하던 지역에서 폭력이 심하게 발생했다. 영국인이 넓은 지역에 정착하길 원했던 까닭에 인디언의 땅을 빼앗아 자기 것으로 삼았기 때문이다. 영국의 세 군데 거주 요충지의 성격은 각각 달랐다. 조지아에서 버지니아까지의 남쪽은 농장 사업과 국제 무역에 기반을 두었다. 뉴욕과 펜실베이니아 주변의 중부 지역은 종교적, 인종적, 경제적으로 다양한 모습을 보였다. 보스턴에서 캐나다 국경이 있는 곳까지의 넓은 북부 지역에서는 농업에 종사하는 가족 경영이 이루어지고 프로테스탄트의 청교도가 주를 이루었다. 더 북쪽으로는 모피 사업과 관련된 프랑스인이 있었다. 이들 영역에서는 고정적인 교환 거래가 이루어졌다. 국경은 한동안 안정되었다. 인디언은 유럽인의 요구에 맞춰 줌으로써 공동체를 운영하며 살아갔다. 17세기 초반에 휴런족(Huron), 알곤킨족(Algonquian), 이로쿼이족(Iroquois)은 누가 어떤 유럽인에게 모피를 공급하고, 유럽 물건을 받아 이윤을 남길지를 두고 처참한 전쟁을 치렀다.

콜럼버스가 1492년에 우연히 발견한 새로운 대륙은 세상을 완전히 변화시켰다. 신대륙은 콘스탄티노플의 함락 후에 수세에 처한 기독교에 새로운 기반을 마련해 주었다. 또한, 유럽에 새로운 자부심을 불어넣고 유럽인을 풍요롭게 해주었다. 하지만 무엇보다 '아메리카'의 중간과 남부 지역의 대부분 사람에게 유럽인의 도착은 나쁜 소식이었다. 카리브해 지역과 남미, 북부는 약간 덜했지만, 한 세대 혹은 두 세대 만에 완전히 모습이 바뀌고 말았다. 그러나 이곳의 역사는 끊이지 않았다. 이는 약탈과 전염병에도 테노치티틀란과 쿠스코가 계속 살아남아 새로운 삶을 이어 갔다는 것을 보여준다.

11장:
킬와

아프리카는 어디에 있나?

스페인이 1500년경에 카리브해 지역에서 자리를 잡고 있는 동안 포르투갈은 아프리카 쪽으로 항해를 해 이곳을 접수했다. 스페인인처럼 포르투갈인도 사실은 새로운 것에 흥미가 있던 것이 아니라, 새로운 것 뒤에 숨어 있는 값어치가 나가는 옛것, 예를 들어 인도에 더욱 큰 관심을 가졌다. 그리고 이번에는 아프리카였다. 물론 아프리카는 아메리카와 달리 15세기에 이미 많은 사람이 알고 있던 지역이었다. 요컨대, 북아프리카가 로마 제국에 속한 적이 있었기 때문이다. 한 로마 원로가 이 지역을 '아프리카'라고 이름을 붙였는데, 그 의미에 얽힌 여러 가지 설이 있다. 그런데 로마 시대 때 아프리카에 관해 알려진 지식은 북아프리카 남쪽에 있는 사하라 사막까지의 내용이 한계였다. 로마인도 다른 국경 지대처럼 자기네의 통치 영역 밖에는 야만인이 살며, 그 뒤에는 완전히 낯설고, 손바닥으로 땅을 짚고 걸어 다니며, 머리가 둘 달린, 완전히 허구적인 성격의 전설에나 나올 법한 다른 존재가 살고 있을 거라 상상했다. 이런 환상은 북유럽, 동남아시아, 그리고 사하라 사막의 남쪽

아래에 있는 아프리카에 관한 모든 문장에서 다 찾아볼 수 있다.

당시에는 이미 로마 시대 때 사막을 지나는 길이 놓여 있었다. 사하라 사막에 숨어있는 오아시스에서 나는 소금이 지중해 지역에서 거래되기도 했다. 황소나 말 혹은 노새가 소금을 싣고 지중해 지역을 향해 한 오아시스에서 다른 오아시스로 이동했다. 감히 누구도 사하라를 통과하는 여행길에는 오르지 못했다. 로마인은 사막 저편에 또 다른 세상이 있을 것이라고 굳게 믿었다. 하지만 이 세계가 구체적으로 어떤지는 의혹과 소문만 무성했을 뿐이다.

로마 시대가 지난 후 정보 출처는 좀 더 구체적으로 변했다. 4세기 때부터 사막 무역에 혁명을 불러일으킨 낙타 덕분이었다. 베르베르족(Berber)과 투아레그족(Tuareg)은 단봉낙타를 애용하기 시작했다. 낙타는 아시아에서 페르시아와 이집트를 지나 북아프리카까지 왔다. 낙타는 말이나 황소, 노새보다 훨씬 무거운 짐을 더 많이 실을 수 있고 더위와 추위에도 더 잘 버텼다. 모래 위를 더 잘 걸을 뿐 아니라, 무엇보다 물을 마시지 않고도 오랫동안 버틸 수 있었다. 그래서 낙타를 타고 오아시스 사이를 수월하게 이동할 수 있게 되었을 뿐 아니라, 이제는 아예 사하라 사막 전역에 걸쳐 무역 경로가 생겼다. 대상 무역상인 카라반이 이곳을 지나다녔다. 사막의 도시는 꽃을 피웠고 더 많은 물건을 운반할 수 있었다. 금과 노예는 북쪽으로 보내고, 베와 유리구슬, 말은 남쪽으로 왔다.

교역품, 상인과 함께 학문도 같이 전해졌다. 상인 대부분은 이슬람이 북아프리카를 정복했던 7세기와 8세기 초부터 무슬림이었다. 이슬람은 이제 상인들과 이들이 지니고 있던 지식과 함께 사막에도 발을 들여놓았다. 사하라 사막 남쪽에 자리한 사막에 가까운 사바나(savanna, 열대 초원 지대) 지역인 사헬 지대(Sahel zone)에서는 먼저 아프리카 흑인 상인이, 그다음에는 정치적으로 영향력이 강한 인물과 지배자가 새로운 종교를 받아들였다. 농부는 이슬람교를 서서히 받아들였다. 날씨와 신의 은총에 따라 다음 추수 때까지 생계가 좌우되기 때문에 신을 바꾸는 일은 특별히 이들에게는 더 큰 위험이 뒤따르는 일이었다. 11세기 스페인의 학자인 알바크리(al-Bakri, 1040~1094)와 오늘날의 모로코 출신

법학자인 이븐 바투타(Ibn Battūtah, 1304~1368)는 사막의 다른 편에 있는 사람과 도시, 자연에 관한 지식을 모아 여행기를 펴냈다. 이들이 책에서 묘사한 지식은 로마 시대 사람이 추측했던 것보다 훨씬 구체적이었다. 그런데 이런 지식은 무엇보다 아라비아 지역에서 많이 유포되었다.

드넓은 사막의 다른 편이 어떤지 궁금했던 사람은 사하라 사막 동쪽의 바닷길을 통해 지나갈 수 있었다. 바로 홍해와 아덴만을 지나고, 그다음에는 '아프리카의 뿔(The Horn of Africa, 아프리카 북동부 10개국)'로 불리는 지역을 지나는 식이었다. 아프리카 동쪽 연안을 따라 이어지는 이 경로는 이미 로마 시대에 인도양의 커다란 무역망의 일부분으로 잘 알려져 있었다. 이 길을 따라 4세기에서 7세기에 걸쳐 에티오피아와 누비아까지 기독교가 전해졌다. 그런데 이슬람은 기독교보다 훨씬 더 큰 성공을 거두었다. 이슬람은 8세기부터 아라비아와 북아프리카, 페르시아에 이르는 지역을 장악했고, 이로써 사하라 사막 동쪽으로 지나가는 기독교도의 행로를 가로막았다.

이슬람의 영향은 얼마 지나지 않아 동아프리카에까지 미쳤다. 이곳은 이미 로마 시대 때부터 동아프리카 연안에 있는 얼마 없는 자연 항구 주변에 형성된 무역 도시를 통해 이슬람과 처음으로 대면했다. 4장 '바리가자' 편에서 소개된 《에리트레아 항해지》의 저자가 당시에는 무척 촌스러웠던 동아프리카 연안에 있던 무역 장소를 벌써 책에서 묘사했다. 이곳은 그리스도가 탄생한 후부터 이슬람이 된 시기까지 눈에 띌 정도로 큰 변화를 겪었다. 교역이 진행되던 곳은 도회적으로 바뀌었고, 규모도 커지고 활기가 넘쳤다. 이슬람으로 바뀌는 과정 자체는 사헬 지대에서와 비슷하게 진행됐다. 상인, 그다음에는 지도자, 그리고 마지막으로 소시민이 무슬림으로 바뀌었다. 대중이 강요에 의해 한꺼번에 갑자기 개종되기보다는 교역과 학문을 통해 서서히 변하는 방식이었다. 그런데 이쪽 분야를 연구하는 사람들은 이슬람이 도시 변화에 얼마나 큰 영향을 끼쳤는지를 두고 서로 의견이 달랐다. 몇몇 학자는 이슬람이 뚜렷한 진보를 가져왔다고 전제한다. 문자와 숫자, 책 문화를 이용하면 완전히 새로운 방식으로 사업을 하고 계획할 수 있기 때문이다. 이슬람을 통해 그제야 비로소 도회적 삶이 등장했다고도 볼 수 있다. 그러나 도시화가 서서히 진행됐다는 견해를 보이는 학자도 있다. 이들은 이슬람이 도시화 과정을 촉진한 많은 요소 중 하나에 불과하다고 생각한다. 어찌 됐건 1498년에 바스쿠 다가마(Vasco da Gama, 1469~1524) 지휘관의 지휘 아래 포르투갈 배가 최초로 동아프리카 연안에 접근했을 때 이곳에 살던 사람은 무슬림이었다. 포르투갈인은 이미 이 사실을 알고 있었다. 이들이 인도로 항해한 목적은 탐사와 기독교의 전파였으며, 이 항해는 신앙심이 없는 사람을 상대로 한 전쟁으로 여겼다.

스와힐리– 13세기부터 16세기에 걸친 교역과 변혁

1498년에 포르투갈의 바스쿠 다가마 선장은 아프리카를 돌아 인도로 향했다. 훗날 축하받은 이 탐험 여행길에서 최초로 들른 동아프리카 항구는 바로 이 시기에 가장 중요한 항구 중 한 곳이었던 킬와(Kilwa)였다. 현재는 어업 종사자가 사는 육지에 가까운 조그만 섬으로, 탄자니아의 잔지바르(Zanzibar)에서 남쪽으로 300킬로미터 정도 더 내려가면 있다. 과거에 이곳이 동아프리카 교역의 메트로폴리스였다는 것을 알려주는 유적지를 곳곳에서 여전히 볼 수 있다. 킬와는 유네스코 세계문화유산 목록에 등재되어 있다. 다음은 포르투갈에서 최초로 방문한 사람 중 한 명이 1502년에 남긴 글이다.

"해안가까지 뻗은 도시는 담과 여러 탑으로 둘러싸여 있다. 그리고 그 사이 사이에 약 1만 2천 명의 주민이 살고 있다. 거리는 매우 좁고 옆에는 3층이나 4층으로 올려 지은 주택이 둘러 서 있다. 주택의 옥상 테라스는 옆집과 가깝게 붙어 있어서 테라스를 따라 쭉 걸어갈 수 있을 정도였다…. 항구에는 많은 배가 떠 있었다."

포르투갈인은 킬와의 모습이 낯설었지만, 깊은 인상을 받았다. 킬와의 문화는 유럽의 도시와 비교해도 전혀 뒤지지 않을 정도였다. 부유한 상점과 공중목욕탕, 이슬람교 사원, 그리고 궁전 같은 커다란 공공건물이 도시의 모습을 이루었다. 온 건물은 산호석으로 완성되었다. 산호석은 잘 알려지지 않은 건축 재료로, 장기적 안목으로 동아프리카 연안에 대표적 건물을 짓기에 가장 적합했다. 킬와에서는 산호초에서 원료를 얻은 뒤에 잘라서 바로 원하는 형태로 만들고 햇볕에 말려 굳혔다. 포르투갈인이 오기 200년 전에 이븐 바투타가 쓴 아라비아 여행기에서는 킬와가 큰 도시이며 집은 나무로 지어졌다고 되어 있다. 13~15세기에 많은 변화가 일어났다. 고고학적 유물은 도시가 부유해졌다는 것을 보여준다. 킬와는 1200년부터 집을 돌로도 지었고, 14세기에는 전성기를 맞이했다. 이슬람교 사원과 궁전은 새로운 형태로 지어졌는데, 이는 킬와가 바다 건너 다른 나라와 교류했다는 것을 의미한다.

　상인은 도시에서 주도권을 손에 쥐고 있었다. 이들은 커다란 살롱이 있고 돌로 지은 화려한 집에 살았다. 집 내벽에는 값비싼 태피스트리(tapestry, 여러 가지 색실로 그림을 짜 넣은 직물. 벽걸이나 가리개 따위의 실내 장식품-역주)나 나무로 된 조각품이 걸려있었다. 부자 상인은 중국 도자기 그릇에 밥을 먹고 값비싼 그릇은 살롱의 벽감(벽의 오목하게 들어간 부분-역주)에 장식을 해서 과시했다. 이들은 욕실에서 씻고 집 안에 딸린 화장실도 따로 있었다. 여자는 금장식이 들어간 면과 비단으로 된 옷을 입었다. 킬와에서는 스와힐리어(Swahili language)를 사용했다. 스와힐리어는 아랍어에서 차용한 언어가 많은 아프리카 반투어(Bantu)로, 동아프리카의 대부분 지역에서 쓰였다. 기록할 때는 아프리카에 많지 않은 문자 중 하나였던 아랍어 철자를 사용했다. 킬와의 주민은 스와힐리어로 우아한 시를 지었는데, 이 중 몇 편은 오늘날까지 전해 온다.

　스와힐리어의 특성을 보면 킬와의 주민이 어디서 왔는지 알 수 있다. 킬와에는 막강한 영향력을 지닌 아라비아와 인도, 그리고 페르시아 사람이 있었다. 그러나 주민 대부분은 내륙의 오지에서 해안가로 온 농부와 수공업자의 후손이었다. 이들은 우선 고기잡이로 생계를 유지하다가 나중에 교역을 통해 부수적으로 수입을 얻을 수 있음을 알았다. 다른 지역까지 진출하는 도매 교역상으로 발을 들여놓는 데 성공하자 몇몇이 부자가 됐다. 이들은 인도양의 물질문화생활에 적응했다. 아라비아와 페르시아, 또 인도의 관습 및 아라비아의 문자와 종교를 자신의 전통과 연결했다. 심지어 아라비아 혹은 페르시아 출신이라고 주장하는 사람도 있었고, 여기에 맞추어 족보를 가짜로 그럴듯하게 만들기도 했다. 스와힐리 문화에는 아프리카의 특색이 있다. 따라서 이 문화가 단지 아라비아의 벽지 소도시 문화에 불과하다고 과거에 언급했던 연구가의 견해는 옳지 않다. 스와힐리 문화는 아라비아와 페르시아, 인도에서 영향을 받은 해상 무역망으로 연결되고 이 무역망에 좌우된 문화였다. 비이슬람적 오지에서는 분명히 멀찍이 떨어져 있었다.

　　킬와에는 물론 부유하고 아름다운 사람만 있었던 것은 아니다. 평범한 수준의 사람과 가난한 사람도 이곳에 살았다. 아무리 부유한 무역 도시라도 어부와 농부, 소상인 그리고 모든 종류의 수공업자가 필요했다. 소시민과 아무것도 소유하지 못한 사람은 흙과 짚을 엮어 지은 집이나 오두막에 살았다. 고고학자는 킬와 유적지에서 수준과 품질 차이가 크게 나는 아프리카와 아라비아, 인도, 중국의 도자기 파편을 발견했다. 이로써 킬와가 지리적으로 멀리 떨어진 곳과 교류했다는 사실을 알 수 있다. 또한, 이것은 지역의 경계와 사치품 소매, 그리고 소시민의 일상생활을 보여준다. 그런데 1500년경에는 아무리 가난한 사람이라도 한 솥을 두고 다 같이 밥을 먹은 것이 아니라, 개별적으로 그릇을 사용했다는 것을 한 고고학자가 밝혀냈다. 킬와는 포르투갈 출신 사람이 고향에서 느꼈던 사회적 신분의 차이와 갈등을 재인식할 수 있는 발달된 문명 도시였다.

　　킬와와 담으로 둘러싸인 항구도시 사이에는 수많은 소도시와 마을이 있었다. 이곳에는 담도 없고 돌로 지은 집도 없었다. 그렇지만 시장과 상점, 커피숍은 있었다. 킬와 주민은 농사를 짓고 일부 수확물은 큰 도시의 시장에 내다 팔았다. 도시와 마을은 이렇게 서로 의지하며 공존했다. 킬와가 가까운 주변 지역에서만 생필품을 얻은 것은 아니다. 예로, 쌀은 마다가스카르(Madagascar)

에서 수입했다.

정치적인 면에서 봤을 때 아프리카의 동부 연안은 권력을 다소 쥔 도시국가의 집합으로 생각할 수 있다. 권력이 한 곳으로 집중된 스와힐리 왕국은 존재하지 않았다. 이곳에 있던 도시는 서로를 잘 파악하고 있었다. 이들은 같은 문화에 속하고 그들의 도시가 아프리카 오지보다 발달했다고 여겼다. 무역 상품과 아라비아와 인도에서 온 교역 선박을 놓고 서로 경쟁했고, 문제가 발생하면 때로는 평화적으로, 때로는 그보다는 덜한 수단을 동원하여 해결했다. 하지만 이곳에 있던 도시를 군사적으로 장악하는 일은 아무 의미가 없다는 생각이 대부분이었다. 정기적으로 이곳에 찾아오는 외국의 선장은 이곳에 들름으로써 많은 것이 좌우되는 상황인데, 무장한 도시의 항구에 입항하는 것을 꺼리고 다른 항구로 가버릴 수 있기 때문이었다. 이곳을 찾은 사람들의 종교적 차이도 크게 문제 삼지 않았다. 이슬람이 우세한 종교이기는 했지만, 아프리카 오지에서 온 이주민, 선원, 그리고 상인은 사업을 위험에 빠뜨리지 않기 위해 용인되어야 하는 고유 종교관을 지닌 채 이곳에 왔다.

대짐바브웨 유적

아프리카 동부 해안의 다른 도시에서처럼 킬와에서도 수많은 종류의 물품이 거래되었다. 금과 상아, 노예 혹은 용연향(향유고래의 향료-역주)과 같은 아프리카 생산품을 헝겊과 의복, 도기, 진주, 그 밖에 아시아에서 온 다른 많은 물건과 바꾸었다. 스와힐리 문화권에 속한 남쪽 도시의 특색이라면 금이 거래된 일이다. 금은 내륙의 한 왕국에서 나왔는데, 이곳은 1300~1500년에 아프리카 남부에서 번창했고 그 수도는 오늘날까지도 여전히 매혹적인 모습을 보여준다. 대짐바브웨(Great Zimbabwe)는 킬와에서 남서쪽으로 약 1,500킬로미터 떨어져 있으며, 오늘날의 짐바브웨 수도 하라레(Harare)에서 남쪽으로 300킬로미터 떨어져 있었다. 이곳은 식민지가 되기 이전에 아프리카에서 사하라 이남의 가장 큰 도시였는데, 인구수가 1만 1천 명에서 1만 8천 명에 다다랐다. 19세기에 유럽의 한 연구가는 1500년경 이후 주민들이 떠나버린 도시의 돌로 덮인 유적지를 다시 발견했을 때, 어쩌면 예멘과 성경에 나오는 인물의 후손과 뿔뿔이 흩어진 그리스인이나 페니키아인 혹은 외계인이 이곳에 살았을지도 모른다고 가정했다. 아프리카인이 이 정도 규모의 정교하고 우아한 작품을 만들지는 못할 것이라고 믿었기 때문이다. 당연히 이런 가정은 틀렸다. 이 발견은 한편으로는 유럽인의 오만함을 보여주고, 다른 한편으로는 유적만으로도 왕국의 권력과 풍요로움이 얼마나 위대했는지를 알려주는 일이었다. 180헥타르에 달하는 도시의 한 언덕 위에는 유럽인이 '아크로폴리스(Acropolis)'라고 부르는 눈에 띄는 건축물이 서 있다. 건물을 쌓을 때 사용된 각각의 돌은 너무나 정교하게 깎여서 모르타르 없이도 약 800년간 서로 붙어있었다. 여전히 남아있는 언덕 아래 둘레를 둘러싼 담장의 유적은 높이가 12미터까지 달하고, 두께는 5미터에 이른다. 그러나 담벼락을 무슨 용도로 쌓았는지는 불분명하다.

대짐바브웨의 삶에 관해 알려진 것은 킬와에 관해서보다도 훨씬 적다. 문자도 없었고, 대짐바브웨에 사람이 어떻게 사는지 보고 기록한 유럽인도 없었기 때문이다. 하지만 이곳에도 부자와 가난한 사람이 살았다. 부자는 언덕 위에 자리 잡은 지배 중심지로부터 가까운 곳에 살았다. 이곳에서 중국의 도자기와 인도에서 온 진주가 발굴되기도 했다. 더 아래쪽 계곡에는 서민을 위한 보금자리가 있었다. 종교적 제례 의식에서는 새가 아주 중요한 역할을 차지했다. 19세기 때부터 많은 사람이 예배당에 보관되어 있던 동석으로 만들어진 새 조각에 큰 관심을 갖고 다시 관찰했다. 오늘날 짐바브웨의 깃발에는 이런 새 형상 중 하나가 그려져 있다.

대짐바브웨는 광범위한 왕국의 중심이었다. 왕국에는 300개 이상의 돌로 지은 중심지가 있었다는 것이 증명되었다. 중심지 가운데 약간 더 큰 곳은 왕국의 지방 수도였는데, 그 화려함은 대짐바브웨에서 절정에 이르렀다. 사치품에서 볼 수 있듯이 도시는 해안과 연결되어 있었고, 원거리 무역을 했다. 어쩌면 도시는 수출입 사업을 통해 주도권을 갖게 되었을 것이다. 1200년부터 킬와는 수익성이 높은 짐바브웨의 금 거래를 장악했으며, 이와 동시에 항구도시가 커졌고 변화했다. 금 외에도 짐바브웨의 상아는 킬와를 거쳐 중국, 인도, 페르시아, 아라비아 물품과 거래됐다. 교역의 메트로폴리스였던 킬와와 왕국의 수도였던 대짐바브웨는 15세기 중반까지 서로 이득을 주고받았다. 하지만 대짐바브웨는 그 후 중요성을 상실했다. 지방 도시가 대짐바브웨에 등을 돌리면서 다른 왕국이 주도권을 차지했다. 더불어 해안 방향으로 난 무역 경로에 대한 통제력도 잃고 말았다. 결국 대짐바브웨의 주민은 능력을 점점 잃어가는 수도를 버리고 떠났다. 무엇이 원인이었는지는 분명하지 않다. 어쩌면 인간이 초래한 환경 문제(숲의 벌목, 지면 침식, 과잉 방목)가 주요 원인이었을 것이다. 혹은 전염병이 창궐하여 도시 주민을 죽음으로 몰았을 수도 있다. 몇몇 고고학자는 대짐바브웨의 경제를 책임지던 금맥이 고갈되었기 때문이라고도 추정한다. 원인이야 무엇이든 간에 대짐바브웨의 종말은 매우 빨리 찾아왔다.

킬와의 멸망

대짐바브웨의 쇠퇴와 멸망이 킬와에도 동시에 해를 불러왔을 수 있다. 14세기 초 전성기를 보낸 킬와에 위기가 찾아온 듯했지만, 도시는 1400년쯤에 다시 회복되었다. 그 당시에 대이슬람교 사원이 새로 지어졌는데, 분명 다른 이슬람교 사원도 계속 지어졌을 것이다. 15세기 후반에는 초반보다 상황이 좋지 않았다. 킬와는 아프리카 내륙에서 생산되는 금의 물결을 통제하지 못했고, 이웃한 무역 도시가 성장하여 부를 내세울 정도로 발전했다. 이것이 대짐바브웨의 결정적 멸망과 깊이 관련되었을 가능성이 크다. 하지만 구체적인 상황은 알 수 없다. 이러는 동안에 포르투갈인이 찾아왔다.

1498년에 동아프리카 해안에 접근했던 바스쿠 다가마 지휘관의 배 세 척은 신선한 물과 스와힐리의 도시로부터 예비 식량을 지원받기를 원했다. 그런데 이들은 필요했던 것뿐만 아니라 더 나아가서 손님으로서의 선물도 받았는데, 그 수준이 포르투갈인들이 가져올 수 있었던 그 어떤 것보다 더 값진 것이었다. 반대로 스와힐리족은 베푼 만큼 보답받지 못했다. 포르투갈인은 더 많은 배에 더 많은 대포를 싣고 다시 찾아와 비기독교 신도에 맞서고 기독교도의 무역 활동을 위해 싸우려는 의지로 덤볐다. 포르투갈은 몇 척의 배로 연합을 이루어 스스로 항복하지 않던 스와힐리족의 모든 항구를 장악했다. 이곳 사람은 유럽과 한 번도 전쟁을 해본 적이 없었다. 전쟁 기술이라고 해보았자 기껏해야 지휘관의 명령 아래 지난 몇 년 동안 오지에 사는 비무슬림 주민을 상대로 싸워본 것이 전부였다. 일반적으로 군대 대신 민병대가 있었다. 그런데 지금 포르투갈의 대포알이 날아와 스와힐리의 궁전과 항구에 있는 산호로 지은 벽을 뚫었다. 스와힐리 민병대가 지닌 기독교 신의 기사로서의 각오는 이들의 욕심만큼이나 작았다. 킬와나 스와힐리의 다른 도시도 포르투갈에 버틸 수 없었다. 1510년에 포르투갈은 킬와에서부터 위에 있는 모가디슈(Mogadishu)까지 아프리카 동부 해안의 주인이 되었다.

　　포르투갈의 배는 동아프리카 앞에서만이 아니라 인도의 서부 해안에서도 전쟁을 치렀다. 인도양에서 독점 무역을 이룩해야만 했기 때문이다. 미래에 물자를 포르투갈 배에만 선적할 수 있다는 허가를 받아야 했다. 당연히 큰 수익을 가져올 사업 구상이었다. 그러나 포르투갈은 이 목표를 달성하지 못했다. 배가 수적으로 많이 부족했고, 도시에서 발생할 무역 과정을 감독할 포르투갈인이 너무 적었기 때문이다. 하지만 이런 건설적인 목표가 없었음에도 스와힐리의 번창하던 문화는 사라져버렸다. 킬와는 1505년에 약탈을 당했지만, 이후에 극복했다. 포르투갈인은 이곳에 요새를 짓고 무역을 감시하기 위한 장소로 사용하며, 인도로 향하는 길의 중간 지점으로 이용했다. 그런데 스와힐리 상인의 사업은 더 이상 꽃을 피우지 못했다. 이들은 포르투갈인과 손을 잡고 일을 하느냐(그러면 수익 대부분을 포르투갈인이 차지함), 아니면 암거래를 하느냐의

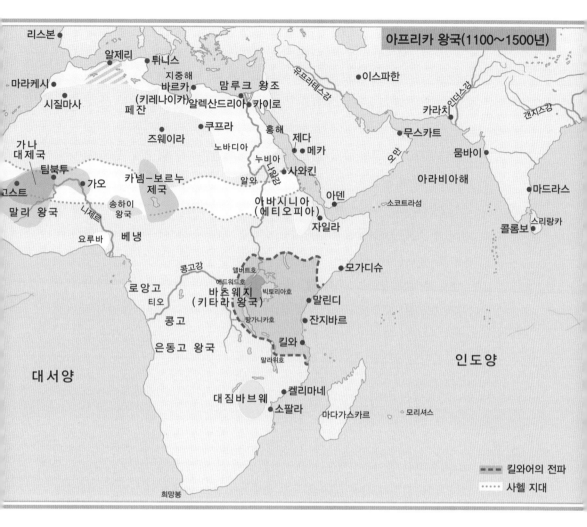

아프리카 왕국(1100~1500년)

리스본
알제리
튀니스
지중해
바르카
(키레나이카)
마라케시
시질마사
페잔
알렉산드리아
맘루크 왕조
카이로
유프라테스강
이스파한
인더스강
갠지스강
카라치
쿠프라
무스카트
즈웨이라
노바디아
홍해
제다
메카
뭄바이
가나
대제국
팀북투
누비아
나일강
알와
사와킨
오만
아라비아해
카넴-보르누
제국
가오
마드라스
송하이
왕국
고스트
말리 왕국
니제르
아바시니아
(에티오피아)
아덴
소코트라섬
콜롬보
스리랑카
요루바
베냉
자일라
모가디슈
콩고강
앨버트호
에드워드호
로앙고
티오
바츠웨지
(키타라 왕국)
빅토리아호
말린디
콩고
탕가니카호
잔지바르
은동고 왕국
킬와
말라위호
인도양
대서양
대짐바브웨
켈리마네
소팔라
마다가스카르
모리셔스
희망봉

▬▬▬ 킬와어의 전파
‥‥‥ 사헬 지대

갈림길에 서서 결정해야만 했다. 둘 중 어느 것을 선택해도 큰 이익을 챙길 수
없는 것은 마찬가지였다. 1571년에 쓰인 어떤 글을 보면, 킬와는 이전에 매우
크고 부유한 도시였지만, 이제 와서는 석조 건물이 대부분 폐허가 되었다고 적
혀 있다. 고고학자는 16세기에 새로 지은 돌로 된 건물 딱 한 채만을 발견했
다. 이 건물은 다름 아닌 킬와의 술탄이 잠들어 있는 무덤이었다. 건물에 쓰인
재료는 대부분 더 오래된 주택의 폐허지에서 나온 것이었다. 동아프리카 해안

은 수백 년에 걸쳐 포르투갈인의 '정복'에서 벗어나 회복하고자 노력했다. 하지만 킬와는 결국은 더 이상 회복하지 못했다. 1843년까지 킬와에는 술탄이 있었는데, 재위 기간 말기에는 2천 명에서 3천 명 정도밖에 안 되는 주민이 사는 섬 위의 넓은 마을을 다스렸다. 이 섬에는 돌로 된 살 만한 집이 한 채도 없었다.

1843년 포르투갈의 통치자가 동아프리카 해안을 다스린 일은 물론 이미 역사의 한 부분이 되었다. 포르투갈은 군사적으로 포르투갈의 지배에 대항해 일어난 반란을 성공적으로 제압할 만큼 전력이 우세했다. 그렇지만 이 지역을 주관하지는 못했다. 이슬람교 신자였던 주민은 기독교 신자가 되기를 원하지 않았다. 언어와 문화, 경제는 계속해서 지역을 벗어나 번성해 나갔다. 그다음에는 점차 부상해 유럽의 강호였던 영국과 네덜란드가 인도와 동아프리카의 사이에서 행동을 개시했다. 이 두 나라는 군사적인 면에서도 포르투갈을 위기로 몰았다. 17세기 말에 오스만 제국의 술탄이 동아프리카 해안을 정벌했다.

아프리카 왕국

스와힐리의 동아프리카는 아프리카의 6개 큰 지역 중 하나였다. 킬와가 전성기를 맞이했을 당시에 이곳에는 도시와 광범위한 지역을 다스리는 지배자가 있었고, 아프리카의 어떤 지역보다도 훨씬 더 많은 사람이 살았다. 지중해에 가까운 북아프리카(1)와 아스완(Aswan)과 카이로 사이의 나일강 하류(2), 에티오피아의 산악 지대(3), 빅토리아호와 탕가니카호, 앨버트호, 그리고 더 많은 호수에 둘러싸인 동아프리카의 내륙 지역(4), 동아프리카 해안(5), 그리고 무엇보다 오늘날의 세네갈에서 카메룬(6)에 이르는 서아프리카가 스와힐리에 속했다. 사람이 많이 모여 사는 거주지 지대 사이사이에는 거주인인 적거나 아예 거주하지 않는 지역이 있었다. 어쨌든 1500년경 아프리카에서는 다른 세상과 접촉하지 않고 자급자족하며 추장이 다스리는 집단이 전형적이었다. 물론 이런 형태의 집단도 있었지만, 거주지와 마을이 변하거나 이동하고, 다른 마을이나 도시와도 이따금 교류하는 일도 생겼다. 이를 통해 쓸모 있는 정보와 기술이 빠르게 퍼져 나갔다. 예로, 아시아의 쌀과 바나나 변종이 스와힐리 항구를 거쳐 아프리카에 들어왔다. 많은 농부가 곧 이것들을 키우기 시작했다. 이미 17세기 초기에 동아프리카에 있는 커다란 호수 주변에서 남아메리카의 식용 작물인 옥수수, 마니옥(manioc. 카사바), 콩, 감자가 재배되었다. 모두 콜럼버스 이후에 아프리카에 들어온 것이었다. 유럽에서처럼 아프리카에서도 남아메리카에서 들여온 식물로 식량 공급량이 증가했다.

아프리카의 인구는 매우 느리게 증가했다. 사하라 사막과 칼라하리(Kalahari) 사막 및 열대 원시림처럼 사람이 모여서 살기에 부적합한 지형이 많은 것이 하나의 원인이었다. 또 다른 원인은 생명을 위협하는 위험한 질병 때문이었다. 예로, 체체파리(Glossinidae)는 치명적인 수면병을 일으키고 퍼뜨렸다. 모기는 말라리아를 옮겼고, 달팽이는 주혈협충증을 일으키는 흡충(기생충)이 살아남도록 했다. 이 세 가지 질병은 어느 열대 지역과 사바나 초원 지대에서는 사람에게 치명적이었다. 체체파리는 열대의 습한 숲속과 해수면 높이의 따뜻한 사바나에서 서식하기 때문에 이는 정치적 사실과도 관련되었다. 서아프리카 이슬람 제국이 남쪽으로 영역을 넓혀가려는 야망은 다른 왕국의 경계나 장벽 때문에 막힌 것이 아니라, 체체파리의 서식 영역이 시작하는 곳에서 꺾였다. 앞서 제시한 세 가지 질병은 어떤 지역에서는 눈에 띌 만큼 인구 성장을 방해했다.

19세기에 이르기까지 아프리카인의 평균 수명은 잘해야 20세가 약간 넘는 정도였다. 이 숫자는 물론 당시 영유아 사망률이 높고 지역별로 상당히 큰 차이가 있었기 때문에 신빙성은 높지 않다. 그렇지만 이것 자체만으로 삶이 얼마나 고됐으며 죽음이 얼마나 가까이 있었는지를 확실히 알 수 있다. 열대병은 유럽인이 내륙으로 침입하는 일을 막아주기도 했다. 아메리카에서와는 다르게 사하라 이남의 아프리카에서는 인종 구분 없이 모두 같은 질병에 걸렸다. 유럽인은 열대병의 전염 경로를 이해하기 위해 20세기 초까지 시간을 보냈다. 그때까지 많은 백인 선원과 군인, 탐험가, 선교사가 목숨을 잃었다.

아프리카 '왕국'은 어떻게 세워지고 유지되었을까? 물론 지역과 시기에 따라 차이가 크겠지만, 몇 가지 공통점도 있다. 킬와에서 보았던 것처럼 사람은 무슬림(종교), 상인(직업), 남자(성별), 문화와 언어 공동체(스와힐리)와 같은 다양한 기본 바탕에서 연대감을 느낄 수 있었다. 그리고 이들은 가족 혹은 부족 공동체, 마을이나 도시(킬와), 측근 정치 집단(부유한 상인, 신하, 종속인), 세대 공동체의 일원이었다. 이런 공동체 대부분은 변할 수도 있었다. 사람들은 다른 언어나 직업을 배우고 종교를 바꿀 수 있었다. 어떤 변화는 시간이 필요했고, 어떤 것은 세대를 걸쳐 진행(이슬람화)되었다. 어떤 변화(후원자나 의뢰인의 변경)는 좀 더 빨리 실행되기도 했다. 사람들은 동시에 다양한 정체성을 가졌다. 종교적 지도자나 직장 동료, 정치적 지도자, 수호자 등에게 충성을 바치거나, 이런 집단 가운데 한 곳에서 스스로 우두머리 지위에 오르려 노력했다. 이 위치에 이르면 여러 가지 행동의 가능성이 열렸다. 킬와를 다스리던 술탄은 지배자의 지위를 확고히 하고자 부유한 상인과 결합해야만 했다. 아프리카 동부 해안에는 공용어와 문화, 종교를 지닌 여러 집단이 있었지만, 이들은 통합된 하나의 스와힐리 왕국을 세우지는 못했다. 경제적 측면이 이를 방해했을 것이다. 유럽인은 아프리카인이 지녔던 다양한 정체성과 충성심을 오랫동안 이해하지 못했다. 이들은 '부족', '족장', '나라', 혹은 '왕'과 같은 개념이 아예 존재하지 않았던 곳에 이런 개념을 만들고는 아프리카인이 충성심을 모르고 무질서하다고 불평했다.

대왕국은 정체성과 충성심으로 결속되었다. 정체성과 충성심은 이슬람, 기독교 혹은 다른 종교에 바탕을 둔 왕국이나 신화적 조상을 두거나 공통의 언어를 쓰는 일원을 단결시킬 수도 있었다. 가끔은 각각의 집단을 유리하게 할 군사적 혁신이 왕국을 건설하는 동기가 되기도 했다. 예를 들어, 사하라 사막을 지나는 무역이 집약적으로 이루어졌을 때나 사하라 이남에 말을 들여오거나, 유럽인이 아프리카의 노예와 교환하여 얻은 총포가 전파되었을 때처럼 말이다. 반면, 대짐바브웨의 경우 대왕국을 건설한 동기는 원거리 무역을 번창하게 하여 지역을 부유하게 함으로써 지배와 복종을 보장하기 위해서였다. 이런 대왕국에는 지배자와 그의 가족이 머물던 중심지가 있었다. 통치자의 직위가 보통은 아무런 법적 제재도 받지 않고 가족 내에서 세습할 수 있다고는 해도 지배자가 아무런 제약을 받지 않는 것은 아니었다. 그는 주요 인사나 가족을 챙기고 성공을 거두어야 했다. 만약 그러지 못하면 직위를 박탈당하거나 바로 권력을 잃었다. 1400년 이후에 대짐바브웨에서는 많은 사람이 통치자와 그의 도시를 등지고 다른 사람에게 충성한 듯하다. 중심지가 한 곳인 관점에서 바라보면 이것은 성장과 실패의 역사로 직접 연결된다. 하지만 대짐바브웨처럼 300개 이상의 작은 중심지를 가진 곳의 관점에서는 오히려 충성과 교류의 대상 혹은 정체성의 변화와 이동만을 의미했다. 이렇게 하는 편이 자신의 미래를 위해 더 안전했다.

물론 통치자는 권력이 붕괴하는 것을 피하려 애썼다. 어떤 지배자는 정규군을 조직하기도 했다. 종속된 지역에 조공을 요구하거나 통치자의 권리를 대행하는 관리자를 임명하는 지배자도 있었다. 어떤 지배자는 종속인이 출석해야만 하는 휘황찬란한 궁전을 세우고 지배자의 상징을 과시하는 궁을 건설하기도 했다. 또 자신이 통치함으로써 이로운 일이 많다는 것을 증명하기 위해 도로를 건설하기도 했다. 몇몇 왕국은 이런 방법을 통해 수백 년을 견디었다. 소비에트 연방이나 대영 제국과 비교해보면 상당히 오랜 기간이다. 1~9세기까지 존재했던 악숨(Aksum) 왕국은 오늘날의 에티오피아를 만들어냈다. 4장 '바리가자' 편에서 소개된《에리트레아 항해지》에도 이 내용이 나온다. 8~12세기까지 가나는 서아프리카에서 가장 중요한 왕국이었다. 가나의 성장은 사하라 사막을 통과하는 무역과 운송에서 낙타 이용률이 증가한 것과 관련이 깊다. 가나의 몰락에서 이익을 얻은 것은 말리(Mali) 왕국이었다. 12~18세기까지 하우사(Hausa) 도시국가는 오늘날의 차드(Chad)와 니제르(Niger), 북나이지리아에 속하는 영역을 지배했다. 나이지리아의 남서부에서는 요루바(Yoruba) 도시국가가 번창했다. 대짐바브웨는 11~15세기까지 전성기를 누렸다. 그 외에도 다른 여러 왕국이 유적지와 이야깃거리를 남기고 신화가 되었다. 제2차 세계대전이 끝난 후에 아프리카 국가가 독립했을 때 이들 중 몇몇 나라는 자신을 신화와 연결하려 했다. 그래서 국가의 이름을 말리나 가나 혹은 짐바브웨로 정했다.

그러나 이런 나라와 과거 위대한 왕국과의 사이에 직접적 연관성은 존재하지 않는다. 심지어 영토도 일치하지 않는다. 오늘날의 가나는 8~12세기까지 존재했던 예전의 가나 왕국에서 남쪽으로 훨씬 멀리 떨어진 곳에 있다. 그 원인은 뒤에 나오는 18장 '볼타호' 편에서 알아보기로 하겠다.

노예제도와 노예무역

아프리카의 정치적 통치자는 포르투갈인과 이후 다른 유럽인이 도착하면서 변했다. 킬와와 스와힐리 문명에서 이 점을 뚜렷이 관찰할 수 있다. 그런데 사실 이것은 예외였다. 1800년까지 땅을 차지하려고 아프리카나 인도에 발을 디딘 유럽인은 없었다. 이들은 대부분 배 위에 머물렀다. 이유는 다양했다. 열대병과 아프리카의 큰 강은 해안에 가까워질수록 물살이 너무나 빨라서 배로 지나갈 수 없었기 때문이다. 그리고 집을 떠나 멀리 떨어진 곳까지 가려고 할 만큼 관심도 크지 않았다. 기껏해야 이들은 전략적인 지점으로 쓸 만한 항구 몇 군데만 꼭 붙들었다. 초기에 그중 유일하게 포르투갈인만 용기를 내어 콩고 내륙과 동아프리카로 들어갔다. 그러나 결과는 다른 나라에 동기를 유발할 만큼 특별히 긍정적이지 못했다. 포르투갈인 외에는 17세기와 18세기에 네덜란드인이 아프리카의 남쪽 끄트머리인 희망봉(Cape of Good Hope)에서부터 거주하기 시작했다. 유럽인은 아프리카의 영토를 얻는 일보다 현지인에게 기독교를 전파하는 일을 더욱 중요하게 생각했다. 그러나 1800년까지 해안가에서 성공을 거둔 몇몇 사례가 있을 뿐이었다. 15세기와 16세기 때 그 당시의 콩고 왕국(오늘날의 앙골라)에 유일하게 현지 출신의 주교가 있었다. 아무리 종교가 중요하다고 해도 유럽인이 가장 관심을 둔 곳은 누가 뭐래도 사업이었다. 이를 위해 포르투갈인은 스와힐리의 도시와 전쟁을 일으켰다. 이들은 우선 교역에, 그다음에는 돈, 그리고 점점 더 많은 노예를 사들이는 일에 관심을 쏟았다.

노예는 다른 사람의 재산 목록에 포함되고, 사고팔 수 있는 물건처럼 취급받는 사람이다. 유럽인이 오기 전에도 이미 아프리카(그 외에 다른 지역에서도)의 많은 지역에서 노예제가 오랜 기간 존재했고 매우 다양한 방식의 노예제가 실행되었다. 전쟁에서 포로로 잡히거나 빚을 져서 혹은 그 밖의 어려운 상황에 처했다가 노예가 되곤 했다. 주인은 노예에게 밭일이나 집안일을 시켰고, 일을 제대로 가르쳐서 작업반장이나 전문 인력으로 작업장에 투입하였다. 단순히 아무 필요도 없는데 엄청난 수의 노예를 두어서 부를 과시하기도 했다. 노예를 좋게 혹은 나쁘게 취급하거나, 괴롭히거나 상을 주는 주인도 있었다. 가끔은 자신의 노예를 자기 자식과 결혼시키거나 해방해 주기도 했다. 모든 일이 실제로 일어났다. 아프리카 몇몇 집단에서는 노예가 가족의 일원이 되기도 했다. 그래서 일상에서 누가 노예고 자유인인지 구별하기가 쉽지 않았다.

우리는 앞의 사하라와 킬와의 예에서 아프리카 내에서, 그리고 국경을 초월하여, 또 바다 건너 유럽인이 오기 전에 이미 노예가 거래되었다는 사실을 보았다. 노예는 대상 무역 경로를 따라 북아프리카에 끌려왔다. 그러고는 스와힐리 도시에서 배에 실려 인도와 아라비아, 그리고 멀리 비잔티움 제국까지 왔다. 이들의 운명이 노예로 팔려 간 최종 목적지에서 어땠는지는 알려지지 않았다. 죽어서 쓰러질 정도로 고되게 일한 노예도 있었다. 어떤 노예는 가족 집단에 점차 수용되어 첫 번째 혹은 두 번째 세대에 와서는 자유의 몸이 될 수도 있었다. 7~20세기 사이에 전체 1천 2백만 명을 웃도는 사람이 사하라 사막과 동아프리카 항구를 거쳐 물건처럼 '수출'되었다.

포르투갈인이 도착한 후부터 배를 타고 대서양을 건넌 노예의 숫자는 1천 1백만 명에서 1천 5백만 명 정도로 추정된다. 이들은 우선 마데이라를 거쳐 리스본으로 보내졌다. 16세기 중엽에는 포르투갈의 인구 중 10퍼센트 이상이 흑인 노예였다. 그러나 사실상의 노예 사업 최종 목적지는 포르투갈이 아니라 카리브해, 브라질, 스페인인이 장악한 아메리카와 훗날에는 북아메리카였다. 이런 인신매매 무역이 아프리카 집단에 끼친 영향은 지역적으로 집중되었고, 사하라 사막과 동아프리카를 지나는 경로보다 훨씬 더 길고 일정하게 진행된 무역보다도 훨씬 활발히 진행되었다. 일반 무역과는 달리 15세기 후반부터 19세기까지에 걸쳐 일어난 일로 전체 시간은 훨씬 짧다. 1600년까지는 약 40만 명의 노예가, 17세기에 와서는 1천 9백만 명이, 18세기에는 6천 1백만 명, 그리고 19세기에는 3천 3백만 명이 아메리카에 왔다. 노예를 원하는 사람들의 목적은 지역별로 좀 특이했다. 아메리카에서는 압도적으로 육체적으로 고된 밭일에 투입하기 위해 노예가 필요했다. 그래서 여성과 소녀보다는 젊고 일할 수 있는 남자 노예의 값이 최고로 높았다. 반대로 아라비아 지역에서는 여성과 소녀 노예의 값을 더 높이 샀다.

노예무역을 통해 수익 대부분을 냈던 포르투갈인, 훗날 프랑스인과 네덜란드인, 특히 영국인은 서아프리카 해안에서 '내륙'에서 운송된 노예를 샀다. 해안가에는 무역 협회에서 지원하는 작은 성이 있었는데, 노예선 선장이 '물품'을 사들이거나 거부할 때까지 노예를 이곳에 가둬 놓았다. 노예 사냥꾼은 큰 수요를 감당하려고 해안에서 멀리 떨어진 지역에서 노예를 구하고, 중간 상인을 위해 운송업체를 조직했다. 중간 상인은 다시금 요새나 곧장 유럽에서 온 배에 노예를 실어 나를 노예 도매상과 함께 일했다. 유럽인은 돈 대신 헝겊과 천, 주류, 궐련(담배), 총, 화약, 철, 구리로 노예 값을 지불했다. 때로는 자패(紫貝) 달팽이 껍데기로 만든 화폐의 일종인 자패를 지불 수단으로 이용하기도 했다. 이런 거래에서 유럽인은 아프리카인이 사업 파트너로서 쉽지 않은 협상가라는 것을 깨달았다. 아이처럼 값싼 유리구슬로 이들을 구슬릴 수 있다는 것은 훗날 지어진 동화에 불과하다.

이런 사업과 관련된 사람이 느끼는 고통은 상상할 수 없을 만큼 컸다. 노예는 물건으로 간주되어 이에 걸맞게 취급받았다. 인간으로서의 존엄이 아니라 물건으로서 지닌 가치가 이들의 운명을 결정했다. 아메리카로 팔려 간 사람 가운데 약 5분의 1은 아예 육지를 다시 밟아보지도 못했다. 배 위에서 질병이 돌아 죽거나, 감시자를 화나게 하거나, 절망에 빠진 사람이 스스로 목숨을 끊었기 때문이다. 전염병이나 괴혈병으로 뱃사람이 죽는 일 또한 적지 않았다. 선원이 되는 것도 별로 즐거운 일이 아니었다. 얼마나 많은 사람이 노예사냥과 노예를 해안으로 운송하는 일로 목숨을 잃었는지 추정하기 힘들다. 그러나 이런 죽음은 모두 18세기까지 전혀 놀라운 사건이 아니라 무역을 기획하고 재정 지원을 했던 사람이 사업을 구상하고 계산할 때 고려해야 할 기본 구성 요소였다. 아메리카에서 젊은 남성 노예가 투입되는 현장은 아라비아 지역보다 훨씬 특정한 곳이었다. 농장에 이익을 가져다주어야 했는데, 이는 바로 노예가 해야 할 일을 의미했다. 고된 노동과 노예 계약에서 벗어날 기회는 전혀 없었다.

노예무역은 아프리카 사람들의 삶에 어떤 영향을 끼쳤을까? 인구학적으로 어떤 결과가 나왔는지는 추정하기 매우 어렵다. 하지만 젊은 남자가 꾸준히 사라졌고, 가족 내에서도, 가정을 이루고자 할 때도, 농업과 수공업 분야에서도 이들의 빈자리는 컸다. 게다가 아프리카인이 스스로 노예무역에 뛰어드는 결과를 초래했다. 노예사냥으로 서아프리카 사회는 언제나 폭력과 불안, 두려움으로 가득했다. 유럽인이 노예의 대가로 지불한 총과 다른 무기는 이런 폭력 효과를 더욱 고조시켰다. 노예사냥과 무역은 매우 높은 수준의 조직력을 요구했으므로 서아프리카와 콩고에서는 노예무역을 지원하고 여기에서 나온 이익을 챙기는 국가가 생겨났다. 폭력을 쓰는 사업자가 너무 많아 이런 나라의 치안은 특히 더 불안정했다. 폭력 사업가 여럿이 서로 손을 잡고 국가를 상대하기도 했다.

18세기가 되자 서유럽에서는 노예제도에 대한 비판이 커졌다. 한 세대 동안 노예제가 비기독교적인 일이라는 논쟁이 일어난 뒤에 영국은 1807년에 노예무역을 폐지하기로 했다. 그 당시에 영국 배가 세계의 대양을 지배했으므로, 영국은 다른 나라의 대서양 무역 행위를 힘들게 할 수 있었다. 그러나 브라질과 쿠바로 향하는 노예 운반선은 이후에도 꾸준히 계속 오갔다. 1815년에 나폴레옹의 종말 뒤에 유럽 대륙을 새로 배치하고자 모인 빈 회의에서 유럽 열강은 노예제를 완전히 폐지하는 데 합의했다. 그 후에 서아프리카에서 노예 가격이 내려갔다. 노예 사냥꾼과 노예 장사꾼은 아프리카에서 새로운 시장을 조성하려고 애썼고, 실제로 19세기에 아프리카 내에서의 노예 수는 오히려 증가했다. 19세기의 마지막 300년 동안 유럽인은 아프리카를 식민지화하는 데 착수하면서 노예제도가 개화하지 못한 나라들의 끔찍한 장치라고 불렀다. 그러면서 이들은 자신이 이런 아프리카의 전통을 끝낼 사명을 띠었다고 주장했다. 킬와가 왜 멸망했는지와 그 뒤 시대를 생각해보면 이런 주장은 주제넘는 일에 지나지 않는다.

우리는 킬와의 예에서 오지의 부자와 연결된 한 도시의 항구 문화를 보았다. 우리의 관심사는 무역과 아프리카, 아프리카가 아닌 다른 나라 무역상의 영향력이다. 16세기에 유럽인은 긍정적이지는 않지만, 중심적인 역할을 했다. 도시를 세우고 더 큰 부를 성취했던 사업가는 아프리카 6개 지역에서 각기 모두 달랐다. 안타깝게도 다른 지역에 대해서는 아직 아무런 이야기도 하지 않았다. 아프리카의 역사는 남북 아메리카나 중국, 인도 혹은 지중해 지역과는 다른 방식으로 복잡하다.

12장:
샤자하나바드

앞서 두 장에 걸쳐서 우리는 스페인과 포르투갈 사람을 따라 아메리카와 아프리카로 향했다. 이번 장에서는 계속해서 포르투갈인과 동행해 인도로 가보자. 인도는 모든 '탐험가'가 도달하고자 노력한 궁극의 목표였다. 불행해진 스와힐리 사람들의 예에서 보았듯이, 바스쿠 다가마가 성공을 거둔 후에 포르투갈인은 인도양에서 이루어지는 교역 정세에 뚜렷한 변화를 가져왔고, 인도양 해안에서 무역의 장을 펼쳤다. 하지만 이런 큰 변화를 주도한 주체는 1700년까지 남인도 연안에 정착해서 대부분 무역으로 수익을 내고, 이를 통해 인도 통치자의 편에서 실용적인 협력 상대가 되었던 유럽의 항해 국가가 아니었다. 이들보다 더욱 중요한 역할을 한 것은 인도 북서부 무슬림 왕국인 델리 술탄국과 수르(Sūr) 왕조, 그리고 무굴(Mughal) 제국이었다. 이들은 아프가니스탄과 중앙아시아의 무슬림 중심지에서 시작하여 비옥한 인더스강과 갠지스강 분지의 넓은 지역을 장악하고, 이곳에서 인도 역사 전체를 좌우했다. 6~18세기에 걸쳐 있던 무굴 제국은 인도 역사상 장기간 가장 중요하며 결정적인 영향을 끼쳤다.

인도 무굴 제국

　무굴 제국은 몽골족이 세운 제국으로 여겨졌기 때문에 이런 이름이 붙었다. 무굴인이 몽골인이라는 말이 완전히 틀린 것만은 아니다. 제국의 시조인 바부르(Zahīr-ud-Dīn Muhammad Bābur, Babur, 1482~1530)가 자신을 티무르(Timūr)의 후예라고 생각했기 때문이다. 8장 '시데바이' 편에서 보았듯이, 티무르는 14세기 말에 다시 한번 위대한 칭기즈 칸의 전통을 유지한다는 목표 아래 대몽골제국

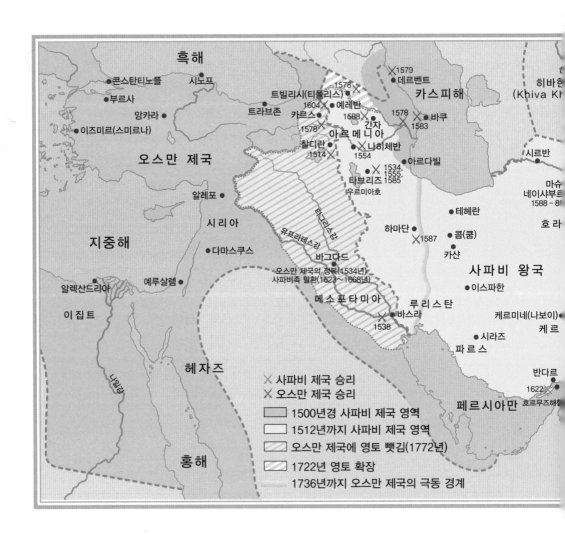

을 통일한 인물이다. 바부르의 아내는 자신이 칭기즈 칸의 직속 가족 출신이라고 주장했고, 사람들은 또 그렇게 믿었다. 바부르는 제국 건설을 계획하면서 '세계 정복자'의 가족의 일원으로서 지닌 카리스마를 여러 번 유리하게 이용했다. 물론 바부르와 그의 후계자가 자신을 '무굴'이라고 칭하지는 않았다. 이들은 '왕 중의 왕'인 '파디샤(Padishāh)', 즉 황제라고 불렸다.

무굴 왕조를 이해하려면 다른 호칭을 따르거나 이를 몽골의 후기작으로 파악해서는 안 된다. 그러기보다는 이들이 파디샤라고 부르는 황제를 따르며 15

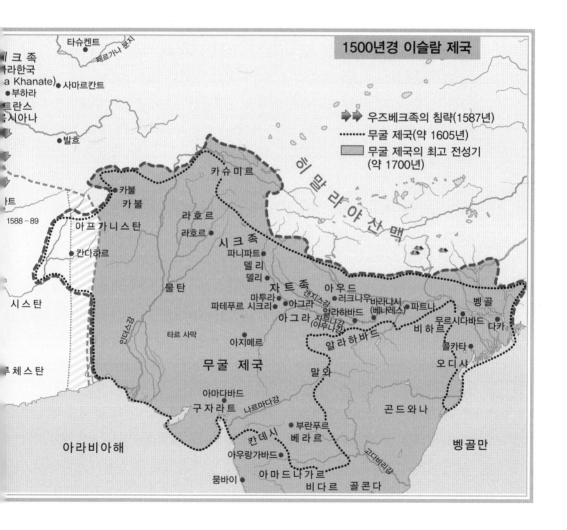

세기부터 다소 많은 열강이 펼친 전쟁에서 두드러졌던 세 개의 이슬람 대제국 중 하나로 이해하는 편이 훨씬 의미가 있다. 빠르게 성장한 국가로 무굴 제국과 나란히 지중해 동쪽 지역에 있던 오스만 제국과 페르시아의 사파비 왕조(Safavid dynasty)를 살펴볼 수 있겠다. 역사 속을 들여다보면 항상 지역의 많은 영주 중에서 한 인물이 나와 짧은 시간에 세계 역사에서 중요한 큰 인물로 성장하고 승리를 거둔 뒤에 왕국을 장기간 이끌고 가는 업적을 세웠다. 1500년 대는 유럽 기독교의 팽창 시대로만이 아니라, 아랍-페르시아-이슬람의 팽창 시대로도 이야기할 수 있다. 게다가 이슬람교는 기독교보다 앞서서 세력이 강해지기 시작했다. 오스만이 콘스탄티노플을 함락한 사건은 10장 '테노치티틀란과 쿠스코' 편에서 봤듯이 포르투갈이 궁극적으로 세력이 팽창하는 데 확실한 불을 댕겼다.

　　세 이슬람 제국은 몽골 칭기즈 칸의 후계자가 남긴 보잘것없는 바탕의 일부에서 성장했다. 13세기와 14세기 초기에 팍스 몽골리카나가 붕괴했을 때 소아시아와 중앙아시아 사이에는 일련의 크고 작은 세력의 지도자가 권력과 주도권을 잡기 위해, 때로는 단순히 살아남기 위해 전투를 벌였다. 세 이슬람 대제국의 시조는 건국 초기에는 또 다른 세력을 상대로 한 전쟁에서 싸워 이기려 애쓰고, 영토를 끌어모았다가 다시 잃고, 그러다 다시 회생하기도 하는 출신이 의심스러운 영주에 지나지 않았다. 하지만 마침내 세 개의 제국은 모두 좀 더 오래되고 무슬림이 아닌 지역에 제국을 세웠다. 이들은 전임자의 전통을 엄격히 따랐다. 오스만 제국의 지도자는 콘스탄티노플을 정복한 뒤에 자신을 카이사르라고 칭했다. 세 제국은 비잔티움 제국의 로마 전통을 받아들였다. 사파비족의 지도자는 자신을 '이란의 파디샤'라고 칭함으로써 사산과 페르시아 전통을 따랐다. 무굴의 통치자는 굽타 왕조를 재현했다. 앞서 5장 '갠지스' 편의 중심 주제가 바로 굽타 왕조였다. 세 제국의 모든 후계자는 단순히 모두가 모두를 상대로 한 전쟁에서 승리를 거둔 후계자로만 남고 싶어 하지 않았다. 이들은 기존의 전통과 연계를 통해서만 또 다른 전쟁을 막을 수 있었다. 더 나아가 이런 방법을 통해서만 단순히 권력을 쟁취하는 것 외에도 앞으로 계속될 정복에 동기를 부여할 수 있었다.

무굴 제국의 시조인 바부르는 그가 살았던 당시의 인도를 실패를 맛본 뒤 얻은 일종의 위로 선물로 바라보았다. 그는 중앙아시아의 페르가나(Fergana) 분지 출신인데, 이곳에 계속 머물 수도 있었을 것이다. 따라서 부하라와 사마르칸트 주변의 트란스옥시아나(Transoxania)에 위대한 티무르의 후임 제국을 세우기 위해 친척 관계를 이용하고자 했다. 그러나 이 일은 성공할 수도, 실패할 수도 있는 일이었다. 희망에 가득한 승리 뒤에는 처참한 패배가 뒤따라왔다. 곤경에 처한 바부르는 1519년부터 이전에 가끔 약탈해 왔던 인도 서북부 지역에 집중하기 시작했다. 그는 이후에 자서전에서 그곳만이 그때까지의 자신에게 기회를 제공한 유일한 나라였다고 밝혔다. 그 밖에도 이곳은 풍요롭지만 아름다운 나라는 아니었다고 했다. 사람들은 못생겼고, 귀족과 기사 정신이 결여되었다. 또 좋은 말과 개도 없었고, 포도, 멜론, 제대로 된 빵, 얼음, 찬 물, 한증막 등 아무것도 없었다고 덧붙였다. 1520년에 바부르는 군사적으로 중요한 승리를 거둔 뒤에 대체할 만한 수도를 찾지 못해 오늘날 파키스탄의 라호르(Lahore)를 도읍지로 정했다. 그러고는 정복한 인도의 도시를 약탈하는 대신 세금을 거둘 것을 군대에 명령했다.

1530년에 바부르가 대부분은 승리를 거두던 전투를 계속하다 전사한 후, 카불과 칸다하르에서부터 라호르와 델리, 아그라를 거쳐 오늘날의 방글라데시 국경 코앞에까지 이르는 영역을 후계자에게 물려주었다. 이들은 인도의 전통을 바탕으로 세금 징수와 행정, 군사 조직 분야를 새롭게 구성했다. 그러나 통치자를 정하기가 매우 힘들었다. 바부르에게는 네 명의 아들이 있었는데, 이들이 몽골의 전통을 지키며 함께 협력해서 제국을 발전시켜 나가야 했다. 하지만 당연하게도 왕좌를 놓고 싸움이 벌어졌다. 이때 바부르를 피해 간신히 살아남은 상대방이 다시 독립하려고 이 싸움에 끼어들기 시작했다. 전쟁 중에 어떨 때는 마치 제국이 이미 다음 세대에서 금방이라도 망할 것처럼 보일 때도 있었다. 오늘날의 아프가니스탄에서 방글라데시까지 이르는 북인도를 다시 통일한 것은 바부르의 손자인 아크바르(Akbar, 1542~1605)가 이룬 훌륭한 업적이다. 그의 세 명의 후계자인 자한기르(Jahāngīr, 1569~1627), 샤자한(Shāh Jahān, 1592~1666), 그리고 아우랑제브(Aurangzēb, 1618~1707) 아래서 무굴 제국은 멀리 인도 남쪽까지, 그리고 위대한 옛 굽타 왕조의 경계를 넘어서까지 영토를 확장했다. 공작 모양으로 된 왕좌 위에는 권력, 찬란함, 그리고 지배자의 문화가 새겨져 있기로 유명했다. 18세기에 무굴 제국은 영향력을 잃고 말았다. 이때부터 인도에서는 유럽 전체, 그중에서도 특히 영국의 시대가 시작됐다. 하지만 이들의 지배도 오늘날 인도 아대륙의 문명처럼 네 명의 뛰어난 왕들 아래 약 200년에 걸쳐 꽃피웠던 무굴의 전성기에서부터 설명할 수 있다.

조세와 지배: 만사브다르 제도

무굴 왕조의 위대한 네 명의 왕 중 처음 두 명이었던 무굴과 아크바르는 만사브다르(mansabdār)라는 제도를 도입했다. 이 제도는 행정관리와 세금 징수, 군사를 조직하는 데 근본이 되었다. 귀족에게 의무적으로 일종의 세금을 징수하는 것을 기본으로 했다. '귀족' 납세자는 자신의 수입 중 일정 부분을 소유할 수 있는 대신 가장 비용이 많이 들고 중요했던 군대인 기병대를 위해 군사와 말을 준비해야만 했다. 통틀어서 33개의 귀족 순위(만사브다르)가 있었는데 순위별로 각각 다른 규모의 세금액과 기병대 규모가 정해졌다. 순위에 오르는 사람들(만사브다르)은 무굴이 직접 임명했다. 만사브다르는 세금 구역을 몇 년 뒤에 다시 반납하고 무굴로부터 새로운 구역을 지정받았다. 이렇게 함으로써 한 지역에 권력 집단이 형성되는 것을 막으려 했다. 중앙 국세청은 만사브다르가 그들에게 주어진 권한을 남용할까 봐 신경 써야만 했다. 만사브다르가 일정한 곳에 머물다가 몇 년이 되지 않아 그곳을 떠날 때 빼낼 수 있는 것은 모두 빼내리라는 것은 쉽게 상상할 수 있는 일이었다. 아크바르는 이후에 세금액과 기병대를 서로 상관없이 별도로 변형할 수 있게 제도를 바꾸었다. 이를 통해 만사브다르를 좀 더 구체적으로 칭찬하거나 체벌할 수 있게 되었다.

만사브다르 제도는 150년 동안 무굴 왕조의 기본을 이루었다. 오스만족이 왕의 친위대를 위해 노예 군대를 설립하고 행정 업무도 개인적 의존 관계를 바탕으로 했다면, 무굴은 다양한 세계에 좀 더 잘 맞는 제도를 찾았다. 인도에서는 마우리아 왕조와 굽타 왕조가 보여준 것처럼 원칙적으로 중앙집권적 통치를 생각해 볼 수 있었다. 그러나 이런 통치 방식은 인구 조밀도와 토지 확보, 수공업, 무역, 종교, 그리고 문화에서 발생하는 지역적 큰 차이를 모두 극복해야 했다. 이 목적을 이루는 데는 만사브다르 제도가 최적이었다. 첫째, 이 제도는 세심한 계획에서 기인했다. 아크바르와 관리는 처음에는 지역에서 세금을 받아낼 수 있을지, 또 세금 액수를 맞추기 위해 여러 지역이 얼마나 많은 세금을 내야 할지 매우 정확히 조사했다. 전공 서적과 통치자 위인전, 그 당시 삶을 기록해놓은 것에서 볼 수 있듯이 무굴과 그 주변 사람은 상황을 상당히 잘 파악하고 있었다. 심지어 오늘날 역사학자의 연구도 이때의 세금 수입이나 인구수에 관한 기록에서 출발한다.

  둘째, 만사브다르 제도는 융통성 있게 실행되었다. 이는 막강한 통치자가 귀족을 마음대로 다루고, 영향력 있는 사람을 전략적으로 어느 직위에 앉히고, 이들을 높게 혹은 낮게 평가하고, 누구도 너무 크게 성장하지 못하도록 규제할 수 있게 했다. 힘이 약한 통치자는 귀족과 권세가에게 좀 더 큰 자유를 주었지만, 자신은 중심적 인물로서 왕위를 지킬 수 있었다. 무굴 제국의 국경에 있는 특정 영주의 너무도 막강한 권력을 빼앗기 위해 힘이 약한 통치자는 직위를 넘겨주거나 지속적으로 지역을 바꿀 필요 없이 높은 만사브다르 순위를 받았다. 이들은 사실상 조공의 의무가 있는 비교적 자주적인 통치자였으며, 무굴 행정은 여기에 더 이상 참견하지 않았다. 이미 제국의 시조인 바부르의 힘이 막강했던 왕국의 수도에서 앞서 본 것처럼 귀족의 순위가 재배치되고 조세 체제가 비슷하게 실행된 것으로 본다. 가장 높은 순위로, 이와 더불어 가장 수입이 많았던 만사브다르에게는 무굴 왕조의 친인척이 있었다. 이들은 이런 지위를 부여받음으로써 통치자에게 충성을 다할 것을 약속했고, 지방에서는 통치자를 대리해서 일을 했다.

셋째, 이 제도는 어떤 방식으로도 바꿀 수 있었다. 중요했던 것은 지역 통치자가 무굴 제국의 권위를 인정하고, 경외심을 표하고, 세금을 거두어 이를 전달하는 일이었다. 또한, 의심스러운 경우에는 복종을 강요할 수 있었다는 점이다. 지방에서는 이 전술을 계속 이용했다. 아크바르가 개혁을 강행했을 때 왕국 전역에는 4만 1천 마리의 말과 동일한 수의 기사가 있었다. 그리고 이들을 관리하기 위해 1,827명의 관리자를 두었는데, 이들에게 국가 전체 수입 중 82퍼센트가 지출되었다. 1600년경 인도 아대륙에 1억 5천만 명의 사람(모두 무굴 제국에 속한 사람은 아니지만)이 살았던 점을 고려하면 1,827명의 만사브다르가 각각의 마을에서 알아서 세금을 걷고, 말을 사고, 기사를 고용하는 일이 불가능하다는 것을 알 수 있다. 이 만사브다르는 또 그들 나름대로 사람을 고용했던 출중한 신하와 합의를 보아야만 했다. 공식적으로는 통치자에게 맞추어 전체적인 행정관리가 이루어졌다고는 해도 지방 지도자 역시 중요한 역할을 했다. 최초의 위대한 무굴이었던 아크바르 때처럼 결과적으로 중앙을 통해 확실히 세금을 걷었을 때는 지역마다 차이가 생길 수 있었다. 그러나 지방은 자립할 수도 있었으며, 심지어 왕조가 기울어져 가는 무렵에는 심지어 세금을 지방 자체의 이름으로 거두고 더 이상 중앙 정부에 전달하지 않아도 되었다. 무굴이 이를 막지 않았더라면 점점 돈이 새어 나가서 원칙적으로는 단순히 일종의 동급 명예직에 머물렀을 것이다. 이렇게 되면 무굴은 딱 핵심 지역에서만 결정권을 행사할 수 있는데, 이렇게 하다 보면 권력자가 불행한 자를 외면할 수 있는 위험이 도사렸다. 이와 같은 지방화 경향은 마지막 위대한 무굴인 아우랑제브가 다스리던 시기부터 이미 점차 뚜렷해지다가 18세기에는 완전히 굳어졌다.

샤자하나바드와 또 다른 기적

성공과 실패에는 자기 자신을 강하게 하는 효과가 있다. 지방의 권세가 중 누군가가 중앙 권력에 복종하지 않는 데 성공하면 다른 이도 잇따라 시도했다.

이로 인해 '봉기'가 끊이지 않는 동시에 더 이상 복종할 마음이 없는 사람들의 폭력적 싸움이 일어났다. 그러나 권세가의 입장에서는 폭력을 일으키기보다 무굴에 도전하려는 생각을 아예 하지 않는 편이 좋았다. 따라서 왕 중의 왕인 파디샤는 자신의 권력과 찬란함을 궁전과 무덤, 정원, 조경, 그림, 시, 역사 서술을 통해 나타냈다. 네 명의 위대한 무굴 중 가장 중요한 인물은 샤자한이었다. 무엇보다 그는 타지마할(Tāj Mahal, 인도의 아그라에 있는 이슬람교 묘당)을 짓도록 의뢰한 사람으로 유명해졌다. 샤자한은 1631년에 네 번째 아이를 출산하다가 죽은 사랑하는 왕비 뭄타즈 마할(Mumtaz Mahal)을 위해 하얀 대리석으로 묘를 세웠다. 네 개의 높은 기둥이 둥근 지붕을 받치고 있는 타지마할은 웅대한 건축물과 정원, 운하로 둘러싸여 있다. 타지마할은 오늘날까지 세계적으로 가장 유명한 경이로운 건축물에 속한다. 타지마할은 불멸의 사랑을 상징하는 훌륭한 건축물로 여겨지는데, 여기에 얽힌 낭만적인 일화는 의심 가는 부분이 적지만은 않지만, 실제 있던 이야기이기도 하다. 무엇보다도 샤자한의 부와 능력을 표현한 타지마할은 사람들을 몹시 감탄하게 했다.

샤자한은 동시대 사람에게 새로운 수도의 건설이라는 가장 중요한 건축적 신호를 알렸다. 그의 이름을 본떠 이름 지은 샤자하나바드(Shahjahanabad)는 오늘날 구 델리(Old Delhi)의 중심을 이루고 있다. 이곳은 무굴 제국의 첫 번째 수도가 아니었다. 제국의 건국자인 바부르는 라호르에 거주했고, 샤자한의 아버지 자한기르는 아그라를 건설했다면, 샤자한의 조부인 아크바르는 아그라에서 남서쪽으로 40킬로미터 떨어진 곳에 파테푸르 시크리(Fatehpur Sikri)라는 완전히 새로운 도시를 세웠다. 파테푸르 시크리를 수도로 정한 뒤 14년이 지나자 아크바르는 이곳에 싫증을 느꼈다. 샤자한은 라호르와 아그라의 기존에 있던 도시와 궁전 시설이 너무 좁다고 느꼈다. 그 밖에도 웅대한 건축물을 통해 동시대 사람과 바깥세상으로부터 감탄을 불러일으키는 것이 위대한 군주의 의무라고 여겼다. 델리는 비옥한 갠지스 분지에 놓인 자무나(Jamuna, 야무나) 강가의 지리적 위치 때문에 수도로서 적합했다. 그 밖에도 이곳은 예전의 왕이 살았으며, 신성한 장소로 여겨지던 곳이었다. 이곳에는 지난 시대의 왕국과 통치자를 상기시키는 위대한 성인의 묘가 여럿 있었다. 자무나강이 아라발리(Arāvalli) 산기슭과 함께 형성한 삼각형 지대에는 여러 왕조가 항상 새로운 이름으로 새로운 왕조를 위한 자리를 잡았다. 이 모든 이름이 끝에는 결국 다시 '델리'로 불렸다. 샤자하나바드도 역시 이렇게 되어야 했다. 여러 무굴은 이곳에서 인도 역사에 자신의 이름을 올릴 수 있었다. 하지만 또한 역사 속으로 사라졌다.

샤자하나바드는 처음에는 대규모의 계획도시였다. 길이가 족히 6킬로미터인 데다 높이 8미터에 두께 4미터 이상 되는 장벽이 600헥타르가 넘는 면적을 두르고 있었다. 원래는 점토로 장벽을 쌓아도 충분하다고 여겼지만, 1650년에 계절풍의 영향을 받은 극심한 장마로 장벽이 무너져 떠내려갔다. 그 후, 통치지와 그의 가족에게 마련된 내도시가 지어졌고, 이보다 더 큰 외도시도 만들어졌다. 이곳에는 제국 영주의 집이 있었고, 신하와 수공업자, 상인들이 살았다. 내도시와 외도시 사이에 있는 정원은 그 당시 인도 건축 예술의 중요한 요소였다. 정원은 무더운 여름철에 그늘과 청량감을 제공했다. 또한, 수로와 분수, 꽃과 초록으로 가득한 정원은 천국을 비유했다. 외도시와 이를 둘러싼 장벽 주변에는 설계를 거의 따르지 않은 교외 도시가 형성되었다.

궁전의 내도시에서는 중요한 사항을 결정하고 지배자의 예식을 거행했다. 단지 권세가와 주요 인사만이 이곳을 드나들 수 있었다. 외도시에서는 일상적인 것들을 결정했다. 이곳에서는 거래가 이루어지고, 생산품이 있고, 많은 이의 일상적 삶이 존재했다. 내도시의 기본을 이루는 건축적 기획 요소는 외도시에서도 찾을 수 있었다. 샤자한은 수도를 지을 때 페르시아 건축가를 고용했다. 궁전에서도 페르시아어로 대화하고 기록했다. 행운을 잡기 위해 끊임없이 많은 지식인과 군인이 페르시아에서 북인도로 왔다. 이런 페르시아 건축가들은 고향에서와 비슷하게 자신이 세운 건축물에서 통치자와 제국의 이상적 관계를 표현하려고 했다. 통치자와 궁전으로부터 도시와 세상을 만족시킬 질서가 나왔다. 유럽에서는 그 당시에 베르사유궁과 같은 성 건축물이 유사한 메시지를 전달했다. 그러나 무굴은 이런 질서를 수도에 적용하고, 귀족과 남자뿐만이 아니라, 전체 일반 민중도 이를 따르게 했다.

하지만 이것은 계획에 지나지 않았다. 현실은 완전히 달라 보였다. 몇백 년 전의 수도 장안과는 완전히 다르게 주요 계획은 가장 중요한 도로, 문, 광장을 거쳐 뻗어 나가지 못했다. 도시에 사람들이 거주하기 시작하면서 주민이 빠르게 주도권을 넘겨받았다. 이들은 필요에 따라 좁은 거리를 스스로 만들었다. 부유한 상인과 영주는 궁전을 세웠고, 이 주변으로는 신하가 형편에 맞게 작은 집이나 오두막을 짓고 살았다. 권세가는 이슬람 사원과 사당을 지었다. 일부 영주는 공공 목적을 위해 건물을 짓는 일이 의무에 속한다고 생각하기도 했다. 일부는 자신이 속한 종교 공동체를 위한다는 마음으로 무엇인가를 했다. 물론 도시에는 특정 직업군이나 신앙 공동체 혹은 사회적 계층이 집약적으로 모여 사는 구역이 있었다. 하지만 이런 구역

은 사라지거나 변하기도 하고, 또 지배자의 규율이 미치는 곳이 아니었다.

샤자하나바드는 많은 사람을 매혹했다. 당시에 터키, 잔지바르(Zanzibar), 시리아에서 온 사람과 영국인, 프랑스인에 관한 기록을 남긴 사람이 있었다. 그는 예멘, 아라비아, 이라크, 호라산, 중앙아시아의 호라즘과 투르키스탄(Turkistan), 중국, 티베트, 그리고 카슈미르에서 온 사람을 보았다. 샤자하나바드 두 개의 문 중 하나를 통과하여 시내로 들어가면 두 군데의 시장 중 한 곳을 만나게 되는데, 그는 이곳에서 다양한 물건과 사람을 보고 깊은 인상을 받았다. 그 외에도 도시 전체의 거점을 매번 바꾸어 열며, 특별한 물건을 파는 작은 시장이 곳곳에 펼쳐졌다. 시가 세워지고 10년이 지났을 때 인구는 약 40만 명 정도였다. 전체 주민 수를 두고 아직 논란이 많으며, 주장 간에는 편차가 무척 심한 편이다. 당시 어떤 이는 샤자한의 아들인 아우랑제브가 1679년에 20년 동안 남인도에서 전쟁을 이끄느라 수도를 방문하지 않았을 때 겨우

주민 중 6분의 1만이 샤자하나바드에 남았다고 썼다. 많은 연구가는 이 기록이 얼마나 심하게 과장되었는지를 두고 의견 일치를 보지 못했다. 확실한 것은 무굴이 오랜 기간 자리를 비우자 왕의 거처가 있던 수도가 곤란을 겪었다는 사실이다. 1712년 이후에 정치적 권력은 더 약해졌으나, 정기적으로 샤자하나바드에 머물던 무굴이 통치하면서 도시는 다시 번창하기 시작했다.

　17세기는 인도 전역에서 도시가 집중적으로 성장하던 시기였다. 인도에는 이미 오래전부터 도시가 있었다. 굽타 왕조가 끝날 무렵에 생산과 삶의 무대가 점차 농촌으로 이동했지만, 12세기부터는 그 추세가 도시에 유리하게 바뀌었다. 무굴 왕조가 시작된 후에 이런 추세는 가속도가 붙었다. 이제 도시가 훨씬 더 많아졌고 도시의 규모도 더욱 커졌다. 1670년경에 무굴 왕조의 시조인 바부르가 머물던 최초의 거주지였던 라호르에는 70만 명의 주민이 살았다. 200킬로미터 남쪽에 자리한 아그라의 인구수는 80만 명이었다. 이해를 돕고자 비교해 보면, 1700년경 파리의 인구수는 약 50만 명 정도로 추정된다. 인구수가 여섯 자리가 되는 다른 도시도 수두룩했다. 도시에는 그 밖에도 작은 시장과 관리청이 곳곳에 있었다. 대부분 주요 교통로 역할을 했던 강기슭에 자리 잡았고, 강은 나라 전체로 뻗어 나간 무역 경로와 연결되어 있었다. 확실하지는 않지만, 17세기 전에 나온 세계의 도시화 비율에 관한 산출 결과를 보면, 무굴 왕조 때 인도의 도시 조밀도가 유럽보다 더 높았다. 물론 유럽과 마찬가지로 인도에서도 지역 차가 꽤 크다는 사실을 고려해야 한다. 스칸디나비아나 우크라이나는 플랑드르나 북이탈리아에서보다 도시화 전개가 훨씬 더뎠다. 당연히 갠지스 분지와 인도 서부의 구자라트와 남쪽의 데칸고원 지대도 도시화 과정에 차이가 있었다.

16세기와 17세기의 부귀영화

무엇보다 샤자한 시대부터 중요한 시(詩), 건축이 많이 전해진 것은 우연이 아니다. 17세기 초반은 경제적인 면에서도 무굴이 가장 위대한 업적을 많이 남긴 시대다. 인도인은 이 당시 비교적 오랜 기간 평화로움의 열매를 계속해서 거둘 수 있었다. 농업과 무역도 성장을 이루어서 전체 인구수는 증가했지만, 이들 모두 먹고살 만큼 식량이 충분했다. 개간지를 이루어 더 많은 땅에 농사를 짓고 면밀한 계획에 따라 고안된 관개시설을 통해 경작지를 집약적으로 이용했다. 더 많은 토지를 측정해서 세금 수입액도 예상하기 훨씬 수월했다. 농업 외에 섬유 분야 산업도 성장했다. 무엇보다 면과 비단으로 된 천과 옷감은 세계적으로 그 품질을 인정받았다.

전 세계와 교류가 가능했던 원인은 무굴뿐만 아니라, 오스만 제국과 사파비 왕조가 그 당시 광활한 무슬림 지역을 평화롭게 했기 때문이다. 전체를 통틀어서 헝가리부터 아프가니스탄의 헤라트(Herāt)와 카불(Kabul)을 지나 인도의 벵골(Bengal)까지, 그리고 이집트부터 이라크의 바스라(Basrah)와 수라트(Sūrat)를 지나 남인도까지 이르는 광범위한 지역이었다. 어느 정도 안정된 교역 지역에서는 원거리 및 근거리 교류가 육로와 해로를 통해 늘어났다. 도로가 건설되거나 보수되고 일정한 간격으로 휴게소나 대상 무역소가 설치되었다. 전문적 보험 회사가 있어서 사고나 습격 시에 보상을 보장해주었다. 서인도의 구자라트에 있던 그 당시 인도의 가장 중요한 항구도시 수라트에는 아라비아와 인도네시아까지 교역 거래를 하던 도매상이 자리 잡고 있었다. 이들은 유럽의 무역 회사와 아라비아 상인 간 경쟁 관계에 놓인 상황을 유리하게 이용했다. 심지어 무굴의 관리가 자신의 이익을 위협하기라도 하면 대놓고 저항하기도 했고, 이를 통해 목적을 이룰 때도 있었다.

이런 배경을 알고 나면 1500년부터 유럽인이 배를 타고 인도에 나타났을 때 어째서 인도인이 유럽에 완강히 맞서지 않았는지를 이해할 수 있다. 무역에서 거둔 성공과 1억 5천만 명이라는 인구, 그리고 비상시에 소집할 수 있는 여섯 자릿수의 기병대를 고려했을 때, 16세기와 17세기의 위대한 무굴 통치자의 눈에는 유럽의 선장, 선원, 상인, 선교사 무리쯤이야 심각하게 받아들여야 할 위험으로 비치지 않았다.

무굴 왕조는 오스만 왕조와 사파비 왕조처럼 같은 시기에 포르투갈인과 스페인인에게서 그 중요성을 인정받았다. 포르투갈과 스페인은 어떻게 하면 성장하는 무굴 제국과 협력해서 이익을 챙길 수 있을지에 큰 관심을 보였다. 포르투갈은 인도양에서 무역 주도권을 쟁취했을 때 홍해와 페르시아만에서 점점 강해지던 오스만 제국과 전쟁을 벌였다. 이 전쟁에서 포르투갈은 큰 비용이 들었고 막심한 손해를 보았다. 이 전투에서 오스만족은 포르투갈을 홍해에서 밀어내는 데는 성공했지만, 포르투갈이 인도양에서 패권을 지닌 사실을 인정해야만 했다. 하지만 무굴 왕조는 반대로 포르투갈인에게 더 많은 이익을 얻고, 훗날에는 네덜란드와 영국 같은 다른 유럽의 국가를 통해서도 이익을 취했다. 무굴 왕조는 특히나 자신의 통제가 닿지 않던 인도 남쪽 연안에 있는 자신보다 더 약한 권세가가 낯선 뱃사람과 소규모 전투를 벌이고 패한 뒤에 이곳에 상설 교역장을 차린 사실을 더 달가워하지 않았다. 무굴 왕조는 해상 무역이 신용을 바탕으로 순조롭게 굴러가는 데 관심이 컸다. 유럽인은 이를 보장해 줄 수 있었다. 이들은 정기적으로 유럽과 유럽이 지배하던 식민지를 위해 인도의 가장 주요한 수출품인 섬유 제품과 향료를 배에 실었다. 브라질에 있던 아프리카 노예는 16세기부터 인도에서 만든 의복을 입었다. 이와 더불어 지역 특산품도 있었는데, 인도의 항구 혹은 인도 영토에 있던 유럽인의 보루나 무역 장소마다 취급하는 품목이 모두 달랐다.

인도는 유럽의 무역 회사의 도움을 기반으로, 오늘날의 용어를 빌리자면 무역 수지 흑자를 목표로 했다. 유럽인은 만사브다르의 기병대에 필요하며 많은 사람이 호사품으로도 간절히 원하던 말로 대금을 치렀다. 또는 무기로 물건값을 치르기도 했다. 하지만 이들은 특히 일본이나 혹은 남아메리카의 안데스산맥 은광에서 채굴한 은을 가져왔다. 은이 나오지 않는 인도 아대륙은 은화 루피를 화폐로 유통하고 은화를 전국적으로 취급하기 시작했다. 유럽 여행객은 온통 인도의 부유함과 세상의 금과 은을 집어삼키는 인도라는 커다란 구멍에 관해 이야기했다. 물론 이런 부는 불평등하게 분배되었다. 유럽의 여행객과 인도 현지의 작가는 가난한 사람들은 쌀과 콩, 아주 적은 채소만 먹고 살았으며, 유럽으로 실려 가는 향료와 의복은 구경조차 못 한다고 묘사했다. 도시는 부자의 궁정을 전시하는 곳이 아니라, 매우 간소하게 지은 집에서 삶을 연명해야만 하는 많은 소시민의 고향이었다. 계절풍이 심하게 불 때면 점토로 지은 가난한 사람의 집이 순식간에 무너져버렸다는 기록이 샤자하나바드에서 나오기도 했다. 노숙자는 아예 뒷전이었다. 기후가 매우 건조한 해에는 화재 위험이 컸다. 1662년에 큰불이 세 차례나 나서 수도에서만 6만 명이 목숨을 잃었다고 전해진다. 돌로 지은 부잣집은 일반적으로 불은 물론 물난리도 견디었다. 그 당시에는 말할 필요도 없이 많은 사람이 가난과 불행에 고통받는 일은 인도나 유럽 어디서나 늘 있는 일이었다.

외부 영향에 대항해 주권을 쥐면서 동시에 개방하는 문제는 종교에도 있었다. 바부르와 그의 손자인 아크바르와 함께 인도로 온 무슬림 정복자는 힌두교의 갖가지 종파를 믿는 다수와 또 다른 많은 종교 추종자와 함께 살아야만 했다. 무슬림 정복자는 바람직하게도 인도를 이슬람화하려고 애쓰지 않았다. 이슬람 세계 자체가 변화하는 중이기도 했다. 무슬림의 첫 세기가 끝나는 1592년이 가까워진 때였다. 종말을 알리는 선지자에게 많은 추종자가 따랐다. 교단을 조직한 신비주의자인 수피(Sufi)는 경쟁 관계에 있는 종파—시아파(shī'ism), 수니파(Sunni)—와 법률 학교를 뛰어넘기 시작했다. 이슬람 제국은 이를 두고 다른 반응을 보였다. 오스만 제국에서 시아파는 박해를 당했고, 사파비 왕국에서 수니파로 사는 일은 쉽지 않았다. 위대한 네 명의 무굴 중 첫 인물인 아크바르 역시 무슬림 정통파 출신이기에 이를 잘 알고 있었다. 그는 순례도 떠나고 기도 연습과 명상을 했다. 그러나 아크바르는 수피의 사상을 바탕으로 다른 무슬림 종파는 물론 다른 종교에 대해서도 개방적이었다. 그는 우선 수피 외에 이슬람 학자와 선지자의 후계자, 속세의 고위 관직을 소집했다. 이후에는 가끔 기독교도와 힌두교도, 조로아스터교의 추종자까지 초대했다. 아크바르의 초대를 받은 포르투갈령 고아(Goa)의 예수회 사람은 그가 개종하기를 간절히 원했다. 그러나 16세기에 포르투갈인이 인도에서 펼치던 기독교 선교가 전체적으로 실패로 돌아갔듯이 통치자의 개종도 이루어지지 않았다.

아크바르는 한 가지 종교적 틀에 자신을 맞추는 것과는 거리가 멀었다. 그는 이슬람교와 다른 종교가 범하는 오류를 피하고 강점을 결합한 '새로운' 종교가 필요하다고 점점 강하게 확신했다. 그는 이런 확신을 바탕으로 무엇보다 이슬람교와 힌두교의 요소를 받아들인 포괄적인 종교를 발전시켰다. 그는 자신을 신과 유사한 세속적, 종교적 지도자라고 여겼다. 하지만 새로운 종교를 포고하면서 아프가니스탄의 집단과 엮이게 되었고, 아크바르의 이복형제를 새로운 지도자로 선언하고 1580~1582년에 인도 전역에서 추종자를 얻은 독실한 무슬림의 혁명을 일으켰다. 아크바르는 반란을 폭력적으로 진압할 것을 명령했다.

새로운 종교는 독실한 무슬림의 저항을 일으키긴 했지만, 엘리트 사이에서는 꽤 인기를 끌었다. 새로운 영향을 위한 힌두교 가르침의 개방성과 이슬람교 안에서의 변화 혹은 입신출세할 기회를 노리던 기회주의와 연관되었기 때문이었다. 아크바르의 지배하에 놓인 왕국에서 보장한 종교적 관용은 무슬림이 아닌 대다수에게 매우 중요했다. 종교 관용 정책으로 비이슬람교도에 적용하던 특별세가 폐지되었다. 아크바르는 영주에게 종교에 구애받지 않고 혼인할 것을 장려했다. 아크바르 자신도 예전에 힌두교도 공주와 결혼했다. 종교에 대한 자신감 넘치는 태도는 만사브다르 체제처럼 넓은 지역을 다스리는 일을 수월하게 했다. 아크바르의 아들 역시 이런 정책을 굳건히 지속했다. 외부에서 보면 무굴 왕조는 힌두교도에게 매력적인 통치자를 둔 인도의 왕조가 되었다. 궁정에서는 크고 작은 두 종교와 새로운 종교가 공존했다. 종교 간 경계가 사라진 것이다.

왕위 승계 싸움과 영주의 권력

17세기의 마지막 300년간의 역사를 장식한 샤자한과 아우랑제브는 새로운 종교를 버렸다. 두 통치자는 이슬람 정교로 전향하고 더욱 강한 무슬림 왕국을 재건하는 것을 목표로 삼았다. 이런 정치는 확실하게 성공을 거두었다. 무슬림을 믿는 인구 비율이 증가했고, 이슬람은 지배자의 정당성의 원천으로서 새롭게 인식되었다. 하지만 이런 정치에는 위험이 따르기도 했다. 아우랑제브가 이슬람교 사원을 세우려고 바라나시(Vārānasī, 베나레스)와 마투라(Mathurā)에 있는 힌두교 사원을 철거할 것을 명령했기 때문이다. 그는 힌두교 상인에게 특별 관세를 부과하고, 높은 수상 직위에 힌두교 신자를 앉히기를 금하고, 아크바르가 비이슬람교도를 위해 폐지했던 인두세를 다시 도입했다. 여기저기서 대대적으로 시위가 일어났다. 이것은 종교만의 문제가 아니라, 세금과 관세, 종교 지도자의 인정과 아우랑제브의 지배 방식이 모두 달린 문제였다. 이런 일로 왕국의 결속력은 위협을 받았다.

아우랑제브는 왕위에 오른 지난 20년간 정세가 불안한 왕국의 남쪽에서 끊이지 않는 전쟁을 이끌었다. 거의 모든 전투에서 승리하고서 1700년경에는 무굴 제국의 지배 영역이 최고로 넓었다. 하지만 처참한 전쟁과 포위를 거듭하고 정복한 뒤에 승리감에 취해 한 곳을 떠나면 그곳에서 또다시 새로운 반란이 종종 일어났다. 아우랑제브는 연합군과 위로 박차고 올라오는 위협적인 신분 상승자의 비위를 맞추고자 세금 징수를 위해 두었던 만사브다르 순위를 더 이상 내주지 않았다. 대기자 명단을 만들어야 했고, 만사브다르 제도는 매력과 설득력을 잃었다. 남쪽에서는 폭도가 독자적으로 세금을 징수했다. 대부분은 거의 보장도 안 되는 보호료라는 명목의 갈취 행위에 가까웠다. 구자라트의 커다란 항구도시인 수라트는 여러 번 약탈당했다. 부유했던 상인은 몰락했다. 무굴이 평화와 안전과 함께 더 이상 복지를 보장할 수 없다면 중앙집권에 더 이상 무슨 의미가 있겠는가?

왕위 계승 문제는 내부 긴장과 균열을 뚜렷이 알리는 전형적인 순간을 의미한다. 무굴 왕조에서는 후계자를 임명하는 명료한 규칙이 없고, 왕이 여러 아내를 거느렸기 때문에 왕위를 계승하겠다고 주장하는 아들이 여럿 있었다. 몇몇 연구가는 최고인 자의 삶과 죽음을 두고 여러 명이 잔인한 경쟁에서 끝까지 살아남아야 했기 때문에 장점 또한 있었다고 주장한다. 하지만 첫째, 싸움을 가장 잘하는 자가 가장 훌륭한 왕이 되란 법은 없다. 둘째, 여러 아들 간의 전쟁은 제국의 사안과 직접 연결되며, 그다음에는 내전과 비슷한 상태를 일으킬 수 있었다.

샤자한의 여러 아들은 이미 그의 생전에 싸움을 시작했다. 아버지가 위중한 병에 들자 왕위를 승계하려는 후보자는 샤자한의 마지막 순간을 기다리면서 자신의 기회가 줄어들까 안절부절못했다. 2년이 지나면서 네 명의 아들 중 두 명이 죽었다. 세 번째 아들은 도망 중이었는데, 얼마 지나지 않아 사망했다. 네 번째 아들이 바로 아우랑제브였다. 네 명의 아들 모두 각자 거느리던 왕국의 권세가 사이에 조력자를 두었다. 아우랑제브는 자신의 두 형제가 권력 다툼을 하던 경쟁자라서가 아니라, 힌두교에 너무 호의적인 이교도라는 이유로 사형에 처했다. 비참한 전쟁이 끝난 후 얻은 승리는 하늘의 은총과 독실한 신자의 큰 호응을 이끌어냈다. 하지만 힌두교도와 다른 종교를 추종하는 사람들의 반대는 거셌다. 그나저나 샤자한은 병에 걸린 뒤에도 몇 년을 더 살았다. 아우랑제브는 그런 샤자한을 1666년에 죽을 때까지 아그라 요새에 가두어 놓았다.

아우랑제브가 죽은 뒤에는 5년 안에 두 차례나 왕위 승계를 놓고 분쟁이 일어났다. 아들들뿐 아니라 이들과 관계를 맺었던 왕국의 권세가도 목숨을 잃었다. 그 후에는 제국을 전체적으로 다시 통제할 수 있는 무굴이 한 명도 나오지 못했다. 한편, 권세가도 델리에 출현해 권력을 누리는 일에 점점 더 흥미를 잃어갔다. 심지어 이들 가운데 많은 이는 얼마 안 가 더 이상 세금도 내지 않았다. 델리는 이제 대왕국에서 무굴의 명예 우선권만을 인정하는 많은 소왕국의 집합체가 되었다. 델리는 보호를 받지 못하고 수차례나 약탈을 당했다. 1739년에 이미 페르시아의 사파비 왕조에 종말을 가져왔던 나디르 샤(Nādir Shāh, 1688~1747)는 델리에 약탈하러 왔다가는 심지어 무굴의 공작 모양을 한 왕좌마저 가져가고 말았다. 이 왕좌는 이후 페르시아 통치자를 상징하는 요소가 되었다.

18세기에 샤자하나바드와 델리의 주민은 한시도 근심 없이 보내지 않는 때가 없었다. 약탈이 너무나 자주 일어났고, 사회도 매우 불안했다. 그래도 인도 모든 지역에서 생존의 위협을 느낀 것은 아니었다. 내전과 무정부 상태가 있긴 했다. 델리에서만 사람들이 더 이상 안전한 생활을 더 이상 이어가지 못하고 경제가 계속해서 침체된 것은 아니었다. 하지만 무굴 제도를 바탕으로 안정적이며 신뢰할 만한 지역 왕국을 형성한 곳이 있었다. 이런 곳에서는 삶의 수준이 떨어지지 않았다.

인도가 대영 제국의 일부가 되다

18세기 후반에 유럽인은 인도에서 벌어진 지역화와 지역 간 분쟁으로 재빨리 중요한 위치를 꿰찰 수 있었다. 유럽 군대는 수적으로는 밀렸지만, 무기 기술 면에서는 우위였다. 이들은 인도의 지역 왕국 간에 벌어진 갈등에 관여하는 동시에 이런 틈을 타 자신의 입지를 개선해 나갔다. 상인과 무역상은 어느 정도 신뢰할 수 있는, 특히 영국 동인도회사가 제공하는 세계적인 연결고리를 이용하고자 했는데, 이로써 영국은 큰 이익을 챙길 수 있었다. 힌두교도는 영국인이 무역과 돈에 먼저 관심이 있고, 영국이라면 무굴 왕조와는 달리 사업 파트너가 어떤 종교에 속하든 상관없이 차별하지 않고 자신들을 상대할 것이라고 믿었다. 이런 연유에서 1859년까지 인도 아대륙에서 영국이 관여한 거의 모든 전쟁에서도 인도인과 유럽인은 서로 총을 겨누고 대치하지 않았다. 다양한 인도 군대 간에 전투가 벌어지고 이런 갈등 상황을 자신의 이익에 따라 부추기거나 진정시켰던 영국은 인도에서 대부분 형세를 바꾸는 데 결정적 역할을 했다. 반대로 영국인과 프랑스인이 1756년 이후에 인도 영토에서 7년 전쟁을 일으켰을 때도 여러 인도 군대는 영국과 프랑스 사이에서 각각 다른 편에 조력했다. 영국은 '프렌치-인디언 전쟁(French and Indian War)'에서 승리를 거두면서 미래에 인도 아대륙에서 지배권을 갖게 되는 나라는 유럽의 수많은 국가 중 자기 나라일 것이라고 확신했다. 지난 300년 동안 각기 다른 유럽인이 인도와의 교역을 지배해 왔다. 주도권을 잡은 나라가 16세기에는 포르투갈이었다면, 17세기는 네덜란드였다. 18세기 초기 300년 동안 영국과 프랑스가 경쟁을 벌이다가 이제는 영국이, 자세히 말해 인도의 의뢰를 받고 무역하던 영국 동인도회사가 주도권을 쥐었다.

영국인은 지역 분쟁과 여러 이해가 대립하는 상황을 이용해서 1760년경에 무엇보다 섬유 생산으로 많은 수입을 거두던 무굴 왕조의 동쪽 지방인 벵골을 정복했다. 1764년에 왕국을 다스리던 무굴 샤 알람(Shah Alam, 1728~1806)은 자신을 위해 세금을 거두는 일을 영국인에게 공식적으로 맡겼다. 이로써 동인도회사는 정식으로 무굴의 공무직이 되었다. 참고로, 무굴은 물론 이미 몇십 년 전부터 사실상 더 이상 어떤 힘도 행사하지 못하는 처지에 놓여 있었다. 다른 인도의 지역 권세가는 이제 영국인이 인도의 권력 다툼에서 중요한 역할을 맡았다고 여겼다. 결과적으로 동맹이 수시로 변하고 소규모 분쟁이 끊임없이 일어났다. 유럽에서 소규모의 군대를 동반한 탐험가는 이편 혹은 저편에 서서 싸우면서 행운을 잡으려고 인도로 향했다. 장기적인 안목에서 봤을 때 승리는 영국 편이었다. 19세기 중반에 영국은 인도 아대륙을 장악했다. 벵골과 같은 일부 지역은 직접 다스리기도 했다. 다른 지역에서는 인도의 영주가 관직을 지키고 있었지만, 영국의 조언자가 영주가 내놓은 정책을 자신의 상황에 맞추어 조정했다.

영국이 통치권을 넘겨받게 된 일만큼 인도에 영향을 끼친 일은 산업혁명이었다. 산업혁명은 섬유 산업의 혁명으로 영국에서 먼저 시작되었다. 물레와 베틀이 기계화되고 노동이 공장에 집약되었다. 여성과 아동이 노동에 참여하고 노동 시간이 매우 길어지면서 생산 가격이 낮아졌다. 이로 인해 영국의 생산자가 인도의 생산자를 조금씩 세계 시장에서 밀어냈다. 19세기 초기부터 영국 섬유 생산품 가격은 인도 내 시장 가격보다 낮아졌다. 벵골은 19세기 처음 몇십 년이 지나고부터 더 이상 섬유를 수출하지 않고, 목화와 황마 섬유, 인도

남(印度藍)을 수출했다. 그리고는 더 이상 말과 무기, 사치품이 아니라 섬유와 완제품을 수입했다. 인도는 탈산업화하고 말았다. 인도에는 공장 산업 제품이 아니라, '단지' 호황을 띠는 섬유 수공업만 남게 되었다. 그런데 이제는 이마저도 힘든 위기에 놓였다. 영국인은 그 당시에 식민지 관리청과 인도에서 수출하는 물품값을 인도에서 자기가 걷은 세금으로 냈다. 그러자 더 이상 유럽의 금과 은이 인도로 흘러들지 않았다. 반대로 인도 아대륙은 영국을 부자로 만들어주는 세금과 원료의 원천이 되고 말았다. 이에 상응해서 이제 영국의 경제와 관리가 집중되었던 콜카타(Kolkata, 옛 명칭은 캘커타, Calcutta), 마드라스(Madras, 오늘날의 첸나이, Chennai), 봄베이(Bombay, 오늘날의 뭄바이라고 부름)와 같은 도시가 성장했다. 옛 엘리트층의 호화로운 소비로 먹고살던 무르시다바드(Murshidābād)나 러크나우(Lucknow)와 같은 도시는 퇴색해갔다.

영국의 지배는 1857년과 1858년에 오랫동안 군인의 '폭동'으로 과소평가되던 인도 대규모의 봉기가 일어나는 동안에 한 번 더 큰 위기를 맞았다. 그 이후에 마지막 무굴은 공식적으로 왕위를 빼앗기고 유배되었다. 인도는 형식적으로 여전히 인도에서 영국의 지배를 대표하는 영국 동인도회사의 직할 식민지가 되었고, 영국 통치자는 '총독(Governor-General)'이라는 칭호를 얻었다. 여전히 존재하던 영주 국가는 계속 유지해도 된다는 보장을 받았다. 1876년 5월 1일에는 빅토리아 여왕이 '인도의 황후(Empress of India)'라는 칭호를 달았다. 그러다 70년이 족히 흐른 1947년 8월 15일에 영국의 인도 식민지 지배가 끝났다. 인도의 위대한 시대는 16세기와 17세기에 네 명의 위대한 무굴이 누렸던 시기처럼 그렇게 길지 않았다.

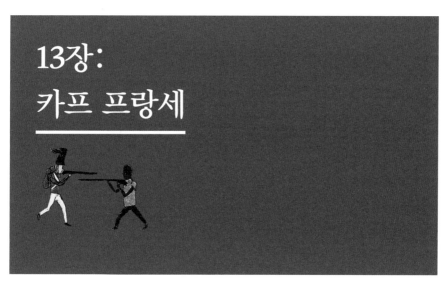

13장 :
카프 프랑세

혁명의 대서양(1770~1850년)

영국이 1763년부터 1858년까지 인도에서 주도권을 쥐고 인도양을 대영 제국의 중심지로 만든 것은 단순히 유럽의 성공적인 역사만을 의미하지는 않았다. 이는 실패한 혁명의 결과를 뜻하기도 했다. 1770~1830년에 대서양을 접한 많은 이웃 나라에서 일어난 혁명은 유럽이 근대 초기에 세운 바다 건너의 제국에서 끝났다.

북아메리카의 13개 식민 거주지는 대영제국으로부터 독립을 선포하고 미합중국으로 결속했다. 그러고는 이 결정 사항을 영국을 상대로 한 독립전쟁에서 실행함으로써 이른바 대서양 혁명의 시작을 알렸다. 얼마 지나지 않아 프랑스인이 먼저 프랑스 왕에 반대해서, 그다음에는 유럽을 상대로 혁명을 일으켰다. 정확히 말하자면 카리브해 지역에서였다. 아이티에서 세계 역사상 유일하게 노예 혁명이 성공적으로 일어났다. 결국 중남미에서 자행되어 온 스페인과 포르투갈의 지배가 끝났다. 포르투갈이 지배하던 라틴아메리카가 브라질이라는 이름 아래 하나의 나라로 합쳐져 지속된 반면에, 스페인 왕국이 다스렸던

파산 집단은 피비린내 나는 싸움 끝에 칠레와 아르헨티나, 멕시코와 같이 여러 독립 국가로 분리되었다. 유럽은 아메리카에서 캐나다와 카리브해에 있는 섬 몇 개, 브라질의 북동쪽에 있는 가이아나를 제외하고 식민지를 잃었다. 경제적 협력이라는 새로운 형태로 계속되긴 했지만, 콜럼버스가 도착한 후 이루었던 대서양 지역의 대제국은 지나간 역사가 되었다.

　같은 시기에 유럽에서는 베네치아 귀족 공화국이나 독일 신성 로마 제국과 같은 존귀한 국가 형태조차 프랑스 군대의 돌격으로 붕괴되었다. 1815년에 빈 회의가 처음에는 혁명이었다가 20년도 넘게 이어진 나폴레옹 전쟁을 종결했을 때 구 유럽의 귀족 세계는 더 이상 구제될 수 없었다. 미래는 정치적 결정에 민중의 참여율이 점차 높아지는 입헌군주제 차지였다. 유럽인의 권력을 향한 갈구는 물론 전혀 변하지 않았다. 19세기에 대영 제국과 프랑스, 러시아, 그리고 스페인과 포르투갈, 독일과 벨기에도 아메리카로부터 아시아, 그다음에는 아프리카로 식민 지배 지역을 옮기거나 새로운 식민지를 세웠다. 1876년에 영국 빅토리아 여왕이 인도의 여제로 즉위한 일은 이런 권력 이동의 상징적 정점으로 볼 수 있다. 하지만 20세기 초부터 유럽 제국은 와해될 조짐이 보이기 시작했다. 1800년경 대서양에 접한 유럽의 제국이 무너진 후 재건된 아시아와 아프리카에서 유럽의 주도는 제2차 세계대전 이후 막을 내렸다.

　대서양 지역에서 일어난 혁명은 1500년에 스페인과 포르투갈이 아메리카에 진출한 사건과 10장 '테노치티틀란과 쿠스코' 및 12장 '샤자하나바드' 편에서 살펴본 것처럼 15세기 이후에 거대한 무슬림 제국이 아시아와 유럽에서 빠르게 퍼진 일만큼이나 매우 중요하다. 하지만 여기에는 중요한 차이점이 있다. 대서양 지역에서 일어난 혁명은 종교적 치유가 아니라, 자유와 평등, 더불어 물론 경제적 목적과 관련되었다는 점이다. 따라서 혁명은 오늘날까지도 대단히 흥미롭게 다가온다. 아메리카와 프랑스, 아이티, 그리고 남아메리카의 볼리비아(Bolivia) 혁명은 긍정적 의미가 있는 사건이었다. 여전히 국가들은 이런 긍정적인 혁명을 언급하면서 통합하고, 전쟁을 정당화하고, 선거에서 승리할 수 있다.

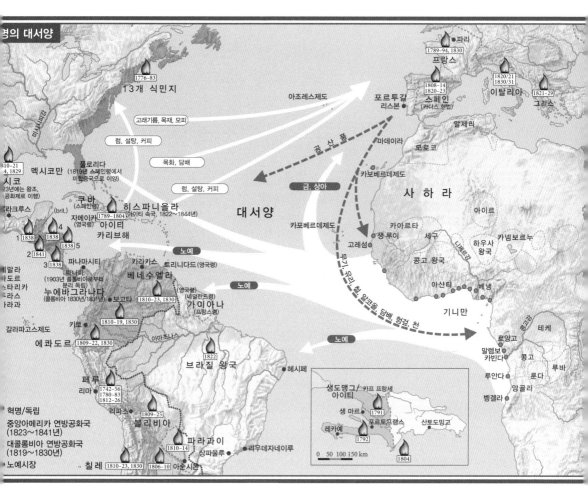

이때 어떤 혁명적 사건이 일어났는지 한눈에 다 파악하기 매우 힘들다. 혁명 초창기에는 주로 엘리트층이 주도했는데, 이러한 혁명에는 18세기의 정치 철학과 프로그램에 근거를 둔 명확하고 원대한 목표가 있었다. 그러나 엘리트 층은 혁명에 새로운 사회적 집단이 관여하는 것에 놀랐다. 하류층 시민과 농 부, 무소유자와 노예에게는 억압과 곤궁함 같은 일상의 실생활과 매우 밀접하 게 연관된 본인만의 목표가 있었다. 혁명의 첫 주자가 품었던 정치적 이상과 공통점이라고는 거의 없었다. 이렇게 해서 예상치 못한 역동적인 현상이 생겨 났다. 애초에 목표를 달성하기 위해 미국과 프랑스, 아이티, 그리고 남미에서

일으킨 혁명 결과에 사람들은 놀라기도 하고 실망하기도 했다. 환호의 함성은 늦게야 터져 나왔다. 초기의 관념과 표어는 종종 완전히 나락으로 떨어져 비난 받다가 뒤늦게야 비로소 혁명의 유산이라고 칭송받았다. 지리적으로 중앙 지 역에서 벌어진 사건을 좀 더 자세히 살펴보겠다. 카리브해 지역의 아이티에서 일어난 노예 혁명은 다른 모든 혁명과 얽혀있기 때문에 '혁명적 대서양'의 발 견을 위한 출발점으로 여겨진다.

그러나 이를 살펴보기 전에 실제로 분쟁 지역의 모습인 18세기의 대서양을 머릿속에 그려보아야 한다. 영국과 프랑스, 스페인, 포르투갈 제국은 물론 심 지어 네덜란드와 덴마크까지 대양 너머로 진출하였다. 행정관리와 이주민, 행 운을 찾아온 사람은 무리 지어 대서양을 건너 주거지와 직장을 옮겼다. 식민지 에서 생산된 커피와 설탕, 담배, 인디고, 목재, 모피와 같은 물품은 바다를 건 너 팔렸고, 은을 실은 배와 노예선, 해적이 바다를 가로질렀다. 이런 물건과 함께 책과 팸플릿, 뉴스, 소문도 함께 실려 오자 문화 양상에도 변화가 찾아왔 다. 18세기 유럽 도시에서는 시민이 즐길 수 있는 커피 하우스가 여인숙 옆에 문을 열었다. 1800년경 베를린에는 11곳의 1등급 여관과 13곳의 2등급 여관, 14곳의 3등급 여관뿐 아니라, 셀 수 없이 많은 와인과 맥주 주점, 휴게소, 53 곳의 커피 하우스가 있었다. 빈에서는 술에 취하지 않고 카페인으로 정신이 말 짱한 이성적 시민이 70곳이나 되는 커피 하우스 중 한 곳을 고를 수 있었다. 이들은 이곳에서 최신 뉴스를 듣고 그에 관해 토론하거나 민주주의로 향하는 군중에 동조하였다. 자신이 마시는 커피가 노예의 뼈가 부서질 만큼 고된 노동 의 산물이라는 것은 물론 생각할 필요가 없었다.

카리브해의 설탕과 커피

18세기 후반 유럽에서 소비된 커피 대부분은 생도맹그(Saint-Domingue)에서 생산되었다. 1804년부터 다시 아이티라고 불린 생도맹그반도는 카리브해에

있는데, 한쪽에는 쿠바와 자메이카가, 또 다른 쪽에는 푸에르토리코가 있는 산토도밍고제도의 서쪽 지역이었다. 산토도밍고는 16세기부터 스페인에 점령 당했다. 17세기에 스페인은 이곳에 자리를 잡고 살던 프랑스 출신의 해적을 쫓아내려고 했지만, 별 소용이 없었다. 결국 1697년에 스페인인은 프랑스가 산토도밍고를 통치하는 것을 인정했다. 이때부터 프랑스는 자신이 점령한 곳을 프랑스어로 생도맹그라고 불렀다. 그 이후 일어난 설탕과 커피 붐이 모든 것을 바꾸었다. 한 세기가 채 지나지 않아 크고 작은 농장의 주인과 관리인, 군대는 위대한 벨기에의 영토였던 이곳을 가치가 높은 프랑스 식민지로 바꾸어 놓았다.

생도맹그에서 유럽으로 운반되는 설탕의 양은 1500년과 1600년 사이에 10배로 뛰었고, 1600년과 1800년 사이에 다시 한번 10배나 증가했다. 이유는 간단했다. 식민지에서 온 커피와 차, 코코아와 같은 기호 식품은 그 자체만으로는 원래 쓴맛이 난다. 그런데 이런 기호 식품의 소비가 증가하자 전통적으로 꿀이나 시럽으로 단맛을 냈던 유럽에 1800년대에 이르러 해마다 20만 톤의 설탕이 유입되었다. 커피와 차, 코코아 생산품의 소비로 설탕 수요가 치솟았고, 반대로도 마찬가지였다. 16세기에 백설탕은 여전히 왕과 영주가 왕실 사회에서 좋은 인상을 주고자 할 때 쓰는 사치품이었다. 2세기가 지나 백설탕은 물론이고 값이 싼(!) 흑설탕도 각 계층에 널리 퍼진 기호 식품이 되었다. 모두가 즐기는 일을 중요하게 생각했다. 18세기 유럽인은 식민지에서 온 커피와 설탕과 같은 기호품만이 아니라, 맛 좋은 빵과 좋은 식기, 더 아름다운 가구를 사기 위해 더 많이 더 열심히 일할 준비가 되어 있었다. 이를 두고 '근면 혁명'이라는 이름이 붙었다. 생도맹그에서 일어난 혁명의 여파로 프랑스에서 설탕 가격이 비싸지는 바람에 1792년에 파리에서는 소요가 일어날 정도였다.

소소한 소비에서 얻는 행복을 비는 마음으로 살아가던 유럽인은 빠르게 성장하는 시장을 형성했다. 이곳에 투자자와 농장주, 상인, 정부가 반응을 보였다. 브라질과 바베이도스(Barbados)처럼 이미 설탕 사업에 뛰어든 공급자 외에도 새로운 열대 경작 지대가 개척되었다. 해적 소굴인 생도맹그도 이에 속했다. 이곳의 설탕 생산량은 1710년에 약 1천 톤이었지만, 1789년에는 무려 6만

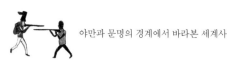
4천 톤에 이르렀다. 같은 해에 유럽에서 필요한 커피의 60퍼센트가 생도맹그에서 수입되었고, 커피 무역은 1770년대와 1780년대에 설탕 무역보다 훨씬 더 활발하게 이루어졌다. 생도맹그는 이제 전 세계적으로 가장 큰 이윤을 불러오는 식민지로 프랑스 왕국의 핵심이 되었다. 사업은 보르도와 낭트, 라로셸(La Rochelle) 등의 항구도시를 통해 이루어졌다. 르 아브르(Le Havre)와 바욘(Bayonne)의 몇몇 상인과 투자자 중에는 제대로 부자가 된 사람도 있었다. 이들 중 많은 이가 생도맹그의 절반에 해당하는 면적에 관리인을 두고 운영하는 농장을 소유했다.

프랑스가 7년 전쟁 중에 식민지인 캐나다와 루이지애나를 영국에 잃고 난 뒤에 프랑스인은 해외 투자를 생도맹그에 더욱더 집중했다. 토지를 개발하고 더욱더 역동적으로 생산에 열을 올렸다. 1780년대에 영국으로부터 성공적으로 독립한 북아메리카 13개 지역의 식민지에서 커피에 대한 기호를 드러내는 것은 (영국 차는 기피했던 반면에) 애국적 입장을 표명하는 표현 방법이 되었다. 이로써 유럽 외에 또 다른 커피 시장이 형성되었고 커피 가격은 올라갔다. 농장 소유자와 프랑스 식민지 관리 담당인은 얼마나 강력하게 시장 접근을 조정해야 할지를 두고 싸우기 시작했다. 대서양에 접한 프랑스의 큰 항구로부터 하류 시민과 행운을 좇는 사람이 얼마 안 되는 자금을 들고 생도맹그에서 커피 농장주로 성공하는 꿈을 품은 채 이주해 왔다. 하지만 모두가 꿈을 이룬 것은 아니었다. 사회적 차이도 컸다.

아프리카 노예의 숫자도 무척 많아졌다. 1780년대 말 생도맹그에는 50만 명이나 되는 노예가 살았는데, 이는 그 당시 세워진 지 얼마 안 된 미합중국의 인구보다 더 많은 숫자였다. 노예는 1740년대 초에 해마다 10만 명이 넘게 '수입'되었고, 1760년과 1780년 사이에 매년 약 2만 명씩 늘어났다. 미국 독립전쟁이 끝난 뒤인 1783년에는 3만 명, 1790년이 지날 때쯤에는 4만 6천 명이나 되는 노예가 생도맹그로 끌려왔다. 이들 중 절반은 생도맹그에서 3년도 버티지 못했다. '주인'과 '장사꾼'에게 당한 학대뿐만 아니라, 낯선 기후와 고된 노동, 익숙하지 않은 생활과 종종 부족한 식량 및 질병 때문이었다. 살아남은 노예는 자신이 단순히 아프리카인이라고 말하지 않았다. 이들은 졸로프족 (Jolof)과 밤바라족(Bambara, Bamana), 아샨티족(Ashanti), 아야족(Aja), 요루바족 (Yoruba), 이보족(Ibo), 반투족(Bantu) 등 다양한 종족이었다. 이들은 오늘날의 모리타니(Mauritani)부터 앙골라에 이르는 지역에서 강제로 잡혀 왔고, 18세기 말에는 남쪽 지역에서 끌려온 사례가 훨씬 많아졌다. 이후에는 생도맹그에서 태어난 노예도 소수 있었다. 노예의 90퍼센트는 밭일을 했고, 나머지는 집과 도시, 배에서 일했다. 노동 분야와 자격, 생도맹그에서 지낸 시간 혹은 어느 농장에서 일하는지에 따라 종족에 차이가 생겼다. 이처럼 다양한 종족 출신의 노예는 강제 노동을 하고 아무런 권리도 갖지 못하며, 종교가 부두교라는 공통점이 있었다. 백인이 엉터리 마법과 마술이라고 하찮게 평가하는 매우 다양한 믿음을 추구하는 종교에는 아프리카의 전통과 기독교적 생각이 한데 섞여 있다.

생도맹그 전체 인구 중 백인 비율은 5퍼센트에 지나지 않았다. 대규모의 설탕 농장을 소유한 자는 상위 계급을 이루었다. 그러나 이들 중 다수는 대부분 프랑스에서 살거나, 그렇지 않은 경우에도 터전은 프랑스에 잡고 이곳에서는 가족 혹은 기업 연합의 대표자로서 일하는 사람으로 인식했다. 얼마 되지 않는 소수의 설탕 농장주, 식민지 행정과 군부, 그리고 민병대의 우두머리와 함께 식민지의 엘리트층을 이루었다. 카리브해 지역의 모든 식민지 농장은 다른 식민 통치국이 공격해 올 위험이 있었고, 무자비한 착취로 돌아가는 전체 시스템 때문에 노예가 봉기를 일으키지 않을까 하는 두려움에 늘 시달렸으므로, 무기를 잘 다룰 수 있게 훈련된 군대가 필요했다.

수적으로 봤을 때 그랑 블랑(grands blancs)이라고 불리던 엘리트층보다는 많이 있던 프티 블랑(petits blancs)이 훨씬 중요했다. 이들은 몇 명의 노예를 둔 작은 커피 농장의 주인이거나 수공업자, 상인과 같이 꿈을 이루지 못한 사람이었다. 여기에 더불어 '양서류'라고 불리던 사람들이 항구도시로 왔다. 이들은 때로는 육지에서, 때로는 배에서 사는 사람들이었다. 일할 곳이 없는 선원이나 작은 해안선이나 보트의 주인도 있었고, 대양을 건너는 노예선과 무역선에 직접 올라타서 일하기에는 부적합하지만, 해외로 떠나는 커다란 항구와 작은 해안 지역 사이에서 이런 배를 상대로 장사와 노동력을 알선하는 사람이었다.

그런데 18세기에 생도맹그의 전체 인구수보다 더 빠르게 증가한 것은 자유로운 유색인(gens de couleur, Free people of color)의 수였다. 이들은 노예에서 해방된 흑인이거나 대부분은 백인 남성과 아프리카 여성 사이에서 태어난 사람이었다. 1790년경에 이들도 백인과 마찬가지로 전체 인구수의 5퍼센트를 차지했다. 자유로운 유색인 중 몇몇은 성공해서 작은 농장을 경영하고 노예를 부리며 수공업과 장사에 종사했다. 그 때문에 이들은 인종적으로 자신이 우월하다고 느끼며 성공한 유색인 신분 상승자와 거리를 두고자 했던 수많은 프티 블랑의 시기를 샀다. 그러자 자유로운 유색인을 차별하고 백인 주민과 분리해야만 한다는 법규와 규칙이 증가했다. 이는 자유로운 유색인의 원망을 사는 결과를 초래했다. 이들 중 많은 이는 경제적 성공만이 중요할 뿐 피부색을 문제시해서는 안 된다고 믿고 식민지 사회에서 자유롭고 평등한 일원이 되고자 했다는 점에서 대부분의 노예 집단과는 대조를 이루었다. 그런데 이들의 성공이 이제는 걸림돌이 되고 말았다.

1780년대 생도맹그에는 사실 식민지가 하나가 아니라 여럿 있었다. 서쪽에서 동쪽으로 이어진 세 개의 구릉은 국토를 평지와 산허리, 높이가 2천 미터도 더 되는 정상으로 나누었다. 도로와 강은 서쪽에서 동쪽으로 흐르며, 이곳에 자리한 농장을 각각 가장 가까이 있는 교역 장소와 연결했다. 하지만 어느 식민 지역 사람이 산을 넘어 다른 곳과 접촉하는 일은 거의 일어나지 않았다. 식민지 전체를 잇는 도로망이 없었기 때문이다. 북쪽의 카프 프랑세, 서쪽의 생마르, 남쪽의 포르토프랭스(Port au Prince) 및 레카예(Les Cayes)와 같이 훌륭한 주요 항구에 세 지역이 형성되었다. 모든 것이 새로웠다. 주민 자체도 대부분은 얼마 전에야 비로소 이곳으로 이주해 온 사람이었기 때문이다. 이어서 북쪽에서 남쪽으로, 평지에서 산허리로, 그리고 설탕에서 커피 농사를 목적으로 토지가 개발되었다. 풍성하고 수확량이 많은 대규모 설탕 농장은 평지에 있었다. 남쪽보다는 북쪽에 있는 농장이 더 오래되고, 크며, 기술적으로도 뛰어났다. 더 작은 규모에 새롭고 덜 비싼 대부분의 커피 농장은 구릉을 따라 역시

북쪽에서 남쪽으로 생겨났다. 1780년대에 남쪽에는 아직 개척자와 선구 집단이 모여 있었지만, 북쪽은 훨씬 더 자리가 잡혀 정돈된 느낌이었다.

이런 특색은 양쪽의 중심지를 비교할 때도 드러났다. 북쪽의 카프 프랑세는 1789년 이전에 유럽 밖에 놓인 프랑스 도시 중 가장 부유한 곳이었다. 90명의 판사, 변호사, 법무사, 재판소 직원이 상주했고, 인구 1만 5천 명이 채 되지 않는 곳에 100개가 넘는 보석상이 즐비했다. 이곳에는 백인 3천5백 명, 노예 1만 명, 그리고 자유 유색인 1천4백 명이 살았다. 생활비는 유럽의 세 배에 비할 만큼 비쌌다. 대부분 집은 돌로 지은 이층집이었다. 극장과 프리메이슨 사원, 당구장, 목욕탕이 있고 생동감 넘치는 일요 시장이 열렸다. 주요 도로뿐 아니라, 대부분 도로와 인도가 포장되었다. 파리의 최신 패션 양식은 몇 달 뒤에 이곳에서 뽐내며 선보여졌다. 카프 프랑세에는 아이가 별로 살지 않았는데, 능력이 되는 사람이라면 교육을 위해 아이를 프랑스로 보냈기 때문이다.

이와는 반대로 생도맹그 명목상의 수도였던 남쪽에 자리한 포르토프랭스는 약간 퇴색한 분위기였다. 1749년에 건립되었을 때부터 이미 몇 차례의 지진과 상업 지역에서 일어난 대화재를 극복해야만 했다. 1790년경에 이곳에는 대략 6천 명(백인: 1천8백 명, 자유 유색인: 4백 명, 노예: 4천 명)이 살았다. 집은 대부분 목재로 지었고, 많은 도로는 포장되지 않았다. 시민 관리(감독관)와 군대 관리(주지사)의 대표는 매년 일정 기간 카프 프랑세에 머물렀다. 행여 전쟁이 일어나면 비밀의 수도에서 더 잘 보호받을 수 있다는 생각 때문이었다.

카프 프랑세와 포르토프랭스, 이 두 도시는 행정과 특히 항구로 운영되었다. 카리브해 지역의 다른 항구도시에서처럼 대부분 사업이 불법이었지만, 사실 이는 모두가 알고 있는 사실이었다. 엄격한 프랑스 감독관은 1780년대 말에 도착한 배 가운데 4분의 1에서 절반만이 제대로 세금을 내고 신고한다는 사실을 밝혀냈다. 감독관이 이에 격노해서 올바르게 일 처리를 하려고 한 것이 혁명을 부추기는 결과를 낳았다. 이 부분에 대해서는 곧 살펴보겠다. 동시대인도 아무리 카리브해 지역의 상황과 비교해 봐도 카프 프랑세의 항구에서 일하는 관리가 너무도 부패했다고 생각했다. 생도맹그의 주요 지역이 다른 카리브

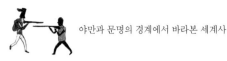

해 지역 항구도시와 크게 다른 점은 노예와 군인의 수가 많다는 것이었다. 두 도시에는 외부의 공격에 대비해 1천 명으로 구성된 군대가 주둔했다. 하지만 이는 인구의 90퍼센트를 차지하는 노예에게 힘을 과시하려는 목적도 있었다.

얽히고설킨 혁명: 프랑스…

아이티 혁명은 매우 복잡한 사건이다. 이를 좀 더 명확하게 이해하려면 동시간대에 일어난 프랑스혁명을 잠깐 살펴볼 필요가 있다. 프랑스혁명은 세 개의 혁명 운동이 초래한 협력의 결과물이었다. 첫 번째로, 신분제 폐지를 이끈 시민의 헌법 혁명이 있었다. 1789년 6월 20일에 '테니스 코트의 선서'가 있었다. 이것으로 제3신분인 평민은 귀족과 성직자 혹은 왕이 아니라 단지 평민만이 국가를 대표할 수 있다고 국민의회에서 선언했다. 또한, 시민과 인간의 권리를 선포했는데, 이는 오늘날까지도 혁명의 업적으로 평가된다. 두 번째로, 더 이상 배고픔에 허덕이고 싶지 않았던 하류 계층이 사회적 공평성을 요구하며 도시 민중 혁명을 일으켰다. 이들은 오늘날까지 프랑스에서 국경일로 기념하는 7월 14일에 바스티유 감옥을 함락했고 왕과 왕후를 파리로 데려와 평민의 한 일원으로 끌어내려 베르사유로 향했다. 그리고 세 번째로, 농민이 일으킨 반봉건주의 혁명이 있었다. 대공포(Grande Peur, 그랑 푀르)라는 개념으로 요약되는 1789년 여름에 일어난 농민 폭동이다. 8월 4일 밤에 농촌의 대지주인 봉건적 특권층이 폐지되었고, 단지 가난한 경제적 불평등만이 남겨졌다.

세 혁명은 함께 작용했다. 시민 혁명이 없었다면 농촌의 봉건제도가 폐지되지 않았을 것이다. 도시 민중 혁명 없이는 시민이 자기의 힘이 강해지는 것을 받아들이지 못했을 것이다. 세 혁명 중 그 어느 것도 단독으로는 성공하지 못했을 것이다. 농민 봉기나 도시에서 일어난 민중 혁명이 행여 단독 사건으로 머물렀다면 분명 폭력적인 공격을 받고 실패로 돌아갔을 것이다. 시민 혁명은 사람들이 힘을 다해 도로로 몰려나오지 않았다면 불발했을 것이다. 하지만 전

체를 놓고 봤을 때 혁명의 결과는 이 세 부분을 합쳐놓은 것보다 훨씬 그 이상
이었다. 혁명의 역동적인 힘은 혁명가들이 파리의 거리와 시민 의회, 마을에
서 서로를 지켜보고, 각각 다른 사람들의 행동에 대한 소식과 소문에 반응하
고, 또 다른 이의 성공과 실패에서 무엇인가를 배우고 이용하려는 데서 기인했
다. 1792년 봄부터 발발한 전쟁은 프랑스혁명을 더욱 격하게 했다. 프로이센
과 합스부르크 왕조는 이웃 나라에서 들끓는 동요를 폭력적으로 끝내고, 무엇
보다 도망치는 데 실패한 프랑스 왕을 구하려고 프랑스에 협조했다. 1792년
여름에 프로이센의 육군 원수이자 브라운슈바이크(Karl Wilhelm Ferdinand of
Brunswick) 공작인 페르디난트(1721~1792)는 프로이센 왕과 합스부르크 황제의
이름 아래 프랑스로 진군하면서 다음과 같이 선포했다.

> "튈르리궁전(Palais des Tuileries)이 공격당하거나 파괴되면, 왕과 왕가 전체가
> 조금이라도 조롱당한다면, 이들의 안전과 생명, 자유가 직접 침해당한다면,
> 이들은 선례가 없었던, 언제까지라도 기억될 만한 복수를 하고, 파리 전체
> 는 군사적 행동으로 폐허가 될 것이다. 무엇보다 범죄자들은 스스로 죽음을
> 벌게 될 것이다."

브라운슈바이크 공작은 이렇게 협박함으로써 오히려 사람들이 더 큰 반항
심을 끓게 했고, 프랑스 왕정은 결국 굴복하고 말았다. 전쟁을 위해 군에 복무
할 대중을 징집하는 일과 프랑스 내부의 폭력으로 상황이 첨예화되었다. 1792
년 여름에는 두 번째 혁명이 일어날 것이라는 소문이 퍼져서 술렁였고, 1793
년 1월에 왕이 처형당했다.

이후 18개월간은 지방에서 봉기가 연달아 일어나고 파리에서도 권력 다툼
이 펼쳐진 시기였다. 이런 사건은 법학자인 막시밀리앙 로베스피에르
(Maximilien Francois Marie Isidore de Robespierre, 1758~1794)의 지휘 아래 '공안위원
회'의 혁명적 독재로 흘러갔다. 1794년 6월과 7월의 테러 지배의 마지막 주에
1만 6594명이 국가적으로 합당하다고 인정받은 테러의 희생자가 되었다. 그

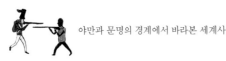

중 파리에서만 1,376명의 사망자가 생겼다. 1789년 7월 28일에 로베스피에르와 그를 추종하는 105명을 체포해서 처형한 후에야 비로소 테러가 수그러들었다. 1790년대 후반에는 불안정하고 별로 관심을 끌지 못했지만, 비교적 신뢰할 수 있는 집정 내각이 지배했다. 이는 1789년의 헌법 혁명의 개념으로 돌아갔지만, 도시 민중 혁명의 압력에 맞서 계속해서 자신의 의견을 관철해야만 했다. 그러다가 1799년에 집정 내각은 나폴레옹(Napoleon, 1769~1821)이라는 젊은 혁명 장군의 쿠데타로 항복하고 말았다. 그 뒤에는 프랑스가 구 유럽의 열강에 맞서 기강을 세우고 놀랍게도 1세기도 넘게 지속된 전쟁에서 성공을 거두었다. 전쟁은 유럽 전체를 변혁시키기도 했지만, 1814년(1815년)에 나폴레옹이라는 전쟁 기계가 패망한 후에 프랑스를 왕정제로 돌아가게 했다. 1815년에 열린 빈 회의도 유럽에서 일어난 혁명과 폭력으로 물든 사반세기의 끝에 유럽을 18세기의 상태로 되돌리지는 못했다. 혁명은 유럽을 근본적으로 변화시켰다. 그러나 초기에 일어났던 세 차례 혁명의 목표도 1789년에 처음 가담했던 사람들이 기대했던 방식으로 실행되지는 못했다.

…그리고 생도맹그

생도맹그(Saint Domingue)에서도 마찬가지로 여러 혁명이 서로 얽혀 있었고, 이곳에서도 전쟁이 일어나 상황을 더 악화시켰다. 여러 혁명이 일어난 것은 우선 지리와 역사, 경제에서 생긴 많은 차이점이 만든 결과였다. 혁명에 가담한 사람들은 전체로서 생도맹그를 이해하는 데 어려움을 겪었다. 이들은 혁명에 참여한 원인인 자신의 관심사와 강압에만 신경을 썼다. 이들의 관심 영역은 농장과 마을, 수도, 번성하는 항구도시를 포함한 지방이었다. 예를 들면, 시민, 하류 계층, 농부처럼 집단이 뚜렷이 잘 짜이거나 성립되지 못했고, 부와 소유는 너무나 다양한 방식으로 분배되었다. 이들은 직업과 피부색, 종교 혹은 자유의 정도에 따라 다른 일상을 보냈다. 그 외의 사회적 역할은 체득하지 못했

다. 노예나 백인 대다수가 카리브해에서 태어난 것이 아니기 때문이었다. 1770년대와 1780년대에 생도맹그가 선풍적 인기를 끌면서 사람들은 이런저런 목적으로 이곳에 몰려왔다. 하지만 이들에게는 모든 사회적 관계가 새로웠다. 대부분 노예와 주인은 자신의 지위를 낯설게 느꼈다. 심지어 이들이 쓰던 언어조차 서로 달랐다.

결국 외부 요인이 생도맹그의 상황을 걷잡을 수 없게 했다. 조국인 프랑스는 1789년과 1804년 사이에 이곳에서 발생한 혁명과 관련하여 계속해서 다른 사절단을 보냈다. 파리에서 온 사절단은 군대를 대동할 때도 있고 그렇지 않을 때도 있었는데, 다양한 목적에 따라 행동하고 다양한 세계관을 지녔다. 이들 외에도 섬의 다른 부분을 지배했던 스페인과 1793년과 1798년 사이에 카리브해 지역에서 군사력의 절반이나 투입해 포르토프랭스를 점령했던 영국과 같은 외국의 군사 간섭도 있었다. 스페인과 영국은 프랑스 왕정의 보물을 빼앗으려 애썼다. 결국 이 두 나라의 시도가 실패로 돌아가긴 했지만, 이들이 생도맹그를 군사적으로 간섭할 때까지 프랑스 쪽에서는 아무것도 눈치채지 못했다.

1789년에 생도맹그의 혁명은 점점 더 프랑스 헌법 혁명처럼 발전하기 시작했다. 15년 전 미국 독립 혁명에서 주장했던 내용도 다루어졌다. 놀라운 일이 아니었다. 대서양을 끼고 있는 지역에 살던 사람은 신문을 읽고, 여행자와 선원, 공무원에게 뉴스를 전해 들었으며, 서로에 대해 알았다. 1789년에 루이 16세가 베르사유에서 소집하고 국회를 배출해낸 삼부회의에는 식민지의 국회의원이 아무도 초대받지 못했다. 많은 설탕 농장 지주는 이를 몹시 못마땅하게 여겼다. 생도맹그 세 지역의 엘리트층은 식민지 행정의 의향에 반대하며 비밀 선거 회의를 소집해 국회의원을 뽑고 이들을 파리로 보냈다. 이들은 그곳에서 '결근자' 집단을 만났다. 결근자 집단은 프랑스에 사는 대투자자로서 자신을 생도맹그의 실제 대표자라고 주장했다. 그리고 이 집단은 카리브해 지역의 노예 소유주에게 도덕적인 이유에서 참정권을 약속했던 노예제의 반대 세력인 '원칙주의자'와 대치하고 있었다.

그러는 동안 생도맹그에서는 식민지 관리와 농장 소유주 사이에 분쟁이 일

어났다. 1785년부터 시민 행정의 우두머리를 지낸 마르부아(Francois Barbe de Marbois, 1745~1837)는 식민지의 세금과 관세, 재정을 새롭게 정립했다. 마르부아는 이로써 부패와 지하 경제를 위협했다. 그런데 그 당시 항구 주변의 많은 사람이 그런 것들로 먹고살았다. 마르부아는 또 섬의 세 지역을 더 잘 연결하기 위해 도로와 다리 건설에 집중적으로 투자하고자 했다. 하지만 농장 소유주에게 직접적으로 이윤을 남겨주지도 않으면서 돈과 노예(도로 공사를 위해 대기시켜야만 했음)를 대도록 했다. 장기간 발전보다는 단기간의 이득에 관심이 훨씬 컸던 거의 모든 백인은 이런 개혁가를 없애버리고 싶은 마음이 한결같았다. 결국 소요가 일어났다. 카프 프랑세에서 무장을 한 반대 행렬이 밀어닥쳤다. 행렬에 참여한 사람들은 바르베의 안전을 보장하지 못한다는 의견을 분명히 알렸다. 결국 바르베는 10월에 신경이 쇠약해져 굴복하고 포르토프랭스에서 프랑스로 돌아갔다. 농장의 백인 소유주들은 이를 두고 바스티유 감옥 습격과 같은 선에서 해석했다. 민중이 승리를 거두었다.

　그러나 마르부아의 퇴진과 함께 식민지를 결속하던 행정력 역시 사라져버렸다. 마르부아에게 반대했던 사람들은 그를 제거하는 목표 외에는 아무런 공통된 관심사가 없었다. 1790년은 군부 사령관과 서로 의견 일치를 보지 못한 세 지역에서 선출된 입회, 지역 입회, 그리고 다양한 농장 소유주 집단의 자치 기구 간의 갈등으로 특색을 이룬 해다. 게다가 프랑스에서 건너온 혁명 소식에 상황이 진정될 기미가 보이지 않았다. 자유로운 유색인 역시 선거에 참여할 수 있는지에 대한 논의는 가난한 백인이 유색인을 린치 살인하는 일로 정점을 찍는 갈등을 불러왔다. 그러자 유색인은 자기네끼리 뭉치고 무장하였다. 또 최초의 백인 농장주들은 사설 군대를 갖추고 자신들 소유의 노예를 무장시켰다. 1790년 가을에 카프 프랑세에서 존경받던 유색인 상인이었던 뱅상 오제(Jacques Vincent Oge)가 이끈 봉기가 실패로 돌아갔다. 백인들은 뱅상 오제와 그의 공모자인 장 바티스트 샤반을 본보기로 삼아 산 채로 공개 환형(轘刑, 끔찍하게 잔인하기 때문에 유럽에서는 오래전부터 더 이상 시행되지 않음─ 다리를 두 대의 수레에 묶은 후 양쪽으로 잡아당겨 죽이는 벌─역주)에 처했다. 그러나 상징적 폭력으로는 나라를 더

이상 만족시킬 수 없었다. 1791년 중반까지 생도맹그의 넓은 지역에서 공공질서가 붕괴되었다. 세금이 거두어지지 않았고, 채무도 갚지 않거나 폭력 조직의 도움으로 겨우 징수됐다.

주목할 것은 이런 모든 갈등이 인구 가운데 노예가 아닌 10퍼센트 안에서 벌어졌다는 점이다. 각자 관심에 따라 지방과 지역에서 다양한 여러 집단이 구성되었고, 집단 간 차이로 곳곳이 폭력으로 가득 찼다. 1791년 8월에 북쪽 지방에 살던 노예는 이런 기회를 봉기를 일으키기 위해 이용했다. 이 노예들의 목표는 위계질서를 엄격하게 내세우는 지도자 없이 네트워크를 조직해서 빠르게 첫 성공을 거두는 것이었다. 이들은 눈덩이처럼 불어난 군사를 모으고 확실한 목표 의식을 지닌 채 무척이나 미워하던 여러 농장을 공격하며, 사탕수수 압착기를 부수고 사탕수수밭을 공격했다. 이들은 주인에게 충성심을 보이던 다른 노예들의 저항을 물리쳤다. 백인 군대와 민병대는 카프 프랑세와 다른 도시를 수비하는 데 집중했다. 농장 소유주는 보루에 엄폐물을 쌓고 다른 사설 군대를 조직했다. 결과는 피로 가득한 무승부였다. 노예는 도시를 점령하지 못했고, 백인 군대와 농장 소유주는 지역을 지배하기에는 너무나 약했다.

1791년 12월에 카프 프랑세에서 노예 대표자가 백인들에게 화평을 제의했다. 노예들은 그 대신에 노예를 모두 사면하고 농장으로 되돌아가는 노예를 보호해줄 조처를 취하며, 혁명의 지도자와 그의 동조자를 풀어줄 것을 요구했다. 하지만 백인들은 평화를 찾을 기회를 거절했다. 이들은 노예 봉기의 실패가 이전에 이미 코앞에 닥쳤다고 믿고 있었기 때문에 노예의 제의가 약점을 드러내는 신호라고 해석했다. 이들은 노예에게 '손에 무기를 들고 법에 저촉한 사람'과는 협상할 수 없다고 알렸다. 그리고 경우에 따라 '반성의 빛을 보이며 자신의 의무로 돌아온 사람만 자비를 베풀' 용의는 있다고 전했다. 노예들은 이를 듣고 산으로 들어가 계속해서 게릴라 전술을 펼쳤다.

이렇게 북쪽에서 봉기가 계속 일어나는 동안에 서쪽과 남쪽에서는 가난한 백인과 유색인종 간의 갈등이 절정으로 치솟았다. 스스로 사설 군대를 조직하고 군수 기업가로서 활동한 흑인 지도자들은 돈을 받고 용병으로 전쟁터에 뛰

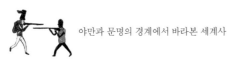

어들었다. 1792년에 이곳에서도 노예 봉기가 일어났다. 프랑스가 공화국을 선포했다는 소식이 식민지에 들려오자 많은 백인은 자신이 혁명과 결탁하였고 노예를 상대로 한 자신들의 싸움이 백인을 해방하는 데 기여했다고 믿었다. 반대로 많은 노예는 백인 지도층에 맞서 싸울 희망을 품고 왕과 손을 잡았다.

하지만 1792년 9월 생도맹그에 프랑스 행정관이 오자 노예들은 자신들의 판단이 틀렸다는 것을 알아차렸다. 이들은 인종차별주의적 농장 소유주를 유배 보내버리는 데 속도를 냈다. 하지만 농장주 중 많은 이는 이미 인근 지역인 자메이카로 피신한 뒤였다. 그러한 농장주들은 그곳에서 영국에 분쟁을 중재할 것을 요청하면서 성공하면 섬을 넘겨주겠다고 약속했다. 1793년에 영국은 포르토프랑스를 점령하고 1798년까지 이곳에 머물렀다. 스페인도 자신들이 지배했던 섬의 영역에서부터 우선은 혁명을 일으킨 노예에게 피신처와 무기를 보장한다는 목적으로, 하지만 그다음에는 적극적이고 좀 더 독자적으로 전쟁에 뛰어들었다. 이러는 동안 파리에서 건너온 혁명적인 특사는 혁명을 일으킨 노예와 유색인종과의 결속을 도모하여 하나의 새로운 군사적 평화 유지 세력을 구성했다. 1793년 8월에 파리 특사는 북쪽 지역에서 노예제를 폐지한다고 알렸다. 백인 대부분은 그 당시 카프 프랑세를 떠났다. 그리고 주변 지역에 살던 흑인들이 도시에서 발생한 대화재로 건물이 파괴된 생도맹그의 베일에 싸인 수도로 이주해 왔다. 반년이 지난 후에 로베스피에르 주관으로 파리에서 열린 국회는 모든 프랑스령 식민지에서 노예제를 폐지한다고 선포했다.

그런데 생도맹그에 있던 특사들은 전쟁을 끝내지 못했다. 너무나도 많은 무기 소지자가 한 지역에서만이라도 전쟁을 성공으로 이끌면 큰 부자가 될 수 있다고 믿었다. 이렇게 완전히 방향을 잘못 튼 상황에서 '흑인 나폴레옹'이라 불리던 투생 루베르튀르(Toussaint L'ouverture, 1743?~1803)의 영향력이 커지기 시작했다. 루베르튀르는 유색인이며 몇 명의 노예를 둔 작은 지주였다. 그는 노예 혁명에 동참하고 북쪽 지역에서 군대를 지휘했다. 그는 어쩌면 생도맹그로 붙잡혀 오기 전에 그의 아버지가 서아프리카의 왕족이었다는 점으로 이익을 봤을 수도 있다. 1794년과 1797년 사이에 그는 여러 번 소속 집단을 바꾸어 여

러 권력 집단이 서로 아웅다웅하며 다투게 하는 데 능란했다. 프랑스가 그를 마침내 생도맹그의 지휘관으로 인정할 때까지 말이다. 그는 나라를 어느 정도 진정시키는 데 성공했다. 스페인과 영국의 침략군조차 그와 교섭한 후에 철수했다.

하지만 이제 어떻게 해야 할지 불분명했다. '흑인 나폴레옹'이 지휘관이라는 지위에 만족할까? 아니면 독립 국가를 이루려 온갖 술수를 다 쓸까? 하지만 만약 노예가 나서서 이 국가를 운영하고 여러 유럽 열강에 속하는 카리브해의 사탕수수 섬 사이에서 군사적·정치적으로 제 목소리를 높이려 한다면 어떻게 해야 할까? 경제적인 전망 역시 장담할 수 없었다. 이전에 노예였던 많은 사람은 그 당시에 여러 농장으로 뿔뿔이 흩어졌다. 이들은 작은 규모로 운영되는 땅과 마을 공동체에서 경작하고 가축을 길렀다. 어쩌면 아프리카에서 보았던 모습을 기억해내서 했을지도 모른다. 하지만 이런 구조로 놔두었다가는 식민지에서 다시는 이익을 낼 수 없었다. 투생 루베르튀르는 설탕과 커피 산업을 다시 살리고 싶어 했다. 이 목적을 달성하기 위해 백인 투자자를 초대하고 노예제도와 구분되는 노동을 강요했다. 이런 전략은 경제적 성공을 가져왔다. 그렇더라도 전쟁으로 폐허가 된 나라에서 얻은 이익은 1780년대의 숫자와 비교해보면 당연히 한참 뒤떨어졌다. 또한, 당연히 농장에서 다시 일하고 싶어 하지 않는 예전의 노예들 사이에서 동요가 일어나기 시작했다. 그 밖에도 예전에 노예 신분이었던 사람과 자유 유색인종 간의 갈등이 계속 고조되었다. 1789년 이전에 이미 백인 세계에서 자신의 주장을 고수했던 이들은 자신이 나라를 조직하는 데 훨씬 더 적합하다고 확신했다.

1802년에 나폴레옹이 보낸 진압군은 내부 분열로 눈에 띄게 권력이 약해진 투생 루베르튀르를 체포했다. 루베르튀르는 1년 뒤 프랑스령 포르드주에서 감금 생활 중 세상을 떴다. 서아프리카 왕족의 아들이자 카리브 노예 공화국의 통치자였던 루베르튀르는 스위스 국경 근처의 샤토 드 주(Chateaux de Joux)에 묻혔다. 나폴레옹은 혁명 이전의 식민 왕국이 이루었던 급격한 발전을 언급하며 그러한 발전을 다시 도모하기 위해 노예제를 부활시키고자 했다. 이 소식이

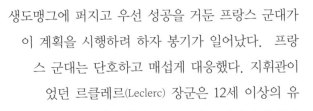

생도맹그에 퍼지고 우선 성공을 거둔 프랑스 군대가 이 계획을 시행하려 하자 봉기가 일어났다. 프랑스 군대는 단호하고 매섭게 대응했다. 지휘관이었던 르클레르(Leclerc) 장군은 12세 이상의 유색인을 빠짐없이 모두 죽이는 방법밖에 없다는 편지를 나폴레옹에게 썼다. 실제로 그런 일이 일어나지는 않았다. 그런데도 몇 달 이내에 1만 명이나 되는 사람이 극심한 폭력을 일삼은 프랑스의 '안정 대책' 때문에 죽어 나갔다. 서로 간에 의견 일치를 보지 못했던 반란자들도 똑같이 보복했다. 결국 1803년 11월에 프랑스 군대가 철수했다. 이들도 섬의 일상에 늘 만연해 있던 질병과 전투 혹은 여러 폭력 행위로 4만 명에서 5만 명이나 되는 군사를 잃었다.

1804년 1월 1일에 생도맹그는 독립을 선언했고 '아이티(Haiti)'라는 새로운 이름을 지었다. 아이티라는 이름은 콜럼버스가 섬에 오고 난 뒤에 몇 세대 만에 절멸해버린 인디언 타이노족(Taino)의 이름에서 따왔다. 백인의 시대는 이제 영원히 지나갔다는 것을 이름을 통해 분명히 알린 것이다. 이곳에 남아있던 백인들은 이후 몇 달에 걸쳐 추방되거나 처형되었다. 노예와 유색인종 간에 지속적으로 일어난 이전의 갈등 탓에 아이티에는 두 개의 나라가 세워졌다가 1820년에 이르러 다시 통일되었다. 농장 경제는 독재적으로 지배하던 통치자가 수많은 시도를 했으나 다시 살아나지 못했다. 자유롭고 독자적으로 경제를 꾸려 나가고, 그 대신 무엇인가를 약간 소유하면서 가난과 부족함을 감수해야 하는 일은 너무나 힘들었다. 농장 시스템이 아직 남아 있고 노예 혁명으로부터 거리를 두었던 이웃의 섬과 일상적인 관계를 맺는 일 역시 너무나 고되었다.

아이티에서 성공한 노예 혁명은 아메리카 대륙의 나머지 지역에서의 노예 해방을 촉진하는 것이 아니라 오히려 더디게 했다. 생도맹그에서 도망친 농장

소유주는 주변의 다른 섬과 남미 육지, 노예를 둔 미국 남부에서 노예 해방이 혼란과 폭력을 불러오고 경제를 파괴한다는 견해를 퍼뜨렸다. 카리브해의 번창하던 중심지였던 카프 프랑세는 1791년부터 사업 세계를 잃었다. 포르토프랭스는 1793년부터 1798년까지 영국이 교역을 담당했던 덕분에 더 잘 버틸 수 있었다. 이 두 도시는 전쟁으로 파괴되고 화재로 해를 입었다. 1820년 후의 모습은 1790년과는 완전히 달랐다. 이런 상황은 그곳에 있던 90명의 판사와 변호사, 법무사 그리고 재판소 관리인에게 불리했다. 1790년 이전에 카프 프랑세에서 고수익을 올리던 100명에 이르는 보석상의 입장도 마찬가지였다. 그러나 카리브해의 섬과 아메리카 육지에 살던 대부분의 흑인에게 카프 프랑세와 포르토프랭스는 희망으로 가득한 곳이었다.

라틴아메리카의 혁명

스페인과 포르투갈이 통치하던 광대한 중남미 지역에서는 생도맹그에서 일어난 사건을 주목하고 관찰했다. 이곳에서는 유럽에서 직접 온 스페인인과 중남미에서 태어난 백인(criollo, 크리오요, 크리올) 간에, 스페인이 아닌 아메리카의 이익을 위한 정치를 요구하던 '애국주의자'와 식민지 행정 간에, 백인과 인디오 그리고 아프리카에서 온 노예 간에(경제 시스템에 따라 지역별로 큰 차이가 남) 수많은 분쟁이 발생했다. 또한, 이런 분쟁은 스페인과 포르투갈 정부의 개혁으로 더욱 격해졌다. 식민지를 더욱 엄격하게 관리해서 유럽의 국고를 채우기 위해 더 많은 이익을 끌어와야 했다. 그러나 이는 식민지에서 지금까지 괴롭힘에 덜 시달리며 살던 주민에게는 큰 고난이었다. 이에 반대해서 인디오가 들고일어났다. 잉카족 지도자인 자칭 투팍 아마루(Tupac Amaru, 본명 호세 가브리엘 콘도르칸키, Jose Gabriel Condorcanqui) 2세는 페루와 볼리비아에서 추종자를 모았지만, 1780년과 1781년에 일으킨 반란은 처참하게 실패로 돌아갔다. 중남미의 엘리트층은 식민 정부에 전혀 만족하지 못했지만, 결국은 1791년에 늦게 합의에 이르렀다. 스페인 왕정에 속하는 하나의 좀 더 큰 자치 지역이나 완전한 독립 국가를 조심스럽게 준비하자는 내용이었다. 노예 혁명이 일어나고 노예와 인디오 간에 연대가 이루어지는 것을 방해하는 일이 필요했기 때문이다.

이로 말미암아 유럽에서 라틴아메리카 혁명이 일어났다. 1808년에 나폴레옹은 스페인 왕가를 체포하고 자신의 형인 조제프 보나파르트(Joseph Bonaparte, 1768~1844)를 왕좌에 앉혔다. 포르투갈 왕은 비슷한 운명을 피하고자 배를 타고 브라질로 떠났다. 스페인에서는 한편으로는 프랑스 군대와 스페인 후원자 사이에, 또 다른 한편으로는 스페인 저항 운동을 조직하던 군사 정권(Juntas) 사이에 게릴라 전쟁이 시작됐다. 이 군사 정권은 카디스(Cadiz)에서 열린 코르테스(Cortes)라는 의회에 모였다. 이곳에는 라틴아메리카 사절단도 참가하고 있다. 1812년에 카디스의 헌법이 공포되었다. 이는 19세기 전반에 지중해 지역과 라틴아메리카에서 진행된 혁명 운동과 국가 형성에 큰 영향을 주었다. 나폴레옹의 몰락 후에 스페인 왕인 페르난도 7세(Fernando VII, 1784~1833)는 왕좌에 다시 즉위했고, 모든 사람이 실망했지만 헌법을 다시 없애고 또다시 절대적 통치자가 나라를 다스렸다.

1808년부터 스페인에서 권력 다툼을 벌이던 정부 세력들이 있었기 때문에 라틴아메리카에서의 식민지 관리는 공중에 붕 뜨고 말았다. 이 탓에 라틴아메리카 식민지를 관리하는 사람들은 어느 쪽 편에서 일해야 할지 결정하지 못했다. 동시에 불확실한 권력의 문제에 놓였던 여러 사회 집단이 기회를 잡고 스페인령 중남미 전체를 위해서가 아니라, 각각의 지역을 위해 공화국을 외쳤다. 지역에 따라 성공 여부가 달랐다. 아르헨티나에서는 크리오요 공화주의자가 밀고 나갔고, 칠레와 페루에서는 왕당파가 우세했다. 1815년 이후에 페르난도 7세는 식민 왕국을 재탈환하기 위해 라틴아메리카로 군대를 보냈다. 오랜 기간 군사적 분쟁이 계속되었다. 이때 시몬 볼리바르(Simon Bolivar, 1783~1830)와 같은 라틴아메리카의 역사 속 영웅의 활약이 컸다. 스페인 군대는 항복했다. 1820년에 원래는 라틴아메리카로 배를 타고 가야 할 군사들이 스페인에서 반란을 일으켰다. 결국 페르난도 7세는 굴복하고 카디스의 헌법을 다

시 승인하였다. 그 후에 스페인이 아메리카에서 지배권을 잃을 것은 불 보듯 뻔한 일이었다. 남은 곳이라고는 쿠바뿐이었다. 이곳은 생도맹그의 자리를 대신했다. 섬은 19세기에 가장 중요한 설탕 생산지가 되었고, 아메리카에서 노예제의 마지막 보루가 되었다. 1880년대에 이르러서야 이곳에서도 노예제가 사라졌다.

스페인의 위협이 지나갔다고 해서 라틴아메리카에서의 폭력 사태가 끝난 것은 아니었다. 오히려 공공의 적이 사라지자 여러 엘리트 집단 간에, 제국과 나라에 대해 다양한 생각을 지닌 사람들 간에, 그리고 흑인과 인디오, 백인 간에 잔재하던 오랜 갈등이 부활했다. 새로운 국가 내부의 교전과 국가 간에 일어난 전쟁, 헌법을 둘러싼 투쟁, 국경의 갈등 상황이 19세기 초반을 가득 채웠다. 멕시코는 1824년부터 1857년까지 16명이나 되는 대통령과 33개의 과도 정부를 겪어야만 했다. 페루에서는 1821년부터 1845년까지 정부가 임기를 평균 1년도 채 못 채웠다. 1839년 이후에 중앙아메리카의 연합 지역에서 과테말라와 엘살바도르, 코스타리카, 온두라스, 그리고 니카라과와 같은 공화국이 생겨났다. 라틴아메리카의 많은 지역에서 군대는 중요한 위치를 차지했다. 힘 있는 대지주는 오랜 기간 각 공화국의 운명을 좌지우지했다. 브라질에서는 포르투갈 왕과 이어서 세워진 브라질 제국이 브라질이 공화국으로 부드럽게 넘어갈 수 있도록 노력한 덕분에 좀 더 평화롭게 변화가 진행되었다.

생도맹그 혹은 아이티에서 대서양 혁명을 바라보는 관점은 분명 한쪽으로 치우쳐 있다. 이 관점은 사회적 변혁, 피부색의 의미, 폭력의 역할을 강조한다. 우리는 당연히 지금은 카프아이시앵(Cap Haitien)이라고 불리며 많은 전쟁 뒤에 모든 것이 불타 버린 카프 프랑세에서보다 파리 혹은 워싱턴에서 헌법과 투표권, 인권 보장을 요구하며 일으킨 혁명의 계몽적인 면을 좀 더 뚜렷하게 찾아볼 수 있다. 하지만 혁명을 어떤 관점에서 바라보느냐는 중요하지 않다. 대서양을 둘러싼 지역에서 일어난 혁명은 세계를 바꾸었다. 너무나 많은 사람이 수많은 전쟁에서 목숨을 잃었다. 하지만 가장 중요한 일은 이것이 아니다. 지식인과 중상류층이 아닌 하류 계층민, 농부, 수공업자, 노동자, 그리고 노예

가 혹은 가끔은 신분을 가리지 않고 이들 모두가 함께 역사에 관여했다. 군주가 망하고, 왕관은 땅에 떨어졌다. 역사의 흐름은 많은 이의 노력을 통해 실제로 변화할 수 있었다. 이제 이 사실은 분명해졌다. 그리고 전쟁은 신분과 계급을 초월하는 집단으로서의 국가, 인권과 시민권, 나폴레옹과 볼리바르, 그리고 투생 루베르튀르와 같은 지휘관의 명성 등을 보여주는 여러 신화를 탄생시켰다. 유럽과 북남미의 사람들은 1770년에서 1830년에 걸친 혁명의 해를 경험한 후 새로운 관념과 새로운 정부를 세우는 법을 익혔다. 프랑스에서 1789년부터 일어난 모든 일을 '현시대의 역사(histoire contemporaine)'라고 표현하는 데는 다 까닭이 있다. 바로 우리에게 현재 일어나고 있는 '현대사'이기 때문이다.

14장:
아메리카!

아메리카 혁명(1770~1800년)

아이티 혁명이 발발했을 때쯤 북아메리카의 13개 식민지는 영국을 상대로 거둔 승리를 안정화하려는 초기 단계였다. 뉴잉글랜드와 조지아 사이에서 시작된 대서양 혁명은 1776년에 독립 선언과 함께 끝났다. 식민지가 본국인 영국을 상대로 전쟁을 일으켰다는 사실에 모두 놀랐고 또 영국을 이겼다는 소식에 다시 한번 더 크게 놀랐다. 북아메리카로 건너온 이주민은 누구나 많든 적든 간에 독립을 받아들였다. 1775년부터 1776년에 영국과의 군사적 대립 상태가 최고조에 오르기 전까지만 해도 이주민은 자신이 세계열강인 영국에 속한다고 여겼다. 이런 믿음이 바뀌리라고는 상상도 하지 못했다. 농업과 목축업, 수공업, 무역 등에서 특별히 좋은 성과를 낸 매사추세츠와 버지니아, 조지아, 그리고 다른 식민지의 주민은 그때까지 계속해서 런던과 경제 관계를 맺는 데 공을 들였다. 지역마다 다른 특징을 띠는 것은 각 거주지의 역사에서 기인했다. 다양한 이주민 집단은 북아메리카에서 기후와 지리적으로 다양한 자연조건뿐 아니라, 지역에 따른 다양한 인디오 문화를 접할 수 있었

다. 이로부터 이주민들의 완전히 독특한 생존 전략이 생겨났고, 여기에서 독특한 브리티시-북아메리카의 정체성이 발달했다. 새로운 정착민들은 이런 특징을 긍정적으로 생각했다. 매사추세츠 출신의 농장주는 조지아의 농장 소유주가 되고 싶어 하지 않았으며, 반대로도 역시 마찬가지였다. 이 둘은 각자 다른 식민지에서 들려오는 소식보다 런던에서 건너오는 소식에 훨씬 더 관심이 컸다.

　북부 보스턴 주변에 자리한 뉴잉글랜드에 자리 잡은 초기 정착민은 청교도 개신교 신자였다. 이들이 추구하는 이상은 스스로 농사를 짓고, 가축을 돌보고, 기독교적 생활을 하며, 아이가 많은 가족을 이루는 것이었다. 식민지는 개신교를 믿는 매우 영국적 특색이 강한 곳이었다. 가족이 경영하는 농장이 많고, 지역성이 강한 자치 행정이 이루어졌으며, 성경 읽기를 통해 글을 읽고 쓸 줄 아는 사람이 많았다. 대서양 연안의 중부 지역 식민지에는 스칸디나비아와 네덜란드 출신 사람이 최초로 정착하였다. 뉴욕을 처음에 뉴암스테르담(New Amsterdam)이라고 부른 것도 이 때문이었다. 그로부터 몇 년 후에는 영국인뿐만 아니라, 독일인, 프랑스인, 아일랜드인, 스코틀랜드인도 북아메리카로 이주해 왔다. 이들은 수공업과 활기 띤 해상무역 외에도 가족 경영 농장이나 플랜테이션(plantation) 농업으로 돈을 벌었다. 대서양 중부 지역은 종교와 경제, 인종 면에서 뉴잉글랜드 식민지보다 더 다양했고, 이곳 사람들은 이 부분에서 자긍심이 높았다. 최남단 식민지에서는 플랜테이션 농장과 이와 관련된 무역이 경제 활동의 중심을 이루었다. 조지아와 사우스캐롤라이나, 노스캐롤라이나, 버지니아 등지에서는 노예제도가 생존에 꼭 필요할 만큼 중요했다. 토지 분배는 중부 지역이나 북쪽의 뉴잉글랜드에 비해 훨씬 불공평했다. 고작해야 노예 다섯 명밖에 안 되는 작은 농장이 있던 반면에, 카리브해의 생도맹그나 자메이카에 있는 농장 소유주와 자신을 동급으로 여기는 대지주도 있었다.

　이런 차이점을 고려하면 1774년 9월에 개최된 제1차 대륙회의(Continental Congress)에서 '하나의 아메리카' 국가를 만드는 것에 대해 아무런 논의가 없었던 것도 전혀 놀라운 일이 아니다. 13개 주(독립 이후 각 주) 의회 대표단은 필라델

피아에서 만난 적이 있었다. 그런데 그 당시 만남의 목적은 단순히 영국에 저항하는 일을 함께 계획하기 위함이었다. 각각의 식민지는 각자 단독으로 영국에 맞서 싸우기에는 힘이 너무나 약했다. 식민지들이 본국에 공통으로 품은 불만의 원인은 바로 런던이었다. 런던은 전쟁으로 많은 빚을 지고 영국의 재정을 제대로 챙기려 왕정 구조를 고수하고 있었다. 수긍이 갈 만한 일이었다. 영국은 1754년부터 1763년까지 프랑스를 상대로 북아메리카에서 '프렌치-인디언 전쟁'을 벌여 압도적 승리를 거두었지만, 비싼 대가를 치러야 했다. 그래도 이 전쟁에서 승리한 덕분에 아메리카 식민지를 프랑스에 빼앗길 위험은 없어졌다. 캐나다도 이제 영국 땅이 되어서 이곳에서 프랑스와 인디언 부족이 연합을 이루어 영국 거주민을 공격할 위험이 사라졌다. 식민지 주민 수와 경제는 급속도로 성장했다. 이들은 먹을 것과 입을 것을 공급하던 카리브 제도의 그림자로 더 이상 머물지 않았다. 이제는 보스턴과 뉴욕, 필라델피아, 볼티모어, 찰스턴에서도 사업이 잘 진행되었다. 이곳에서는 이주민들이 영국의 채무 경감에 기여하는 것은 당연한 듯 보였다.

식민지로 온 이주민은 자기의 입장에서 생각해 봤을 때 프랑스를 상대로 영국이 승리한 것이 무엇보다 자신의 승리라고 여겼다. 또한, 그 이후 식민지에서는 경제가 꾸준히 성장하고 인구도 빠르게 증가했기에, 이주민들은 식민지를 자치적으로 관리하고 적합한 대표자를 영국 의회에 보내길 기대했다. 영국이 이들에게 돈을 내라고 요구하기 전까지는 말이다. 그래서 이들은 'no taxation without representation! (대표 없는 세금도 못 낸다!)'이라는 구호를 내세웠다. 하지만 영국 의회는 이를 재차 거절했다. 사람들이 선거 참여 여부와 관계없이 의회가 모든 영국인을 대표하기 때문이라는 것이었다. 다른 식민지에도 런던에 대표자가 있는 것도 아니며, 영국의 많은 지역에 사는 농부와 소시민도 마찬가지로 선거권이 없다는 이유였다.

그런데 중앙 행정부와 식민지 간의 분쟁만으로 재정이 흔들린 것은 아니었다. 영국 왕실은 1763년에 인디언과 평화를 유지하고 군대 세력을 줄일 수 있도록 애팔래치아산맥(Appalachian Mts.)의 능선을 백인 거주지의 서쪽 경계로 지

북아메리카(1776년): 13개 식민지와 인디언 부족

코위찬강
쿠트네이강
크리
사르시
비버강
다코타
치프우
블러드
어시니보인
블랙풋
니스퀄리
칼리스펠
키노
메타우
치핼리스
스포캔
쾨르드
펜드오레일강
알렌
피간
크리
맨던
아리
카울리츠 팰러스
치누크
왈라왈라
쿠트네이강
앗시나
히다차
틸라무크
얘키모
블랙풋
실레츠
테니노
우마틸라
크로
훙크파파
얀크토
칼라푸야
와일라푸
네스퍼스
사이유슬로강
월파피
렘니
투튼티
카마트
테톤
산스 아르크
미주리강
쿠스
카로크
북
파이우트고슈트
스네이크강
오글랄라
유록
샤스타
반나크
수
위요트
모독
샤이엔
퐁카
유치
윈투
플래트
와쇼
카이오와
포
마이두
고슈트
아라파호
파트윈
웨스트 쇼쇼니
샤
미원
남 파이우트
아칸소강
칸사
코스타노아
모나
유트
코만치
에셀렌
파나민트
아나사지
요쿠츠
체메헤비
나바호
지카릴라
살린도
푸에블로
아파치
카이오와
미션
아코마
우
세라노
코요테로
산토
도밍꼬
카후일라
모하비
아파치
디에게뇨
파라온
웨이코
코코파
메스칼레로 아파치
코만치
맘브레노
토호노
라노
오오덤
야키
오파토
티구아
타
아파치
아스테카
리
타라우마라
리오그란데강
카른
코아후일
사포텍
토토나카

태평양

허드슨만

북
북서 북동
서 동
남서 남동
남

세인트로렌스만

아비티비

크리

오대호

밀맥
맬리시트
파삼쿼디
① 페나쿡

모히칸족
니프먹
아브나키족
오논다가
온타리오호
나우셋
② ① 보스턴

치페와
휴런호
알곤킨족 모호크
카유가 ③ 매사추세츠
휴런족
세네카 피쿼
④
내러갯섯
와핀저 ⑤

메노모니
소크폭스
오타와
오나이다
이리호
이로쿼이
먼시
필라델피아
뉴욕/ 뉴암스테르담

미시시피강
키카푸
미시시피
위너베이고
포타와토미
오와
소크폭스
카스카스키아
모인고나
마이애미
웨아
이리
몽톡
⑥ ⑦
주리
델라웨어
⑧

피오리아
피안카샤
서스쿼해나
낸티코크
일리노이
타마로아
이로쿼이
코노이 ⑨
우달라크티고

카호키아오하이오
쇼니
우나미
포와탄
제임스타운
⑩
노토웨이
웨프멘
세코탄

쿼포
치카포
타포사
모나칸
세코탄

투텔라
사포니
⑪
체로키
팜리코
차키우마
카타와
코리
⑫
유치
세위 찰스턴
튜니카
나체즈
빌록시
크리크 ⑬
에디스토
야마시
쿠사보
차타트
모빌
아팔라치콜라
구알레
티무쿠안
사와클리
애팔래치아
티에스타
세미놀
보카
과카타
제아가

촉토
치티마차
와샤
차와샤

멕시코만

대서양

1 매사추세츠
2 뉴햄프셔
3 뉴욕
4 코네티컷
5 로드아일랜드
6 펜실베이니아
7 뉴저지
8 델라웨어
9 메릴랜드
10 버지니아
11 노스캐롤라이나
12 사우스캐롤라이나
13 조지아

━━━ 1763년 영국 선언선
─ · ─ 오늘날의 미국 국경

정하였다. 하지만 이주민들은 반대로 애팔래치아산맥을 넘어 오하이오의 비옥한 분지에 거주하고 싶어 했으며, 멀리 떨어져 있는 런던의 정부가 이주민 의회의 자문을 구하지 않고 이들의 진출을 막는 경계를 왜 지정하는지 이해하지 못했다. 인디언은 때가 되면 언젠가 자기네한테 넘어오고 말 텐데 말이다.

영국과의 갈등은 관세와 세금 문제에서 항상 새로운 양상을 띠며 심각해져 갔다. 1775년부터는 갈등 상황이 폭력을 통해 해결되었다. 이와 동시에 계몽과 상호 비방의 전쟁이 점차 과격해졌다. 아메리카 이주민들은 영국 상품을 전면적으로 보이콧하겠다고 위협했다. 영국 왕은 이주민을 폭도라고 불렀다. 그러다가 1776년 7월 4일에 대륙회의에서 아메리카가 독립을 선언했다. 선언문의 서문에는 모든 사람이 평등하게 태어났으며, 창조주로부터 양도할 수 없는 특정한 권리를 부여받았다는 내용이 담겨 있었다. 그 권리는 바로 생명과 자유, 행복의 추구라고 명시했다. 동시대 사람들은 이런 견해가 그때까지 계속 유지되던 노예제도에 맞지 않으리라는 것을 이미 알아차렸다.

독립 전쟁은 쉽지 않았다. 영국 병력은 훈련이 잘되어 있었고 조직력도 탄탄했다. 또한, 영국은 세계에서 가장 우수한 함정이 있었으며, 도움을 요청할 만한 인디언 부족도 많았다. 그 밖에도 이주민 전원이 독립을 원했던 것도 아니었다. 몇몇 지방에서 내전과 같은 일이 일어나지 않을까 근심하던 왕에게 충성을 바친 민병대가 있었다. 전쟁이 끝날 때쯤 왕이라면 목숨이라도 내놓을 10만 명에 이르는 아메리카의 충신들이 캐나다로 자진하여 이주하거나 이곳으로 추방당했다. 이들은 그 당시까지 프랑스인만 살던 지역에 자리를 잡았다. 영어가 처음으로 일상에서 쓰이기 시작했다.

그런데 이렇게 많은 충신에, 도와주는 인디언도 있고, 군사적으로도 영국이 더 강했음에도 어떻게 '아메리카'인들이 승리하였을까? 답부터 말하자면 이들은 무조건 이겨야만 한다고 생각했기 때문이다. 이들은 폭도였기 때문에 더이상 돌아갈 곳이 없었다. 게다가 영국 군대는 전 지역 어디나 있으며 비상시에는 게릴라 전략을 쓸 수도 있던 아메리카인을 멸하기가 매우 어려웠다. 하지만 아메리카가 이겼던 이유는 무엇보다도 전쟁을 국제화하는 데 성공했기 때

문이다. 프랑스는 1756년에서 1763년까지 인도와 북아메리카에서 영국에 패배한 데 대한 복수로 아메리카를 서둘러 도와주었다. 결국 영국에게는 너무나 길고 엄청난 비용을 들인 전쟁이 되고 말았다. 영국은 아메리카 13개 식민지의 독립을 허가하고 북아메리카 대륙의 절반에 해당하는 캐나다만 차지했다. 어쩌면 영국은 이주민들이 시장을 정복하고 인디언과 맞닿은 경계를 지키는 일에 엄청나게 큰 비용이 든다는 것을 깨닫고 후회하면서도 영국의 지배 체제로 다시 돌아오기를 바랐을 것이다. 하지만 이런 일은 일어나지 않았다.

13개 식민지는 독립 후에 무엇을 계획했을까? 이들은 영국과 유럽에서 실제로 얼마나 멀어질 수 있었을까? 이번 장에서는 미국이 19세기에 간 길을 따라가며 논란이 되는 관찰 시점에 관해 알아볼 것이다. 19세기에 근대 세계가 탄생했다고들 말한다. 이런 근본적인 변화는 유럽에서 전무후무했던 19세기를 지배했던 공통된 생각에서부터 시작되었다. 제1차 세계대전이 발발하기 얼마 전까지만 해도 영국 군주 혼자서 지구상의 4분의 1을 지배했다. 프랑스와 러시아, 심지어 독일과 네덜란드, 스페인, 포르투갈이 유럽 대륙 밖에서 점령했던 지역의 크기는 면적을 따져 봤을 때 본국의 영토보다 훨씬 컸다. 일본이나 미국과 같은 비유럽 최강국 역시 19세기 말에 제국을 세웠다. 제1차 세계대전 이전에 북아메리카는 경제적인 성과 면에서 영국을 앞질렀다. 유럽이 세계를 지배할 수 있었던 원인과 범위, 기간을 제대로 이해하려면 유럽 밖에 있지만, 유럽과 관련된 지역으로부터 들여다보는 일이 중요하다. 그곳은 바로 아메리카 합중국이다.

아메리카와 유럽의 국가

독립한 13개 식민지는 왕이라는 직위는 빼놓고 영국을 모델로 삼아 상원과 하원, 선출된 주지사, 기본권 목록 등을 정하고 헌법을 제정했다. 그런데 이 식민지들은 서로 협조하며 매우 긴밀한 관계를 맺기를 꺼렸다. 개별적으로 파견된 사람들로 구성된 의회가 국가 연합을 대표했지만, 세금을 걷거나 절대적 권력을 행사하지는 못했다. 식민지마다 관점이 천차만별이었기 때문에 이런 연합은 매우 중요한 존재였지만, 실제로는 제대로 작동하지 못했다. 합중국은 얼마 안 가서 거의 파산 상태에 이르렀고, 외부 권력과 군사적 위협에 맞서 협상할 능력도 없었다. 대표단 회의에서 결정된 사안을 실행하는 데 시간이 오래 걸리고 결론이 나지 않는 경우도 종종 있었기 때문이다.

10년이 지난 후 좀 더 실용적인 해결책이 나왔다. 이때 구성된 정부의 수장으로 선거인단에서 간접적으로 선출한 대통령을 앉힌 것이다. 의회는 상원과 하원으로 구성되었다. 모든 나라는 원로원에 두 명의 대표를 보냈고, 하원은 직접선거를 통해 선출되었다. 이때 선거 권역은 대충 같은 인구수에 비례해서 지정해야만 했다. 정부는 이렇게 한편으로는 민심을 대표하고, 다른 한편으로는 열강의 강력한 세력에 맞서 작은 식민지(혹은 지금은 주)를 보호했다. 연방국은 단독 직권을 얻어 이론상으로는 세금과 관세를 거둘 수 있었다. 이런 형태는 물론 아직은 민족국가가 아니라 공동 목적을 달성하기 위한 연대에 지나지 않았다. 하지만 이는 경제적인 자립이 가능하고 외교적으로 협상할 수 있는 구조를 갖추었음을 의미했다. 이런 해결책은 일반적으로 오늘날까지도 통용된다.

1791년에 헌법에는 ‘권리장전(Bill of Rights)’을 덧붙였다. 권리장전은 각 개인의 기본 자유권을 보장한다. 이는 훨씬 더 강한 중앙 권력을 향한 각 주의 불신이 여전히 얼마나 큰지를 분명히 보여주었다. 미합중국은 다음 몇십 년간 강력한 관료 기구가 아닌 서비스 공급자로 다가왔다. 또한, 국회나 다른 영향력 있는 경로를 통해 건의할 수 있던 사람들의 부름과 희망 사항에 응했다. 국가는 우편 제도를 조직하고, 운하와 도로를 건설했다. 법무부는 법규를 사회에 적용하기 위해 노력했다. 하지만 사람들은 국가 없이도 잘해낼 수 있었다. 이 점에서 북아메리카의 국가는 유럽의 국가와 달랐다. 유럽의 국가는 전통적으로 세금 징수원, 군대 조직원, 법관, 그리고 종교 지지자와 교회 신봉자 역할을 해 왔다. 유럽 국가는 국민의 위에 군림했다. 그러나 19세기에 이르러 국가가 나서서 농업 혁신을 계획하고, 국민이 규칙적으로 학교에 다니는지 신경 쓰

고, 빈민을 구제하기 위한 규칙을 새롭게 정하면서 유럽의 국가는 일상과 교외 지역에 가깝게 다가갔다. 북아메리카와 유럽의 국가 모델이 기본적으로 완전히 다른 것은 아니었다.

아이티 혁명이나 다른 유럽의 혁명과는 다르게 아메리카 혁명은 선거권을 폭넓게 확산하는 데 지속적으로 영향을 미쳤다. 혁명적인 프랑스에서 보통 선거권은 단지 임시로만 존재했고, 그다음에는 부자들에게만 특권을 주었다. 이렇다 할 정도로 높은 세금을 낸 사람만 국가 사안을 함께 결정할 권한이 있다는 뜻이었다. 이런 논리는 미합중국에서 효력을 발휘하지 못했다. 불매 운동을 밀어붙이고, 민병대를 조직해서 싸우고, 영국 왕을 신봉하던 이웃을 쫓아낸 사람들은 국가가 자신을 신하로 취급하도록 가만두지 않았다. 1830년부터 미합중국에서는 거의 모든 남성이(노예는 예외) 일반적으로 동등한 투표권을 가졌다. 선거권을 행사하는 사람도 많았다. 1840년에는 전체 남성의 80퍼센트에 해당하는 수가 실제로 투표했다. 매일 30만 부의 신문이 인쇄되었다. 프로이센과 합스부르크 왕가에는 헌법조차 존재하지 않고, 유럽에서는 모든 사람에게 보통 선거권이 주어지는 일이 꿈에서나 생각할 수 있는 일이라고 여겨졌던 시기에 미국에서는 이미 정치적으로 대중을 겨냥한 시장이 생겨난 셈이었다.

19세기가 지나면서 이런 현상은 오스트레일리아나 캐나다처럼 영국의 다른 이주민 식민지에서도 반복적으로 나타났다. 보통선거가 이른 시기에 시행되었다. 1900년경에는 여성도 참정권을 갖게 되었지만, 백인이 아닌 다른 국민 집단의 선거권은 인종차별 때문에 제한되었다. 미국 초기 민주주의의 발달이 약간 늦게 나타난 유럽의 민주주의 전개 상황과 연관되었다는 점에서 미국은 약간 특별했다. 유럽 국가와 미국의 개혁 운동은 서로 영향을 주었다. 개신교와 가톨릭 환경에서 반노예제 운동부터 알코올과의 전쟁에 대한 관념이 특히 쉽게 영국과 미국 사이에 돌고 돌았다. 19세기는 유럽과 북아메리카의 종교와 기독교 개혁의 시대였다. 북아메리카가 유럽과 다른 점이라면 종교적 신앙이 다양하고 근본적으로 종교에 관용적인 태도를 보였다는 것이다.

원주민 대 이주민

독립과 함께 농업과 목축업, 플랜테이션 농장을 위해 북아메리카의 서부가 개척되기 시작했다. 개척민은 영국이 정한 경계였던 애팔래치아산맥을 넘어 오하이오 분지로 몰렸다. 1850년까지 미시시피강은 새로운 정착지의 경계였다. 그 후에 로키산맥과 태평양까지 이르는 커다란 강의 건너편 영역에 백인이 정착했다. 대륙을 개척하는 것은 외교적 사안이었다. 서부는 건국된 지 얼마 안 된 미합중국에 속하지 않았다. 미시시피강 건너편은 1803년에 나폴레옹에 게서 루이지애나를 매입하면서 미국의 영토가 되었다. 1809년에는 스페인으로부터 플로리다를 매입했다. 13장 '카프 프랑세' 편 마지막 부분에서 살펴보았듯이, 프랑스나 스페인은 식민 제국을 획득하려고 전쟁을 치르는 중이어서 북쪽에서 또 다른 전쟁을 시작할 이유가 없었다. 그 대신 이들은 돈을 받는 쪽을 선택했다. 특히, 스페인이 팔지 않을 경우 플로리다를 정복해버리겠다고 미합중국에서 단호하게 나왔기 때문이다. 그 이후 1840년대에 미합중국은 남서 지역인 텍사스와 뉴멕시코, 애리조나, 유타, 캘리포니아, 그리고 네바다를 신생 민족국가인 멕시코로부터 책략과 전쟁을 통해 빼앗았다. 멕시코는 국토의 절반을 잃긴 했지만, 그곳에는 사람이 거의 살지 않았다. 북동쪽에서는 1846년에 오리건 지방(오늘날의 주보다 오리건주보다 훨씬 큰)을 분리하기 위해 영국인이 위도 49도를 따라 이주하게 하는 데 정치적 압력이 필요했다.

미합중국의 국제적 위상은 영토를 차지함으로써 달라졌다. 1776년에 미합중국은 영국과 프랑스의 라이벌 관계를 재주껏 이용함으로써 독립했다. 나폴레옹 시대가 끝날 때까지 미국은 유럽의 권력 싸움의 일부였다. 심지어 1812년부터 1814년에 영국과 한 차례 더 전쟁을 벌였다. 마지막에는 개척민이 세운 공화국의 존재가 위태로워지기도 했다. 스페인 식민지 왕국이 붕괴된 후 1823년에 제임스 먼로(James Monroe, 1758~1831) 대통령은 장차 아메리카에 유럽의 식민 제국이 더 이상 존재하도록 두지 않겠다고 선포했다. 처음에 이와 같은 '먼로주의(Monroe Doctrine)'는 해방의 메시지처럼 라틴아메리카의 신생 국가

에 영향을 끼쳤다(아메리카는 아메리카인에게!). 하지만 19세기 말에 먼로 독트린은 점점 더 미국의 주도권을 추구하는 방침으로 이해되었다(아메리카는 미합중국 아메리카인에게!). 미합중국은 이제 세계의 정치 무대 주역으로서 아시아와 아프리카에서 힘을 길렀던 유럽 제국들과 같은 눈높이에서 두 대륙의 주도권을 쥐게 되었다. 미합중국은 아메리카 대륙 외의 다른 지역의 영토를 획득했다. 미합중국은 하와이를 병합하고, 스페인으로부터 필리핀과 푸에르토리코, 괌을 넘겨받았다.

미합중국이 영토를 개척하고 권력을 잡을 수 있었던 것은 순전히 행운을 찾아 북아메리카에 온 사람이 많았기 때문이었다. 1790년의 신생 미합중국에는 약 4백만 명이 살았다. 이 숫자는 1815년에 두 배로 늘어났는데, 인구가 증가한 데에는 내부적인 이유가 있었다. 바로 출생률이 높아지고, 평균 수명이 늘고, 사망률이 줄어들어서였다. 나폴레옹 시대가 지나간 후와 1840년대부터 이민의 중요성은 더 커졌다. 1820년대 말에 해마다 약 2만 명이나 되는 사람들이 미국에 이민을 왔다. 1830년대 말에는 이민자 수가 7만 명에 다다랐다. 그다음에는 이민자의 수가 폭발적으로 늘어났다. 1840년대 말에는 매년 30만 명이 왔고, 1854년에는 42만 7833명이 이민을 와서 최고치 기록을 냈다. 이 기록은 그다음 해부터 더 이상 깨지지 않았다. 이주민의 4분의 3은 영국인, 아일랜드인 그리고 독일인이었다. 독일에서는 모든 계층 출신의 사람이 왔다. 이들은 함께 모여 살았고 정착지의 경계 지역으로 갈 때도 집단을 이루어 이주했다. 이들은 독일 교회를 세우고, 신문과 학교, 운동 모임과 합창단도 조직했다. 몇몇 사람이 우려했던 것과는 다르게 이들은 같은 민족끼리만 뭉쳐 다니며 자신들과 다른 민족을 격리하는 일은 하지 않았다. 1, 2세대 안에 이들은 미합중국 사회에 동화되었다. 단지 우스갯말로 이름과 맥주 양조장만 독일식으로 남았다. 아일랜드인은 독일인과는 다르게 대부분 가난에서 벗어나려고 온 사람들이었다. 이들은 금전적인 문제로 동부 지역 도시 밖으로 벗어나지 못하는 경우가 많았다. 아일랜드인은 살아남기 위해 무슨 일이든 닥치는 대로 다 해야만 했다. 아일랜드 노동자는 폭동이 일어났을 때 중요한 역할을 했고, 빠르게 성장하는 도시 사회에서 자기 위치를 차지하기 위해 자유로운 흑인과 싸우기도 했다.

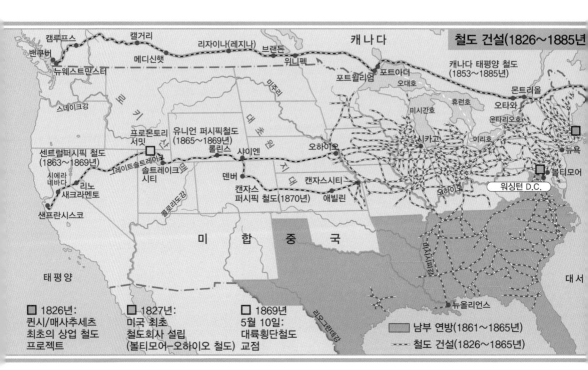

19세기에 미국에 온 사람 중에는 유럽 사람만이 아니라 샌프란시스코를 거쳐 온 중국 이민자도 있었다. 이들 가운데 많은 사람은 대륙횡단철도 건설 현장에서 일했다. 오스트레일리아와 뉴질랜드에서처럼 미국에서도 아시아에서 사람들이 이주해 오는 것을 제한하고, 얼마 뒤에는 이주를 완전히 금지하는 법을 통과시켰다. 이때 정한 반중국인 통제법은 세기가 바뀐 후에 이주에 대한 분위기가 전체적으로 변했을 때 쓸모 있었다. 1870년대 중반부터 대서양을 건너오는 이주민의 출신이 바뀌었다. 남유럽과 남동유럽, 그리고 동유럽에서 점점 더 많은 사람이 미국으로 이민 왔다. 역시 이들에 대한 편견도 생겼고, 미국 사회는 점점 더 인종을 차별하게 되었다.

19세기에 들어서자 유럽 사람은 미국으로만 이민하지 않았다. 주로 오스트

레일리아와 뉴질랜드에 정착하기도 했지만, 남아메리카와 남아프리카로도 유럽에서 어마어마한 수의 사람이 건너갔다. 이와 동시에 유럽 내 인구도 크게 증가했다. 예를 들어, 사람들은 남서부 독일에서부터 다뉴브강(Danube, 도나우강)을 거슬러 올라와 발칸(Balkan) 쪽으로, 아니면 갈리치아(Galicia)에서 루르(Ruhr) 지역 쪽으로 가는 등 일과 거처를 찾아 이주했다. 대서양 양쪽으로 이민의 움직임이 많았다.

19세기에 전 세계 인구 중에서 유럽과 유럽이 점령한 식민지에 사는 사람의 비율이 높아졌다. 반면에 1800년에서 1900년의 전체 인구 중 아시아인 비율은 66퍼센트에서 55퍼센트로 낮아졌다. 하지만 특히나 줄어든 이들은 아시아인이 아니라 전 세계적으로 사냥과 채집으로 살아가던 집단과 유목민 집단이었다. 불과 한 세기 만에 농사를 짓거나 가축을 기르며 필요할 때 무기를 소유하고 군대를 동원할 수 있었던 사람들이 대폭 줄었다. 오스트레일리아에서는 애버리지니(Aborigine, 오스트레일리아 원주민)가, 미합중국과 아르헨티나에서는 인디언, 다시 말해 인디오가, 나중에 자세히 살펴보겠지만 일본에서는 아이누족(あいぬ)이 이런 집단에 해당한다. 백인들은 영국이 점령한 영역에서 땅은 그곳에 사는 사람에게 속한다는 근거를 대면서 원주민을 쫓아냈다. 이들은 그 땅에 건물을 세우고 농사를 지었다. '땅을 정복하라'라는 성경 구절을 말 그대로 실천한 셈이다. 그런데 유목민과 사냥꾼, 채집자는 바로 이런 일을 하지 않았다. 자신이 살고 있긴 해도 그 땅의 주인이 아니었다. 조심스럽게 표현하자면 약간의 시간 차이를 두고 이런 견해는 기이한 영향을 끼쳤다. 유럽에서 건너온 유동 인구는 자신이 정착민이라고 주장했다. 반면에 수백 년 동안 이곳에 자리 잡고 살았던 사람들을 이동성이 있다면서 쫓아냈다.

새로 생긴 젊은 미합중국에 새로 온 모든 사람은 어디에서 왔든 공간이 필요했다. 1845년에 저널리스트인 오설리번(John L. O'Sullivan, 1813~1895)은 아메리카인이 신에게서 받은 분명한 사명은 선물로 받은 대륙에 거주하면서 자유와 민주주의를 퍼트리는 것이라고 알렸다. 낯선 영토로 많은 사람이 이동한 것은 역동이 넘친다고 표현할 수도 있겠지만, 인디언 입장에서 봤을 때에는 큰 위협이었다. 이제는 이주민들이 자리를 잡고 살아온 지 300년이 되어 가지만, 1900년에 시행한 인구 조사는 이주민들과 이들이 세운 정부가 무력으로 침투한 뒤에 약 24만 명의 인디언만 남았다는 사실을 알려준다. 많은 언어와 문화가 없어졌다. 백인들은 섬멸당하고 문화를 잃은 원주민이 얼마 가지 못해서 곧 완전히 사라질 것이라고 예상했다. 이것은 바꿀 수 없는 운명이라고 보았다. 하지만 상황은 예상과 달리 흘러갔다. 20세기에 인디언 숫자는 다시 눈에 띄게 증가했다. 오스트레일리아의 애버리지니나 뉴질랜드의 마오리족(Maori)은 백인이 생각했던 것보다 훨씬 저항이 강했고 환경에 잘 적응했다.

　이주민과 원주민이 서로 만나는 곳에는 경계 지역이 '아직' 생기지 않거나 '더 이상' 없는 곳이 있었다. 권리와 습관은 융통성을 지녔다. 이런 경계 지역에서 출생지와 문화가 다른 다양한 사람들이 폭력 속에서 혹은 평화적으로 함께 살아가야 했다. 이때의 국가는 힘이 없었지만, 개개인과 가족, 지역 사회의 운명이 국가에 달렸었다. 18세기에 경계 지역은 매우 안정화되었다. 모피 사냥꾼은 특히 캐나다에서 백인과 인디언 구역 사이를 오갔다. 메티스(Metis, 캐나다에서 원주민과 유럽인 사이에 태어난 사람-역주)라는 고유 민족 집단이 여기에서 나왔는데, 이들은 유럽과 인디언 요소를 섞어 만든 고유 언어를 썼다. 19세기의 개척자들은 더 이상 사냥과 교역을 하지 않고 농사를 짓기 시작했으며, 활기차게 서부로 진출하면서 메티스와 같은 혼합 집단은 사라지게 되었다. 하지만 예전과 달리 거주지 경계에서 분쟁은 일어나지는 않고 평화적인 교류와 교환이 이루어지기도 했다. 버펄로 빌(Buffalo Bill, 본명 William Frederick Cody, 1846~1917), 카우보이와 인디언(Cowboy and Indian), 비네토와 올드 섀터핸드(Winnetou and Old Shatterhand) 같은 '와일드 웨스턴' 이야기는 19세기 후반의 개척자들을 아메리카인과 유럽인의 머릿속에 새겨 넣듯 기억되었다. 아메리카의 개인주의, 평등, 민주주의의 기본 성향은 개척의 경험에서 형성되었다는 게 일반적인 생각이다. 19세기가 저물면서 인디언과 결투를 벌이고 자유롭게 땅을 차지할 수 있는 시기도 끝이 났다. 대신 빠르게 성장하는 도시가 이미 오래전부터 대부분의 사람에게 경험의 공간을 마련해주기 시작했다.

남과 북: 남북전쟁(1861~1865년)

　　1815년 이후 미합중국은 경제적으로 매우 역동적인 나라였다. 운하 및 도로와 더불어 철로의 빠른 양적 성장으로 동부의 도시 중심과 연결되면서 서부 농장주는 시장에 진출할 기회가 보장되었다. 동부 지역 도시는 산업과 수공업, 교역에 집중할 수 있었기 때문에 크게 성장했다. 최초의 공장들은 신발과 의류를 생산했지만, 머지않아 공구와 기계도 만들어냈다. 뉴잉글랜드는 농업 종사자의 비율이 급격히 줄어들었고, 뉴욕은 세계 무역에 있어서 미국의 중심지가 되었다.

　　남부에서는 목화 농장이 꽃을 피웠다. 담배와 쌀, 설탕도 생산되었지만, 목화 재배가 주를 이루었다. 영국에서 번창하던 의류 공장은 주원료를 거의 미국 남부에서 들여왔는데, 이들은 끝없이 목화를 원했다. 1800년의 목화 생산량이 7만 3천 다발에서 1830년에는 73만 2천 다발로, 그리고 남북전쟁이 일어나기 바로 전에는 450만 다발로 껑충 뛰었다. 플랜테이션 농장은 그 당시 이제는 척박해진 남동부의 땅을 버리고 조지아에서 서쪽 텍사스 쪽으로 뻗어 나갔다. 영국이 노예 수입을 계속해서 금지했음에도 미국의 노예 수는 네 배로 뛰었다. 카리브해의 사탕수수 농장과 달리 미국의 목화밭에서는 남녀 구분 없이 모두가 일했다. 이곳에 살던 노예들은 가족을 이루고 아이를 낳았다. 종교 공동체를 세우고 자신들만의 고유문화를 발전시켰다. 크리스토퍼 콜럼버스 이후에 아프리카에서 아메리카로 끌려온 노예 가운데 단지 5퍼센트만이 훗날 미국이 된 북아메리카의 식민지에 도착했다. 그런데 아이티와 설탕을 재배하던 다른 섬이 망하고 노예무역이 금지된 후에 미국은 노예 경제의 중심지가 되었다. 헌법의 기초를 세운 입법자 대부분의 예상과는 달리 노예는 사라지지 않았다. 노예 수는 반대로 점점 많아졌고, 남부에서는 노예가 생활에 필수 요소로 여겨졌다. 커다란 농장 소유주는 궁전과 마차를 마련해놓고 자신이 마치 예전부터 이곳에 사는 귀족인 양 굴었다. 하지만 이들은 실제로는 전통이라고는 모르며 세계를 돌면서 사업을 하고, 세계 의류 시장에서 장사하려고 노예에게 일을 시키는 농민 자본주의자에 지나지 않았다.

미합중국 북부에서는 유럽에서처럼 산업화가 노동임금제를 통해 이루어졌기 때문에 노예제도가 필요 없었다. 노예제도는 시대에 맞지 않고 국제적으로도 수치스러우며 무엇보다 청교도적 기독교 문화를 모독하는 일이었다. 반면에 남부에서는 노예제를 경제와 사회의 근본 부분이라고 여겼으므로, 결론부터 말하자면 절대 협상할 수 있는 일이 아니었다. 1815년 이후 미국의 국내 정치적 분쟁 대부분이 노예제와 관련한 문제였다. 남부는 적어도 노예제를 유지하길 원하거나 노예를 해방하고자 하는 주 사이에 균형이 잡혀야 한다는 입장이었다. 이 문제는 미합중국이 새로운 주를 받아들일 때마다 논쟁을 일으켰다. 북부 지역은 국제적으로 스캔들이 되는 노예제를 폐지할 길을 마련했다. 하지만 남부에 속한 국가가 중앙 기관의 요직을 맡고 있어서 계획을 밀고 나갈 수 없었다. 그러다가 1860년에 남부에서는 아예 표결에도 부치지 않은 에이브러햄 링컨(Abraham Lincoln, 1809~1865)이 북부 출신 최초로 대통령에 선출되었다. 여기에 연이어 1860년에서 1861년 겨울에 남부 국가가 연합에서 탈퇴하고 아메리카남부맹방(Confederate States of America, 남부연합)을 따로 설립했다. 링컨은 노예제 문제를 제기하지 않았다. 그에게 노예제는 중대사가 아니었다. 하지만 미합중국은 분단되어서는 안 되므로 남부연합의 탈퇴는 무효하다는 점을 강조했다. 1861년 4월에 무력 충돌이 일어났고, 지금까지 중립을 지켜오던 연방국들은 이제 남북 가운데 한쪽을 선택해야만 했다. 나라가 갈라졌고 4년에 걸쳐 내전이 일어났다.

누구도 전쟁이 이렇게 오래가리라고는 예상하지 못했다. 북부 사람들은 인구도 더 적고 산업 발전에도 뒤처진 남부가 전쟁을 오래 버티지 못할 것이라고 믿었다. 남부 사람들은 뉴욕의 사업가와 북부의 기업가가 전쟁 탓에 사업이 해를 받는 일을 오래는 못 참고 링컨에게 평화 협상을 강요할 것으로 추측했다. 그러나 양쪽의 예상은 모두 틀렸다.

62만 명이 내전으로 목숨을 잃었다. 이는 20세기에 발생한 전쟁 전체를 통틀어 죽은 미국 사람보다 더 많은 숫자에 해당한다. 남부에는 북부보다 뛰어난

장군이 많아서 방어전을 이끌 수 있었다. 이들은 경제와 사회 모델 전체가 전쟁의 승패에 달렸다는 것을 알았다. 남부에서는 다섯 명 중 네 명의 남성이 무기를 들고 참전했다. 이는 정말 놀랍게도 재정적·물질적으로 그리고 사람 수에서도 우세한 북부를 상대로 4년을 버티기 위해 충분했다. 하지만 링컨은 양보하지 않았다. 그의 군 지휘관은 전투가 끝날 때마다 토지를 태워버리는 정책을 펼치며 마지막까지 저항했다. 1865년 4월 9일에 남부는 항복해야만 했다. 5일이 지난 후 에이브러햄 링컨은 워싱턴에서 급진주의적 남부 출신에게 총격으로 사망했다. 전쟁이 끝난 후조차 남북이 서로 화해하는 일은 쉽지 않았다.

독립선언문과 시작한 미국이라는 나라는 남북전쟁을 통해 완성되었다. 나라는 이제 분단될 수 없고, 노예가 없으며, 앞으로 함께 발전하고, 성조기라고 불리는 하나의 공통된 국기 아래 결합되었다. 하지만 노예들은 정작 이 결과를 놓고 크게 만족하지 못했다. 거의 같은 시기에 해방된 러시아 노예와는 다르게 미국의 노예는 해방을 맞이했지만, 땅을 얻지는 못했다. 사회적 변혁은 일어나지 않았다. 많은 흑인이 이전의 주인에게 다시 종속되는 경우가 생겼다. 다른 직업을 가질 가능성이 없었기 때문이었다. 이때 승리를 거둔 북부는 전쟁이 끝난 직후에 점령국의 신분으로 '재구성(Reconstruction)'이라는 슬로건 아래 남쪽에 사회관계를 새로 정립하려고 매우 애썼다. 정치와 교육 측면에서는 어쨌든 흑인을 고려한 새로운 기회가 제공되었다. 학교가 세워졌고 흑인이 입학하였다. 전체 개별 국가에 600명 이상의 의회석이 흑인에게 배정되었다. 15명의 아프리카계 미국인이 의회에 선출되었다.

그러나 이와 나란히 인종차별적 태도를 정당화하며 폭력을 행사하는 비밀결사체의 하나인 KKK단(Ku Klux Klan, 백인 우월주의를 내세우는 미국의 극우 비밀결사)이 창단되었다. 이 집단은 1만 명 이상의 희생자를 목표로 한다는 백색 테러 단체다. 남북전쟁에서 패한 남부의 패배자들은 온갖 수단을 동원하여 사회적 변화를 철저히 방해하려고 했다. '니그로의 지배(Negro-dominance)'를 끝내는 백인 우월주의가 보장되어야만 한다는 것에 대해 남부의 부유하거나 가난한 백인이나 똑같은 생각이었다. 북부에서는 흑인의 평등을 위해 희생을 감수할 의지가 약해졌다. 이곳에서도 종종 일상적인 인종차별이 일어났다. 그래도 어쨌든 노예제는 폐지되었다는 의견이 지배적이었다. 1870년 중반에 북부는 남부에서 진행하던 비싼 'Reconstruction, 재구성-점령 지배'를 포기하였다. 백인이 우세했던 남부 주들은 세기가 바뀔 때까지 지방과 국가의 규칙과 법률, 심지어 헌법을 바꾸면서까지 다시 백인 우월주의를 내세우기 시작했다. 인종에 따라 분리된 학교는 학교에 따라 매우 불공평하게 장려되었다. 백인들은 말하기, 쓰기 시험과 쉽게 조작할 수 있는 다른 방법으로 유색인이 얻은 지 얼마 안 된 선거권을 다시 박탈해 갔다. 전혀 법을 따르지 않은 린치 때문에 사람들은 공식적인 법보다 새로운 규칙을 존중했다. 마찬가지로 노예제도도 오랜 역사를 지닌 쿠바와 다른 카리브 제도, 브라질과는 다르게 미국에서는 20세기 중반까지도 정치와 일상에서 흑인에 대한 심각한 차별이 만연했다.

　남부의 경제적 성장은 인종차별적 성향으로 인해 계속해서 퇴보했다. 면화 사업은 이전의 중요한 위치를 다시 차지하지 못했다. 세계 시장에서 경쟁자들이 남부 국가들이 지키던 일등 자리를 차지하고 다시 쉽게 내어주지 않았다. 면화 가격이 내려가고 1860년 이전의 활기찼던 남부는 뒤로 밀려났다. 그러자 예전에 노예였던 사람 중 많은 이가 북동부의 새로운 산업 중심지로 떠났다.

경제 성장과 빅 비즈니스

　남북전쟁이 끝나고 세기가 바뀌는 동안 미국은 급속도로 농업국가에서 산업사회로 변했다. 우선 석탄 광산과 철강 산업, 철도 건설부터 시작되었다. 1880년대부터는 화학과 전기 분야 역시 해마다 평균 4퍼센트의 경제 성장률을 약속하는 주요 기술로 자리 잡았다. 산업 인력의 수가 네 배나 뛰고 도시들은 빠르게 성장해 갔다. 1870년 시카고에는 30만 명에서 1900년에는 150만 명이 되었다. 1880년대 중반부터 웅장한 고층 건물을 짓기 시작했는데, 전기로 작동하는 엘리베이터를 설치하는 것이 조건이었다. 1870년대부터 뉴욕의

마천루들이 세계에서 가장 높은 건물 목록에 이름을 올리게 되었다. 1885년에서 1893년까지 커다란 활등 모양의 궁륭형 지붕으로 목록에 억지로 올라온 엄청난 규모의 브뤼셀 법정만이 예외였다. 1900년에 미국은 공산품 생산에서 산업혁명의 원조국인 영국을 앞섰다.

산업화는 영국 북부의 랭커셔(Lancashire)의 섬유 공장과 함께 우선 지역의 일로 시작되었다. 그다음부터 증기 기계가 생겨났고, 석탄 공급과 여기에 필요한 기계 제작, 철강 제품, 그리고 마지막으로 철도 건설과 기타 등등 발전이 계속 이어졌다. 이와 같은 영국 발전의 추진력은 산업 스파이와 독자적 발명을 통해 유럽 대륙으로 옮겨갔다. 우선 벨기에와 프랑스 북부, 그다음에는 독일과 스위스에서도 최초의 산업화 지역이 생겨났다. 공장은 곧 도시의 성장을 의미했다. 도시 성장을 통해 농업에서도 새로운 수요가 생겨났다. 기차와 얼마 뒤에 발명된 증기선은 농산물뿐 아니라, 공산품을 멀리 떨어진 곳까지 운송할 수 있게 하였고, 관계망과 교역망을 구축했다.

네덜란드와 덴마크는 산업 시설 없이 산업 사회를 이루었다. 이들은 영국 시장에 농산물을 공급했다. 발칸이나 러시아의 넓은 지역과 같은 다른 지역은 처음에는 산업화 시대로의 연결로를 찾지 못했다. 산업사회는 정기적으로 위기가 찾아오긴 했지만, 모든 삶의 영역에 영향을 끼치는 지속적인 경제 성장을 보였다. 19세기 말에 서유럽과 중부 유럽 도시에 사는 가난한 사람조차 1백년 전 사람보다 훨씬 잘 살았다. 사회적 신분 상승의 다른 끝에서는 독일의 예에서 볼 수 있듯이, 크루프(Krupp)와 티센(Thyssen) 같은 가족기업이 근대 초기 시대에 귀족이 소유했던 재산을 능가하는 부를 축적했다.

미국에서는 산업화가 비교적 늦게 시작되었지만, 급속도로 발전했다. 이민과 정착을 통해 커다란 내수 시장이 지속적으로 성장했기 때문이다. 국토는 초기 50년간에 걸친 운송 혁명을 통해 이미 잘 개발되어 있었고, 철도망은 1865년도 이후 계속 확장되었다. 1900년대 이후 이용할 수 있는 모든 세계의 철로 가운데 절반 이상이 미국에 깔렸다. 시장은 대륙 전체와 대륙 너머까지 연결되었다. 남서부의 카우보이는 도축용 가축을 가축용 열차에 실어 시카고의 대규모 도축장까지 운반했다. 고기는 이곳에서 냉동 열차에 실려 동쪽 연안의 성장하는 도시로 운송되었다. 미국 중서부 지역의 농장주는 유럽 시장에 내다 팔 곡식을 생산하기도 했다.

유럽과 달리 미국에서는 노동자의 사회적 운동이 없었다. 원인이 무엇일까? 노동자들 자체가 여러 종족과 인종, 배운 자와 배우지 못한 자끼리 경계를 긋고 화합하려 애쓰지 않았기 때문이다. 사람들의 이동이 많았던 까닭에 노동자가 모여서 파업하기는 어려웠지만, 다른 한편에서는 사람들이 새로운 직업으로 바꾸는 일은 덕분에 수월했다. 초기에 있던 보통 선거권과 많은 요구에 개방적인 양당제는 급진적인 당의 다른 편에서 정치적으로 입장을 취할 가능성을 제공했다. 국가와 대기업이 노동자 조직과 특히, 파업을 적대시하는 태도여서 당연히 노동조합 운동을 억제하는 데 큰 역할을 했다.

다른 많은 분야에서도 마찬가지였지만, 남북전쟁 후에 산업화는 우선 국가 차원에서 통제되는 경우가 적었다. 이 밖에도 산업화가 곧 나라 전체에 영향을 미치기는 했지만, 경제 문제를 해결하는 것은 각 주의 능력에 달렸었다. 이런 이유로 해결 방향을 정하기가 힘들었다. 국가의 소극적 태도는 전체 생산 범위 혹은 상품의 생산 경로 전체를 통제하려고 시도하는 대기업의 설립과 트러스트, 카르텔, 홀딩의 형성(같은 업종의 기업이 경쟁을 피하고 좀 더 많은 이익을 얻을 목적으로 자본에 의하여 결합한 독점 형태로, 가입 기업의 개별 독립성은 없어진다)과 같은 빌미를 제공했다.

철도 사업가인 코닐리어스 밴더빌트(Cornelius Vanderbilt, 1794~1877), 철강 사업가인 앤드루 카네기(Andrew Carnegie, 1835~1919) 혹은 석유 대기업가인 록펠러(John Davison Rockefeller, 1839~1937)와 같은 경제계의 거물은 규모를 측정할 수 없을 정도로 부유해졌다. 기업가들은 자신들의 재산 중 일부를 재단에 기부했

다. 내슈빌(Nashville)의 밴더빌트대학교(Vanderbilt University), 카네기 국제평화기금(CEIP, Carnegie Endowment for International Peace) 혹은 록펠러 재단(Rockefeller Foundation)은 오늘날까지 영향력을 끼친다. 20세기로 바뀔 무렵에야 연방 국가는 경제에 좀 더 적극적으로 간섭하기 시작했다.

대기업들, 그리고 기업 소유주가 아닌 전문 경영인을 둔 기업들 역시 기계 제작과 화학, 전기 분야에서 일어난 두 번째 산업화 물결로 나타난 전형적인 타입이다. 이들은 1880년부터 미국과 독일에서 큰 성공을 거두었다. 신설된 기업들이 세계 전역을 누비며 시장을 개척하고, 원료의 출처를 통제하고, 수입이 짭짤한 시장에 자신의 생산품을 알렸다. 이들은 일부 정치가와 깊은 관계를 맺기도 했지만, '빅 비즈니스(Big Business, 대규모의 생산 자본과 판매 조직을 갖춘 거대 기업)'를 통해 정치에 개입하려는 일은 생기지 않았다.

영국의 한 지방에서 시작된 산업화는 얼마 지나 유럽 대륙으로 번져나갔다. 그러고는 지구의 다른 편으로 곧 건너갔다. 미국은 특별한 방법으로 산업화에 성공했다. 이곳에는 필요한 원료와 거대한 내수 시장이 마련되어 있었으며, 동기 부여가 높고 희생정신이 강한 이주민이 있었다. 또한, 국가가 기반 시설을 구축하는 데 집중한 것도 빠른 발전의 밑거름이었다. 사람들은 산업화 과정에서 커다란 기회를 잡을 수 있었다. 이들은 국가에 간섭받지 않았고, 사회적 불의는 그대로 감수했다.

반대로 다른 나라의 엘리트나 덴마크, 네덜란드, 오스트레일리아, 뉴질랜드 혹은 남아메리카 지역의 사람들은 스스로 산업화하지 않으면서 산업화가 일어나는 중심지에 납품하는 일이 전적으로 의미가 크고 수익을 불러온다고 믿었다. 미국 남부 엘리트층도 이와 비슷한 생각이었다. 남북전쟁이 일어나기 전까지만 해도 이런 신념으로 계속 사는 데 아무런 지장이 없었다. 1900년쯤 두 번째 산업화 물결의 커다란 움직임이 세계적으로 확장되었을 때 미국 남부의 주들은 해외에 있는 플랜테이션 농장이나 광산을 본인이 살고 있는 주의 작업 중심지와 연결했다. 이런 방법으로 남아메리카나 아프리카, 아시아 등지에 생산 거점들이 생겨났다. 대기업들은 비유럽 국가의 경쟁 기업이 세워질 때 제국의 정부들만큼이나 관심이라고는 조금밖에 없었다. 인도와 중국에는 19세기 후반부터 독자적인 산업화 지역이 있었다. 하지만 그 효과는 제한적이었다. 이와는 반대로 일본은 19세기 말에 스스로 산업화에 성공하고, 1905년에는 비유럽 국가로는 최초로 러시아와 전쟁을 치르고 또 승리를 거두었다. 유럽이 산업화를 선도하는 것도 머지않아 끝이 날 것이다.

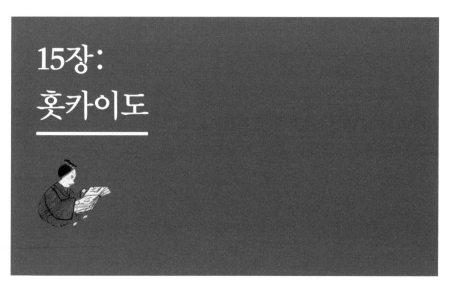

15장 :
홋카이도

황량한 일본 북부 지방의 식민화

오늘날의 일본은 전체 6,800개 이상의 작은 섬으로 구성되어 있는데, 홋카이도[北海道]는 네 개의 주요 섬 가운데 두 번째로 크며, 가장 북쪽에 있다. 홋카이도는 크기 면에서 아일랜드보다 약간 작고, 13장 '카프 프랑세' 편에서 언급한 섬의 서쪽에 있는 히스파니올라섬보다 조금 더 크다. 홋카이도 북쪽은 라페루즈해협(宗谷海峡, そうやかいきょう, 소야해협)을 사이에 두고 오늘날에는 러시아 영토인 사할린 반도와 떨어져 있다. 북동쪽으로는 홋카이도와 쿠릴 열도(Kuril Islands)의 최북단 섬인 아틀라소프섬(Atlasov Island)과 최남단 섬인 쿠나시르섬(Kunashir) 사이에 네무로해협[根室海峡]이 흐른다. 일본은 이 섬들의 소유권을 주장하지만, 1945년부터 러시아가 아틀라소프섬과 쿠나시르섬을 점령하고 있다. 1988년부터 남쪽에서는 기차를 타고 세이칸터널[青函トンネル]을 통과하여 일본의 가장 큰 섬인 혼슈[本州]에 갈 수 있다. 이전에는 배로 4시간 거리였다. 서쪽으로는 동해를 사이에 두고 러시아와 동중국과 마주하고 있다. 동쪽으로 6,500킬로미터나 되는 태평양을 건너면 멀리 미국의 연방 주 가운

데 하나인 오리건주에 도착한다.

홋카이도가 일본에 속한 시기는 고작 1868년부터다. 옛날에는 혼슈 북쪽의 섬 전체를 하나로 묶어 에조[蝦夷, えぞ]라 일컬었는데, 일본국이 이곳에 통치권과 유사한 권리를 행사했다. 홋카이도의 가장 남쪽에는 마쓰마에성[松前城, まつまえじょう]도 있었다. 마쓰마에 가문은 일본의 통치권을 지지했다. 실제로 성안에 살던 사람들은 대부분 수천 년 전부터 홋카이도에 거주했던 사냥꾼과 채집자인 아이누족(アイヌ)과 거래했다. 칼과 쌀, 쌀로 빚은 술, 옷이 북쪽으로 가고, 연어와 동물의 가죽이 남쪽으로 왔다. 일본의 금 시굴자 혹은 개척자들이 홋카이도에 몰려왔다. 1800년경에 2만 명이 넘는 인구가 에조에 살았으리라고 추정된다. 처음으로 아이누족보다 일본인 수가 더 많아졌다. 일본인이 너무 앞으로 나서거나 아이누족의 이익에 조금이라도 해를 끼칠 때는 봉기가 일어났는데, 마쓰마에의 지휘 아래 진압되곤 했다. 그런데 일본은 처음에는 사실 황량한 북부를 식민지로 만들 의향이 없었다.

하지만 1868년에 공격적으로 진출하는 유럽인에게 맞서 이기기 위해 생각을 고쳤다. 뒷부분에서 바로 알아보겠지만, 일본은 일종의 중앙 집권적이며 국가 종교적인 왕정으로서 나라를 새롭게 정립했다. 이런 새로운 생각을 '메이지 유신[明治維新]'이라고 부른다. 메이지 유신이라는 개념에는 '역전환'이라는 뜻이 숨어있었다. 하지만 일본의 1868년은 동시에 프랑스혁명이 일어난 1789년에 버금가는 해로서, 근대로의 돌파로 여겨진다. 인도(영국의 식민지), 베트남(프랑스의 식민지), 혹은 중국(유럽의 모든 열강이 극심하게 쳐들어옴)과는 다르게 일본은 유럽의 제국주의 지배 아래 놓이지 않았다. 일본은 스스로 변화했다. 황량한 북쪽에서 이를 알아볼 수 있다. 에조는 북해 지방이라는 뜻의 홋카이도로 명칭이 바뀌었다. 이제 북부는 새로운 이름과 함께 일본의 일부가 되었다. 새로운 계획도시인 삿포로[札幌]는 처음에는 농업으로, 그리고 중공업으로 식민화의 출발점이 되었다. 아이누족은 빠르게 내쫓겼다. 1899년에 일본 정부는 '옛날 홋카이도의 난쟁이'를 보호해야 한다는 법을 통과시켰다. 아메리카의 백인이나 영국에서 오스트레일리아로 건너온 개척자만큼이나 일본인에게도 땅을 빼앗

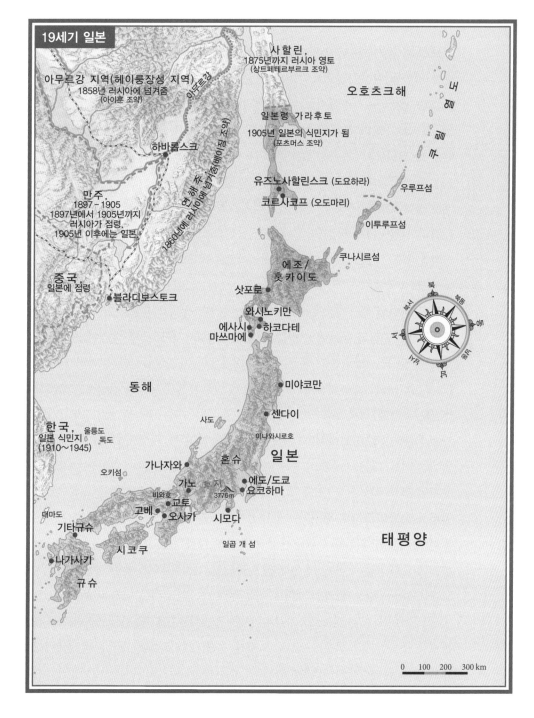

19세기 일본

아무르강 지역(헤이룽장성 지역)
1858년 러시아에 넘겨줌
(아이훈 조약)

이무르강

사할린,
1875년까지 러시아 영토
(상트페테르부르크 조약)

오호츠크해

하바롭스크

연해주 1860년에 러시아에 넘겨줌(베이징 조약)

만주,
1897-1905
1897년에서 1905년까지
러시아가 점령.
1905년 이후에는 일본

일본령 가라후토
1905년 일본의 식민지가 됨
(포츠머스 조약)

유즈노사할린스크 (도요하라)
코르사코프 (오도마리)

우루프섬

이투루프섬

중국
일본에 점령

블라디보스토크

쿠나시르섬

에조/
홋카이도

삿포로

북

와시노키만
에사시• •하코다테
마쓰마에

동해

미야코만

사도

센다이

한국,
일본 식민지
(1910~1945)

울릉도 독도

이나와시로호

가나자와

혼슈

일본

오키섬

가노 등지

비와호 3776m

에도/도쿄
요코하마

대마도

고베 •교토
•오사카

시모다

기타규슈

시코쿠

일곱 개 섬

태평양

•나가사키

규슈

0   100   200   300 km

는 일이 불공정하다는 인식이 없었다.

에조가 홋카이도로 변경되었을 때와 거의 같은 시기에 일본은 점점 더 다른 넓은 지역에서도 영향력을 키워갔다. 1872년에 일본은 가장 남쪽의 류큐제도[琉球諸島] 왕국을 점령했다. 우선 류큐의 왕은 일본의 지휘관으로서 섬에 머무르기도 했지만, 1879년에 유배를 당했다. 대만은 1895년에, 사할린의 남쪽 절반은 1905년에, 조선은 1910년에 일본의 식민지가 되었다.

그때까지는 일본에서 여러 강대국의 영향력이 효력을 발휘했다면, 이제 일본은 공격적으로 국경을 정하고 행정기관과 기반 시설을 지었다. 일본은 마치 유럽의 식민국 중 하나처럼 행동했다. 그리고 1900년경에 유럽으로부터 이를 인정받았다.

에조(홋카이도)에서 일본은 아시아 국가로는 유일하게 유럽에 도전해서 분쟁 비용과 편익을 성공적으로 이끌어냈다. 이런 관점의 특징을 고려해 두어야 한다. 홋카이도는 오늘날에도 여전히 일본의 다른 곳에 비해 사람이 적게 살고 있으며, 남쪽 지방과는 반대로 17, 18세기 그리고 19세기 때 오히려 더 커졌다. 훗날 도쿄라고 불리게 된 에도[江戸]는 귀족의 거주지이자 쇼군[將軍. 일본 도쿠가와 막부의 우두머리] 정부의 권력이 나오는 중심지였다. 이미 17세기 말에 인구수가 1천 1백만 명에 달해서 그 당시 세계에서 가장 큰 도시였다. 상업 중심지였던 오사카는 18세기 중엽에 인구수가 약 40만 명 정도였다. 일왕이 머물던 도읍지인 교토에는 거의 35만 명이 살았다. 이와 같이 번창하는 세 군데 메트로폴리스를 제외하고도 인구가 1만 명이 넘는 곳이 50군데도 넘었다. 18세기 초 일본 도시에는 통틀어서 약 3천 8백만 명이 살았는데, 이는 전체 인구의 12퍼센트에 해당하는 수였다. 산업화가 시작되기 이전 시대에 매우 드물게 많은 수였다. 이와는 다르게 2만 명의 아이누족과 마쓰마에성이 홀로 우뚝 서 있던, 훗날 홋카이도로 불린 에조는 일본인에게는 황무지 그 자체로 보였다. 하지만 바로 이곳, 일본의 변방에서부터 자급자족 형태의 국가가 제국주의적 열강으로 뚜렷이 급성장하기 시작했다.

17세기에서 19세기에 걸친
도쿠가와 쇼군 지배하의 생활

19세기 중반의 상황을 잠깐 들여다보자. 에도는 200년 전부터 일본의 도읍지였다. 이곳에는 끊이지 않는 전쟁에서 다른 영주 가문을 물리치고 권력을 얻은 도쿠가와[德川] 가문 출신의 쇼군이 살고 있었다. 또한, 국교인 신도(神道)에 따라 태양의 여신 자손이나, 국가의 통일과 영원함의 상징인 천왕 혹은 덴노(てんのう)도 있었다. 덴노의 도읍지는 여전히 교토였다. 하지만 쇼군이 덴노가 가는 곳과 접촉할 사람을 정하고 통제하였다. 덴노는 일본 전체를 위해 존재했기 때문에 권력 싸움에 끼어들어서는 안 되었다. 에도에 있는 쇼군도 대부분은 마찬가지로 혼자 지배하는 것이 아니라, 힘 있는 주변 인물을 통해 통치했다.

나라의 대부분은 군주가 되기 위한 전투에 주도적으로 뛰어들었던 약 250명에 이르는 번주(藩主, だいみょう, 다이묘)의 지배를 받았다. 일본은 봉건적 군주 지역으로 이루어졌는데, 번주는 이런 지역을 다스리고 경제 진흥과 도로 공사, 군대를 책임졌다. 일본에는 크고 작은 세금을 많이 내거나 적게 내는 많은 '번'이 있었다. 번주들의 위상과 권력은 이에 상응하여 큰 차이가 났다. 의복과 음식, 주거 건물에서 특히 표가 났다. 예로, 에도에서 북서쪽으로 3백 킬로미터 떨어진 가나자와[金沢]에 성이 있던 가가번[加賀藩, かがはん]의 부유한 번주는 에도에 꾸준히 3천 명이나 되는 관리를 보내 그곳에 머물게 했다. 번주는 이렇게 하여 자신의 권력을 과시할 뿐 아니라 동시에 쇼군에게 경의를 표시했다. 쇼군이 2년마다 번주들을 자신이 권력을 잡고 있는 중심지 에도로 불러들였기 때문이다. 이런 방법으로 쇼군은 번주들을 통제하고 발령 보내며, 유사시에는 아예 번주 직위를 완전히 빼앗을 수 있었다. 번주들은 자신의 성으로 돌아와 머물 때는 같은 방식으로 자신의 관리하에 있던 중신과 군사 비슷한 무사를 관리했다.

일본의 도시와 농촌 사회는 6장 '장안' 편에서 이미 살펴보았듯이, 중국에서 유래한 유교 사상에 깊은 영향을 받았다. 사회는 사무라이[侍], 농부, 수공업자, 상인 등 전체 네 개의 신분으로 구분되었다. 신분이 전혀 없는 사람도 있었다. 이런 사람은 정착지가 없이 떠돌이 생활을 하고 사람대접을 받지 못했다. 계급의 가장 위에 있는 사무라이는 무사들이며 신분상 번주와 같은 위치였다. 사무라이는 무기를 몸에 소지할 수 있었으며, 국가의 일에 헌신하는 대가로 매월 일종의 봉급을 받았다. 매우 평화로웠던 17세기에서 19세기 사이에 사무라이 계급은 군인으로서만이 아니라, 점차 공무원 업무와 학자 역할도 했다. 농부는 생산을 하기 때문에 이론상 특별한 대우를 받았다. 하지만 실생활에서 봤을 때 모든 세금 부담을 어깨에 짊어진 사람은 바로 농부였다. 농부들을 농촌과 농사일에 붙잡아 놓기 위해서는 항상 통제가 필요했고, 때로는 군사적 폭력도 행사해야만 했다. 농부들은 자체적으로 마을을 조직해 집단으로 세금을 납부하는 공동생활을 했다. 세금은 추수가 끝난 뒤에 계산해 쌀로 지불했다. 사무라이는 쌀을 봉급으로 받기도 했다. 그러나 번주는 다른 대부분 비용은 돈으로 내야 했기 때문에 오사카에 있는 중앙 시장에 쌀을 내다 팔아 돈과 바꾸었다. 여기에서 머지않아 상업자 신분을 핵심 지위로 올려준 상품 선물 거래와 대출 계약 제도가 발전했다. 유교에서는 상인이 아무것도 생산하지 않는다는 이유로 상인을 중요하게 여기지 않았다. 따라서 상인의 상승된 지위는 유교의 가르침에 포함되어 있지 않았다. 어떤 상인들은 이들의 중요성을 알지 못하는 국가에 아무런 의무를 이행하지 않고도 부자가 될 수 있었다. 의복과 행동, 건축 규칙은 상인들의 커져가는 권력을 눈에 보이지 않게 해주었다.

일본은 '서류가 떠받치고 있는 사회'였다. 모든 학문을 모아 기록하고 퍼뜨렸다. 쇼군은 넓은 범위에 걸쳐 스파이망과 정보망을 관리했다. 그러나 번주와 위대한 사무라이 관료만 학문에 목말라 있던 것은 아니다. 19세기 중반에 일본 남성 중 거의 절반과 여성의 10퍼센트에 해당하는 사람들이 글을 읽을 줄 알았다. 19세기에 에도에는 출판업자가 900명이나 있었고, 교토와 오사카에서도 각 500명이 출판업에 종사했다. 1832년에 책을 빌려주는 곳이 에도에만 800군데나 되었다. 공공 도서관은 없었다. 유교와 다른 종교의 서적을 파는 시장도 있었지만, 훌륭한 문학과 희곡, 여행 책자, 점성술 책, 배우와 운동

선수의 순위에 관한 책도 있었고, 물론 광고 책도 있었다. 독서회와 정보를 교환하는 네트워크도 있었고, 학문과 예술에 관해 담론을 나눌 수도 있었다.

책은 다른 상품과 마찬가지로 잘 구비된 도로망을 따라 퍼졌다. 원거리를 연결하는 도로는 처음에 군대를 빨리 동원해서 통치자의 안전을 지키기 위해 깔렸다. 하지만 곧 특히 사람과 물건, 정보를 실어 날랐다. 보행자는 길을 따라 심은 나무의 보호 아래 거닐 수 있었다. 밤에는 석등에 불을 켜 도로를 밝혔다. 강과 운하 뒤로 다리가 놓였고, 다리가 없는 곳에서는 나룻배나 운반선이 사람들을 태우고 물을 건넜다. 도로에 있는 역에서는 말과 가마를 빌릴 수 있었다. 마차 통행은 1862년까지 금지되었다. 역에는 그 외에 여관과 식당, 목욕탕, 기념품 가게, 그리고 유곽도 있었다. 제공되는 물품과 품질은 도로를 지나는 차량 수에 따라 달라졌다.

19세기에 이르기까지 제조업과 최초의 상업의 의미가 확대됐다. 오사카에서는 19세기 처음 300년 동안 목화와 면제품이 가장 중요한 무역품이었던 쌀의 가치를 능가했다. 몇몇 번주는 일찍이 생겨나는 제조업을 장려하거나 출판업을 육성했다. 예로, 섬유와 같은 물품은 농촌의 가난한 농부나 소작인이 생산하도록 하고, 원료를 구매하고 완제품을 판매하는 일은 중앙을 통해 이루어졌다.

무굴 시대의 인도와는 반대로 일본은 계속해서 외부의 영향을 차단했다. 중국과의 교류는 소극적으로나마 유지했다. 중국이 세계의 중심이며 일본은 중국에 의존한다고 여겼기 때문이다. 이런 생각은 쇼군과 번주의 자아 개념에 어울리지 않았다. 17세기 초기에 일본으로 들어온 유럽인과 기독교는 쇼군의 단독 지배와 신과 연결된 덴노에게 위협적으로 다가왔다. 따라서 스페인인과 포르투갈인, 그리고 선교사들은 일본 땅에 발을 들이는 일이 금지되었다. 일본의 기독교 신자는 십자가에 매달린 그리스도나 동정녀 마리아의 그림을 발로 밟는 일로 자신의 믿음을 포기했다는 것을 실제로 증명해야만 했다. 그러지 않으면 고문을 당하거나 살해 위협을 받았다. 나중에 영국과 러시아도 일본에 다가오려고 시도했지만 실패로 돌아갔다. 그러나 이들의 관심은 그리 크지 않았

다. 단지 네덜란드인만 쇼군과 교류했다. 네덜란드의 식민지, 오늘날의 인도 네시아인 네덜란드—인도는 스페인이 지배하던 필리핀에서 약 4천 킬로미터 남쪽으로 떨어져 있었다. 이곳은 일본에서 한참 떨어진 안전한 곳이었고 무역 하기에는 그래도 가까운 거리였다. 네덜란드인의 관심은 누가 뭐래도 순전히 상업적이었다. 그래서 일본과 외부(다른 국가)와의 모든 교류가 이루어졌던 가장 남서쪽의 항구도시 나가사키에는 중국 상인 말고도 네덜란드인의 영업 지점이 있었다. 과거에 항구에는 외국인이 일본 땅에 발을 들이지 못하도록 흙을 쌓아 만든 데지마[出島, でじま]라는 인공 섬이 있었다. 일본인의 눈에는 네덜란드가 유럽 전체로 비쳤다. 철학부터 의학, 더 나아가서는 무기술까지 유럽의 학문 을 연구하는 '네덜란드학'이 있었다.

고도로 조직화하고 200년 넘게 매우 독자적으로 이루어진 일본 사회의 쇄 국은 19세기에 와서 어려움에 빠졌다. 한편으로 많은 번주가 빚을 졌다. 이중 으로 거주지를 유지하고, 도로 건설에 기여금을 내고, 경제를 육성하고, 군대 를 무장하는 일로 지출이 어마어마하게 컸기 때문이다. 다른 한편에서는 특히 도시와 가까운 시골에서 사회적 차별이 커졌다. 세금 부담도 높아졌다. 수완 좋게 혹은 양심 없이 파렴치하게 부자가 된 농부들은 돈을 잘 벌지 못해 곤경 에 처한 다른 농부의 땅을 사들였다. 다른 곳에서도 더 이상 신분 제도는 현실 과 맞지 않았다. 좋은 지위에 있던 상인과 이들과 함께 일하던 사무라이도 더 이상 같이 어울리지 않았다. 다른 사무라이들은 번주가 부양의 의무를 이행하 지 못했기 때문에 가난해졌다. 1730년에서 1850년에는 인구수가 정체되었다. 같은 시대의 유럽과는 완전히 다른 상황이었다. 흉작도 여기에 한몫 거들었 다. 여러 쇼군은 위기에서 벗어나고자 절제와 농업에 더욱 집중하도록 지시했 다. 하지만 전혀 도움이 되지 못했다.

야만인이 몰려오다

이렇게 총체적으로 어려운 상황에서 일본인은 수평선에 떠 있는 유럽의 배가 점점 더 많이 보이자 불안했다. 1820년대에 상업적으로 고래잡이를 하는 배들이 상륙했다. 이들은 무자비한 사내들로 이미 같은 시기에 뉴질랜드에서 문제를 일으켰다. 쇼군은 이들을 추방하거나 유사시에는 체포 또는 사살하라고 명령했다. 낯선 나라의 관심을 어떻게 받아들이고 대응할지는 더욱 어려운 과제였다. 러시아는 '극동' 지역에서 적극적으로 활동을 펼쳤다. 미국은 미래의 잠재적 경제 지역으로서 태평양을 발견했다. 영국은 1839년에서 1842년까지 중국과 치른 제1차 아편전쟁에서 북서 태평양 지역에 큰 관심이 있다는 것을 과시했다. 일본이 석탄과 미래 교통수단인 증기선에 필요한 연료를 갖고 있었기 때문이다. 일본의 항구들은 식량과 연료를 위한 실용적인 대형 저장소로 적합했다. 게다가 고도로 발전한 나라의 사람들은 무역을 통해 매혹적인 수익을 얻는 것을 기대하기 마련이었다. 그런데 단지 일본만큼은 다른 나라와의 교역도, 식량과 연료를 저장하는 것도 전혀 원하지 않았다.

그래서 1854년에서 1869년에 우선 미국이, 그다음에는 러시아와 다른 유럽의 열강이 군사적 공격을 하겠다고 위협하면서 일본의 항구를 유럽의 선박에 개방하라고 강요했다. 쇼군 정부는 군사적 대응이 소용없으리라 믿었기 때문에 오랜 지체 끝에 결국은 개항을 허가했다. 쌍방의 조약으로 교역의 규칙을 정하기는 했지만, 외국인이 수출입 관세를 정함으로써 제멋대로 이익을 챙길 수 있게 되었다. 외국인들은 개방된 항구에서 머물러도 됐으며, 종교 활동도 자유롭게 했다. 조약서에는 또한 최혜국 조약 내용이 포함되어 있었다. 외국과의 좋은 협상 결과는 자동으로 모두에게 좋다는 것이었다. 이것은 '불평등 조약'이었고 곧 이렇게 불리게 되었다. 그 후에 일본은 생사(삶아서 익히지 않은 명주실 – 역주), 누에 알, 차, 식용유, 해산물, 구리, 석탄 등을 수출하기 시작했다. 그리고 설탕, 쇠, 무기, 군함, 기계 등을 들여왔다. 일본에서의 은과 금의 시세가 유럽이나 미국의 상황과는 달랐기 때문에 금은 일본에서 빠져나간 반면에

은은 대량으로 일본으로 유입되었다. 화폐 가치가 떨어졌고 인플레이션이 결과로 찾아왔다. 기본 식량이 되는 쌀 가격이 1859년에서 1867년에 8배나 올랐다.

쇼군의 개국 정책에 반대했던 사람들은 '덴노 만세! 야만인을 내쫓자!'라며 구호를 외쳤다. 쇼군이 유럽과 미국인, 즉 야만인들의 요구를 너무나 쉽게 들어주었으며, 나라의 통일과 자긍심을 체현하는 일왕의 의견 따위는 묻지 않았다는 주장이었다. 사람들은(?) 낯선 문화에서 최고의 것을 찾아내어 자기 것으로 동화하고, 이를 통해 최고를 완성하는 것이 일본다운 것이라고 믿었다. 그런데 이렇게 하는 대신에 쇼군은 나라를 그냥 헐값에 팔아넘겼다. 1860년대는 격분하고, 부분적으로는 올바른 길로 나아가며 권력을 얻으려고 군사적인 해결을 도모하는 전투 기간이었다. 번주 간의 전쟁이었는데, 때로는 쇼군과 함께 전쟁을 치르기도 하고, 때로는 쇼군에 반대하는 전투가 일어나기도 했다. 이것은 결국 사무라이의 전쟁이었다. 농부와 수공업자, 상인들은 오히려 그 주변에 있다가 분쟁 속으로 끌려들었다. 어느 누구도 기회를 엿보며 기다리고 있는 낯선 외부의 열강에 자국을 침벌할 틈을 주지 않으려 했기 때문에 전쟁은 수동 브레이크를 걸어놓은 것처럼 어느 정도 느리게 진행되었다. 전쟁을 치르지 않고 에도성을 넘긴 장수는 그 이유를 다음과 같이 설명했다. "인도나 중국의 처지처럼 되지 않게 하려고 우리 자신만의 이득을 생각하지 않았다." 약 1만 명의 군사와 3천 명의 민간인이 이 내전으로 목숨을 잃었다. 1868년 1월에는 쇼군을 상대로 덴노가 정당성을 인정한 정변이 일어났다. 쇼군은 퇴위했다. 그는 마지막 남은 부하를 데리고 북동쪽으로 돌아가서 홋카이도에 에조 공화국[蝦夷共和國]의 건국을 공포했다. 하지만 이는 하나의 에피소드에 지나지 않았다. 1869년 6월에 예전의 번주 소재지였던 마쓰마에에서 북동쪽으로 70킬로미터 떨어져 있던 마지막 보루인 하코다테[函館, はこだて]가 함락되었다. 도쿠가와 쇼군의 시대가 끝났다.

1868년부터의 메이지 유신

새로운 권력자들은 일본이 다시 독립하고 불평등 조약을 떨쳐버리기를 원했다. 이 목표를 이루기 위해 덴노는 새롭게 살아난 신도라는 국가 종교의 지지를 받으며 다시 권력의 중심에 섰다. 덴노는 1868년에 겨우 15세밖에 안 되었기 때문에 다른 사람의 영향에 쉽게 흔들릴 수 있었다. 그는 교토에서 에도로 옮겨왔다. 쇼군의 성이 덴노의 거처가 되었다. 그가 심사숙고해서 고른 정부의 슬로건은 이런 변혁에 '메이지(계몽된 군주)'라는 이름을 달았다. 에도는 쇼군의 도시에 대한 기억을 지우기 위해 도쿄(동쪽의 도읍지)로 바뀌었다. 어쩌면 베이징과 난징[南京]이 있던 중국이 본보기가 되었을 수도 있고, 아니면 일본의 북부와 동부에 사는 사람들이 제안했을 수도 있다. 쇼군의 마지막 보루들이 이곳에 있었다. 새로운 권력자들은 대부분 남쪽과 서쪽 출신이었다.

강한 덴노, 국가 종교의 부활, 국가의 자립심 회복은 새로운 제도에서 엘리트가 된 서른에서 마흔 살까지의 젊은 사람으로 구성된 집단이 공통으로 품은 이상이었다. 새로운 엘리트들은 사무라이거나 옛날 제도에서 번주를 지냈던 사람이지만, 이제는 새로운 길을 찾으려 했다. 이들은 외국을 거부하는 것만으로는 부족하다는 사실을 곧 깨달았다. 1870년대와 1880년대는 전반적인 개혁과 이에 대한 논쟁으로 가득했다. 국가의 힘을 회복하는 올바른 길은 무엇일까? 1871년부터 1873년까지 일본은 많은 고위층 관료로 구성된 사절단을 유럽과 미국으로 보냈다. 사절단은 불평등 조약을 새롭게 협의하고 외국의 성공 비결을 알아내고자 했다. 이미 협의된 불평등 조약은 변하지 않았다. 유럽과 미국은 일본이 평등을 요구할 만큼 충분히 발전하지 않았다고 주장했다. 사절들은 아울러 수많은 가치 높은 정보를 모았다. 관료 제도와 군대, 의회, 공장, 학교, 감옥, 병원, 빈민 구호 시설 등이 어떻게 작동하는지에 대한 정보였다. 헌법과 행정에 관한 문제는 1890년대까지 유럽의 전문가와 세심하게 논의했고, 산업 시설은 비싼 돈을 내면서 데려온 서양의 조언자 도움으로 새로 세우거나 고쳤다. 그리고는 기회가 생기면 될 수 있는 대로 바로 서양인을 자국민으로 대체했다. 일본의 목표는 서양의 제도를 모방하는 데서 그치는 것이 아니라, 일본의 상황에 맞게 적용하여 경제적·군사적·정치적인 경쟁력을 다시 키우는 것이었다.

1890년까지 일본은 근본적으로 변화했다. 봉건국가 대신 47개의 현으로 구성된 중앙집권제 국가가 되었다. 자주 빚을 졌던 번주들과 사무라이는 보상금을 받았다. 무기를 소지하고 국가를 지킨다는 명분 아래 군대를 조직할 수 있던 특권은 소멸했다. 프로이센을 본보기로 삼아 모병제 군대가 생겨났다. 일본은 곧 위급 시에 50만 명에 이르는 군사를 동원할 수 있는 능력이 생겼다. 또한, 일본은 네 개로 구분된 신분 제도 대신에 귀족과 평민으로 구성된 국민의 국가로 바뀌었다. 1875년에 모든 일본인은 그때까지 사무라이만 우선적으로 가졌던 성을 의무적으로 받아들여야 했다. 육군과 해군이 근대화되고 대폭 개선되었다. 국영 철도망과 전보, 전화망이 구축되었다. 토지 개혁은 땅을 상품화했다. 이제는 토지세 제도가 그때까지의 추수 상황에 따라 세금 제도를 대신했다. 이렇게 세금을 거두는 방식은 더 신뢰감이 들고 계산하기도 쉬웠지만, 흉작인 경우에는 농부에게 위험을 떠밀었다. 이 세금이 메이지 국가의 주요 수입원이 되었고, 많은 개혁을 재정적으로 지원하는 데 도움이 되었다. 1889년의 헌법에서 처음 16조 항은 천왕의 영원함과 전지전능함을 강조했지만, 그 이후에는 의회에서 천왕의 권한을 제한했다. 1890년에 45만 명에 이르는 25세 이상의 일본인이 최초로 하원 의원을 뽑는 투표를 했고, 15엔의 직접세를 납부했다. 상원에는 덴노가 임명한 중요한 의원들이 앉았다. 의회는 빠르게 정치적 논쟁의 중심지가 되었다. 그러나 정치 토론은 종종 이런 공간의 밖에서 이루어졌다. 바로 메이지 엘리트인 원로로 구성된 권세 있는 남성 집단의 만남에서였다.

개혁은 숨 가쁠 정도로 빨리 진행되어서 여기에 따르는 저항도 만만치 않았다. 번주는 권력을 유지하고자 했고, 사무라이는 특권을 잃고 싶어 하지 않았다. 농민은 자식들을 학교나 군대에 보낼 마음이 없었다. 하지만 여러 저항 행위가 하나로 뭉쳐지지 않았기 때문에 아무 일도 일어나지 않았다. 그 밖에도

개혁이 지속성을 띤 모습으로 포장되었다. 덴노와 신도 종교는 새로워 보이는 것들도 원래는 굉장히 오래되고 익숙한 것임을 상징했다. 이런 것을 강조하다 보니 새로운 통치자조차 원래 있던 이전의 제도에서 유래한 것이며, 반드시 필요하다는 인상을 줄 수 있었다. 일본은 19세기 초중반에 갖추었던 구조를 토대로 산업화를 이루는 과정에서 유럽의 전문가에게 도움을 받았을 뿐, 곧 일본의 자본과 인재, 노하우를 가지고 시작했기 때문에 그러한 일을 해냈다는 자부심도 컸다. 또한, 식민지 국가, 혹은 절반이 식민지 상태가 되어버린 중국과 인도와는 다르다고 여겼기 때문이기도 했다.

메이지 유신의 목표와 한계는 일본의 황량한 북부 지방에서 뚜렷해졌다. 에조 혹은 현재의 이름인 홋카이도를 위해 식민지 관리청이 세워졌다. 그 후 몇 년 동안 많은 자금이 섬의 발전을 위해 흘러 들어갔다. 한편으로는 일본이 스스로 문명화하고 질서를 잡을 수 있다는 것을 유럽인에게 보여야만 했고, 다른 한편으로는 이곳을 정복하려는 러시아의 희망을 봉쇄해야만 했다. 이용할 수 있는 땅은 모두 국유화해서 정착하려는 일본인에게 싼값에 넘겨주었다. 일본의 중심에서 발생할 수 있는 잠재된 불안감을 제거하기 위해 계획적으로 사무라이들을 이주, 정착시키려고 모집했다. 다른 한편으로는 사냥터와 거주지에서 쫓겨난 아이누족에게 무력으로 맞서기 위해서였다. 아메리카의 농업 전문가들이 이곳으로 초빙되었다. 하지만 이들이 머문 기간은 길지 않았고, 결과가 성공했는지를 두고도 논쟁이 있다. 하지만 어쨌든 오늘날의 홋카이도대학의 전신인 삿포로농업학교의 설립은 미국 농업 전문가들의 업적이다. 이주민을 구하기 위한 노력은 제한적으로 성공했다. 1870년대 초기에 해마다 1만 명의 일본인이 홋카이도로 이주했고, 정착 조건이 개선된 연대 말에는 5만 명이 이주해 왔다. 하지만 모든 사람이 머문 것은 아니었다. 석탄이 발견되자 홋카이도에 중공업이 발달하기 시작했다. 제2차 세계대전이 발발하기 얼마 전에는 약 2백 개의 석탄 갱도가 있었다. 그중 마지막 갱도는 2002년에 문을 닫았다.

1880년대 초반에 일본 정부는 지속적으로 적자에 허덕이던 홋카이도 식민지 관리청을 사유화했다. 청장은 소유하고 있던 것 대부분을 오랜 지인에게 헐값에 넘기고 정부의 담당 정치가와의 합의하에 매각했다. 매각과 터무니없는 조건이 알려지자 비판이 쏟아졌다. 매각은 다시 취소되어야 했다. 야당은 훗날 이러한 뒷거래를 막기 위해 이런 프로젝트는 의회를 거쳐서만 결정할 것을 요구했다.

홋카이도의 예에서 보았듯이 메이지 유신은 미래를 위해 철저하게 계산된 도약이 아니었다. 새로운 권력자들은 일본을 다시 유럽인의 눈높이에 올려놓으려고 결의를 다졌고, 이를 위해 많은 돈을 썼다. 하지만 생각했던 모든 것이 그대로 이루어지지는 않았고, 외국에서 온 전문가가 모두 훌륭한 것도 아니었다. 미래를 지향한 개혁 중 몇몇은 정치적 분쟁 속에서 피어나지도 못하고 꺾였다. 메이지 과두정치(寡頭政治, 적은 수의 우두머리가 국가의 최고 기관을 조직하여 행하는 독재적인 정치 체제-역주)하에서 정치가들은 사심을 가지고 전적으로 자신의 주머니를 채우기 바빴다. 이들 정치가는 일본이 경직된 쇼군 정부에서 해방되어 근대화되었다고 주장했다. 일본의 성공은 사실상 17세기부터 발전되어 온 구조를 바탕으로 했다. 20세기에 유럽과 아메리카의 발달 이론가는 일본이 귀감이 될 만큼 굳건한 결의로 농업과 중공업에 큰돈을 들여서 전통적인 사회를 한 세대 만에 성공적으로 근대화시켰다고 주장했다. 하지만 이것은 오해였다. 일본은 '전통적'이지도, '근대적'이지도 않았다. 이런 상반어보다 더 중요한 것은 과정과 가속도, 그리고 옛것의 회귀로 변장한 새로운 시작이었다. 이런 것이 19세기 말엽에 일본이 놀랍게도 제국으로서 어느 정도 세계무대에 등장할 수 있게 했다.

눈높이를 맞춘 일본 제국

19세기 말에 전 세계적으로 지배적이었던 권력 조직의 형태는 제국과 민족국가였다. 우리는 11장 '킬와' 편에서 완전히 다른 권력 조직의 형태가 존재했음을 보았다. 그러나 도시국가나 마을 공동체 혹은 유목 집단과 같은 조직이 형성될 수 있는 곳이라고는 이제 열대우림과 빙하, 모래사막과 같은 공간뿐이었다. 그 외에는 전부 민족국가와 제국이 지배했는데, 이런 조직의 보호를 통해서만 훨씬 오래된 사회적 조직의 형태가 유지될 수 있었다.

제국은 민족국가보다 큰 개념으로 이해할 수 있다. 제국은 많은 언어와 문화의 고향을 포함하고 보존할 수 있기 때문에 다양하기도 하다. 제국은 소속감에 대한 내적 논리가 없어서 권위적이다. 사람과 국가는 일반적으로 제국이 옳고 중요하다고 생각하기 때문이 아니라, 예속되었기 때문에 제국의 일부가 된다. 하지만 제국 중심부에 있는 엘리트는 무력으로 제국을 결속하는 데만 그치지 않고 일관된 생각을 발전시키려고 정기적으로 시도했다. 로마인은 로마니타스(Romanitas, 로마 제국의 순수한 라틴 문화를 가리키는 말)에 관해, 영국인과 웨일스인, 스코틀랜드인은 영국 성향(Britishness)에 관해 말했다. 거의 늘 권력의 중심에 있는 엘리트들은 자신들이 저쪽 바깥에 속한 사람들을 문명화하고, 개화하고, 전체적으로 더 행복하게 만들어준다고 주장했다. 급한 경우에는 사람들의 의지에 반대해서까지 억지로 말이다. 중앙 권력의 엘리트층은 동시에 정복한 지역의 자원을 이용했다.

19세기는 제국이 장악했다. 민족국가가 있긴 했지만, 그리 많지는 않았다. 민족국가는 대부분은 유럽과 아메리카에만 있었다. 유럽의 관점에서 봤을 때는 제국이 속한 민족국가의 형태가 있었다. 인도, 정착민이 살던 캐나다, 남아프리카, 오스트레일리아, 뉴질랜드 등 세계에서 가장 큰 식민지를 소유했던 대영제국이 이에 속했다. 프랑스는 주로 북아프리카와 인도차이나에 식민지를 두었다. 러시아는 중앙아시아에서 시베리아와 (1867년까지) 알래스카를 식민지로 삼았다. 네덜란드는 1945년 이후에 인도네시아라고 불리는 곳에 고수익을 챙길 수 있는 식민지를 두었다. 독일은 뒤늦게 아프리카에 식민지를 두었지만, 제국으로서는 한 단계 아래인 데다 그리 오래 버티지도 못했다. 오스트리아-헝가리는 두 국가라는 점과 완전히 유럽에 놓인 지역이라는 점에서 특별한 경우였다.

아시아의 관점에서 봤을 때 제국은 역사적으로 늘 있어 왔을 만큼 일상적이었다. 중국은 수백 년 전부터 제국을 이루었고, 오스만 제국도 마찬가지였다. 칭기즈 칸의 몽골 지배와 사파비 왕조, 무굴 왕조도 제국이었다. 다만, 아시아인의 관점에서 새로운 점이라면 19세기 제국의 중심지가 런던, 파리, 상트페테르부르크, 암스테르담 등 아시아의 밖에 있다는 점이었다. 전반적으로 유럽으로부터 인정받을 필요가 있긴 했어도 유일하게 중국 제국만 그 자리를 지켰다. 일본은 훗날 타이가 된 시암(Siam)과 더불어 아시아에서 유일한 독립 민족국가였다. 시암은 조심스럽고 현명하게 대처하면서 영국과 프랑스의 정복욕에 저항하고 독자적인 왕국을 지켰다. 반면에 일본은 19세기 말에 유럽을 본보기로 삼아 제국 형태를 갖춘 민족국가가 되기 위해 나라를 개방했다.

　우선 일본은 불평등 조약의 파기를 위해 끈기를 가지고 열심히 노력했다. 헌법과 의회, 그리고 법전이 갖추어지고 산업화가 되자 유럽인은 그다음부터 일본이 정치적으로나 경제적으로 더 발전해야 한다고 주장할 수 없었다. 영국은 가장 처음으로 일본과 동맹 관계를 맺을 기회를 알아차렸다. 영국의 동맹 파트너로서 일본은 특히 러시아가 북서 태평양에서 펼치는 야망에 제동을 걸고 영국인의 물건을 영국인보다 더 싸게 구매할 수 있었다. 1895년에 일본과 영국은 새로운 통상조약을 맺었다. 그 후에 다른 유럽과 미국이 뒤를 이어 일본과 조약을 맺었다. 일본은 1890년대에 아시아에서 유럽과 동등한 권리를 지닌 경쟁자가 되었다. 일본의 시선은 중국과 긴밀한 관계를 끊으려는 조선으로 쏠렸다. 그 후 1894년에서 1895년에 걸쳐 전쟁이 일어났다. 일본은 조선을 손에 넣지 못한 대신에 대만과 중국의 랴오둥반도[遼東半島]를 얻고, 중국에 식민지 건설 목적을 달성하려고 대륙에 첫 번째 닻을 내렸다. 그러나 러시아와 프랑스, 독일이 간섭하는 바람에 도쿄는 랴오둥반도를 중국에 반환해야만 했다. 러시아는 바로 랴오둥반도를 독점하였다. 일본은 승리의 열매를 빼앗긴 기분이었고 다시 유럽인에게 상처받은 듯했다. 중재에 참여하지 않은 영국과 일본은 1902년에 조약을 맺었다. 이것은 일본이 외교적으로, 그리고 군사적·정치적 협정 안에서 동등한 지위를 지닌 열강으로서 처음 맺은 조약이었다.

　이 조약을 근거로 일본은 조선과 중국 점령에 더 노골적으로 관심을 드러냈다. 결과적으로 1904년과 1905년에 일본과 러시아의 전쟁이 일어났다. 이 전쟁에서 일본은 힘든 전투 끝에 이겼다. 일본의 승리는 국제 사회에서 커다란 이변이었다. 한 독일의 전쟁 관찰자는 이를 두고 '유럽의 멸망'이라고 표현했다. 유럽의 식민지가 된 아시아 민족 사이에서는 환호가 쏟아져 나왔다. 일본은 아시아가 자신을 스스로 해방시킬 수 있다는 것을 보여주었다. 그러나 전쟁에서의 승리를 통해 일본은 아시아의 자유가 아니라 자신의 권력 성장에 더욱 전념했다. 러시아는 사할린섬의 남쪽 절반(홋카이도의 북쪽)과 랴오둥반도를 일본에 넘겨주어야 했다. 남만주 철도 통제권이 일본으로 넘어갔고, 조선에 대해 일본이 보이던 특별한 관심도 인정받았다. 하지만 일본 여론에 이런 보상품은 보잘것없어 보였다. 백만 명의 병력이 동원되었다가 거의 10만 명이 죽었다. 이런 상황에서 체결된 강화조약은 너무나 관대한 것처럼 보였다. 정치 내부적으로 위기가 발생했다. 어쨌든 이 조약으로 1910년에 일본은 조선을 점령하고, 그때부터 조선의 북쪽에 놓인 만주에서 장기적으로 주둔한다는 조항을 놓고 러시아와 협상에 성공했다. 이런 성공은 강한 인상을 남겼다. 미국과 오스트레일리아, 캐나다에서 '황화(黃禍, 황색 인종이 서양 문명을 압도할 것이라는 백인의 공포심—역주)'가 입에 올랐다. 거꾸로 일본은 공격적으로 막았던 식민주의와 기독교 선교에 대해 '백화'를 만들어낼 수 있었다. 일본은 정치 외부의 감시와 함께 신도 종교와 덴노, 유교적 근본 가치와 같은 본인 고유의 문화적 모습으로 되돌아가야만 했다.

일본에게 제1차 세계대전은 청일전쟁(1894~1895년)이나 러일전쟁(1904~1905년)보다 별 의미가 없었다.

영국과의 협정으로 일본은 독일이 중국에서 주둔하고 있던 지역과 적도 북쪽의 남태평양제도(마리아나, 마셜, 캐롤라인, 팔라우 따위의 여러 군도)를 차지했다. 유럽의 전쟁터를 위해 생긴 군수 사업과 아시아 시장이 일본에 개방되었으므로 전쟁은 호황을 불러일으킨 사업이었다. 1920년대 중반에 일본은 산업화를 이룩한 민주적인 사회가 되었다. 1927년부터 1932년에 불어닥친 경제적 위기의 영향으로 일본은 극단적 국수주의 국가로 끌고 갔다. 이로써 일본은 덴노와 신

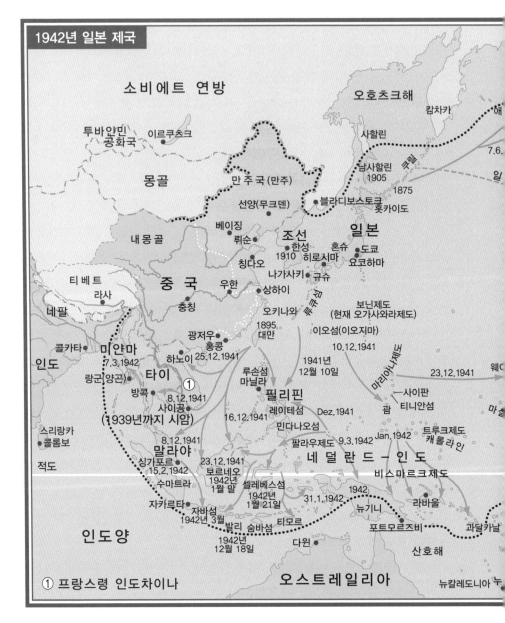

1942년 일본 제국

소비에트 연방

오호츠크해

캄차카

투바인민공화국   이르쿠츠크

몽골

만주국(만주)

선양(무크덴)

사할린

남사할린 1905

블라디보스토크

1875

7.6.

해

일

베이징

뤼순

칭다오

내몽골

조선

한성 1910

일본

혼슈   도쿄

요코하마

히로시마

홋카이도

중국

우한

충칭

상하이

나가사키   규슈

오키나와

보닌제도 (현재 오가사와라제도)

티베트

라사

네팔

1895 대만

이오섬(이오지마)

10.12.1941

콜카타   미얀마 7.3.1942

인도

랑군(양곤)

광저우

홍콩 25.12.1941

하노이

타이 ①

방콕

1941년 12월 10일

마리아나제도

23.12.1941

웨

루손섬 마닐라

필리핀

8.12.1941

사이공

(1939년까지 시암)

레이테섬   Dez.1941

사이판

티니안섬

괌

16.12.1941

민다나오섬

스리랑카

콜롬보

적도

8.12.1941

말라야

싱가포르 15.2.1942

23.12.1941

보르네오

팔라우제도 9.3.1942   Jan.1942

트루크제도

캐롤라인

네덜란드-인도

비스마르크제도

마

수마트라

1942년 1월 말

셀레베스섬 1942년 1월 21일

1942

31.1.1942

라바울

인도양

자카르타

자바섬 1942년 3월

발리   숨바섬

티모르

뉴기니

포트모르즈비

과달카날

1942년 12월 18일

다윈

산호해

① 프랑스령 인도차이나

오스트레일리아

뉴칼레도니아   누

도 종교 안에서 통일되고 이상화되어 모든 것 위에 군림했다.

1930년대 초에 군대는 정치적 통제를 거의 받지 않은 채 주도권을 잡았다. 군대는 조선과 만주에서 일어난 위기 사태를 이용하여 중국 북부 지역에 일본

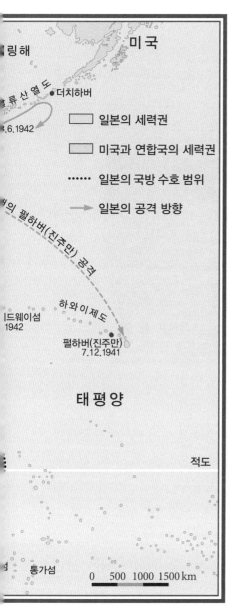

링해   미국

류산열도 •더치하버

□ 일본의 세력권

□ 미국과 연합국의 세력권

6.1942

•••••• 일본의 국방 수호 범위

→ 일본의 공격 방향

의 펄하버(진주만) 공격

                한와이제도
드웨이섬
1942   펄하버(진주만)
                 7.12.1941

태평양

                              적도

통가섬   0 500 1000 1500 km

속국을 세우려는 기회로 잡았다. 하지만 국제적 승인을 얻어내지 못했다. 일본은 제1차 세계대전이 끝난 후에 미래에 국제적 분쟁을 평화적으로 해결하고자 설립된 국제연합에서 탈퇴했다. 1936년에 일본은 국가사회주의 노선을 걷던 독일과 이탈리아와 조약을 맺고 동맹을 이룬다. 이 세 추축국(樞軸國, 제2차 세계대전 당시 일본, 독일, 이탈리아가 맺은 삼국 동맹을 지지하여 미국, 영국, 프랑스 등의 연합과 대립한 여러 나라)은 반공산주의, 각각의 민족의 우월함 그리고 전쟁과 팽창에 대한 욕망을 추구한다는 점에서 의견이 일치되었다. 그런데 독일에서와는 다르게 반공산주의가 일본에서는 큰 의미가 없었다. 그대신 일본에서는 모든 중국인을 멸시하는 '반중국주의'가 활개를 펼쳤고 폭력적으로 자행된 만주사변과 훗날 중국의 다른 지역에서도 행해진 공격으로 가세되고 정당화되었다. 이탈리아나 독일과는 다르게 일본에는 'Duce(두체, 이탈리아어로 총통을 뜻함-역주)'나 'Fuhrer(퓌러, 독일어로 지도자를 뜻함-역주)'가 없었다. 덴노는 배후에 있었고, 앞 무대에서 있는 정치가는 서로 앞다투어 국가사회주의를 추종했다. 1937년에 발발한 중일전쟁에서 일본 군대는 대성공을 거두었다. 1940년에 일본은 유럽의 식민지 군대를 아시아에서 몰아냄으로써 세계 평화를 이룬다는 목표를 공포했다. 즉, 아시아 대륙에 대한 침략을 합리화하기 위해 우선 대동아공영권(大東亞共榮圈)을 내세워야 했다. 이 목표는 1942년에 싱가포르에 있던 영국인과 하와이주 펄하버(Pearl Harbor, 진주만)의 미국인을 공격함으로써 성공했다. 만주부터 거의 북부 오스트레일리아까지, 미얀마에서 마셜제도(Marshall Islands)까지 일본의 거대한 지배 영역이 생겨났다.

하지만 일본 군대는 군사력을 너무 팽창시켰다. 이들은 다른 아시아 민족으로부터 어떤 지지도 기대할 수 없었다. 일본인은 이들을 백인 식민지의 굴레에서 벗어나게 했다고 주장했다. 하지만 풀려난 사람들은 일본의 통치가 숨통을 조일 정도로 괴로우며, 유럽이 지배했을 때와 비교해서 나아진 것이 없다고 느꼈다. 일본은 유럽과 북아메리카, 오스트레일리아, 뉴질랜드 등지의 전쟁 포로를 철도 건설과 다른 큰 프로젝트 현장에 투입해 강제 노동을 시켰다. 여태 유럽 식민지 통치자가 아시아인을 부적절하게 지배했던 것이 이것으로 반대 입장이 되었다. 이제 거꾸로 유럽인이 아시아인에 의해 강제로 노동해야 했다. 하지만 아시아의 포로가 된 입장이 나아진 것도 아니었다. 넓은 동아시아의 번영 권역에 대한 일본의 몽상은 이런 방법으로는 다른 아시아 국가를 설득할 수 없었다. 오늘날까지도 중국과 한국에서는 일본의 점령에 대한 암흑 같은 기간을 생생하게 기억하고 있다.

1942년 3월부터 전운이 변했다. 일본은 펄하버의 재앙에서 회복한 미국을 상대로 계속해서 패했다. 1944년 10월부터 미국 공군은 일본의 도시를 공격하기 시작했고, 도시들은 얼마 지나지 않아 잿더미가 되었다. 1945년 4월에는 류큐제도의 가장 중요한 섬인 오키나와를 차지하기 위해 격심한 전투가 벌어졌다. 미국 육군은 일본을 손에 넣었다. 소련은 중립 포기를 선언하고 공격에 나섰다. 일본은 순식간에 사할린과 쿠릴열도를 잃었다. 홋카이도는 일본 땅으로 남았다.

1945년 8월 6일, 원자폭탄 한 개가 히로시마를 파괴했다. 8월 9일에는 쇼군 시대에 네덜란드인의 공장이 있던 나가사키가 두 번째 원자폭탄으로 잿더미가 되었다. 마침내 8월 14일에 일본은 항복했다. 미국은 그전에 일본에 천왕 제도를 계속 유지해도 된다고 승인했다. 1945년 8월 15일에 천왕은 직접 라디오 방송을 통해 일본인에게 전쟁이 끝났음을 알렸다. 신인 천왕이 말했다. "일본 제국은 끝났다."라고 말이다.

16장:
베를린

뉴커머 도시

1800년경 독일의 수도 베를린(Berlin)은 유럽의 도시 사이에서 위로 빠르게 치고 올라오는 신흥 도시였다. 18세기에 베를린보다 더 빨리 발전한 도시라고는 우리가 다음 장에서 살펴볼 상트페테르부르크(Saint Petersburg)가 전부였다. 하지만 상트페테르부르크는 거대한 러시아 제국의 수도이자 교통이 편한 발트해에 근접해 있었다. 이와는 반대로 베를린은 라인강 근처의 베젤(Wesel)과 프레골랴강(Pregolya River) 근처의 칼리닌그라드(Kaliningrad) 사이에 아무 연관 없는 영토가 모인 브란덴부르크-프로이센(Brandenburg-Preussen)의 중심지였을 뿐이다. 이곳에 풍부한 것이라고는 군인밖에 없었다. 베를린은 브란덴부르크 모래사막 한가운데 위치했다. 힘겨운 여행길을 견디고 베를린에 도착한 여행객들은 제대로 포장된 도로도 없이 울퉁불퉁한 길을 따라 우편 마차를 타고 오려면 머리와 온 관절이 아파진다고 불만을 토로했다. 신성 로마 제국의 황제가 오스트리아 빈에서 부유하고 지위가 높은 귀족을 주변에 두고 도시를 항상 새롭게, 휘황찬란한 궁전과 공원, 교회, 묘비로 단장시켰다면, 베를

린은 프로이센 왕의 창조물이었다. 하지만 베를린에 살던 귀족과 시민은 도시에 영향을 끼치기에는 너무나 힘이 약했다. 도시의 토지는 40%가 왕의 재산이었고, 프로이센의 왕들은 18세기에 가장 중요한 건축주였다. 하지만 거리 전체를 볼만하게 꾸미려면 부유한 빈의 귀족 가문과는 다르게 절약해야만 했다. 18세기 때 여행객들은 다음과 같은 기괴한 경험담을 털어놓았다.

"단순히 처마 박공만이 아니라, 트로피, 수도꼭지, 그리고 얕은 부조와 양각 부조 등 모든 건축 장식물이 제일 비천한 시민들의 집 외관마저 궁전의 수준으로 높여놓았다. 그런데 나는 이제 그 건물에서 본 아기 천사들이 석고에 지나지 않는다는 사실에 더 이상 별로 놀라지도 않는다. 시간이 지나면서 이런 장식은 물론 떨어져 나갈 것이다. 그러면 그렇게 예뻤던 집들도 마찬가지로 추해질 것이다."

다른 여행자는 건물의 외관 뒤에 숨겨진 모습을 보고는 깜짝 놀랐다. 집들은 마치 대리석으로 만든 것처럼 생긴 석고 장식 때문에 처음에는 마치 '징세도급인(프랑스 왕정 시대의 세금 징수인으로 막강한 권력의 소유자—역주)'의 집, 즉 동화에서나 나올 법한 프랑스의 부유한 세금 징수인의 집 같은 인상을 불러일으켰다.

"갑자기 아래층 창문이 하나 열리더니 구두 수선공이 처마 박공 위에서 검은색 구두약을 말리려고 새로 밑창을 댄 장화를 당신 코앞에 들이댄다. 당신은 도대체 이것이 무슨 일일까 생각하기 시작할 것이다. 그러고 있자니 2층의 다른 창문이 열리고 바지 수선공이 새로 물들인 바지 몇 장을 눈앞에서 흔들어댄다. 아직 무슨 일인지 파악하기도 전에 이번에는 3층에서 누군가 식탁보를 머리 위에서 흔들어댄다. 거기서 떨어지는 것이라고는 감자 껍질이 전부였다."

프로이센의 위대한 프리드리히 2세는 예술가와 문학가를 파리에서 궁전으

로 데려오려고 애썼다. 하지만 이 업무를 맡은 중개인은 누군가를 데려오는 일
이 얼마나 고된지 하소연했다. 베를린은 파리지앵의 시점에서 봤을 때 가난하
고 볼품없는 곳이었다. 프로이센이 제시하는 것은 경쟁력이 떨어졌다.

> "프랑스 작가들은 파리를 상당히 편애한다. 이들은 파리에서 누릴 수 있는
> 쾌적함에 너무나 만족하기 때문에 실력이 중간 정도 되는 사람들조차 이곳
> 으로부터 빼내기가 매우 힘들다. 오늘날 프랑스에 사는 사람 모두 문예 애
> 호(dilettantisme, 딜레탕티슴) 병에 걸렸다. 은행가나 대공은 본인의 저택으로
> 학자들을 초대한다는 평을 받고 싶어 한다."

18세기의 상황을 고려하면 파리나 빈, 혹은 상트페테르부르크와 베를린을
비교하는 것은 전혀 공평하지는 않다. 베를린은 1800년경에 급속히 성장한
이후 인구가 17만 명에 이르러 독일 신성 로마 제국 국가에서 두 번째로 큰 도
시가 되었다. 23만 명의 인구가 거주하는 유럽에서 네 번째로 큰 빈 다음이었
다. 참고로 유럽에서 가장 큰 도시는 런던이었는데, 인구가 90만 명으로, 1천
1백 년 전(!) 중국 장안의 인구와 비슷한 수준이다. 이는 영국인 10명 가운데 1
명이 런던에 산 셈이었다. 파리가 그다음으로 큰 도시로, 인구가 55만 명이었
다. 프랑스인 40명 중 한 명이 이곳에 살았다고 할 수 있다. 신성 로마 제국
전체에서 5명 중 한 명만이 도시에 살았다. 도시는 수없이 많았다. 약 2,400
에서 2,500개 정도의 도시가 있었는데 규모나 중요성에서 천차만별이었다.
18세기 말의 신성 로마 제국에는 300개가 넘는 자치 행정 지역과 1,400개에
이르는 제국 기사단이 있었으므로 많은 도시가 자체적으로 정부와 행정 건물
및 소규모의 군대를 갖춘 중심지였다. 바덴의 하르머스바흐(Harmersbach) 옆에
있는 독일 제국 직속 도시 첼(Zell)이 이에 속했다. 제국 수도원이 소재한 라인
란트의 도시 에센(Essen) 옆의 베르덴(Werden), 주교가 머물던 베스트팔렌
(Westfalen)의 뮌스터(Munster), 그리고 말할 나위 없이 베를린과 빈도 자치 행정
을 행했다. 18세기에 국가들은 더욱 강력해졌고, 통치자는 지배 영역을 넓히

고 자신의 권력을 궁전과 정원을 통해 과시했다. 따라서 특히 드레스덴 (Dresden)과 뮌헨, 브라운슈바이크(Braunschweig), 그리고 바로 베를린과 같이 좀 더 큰 독일 국가들의 주거지와 행정 중심지가 성장했다. 마인강(Main R.) 옆의 프랑크푸르트나 라이프치히, 함부르크와 같은 몇몇 상업과 자영업 도시만이 큰 국가들과 나란히 발맞춰 발전할 수 있었다.

프로이센, 합스부르크와 1848년의 혁명

독일 민족의 신성 로마 제국은 중세 후반부터 법과 평화의 공간으로서, 이 상적인 경우 군주의 횡포로부터 신하를, 막강한 권력의 소유자로부터 작은 영역을, 황제의 권력에서 각각의 국가를 지킬 수 있었다. 신성 로마 제국은 오스만족의 군대를 여러 차례 성공적으로 막아냈다. 1683년 빈이 거대한 오스만 군대의 마지막 공격을 잘 넘긴 후부터 기독교 군사들은 황제의 통솔 아래 헝가리 땅을 되찾았다. 이로써 루터와 콜럼버스 시대 때부터 꾸준히 총선거를 통해 황제로 뽑힌 오스트리아 왕실의 합스부르크가 왕가(Habsburg Haus)는 권력이 막강해졌다. 그런데 새로 차지하게 된 영역은 독일 민족의 신성 로마 제국에 속하지 않았다. 합스부르크 왕가는 제국에서 약간 벗어나 남동 유럽으로 진출했다. 다른 영주들 또한 제국의 국경을 넘었다. 작센의 베틴(Wettin) 왕가는 폴란드의 왕이 되고, 하노버의 벨프가(Welf family)는 영국의 왕이 되었다. 베를린의 호엔촐레른가(Hohenzollern)는 제국 연맹에 속하지도 않는 프로이센까지 지배했고, 1701년에 이곳의 영토를 다스리는 왕의 칭호까지 받았다.

이로써 권력자들은 신성 로마 제국의 법과 평화가 보장되는 지역을 벗어나서 제국과 특히 세력이 약한 제국의 동맹국을 위험에 빠뜨렸다. 베를린과 프로이센의 급속한 성장은 전체적으로 이런 진행 과정의 결정적인 부분이었다. 브란덴부르크-프로이센을 지배하던 프리드리히 3세는 1701년에 국왕이 되었고, 이때부터 자신을 프리드리히 1세라고 칭했다. 그의 아들이자 후계자인 프

리드리히 빌헬름 1세는 프로이센 국가를 행정적으로 통일하고 재정과 군대를 새로 정비하기 시작했다. 프리드리히 빌헬름 1세의 자식이자 후계자인 프리드리히 2세는 제국의 법과 평화의 영역이 너무 비좁다고 느꼈다. 그는 프로이센을 유럽 국가의 첫 번째 서열에 올려놓기 위해 아버지 프리드리히 1세의 군대와 국고 재산을 사용했다. 프로이센은 세 차례에 걸친 전쟁에서 합스부르크가의 부유한 슐레지엔(Schlesien) 지역을 확보했다. 이것은 분명한 위법 행위로, 제국 내 다른 많은 작은 지방에 좋지 않은 인상을 남겼다. 합스부르크 왕가가 권력자들의 야망과 권력을 향한 굶주림으로부터 더 이상 안전하지 않다면 어떻게 하르머스바흐(Harmersbach)의 첼(Zell)이나 베르덴(Werden) 수도원, 뮌스터(Munster)의 주교구를 권력의 손아귀에서 보호할 수 있단 말인가? 몇십 년이 지난 후에 프로이센과 합스부르크 왕조, 러시아는 유서 깊은 폴란드 왕국을 자기네끼리 갈라서 점령했다. 열강들이 탁상에 모여 앉아 자기네끼리 문제를 해결했기 때문에 폴란드는 지도에서 그대로 사라져버렸다. 강대국이 작은 나라들에 조언을 구하는 일은 일어나지 않았다.

군사적으로만 아니라, 경제적·정치적·문화적으로도 프로이센의 왕 프리드리히 2세는 합스부르크가에 필적해서 유럽의 첫 번째 서열에 오르는 데 매진했다. 그 당시에 나온 베를린 여행기와 파리 출신의 중개인 편지에는 아직 많은 것이 덜 완성되었다는 느낌이 묻어나왔다. 하지만 이는 프로이센이 성공으로 향하는 과정에서 보인 하나의 현상이었다. 아직 존재감이 적어서 거리낌 없이 현대적이며 단호하게 목표를 향해 달렸다. 슐레지엔에서 벌어진 세 차례 전쟁 중 마지막이자 가장 중요했던 전투는 바로 7년 전쟁(1756~1763년)이었다. 이 전투에서 프리드리히 2세는—세계 역사 면에서 관찰했을 때— 유럽 대륙에서 영국의 일을 걱정했다. 프로이센의 국왕은 그 당시에 14장 '아메리카!' 편에서 살펴봤듯이, '프렌치-인디언 전쟁'을 이끌고 있던 대영제국에서 받은 구호금에만 의지한 채 러시아를 비롯한 황제, 제국 및 프랑스의 군대에 맞서 싸웠다. 프리드리히 2세는 마지막에 명예로운 무승부를 내는 것을 목표로 했다. 이 전쟁 하나만으로 유럽에서 50만 명이나 되는 사망자가 발생했다. 프로이센의

1789년 신성 로마 제국

덴마크왕국

북해

헬골란트

네덜란드연합공화국

흐로닝언

암스테르담
헤이그
위트레흐트
아른험

오스텐트
브루게
겐트
안트베르펜
예페르
브뤼셀
릴
오스트리아령
네덜란드
리에주
주교령
나뮈르

아라스

콩피에뉴
수아송
랭스
살롱
트루아
랑그르
디종
브장송

프랑크 왕국

쿡스하펜
오스트
프리슬란트
제후국 올덴부르크
공국
올덴부르크
브레멘

하노버 선제후국
오스나브뤼크
하노버

벤트하임
뮌스터
뮌스터 주교령
데트몰트

클레베
클레베
공국
베르덴
도르트문트
파더본

뒤셀도르프
뒤셀도르프
마르크 베스트팔렌
백국 공국
리에주
주교령
율리히
공국
베르덴
콜른
아헨

본
나사우
제후국

트리어
선제후국

프랑크푸르트

룩셈부르크
트리어

베르됭
메스
툴 낭시

카를스루에
슈투트가르트
뷔르템 베르크
공국

스트라스부르

콜마르
뮐하우젠
프라이부르크

바젤

로잔
제네바호
제네바

마르티니

라고
마조레

마인츠
선제후국
다름슈타트

보름스
팔츠 선제후국
슈파이어

엘방엔

뉘르틀링겐

울름
도나우강

로트바일

로론

스위스

베른

취리히

보덴호

쿠어

티롤 백국

홀슈타인
뤼베크
슈베린
함부르크
메클렌부르크
슈타데
에버

킬

하노버
알러강

브라운슈바이크 마그
할버슈타트
크베들린부르크
괴팅겐

카셀
헤센-카셀 방백국

에르푸르트
아이제나흐
풀다

작센 공국

뷔르츠부르크 코부르
주교령
밤베르크
주교령
뷔르츠부르크
밤베르크
마인

뉘른
안스바흐
후작령
레겐스
뇌르틀링겐 아이히슈

아우크스

뮌헨

인스

트리엔트
주교령

트리엔트

베

멤밍엔

마인츠

덴마크왕국

합스부르크령
브란덴부르크-프로이센
(프로이센 왕국 포함)
바이에른
(베르크와 율리히 선제후국)
작센
하노버
교회령
독일 제국 직속 도시, 차유시
제국 국경

사르데냐 왕국

밀라노
공국
밀라노
가르다호

베
공

발트해

류겐
슈트랄준트
메른

코워브제크

뷔토브
(1793년까지 폴란드령)
단치히(그단스크)
동프로이센
엘빙
바르미아

린
노이슈트렐리츠

슈테틴

스타르가르트

서프로이센
(1772년까지 폴란드령)
마리엔베르데르

오데르강

비드고슈치
노테치강(네체강)
토룬
(1793년까지 폴란드령)
부크

덴부르크 선제후국

그니에즈노

프워츠크

■베를린

프랑크푸르트

스비보드진

포즈난

바르샤바

베르크

코트부스

칼리쉬

폴란드

토어가우
센 선제후국

그워구프

피오트르쿠프

바이크셀강

이센

괴를리츠

슐레지엔

브로츠와프

바르타강
첸스트호바

키엘체

드레스덴

리토메르지체

엘베강

시비드니차

오데르강

나이세강 나이세강
크워츠코 코즐

비톰

크라쿠프

바이크셀강

오레강

쾨니히그레츠

오스트리아령
슐레지엔
트로파우

갈리치아
(1772년까지 폴란드령)

프라하

보헤미아 공국

테셴

스로다 슬라스카

플젠

올로모우츠

레보차
노이도르프

몰타바강(볼다우강)

모라비아
브르노

바흐
트렌친

크렘니차

부데요비체

반스카슈티아브니차

파사우
주교령
파사우

오스트리아

마치

에스테르곰

에게르(에를라우)

른국

린츠

빈■

브라티슬라바

오프 데어 엔스
운터 데어 엔스

노이지들러호
라브

도나우강
에스테르곰

오펜 페스트

잘츠부르크

크 대공국

슈타이어마르크 공국

그라츠

솜버트헤이

헝가리

벌러톤호

노이마르크트

케르텐 공국
클라겐푸르트

마르부르크

무어강

페치

드라우강

사브강
고리치아라이바흐(류블랴나)
크란스카

자그레브

티서강(티스강)

네

이아

트리에스테

리아해

오시예크

페트로바라딘

0   50   100 km

승리 뒤에 숨어있는 단면이었다.

프로이센은 13장 '카프 프랑세' 편에서 살펴본 대서양 혁명으로부터 힘이 강해져서 떠올랐다. 어째서일까? 신성 로마 제국은 나폴레옹을 이기지 못하고 몰락했다. 제국 중 소제국들은 당연한 결과로서 대제국에 잡아먹혔다. 제국 기사단과 제국의 도시, 제국 수도원은 더 큰 제국의 일부가 되었다. 하르머스바흐 근처의 첼은 바덴이 되었다. 에센 옆의 베르덴과 베스트팔렌의 뮌스터는 프로이센이 되었다. 불안정한 프랑스를 북쪽에서부터 통제하려는 생각에 프로이센이 베스트팔렌과 라인란트 전체를 넘겨받았기 때문이다.

신성 로마 제국의 후계자인 독일 연방이 1815년에 출범했다. 합스부르크가의 오스트리아가 주도권을 쥐고 있었지만, 프로이센의 중요도도 거의 비슷하게 자리 잡았다. 강력한 이 두 국가 외에 바이에른, 작센, 하노버, 뷔르템베르크, 바덴, 헤센-다름슈타트, 그리고 쿠어헤센과 같은 중간 규모의 7개 국가도 연방에 속했다. 이 밖에도 운과 솜씨로 혁명 시대의 혼란에서 빠져나온 30개 정도의 작은 국가도 있었다. 튀링겐에 있는 슈바르츠부르크-루돌슈타트(Schwarzburg-Rudolstadt)와 슈바르츠부르크-존더스하우젠(Schwarzburg-Sondershausen)이 이에 속했다. 오늘날의 작센안할트(Sachsen-Anhalt) 지역인 안할트-쾨텐(Anhalt-Kothen), 안할트-데사우(Anhalt-Dessau), 그리고 안할트-베른부르크(Anhalt-Bernburg)와 같은 지역이다. 하지만 브레멘과 프랑크푸르트, 함부르크, 뤼베크와 같은 자유로운 제국 도시도 있었다. 독일 연방 국가들은 주권을 가졌다. 프로이센과 오스트리아는 계속해서 제국에 속하지 않는 커다란 영토를 다스렸다. 반대로 영국과 덴마크, 네덜란드 왕은 독일 연방의 구성원이었다. 이곳의 왕들이 하노버와 홀슈타인, 라우엔부르크 및 룩셈부르크와 림부르크(림부르크안데어란, Limburg an der Lahn)를 지배했기 때문이다.

독일 연방의 눈앞에 큰 도전이 기다리고 있었다. 대서양 혁명은 국가와 민주주의, 그리고 사회적 문제를 의제로 삼았는데, 이 세 문제는 서로 모두 연관되었다. 나폴레옹의 전쟁에서 '민족'이라는 이념은 민중을 동원하는 데 엄청나게 성공적인 도구이자 훌륭한 선전 무기로서 쓸 수 있다는 사실이 증명되었다.

하지만 민족이란 무엇일까? 예로, 독일 민족이나 프랑스 민족뿐만이 아니라, 오스트리아 민족, 프로이센 민족, 바덴 민족 아니면 바이에른 민족이라고도 칭할 수 있다. 합스부르크가 오스만족이나 폴란드에서 빼앗은 지역에서 크로아티아와 헝가리, 체코, 폴란드 국수주의가 고개를 내밀었다. 분명히 사람들은 자신을 하르머스바흐 근처의 첼 주민이라고 느끼는 동시에 바덴 지방, 그리고 더 나아가 독일의 일원으로서 정체성을 갖는 데 아무런 문제가 없었을 것이다. 하지만 자신이 어느 민족이라고 말하는 순간 바로 효과가 나타났다. 민족의 소속을 지정함으로써 외부적으로 경계가 생기고 또 다른 민족을 평가 절하하는 사태가 종종 발생했다. 이로 인해 분쟁이 발발했을 수도 있다. 어느 민족에 속하는지 고백하는 일은 내부적으로는 사람들을 평등하게 하는 효과를 냈다. 사람은 사람으로서 민족에 속했기 때문이다. 이들은 선거를 통해 정치적으로 대표자를 요구할 수도, 통치자의 적법성을 물을 수도 있었다. 이들은 또한, 얼마나 많은 사회적 불평등이 민족의 공동체 의식에 존재하는지도 물을 수 있었다. 모든 사람이 똑같이 첼 지역이나 바덴 지방, 더 나아가 독일 사람이었다.

민주주의에 관한 질문은 점점 단호해져 갔다. 한편으로는 학생과 지식층이, 다른 한편에서는 인지도가 높은 상인과 영향력이 큰 기업가가 이제는 한물 건너간 듯한 귀족과 군인의 특권에 반대해서 점점 더 큰 목소리를 냈기 때문이다. 혁명과 개혁이 독일의 많은 국가에서 경제자유주의를 강화했기 때문에 사회적 질문은 점점 쇄도했다. 토지는 상품이 되었다. 집단적으로 이용되었던 경작지는 사유지로 변했다. 많은 도시에서는 거래가 자유로워졌다. 이를 통해서 자유 시장이 형성되었지만, 힘없는 많은 사람들이 공동으로 이룬 마을과 수공업 작업장 혹은 대가족 안에서 누렸던 사회적 안정감을 빼앗겼다. 1850년 이후 도시가 급속도로 성장하기 시작하고 농업이 쇠퇴하기 전인 18세기 중반부터 인구는 우선 도시와 농촌에서 균일하게 증가했다. 시골에서는 부업을 하는 사람이 많았다. 그래서 집집마다 베틀과 물레, 장난감을 만들 연장이 있었다. 하지만 이런 작업 라인은 1830년대부터 달궈지기 시작한 산업화의 경쟁력을 실감하기 시작했다. 결과적으로 농촌 사회는 비참해지기 시작했다. 결국,

1844년에 슐레지엔에서는 직조공들이 봉기를 일으켰다. 너무나 고된 노동과 아내는 물론 아이들까지 나서서 일해도 먹을 것이 충분하지 않은 상황을 더 이상 참지 못했기 때문이다.

　최초의 혁명이 일어난 지 60년 뒤인 1848년 2월에 파리에서는 세 번째 혁명이 일어났다. 그런데 이번 혁명은 1789년이나 1830년과는 다르게 바로 독일까지 번졌다. 굳이 특징을 표현하자면 어설픈 방법으로 말이다. 독일에서의 혁명은 도시와 시골에 사는 하층 계급 사람들의 사회적 혁명이었다. 이들은 정의의 보장과 궁핍의 해결, 법 앞의 평등을 요구했다. 이것은 시민 혁명이었다. 시민들은 정치적 사안에 관해 발언권을 얻고자 했고, 전제적으로는 독일 민족을 위해 내각제가 바탕이 되는 국가를 원했다. 혁명은 지방에서 일어난 여러 혁명의 집합체였다. 바덴과 프랑크푸르트, 슈바르츠부르크–루돌슈타트, 빈과 베를린은 제각각 다른 혁명의 역사를 지녔다.

　베를린과 빈에서 일어난 혁명은 다른 곳보다 특히 더 폭력적인 성향을 띠었다. 이곳에서는 혁명적 전투가 반복해서 일어났지만, 빈은 물론 베를린에서 일어난 혁명은 결과적으로 봤을 때 실패였다. 합스부르크 왕국과 프로이센은 독일 연방에서 유일하게 헌법이 없는 국가였다. 따라서 혁명적인 움직임이 일어나는 경향이 훨씬 강했기 때문에 그러한 운동의 주의를 다른 쪽으로 돌리기도 더 어려웠다. 베를린과 빈, 두 도시에는 불안정한 하층 시민 계급이 넓게 퍼져있었다. 베를린과 빈의 정부는 큰 위험에 직면했다. 시민 혁명가들이 공들여 세운 독일 민족국가에 맞서 어떤 방법으로 독일 연방의 주도권을 내세울 것인지가 너무나 불분명했다. 게다가 합스부르크 왕가는 북이탈리아와 헝가리에서 뒤이어 일어난 민족적 혁명 운동 때문에 어려움이 더 컸다. 만약 이탈리아와 헝가리, 독일인이 원하던 바를 수용했다면 제국이 몰락했을까? 혁명적 국회인 독일 국민의회는 프랑크푸르트 암 마인(Frankfurt am Main)에서 회의를 개최했다. 그때까지 이곳에서 독일 연방의 대표 회의가 열렸기에 국민의회는 이 자리에 의회와 정부를 앉히고 싶어 했다. 하지만 빈과 베를린이 혁명 정부에 손쉽게 길을 터주었을까?

1848년의 혁명은 완전히 실패로 돌아갔다. 그 당시에 독일 민족국가는 세워지지 않았고, 이탈리아와 헝가리의 상황도 마찬가지였다.

프랑스에서는 1848년 여름, 파리에서 일어난 사회적 혁명이 처참하게 실패로 끝났다. 수천 명이 죽음으로 대가를 치렀다. 정치적 혁명은 3년 안에 1796년과 1815년 사이에 유럽을 숨죽이게 했던 위대한 나폴레옹의 조카 중 한 명이 나폴레옹 3세의 황제직에 오르는 것으로 이어졌다. 프로이센과 오스트리아, 그리고 독일의 중소 도시에서는 혁명이 절정에 올랐을 때 떠났던 왕가 중 일부가 수도와 성으로 다시 돌아왔다. 혁명적 독일 국민의회는 1849년 봄에 다시 세력이 강해진 개별 국가의 정부 압력으로 해산되었고, 그 후 프랑크푸르트에서는 다시 독일 연방의 대표 회의가 열렸다.

비스마르크와 독일 제국

하지만 혁명이 아무런 결과도 남기지 않은 것은 아니었다. 혁명 기간에 잠깐 꽃을 피웠던 단체와 결사체의 신문과 잡지, 전단, 팸플릿 등으로 서유럽과 중부 유럽의 많은 사람이 정치적으로 민감해졌다. 보수주의자와 자유주의자, 그리고 민주주의자로 나뉜 파벌은 훗날의 당을 위한 초석이 되었다. 이들 가운데에서 훗날 사회주의자가 생겨났다. 종교적·사회적 기관(가톨릭 신자, 개신교 신자, 영농가 등)이 정치적 견해를 표명하려 했다. 19세기 말에 유럽의 많은 나라에는 종교, 농업 혹은 노동자의 입장을 대표하는 정당들이 있었다. 민족적 문제가 회의 주제로 올라왔다. 특히, 독일이 주도적 역할을 담당했던 중부 유럽에서는 민족적 문제의 의미를 간과할 수 없었다. 하지만 이 문제를 어떻게 해결해야 할지는 전혀 몰랐다. 독일 연방을 부활시킨다는 안건은 누구도 확신시키지 못했다. 하지만 어떤 대안이 있었을까? 프로이센에서부터 슈바르츠부르크-루돌슈타트에 이르는 지역의 왕과 영주, 군주를 배제한 민주적 제국이 대안이 되었을까? 확고하게 자리 잡은 폭력과 군대의 폭력에 맞선 새로운 사회적 민중 혁명으로만이 민주적 제국을 세울 수 있었을 것이다. 하지만 이렇게 했다면 많은 피를 보게 될 테고, 분명히 서민과 농부들은 그 결과를 견디지 못했을 것이다. 이 밖에도 이런 혁명의 여파가 얼마나 먼 곳까지 도달할 수 있었을까? 독일 민족주의 운동가 겸 시인인 에른스트 아른트(Ernst Moritz Arndt, 1769~1860)는 조국 독일을 '독일어가 들리는 저 먼 곳까지'로 보았지만, 그 범위는 불분명했다. 서유럽과 중부 유럽의 다른 지역에서는 여러 언어를 썼다. 독일 마을이 헝가리, 크로아티아, 이탈리아 혹은 러시아 마을과 접해 있었고, 많은 사람이 여러 언어를 구사할 줄 알았으며, 무엇보다도 어떤 특정한 한 민족에 속한다는 것이 무슨 의미인지 몰랐기 때문이다. 모두가 독일인으로 전향해야만 했을까?

1866년부터 1871년에 찾은 해결책은 무력으로 강요된 독일 민족의 분단이었다. 프로이센은 독일 민족 신성 로마 제국의 후계를 자처하는 '독일 제국'을 이루었다. 하지만 메트로폴리스인 빈을 가진 합스부르크가 혈통을 이은 통치자의 후손은 새로운 독일 제국이라는 국가에 합류하지 않았다. 합스부르크 왕조는 1866년에 프로이센과의 전쟁에서 패한 후 독일 제국에서 추방된다. 합스부르크 왕정의 독일인은 자신의 제국에서 소수민이 된 셈이었다. 이들은 상황을 통제하기 위해, 1848년과 1849년에 민족주의적 혁명을 일으켜 자신들과 훨씬 격하게 싸웠던 헝가리와 협력하기로 합의했다. 이렇게 해서 오스트리아-헝가리가 태어났다. 이 두 주요 국가는 다음 수십 년 동안 제국의 민중이 독일 및 헝가리 지도자의 주장을 받아들이도록 만드는 데 심혈을 기울였다. 특별히 이런 시도가 성공을 거두지는 못했지만 어쨌든 두 개의 왕정은 조용했다. 1848년부터 1916년까지 명성이 자자할 만큼 오랫동안 재위에 올랐던 프란츠 요제프(Franz Joseph, 1830~1916) 1세 황제와 오스트리아-헝가리의 연합 군대는 매우 다양한 형태의 국가 제도 안에서 통일의 상징이 되었다. 국수주의가 점점 더 팽배해지던 시대에 많은 '민족' 사이에서 균형을 잡는 일은 매우 어려웠다. 게다가 많은 사람이 여러 나라의 언어를 할 줄 알고, 자기를 어떤 '민족'으로 분류해야 할지 모르기까지 했다. 그 밖에도 합스부르크 제국의 많은 민족적 집

단이 제국의 밖(독일인은 독일에, 폴란드인은 러시아와 독일에, 이탈리아인은 이탈리아에 등)에 거주하기도 했다.

놀랍게도 합스부르크 왕조는 1914년까지 존속했고, 그다음에 4년간에 걸쳐 일어난 제1차 세계대전에서도 전략적으로 어느 정도 잘 싸워 넘겼다. 그러다가 1918년에 이르러 결국 힘을 소진하여 분열되었다. 폴란드, 헝가리, 루마니아와 같은 몇몇 국가는 민족국가를 세웠다. 또 새로운 민족 공동체가 생겨나기도 했다. 체코슬로바키아는 체코인과 슬로바키아인을 합치고, 유고슬라비아는 세르비아와 크로아티아, 슬로베니아인의 국가가 되었다. 다른 인종과 공동체는 민족으로서 인정받지 못했다. 각 민족은 새로운 지도자를 따라야 했다. 많은 사람이 여러 언어를 쓸 수 있으면서도 자신이 크로아티아인인지, 세르비아인, 헝가리인, 우크라이나인 혹은 폴란드인이 되고 싶은지를 최종적으로 결정해야만 했다. 합스부르크 제국에 있던 독일인은 승전국에 미래에 (다시) 독일 제국의 일원이 되게 해달라고 요청했다. 다민족 국가가 붕괴된 후에는 이것이 가장 이성적인 해법인 것처럼 보였다. 하지만 승전국은 독일 제국이 강해지는 것을 원하지 않았기 때문에 이런 요청을 거부했다. 이렇게 해서 오스트리아가 탄생했다.

저 멀리 북쪽에서는 1866년 이후에 우선 북독일 연방이 구성되었다가, 그다음에 프랑스와 프로이센 전쟁의 민족주의 격화 속에서 독일 제국이 생겨났다. 독일 제국의 수도는 이전의 황제 도시나 지배자 도시도 아니고, 프랑크푸르트, 레겐스부르크 혹은 아헨도 아닌, 독일 북동쪽의 모래가 가득한 보잘것없는 뉴커머(new comer) 도시 베를린이었다. 프로이센의 왕 빌헬름 1세가 1871년에 독일의 첫 번째 황제가 되었다. 그의 주변에는 전통 있는 서남 독일의 귀족 가문 사람이 아닌 프로이센 군사 귀족의 일원이 모여들었다.

새로운 제국에서 정치적 주도권을 쥔 인물은 오토 폰 비스마르크(Otto Eduard Leopold von Bismarck, 1815~1898)였다. 진보적 성향의 한 신문은 비스마르크를 '신의 은총이 담긴 가장 날카로운 마지막 화살'이라고 묘사했다. 그의 책략은 모두를 혼란스럽게 했다. 비스마르크는 진보적인 프로이센 의회에 맞서 싸우는 동시에 정치적 · 군사적으로 국가 대사에 관여하였다. 진보주의자와 보수주의자가 느끼기에 놀랍고도 혼란스러운 조합이었다. 독일-덴마크 전쟁(1864년)과 프로이센-독일 전쟁(1866년)에서 승리를 거둔 후에 점점 더 많은 진보주의자가 제국 건립 프로젝트를 위해 비스마르크와 함께 일하기로 했다. 진보적 형식은 나중에 신경 쓰기로 했다. 동시에 전통을 고집하는 보수주의자들은 자신들을 혁명가처럼 대하던 비스마르크에게서 등을 돌렸다. 그래서 1871년의 독일 황제 제국은 애매하게 이상한 중간 단계에 놓였다. 유럽에서 가장 진보적인 선거권(남성에게 보통 선거권을 줌)을 가졌지만, 의회는 정부를 결정할 수 없었다. 총리는 의회가 아니라 단지 황제로서의 책임만 졌다. 헌법은 이제 채우기만 하면 되는 간결한 틀에 지나지 않았다. 국수 진보주의자들은 열의를 다해 일하고, 통일된 진보적 경제 헌법을 만들고, 나라를 더욱 법치국가로 만들기 위해 지방에 자치 행정권을 부여하는 데 더 많은 신경을 썼다. 국수 진보주의자들은 비스마르크와 함께 가톨릭교회가 제국에 순종해야 한다는 문화 전쟁을 벌였다.

독일 국가의 통일은 유럽 대륙에 매우 중요한 전환점을 의미했다. 물론 이탈리아의 국가들은 1859년에서 1871년 사이에 민족국가가 되었다. 이후 몇 년 동안 이런 민족 사상은 국가를 새롭게 만들려는 발칸과 러시아, 오스트리아-헝가리와 같은 큰 제국을 어려움에 빠트렸다. 이런 분위기에서 독일인도 민족국가를 원했다는 것은 놀라운 일도 아니었다. 하지만 결과를 놓고 봤을 때 독일은 17세기부터 유럽 중부의 수동적인 지역성에서 벗어나 다시 잠재적으로 공격적인 권력의 중심이 되었다. 승승장구하는 군대와 자존심이 강한 황제를 둔 경제적 · 군사적 · 정치적 권력 기구로서 말이다. 프랑스는 1870년과 1871년의 전쟁에서 독일에 굴복했고, 알자스로렌(Alsace-Lorraine)은 독일 영토가 되었다. 이를 놓고 영국은 더 이상 독일의 무력시위를 참지 않겠다는 태도를 분명히 밝혔다.

비스마르크는 이 일로 1870년 중반에 외교적 정책 노선을 팽창에서 인내로 바꾸었다. 전쟁과 폭력을 상징하던 황제는 이제 자신의 이익을 우선하지 않고

유럽 대륙의 평화를 지키고 싶어 하는 유럽의 진실한 중개자로 보이기를 원했다. 이를 위해 비스마르크는 15장 '홋카이도' 편 말미에서 살펴보았던 제국주의 시대에서 세계를 분할하는 데 독일이 참여하는 것을 단념했다. 그 결과 독일의 식민지는 매우 적었다. 아프리카 서부 지역의 토고와 카메룬, 남서부의 나미비아, 그리고 동부에 자리한 오늘날의 탄자니아가 독일의 식민지였다. 여기에 남태평양의 섬과 섬의 일부에도 독일 식민지였던 곳이 있었다. 독일과 적이 된 이웃 나라 프랑스가 아프리카에서 차지한 거대한 영토나 영국의 식민지와 비교해 봤을 때, 여기저기 조금씩 있는 전혀 중요하지 않은 독일 식민지는 언급할 필요도 없을 정도다. 국내 정치적으로 비스마르크는 진보주의에 이별을 통보했다. 경제와 농업이 매우 힘든 위기에 빠진 듯한 인상을 받아서였다. 진보주의자와 연대해서 벌인 문화 전쟁이 계속해서 패하는 데도 원인이 있었다. 비스마르크는 황제의 신의에 의지하면서 보수주의자들, 가톨릭 중심지, 그리고 친정부 성향의 진보주의자 사이에서 새로운 연합군을 발견했다. 그는 이제 가톨릭과 벌였던 전쟁 대신 사회민주주의를 상대로 싸워야 했다. 진보당은 비스마르크의 압력에 못 이겨 해체되었다. 그러한 점에서 제국 건설이라는 진보적 프로젝트는 완성되지 못했다. 하지만 그 결과는 세기말에 엄청난 것으로 나타났다.

근대의 실험실

18세기의 뉴커머 베를린은 런던이나 뉴욕과 비슷하게 1900년경에 근대 시대를 구현했다. 베를린은 밝고, 빠르고, 시끄럽고, 지저분하고 그리고 도시 전체가 공사장이었다. 1892년에 미국의 소설가 마크 트웨인(Mark Twain, 1835~1910)은 베를린을 "새로운 도시, 내가 본 도시 중 가장 새로운 곳이다⋯. 도시 대부분이 마치 지난주에 지어진 듯한 인상을 풍긴다."라고 묘사했다.

베를린의 인구는 1871년과 1905년 사이에 두 배 이상 증가해서 그 당시 거

의 2백만 명에 달했다. 샤를로텐부르크(Charlottenburg)와 리히텐베르크(Richtenberg), 베를린 남부 노이쾰른(Neukolln) 지역의 자그마한 도시인 릭스도르프(Rixdorf), 쇠네베르크(Schoneberg), 빌머스도르프(Wilmersdorf)와 같은 도시 변두리는 빠른 속도로 성장하여 주민 수 10만 명이 넘는 대도시로 변했다. 1920년에 이르러 자체적으로 중심 도시가 있던 이런 외곽 도시가 대베를린(Groß-Berlin)과 합쳐지면서 베를린 인구는 390만 명이 되었다.

　　베를린은 제국의 수도뿐만이 아니라, 황제의 궁전과 정부, 행정을 갖춘 프로이센의 가장 큰 연방 국가였다. 1900년경 산업 근대화 시기 제조업체였던 AEG와 지멘스(Siemens AG)도 이곳에 터전을 마련했다. 전기와 전차는 교통의 혁명을 불러왔고, 전깃불은 도시의 밤을 낮으로 만들었으며, 전기 덕에 엔진은 증기기관은 더는 필요하지 않게 되었다. 전기는 화학과 기계 제작 외에 산업혁명의 세 번째 물결의 선도 부문이었다. 10만 명(1907년)이 넘은 노동자가 일하던 독일의 기계 제작 회사 보르지히(Borsig)도 베를린에 있었다. 1800년에 이미 베를린은 전통이 없는 근대를 상징했다. 하지만 이런 활력은 더 이상 지배자를 통해 나온 것이 아니었다. 1900년경에 빌헬름 2세는 아직 젊고 활동력이 왕성했으며, 기술과 자동차, 유니폼에 심취했었다. 하지만 제대로 된 목표를 정하지 못할 때가 종종 있었다. 황제에게 수도의 불안정감이 반영되긴 했어도 그가 이를 초래한 것은 아니었다. 정반대였다. 경제와 사회의 활력은 정치와 통치, 문화를 압박했다. 그렇다고 이런 상황이 수도에서만 그런 것이 아니었다. 베를린에서 이런 상황이 특별히 일어난 것은 맞지만, 그렇다고 유일한 곳은 아니었다.

　　독일은 전체적으로 1800년대 중반부터, 그리고 1890년도 초부터 빠른 속도로 농업국가에서 산업국가로 발을 들여놓았다. 산업 생산량은 1870년과 1913년 사이에 6배로 뛰었다. 1913년에 여전히 농업 분야 종사자는 전체 노동자 가운데 3분의 1에 지나지 않았다. 반대로 산업과 건설, 수공업 분야 종사자는 37.8퍼센트나 되었다. 산업과 함께 도시도 성장했다. 1871년에 독일에는 인구 10만 명이 넘는 도시가 여덟 군데가 있었고, 1920년에는 48군데가 되었

다. 초기 독일 제국은 산업 지역이 뜸하게 있던 농업국가였다. 하지만 그 당시에 동쪽의 프로이센과 농업이 지배적이던 바이에른과 아이펠(Eifel), 훈스뤼크(Hunsruck)는 시대에 뒤떨어진 곳 취급을 받았고, 농촌은 경제 성장과 도시 지식층의 발달에 의존하게 되리라는 위협을 받았다. 농촌 지역의 인구도 감소했다. 산업 현장의 노동력 부족과 새로운 도시가 주는 매력으로 북아메리카로 건너가는 독일인의 이주 물결도 잠잠해졌다. 오히려 독일 제국이 스스로 이민자의 나라가 되었다. 갈리치아와 러시아 제국의 서쪽으로부터 폴란드인이 밭에서 계절직 일꾼이나 루르(Ruhr) 지역에서 광부로 일하기 위해 독일로 몰려왔다. 이탈리아인은 남부 독일과 남서부 독일에서 일자리를 찾았다.

물론 도시가 천국은 아니었다. 비좁은 집이 많았다. 베를린 서북부 지역인 베딩(Wedding)에는 단칸방 집이 절반이 넘었다. 1910년의 베를린에는 지하방이 2만 개나 있었다. 노동 시간은 길고, 노동 조건은 건강에 해로웠다. 질병과 사고에 대한 안전 지침은 1880년대가 돼서야 사회보장법과 함께 비로소 단계적으로 생겼다. 하지만 이주민 대부분에게 도시에서의 삶은 어쨌든 시골 오두막이나 마구간 위에 얹혀 있는 좁은 방보다 훨씬 좋았다. 이 밖에도 1890년대부터 노동자의 노동 조건이 눈에 띄게 좋아졌다. 산업 기업에 속하거나 이곳에서 새롭게 책임자로 고용된 사람들은 물론 더욱더 많은 복지 혜택을 받았다. 그러나 빈부의 격차는 오히려 더 커졌다.

14장 '아메리카!' 편에서 보았듯이, 산업화가 독일에서만 진행된 것은 아니었다. 하지만 독일의 산업화는 늦게 시작되었으나, 빠르게 진행되었다는 점에서 특별했다. 독일은 영국이 했던 '근대의 실험실'이라는 역할을 넘겨받았다. 말 그대로였다. 새로운 산업 요소인 화학, 전기, 기계 제작은 전문가와 아이디어가 필요했기 때문이다. 대학과 기술대학, 전문대학이 활성화되었고, 대규모의 연구소가 문을 열었다. 1901년에서 1914년까지 독일은 문학 부문에서 네 차례, 화학에서 다섯 차례, 물리학에서 다섯 차례, 그리고 의학 부문에서 네 차례의 노벨상을 받았다. 베를린뿐만 아니라 다른 곳에서도 새로운 것에 대한 실험이 이루어졌고, 철저하게 토론되고, 지속되었으며, 토론 과정을 통해 문제를 해결했기 때문에 당연한 결과일 수도 있다. 문학과 음악, 조형 예술은 익히 알고 있는 길에서 벗어났다. 새롭게 등장하는 예술적·철학적 흐름은 빠르게 지나가는 현 세계를 새로운 관점으로 보려 애썼다. 동시에 새로운 대중문화가 성장하기 시작했다. 1914년에는 독일에 2,450개의 영화관이 생겼는데, 전체 관람석을 다 합하면 1백만 석이나 되는 규모였다. 축구 경기, 복싱, 자전거 경주가 큰 행사로 떠올랐다. 아방가르드와 대중문화에 반대해서 보수적인 비평이 펼쳐지기도 했다. 이런 사람은 건강에 해로운 도시와 늘어가는 화물차, 점점 줄어드는 교회 예배 참석, 그리고 감소하는 출산율을 애통해하고 제국이 몰락한다고 괴로워했다.

수많은 지식인이 유대인에게서 근대의 모든 위협의 원인을 찾으려 했다. 유대인은 조국과 땅, 자기 본질에 대한 확신도 없기 때문에 삶의 영역 어디나 파고들 수 있다는 것이었다. 물론 말도 안 되는 소리였다. 하지만 시대의 불안감을 단순하게 설명하고 희생양을 내세우는 사람을 위한 시장이 마련되어 있었다.

독일 정치는 근대의 실험실을 통제하는 데 큰 어려움을 겪었다. 팽팽한 긴장감이 감도는 비스마르크와 진보주의자들 간에 공동 작업으로 제국이 분할되고, 프로이센이 1866년과 1871년에 제국을 건립하는 일이 일어났다. 제국 헌법은 많은 결정 사항을 미래로 미루었다. 하지만 프로이센의 군대와 융커(Junker, 근대 독일, 특히 동프로이센의 보수적인 지주 귀족층), 경제 진보적 산업가와 민족 진보적인 평민들이 이해한 미래의 개념은 제각기 전혀 달랐다. 제국 회의에서는 그 당시 너무나 큰 사고의 차이로 종종 합의점을 찾을 수 없는 미래의 모습에 대한 설계를 두고 논쟁을 벌였다. 의견 일치를 볼 의무는 없었다. 의회가 정부 구성에 참여하지 않았기 때문이다. 황제가 제국 수상을 임명했고, 수상은 의회에서 안건마다 과반수를 얻기를 희망했다. 대부분 수상이 원하는 바에 따라 황제가 순종하지 않는 의회를 여러 번 해체하기도 했다. 곧 높은 판매 수와 열혈 독자층을 갖게 된 수많은 신문은 정치적 사상과 분쟁과 루르 지역의 노동자 거주지와 메클렌부르크(Mecklenburg)의 일용직 노동자 주택과 같은 주제까지 깊이 다루었다.

1888년에 젊은 황제인 빌헬름 2세가 즉위하고 나서 그 당시 노쇠한 제국 수상인 비스마르크는 1890년에 수상직에서 물러났다. 1900년경에 고도의 산업 근대화가 완성된 후에 새로운 형태의 대중 정치가 베를린의 상황을 변화시켰다. 정치적으로 좌파 부류였던 사람들이 사회민주당을 창당했다. 비스마르크는 이들을 반사회주의자 법으로 제거할 수 없었다. 확고한 위치에 있는 정당들이 사회민주당을 일관적으로 배제하고 제국의회 선거에서 모든 술수를 동원하여 이들을 탈락시키려고 했어도 사회민주당은 1912년에 제국의회에서 가장 강력한 당이 되었다. 지지층이 두꺼운 민족적·경제적 이익을 추구하는 단체들은 정치적으로 우익 입장을 띠고 보수 성향 정당들에 압력을 가했다. 그 중간에서 여러 진보 정당은 점점 득표율을 잃어갔다. 제국 수상은 과반수 표를 얻는 일이 갈수록 힘겨워졌다. 정치 스펙트럼의 극좌와 극우 무리는 정치적 제도를 일반적으로 거부했다. 사회주의적 혁명과 반의회주의적 반란이 일상의 어려움을 극복할 완전히 근본적인 대안이 되었다.

하지만 정치 집단 전체를 통틀어 민족과 제국의 건립 이후 민족이 이룬 업적에 대한 자긍심은 커졌다. 사회민주당에서조차 독일이 이룬 경제적 성장과 문화적 최고의 업적이 안타깝게도 세계 정치 무대에서 제대로 알려지지 않았다는 견해를 보인 사람이 많았다. 비스마르크가 세계 정치계에서 겸손하게 구는 태도는 더 이상 시대에 맞지 않는 것으로 비췄다. 국가의 위대함에 대한 내용은 제국의회와 나라에서 폭넓은 지지를 얻을 수 있던 얼마 되지 않는 주제 중 하나였다. 1897년에 독일 제국의 재상인 베른하르트 폰 빌로(Bernhard Furst von Bulow, 1849~1929)는 제국의회에서 큰 갈채 속에 다음과 같이 선포했다.

"독일인이 이웃 중 다른 민족에게 육지를, 다른 민족에게 바다를 나누어 갖도록 놓아두고, 우리 자신은 하늘을 가진 것에 만족해야 하는 시대는, 이런 순수한 신조의 시대는 지나갔다. 우리는 누구도 압도할 생각이 없지만, 그래도 우리도 햇빛이 비치는 땅을 요구한다."

하지만 세계는 이미 나뉘었다. 야심 넘치게 덤비는 독일의 열망에 유럽의 다른 나라가 대가를 치러야만 했다. 독일은 군함을 건조했다. 그 당시 산업 강대국이자 아직은 세계 대양의 지배자이며, 지구상의 가장 큰 제국의 중심에 서 있던 영국은 독일에 협조하고 어쩌면 공유하는 법을 배워야만 했다. 군함의 인기는 좋았다. 황제가 감격스러운 연설을 하고 젊은이들은 수병의 세일러복을 입었다. 독일 군함연맹에는 1백만 명이 넘는 회원이 가입했다.

1890년 후반부터 유럽의 정치에 큰 위기가 불어왔다. 기존의 국제 권력 제도와 새로 편입되는 국가들의 중요한 변혁 과정에서 반복적으로 갈등이 생겼다. 대부분의 경우 불안을 조장하는 선동가는 독일이었다. 독일의 정치가가 힘을 확장하려는 가능성을 모색하는 과정에서 정치권 내부에서 국수주의자들의 지지를 받으며 앞으로 내몰렸기 때문이다. 회의나 위기 대책 회의에서 늘 다시 타협을 볼 수 있었다. 사람들이 영국의 신문 기자였던 노먼 에인절(Ralph Norman Angell, 1873~1967)을 믿은 것은 우연이 아니었다. 에인절은 1910년에 국제적으로 얽히고설킴이 너무나 첨예화되어서 전쟁을 일으킬 수 없을 정도라고 썼다. 러일전쟁이나 유럽인에 의한 식민지 주민 학살과 같은 '작은' 분쟁은 제외하고 말이다. 스탠퍼드대학교 총장이었던 데이비드 스타 조던(David Starr Jordan, 1851~1931)은 1913년에 다음과 같이 에인절과 같은 의견을 냈다.

"우리를 영원히 위협하는 유럽에서의 큰 전쟁은 절대 일어나지 않을 것이다. 은행가들은 이러한 전쟁을 위해 자금을 조달하지 않을 것이며, 산업은 전쟁이 진행되지 않도록 막을 것이고, 정치인들은 전쟁을 일으킬 수 없을 것이다. 큰 전쟁은 발발하지 않을 것이다."

그의 말은 완전히 틀렸다.

세계대전과 시민전쟁(1912~1945년)

30년이 족히 지난 후에 베를린은 파괴되었다. 1945년 5월 2일에 24세의 어린 청년 간부로 모스크바에서 돌아온 볼프강 레온하르트(Wolfgang Leonhard, 1921~2014)는 다음과 같이 기억했다.

> "지옥 같은 장면이었다. … 화재와 잔해더미, 누더기를 걸친 채 헤매고 다니는 굶주린 사람들… 물 한 양동이를 채우기 위해 인내심을 갖고 펌프 앞에서 기다리는 많은 사람들. 모두 피곤하고 허기지고 기운 없는 남루한 모습이었다."

베를린 시내에서는 주택의 절반 이상이 파괴되었다. 구호 기관과 교통 시설은 더 이상 제 기능을 하지 못했다. 물, 가스, 전기가 끊기고, 신문, 라디오 방송도 없었으며, 우편이 배달되지 않았다. 공습이 일어났고 땅에서 전쟁이 벌어졌다. 광신적인 나치에 의한 자멸 때문이었다.

하지만 베를린에서만 특별히 그런 것은 아니었다. 제2차 세계대전은 레닌그라드(Leningrad, 상트페테르부르크)와 모스크바, 스탈린그라드(Stalingrad, 볼고그라드)와 유럽의 다른 쪽에 있는 브르타뉴(Bretagne)와 노르망디(Normandie)에 죽음과 파괴를 남겼다. 바르샤바와 쾨니히스베르크(Konigsberg, 칼리닌그라드) 혹은 쾰른(Koln) 같은 오래되고 존귀한 도시들이 폐허가 되었다. 런던과 영국의 다른 도시들은 독일의 공습으로 고통을 겪었다. 그런데 전쟁은 유럽에서만 머물지 않았다. 몇 주가 지난 뒤에 미국이 떨어뜨린 두 기의 원자폭탄은 15장 '홋카이도' 편에서 살펴보았듯이 일본의 히로시마와 나가사키를 거의 흔적도 없이 없애버렸다. 원자폭탄 투하로 태평양전쟁이 끝났다. 이 전쟁으로 오늘날의 미얀마에서 하와이까지, 만주에서 뉴기니와 북오스트레일리아까지 이르는 거대한 지역이 파괴되고 죽음이 가득했다. 정확한 숫자는 파악하기 힘들지만, 제2차 세계대전 중에 6천만 명 이상이 목숨을 잃은 것으로 추정된다. 다른 2천만 명은 다른 곳으로 내몰리거나 끌려갔다.

1945년은 데이비드 스타 조던이 낙관적으로 예견했던 해에 이미 시작된 전쟁과 재앙으로 휩싸인 오랜 기간의 끔찍한 종말일 뿐이었다. 1912년에 오스만 제국의 통치자는 남유럽의 신생 국가들을 무력으로 흔들어버렸고(제1차 발칸전쟁), 그 후에 곧장 보상을 놓고 분쟁을 일으켰다(제2차 발칸전쟁). 두 차례의 격렬한 전쟁으로 민간인은 보호받지 못했다. 새로운 국경을 정당화한다는 이유로 타민족은 추방되었다. 이것은 이후 30년 동안 유럽의 슬픔을 상징하는 사건이 되어버렸다. 제1차 세계대전은 1914년에 일종의 세 번째 발칸전쟁으로 발발했고, 시작되자마자 유럽 전역에 퍼져 바로 세계대전이 되었다. 유럽의 각 식민지에서조차 전쟁이 벌어졌다. 그 밖에도 식민지 군사가 유럽으로 출병했다. 거의 9백만 명의 군인이 희생되었고, 민간인 희생자는 6백만 명에 달했다. 서유럽에서는 중심 세력이었던 독일과 오스트리아–헝가리가 항복한 후에 잠시나마 평화적인 분위기가 찾아왔다. 독일에서는 1923년까지 평화 기간과 내전과 비슷한 상태가 엇바뀌었다. 러시아에서는 7백만 명에서 8백만 명의 희생자가 생긴 내전이 일어났다. 유럽의 남동부 지역과 소아시아에서는 오스만 제국이 1922년에 분열될 때까지 수많은 정당과 전선으로 가득한 폭력적 내전이 따라다녔다. 독일과 대부분이 분열된 합스부르크 왕조의 경쟁 집단에서 유래한 유럽 동부와 중앙의 신생 국가들은 민주적이었고, 대부분 공화국(독일의 경우는 1918년에서 1933까지 존재했던 '바이마르공화국'이 있다)을 이루었다. 하지만 이런 나라는 불안정했다. 1930년대 중반까지 공화국 대부분은 독재적이거나 파시스트 성향인 정부로 넘어갔는데, 폭력이 이제는 위에서 사회 내부까지 파고들었다. 스페인에서는 1936년에 내전이 일어나서 나라를 초토화하고 1940년까지 거의 30만 명이 죽었다.

어떻게 이런 일이 발생할 수 있었을까? 어째서 19세기에 전무후무할 정도로 세계를 다스렸던 유럽이 20세기의 전반기에 파괴되었을까? 그리고 데이비드 스타 조던의 예견은 어떻게 완전히 틀릴 수 있을까? 이 질문의 답의 열쇠는 베를린에 있다.

　제1차 세계대전은 재앙 급으로 실패한 유럽의 위기 대처 전략의 결과였다. 오스트리아의 황태자였던 프란츠 페르디난트(Franz Ferdinand, 1863~1914)와 황태자비가 1914년 6월 28일에 사라예보에서 세르비아의 암살범에게 살해된 것은 분명 좋은 일이 아니었다. 하지만 사람들은 유럽의 외교가 1890년대부터 이미 훨씬 더 어려운 문제를 해결해 왔으므로, 이 문제 역시 해결할 수 있으리라고 생각했다. 그러나 이때 독일인과 오스트리아인은 이 사건을 외교적 영토 획득의 중요한 기회로 이용하려는 야심을 드러냈다. 오스트리아는 발칸전쟁이 발발했을 때부터 자국의 남쪽 국경이 위험에 처한 것을 보아 왔다. 오스트리아 사람들은 소란스러운 세르비아인을 부당하게 취급했고, 보호해주던 러시아로부터 세르비아를 떼놓고 군사적으로 무력화하려고 했다. 한편, 독일은 세계 정치 무대에서 적당한 역할을 맡으려는 노력이 영국과 프랑스, 러시아라는 강력한 세 나라에 밀리고 있다고 느꼈다. 독일은 오스트리아 황태자 사건을 세 열강 사이에 쐐기를 박는 기회로 이용하고자 했다. 이렇게 하면 행여 미래에 독일이 국제적 위상을 요구할 때 더욱 성공적으로 받아들여지리라 전망했다.

　1914년 7월 말에야 비로소 베를린과 빈뿐만이 아니라 런던, 상트페테르부르크, 그리고 파리의 위정자들은 이 위기가 더욱 큰 어려움에 놓이리라는 것을 점점 어렴풋이 깨달았다. 하지만 가속도가 붙어 진행되는 사건을 더 이상 멈추게 할 수 없었다. 우선 책임자들은 서로를 완전히 불신했다. 두 번째로 한 세기 동안 꾸준히 평화로운 시기가 지난 후에 찾아온 전쟁에 대한 경고를 심각하게 받아들이지 않았다. 무엇보다 세 번째로 독일과 오스트리아-헝가리, 그리고 러시아는 비민주적이거나 절반만 민주주의인 제국을 안정화하는 데 대중의 국수주의를 이용하는 것에 큰 유혹을 느꼈다. 위기나-긍정적으로 생각해서-지역적으로 한정된 혹은 짧은 전쟁이 하나의 기회가 될 수 있기 때문이었다.

　따라서 제1차 세계대전의 발발에 대한 가장 유력한 두 가지 설명은 절반만 옳은 셈이다. 즉, 1919년 손해 배상 문제를 놓고 어떻게 할지 토대를 마련하기 위한 베르사유 조약에서 정해진 것처럼 독일이 전쟁에 단독으로 책임이 있는 것은 아니었지만, 어쨌든 주요 책임은 독일에 있었다. 1914년 7월에 베를린의 대부분 사람이 전쟁을 원하지 않은 것도 있지만, 전쟁이 일어나지 않을 가능성을 받아들여야 했다. 그리고 그 당시 영국의 재무상과 훗날 수상이 된 데이비드 로이드 조지(David Lloyd George, 1863~1945)가 자신의 회상록에 썼던 것처럼 유럽의 정치가들은 저도 모르는 사이에 점점 전쟁에 빠져들었다. 이들은 의도적으로 전쟁을 결정했고 그 위험성도 알고 있었다. 그러나 1914년 여름에 이들은 사건의 혼란스러움과 가속도 때문에 문제를 해결할 능력이 없었다. 데이비드 스타 조던이 예견한 것 역시 단지 절반밖에 맞지 않았다. 보통의 은행가와 산업가들이 실제로 전쟁을 원하지 않았기 때문이다. 다만, 1914년 7월에 이런 희망은 아무런 역할을 하지 못했다. 정치는 조던이 예상했던 것보다 훨씬 더 독자적으로 가속도가 붙어 전개되었다. 관련된 모든 국가의 정치가들은 대중의 국수주의와 산업과 노동자 계급의 수완, 정치적 전략과 폭력적인 강요를 이용해서 1917년과 1918년에 모든 관련자가 완전히 지칠 때까지 전쟁 상태를 유지하는 데 성공했다.

　사람들은 제1차 세계대전이라는 극도의 폭력이 지나간 후에 행군하는 집단과 살인 기계, 최초의 전투기 등 폭력의 흔적을 유럽 전역 어디서나 느낄 수 있었다. 러시아와 오스트리아−헝가리 대제국은 붕괴했다. 독일의 모든 왕과 영주는 직위를 잃었다. 중부 유럽과 동유럽의 넓은 지역에서는 사회 내부에서 벌어지는 폭력을 억제하지 못했다. 경제는 평화의 시대로 옮겨가는 과도기를 버거워했고, 전쟁 전의 활력을 다시 찾지 못했다. 1929년부터 찾아온 세계 경제 위기 속에서 많은 사람이 미래에 대해 생각했다. 그 미래는 어눌한 자본주의와 흔들리는 민주주의에 있지 않다고 생각했다. 미래는 왠지 이제는 완전히 비현실적으로 평화적으로 비치는 19세기의 아무것도 모르는 순진한 진보주의에나 속하는 듯했다. 미래는 스탈린 주변의 소비에트 공산당과 무솔리니 주변의 이탈리아 파시스트의 차지로 보였다. 관용과 인간의 존엄성, 평등, 자비가 없는 다른 극단적인 근대의 막이 열렸다.

　파시즘은 독일에서 인종차별적으로 유대인 배척주의라는 형태로 나타났다. 유대교를 거부하는 일은 기독교의 오랜 전통에서 기인한다. 일상에서 유내인

을 배척하는 일은 19세기에 만연해 있었다. 하지만 이제 독일의 국가사회주의자들은 '학문적인' 증거와 폭력 자체, 이 두 가지를 인종차별적 사상 내용과 연결했다. 독일에서 국가사회주의가 권력을 잡은 것은 혼자만의 힘이 아니었다. 독재적인 보수주의자들은 바이마르 민주주의가 세계 경제 위기가 절정이었던 1932년과 1933년에 실패했다고 여겼다. 이들은 경제 위기를 넘기고자 했으며, 이들이 표현한 대로 히틀러 운동이 이를 가능하게 할 수 있으리라 생각했다. 하지만 한번 권력을 잡자, 제국의 수상이 된 아돌프 히틀러(Adolf Hitler, 1889~1945)와 그의 운동은 민주주의에 입각한 사회민주주의자와 진보주의자, 그들의 숙적인 공산주의자는 물론, 보수주의자와 독일 의회 제도까지 모든 것을 파괴했다. 수상 대신 '총통(퓌러, Fuhrer의 역어)'이라는 직위가 생겼고, 히틀러는 매우 역동적이며 예측하기 힘든 그런 지배자였다. 새로운 지배자가 법치국가와 행정을 악용했지만, 의문이 있을 때는 자기 뜻을 끝까지 주장할 수 있었다. 하지만 특별히 자주 이럴 필요는 없었다. 엘리트 집단과 대다수의 민중이 새로운 국가에 크게 열광했기 때문이다.

1936년에 독일 군대는 베르사유 조약 이후 비무장 상태였던 라인란트를 침공했다. 같은 해에 베를린에서 올림픽 경기가 개최되었다. 1938년에 독일군은 빈을 점령했다. 서구 열강은 히틀러가 하는 일을 용인했다. 영국과 프랑스는 제1차 세계대전을 치른 뒤 20년도 채 안 되어 다시 새로운 분쟁을 일으키고 싶지 않았다. 그 밖에도 히틀러가 단지 베르사유 조약의 내용을 수정하려는 듯 보였다. 히틀러는 군대가 자국 내에서는 자유롭게 움직일 수 있어야 한다는 견해였다. 당연히 수긍할 수 있는 일이었다. 그리고 1918년도에 오스트리아-헝가리가 붕괴된 후에 이미 합스부르크 제국의 독일인이 프로이센-독일 제국의 독일인과 합쳤어야 좋았을 것이라고도 주장했다. 독일에서 히틀러의 인기는 1936년과 1938년에 절정에 올랐다. 사람들은 나라의 명예를 다시 찾은 듯하다고 말했다. 1866년의 붕괴가 치유되고 국가가 완성되었다는 생각이었다. 이제야 마음 편안히 두 다리 쭉 펴고 누울 수 있었다.

하지만 국가사회주의적 운동에서 평온함이란 절대 존재해서는 안 되는 상태였다. 1939년에 히틀러는 제2차 세계대전을 시작했다. 독일은 오스트리아로 진격한 뒤에 계속해서 다른 곳으로 잇따라 무력을 휘둘렀다. 1939년 9월 1일에 폴란드에 대한 공격이 시작되자 서구 열강들이 대항하기로 했다. 초기 2년 동안 유럽 국가들은 실패를 거듭했다. 1941년 초여름에 영국만이 히틀러의 공격에 대항할 수 있었다. 그러자 독일 제국은 폴란드를 분할해서 점령하고 서구 열강의 진출을 막기 위해 1939년까지 연합을 이루고 있던 소비에트 연방을 공격했다. 1941년 12월에 히틀러는 미합중국에 전쟁을 선포했다. 1942년에서 1943년으로 넘어가는 겨울에 독일이 너무나 무리하게 전쟁을 확장했다는 사실이 뚜렷이 드러났다. 나치 독일의 군대는 코카서스까지 진격하려고 시도하던 도중 스탈린그라드에서 처음으로 완전히 쓰라린 패배를 맛보았다.

동부전선에서의 전쟁은 전면전이었다. 나치 군대와 친위대는 이곳에서의 전쟁을 대규모의 식민지 전쟁과 섬멸전처럼 이끌었다. 아직 러시아가 출정하기 전에 제4 기갑군단의 지휘관 에리히 회프너(Erich Hoepner, 1886~1944년) 원수는 다음과 같은 명령을 내렸다.

"러시아와의 전쟁은 독일 민족의 생존이 달린 중요한 전쟁의 한 단락이다. 이것은 슬라브족을 상대로 모스크바-아시아의 범람으로부터 유럽의 문화를 지키려는 게르만족의 오랜 전쟁이며, 유대인의 볼셰비키(Bolsheviki) 노선에 대한 저항이다. 이 전쟁의 목표는 지금의 러시아를 무너뜨리는 것이기 때문에 피나는 노력으로 승리를 이끌어야 한다. 모든 전투 행위는 강철 같은 의지로 계획과 이행 속에서 냉혹하고, 적을 완전히 파괴하도록 진행해야 한다. 특히, 오늘날의 러시아 볼셰비키 제도를 지지하는 사람들에게 관용은 없다."

제2차 세계대전 중(1941~1942년)의 유럽과 북아프리카, 중동

국가사회주의 영향권의 최대 팽창
(1941~1942년)
1937년 유럽 내 국경

이와 병행하여 반유대주의 정책은 점점 거세졌다. 우선 유대인이 차별을 당했고, 사회에서 배척되었다. 이들 중 대부분은 몇 세대부터 자신이 독일인이라고 생각하고 제1차 세계대전 때 독일을 위해 싸우고, 상인과 의사, 학자나 예술가로 높은 평판을 누렸던 사람들이었다. 배척으로 인해 지역적으로 유대인을 강제로 격리하기 위해 설정한 게토(ghetto) 지구가 형성되었다. 하지만 독일인 대부분은 이를 무시하고 자신들의 이익을 챙기고, 유대인을 배척하는 데 동참했다. 그러고는 동쪽 지역으로 유대인을 추방하기 시작하거나, 몇몇 점령 지역이나 주둔 지역에서는 이전에 게토화가 이루어지기도 전에 추방하기도 했다. 그다음에는 대량 학살이 일어났다. 1941년 말까지 나치 친위대는 진군해서 얻은 전방에서 50만 명의 유대인 남녀와 아이들을 죽였다. 1942년에는 기계화 시설을 갖춘 가스실에서 대량 학살이 행해졌다. 강제 노동과 무작위 살해, 비인간적인 취급으로 인해 셀 수 없이 많은 유대인과 집시, 동성애자, 반체제 인사가 목숨을 잃었다.

독일이 문명국으로서의 모든 명성을 잃는 동안 독일 민간인도 전쟁으로 인해 점차 피해를 보게 되었다. 독일 도시는 영국과 미국의 폭탄 공격에 효과적으로 방어할 수 없었다. 서서히 나치 운동의 지원군이 사라졌다. 그러나 대량 학살은 계속해서 일어났고, 말살 수용소를 지어서 더욱더 확대되었다. 1945년까지 적어도 570만 명의 유대인이 죽었다. 1945년에 소비에트 군대가 베를린을 점령했을 때 독일은 물질적으로만 바닥에 떨어진 것이 아니었다. 강제 수용소를 해방한 연합군은 상상조차 할 수 없는 끔찍한 장면들을 보았다. 독일 민족은 세계사에서 가장 큰 규모의 전쟁을 일으켰고, 인간에게 최악의 범죄를 저질렀다.

분단과 통일: 베를린 장벽

20세기 전반기가 19세기에 맞지 않는 것만큼이나 20세기 후반기도 마찬가지로 20세기 전반기와 어울리지 않는다. 1914년에서 1945년까지의 무력에 대한 열광은 1913년에 예견할 수 없었으며, 1945년에서 1975년까지 거의 끊이지 않고 지속된 경제 붐도 1945년 폐허가 된 베를린을 본다면 절대 추측할 수 없는 일이었다. 독일인은 놀라울 정도로 빠르게 세계 공동체에 다시 편입했다. 세계 공동체의 중심지는 이제 베를린과 빈, 파리 혹은 런던과 같은 예전의 메트로폴리스에서 멀리 떨어졌다. 프랑스어로 'Les Trente Glorieuses(영광의 30년)', 그리고 영어로는 'Golden Age(황금시대)'라고 불리던 기적 같은 경제 성

장의 해를 이룬 힘의 원천은 워싱턴과 모스크바에 나왔다. 책의 마지막 장인 '세계' 편에서 다시 살펴보겠지만, 두 도시 외에 뉴욕도 국제연합의 본부가 있는 곳으로서 큰 역할을 했다. 서유럽은 유럽 경제 공동체를 이루어 협력했다. 프랑스와 이탈리아, 벨기에, 네덜란드, 그리고 룩셈부르크 외에 서독도 여기에 가담했다. 영국은 1970년대 초에, 스페인과 포르투갈은 20세기 말에 가입했다.

1914년부터 1945년에 벌어진 격렬한 전쟁을 치른 후 얼마 지나지 않아 시작된 냉전은 유럽인에게 정치적 집단 형성의 가능성에 대한 틀을 제시했다. 소비에트 연방(바르샤바 조약기구)과 미합중국(나토)은 국제 방어 동맹을 형성하고, 사회주의적 혹은 자본주의적 경제 구역을 조직했다. 두 개로 나뉜 블록에는 당 노선 이탈자와 균열, 탈퇴가 발생했다. 냉전은 온도를 변경했다. 1950년대와 1960년대 초에, 그리고 그 이후에 다시 한번 1970년대 후반기와 1980년대 초에 실제로 정치적 빙하 시대가 있었다. 굳이 말하자면 '긴장 완화'의 상태도 있었다. 1975년에 유럽의 동서 지역 35개국이 서명한 유럽안보협력기구(OSCE, Organization for Security and Cooperation in Europe)는 긴장 완화 시대의 대단원을 이루었다. 유럽과 북아메리카 외 어느 지역에서 냉전이 일어났는지 범위를 두고 논쟁이 있다. 아프리카와 아시아, 중남미 국가 중에 냉전 동맹에 동조하거나 비동맹 체제로서 독자적 길을 가려고 시도한 나라가 있었다. 이런 국가들의 행동을 위한 기회는 '냉전'이라는 개념이 풍기는 것보다 훨씬 더 컸다. 여기에 관해서는 18장 '볼타호' 편에서 알아보겠다.

독일 전체와 베를린의 정치적 지리는 특히 냉전과 깊이 연관되어 있다. 독일 제국이 붕괴한 후 승전한 강대국이 주둔한 대부분 지역이 분할되었다. 동쪽은 곧바로 폴란드 내지 러시아 관리 아래로 들어갔다. 냉전 속에서 전방 국경이 강화되면서 세 곳의 서부 지역이 독일연방공화국(BRD, Bundes Republik Deutschland)으로 뭉쳤다. 동쪽 지역은 독일민주주의공화국(DDR)으로서 경제와 사회적으로 소비에트 연방과 친분을 쌓았다. 베를린에서는 이런 분할 상황이 소규모로 반복되었다. 수도도 다른 곳과 마찬가지로 네 개의 분할 점령 지대처럼 분할되었기 때문이다. 서쪽 지역과 훗날 서독 방향으로 빠져나가는 것을 막기 위해 소비에트 연방과 DDR의 지도층은 자신들의 영역과 베를린을 서방으로부터 점점 더 엄격하게 폐쇄했다. 1961년에 이들은 결국 우리가 잘 알고 있는 베를린 장벽(Berlin Wall)을 세웠다. 1989년에 장벽이 무너진 것은 독일인에게만 갑작스러운 행복의 순간으로 자리 잡은 것이 아니라, 냉전의 끝을 의미하기도 했다. 여기에 관해서는 17장 '상트페테르부르크' 편에서 알아보기로 하겠다. 1990년에 DDR에 있던 주가 독일연방민주주의에 가입했다. 1949년부터 라인강 변의 한적한 도시인 본에서 회의를 열던 연방의회는 1991년에 연방정부와 함께 모두 베를린으로 돌아오기로 했다. 베를린은 다시 뉴커머가 되었다.

베를린은 18세기부터 항상 동시대 사람이 '현대적'이라고 생각하는 진원지가 되었다. 민족, 신분, 계급, 민주주의, 독재자와 같은 유럽 역사의 주요 개념이 도시의 특색을 이루었고, 오늘날까지도 미술관과 대표 건물에서 이런 특징을 알아볼 수 있다. 18세기와 19세기 때의 빠른 성장과 1914년부터 1945년까지 물질과 가치 면에서 일어난 (자가) 파괴, 1945년 이후 상징에 가까웠던 중요성과 함께 베를린은 급진적으로 유럽 역사를 이루고 있다.

17장:
상트페테르부르크

사회주의적 미래는 어떤 모습일까?

사람들은 19세기에 일어난 혁신적인 변화에 대한 반응으로 양질의 삶과 사회 질서를 이루기 위한 새로운 생각들을 내왔다. 이전 시대에 사람들은 유토피아를 저승과 천국, 더불어 지옥이나 아직 발견되지 않은 세상 어느 곳에 있을 법한 섬과 연관 지었다. 그러나 캡틴 쿡의 항해 이후로 이 세상 어딘가에 있을 듯한 미지의 세계는 더는 그리 존재하지 않게 되었다. 대서양 지역에서 일어난 혁명은 바로 지금 이곳에서도 커다란 변화가 일어날 수 있다는 사실을 보여주었다. 산업혁명은 새로운 도시와 산업, 부와 비참함을 동반한 새로운 사회 형태와 새로운 경제상을 제시했다.

이런 혁명에 사회주의와 공산주의적 유토피아가 응답했다. 사회주의자와 공산주의자는 인간이 인간을 착취하는 일을 끝내고, 재산을 공평하게 분배하고, 지배가 사라지는 사회를 그렸다. 이들은 혁명적 행동을 통해 그 당시 현시점에서 실제로 목표를 달성할 수 있다고 생각했다. 즉, 무엇보다 프롤레타리아, 다시 말해 가진 것이라고는 노동력이 유일한 사람들을 통해서 말이다. 카

를 마르크스(Karl Heinrich Marx, 1818~1883)와 프리드리히 엥겔스(Friedrich Engels, 1820~1895)는 1847년과 1848년 겨울에 공산주의자 동맹을 위한 작업에서 심지어 역사의 임무에 대한 핵심을 파고들었다. 공산당 선언문은 "전 세계 노동자들이여, 단결하라!"라는 구호로 끝난다. 선언문의 시작 역시 끝만큼이나 강렬했다.

> "하나의 유령이 유럽을 배회하고 있다. 공산주의라는 유령이⋯ 이제 공산주의자들이 전 세계를 향해 자신의 견해와 목적, 경향을 표명하고 공산주의의 유령에 관한 동화를 당 자체의 선언으로 대치해야 할 절호의 시기가 다가왔다."

1847년에 결성하여 1848년에 '공산당 선언'을 공포한 공산주의자 동맹은 런던에서 그 당시 새롭고, 점점 더 평등해져 가는 사회를 이룩하고자 유럽의 지식층과 노동자가 결성한 수많은 조직 중 하나에 불과했다. 그리고 사회주의자와 공산주의자가 제시한 당대의 사회적 문제에 대한 해답은 여러 방향 중 하나에 지나지 않았다. 하지만 카를 마르크스와 프리드리히 엥겔스는 19세기 후반에 발표한 공산주의 선언문으로 오래가지 못한 공산주의자 동맹을 뛰어넘어 사회에서 확고한 지위를 얻었다. 이들의 학설에는 특별한 폭발력이 있었다. 마르크스와 엥겔스는 그 당시까지 세계에서 일어난 사건을 설명함으로써 자신들이 생각한 유토피아를 제시했다. 이런 설명은 이들을 따르는 추종자에게 역사조차 자신들 편이라는 확신을 심어주었다. 역사란 계급 투쟁의 결과이며 필연적으로 부유한 시민과 노동자 사이의 최후의 대결을 향해 달린다. 노동자가 승리한 후에 모든 사람은 능력과 필요성에 따라 인간적인 노동의 열매를 얻을 수 있다. 따라서 사회주의 이론의 진실은 역사적으로 증명될 수 있다. 이것은 19세기 유럽에 중요한 영향을 미치던 학술적 진보에 대한 신념과도 일치했다.

19세기 마지막 300년 동안에 유럽의 민족국가와 유럽의 식민지에서 좌파와 극단의 좌파 정당이 발족했다. 이들 가운데 때로는 독일의 독일사회민주당(SPD)과 같이 압도적 우위를 차지한 정당도 있었다. 그러나 프랑스에서처럼 무정부주의자와 극단적 노동자조합, 사회주의자가 힘을 합해 주도권을 잡고 있는 사람들과 싸우는 것만이 아니라, 각각 서로를 상대로 분쟁을 일으키는 경우도 잦았다. 제1차 세계대전이 발발하기 얼마 전에 프랑스와 독일, 영국, 오스트레일리아에서는 사회주의당의 세력이 더 이상 의회에서 간과할 수 없을 정도로 막강해졌다. 이미 사회주의당이 지배하고 있던 도시와 지역도 있었다.

그런데 사회주의자들이 생각했던 것처럼 미래의 사회주의 혹은 공산주의 사회가 점차 의회에서 발전할 수 있었을까? 이를 실행하기 위해 또 다른 혁명이 필요했던 것은 아닐까? 공산주의를 확립하기 위해 부르주아 지배 세력을 누르고 프롤레타리아 출신의 독재자를 세워야 했던 것은 아닐까?

이 질문의 답은 사회주의자와 공산주의자를 분열시켰다. 그런데 제1차 세계대전이 끝날 무렵에 유일하게 프롤레타리아 혁명이 성공적으로 일어난 곳이 바로 러시아였다는 사실은 정말 놀라운 일이었다. 러시아는 반동주의의 보호소로 여겨졌다. 모든 통계는 러시아가 농업 중심의 나라라는 것을 증명했다. 인구 중 극히 소수의 사람만 읽고 쓸 줄 알았고, 산업화는 거의 시작되지도 않았다. 어디에서 혁명적인 프롤레타리아가 나올 수 있겠는가? 도대체 싸워서 이겨야만 한다고 여겨지던 잘사는 부르주아들은 어디서 찾아볼 수 있었을까?

러시아 황제의 도시

러시아혁명의 중심은 러시아 황제 차르의 도시, 상트페테르부르크였다. 표트르 대제(Pyotr, 1672~1725)는 18세기 초반에 러시아 제국의 북서쪽으로 가장 끝인 네바강(Neva R.)이 동해로 흘러드는 곳에 상트페테르부르크를 세웠다. 표트르 대제는 이전에 스웨덴을 상대로 한 대북방 전쟁 때 이 지역을 얻어냈다. 이제 러시아와 유럽 사이의 교역은 동해를 통해 강화되어야 했다. 1703년의 어느 러시아 신문은 "동시에 페르시아와 인도에서 온 물건들이 넘쳐날 것"이라고 보도했다. 상트페테르부르크는 어쨌든 1년에 200일 이상 항구가 얼어 있지 않았다. 러시아에는 이런 항구가 한 군데도 없었다. 상트페테르부르크는 곧바로 군사 거점이 되었고, 그다음에는 발전하는 러시아 제국의 수도가 되었다. 매우 열악한 조건 아래 요새와 궁전, 가옥, 도로, 운하가 네바 습지에 세워졌다. 10만 명에 이르는 강제 노역자와 노예가 그 과정에서 목숨을 잃었다. 1712년에 러시아 궁정과 정부 관리는 모스크바에서 상트페테르부르크로 이주해야만 했다. 1714년부터 귀족들은 상트페테르부르크에 화려한 도시주택을 짓고 이곳에 살도록 강요받았다.

러시아 제국이 서쪽보다는 남쪽과 동쪽으로 더 강하게 팽창하긴 했어도 18세기와 19세기 때의 차르는 수도였던 상트페테르부르크에 확고히 자리 잡았다. 18세기 말쯤 폴란드가 몇 차례나 분할된 덕에 러시아는 서쪽 영토를 얻고, 프로이센과 합스부르크가 차르 제국과 직접 인접한 이웃 나라가 되었다. 그러나 사실상 제국은 흑해와 중앙아시아 쪽으로 영토를 확장해갔다. 여제 예카테리나(Ekaterina, 1729~1796) 2세가 몽골 제국의 마지막 후예 중 하나인 크림한국(Khanate of the Crimea)을 상대로 어떻게 승리를 거두었는지는 앞서 8장 '시데바이' 편에서 보았다. 1867년에 러시아는 알래스카를 미국에 팔고 이를 통해 동쪽으로 태평양 건너 영역에까지 관심이 없다는 것을 보여주었다. 러시아 제국은 남쪽과 동쪽 지방을 유럽의 핵심 지역을 위해 개발하고 이용할 수 있는 식민지 개념으로 이해했다. 러시아는 이 책의 시작을 연 쿡 선장이 태평양으로 탐사를 떠나기 전에 이미 시베리아로 학술적 탐사단을 보냈다. 학문과 발견 분야에서도 러시아는 유럽의 일원이기를 원했다. 황제인 알렉산드르(Aleksandr, 1777~1825) 1세는 1812년에 나폴레옹의 대육군(Grande Armee)과 싸워 이기고 프랑스 황제를 파리까지 계속 추격했다. 빈 회의에서 알렉산드르 1세는 유럽의 구원자로 떠올랐다.

상트페테르부르크는 서쪽과 유럽을 향해 열린 러시아의 창문이었다. 이곳에 귀족과 황제의 궁정, 군대가 주둔하고 있어서만이 아니라, 동해를 통해 교역이 이루어지고 19세기 말부터는 산업화가 일어난 덕분에 도시가 발달했다. 상트페테르부르크는 지배자 한 명의 고정관념 그 이상이었다. 이곳의 인구는

1850년에 50만 명이었고, 1913년에는 220만 명에 이르렀다. 주민 대부분은 산업 시설 주위로 형성된 급속히 발달한 도시 외곽에 살았다. 도시계획은 도시의 실제 성장에 발맞추지 못했고, 주택 건설 역시 도시의 성장 속도에 부응하지 못했다. 새로 이주해 온 가족들은 집이 아니라 방 한 칸을 빌리거나 직장에서 가까운 곳에 판잣집을 지었다. 사람들은 이런 방식으로 빠르게 성장하는 도시 중에서도 전기는 물론 물과 하수 시설도 제공되지 않는 빈곤 지역으로 시골 세계를 옮겨왔다. 이런 상황을 고려하면 상트페테르부르크에서 노동자 폭동이 일어난 것은 어찌 보면 매우 당연한 일이었다.

하지만 상트페테르부르크는 러시아 제국 전체로 봤을 때는 전형적이지 못했다. 엄청나게 넓은 러시아 땅에서 인구 백만 명이 넘는 도시는 모스크바 외에 상트페테르부르크가 유일했다. 면적으로 보아 러시아는 미국의 두 배 이상이었다. 러시아보다 영토가 넓은 국가는 영국뿐이었으며, 그것도 1900년대 대영 제국의 식민지까지를 다 합한 경우에 한해서였다. 오늘날 상트페테르부르크나 모스크바와 태평양 쪽에 있는 항구인 블라디보스토크(Vladivostok) 사이의 시차만 무려 7시간이나 된다. 1900년대에 아직 건설 중이었던 시베리아 횡단 열차로 모스크바에서 블라디보스토크까지 간다면 이론상으로 1주일 만에 도달할 수 있어야 했다. 하지만 실제로 기차는 기술적 어려움 때문에 계획했던 것보다 훨씬 느리게 가야만 했다. 그래서 제1차 세계대전 이전의 기차 여행객은 러시아 제국의 끝에서 다른 끝까지 가는 데 4주에서 6주가 걸렸다. 전보가 발명된 후부터는 눈에 띄게 빨리 소식을 전달할 수 있었다.

상트페테르부르크에서 블라디보스토크까지 가는 길에는 매우 다양한 세계가 펼쳐져 있었다. 시베리아의 일부와 중앙아시아에는 사람이 거의 살지 않거나 아예 거주하지 않는 곳이 있었다. 하지만 인간이 살기에 혹독한 지역이 아니라도 러시아의 인구 밀도는 유럽 평균보다 낮았다. 대부분 농촌에 사는 농부였다. 이들은 자신들이 멀리 떨어져 있는 차르의 신하라고 생각했다. 1897년의 인구 조사 결과를 보면, 러시아에서는 130개나 되는 언어가 사용되었다. 인구의 약 절반이 러시아어를 사용했다. 인구의 70퍼센트가 동방정교회의 최대 교파인 러시아정교회(Russian Orthodox Church)였으며, 무슬림이 12퍼센트, 가톨릭교인이 9퍼센트, 유대교인이 4퍼센트, 개신교인이 3퍼센트 정도 되었다. 더불어 지역적으로는 중요한 의미를 지녔지만, 전체적으로는 별로 중요하게 평가받지 못한 종교 집단들이 있었다. 러시아 사회 계층은 귀족(1900년도에 약 1.5퍼센트), 성직자(0.5퍼센트), 도시 시민(11퍼센트), 농부(77퍼센트) 등 네 개의 계급으로 구분되어 있었다. 하지만 이러한 구분으로 많은 것을 알 수는 없다. 귀족이라고 해도 극히 적은 슈퍼 리치와 몇몇 잘사는 사람들, 생활이 넉넉한 정도의 사람들과 아무것도 가진 것이 없는 사람들이 모두 섞여 있었다. 노동자들은 마을 공동체와 완전히 단절되지 않았을 경우 통계상 농부로 분류되었다. 인구의 약 10퍼센트는 '특수 집단'으로, 신분 계급의 어느 곳에도 속하지 못했다. 이런 집단에는 카자흐인, 유대인, 외국인, 그리고 '이민족'이 있었다.

　광활한 면적에 기반 시설이 형편없으며, 남에서 북으로 흘러가는 상태를 예측하기 힘든 강과 거의 예측 불가능한 도로(보통 길은 동결기의 시작과 끝에 진흙 속에 묻혔다)로 이루어진 나라인 러시아는 사실 누군가가 지배할 수 없는 곳이었다. 그런데도 차르들은 이곳을 지배하려고 노력했다. 러시아는 1905년 제1차 러시아혁명이 일어나기 전까지 헌법이 아니라, 유일하게 차르의 양심과 신의 법으로 다스려진 전제주의 국가였다. 러시아 황제와 여황제는 놀랍게도 성공적으로 나라를 다스렸다. 이들이 수도를 제외한 지역에서는 국가 기관의 지배력을 약화하면서 그 대신 민중이 스스로 국가 기관의 역할을 하게 했기 때문이다. 황제와 여황제는 제국 구석구석에 특사를 보내 나라를 지배했다. 1861년에 농부가 해방될 때까지는 그러한 식으로 토지를 소유하고, 이른바 관리직에 있던 귀족이 러시아 황제가 내린 포고령을 맡아서 실행했다. 농촌 마을 공동체는 토지를 관리하는 일을 조직하고 군사를 고용했다. 마을 공동체는 '그들의' 귀족이나 차르의 대리인 허락 없이는 (19세기 중반에는 농노 중 절반 이상이 귀족이 아니라 차르에게 '속했다') 마을을 떠날 수 없는 농노들로 구성되었다. 이들은 땅과 함께 팔리거나 심지어 땅만 빼고 팔릴 때도 있었다.

　1860년도에 노예제도가 폐지되었다. 러시아는 18세기부터 서쪽에서 동쪽으로, 또 북에서 남으로 노예제도를 폐지해 가던 유럽의 추세에 조금 늦게 합류했다. 그리하여 농부들은 그들을 지배하던 속박에서 해방되었고, 토지는 농부와 (이제는 예전의) 주인인 귀족에게 분배되었다. 이것은 농업 분야에서 엄청난 변혁을 의미했다. 여기에 더해 상트페테르부르크와 모스크바 외의 다른 지역에도 산업화가 일어났다. 러시아는 안에서 바깥으로 변화했다. 차르의 지배 구조는 이런 시대적 발전에 보조를 맞추지 못했다.

그리고는 1905년에 전환기가 찾아왔다. 15장 '홋카이도' 편에서 보았듯이, 러시아가 일본과의 전쟁에서 패하고 말았다. 신문들은 유럽의 강대국이 아시아의 열강에 굴복한 일을 충격에 휩싸여 보도했다. 상트페테르부르크에서 최초의 혁명이 일어났다. 차르는 국회와 헌법을 위한 선거를 승인해야만 했다. 국회와 헌법은 제대로 기능하지 못했고 여러 번 변경되었다. 그러나 어쨌든 거대한 러시아 제국은 움직이고 있었다. 그런데 러시아 제국의 역학은 마르크스와 엥겔스가 수십 년 전에 예견했던 것과 잘 들어맞지 않았다. 불행히도 역학은 정치와 경제, 사회적 변화를 목적으로 서유럽과 중부 유럽에서 개발된 국가와 사회의 모델에도 맞지 않았다.

제1차 세계대전이 발발하기 얼마 전에 상트페테르부르크와 모스크바에서 완전히 다른 정치 집단들이 부각되었다. 한편에서는 무력을 이용해서, 또 다른 한편에서는 평화적이고 단계적인 방법으로 사회적 붕괴를 가져오길 바라는 사회주의와 공산주의 정당이 있었다. 또 독일과 영국 혹은 프랑스의 국가 이념과 민주주의 사고를 받아들이기를 요구하던 서구파가 존재했다. 하지만 무엇이 되었든 간에 상관없이 러시아 본래의 모습으로 회귀함으로써 행복을 찾는 전통주의자들도 있었다. 각각의 집단은 실제로 존재했던 러시아의 입장을 표명할 수 있었다. 대도시에 증가하는 노동자의 수, 생겨난 시민권과 쇄신할 귀족, 러시아의 마을과 노예제도와 마을 공동체에서 해방된 농부의 입장을 말이다. 어떤 집단도 전체를 위한 해결책은 없는 듯했다. 차르가 지배하던 시대가 지나가고 나서야 비로소 단결이 찾아왔다. 그때까지 해왔던 대로라면 앞으로 나갈 수 없었다.

페트로그라드(1917~1918년): 세계대전과 세계 혁명

　　따라서 러시아에서도 수많은 대표적 엘리트들이 제1차 세계대전의 발발을 해방으로 여겼다. 어쨌든 이제 힘을 합쳐야만 대적할 수 있는 공동의 적이 생겼다. 수도의 이름은 페트로그라드(Petrograd)로 바뀌었다. 페트르스부르크 (Petersburg)라는 지명이 너무 독일어처럼 들렸기 때문이다. 모스크바에서는 반독일적인 소수 민족 박해가 일어났다. 하지만 러시아는 게르만족과 게르만족의 동맹국과 치른 전쟁에서 오랫동안 환희를 느끼지 못했다. 러시아는 동프로이센과 갈리치아 지역에서 전쟁 초기에 잠깐 승리를 거둔 뒤로는 수차례에 걸쳐 잇따라 패배했다. 1917년 초까지 170만 명의 병사가 죽었고, 800만 명의 부상병이 생기고, 250만 명이 포로로 잡혔다. 대도시에 살던 사람들이 겪은 고통도 마찬가지였다. 음식과 옷가지가 부족했다. 1916년과 1917년에는 프랑스와 오스트리아−합스부르크, 독일의 겨울도 혹독했고, 구호 상황도 나쁜 데다 민중들의 불만족이 만연했고, 파업과 데모가 일어났다. 하지만 러시아 군대만 심각할 정도로 전투력에 타격을 받았다. 1917년 2월에 러시아에서 다시 혁명이 일어났다.

　　처음에는 페트로그라드의 여직공들이 국제 여성의 날을 계기로 데모를 일으켰다. 이 데모는 눈사태처럼 퍼져 나간 정치적 방식으로의 반대를 위한 서막으로 작용했다. 1917년 2월 25일에 페트로그라드에서 총파업이 일어났다. 정부는 2월 27일에 퇴각했다. 3월 3일에는 차르가 퇴위했다. 더 이상 차르의 통치권을 보호해줄 장치인 군부대가 없었다. 전쟁 전에 있었던 의회인 두마 (duma, 1906~1917년에 존속한 제정 러시아의 의회)로부터 새로운 정부가 구성되었다. 그 외에 노동자 대표, 소비에트(soviet, 프롤레타리아 독재 정권의 권력 기관)가 결성되었다. 두마와 소비에트는 서로를 견제했다. 소비에트를 전복시키려 여러 차례 시도했지만, 허사로 돌아갔다. 중심 도시에서 멀리 떨어져 있던 사람들은 혁명에 대한 환희가 사그라지고 페트로그라드에서 어떤 훈령이 내려지지 않자 자치 기구를 조직했다. 농부들은 대농장 소유주의 땅을 나누었다. 제국의 가장자리에 있던 국가들이 합쳐졌다. 우크라이나는 1917년 6월에 자치권을 선언했다. 벨라루스와 에스토니아, 라트비아, 크림 타타르족(Tatar), 그리고 카자흐인들은 자치권 행사를 요구했다.

　이런 상황에서 수도의 소비에트에서는 여러 사회주의적 집단 아래 트로츠키(Leon Trotskii, 1879~1940)와 레닌(Vladimir Il'ich Lenin, 1870~1924)을 중심으로 한 볼셰비키가 빠르게 중요한 위치를 차지했다. 이들은 극단적이며 단호했다. 그리고 농부와 노동자, 그리고 병사가 각각 원하던 토지와 자율권, 또 평화를 즉시 가져다주겠다고 주장했다. 10월 25일과 26일에 걸쳐 볼셰비키의 노동자들과 병사들이 도시의 주요 지점을 점거하고 그 당시 정부가 있던 차르의 옛 겨울 궁전으로 달려갔다. 이들은 페트로그라드의 전 러시아 노동자 병사 소비에트 대회에서 거대한 제국의 모든 지역에서 온 대표자들을 향해 권력이 자기들에게 넘어왔다고 설명했다. 하지만 볼셰비키가 권력을 행사할 것이라고 알렸다. 쿠데타가 일어났다. 수도에 살던 주민 대부분은 봄부터 일어난 군사 행진과 총격전, 군대의 교만한 선언에 익숙해져서 심지어 쿠데타가 일어난 사실조차 깨닫지 못했다. 하지만 이 쿠데타는 혁명으로 발전했다. 레닌과 트로츠키가 권력을 이용해서 몇 년 안에 러시아를 변혁시켰기 때문이다.

　볼셰비키는 자신이 마르크스와 엥겔스가 예견한 세계 혁명의 선봉자임을 믿었다. 세계 혁명은 제1차 세계대전의 끝에 시작되었는데, 세계대전과 함께 부르주아들은 지배의 최종 단계에서 자기 스스로 파괴했다. 볼셰비키는 본인의 견해에 따라 역사와 학문의 임무를 충족시켰다. 그 임무란 가능한 한 빨리 권력을 장악하고, 모든 반대를 극복하고, 러시아의 낙후된 상태를 개선하고, 이렇게 함으로써 자신들의 혁명을 세계로 수출할 수 있게 하는 것이었다. 이런 목적을 이루기 위해 대다수를 간과하고 폭력이 사용되는 것은 지극히 당연하며, 더 긴 안목으로 봤을 때 인간적이기도 하다고 주장했다. 프롤레타리아의 독재는 공산주의로 넘어가는 과정에 꼭 필요한 것이었다. 역사적으로 필수 불가결한 임무를 충족시키려면 전체주의적이 되어야만 한다고 보았다.

　전 러시아 소비에트 의회는 합병이나 현물 공납 내지 민중의 자치권이 없는

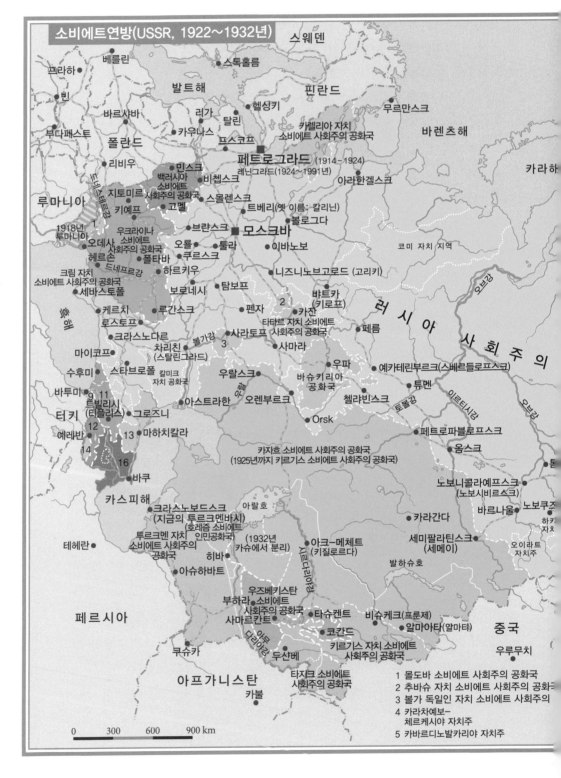

소비에트연방(USSR, 1922~1932년)

스웨덴
베를린
프라하
스톡홀름
빈
발트 해
핀란드
바르샤바
러가
헬싱키
무르만스크
부다페스트
폴란드
탈린
카우나스
카렐리아 자치
소비에트 사회주의 공화국
바렌츠 해
리비우
프스코프
민스크
페트로그라드 (1914-1924)
카라하
백러시아
소비에트
사회주의 공화국
비쳅스크
레닌그라드(1924~1991년)
지토미르
스몰렌스크
아라한겔스크
루마니아
키예프
고멜
트베리(옛 이름: 칼리닌)
1918년
루마니아
우크라이나
소비에트
사회주의 공화국
브랸스크
모스크바
볼로그다
코미 자치 지역
오레 강
오데사
오룔
이바노보
헤르손
풀타바
쿠르스크
크림 자치
소비에트 사회주의 공화국
드네프르강
하르키우
니즈니노브고로드 (고리키)
러
시
아
세바스토폴
보로네시
탐보프
뱌트카
(키로프)
케르치
루간스크
펜자
카잔
타타르 자치 소비에트
사회주의 공화국
페름
사
회
주
의
로스토프
볼가강
사라토프
사마라
예카테린부르크(스베르들로프스크)
크라스노다르
3
우파
마이코프
차리친
(스탈린그라드)
우랄스크
바슈키리아
공화국
투멘
이르티시강
오
비
강
수후미
스타브로폴
칼미크
자치 공화국
오렌부르크
첼랴빈스크
토볼강
바투미
9 11
트빌리시
(티플리스)
그로즈니
아스트라한
Orsk
페트로파블로프스크
터 키
12
마하치칼라
옴스크
예레반
13
카자흐 소비에트 사회주의 공화국
(1925년까지 키르기스 소비에트 사회주의 공화국)
14
16
노보니콜라예프스크
(노보시비르스크)
바쿠
카스피해
아랄호
카라간다
바르나울
노보쿠즈
하카
자치
크라스노보드스크
(지금의 투르크멘바시)
(호레즘 소비에트
투르크멘 자치 인민공화국)
소비에트 사회주의
공화국
(1932년
카슈에서 분리)
아크-메체트
(키질로르다)
세미팔라틴스크
(세메이)
오이라트
자치주
테헤란
히바
발하슈호
아슈하바트
시르다리야강
우즈베키스탄
소비에트
사회주의 공화국
타슈켄트
비슈케크(프룬제)
알마아타(알마티)
중 국
페르시아
부하라
사마르칸트
코칸드
키르기스 자치 소비에트
사회주의 공화국
우루무치
아
무
다
리
야
강
쿠슈카
두샨베
아 프 가 니 스 탄
타지크 소비에트
사회주의 공화국
1 몰도바 소비에트 사회주의 공화국
2 추바슈 자치 소비에트 사회주의 공화국
3 볼가 독일인 자치 소비에트 사회주의
카불
4 카라차예보-
체르케시야 자치주
5 카바르디노발카리야 자치주

0   300   600   900 km

자치구역
소비에트 사회주의 공화국
A자치 소비에트 사회주의 공화국

로스토프
칼미크 자치주
(4.11.1920)
아스트라한

쿠반강
스타브로폴

동시베리아해
소치
수후미
다게스탄 자치 소비에트
사회주의 공화국
(12.3.1922)
그로즈니
카스피해

4
5
6
7
8
10
13

9
11
트빌리시(티플리스)
트란스코카서스 소비에트 연방
사회주의 공화국(1922. 3. 12.)

트라브존
터키
(1920~1921년)
카르스
12
예레반
쿠라강
16
바쿠

터키
15

나히체반
14

0   100   200 km

이란

레나강

야쿠트 자치 소비에트 사회주의 공화국

마가단

야쿠츠크

오호츠크

소 비 에 트   공 화 국

오호츠크해

사할린
(1920~1925년까지
일본 점령)

스노야르스크

레나강

부랴트 몽골 자치
소비에트 사회주의 공화국

콤소몰스크

바이칼호

투바
화국

이르쿠츠크

치타

블라고베셴스크

아무르강

하바롭스크

훗카이도

베르흐네우딘스크
(울란우데)

만주

울란바토르

하얼빈

몽골
인민공화국

중국

블라디보스토크

키 자치 소비에트 사회주의 공화국
자치주
지아 자치 소비에트 사회주의 공화국
리야 자치 소비에트 사회주의 공화국
세티야 자치주
아 소비에트 사회주의 공화국

12 아르메니아 소비에트 사회주의 공화국
13 다게스탄 소비에트 사회주의 공화국
14 나히체반 자치주
15 나고르노 카라바흐 자치주
16 아제르바이잔 소비에트 사회주의 공화국

동해

일본

대 한 민 국

평화를 즉시 요구했다. 의회는 개인과 국가, 교회 등이 소유한 전체 토지를 새롭게 분배하기 위해 거둔 다음에 농부가 이미 계획한 토지의 분배를 합법화하고 확대해서 실행했다. 소비에트 의회(평의회)가 임명한 볼셰비키의 '인민위원회'는 다른 파격적인 결정을 내렸다. 군대에서 관료제와 계급제를 폐지하고, 공장을 노동자위원회의 통제 아래 두었다. 혁명 호민관이 법원 역할을 대신했다. 방방곡곡에서 추종하는 사람들이 빠르게 모였다. 러시아 황제가 퇴위한 후에 난국이 너무 오래 질질 이어졌고, 전쟁은 너무나 추악했으며, 완전히 새로운 것에 대한 희망은 너무나 컸다.

12월 15일에 러시아가 오스트리아-헝가리, 그리고 독일 제국과 맺은 휴전 협정이 효력을 발생했다. 러시아는 서구 열강인 프랑스와 영국과 맺었던 동맹에서 탈퇴했다. 1918년 3월 3일에 브레스트리토프스크(Brest-Litovsk, 지금의 벨라루스 브레스트)에서 평화 조약이 맺어졌다. 독일은 러시아 군대가 사실상 와해된 일을 상트페테르부르크가 건립된 이후에 차르가 가장 넓게 차지했던 영토를 무너뜨리는 평화 조약으로 이용했다. 볼셰비키는 독일의 부당한 요구를 받아들였다. 군사적 힘의 관계 때문에 다른 선택의 여지가 없었던 데다 나라에 평화를 원하는 사람이 많았고, 또 볼셰비키의 관점에서 봤을 때 어쨌든 세계 혁명이 바로 코앞에 닥쳤기 때문이다.

굴욕적인 평화 조약보다, 또 제국의 가장자리에서 일어난 분할보다 더욱 심각했던 것은 제국이 내부에서부터 와해되는 일이었다. 혁명적 목표를 불확실하게 했기 때문이다. 이미 1918년 봄에 내전이 발발했다. 볼셰비키의 정치를 거부하던 사회주의 집단의 추종자들이 무장을 하고 일어섰다. 1917년, 1918년 겨울에 있었던 혁명의 혼란 속에서 일자리를 잃고 좌절에 빠진 노동자들은 자신의 몫을 챙기기 바랐다. 농부들은 너무나 많은 양의 곡식을 공출하는 데 반대해 무력으로 대응했다. 황제 통치를 추종하는 사람들은 시간의 바퀴를 과거로 돌리려 애썼다.

혁명에 가담하고 싶어 하지 않던 정규군은 동맹을 찾았다. 와해되고 있던 왕정의 끝에서 새로운 민족국가 동맹은 러시아와의 경계를 정할 때 자신이 더 유리해질 기회로 혁명을 이용했다. 외부에서는 영국과 프랑스, 미합중국과 일본이 자금과 무기, 군대를 갖추고 여기에 개입했다. 젊고 혁명적인 소비에트 공화국은 막 존재하기 시작하자마자 치명적 위기에 처했다.

1921년이 되어서야 볼셰비키는 비로소 권력을 내세우기 시작했다. 이들이 거침없이 무력을 휘두르고, 볼셰비키 적들의 의견이 분분했기 때문이기도 했지만, 많은 노동자와 농부가 어떻게 해서든 평화를 불러오고 토지를 새로 배당해 준 혁명을 지지했기 때문이었다. 레닌은 모스크바에서 열린 한 전당대회에서 자신의 노선에서 벗어나는 모든 것을 성공적으로 제거했으며, 앞으로도 정치적 파벌을 결성하는 행위를 금지했다. 하지만 그는 황폐해진 나라를 지배했다. 분명 7백만 명에서 8백만 명이나 되는 사람이 내전 때 목숨을 잃었다. 내전 뒤에는 기근으로 5백만 명이 사망했다. 2백만 명이나 되는 사람들이 러시아를 떠났다. 약 7백만 명에 이르는 고아와 집 없는 아이, 청소년들은 힘든 고난 속에서 무리를 지어 쓰레기 더미에서 먹을거리를 구했거나, 구걸, 범죄 행위를 통해 끼니를 해결했다. 페트로그라드의 인구는 2백만 명에서 70만 명도 안 되게 줄었다. 많은 주민이 불안 속에서 목숨을 잃었다. 이보다 훨씬 많은 사람이 자기가 왔던 농촌의 마을 공동체로 돌아갔다. 그곳에는 아직 최소한의 먹을거리가 있었다.

혁명에 열성적인 추종자조차 돌아가는 형세를 의심했다. 1921년 3월에 페트로그라드의 전방에 주둔한 해군 기지 크론시타트(Kronshtadt, Kronstadt, 크론슈타트)에서 수병들이 반란을 일으켰다. 이들은 10월 혁명의 극단적 옹호자였다. 봉기는 공군의 지원으로 포격당했다. 2천 명이 넘는 반란자가 처형되었다. 이들은 반혁명주의자였다.

많은 사람이 만족하지 못했던 중요한 이유 중 하나는 공산주의 경제 정책이 실패했기 때문이다. 혁명의 첫날부터 볼셰비키들은 시민 시장 경제를 끝내고 노동자의 자치권을 확보하며 중앙 계획을 실현하는 데 주력했다. 이는 마르크스주의에서 일관적으로 주장하던 것이었지만, 제대로 기능을 하지 못했다. 시민 전문가들은 쉽게 대체될 수 없었고, 내전의 혼란으로 경제적 계획을 세우기 힘들었으며, 그나마 계획이 가능했던 것은 트로츠키의 '붉은 군대(Krasnaya armiya, 1918~1946년까지의 소련 육군 명칭)'를 먹여 살리는 데 우선하여 투입됐다. 경제 붕괴를 막기 위해서 1921년에 '신경제정책(NEP)'이 선포되었다. 신경제정책에서는 계획경제를 전체적으로 지원하기 위해 지역과 소규모 기업 차원에서 시장경제와 자본주의를 허용하는 여러 대책을 세웠다. 숨 돌릴 수 있는 휴식 같은 혁명이었다. 1925~1926년에 러시아 경제는 다시 전쟁 이전의 수준에 도달했다.

소비에트 러시아는 그때 다시 국제 질서의 일원이 되기 위해 노력했다. 10월 혁명은 확실히 자본주의 종말의 시작이 아니었고, 세계 혁명은 일어나지 않았다. 따라서 러시아는 1927년에 개최된 15번째 전당대회에서 더 이상 세계 혁명을 기다리지 않고 '하나의 국가에 사회주의를 건설'해 보기로 결정했다. 유럽과 북아메리카의 지식층은 공산주의 국가의 실험에 매력을 느끼며 예의 주시했다. 러시아는 스탈린주의와 사회주의적 현실주의가 천편일률적인 단조로움을 퍼트리기 이전에 문학과 음악, 영화 부문에서 문화적 전성기를 맞이했다. 전 세계의 노동자들은 권력이 노동자에게 있다는 곳이 세상에 존재한다는 사실이 자랑스러웠다. 어떤 사람은 소비에트의 실험을 거의 종교처럼 신봉하기도 했다.

그동안에 페트로그라드는 레닌그라드로 이름이 바뀌었다. 1924년에 레닌이 사망했다. 새로운 수도 모스크바는 그의 유해를 건네받고 사회주의자의 성지로 통하는 묘를 세웠다. 옛 수도에는 레닌의 이름이 붙었다. 그런데 레닌의 후예로 나타난 사람은 놀랍게도 그의 동반자이자 내전의 영웅인 레온 트로츠키가 아니라, 스탈린(Stalin, 강철의 사나이)이라는 가명으로 알려진 이오시프 비사리오노비치 주가시빌리(Ioseb Vissarionovich Dzhugashvili, 1879~1953)였다. 스탈린은 이념적으로 융통성 있고 능숙하게 권력을 다루어서 1920년대 말까지 모든 경쟁자를 제거하고 독재자로서의 위치를 확고히 다졌다.

스탈린, 현대, 테러

소비에트 연방은 스탈린이 리더십을 강력하게 주장하며 밀고 나가던 1920년대 후반기부터 그가 사망한 해인 1953년 사이에 세계 강국으로 떠올랐다. 몇 년 후에 미국이 인정한 것처럼 이전에 세계 공동체의 아웃사이더였던 소비에트 연방은 자본주의를 추구하는 서구와 동등한 위치에 나란히 섰다. 소비에트 연방은 나치 독일이 강요한 파괴적인 전쟁의 주요 부담을 짊어지고 결국 승리를 거두었다. 소비에트 연방은 일련의 위성 국가와 폴란드, 체코슬로바키아, 그리고 불가리아의 새로운 공격으로부터도 자신을 지켜냈다. 소비에트 연방은 전 세계로 혁명을 퍼트리지는 못했지만, 중국과 한국, 베트남, 알바니아 그리고 유고슬라비아에 영향을 끼쳤다. 실제로 존재하는 사회주의는 이제 막 식민 제국에서 해방한 아시아와 아프리카의 신흥 국가에는 매혹적인 모델이었다. 인간의 삶과 고통이 너무나 극단적 방법으로 대가를 치르지 않았더라면 이 모든 것은 승리의 역사로 불릴 수도 있었다. 사회주의는 이미 이후에 나타날 몰락의 싹을 속에 품고 있었다.

스탈린주의에 이성적 핵심이 존재한다면 그것은 19세기 말에 서유럽과 미국에서 발전한 것과 같이 바로 현대 산업사회의 사회주의적 형태를 뒤처진 러시아에서 최고의 속도로 완성하는 일이었다. 1927년 15번째 전당대회에서 결의한 '한 나라에 사회주의 체제를 마련하기'는 자본주의 열강들이 실험을 끝낼 시간을 찾기 전에 성공적으로 완성해야 했다. 마치 소비에트 연방이 탄생하고 이때 겪은 경험이 지도층에 영향을 끼친 전쟁에서처럼 이런 계획을 이끄는 지도 세력은 얼마 안 되는 사람의 손에, 끝에는 유일하게 단 한 사람의 손에 놓였다. 사회는 생존에 중요한 목표를 달성하기 위해 계속해서 마치 전시 상황인 것처럼 총동원되었다. 일체감을 불러일으키고 장애물을 제거하는 데 거침없는 폭력이 중요한 수단으로 사용되었다.

농업의 집단화와 중공업화라는 두 가지 목적이 계획의 중심을 이루었다. 농부들은 땅을 얻었기 때문에 자신을 혁명과 연관 지었다. 하지만 이들이 생산하는 농작물은 산업화를 강행하기에 충분하지 않았다. 이런 이유로 농부들은 그들의 땅을 이른바 좀 더 능률적으로 일하는 콜호스(kolkhoz, 집단 농장)에 넘김으로써 산업의 중심지가 필요로 하는 더 많은 양의 식량을 수확해야만 했다. 농촌에 사는 많은 사람은 이 점을 명쾌하게 이해하지 못했다. 농부들은 중앙에서 내려오는 압력을 여러 방법으로 비껴갔다. 중앙 정부는 이에 폭력과 강요로 대응했다. 농부들은 살해당하거나 강제 노역 판결을 받았다. 해당 연도에 할당액에 도달하지 못했을 경우 다음 해에 쓸 종자의 씨앗을 빼앗겼다. 그 결과, 러시아 제국의 곡창 지대 한가운데서 기근이 발생했다. 1930년대가 시작될 무렵에 무려 5백만 명에서 8백만 명에 이르는 사람들이 희생당했다. 1933년 초에 스탈린은 사람들이 살던 지역을 떠나는 것을 막고 식량 위기를 지역적으로 한정하기 위해서 기근이 일어난 주요 지역을 봉쇄하라고 명령했다.

산업화는 5개년 계획에 힘입어 진척되었다. 5개년 계획은 댐과 발전소, 제철소, 트랙터와 자동차 공장, 그리고 다른 중공업 단지 건설에 가능한 한 모든 힘을 집중한 계획이었다. 러시아 북쪽과 시베리아의 황량한 지역에서 지하자원을 얻기 위해 이곳에 반체제 인사를 가두는 노동자 수용소가 설치되었다. 이론에 따르면, 이런 반체제 인사는 공익의 노동을 통해 사회주의를 위한 사람으로 거듭나야 했다. 1930년에는 이미 이런 부류의 수용자가 30만 명에 이르렀고, 1934년에는 50만 명이나 되었다. 이들 가운데 많은 사람이 목숨을 잃었다.

1930년대 후반기에는 사회 곳곳에서 테러가 일어났다. 스탈린과 그를 추종하는 무리는 민중들이 순종하고, 불만을 표출하지 못하고, 봉기를 일으키지 못하도록 이성적으로는 도무지 상상조차 하기 힘든 방식의 폭력을 행사했다. 그래도 늘 혼란을 부추기는 또 다른 모반 계획들이 적발되었다. 자칭 모반자들은 고문당하고 난 뒤에는 자신이 저지르지도 않은 범죄를 자백하고, 스탈린이 자신들을 진실의 길로 인도했다고 칭송하며 유배지로 끌려가거나 사형당했다. 스탈린은 배신자와 방해자를 색출해내는 데 속도를 내기 위해 지역마다 달성해야 하는 폭로자와 처벌자의 숫자를 정해 주었다. 사람들이 스스로 테러의 궁지에 빠져들지도 모른다고 두려워했기 때문에 목표는 이럭저럭 달성되었다. 정당은 밀고자를 영웅이라고 칭했다. 사람들은 서로를 불신했다.

가장 테러가 심했던 1937년과 1938년에만 3백만 명이 체포되었고, 약 70만 명이 정치적 이유로 처형당했다. 또 같은 이유로 다른 약 70만 명의 사람도 판결을 받고 교도소와 수용소 혹은 유형지로 보내졌다. 붉은 군대는 지도부의 상당수를 잃었고, 중앙위원회 회원 가운데 3분의 2가 넘는 사람이 죽었다. 1934년 17차 전당대회에 참가했던 1,966명의 대표자 가운데 절반이 넘는 사람도 마찬가지로 목숨을 잃었다. 1938년 11월에 스탈린은 테러를 급작스럽게 중지했다. 정신적으로 깊은 외상을 입은 사회가 남겨졌다.

그러나 1930년대는 강제 집단화와 폭력적인 산업화, 테러 외에도 대중오락과 스포츠, 공휴일, 만취 상태의 시대이기도 했다. 모스크바에 고리키 공원이 문을 열었는데, 이 공원은 이후에 소비에트 연방의 다른 공원을 조성하는 데 본보기가 되었다. 사람들은 또한, 세계적으로 견주어도 부끄럽지 않은 기계와 교통수단, 건물 등 완성작에 자긍심을 가졌다. 모스크바에 성당처럼 지어진 지하철역은 러시아 건축이 세계 수준에 도달했다는 것을 보여주었다. 소비에트 연방 밖의 다른 세계가 어떻게 생겼는지 정확하게 아는 사람은 매우 적었다. 적이 가득한 세계에 직면해서 단지 많은 희생을 치러야만 미래의 사회주의 사회에 이를 수 있다는 꿈, 이 꿈만은 사회에 계속해서 영향을 미쳤다.

레닌그라드 봉쇄(1941~1944년)

1941년 6월 22일에 독일 군대가 소비에트 연방을 침공해 왔다. 스탈린은 반대 스파이가 있다는 것을 알아챘지만, 전쟁이 일어날 위험이 있다는 사실을 믿고 싶어 하지 않았고, 1939년 여름에 히틀러와 맺은 불가침 조약을 신뢰했다. 불가침 조약을 통해 소비에트 연방은 어쨌든 폴란드의 동쪽 절반의 영토를 획득했다. 독일 군대의 공격으로 붉은 군대의 전방이 무너졌다. 군 지휘부가 이전 몇 년간의 테러로 대부분 희생되었기 때문에 상황은 더욱 심각했다(인과응보였다). 9월에 독일 군대는 모스크바와 레닌그라드 앞까지 진격해 왔다. 하지만 독일군은 전체 상황으로 봤을 때 붉은 군대를 절대 이기지 못했다. 소비에트 연방이 계속해서 새로운 병사를 투입하고 영국과 미국이 러시아에 물자를 지원했기 때문이다.

독일은 19세기 중반부터 적십자의 도움으로 세워진 모든 문명의 기준을 무시한 채 러시아와 전쟁을 벌였다. 전쟁 포로는 강제 노동에 끌려가고 충분한 보살핌을 받지 못했다. 단지 3분의 1이 조금 넘는 포로만 독일군의 혹독한 대우에서 살아남았다. 민간인은 인종에 따라 구분되어 일부는 전쟁 기계로 동원되고, 일부는 추방당하고, 또 다른 일부는 살해당했다. 독일은 점령한 동부 지역을 자신의 식민지라고 여겼다. 하등 민족이라고 등급이 매겨진 이곳 사람들은 전혀 고려하지 않은 채 독일 제국은 자신의 이익을 위해 수탈하고 대규모로 변화시키려 했다. 레닌그라드의 상황은 특히 심했다. 히틀러는 1941년 9월에 레닌그라드 도시를 점령하지 않기로 했다. 이곳의 주민들이 포로가 될 경우 먹여 살리지 않으려는 의도였다. 1941년, 1942년 겨울에 레닌그라드의 기온이 영하 40도 이하로 떨어졌다. 비축해 놓았던 식량이 동이 났다. 연료와 전기가 끊기고 수도관이 얼어붙었다. 우리는 당시 일기 몇 편을 통해 이곳에서 얼마나 끔찍한 일들이 일어났는지 알 수 있다.

1944년 1월까지 900일 동안 레닌그라드 봉쇄가 이어졌다. 1942년, 1943년 겨울부터 얼어붙은 라도가호(Lake Ladoga)와 나중에 싸워 획득한 회랑 지대(回廊地帶. 제1차 세계대전 후에 베르사유 조약으로 폴란드령이 된 서프로이센과 포즈난의 북부 지방)를 통해 최소한의 몇 가지 물자가 도시로 유입되었다. 사람들은 이를 통해 살아남을 수 있었다. 도시가 봉쇄된 기간에 1백만 명 정도의 사람이 죽었을 것으로 추정된다. 지금도 사람들은 제2차 세계대전 하면 스탈린그라드에서의 승리 외에도 레닌그라드의 포위 공격과 이에 맞서 버틴 주민들의 끈기를 떠올린다. 1942년과 1943년 겨울에 독일군은 코카서스를 공격하는 데 실패했다. 1943년 2월 초에 소비에트군이 독일군에 성공적으로 대항한 것도 큰 역할을 했지만, 겨울의 혹독함이 독일군 제6부대를 괴롭혔기 때문이다. 독일군은 추위와 전쟁으로 15만 명의 병사를 잃었다. 러시아 쪽에서는 50만 명의 군사가 목숨을 잃었다. 레닌그라드 봉쇄가 소비에트 민족의 고통과 생존 의지를 상징한다면, 스탈린그라드는 일반적으로 전쟁의 전환점을 의미했다.

독일군의 잔인함에 비추어 볼 때 소비에트 병사들은 1942년과 1943년 전쟁이 전환점을 맞이한 후 서쪽으로 진군하면서 본인들도 이곳에 있던 민간인을 보호하려는 기색을 보이지 않았다. 병사들은 엄청난 압력을 받았다. 스탈린이 1942년에 군대가 후퇴하는 것을 금지하고 전투 중인 군대 뒤에 사수를 배치해 놓았다. 사수들 또한 절대 후퇴할 수 없었다. 헌병들은 군 내부에서 탈영이나 배신행위로 보이는 모든 것을 엄격하게 추적했다. 1945년 4월에 끔찍할 정도로 많은 병사가 희생된 후 붉은 군대는 베를린 제국 의사당에 붉은 깃발을 꽂았다.

소비에트 연방은 제2차 세계대전 때 정면으로 맞서 싸웠다. 전체 사망자가 얼마나 되는지는 오늘날까지 논란이 있다. 2천만 명 이상이 목숨을 잃은 것으로 추정하기도 한다. 비율적으로 봤을 때 단지 전쟁을 일으킨 장본인인 독일과 폴란드에서만 이 정도의 희생자가 생겼다. 반면에 영국과 미국에서 희생된 사람의 수는 훨씬 적었다. 영국과 미국, 두 나라는 제1차 세계대전을 20세기에 치른 대전쟁이라고 여긴다. 그러나 소비에트 연방과 독일은 제2차 세계대전을 제1차 세계대전의 규모를 능가하는 전쟁으로 기억한다.

불같이 뜨거웠던 전쟁이 지나간 후에 거의 바로 냉전의 시대가 뒤따랐다. 반히틀러 연맹이 독일 독재자의 죽음 뒤에 오래가지 못한 것은 분명 의도적으로 계획된 균열이라기보다는 오히려 상호 간의 오해에 따른 결과였다. 스탈린은 파괴된 나라를 재건하기 위해 독일에 전적인 손해 배상을 요구했다. 1941년에 겪은 경험에서 스탈린은 안전의 필요성을 심각할 정도로 느끼고 갈구했다. 그는 소비에트 연방의 서쪽 가장자리에 있는 위성 국가와 아시아에서의 승리를 통해 이 욕구를 충족하려 했다. 하지만 서구 열강은 이런 스탈린의 의도를 세계 혁명을 확장하려는 시도로 해석하고 반대 입장을 표명했다. 1950년대 초에 한국전쟁에서 새로운 분쟁의 전선이 눈에 띄기 시작했다. 그 후 1961년에 세워진 장벽으로 나뉜 독일과 베를린에서 이런 분쟁이 뚜렷해졌다. 한편, 독일은 역설적으로 열강의 대립 덕에 수혜자가 되기도 했다. 독일은 인류에게 상상할 수 없는 범죄를 저지르고도 예상보다 훨씬 빨리 바르샤바 조약기구와 나토(NATO)라는 새로운 동맹 제도의 일원으로 받아들여졌고, 다시 정치권과 사회권의 구성원이 되었다.

실존하는 사회주의

1953년에 스탈린이 사망했다. 소비에트 연방은 충격에 휩싸였다. 후임을 정하는 규칙이 없던 데다 모든 것 위에 빛나던 독재자가 없는 삶은 상상할 수 없는 듯했기 때문이다. 니키타 흐루쇼프(Nikita Sergeevich Khrushchyov, 1894~1971)가 후임 자리를 놓고 벌어진 투쟁의 승자가 되었다. 그는 1956년에 개최된 제20차 전당대회에서 스탈린이 저질렀던 범죄를 의안으로 삼고 교도소에 수용된 사람의 절반을 석방했다. 하지만 흐루쇼프는 스탈린으로부터 완전히 거리를 두지는 못했다. 다른 모든 소비에트의 지도자처럼 그 역시 스탈린 시대에 직위를 얻고 테러 조직의 일원으로 활약했었기 때문이다. 흐루쇼프는 한동안 예술과 문화 분야에서 좀 더 많은 자유를 허용했다. 그는 대중적이며 길거리에서 사람들과 이야기를 나눌 수 있는 소비에트 최초의 지도자였다. 그러나 흐루쇼프는 충동적이며 때로는 극도로 격분한 상태로 말을 뱉어냈다. 1960년에 개최된 유엔 총회에서 그는 갑자기 분노에 휩싸여 신발로 단상을 내려쳤다. 이렇게 분노를 터뜨리는 모습에 모두가 혼란스러워했다. 흐루쇼프는 1956년에 봉기를 일으킨 헝가리를 군사를 대동해서 다시 위성 국가로 강제 편입시키고, 폴란드에서 일어난 저항 운동을 무력으로 진압한 일로 많은 사람의 호의를 잃었다.

소비에트 연방 경제는 스탈린 시대에 크게 발전했다. 원자폭탄과 수소폭탄을 개발하고 역사상 최초로 인공위성을 우주로 쏘아 올린 일(미국보다 앞서)은 소비에트 연방이 냉전 시대에 경쟁자들과 같은 수준에 있었다는 것을 증명한 일이었다. 따라서 흐루쇼프는 소비에트 연방이 갖춘 사회 질서의 우월함을 진정으로 확신했다. 그는 미국과 아시아를 방문했고 공산주의와 자본주의 체제의 '평화적 공존'을 알렸다. 서구를 능가하고 한 세대 안에 검증과 확신을 통해 세계 혁명을 가져올 수 있다고 확신했기 때문이다. 그러나 동시에 소비에트 체제의 역학이 느슨해졌다. 만약 흐루쇼프가 그의 동료들이 경제 발전에 관해 발표한 숫자를 심각하게 받아들였다면 이런 상황을 알 수 있었을 것이다. 중공업과 방사능 기술 외의 다른 새로운 경제 분야에 새로운 기술과 절차가 필요했다. 하지만 이는 입증된 소비에트 방식의 기획안으로는 이룰 수 없었다. 스탈린 시대 때 당한 폭력적인 강요를 다시 겪고 싶어 하는 사람은 아무도 없었다. 만약 스탈린 시대의 방식으로 돌아갔더라도 흐루쇼프에게는 아무런 도움이 되지 않았을 것이다. 소비에트 연방의 지도자 사이에서 흐루쇼프가 상황을 적절하게 판단하고 있는지를 묻는 의심의 소리가 높아갔다.

1964년에 당 지도부의 동지들이 자신들의 서기장이었던 흐루쇼프의 직위를 박탈했다. 어쨌든 흐루쇼프는 이전에 소비에트 연방에서 퇴위당한 수많은 지도자와는 달리 죽음을 면했다. 스탈린이 했던 방법은 실제로 과거의 일이 되었다. 소비에트 연방이 변화한 덕에 흐루쇼프는 직위를 박탈당한 후에도 꽃을 키우고, 자서전을 쓰고, 서구의 출판사를 통해 자서전을 발간하고, 1971년에 자연사할 때까지 모든 것을 할 수 있었다.

흐루쇼프는 공산주의가 곧 승리할 것이며, 소비에트의 정치는 공산주의의 승리를 목표로 한다고 공식적으로 선언한 마지막 소비에트 통치자였다. 소비에트는 그때부터는 이제 경쟁력만 갖추면 되었고, 1980년대부터는 살아남기만 하면 되었다. 존속에 대한 전망이 점차 어두워지긴 했어도 사실 소비에트는 국제적으로 뚜렷하게 영향력을 끼쳤다. 어느 정도 평화적 방식으로 영국과 프랑스 제국에서 벗어난 아프리카와 아시아의 많은 신생 국가들은 사회주의 사회 모델을 나아갈 방향으로 삼았다. 이들은 서둘러 근대 산업국으로 발전하고자 했다. 더불어 서구 연합에 속하는 과거의 식민 열강에서 벗어나려는 마음도 컸다.

흐루쇼프 뒤에 레오니트 브레즈네프(Leonid Il'ich Brezhnev, 1906~1982)가 서기장 직에 올랐다. 그는 조심성 많고, 다른 사람의 충고를 받아들이는 지도자 집단의 일원으로 등장했다. 일상에 일정한 리듬이 생기고 모든 이들은 삶이 어떻게 돌아갈지 예상할 수 있었다. 집이 생기고, 개인 생활에 대한 권리가 생겼다. 당 간부들은 더 이상 교체되지 않고, 책임자들은 사이좋게 나이 들어갔다. 그 시대를 살았던 사람들은 어떤 인터뷰에서 1960년대와 1970년대가 소비에트 연방 역사에서 가장 행복한 시기였다고 말했다. 사람들은 정부에 충성을 다했고, 사회적 안전과 복지가 보장되었다. 정부는 공식적으로 인정하지는 않았지만, 지하경제와 매수, 부업, 재산의 사유화를 눈감아 주었다. 공식적으로 불가침의 계획경제가 이런 불법 수단과 자립 네트워크 없이는 기능하지 못하기 때문이었다.

물론 참정권과 인권을 요구하며 정치에 불만을 토로하는 공산당 이탈자도 있었다. 하지만 이들의 숫자는 얼마 되지 않았고 또 많아지지도 않았다. 정부 비평가는 추적을 당했다. 하지만 처형당하는 일은 드물었다. 스탈린 시대에서 일어난 집단 처형도 더 이상 일어나지 않았다. 수용소에 갇힌 죄수의 수도 적어졌다. 반체제 인사들은 결코 더 나은 것은 아니지만, 수용소 대신 정신 병동에 갇혔다. 반체제 인사들은 1975년에 동유럽 공산주의 국가 지도자들이 헬싱키에서 서명한 인권 조약을 주장하면서 동유럽 공산 국가의 정부를 당혹스럽게 했다. 또 다른 반체제 인사들은 실제로 존재하는 사회주의에서 간부가 갖는 특권과 일상의 반복에 반대하는 데 카를 마르크스의 역사관과 유토피아를 이용했다. 지도자가 존재하지 않는 사회에 대한 전망이 사라진 뒤에 사회주의는 무엇이 되어야 했을까?

이미 1960년대 말에 브레즈네프는 새로운 5개년 경제계획을 시행했음에도 산업과 농업 분야의 생산량은 증가 폭이 늘 작다는 것을 깨달았다. 동시에 기술적으로 혁신을 불러올 능력도 감소했다. 동유럽에서는 컴퓨터와 눈뜨기 시작한 서구의 IT 분야를 상대로 내보일 것이 없었다. 대중을 위한 복지도 점차 지원하기 힘들어졌다. 그러다가 1973년에 유류 파동으로 원유 및 가스 가격이 치솟은 바람에 소비에트 연방은 큰 행운을 잡았다. 소비에트 연방은 이 두 원료를 수출하고 이를 통해 점점 빠르게 비어 가는 국고를 유지할 수 있었기 때문이다. 그런데도 소비에트 연방이 스탈린주의 시대에 걸쳐 유지했던 경제의 전력 질주가 끝이 났다. 그러자 서구와의 격차가 다시 크게 벌어졌다. 1970년대 말에 브레즈네프는 늙고 약물 중독에 걸려 거의 일할 능력조차 없었다. 그는 실제로 존재하는 사회주의의 문제가 점점 커지는 것을 알았지만, 더는 해결하지 못했다. 그와 함께 나이 들어간 지도자 간부들은 브레즈네프가 죽은 뒤에 두 명의 후임자를 선출했다. 하지만 이 두 사람은 모두 짧은 기간 재직한 후에 유명을 달리했다. 그다음에 미하일 고르바초프(Mikhail Sergeyevich Gorbachyev, 1931~)가 등장했다.

강력한 개혁가: 고르바초프

미하일 고르바초프는 54세라는 비교적 젊은 나이에 어떻게 말하고 토론해야 하며, 어떤 옷을 입어야 할지 알았고, 아름답고 현명한 아내를 두었다. 고르바초프는 서구에서 떠올리는 소비에트 정치가의 이미지와는 완전히 정반대였다. 그리고 또 정반대로 행동했다. 1985년에 고르바초프가 정부를 구성한 지 7년도 채 안 되어서 냉전이 끝났다(베를린 장벽이 무너지고 독일이 통일을 이룬 것은 냉전의 종식으로 상징된다). 바르샤바 조약기구가 해체되고 소비에트 연방이 붕괴되었다. 고르바초프는 이 중 단 한 가지도 원하지 않았다. 그가 중요하게 생각했던 것은 브레즈네프의 임기 마지막 해에 만연했던 '경제 침체'에 종지부를 찍고 나라가 다시 굴러갈 수 있는 상태로 만드는 일이었다. 이를 위해 고르바초프는 개혁 프로그램을 개발했다. '글라스노스트(glasnost, 개방)', '페레스트로이카(perestroika, 개혁)', 그리고 '레닌으로 돌아가자'라는 개념이 프로그램의 바탕에 깔려있다. 그런데 이 프로그램은 고르바초프가 점점 통제하지 못하고 결국은 고르바초프 자신조차 없애는 어떤 역학을 발생시켰다. 독일과 동유럽 위성 국가, 소비에트 연방의 반체제 인사들은 이 프로그램을 통해 꿈을 실현했다.

하지만 러시아인 대부분은 고르바초프를 다르게 평가한다. 이들이 생각하기에 고르바초프는 소비에트 연방이 1917년부터 수많은 희생자를 내면서까지 유지했던 세계적 위력을 파괴한 사람이다. 그는 제2차 세계대전에 수백만 명의 목숨을 지불하고 획득한 영토를 아무런 대가 없이 서구에 선물로 건네준 사람이다. 브레즈네프 시대 동안 체제와 함께 사람들이 지녔던 충성심에는 금이 갔다. 안전과 복지는 사라졌고, 넓게 조직되었던 자립 네트워크는 1990년대에 마구잡이로 진행된 사유화의 희생물이 되었다. 그러다가 블라디미르 푸틴(Vladimir Vladimirovich Putin, 1952~)이 권력을 잡은 뒤부터 비로소 안정을 되찾았다. 그 대신에 민중의 정치적 권리가 다시금 제한되었지만, 1960년대와 1970년대 때처럼 전체 인구의 극히 일부만이 이것을 스캔들이라고 느꼈다.

레닌그라드라는 지명은 1991년 국민투표를 통해 다시 상트페테르부르크로 바뀌었다. 무력을 사용해 사회주의적 유토피아를 완전히 현실화하려는 시도는 끝이 났다. 또한, 1960년대에 러시아를 본받았던 아시아와 아프리카 국가가 꿈꾸던 사회주의적 유토피아도 목표 설정의 변화로 사라졌다. 서구의 노동당과 사회민주당은 정당하고 인간 친화적인 사회를 이룩하려는 목표를 꿋꿋이 고수하고 있다. 19세기의 유토피아가 이들의 정치적 일상에 어떤 의미를 주는지는 확실히 알 수 없다. 그러나 러시아는 1900년대 때처럼 미래로 향하는 독자적 길을 발전시키는 도전을 눈앞에 두고 있다. 러시아 국가의 문제를 서구가 이용한 도구나 자신들의 전통을 참조하는 방법 혹은 상서로운 일을 약속하는 사회주의적 유토피아로 해결할 수 없기 때문이다.

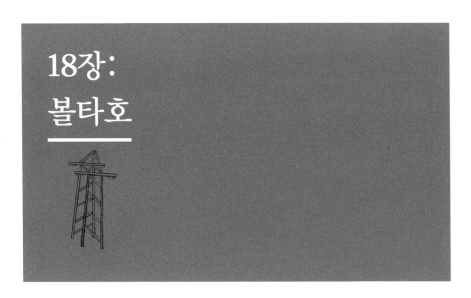

18장 :
볼타호

가나의 '황금시대'가 시작되다

볼타호(Volta L.)는 지구상에 있는 인공 호수 중에 가장 크다. 호수는 적도 북쪽에 거의 닿을 듯한 곳에 있는 서아프리카 국가 가나에 있는데, 크기가 국토 면적의 9분의 1에 달한다. 토고와 나이지리아 사이에 있던 독립하기 전의 이 식민지에는 대서양에 면한 지금의 가나(Ghana)인 '골드코스트(Gold Coast, 황금해안)'가, 그리고 다른 한편에는 상아해안(Ivory Coast, 코트디부아르 해안)이 펼쳐져 있었다. '가나'라는 새로운 명칭은 11장 '킬와' 편에서 본 것과 같이 아프리카 옛 왕국과 관련이 있다. 가나 북쪽은 부르키나파소(Burkina Faso)와 국경을 맞대고 있다. 부르키나파소는 1983년 군사 쿠데타가 일어난 후 새로 붙은 이름으로 '정직한 사람들의 나라'라는 의미가 담겨있다. 식민지 시절 전에는 지금의 부르키나파소의 수도인 와가두구(Ouagadougou)인 '오트볼타(Haute Volta)'라는 이름으로 불렸다. 오트볼타는 거대한 호수를 품고 있으며, 호수의 이름이 유래된 볼타강의 상류 유역에 있는 땅이었다.

볼타호는 1960년대 초에 완공되었다. 댐은 제2차 세계대전이 끝난 후에 일

어난 경제 붐 기간에 계획과 대규모 건설에 대한 낙관 속에서 전 세계에서 지은 많은 댐 가운데 하나에 불과했다. 그런데 볼타 프로젝트는 크기가 매우 작은 나라에 비해 상당히 큰 규모의 계획이었다. 739개의 마을에 사는 주민 8만 명이 댐 건설로 이주해야 했는데, 이는 전체 인구의 1퍼센트를 뛰어넘는 숫자였다. 한편으로 이것은 건설 규모가 가장 크긴 했어도 그 당시에 비용이 많이 들어간 개발 프로젝트 중 하나에 지나지 않았다. 가나는 미래로 도약하고 싶어 했다. 그 당시의 저명한 경제 이념과 조화를 이루고 소비에트 연방의 예를 주시하면서 볼타호 댐 프로젝트는 take-off(도약)를 이끌어야 했다. 마치 기계가 많이 장착된 비행기가 높은 경사를 이루며 하늘로 떠오르기 위해 땅을 박차고 떠나는 것처럼, 가나는 미국의 경제학자인 월트 로스토(Walt Whitman Rostow, 1916~2003)의 아이디어를 따라 제철소와 기계 제작소의 시대에서 안정적으로 활동할 수 있도록 전근대적 농업 세계를 떨쳐버려야 했다. 이를 위해서 가나는 짧은 기간 내에 전력투구해야 했다.

가나는 물론 주변의 이웃 나라에서도 볼타호에서 생산되는 전력량이 필요한 곳이 없었다. 따라서 댐 옆에 전기가 필요한 알루미늄 공장이 세워졌다. 가나는 원료를 수입해 와서 이를 가공한 다음 알루미늄을 완성품의 상태로 수출하려는 계획을 세웠다. 무역 활동을 위해 추가로 해외로 가는 배를 위한 항구가 설치되었다. 어느 하나 전적으로 지원을 받거나 수지가 맞는 장사가 아니었다. 그러나 중요한 것은 수익이 아니었다. 전기와 중공업, 항구가 협력해서 공동으로 산업화를 일으켜야 했다. 마치 도미노의 첫 번째 돌이 멈추지 않는 연쇄 반응을 일으킬 수 있는 것처럼 말이다. 낮은 전기료는 다른 투자가를 끌어올 것이다. 알루미늄 공장 옆으로는 후가공을 위한 기업들이 자리 잡을 것이다. 이들은 새로운 산업과 서비스 사업을 위한 많은 아이디어를 창출할 것이다. 성장하는 도시에 일자리가 생기고 막 새로 지은 많은 학교와 주립 대학교에서 양성된 학생에게 수준 높은 일자리를 제공할 것이다. 그다음에는 세금이 흘러들 것이다. 사하라 이남에서 최초로 해방된 아프리카 국가는 이전의 식민지 주인이었던 영국과 동등한 눈높이에서 마주 보고 설 수 있게 된다.

식민지 시대가 끝난 후에 국제적 경제 기업들이 매우 강력한 영향력을 미치지 못하도록 가나는 빨리 근대로 넘어와야만 했다. 가나의 초대 대통령인 은크루마(Kwame Nkrumah, 1909~1972)는 만약 다른 나라가 이 길을 걸었더라면 300년이 필요했을 것이라고 적었다. "살아남으려면 한 세대 안에 근대화에 성공해야 한다." 이 정도로 시간이 너무나 촉박했기 때문에 가나의 초대 정부는 직접 소매를 걷고 나섰다. 기존의 대기업과 대기업보다 더욱 큰 기업들이 국유화되었고, 새로운 산업 기업들이 설계되고 지어졌으며, 농업은 엄격한 계획에 따라 행해졌다. 1966년 1월 22일에 콰메 은크루마의 참석 아래 볼타댐의 완공 기념식이 화려하게 거행되었다. 하지만 그 후 한 달이 채 지나기도 전에 군사 쿠데타가 은크루마 대통령 정부를 장악했다.

　볼타호와 콰메 은크루마의 성공과 추락은 지구 적도 아래 남쪽의 20세기의 역사를 대표한다. 그곳에서는 두 차례의 세계대전과 냉전은 북반구 지역에서 와는 완전히 다른 의미를 지닌다. 아프리카에서는 세계대전과 냉전이 식민지화와 탈식민화를 포함한 역사의 일부이며, 이것과 연관된 계획과 희망, 실망, 그리고 희생의 일부다. 20세기에 생겨난 식민지 수는 전 세계적으로 봤을 때 163군데(1913년)에서 68군데(1965년)로, 또 33군데(1995년)로 점점 줄었다. 반대로 국제적으로 인정된 자치 국가의 수는 32개국(1919년)에서 82개국(1957년)을 지나 약 193개국(2000년)으로 증가했다. 제2차 세계대전이 지난 후에 오세아니아와 아시아, 아프리카의 정치적 세계 지도는 완전히 달라졌다. 경제와 사회 관계, 사람들의 삶의 세계도 세계 지도가 변한 것과 마찬가지로 늘 북반구의 식민지 열강과의 분쟁 속에서 함께 변했다. 열대 아프리카는 20세기에 1970년대 유류 파동이 터질 때까지 경제적으로 지속적 성장을 보였다. 그러나 높이 비상하는 계획과 경제 위기 사이에 생긴 편차는 유럽과 북아메리카보다 훨씬 더 심각하게 나타났다.

'변화의 바람': 아프리카 식민지의 해방

1950년대와 1960년대 사하라 이남 지역의 영국령과 프랑스령 아프리카에서 진행된 탈식민화는 근대 역사에 있었던 여섯 번의 탈식민화 물결 가운데 하나였다. 첫 번째 물결은 13장 '카프 프랑세' 편과 14장 '아메리카!' 편에서 살펴보았다. 영국과 프랑스, 스페인이 세웠던 아메리카의 식민 왕국이 전반적으로 끝난 것은 1800년경이었다.

탈식민화의 두 번째 물결은 시간을 길게 두고 차분하게 진행되었다. 영국의 이주민이 세운 식민지였던 캐나다와 오스트레일리아, 뉴질랜드는 1867년과 1967년 사이에 서서히 독립했다. 특히, 영국인이 보기에 세대가 지나도 이런 선례가 탈식민화를 기획하는 데 본보기가 되어야 했다. 문화적·경제적 영향력은 계속 유지되면서 세대를 거치며 책임을 천천히 넘기는 과정 말이다. 하지만 이런 방식으로 탈식민화가 진행되지는 못했다.

세 번째 물결은 8장 '시데바이' 편과 15장 '홋카이도' 편에서 짧게 관찰해 보았다. 제2차 세계대전이 끝난 직후에 영국과 네덜란드, 프랑스의 식민 왕국은 아시아에서 권력을 잃었다. 인도네시아, 스리랑카, 인도, 파키스탄 등 새로운 국가가 생겼다. 전쟁 기간 중 유럽이 점령했던 식민지에서 위력을 과시하던 일본이 패망하자 유럽은 다시 자신들의 옛 식민지를 찾고 싶어 했다. 하지만 유럽 국가들은 그곳에 이제 민족 해방 운동이 형성된 것을 깨달아야 했다. 유럽인이 굴복하거나 너무 비용이 많이 드는 탓에 포기해야 하는 군사적 분쟁이 일어났다.

거의 이와 같은 시기에 북아프리카에서 서아시아에 이르는 지역에서 탈식민화의 네 번째 물결이 시작됐다. 1960년대 초까지 모로코와 아프가니스탄 사이에서 독립 국가들이 탄생했다. 이 과정에서 매우 많은 분쟁이 일어났다. 해결해야 할 얽히고설킨 문제들이었다. 유대인과 아라비아인이 팔레스타인에서 함께 살아야 했다. 프랑스인은 프랑스의 영토라고 이미 선언하고 부처에서 분할했던 알제리에서 떠나야 했다. 다음 장 '카이로' 편에서 여기에 대해 더 알아보자.

식민지 시대 후의 아프리카

마데이라
(포르투갈령)

탕헤르 세우타
카사블랑카 라바트 페즈 오란 알제
모로코 [1956년]
마라케시

카나리아제도
(스페인령)

엘아이운

라 아랍민주공화국
(서-사하라)
76~1979년에 모로코에 점령됨)

알제리
[1962년]

아드라르

사 하 라 사 막

튀니스
튀니지 (1956년)

트리폴리스

지중해

엘바야드 알렉산드리아
카이로 수에즈

포트사이드

리비아
[1951년]

리비아 사막 이집트 (1912년)

아시우트

아스완
나세르호

누비아 사막

홍해

포트수단

모리타니
[1960년]

누악쇼트

년] 세네갈
다카르
줄 [1965년]
사우
비사우 기니
1974년] 코나크리
프리타운
시에라리온
[196
몬로비아
라이베리아
[1847년]

말리
[1960년]

팀북투

니제르강

바마코

와가두구
부르키나파소
[1960년]

니아메

베냉
[1960년]

코트디부아르 해안
(상아해안)
야무수크로
볼타호
로메 포르토노보
Abidjan
아크라
가나
[1957년]

토고

니제르
[1960년]

차드호

나이지리아 [1960년]

차드
[1960년]

은자메나

카르툼

에리트레아 [1993년]
야스마라

수단
(1956년)

아스마라
[1977년]
아덴만
지부티
지부티

하라르

소말리아
[1960년]

아부자
라고스 베누에강
기니만
적도 기니

카메룬
[1960년]
말라보 야운데

방기 우방기강

중앙아프리카
공화국
[1960년]

아디스아바바

에티오피아
[1896년]
(1936~1941년까지
이탈리아가 점령)

투르카나호

상투메
상투메프린시페
공화국
[1975년]

리브르빌

가봉
[1960년]

콩고
공화국
[1960년]

브라자빌

킨샤사

콩고강

콩고
인민민주주의
공화국
(자이레)
[1960년]

키상가니
에드워드호
빅토리아호
[1962년]
우간다
캄팔라

르완다
[1962년]
키갈리
부줌부라
부룬디

나이로비

모가디슈

케냐
[1963년]

적도

루안다

탕가니카호

루붐바시
(1966년까지
엘리사베스빌)

도도마
펨바
잔지바르 1963년]
다르에스살람

탄자니아
[1961년]

몸바사

모로니

코모로제도
[1975년]

마요트
(프랑스령)

앙골라
[1975년]

오카방고강

나미비아
[1990년]

빈트후크

잠비아
루사카

말라위호

말라위
릴롱궤
[1964년]

카리바호 하라레

짐바브웨
[1980년]

모잠비크
[1975년]

잠베지강

안타나나리보

마다가스카르
[1960년]

보츠와나
[1966년]
칼라하리
가보로네

뤼데리츠

오라녜강

프리토리아
요하네스버그
블룸폰테인

바알강

마세루

마푸투
음바바네
스와질란드
[1968년]

더반

레소토
[1966년]

남아프리카공화국
[1910년/1931년]

케이프타운

이스트런던
포트엘리자베스

희망봉

인도양

대
서
양

부르키나파소

볼가탕가

와

타말레

토고

가나

볼타호

수니아니

쿠마시

호

코포리두아 로메

코포리두아

아크라

케이프코스트

세콘디타코라디

대서양

0   50   100   150 km

0   500   1000   1500 km

다섯 번째 물결의 시작에는 1957년에 이루어진 가나의 해방이 있다. 3년이 지나 1960년에 아프리카에서 18개의 새로운 국가가 동시에 태어났다. 영국 총리인 모리스 맥밀런(Maurice Harold MacMillan, 1894~1986)은 1960년 1월 10일에 시작한 한 달 예정의 아프리카 순방길에 가나의 수도인 아크라(Accra)에 들렀을 때 "변화의 바람(wind of change)이 대륙 전역에 불어온다."라고 알렸다. 아프리카인들이 민족 자립을 꿈꾸는 것은 정치적 사실이었다. 영국 정치의 목적은 아프리카의 변화를 방해하는 것이 아니라 형성하는 것이어야 했다. 세 번째와 네 번째 물결에서와는 다르게 아프리카에서 다섯 번째 물결이 진행되는 동안에는 거의 늘 평화적으로 협상 과정을 거쳐 양도와 권력의 교체가 이루어졌다. 단지 벨기에만 콩고에서 말 그대로 도망치듯 빠져나왔다.

탈식민지화의 여섯 번째이자 마지막 물결은 다양한 형태로 일어났다. 여러 이유에서 남겨진 포르투갈의 식민지인 기니비사우와 앙골라, 모잠비크, 백인 이주민이 세운 식민지인 로디지아(Rhodesia, 짐바브웨)와 남아프리카와 같은 식민지에서 일어난 물결이었다. 이들 식민지는 1974년부터 1994년 사이에 아프리카인의 손으로 인도되었다. 1991년에 소비에트 연방의 붕괴로 중앙아시아에서는 카자흐스탄, 키르기스스탄, 타지키스탄, 우즈베키스탄, 투르크메니스탄이, 코카서스 지역에서는 조지아, 아르메니아, 아제르바이잔이 독립했다. 그후로, 하지만 사실은 다섯 번째 물결이 끝난 시점부터 식민주의는 하나의 정치적 투쟁을 위한 슬로건과 욕설이 되어버렸다.

이번 장에서 중심적으로 다룰 탈식민화의 다섯 번째 물결은 대부분 사하라 이남의 아프리카 지역을 집중적으로 다룬다. 탈식민화 물결은 유럽의 식민지 열강과 협의하여 단계적으로 진행되었다. 그 밖에도 매우 유리한 환경 속에서 다섯 번째 물결이 일어났다. 뉴욕에서 개최된 유엔 총회를 대표로 전 세계 여론이 새로운 국가들을 환영하며 과도기를 형성했다. 그리고 미국과 소비에트 연방이라는 두 초강대국이 냉전 시대 때 경쟁자로서 새로운 국가를 자기편으로 만들려고 했기 때문에 아프리카 국가들에 유리한 제안을 해 왔다. 1950년대와 1960년대에 아프리카에서 일어난 경제 성장은 모든 관련자에게 재정적

여유를 선사했다. 낙관주의적 분위기가 감돌았다.

　영국과 프랑스는 '변화의 바람'을 다양한 방식으로 실행했다. 영국은 개별 해결책을 내는 것을 선호했다. 각각의 식민지는 어떤 방식으로 변화를 이끌어 낼지 런던에 있는 각 담당 주지사와 식민지청과 함께 협상해야 했다. 끝에는 영국의 가치와 정치, 경제, 사회적 문제를 영국 방식으로 해결하는 독립적 국가 공동체인 영연방(Commonwealth of Nations)이 되어야 했다. 프랑스는 이와는 반대로 핵심이라고 생각되는 전체 해법을 선호했다. 프랑스는 아프리카의 엘리트를 너무나 프랑스식으로 양성한 뒤에 이들이 파리를 중심에 둔 그들의 세계에서 자발적으로 머물기를 바랐다. 1945년 이후에 프랑스는 내각에 흑인 장관을 두었다. 파리에서 정당끼리 일어난 정치적 분쟁은 식민지에 그대로 반영되었다. 그리고 지금까지 프랑스는 형식적으로는 과거의 식민지를 떠났음에도 문제가 발생하면 프랑스어권의 아프리카 지역에 군사적으로 개입하고 있다. 이때 지역의 엘리트에게서 동의를 얻을 수 있다.

　영국이 아프리카를 점령했을 당시 서아프리카와 동아프리카, 그리고 남아프리카의 갈 길이 나뉘었다. 동아프리카에는 흑인 인구가 확실히 다수를 이루었지만, 백인 이주민도 많았다. 우간다와 탄자니아, 케냐에는 그 외에 인도 사람도 많이 살았다. 이런 상황은 나라가 독립하는 과정에서 힘든 갈등을 초래하고 폭력으로까지 이어졌다. 서아프리카에는 얼마 되지 않는 해안 도시를 빼고는 유럽인이 매우 적었다. 남아프리카에는 또다시 이주민 식민지가 형성되었는데, 헌법상 오스트레일리아와 뉴질랜드, 캐나다가 동등한 위치에 섰다. 하지만 이곳에서도 흑인 인구가 다수를 차지했다. 이런 딜레마에서 벗어나기 위해 백인들은 1948년 이후에 인종차별 제도를 도입했다. 이 제도는 백인과 인도 사람, 아프리카인에게 분리된 삶의 방식을 지정해주는 것으로, 흑인은 차별을 당하고 백인만 유리함을 누렸다. 이런 인종 분리 정책은 흑인 최초로 선출된 넬슨 만델라(Nelson Rolihlahla Mandela, 1918~2013)가 대통령직에 오른 뒤에 협의가 이루어진 민주주의 국가로의 양도 전까지인 1990년까지 계속해서 시행되었다. 멀리 북쪽에서는 로디지아의 백인 이주민이 인종 분리 정책에서 영감을 받아 자신들의 백인 공화국을 만들었다. 1980년에 일어난 오랜 내전 뒤에 백인들은 국가에서 다수를 차지하는 흑인에게 공화국을 넘겼다. 이때부터 로디지아는 11장 '킬와' 편에서 들어본 500년 이전에 몰락한 짐바브웨의 큰 도시와 왕국을 상기시키는 짐바브웨로 국명을 바꾸었다.

콰메 은크루마와 그의 영국 협상 파트너가 황금해안(Gold Coast)을 위해 딱 들어맞는 해결책을 찾고 있을 때 사람들은 모두 동남아시아와 인도, 팔레스타인 혹은 알제리에서 진행된 방식의 탈식민화 과정을 계획했다. 이들은 영국의 약점과 미국과 소비에트가 보이는 관심 사항을 파악했다. 그리고 무엇보다 서아프리카의 황금해안이 지닌 특별한 가치를 잘 알았다. 황금해안은 가장 큰 식민지는 아니었지만(가장 큰 식민지는 나이지리아였음), 비교적 부유하고 내부에서 일어나는 갈등 상황이 통제 가능한 것처럼 보였다. 황금해안은 식민지에서 벗어나는 데 성공했다.

영국의 식민지 표본

이미 19세기 말부터 황금해안은 영국이 서아프리카에 세운 식민지의 표본 역할을 했다. 전 세계적으로 판매되는 코코아의 3분의 2가 이곳에서 생산되었는데, 대농장 소유주인 백인이 아니라 아프리카 농부들이 생산했다. 황금해안은 19세기 때부터, 그리고 이미 식민지화가 시작되기 전부터 적극적으로 세계 교역에 참여하고 있었다. 우선 천연고무가 수출되었다. 그다음으로 1세기 전의 생도맹그가 사탕수수와 커피의 나라였다면, 황금해안은 코코아의 나라였다. 하지만 두 나라 사이에는 중요한 차이점이 존재했다. 첫 번째로 황금해안에는 백인 농장주나 백인 이주민이 없었다. 레바논과 시리아 무역상들이 가담하기는 했지만, 생산과 상품화, 수출을 위해 해안까지 운송되는 과정 모두 아프리카인의 손에 놓여 있었다. 두 번째로 노예 노동이 없었다. 대신 가족 단위의 노동이나 급여 노동이 일반적이었다. 세 번째로 서아프리카에서는 유럽 열강끼리 전쟁이 벌어지지 않았다. 유럽의 군대와 관리는 소규모에 머물렀고, 아프리카인들이 식민지의 일상을 스스로 구성했다. 네 번째로 코코아 사업을 위해 유럽인이 기여한 정도는 전체적으로 봤을 때 적었다. 코코아 사업은 농부와 상인의 역학으로 돌아갔다. 식민지 관리는 이익의 한 부분만 가져갔을 뿐이다. 코코아 생산의 증가는 오히려 의도하지 않았는데도 철도 건설에 의해 자연스럽게 내륙으로 번져갔다. 황금해안의 두 번째 주요 수출 품목인 광산에서 캐낸 금의 수출을 촉진하기 위해 철도 건설이 계획되었다. 하지만 철도는 무엇보다 실제로 코코아 재배를 위해 새로운 지역을 연결했다. 코코아가 운송하기 쉽고 비용도 저렴해졌기 때문이다.

천연고무와 코코아, 금과 같은 아프리카의 산물과 교역이 황금해안을 바꾸어 놓았다. 황금해안의 해안가에 교역 지점이 형성되었다. 옛 중심지인 케이프코스트(Cape Coast)에 세콘디(Sekondi)와 영국인들의 새로운 거주지인 아크라(Accra)가 추가되었다. 두 도시는 내륙 철도의 종점이기 때문에 교통과 무역, 행정 센터가 한곳에 모여 있었다. 해안에는 농업과는 거리가 먼 사람들이 점점 더 많이 살았다. 조금 더 내륙 안쪽에서 코코아 농부들은 확실한 영토권을 요구했다. 코코아나무가 열매를 맺으려면 수년이 걸렸다. 농부들은 나무를 심었을 당시의 토지가 나무 열매를 수확할 때도 같은 사람의 소유라는 것을 확인받기를 원했다. 금광에서 일하는 광부들은 높은 임금과 좋은 노동 조건을 요구했다.

코코아 농부와 광부들은 아프리카 공공 조직의 구조를 변화시켰다. 이들은 사실 변화를 받아들일 만큼 충분히 융통성이 있었다. 하지만 영국인들은 그 사이에 극소수의 유럽 인력으로 넓은 지역을 다스릴 수 있도록 마을 족장의 지위를 확고히 했다. 1900년경에 북나이지리아에는 10만 명당 1명의 영국인 관리자가 있었고, 시에라리온에는 인구 1백만 명이 넘는 곳에 5명의 영국 관리자를 두었다. 영국 식민지의 지휘관들은 족장을 참모위원회의 '치프(Chief, 우두머리)'로 임명했다. 치프들은 영국이라는 세계 지배자와 지역 문제 사이에서 중재자 역할을 했다. 그런데 기존의 족장과 비슷하면서도 실제로는 새로운 조직체의 추장은 자존심 강한 코코아 농부와 광부, 운반업에 종사하는 노동자는 물론 상인과 사업가들의 기대치와 잘 맞지 않았다. 이들은 노동조합과 농부 연맹, 상인 기구 등 자치 기구를 만들었다. 치프들은 자신들의 권력에 안정감을 느끼지 못했다. 1900년 후에 추장이 직위를 박탈당하는 일이 점점 더 자주 일어났다.

이런 긴장 상태에 더 큰 분쟁이 불어닥쳤다. 기독교는 유럽 선교사를 통해 해안에서부터 폭발적으로 퍼졌다. 이슬람은 이미 18세기 후반에 내륙에서부터 추종 세력을 넓혀갔다. 기독교와 이슬람이라는 두 종교 사이로 아프리카의 종교가 스며들었다. 아프리카의 종교는 기독교적 요소는 물론 이슬람교의 요소를 받아들이거나 세계 종교를 독자적으로 해석했다. 기독교 선교와 함께 학교가 생겨났고 사람들이 읽고 쓰는 법을 배웠다. 이것은 유럽에서 사용하는 언어로 유럽에 관한 내용을 학습하는 유럽식 교육을 의미했다. 영국과 북아메리카의 대학으로 진학하고 그다음에는 식민지 관리까지 오를 수 있는 새로운 지평과 성공의 기회가 생겨났다. 글을 읽을 수 있으며, 사회적 출세를 꿈꾸는 사람과 마을에서만 지식을 얻은 사람 사이에는 입이 벌어질 만큼 큰 차이가 났다.

제1차 세계대전에서 영국령 서아프리카 출신의 2만5천 명의 병사가 전쟁터에서 싸웠다. 그리고 정확한 수가 파악되지는 않지만, 전투에 투입될 물자 운반병이 더 많았다. 아프리카인은 전장에서 무엇을 목격했을까? 백인들이 오물로 가득한 참호 속에 쓰러져 있고, 서로를 학살하며, 아프리카에 전해주고자 했던 모든 문명의 표본을 파괴하는 모습은 아프리카인들이 식민지 지배를 어쩌면 더욱 거부하는 데 한몫했을 것이다. 게다가 백인들은 더 이상 아프리카에서의 저항운동을 용납하지 않았고 자신들이 전쟁에서 얻을 이득과 필요성에 맞춰 아프리카의 경제를 조정했다. 전쟁이 끝날 무렵에 유럽의 점령이 느슨해지자 광산과 철도 공사장에서 연달아 파업이 일어났다. 큰 호응을 얻었던 한 아프리카 언론은 '아프리카인'에 의한 행정관리의 증가에 대해 토론을 벌였다. 농부들은 반대 운동과 불매 운동을 조직했다. 1920년 말에 코코아 가격이 폭락했기 때문이다. 코코아 가격은 1950년대에 들어서야 비로소 다시 1919~1920년 때의 최고 가격에 도달했다.

모든 서아프리카 지역의 식민지에서 영국 총독들은 1920년대에 의회를 두고 실험을 했다. 일반적으로 국회의원의 일부는 가장 많은 세금을 내는(그리고 일반적으로 해안 도시에 사는) 사람들이 선출했다. 나머지 국회의원은 추장 회의를 통해 지정되었다(권력의 중심지가 내륙에 있던 사람들). 의회는 조언만 할 수 있고, 결정은 할 수 없었다. 이런 제도를 실제로 좋아하는 사람은 아무도 없었고, 의회는 임시방편이라는 인상을 풍기며, 양도를 위한 하나의 해결책에 지나지 않았다.

1929년부터 불어온 세계 경제 위기는 황금해안에 큰 타격을 입혔다. 코코아 가격이 다시 한번 떨어지고, 광부와 운송업 노동자의 임금이 삭감되었다. 1939년에는 변동이 극심한 코코아 가격을 예상 가능하게 만들고 다국적 기업의 영향을 줄이기 위해 오랜 논쟁 끝에 식민지 '마케팅보드(Marketing Board, 특정 지역 내의 특정 상품 매매를 규제하기 위해 정부가 설립한 기구—역주)'가 설치되었다. 마케팅보드는 농부를 위해 코코아의 상품화를 조직함으로써 농부의 지위를 시장에서 개선하고 이들에게 믿을 만한 가격을 보장해야만 했다. 이 목적은 성공적으로 이루어졌지만, 20년이 지난 후에 마케팅보드는 콰메 은크루마 대통령이 직면한 파란만장한 해에 숙명적 역할을 맡아야 했다.

콰메 은크루마의 성공과 몰락

황금해안은 20세기 중반에 많은 긴장을 겪은 매우 역동적인 사회였다. 많은 아프리카인과 극소수의 유럽인은 세계 시장에서 기회와 성장할 수 있는 정치적 구조를 줄곧 엿보다가 기회를 잡았다. 이를 배경으로 1950년대 유럽과 아메리카의 경제학자들이 황금해안을 다른 모든 아프리카의 식민지처럼 '전근대적' 혹은 '전통적'이라는 개념으로 정리하고, 이들의 취약점을 개선하기 위한 방법으로 영국이나 미국 혹은 소비에트 연방의 모형을 본떠 외부에서 들여온 산업의 급성장을 추천한 일은 실로 놀랍다. 덜 놀라운 일이기는 하지만, 아프리카인들이 이런 말을 믿었다는 것이다. 아프리카 독립운동가들은 대부분 그들의 식민지 통치자들과 지적 수준 면에서 같았다. 그들 중 대부분은 기독교 선교학교를 다녔고, 그 후에 영국이나 프랑스 혹은 미국의 대학으로 진학했다.

가나의 첫 국가 수장이었던 은크루마 역시 처음에는 선교학교를 다녔고, 1926년에는 아크라에 있는 사범학교에 진학했다. 1930년에 교사로 임용되고, 1931년에 22세라는 어린 나이에 악심(Axim)에 있는 가톨릭 중학교의 교장이 되었다. 4년이 지난 후에 그는 대학교를 가기 위해 미국으로 갔다. 친척에게 뱃삯을 받고, 접시닦이와 심부름꾼 등 아르바이트를 통해 학비와 생활비를 벌었다. 은크루마는 경제학과 사회학, 신학에서 학사 학위를 딴 후 교육학에서 석사 학위를 받았다. 그는 손에 닿는 것은 닥치는 대로 모두 읽고 공부했다. 은크루마는 미국과 카리브해, 서아프리카에서 온 지식인들이 동참했던 범아프리카 운동에서 참여했다. 이 지식인들은 미국과 카리브해 지역의 아프리카 사람과 인종차별법, 일상에서의 인종차별, 그리고 서아프리카에서의 식민주의를 주제로 토론했다. 은크루마는 강연을 열고 처음으로 사람들의 이목을 끌었다. 제2차 세계대전이 끝난 후에 그는 박사학위를 받고 대영 제국에서 더 많은 정치적 학문을 쌓을 목적으로 런던으로 갔다. 은크루마는 사회주의 사상을 받아들인 후 이를 범아프리카주의와 능숙하게 연결했다. 그러고 나서 1947년에 가나로 돌아왔다.

통일골드코스트회(UGCC, United Gold Coast Convention)의 임원들이 은크루마를 초대했다. 해안 도시의 상인과 기업가들은 그들의 정치적 플랫폼을 위해 총재가 필요했다. 이들은 한편으로는 식민지 관리에 대항해서, 다른 한편으로는 내륙 지방의 추장들에 반대하여 더욱더 자립할 수 있기를 바랐다. 지평선 멀리 놓인 궁극의 목표는 정치적 독립이었는데, 이를 위한 기회가 제대로 주어졌다. 코코아 가격이 올라갔다. 상점들은 꽃이 폈다. 앨런 번스(Alan Cuthbert Maxwell Burns, 1887~1980) 총독은 1946년에 아프리카인들에게 더욱더 많은 정치적 권리를 주는 새로운 헌법을 통과시켰다. 그 후에는 런던에 있는 식민지청에서 전략의 변화가 일어났다. 인도(세 번째 탈식민지 물결)에서 식민지 통치의 종말과 마주해서, 그리고 서아시아(네 번째 탈식민지 물결)에 대한 상당히 불안정한 전망으로 런던은 처음으로 아프리카 식민지의 미래를 구체적으로 구상했다.

영국은 프랑스처럼 새로운 종류의 아프리카 왕국을 계획할 목표를 세웠다. 이것은 미국과 소비에트 연방으로 세계 권력이 넘어가는 것에 대한 보상이 되어야 했다. 새로운 아프리카 왕국은 영국이 발전 목표를 진지하게 고려했다는 것을 보여주어야 했다. 영국이 다스리던 아프리카 지역은 1세대나 2세대 안에 독립을 이루면서도 여전히 영국으로 남아야만 했다. 영국인이 생각하기에 아프리카인은 영국이 철도와 학교를 세워준 것에 감사하며, 그들의 민주주의 제도를 모범으로 삼을 것 같았기 때문이다.

하지만 영국인이나 통일골드코스트회의 엘리트 중 누구도 농촌에 맴도는 분위기를 제대로 파악하지 못했다. 농촌의 분위기는 경제 사정보다 더 나빴다. 학교 졸업생의 첫 세대는 도시에서 무료한 나날을 보냈다. 이런 '베란다 보이(veranda boy, 가나인들이 토요일 오후에 종종 베란다에 모여 맥주를 마시거나 바비큐를 하고, 정치적 주제를 놓고 토론 벌이기를 좋아한 데서 나온 용어–역주)'는 더 이상 농촌으로 돌아갈 마음이 없었지만, 도시에서도 적당한 일자리를 찾지 못했다. 제2차 세계대전에 참전했던 사람들은 궁핍한 생활에 더 많이 보상해 달라고 요구했다. 코코아 농부들은 마케팅보드에 저항해 혁명을 일으켰다. 농부들에게 질병에 걸린 나무를 대량으로 베라고 강요했기 때문이다. 마케팅보드의 회장은 나무에 걸린 질병을 없앨 방법을 알지 못했다. 농부들은 반대로 병충해 먹은 나무를 가능한 한 오래 놔두고 싶어 했다. 나무를 마련하는 데 투자한 돈이 걸려 있었기 때문이다.

콰메 은크루마는 '즉시 자치 정부를!'이라는 구호 아래 불만이 많은 사람들을 모았다. 이는 매우 놀라운 방법이었다. 불만에 가득 찬 사람들은 만약 아프리카인, 즉 올바른 사람들이 권력을 쥐게 된다면 모든 것이 좋아지리라고 믿었다. 통일골드코스트회 총재로서 은크루마에게는 정신없이 빡빡한 업무 일정이 펼쳐졌다. 그는 사람들의 머릿속에 사회주의와 범아프리카주의를 깊이 새겨 넣었고, 그가 미국과 영국에서 경험한 것을 전수해주었다. 은크루마는 하류층 사람들과 젊은이들, 제대로 혜택을 받지 못한 사람들, 영국인이나 추장, 혹은 해안의 사업가의 눈에 띄지 못한 사람들에게 다가가는 길을 열었다. 통일

골든코스트회의 회원이었던 엘리트층은 자신들의 총재가 마음대로 하는 것을 보고 그의 직위를 박탈하려 했다. 은크루마는 이에 본인의 정당인 회의인민당(會議人民黨, CPP)을 발족했다. 그리고 '즉시 자치 정부를' 바로, 그리고 완전하게 실현하지 않으면 인도처럼 비폭력 저항 운동을 벌이겠다고 총독들을 위협했다. 영국이 주장하는 것처럼 독립이 발전의 결과가 되어서는 안 되었다. 독립은 발전을 위한 전제 조건이며, 발전보다 앞서 이루어져야 한다는 것이 은크루마의 생각이었다. 은크루마는 법정에 섰고 1950년에 교도소에 갇혔다. 이 일로 말미암아 그는 1951년부터 회의인민당의 선거운동을 위한 이상적인 순교자 역할을 맡았다. 회의인민당은 선거에서 승리를 거두었고, 은크루마는 교도소에서 출소해 총리로 임명되었다. 그는 5년 전만 해도 런던에서 매섭게 차디찬 방을 데울 연료를 모으려고 석탄 트럭 뒤를 쫓아 다니는 신세였다.

새로운 정부에는 자금이 있었다. 지난 시기부터 모아 놓은 예비금이었다. 하지만 무엇보다 코코아 값이 다시 오른 것이 큰 도움이 되었다. 마케팅보드는 코코아 가격이 상승했다는 사실을 농부들에게 알리지 않았다. 이렇게 해서 판매 가격의 절반 이상이 정부 금고로 들어갔다. 은크루마 총리는 자신에게 점점 더 넓은 활동 영역을 보장해주었던 영국 총독인 아르덴 클라크(Charles Arden-Clarke, 1898~1962)와 함께 국가 내부의 현대화 프로그램을 착수했다. 도로와 철도, 항만, 상수도, 학교, 보건 시설 등이 지어졌다. 초·중학교에 다니는 학생 수가 1951년과 1957년 사이에 두 배로 늘었다. 얼마 지나지 않아서 다른 신생 아프리카 국가에도 비슷한 프로그램이 생겼다. 교육과 건강, 사회기반시설을 위한 투자가 1960년대 아프리카에 가득 생겼다. 신흥국들은 온 힘을 다해서 프랑스와 영국 제국의 설계자들이 1945년 후에 바로 세웠던 계획을 실행했다. 볼타댐 건설을 위한 계획들도 벌써 서랍 속에만 놓여 있은 지 오래되었다. 은크루마는 그때 볼타댐이라는 상징적 프로젝트를 실현하고자 그의 모든 정치적 의지를 쏟아부었다.

은크루마와 그가 이끄는 정당은 1954년에 선거에서 거뜬히 과반수를 넘겨 다시 이겼다. 하지만 어려움도 있었다. 코코아 농부들은 정부가 자신들의 수익을 속인다고 생각했다. 영국이 안정과 전통의 수호자라고 높이 평가했던 내륙 지방의 족장들은 은크루마와 그의 '베란다 보이'에게 무시당한다고 생각했다. 농부와 추장들은 엄청난 규모의 국가 차원의 투자가 해안 지방에 우선적으로 이익을 가져다준다며 불평했다. 이들은 해안 지방이 국가 수익에 전혀 기여한 바가 없다고도 불만을 토로했다. 은크루마는 이런 불평에 전혀 대꾸하지 않거나 참을성을 보이지 않았다. 그는 농부와 추장들이 연대적이지 못하다고 생각했다. 아프리카인들에게 성공의 대가를 누리지 못하게 한 배신자들로부터 이득을 취했다는 비난이 쏟아졌다.

1957년에 황금해안은 사하라 이남의 아프리카 나라 중 가장 처음으로 해방을 맞이했고 그때부터 가나라는 이름으로 불렸다. 이미 눈에 띄는 어려움이 있었음에도 전체적으로 기쁨이 가득했다. 은크루마는 습관과 사고방식을 바꿔야 한다고 사람들을 촉구하는 연설을 했다.

"우리는 더 이상 식민 지배를 받는 민족이 아니라, 독립한 자유 민족입니다. 우리는 이를 바탕으로 세상의 모든 국가가 존경하게 될 나라를 만들려고 합니다. 우리는 아프리카인이 누구인지를 세상에 보여줄 기회가 주어진다면 이를 온 세상에 증명할 수 있습니다. 우리는 깨어있습니다. 우리는 더 이상 잠들지 않을 것입니다. 오늘, 그리고 오늘부터 세계에 새로운 아프리카인이 삽니다. 우리의 독립은 아프리카의 완전한 자유로 이어지지 않는 한 아무런 의미가 없습니다."

아프리카에서 얼마나 큰 희망을 품었으며, 콰메 은크루마의 성공에 얼마나 크게 환호했는지 오늘날에는 상상하기 힘들다. 1950년대 서유럽은 나이 든 남성들의 시대였다. 윈스턴 처칠(Winston Leonard Spencer Churchill, 1874~1965)은 1951년부터 1955년까지 영국을, 샤를 드골(Charles Andre Marie Joseph De Gaulle, 1890~1970)은 1944년부터 1946년까지, 또 1959년부터 1969년까지 프랑스를 다스렸고, 중간중간에 프랑스 정치의 막후 실력자 위치에 있었다. 콘라트 아데나워(Konrad Adenauer, 1876~1967)는 1949년부터 1963년까지 서독의 수상으로 활동했다. 드와이트 아이젠하워(Dwight David Eisenhower, 1890~1969)는 1953년부터 1961년까지 미합중국의 대통령을 지냈다. 이때는 냉전과 스탈린의 비밀 노트(스탈린이 동서독과 미국, 소련, 영국, 프랑스 등 연합국 4개국 간의 평화 조약과 독일의 중립화를 제안한 것—역주)가 헝가리 혁명, 그리고 베를린 위기로 최고 절정을 이룬 때였다. 이와는 반대로 사하라 이남의 아프리카는 춥지도 않았고, 잿빛으로 덮이지도 않았다. 아프리카는 젊고, 다양했고, 낙천주의가 감돌았다. 콰메 은크루마가 이를 구현했다. 그의 나라는 아프리카 전체의 미래를 향한 문이 되어야 했다.

영연방 국가 수장과의 만남에서 아프리카 흑인이 동등하게 같은 테이블에 함께 앉았다. 하지만 가나 재무부 장관이었던 그베데마(Komla Agbeli Gbedemah, 1913~1998)가 같은 해 미국에 볼타호 건설을 위한 융자 건으로 갔을 때 그가 유색인종이라는 이유로 한 커피숍에서 주문을 하지 못하는 일이 생겼다. 언론은 이 사건을 크게 보도했다. 미합중국은 웃음거리가 됐다. 그베데마는 이 사건에 대한 배상으로 리처드 닉슨 부통령과 만났고, 댐 건설을 위해 저렴한 융자 조건도 받아냈다.

동시에 그는 모스크바에도 지원 요청을 했다. 은크루마와 측근들은 1950년 대 후반에 커다란 도전을 하려 했다. 은크루마 수상은 국제 무대에서 자신을 아프리카의 희망과 양심이라고 알리고 뉴욕과 워싱턴, 모스크바에서 아프리카 의 독립과 단결을 홍보했다. 은크루마 아래서 일하던 장관들은 냉전 상태에서 열강 간의 경쟁으로부터 가나를 위해 최상의 것을 얻어내려고 애썼다. 가나를 얻으면 검은 아프리카(사하라 사막 이남의 아프리카를 이르는 말) 대륙을 얻는 셈이라고 주장했다.

가나에서도 자체적으로 이와 더불어 미래 프로젝트가 마침내 시행되었다. 은크루마 정부는 사람들의 반대에 점점 더 권위적으로 강하게 대응했다. 은크 루마는 대통령이 되었고 더 이상 선거를 시행하지 않았다. 입법의 독립성이 사 라졌다. 야권 정치가들은 교도소에 갇혔다. 지역 정당의 활동이 금지되었기 때문에 내륙 지방의 야당은 찍소리도 못 하게 되었다. 언론 보도에 제한이 생 겼다. 반대로 회의인민당의 매체는 자신들의 '불멸의' 대통령을 칭송했다. 은 크루마는 금빛으로 반짝이는 앞날에 관해 연설했다. 하지만 대중들은 그가 자 신의 거처 밖 현실을 제대로 파악하고 있는지 점차 의심하기 시작했다. 코코아 사업의 전성기 때 비축해 두었던 자금과 수익금은 볼타호와 같이 비용이 많이 드는 산업 프로젝트에 쏟아부었다. 하지만 경제학자들이 예견했던 긍정적 도 미노 효과가 나타나지 않았다. 아프리카의 다른 나라들도 비슷한 상황에 놓였 다. 이와는 반대로 은크루마를 개인적으로 알고 지내던 주변 사람들은 빠르게 부자가 되었다. 게다가 코코아 가격이 폭락했다. 1960년대 중반에 가나는 결 국 파산했다. 아프리카의 다른 많은 나라도 크게, 때로는 정도가 심하지는 않 았지만 반복적으로 어려움을 겪었다. 경제 전성기 때 지었던 부채는 특히, 1973년에 있었던 유류 파동 후에 더 이상 갚을 수 없게 되었다. 아프리카의 신 흥국가 대부분이 빚더미 위에 올라앉았다. 경제는 아프리카에서 더 이상 관심 대상이 아니었다. 1950년대 후반과 1960년대 초 희망의 대륙은 위태로운 지 역으로 변했다.

가나의 미래 프로젝트가 경제적으로 실패한 것은 은크루마 개인의 몰락 이상이었다. 사실 그의 개인적 실패는 전형적인 특징을 띠었다. 은크루마 같은 아프리카의 독립 정치가는 현장의 실물 경제 상황보다 철학과 사회학, 정치학 이론에 더 밝다. 이들은 유럽식 혹은 북아메리카식으로 교육받고 양성된 지식 인으로서 모국의 상황을 깊이 알지 못한 채 나라를 다스렸다. 이들의 정치가 실패하는 이유는 이들이 아프리카식이 아니라 너무나 유럽, 북아메리카식이기 때문이었다. 더 나아가 이로 말미암아 1950년대 아프리카가 처한 상황에 잘 어울리지 못했기 때문이다. 여기에 통치 문제도 더해졌다. 소란스럽고 낙천적 인 시작의 해에 아프리카 지식인 간의 경쟁에서 싸워 이겼기 때문에 은크루마 처럼 독립을 위해 싸운 정치가들이 권력을 손에 쥐었다. 독립 정치가의 성장은 손에 땀이 쥐게 할 만큼 아슬아슬했다. 하지만 이들은 정당 분리나 넓게 뻗친 관계 네트워크를 통해 권력을 보장받지 못했으므로 권력을 유지하기 위해 상 대방을 위협하고, 지원자는 포상하는 수단을 이용했다. 은크루마는 본인의 통 치가 될 수 있으면 화려하게 돋보이도록 했다.

　　1960년대 중반에 은크루마는 아프리카 내에서도 고립되었다. 그의 범아프 리카 비전은 무엇보다 프랑스와 가깝게 지내던 국가 원수들의 반대에 부딪혔 다. 그의 사회주의적 비전은 더 이상 매력적으로 다가가지 못했다. 가나 자체 에서 실패한 것이 점점 더 크게 부각되었기 때문이다. 1966년 2월에 콰메 은 크루마는 수차례 해외를 방문하는 동안 실각당하고 말았다. 가나 북쪽의 군대 들이 수도 아크라의 전략적 주요 지점을 점령했을 때 그는 중국 베이징으로 향 하는 비행기에 있었다. 아크라나 가나의 다른 곳에서도 대통령 호위대 외에 아 무도 저항 운동을 일으키지 않았다. 혁명 지도자인 E. E. 코토카 대령은 라디 오를 통한 연설을 다음과 같은 문장으로 시작했다. "은크루마를 둘러싸고 있 던 신화는 깨졌다." 자국이 초대한 손님보다 더 많은 정보를 갖고 있던 중국은 은크루마를 모든 예우를 갖춰 친절하게 환영했다. 그 후에 아무것도 모르고 있 던 은크루마를 옆으로 데려가서 그의 시대가 지나갔다고 알려주었다. 은크루 마는 기니로 망명했고, 1972년 루마니아의 부쿠레슈티 병원에서 암으로 세상 을 떠났다.

성장이 지난 후

가나는 은크루마가 물러난 뒤에 민주주의와 독재 정치를 겪었다. 재정 상황은 늘 빠듯했다. 1950년대에 누렸던 황금시대는 다시 돌아오지 않았다. 원대한 산업화 계획이 실패한 후에 나라를 먹여 살려야만 했던 원료는 공산품과 비교해서 결코 이전만큼의 가치를 지니지 못했다. 어쨌거나 가나는 오늘날까지도 전기만큼은 계속 수출할 수 있다. 볼타호의 댐도 여전히 기능하고 있다. 호수에는 고기잡이꾼과 여행객들이 찾아온다. 볼타 골짜기의 홍수로 생겨난 수중에 잠긴 숲에서 특수 잠수부들이 단단한 열대 목재를 얻는다. 그러나 커다란 볼타호는 이전에 볼타강이 흘렀을 때는 거의 사람들에게 아무런 영향을 끼치지 않았던 열대병인 말라리아와, 주혈흡충증(여러 종류의 주혈흡충에 감염되어 생기는 병으로, 중간 숙주인 패류에서 물속으로 유출된 후에 사람의 피부에 침투하여 감염된다) 같은 아프리카의 전형적인 병을 불러왔다.

가나의 최근 역사에 가장 큰 영향을 끼친 일은 스코틀랜드인과 가나인 혼혈의 공군 소위인 제리 존 롤링스(Jerry John Rawlings, 1947~2020)가 1981년부터 1992년까지 군사 독재를 해온 일이다. 그는 사회주의를 제창했는데, 소비에트 연방으로부터 더 이상 친교 관계에 있는 정부에 재정을 지원해줄 수 없다는 통보를 받아들여야 했다. 이로 말미암아 그는 국제통화기금(IMF)의 지원을 받아 사상적으로 유동성 있고 실용적인 말 치료에 매진하도록 지시를 내렸다. 이들은 1980년대 후반에 성공을 입증해 보여야만 했다. 아프리카 나라 대부분이 1970년대 후반부터 1990년대 초반의 경제 위기를 극복해야만 한 일은 이렇게 보면 매우 비전형적이다. 산업 국가들보다 훨씬 더 심각한 경제적 위기를 겪었는데도 말이다. 1992년에 가나는 민주주의로 다시 돌아섰다. 롤링스는 두 번이나 대통령에 뽑혔지만, 헌법의 조약에 따라 2000년에는 더 이상 재선에 도전하지 않았다. 그는 자신이 속했던 정당이 선거 결과로 말미암아 야당이 된 것을 받아들였다.

1960년대부터 많은 가나인이 나라를 떠났다. 처음에는 정부가 나서서 예전에 식민지였던 나라가 독립하는 과정에서 필요한 교사, 변호사, 행정 관료들을 그 나라로 보냈다. 다음에는 끝이 보이지 않는 경제 위기에 맞닥뜨려 상황이 나아지리라는 희망을 잃은 많은 사람이 나라를 떠났다. 1974년부터 1981년 사이에만 벌써 2백만 명의 가나인이 고국을 떠난 것으로 추정된다. 많은 사람이 이웃 나라로 갔다. 나이지리아는 1980년대 초에 1백만 명에 이르는 가나인을 다시 내쫓았다. 런던과 암스테르담, 함부르크, 뉴욕에도 1980년대부터 눈에 띌 정도로 많은 가나인이 살고 있다. 콰메 은크루마가 볼타호의 도움으로 바닥에서부터 딛고 일어나고자 했던 근대는 아직도 아프리카로부터 멀리 떨어져 있다.

19장:
카이로

21세기의 메가시티

카 이로(Cairo)는 아프리카에서 나이지리아의 라고스(Lagos) 다음으로 인구가 가장 많은 도시다. 2010년에 이곳에 사는 인구는 1200만 명에서 2천만 명으로 추정되었다. 모든 주거지가 합법적이지 않은 데다 끊임없이 들어오고 나가는 유동 인구와 다운타운에 흘러드는 이민자의 수를 통계할 수 없기 때문에 정확한 인구수가 얼마인지는 알 수 없다. 14세기에 카이로는 이미 인구 30만 명의 도시로, 그 당시 유럽의 어느 도시보다 훨씬 큰 규모를 자랑했다(콘스탄티노플 제외). 20세기 후반부에는 1950년에 인구 25만 명에서 1980년대에는 73만 명에 그쳤다. 그런데 2016년에 조사했을 때는 인구가 1800만 명 정도로 추정되었다. 역사적으로 봤을 때 매우 특이한 상황이다. 이는 지난 50년 동안 유럽 외의 지역에 사는 사람들의 삶에 영향을 준 메가시티의 발전 양상 중 하나다. 2016년에 조사한 바로는, 세계 전체 인구의 8퍼센트 이상이 인구가 1천만 명 이상 되는 도시에 살고 있다. 세계에서 인구가 가장 많은 메트로폴리스인 도쿄에는 3800만 명이 살고 있다. 인구 3100만 명인 인도네시

아의 자카르타가 그 뒤를 따른다. 스칸디나비아 국가와 발트해 지역 국가의 전체 인구가 한 도시에 사는 셈이다! 인도의 델리가 인구 약 2600만 명으로 3위를 차지했다. 그다음은 대한민국의 서울로 이곳에는 약 2400만 명이 살고 있다. 유럽에서 가장 큰 메트로폴리스는 모스크바로, 인구가 1600만 명이다(세계 순위 15위). 인구 1100만 명인 파리가 그 뒤를 잇는다(세계 순위 30위).

　　인류 역사상 최초로 21세기 초에 들어 농촌에 사는 인구보다 도시에 사는 인구가 더 많아졌다. 도시의 매력은 19세기에, 특히 유럽과 미국에서 뚜렷이 보였고 이는 산업화의 결과로 생각되었다. 하지만 1945년 후부터 산업화의 정도와는 상관없이 도시화가 전 세계적인 추세가 되었다. 세계은행(IBRD)의 자료에 따르면, 2015년에 오스트레일리아인의 89퍼센트, 가봉인의 87퍼센트, 브라질인의 86퍼센트, 핀란드인의 84퍼센트, 그리고 사우디아라비아인의 83퍼센트가 도시에 살고 있었다. 우리가 자연과 광활함이나 야생을 떠올리는 나라에서도 마찬가지로 대부분 사람이 되도록이면 도회에서 살고자 한다. 이집트에서는 도시화된 지역이 43퍼센트 정도에 이른다. 카이로를 제외하면 인구 1백만 명이 넘는 도시가 한 군데밖에 없기 때문이다. 바로 인구 4백만 명이 약간 넘는 나일강 옆의 알렉산드리아(Alexandria)다.

　　하지만 이집트에 큰 도시가 이 두 군데밖에 없더라도 나머지 지역이 반드시 외딴 농촌이라고는 말할 수 없다. 아프리카의 밤을 촬영한 인공위성 사진을 보면 이를 알 수 있다. 위성 사진을 보면 아프리카 대륙의 북동쪽에서 유일하게 빛나는 기다란 줄을 볼 수 있다. 이집트의 생명의 젖줄인 나일강이다. 빛줄기는 나일강이 많은 지류를 합해 가며 지중해로 향하는 길목에 있는 삼각지 앞에서 빛으로 반짝이는 곳에서 멈춘다. 바로 이집트의 수도인 카이로다. 불빛은 남쪽으로 가다가 아스완(Aswan)에 이르러 꺼진다. 영국은 1900년에, 그리고 이집트 민족국가는 1960년대에 아스완에 댐을 세웠다. 이집트 민족은 오늘날까지 나일강 변에서 몇 킬로밖에 안 되는 반경 안의 넓은 평지에 집약적으로 모여 산다. 멀리 서쪽에 있는 리비아 사막에서의 삶은 고되고, 멀리 동쪽으로는 아라비아 사막이 펼쳐져 있다. 오늘날의 이집트는 독일 면적의 세 배에 이른다. 하지만 전체 면적의 4퍼센트밖에 안 되는 크기에 8800만 명의 이집트인이 산다. 참고로 1950년에는 인구가 2200만 명밖에 안 됐다.

고대부터 사람들은 나일강을 따라 이미 아스완까지 배를 타고 갈 수 있었다. 이곳에는 물건과 아프리카의 노예를 유럽과 서아시아로 실어 나르는 무역 노선이 생겼다. 하지만 무엇보다 나일강의 물과 비옥한 충적지로 사막에서 농사가 가능했다. 매년 범람하는 강물 때문에 파라오의 시대 때부터 사람들은 근심하면서 나일강의 수위계를 지켜봤다. 물과 진흙은 치밀하게 계획한 절차대로 모은 다음에 논에 나누어 뿌렸다. 토질이 사막에 가까운 이집트는 이런 방법으로 로마와 훗날 오스만 제국의 곡창이 될 수 있었다. 하지만 홍수 규모가 너무 약하면 위험한 식량난이 덮쳤다. 반대로 강물이 너무 많이 범람하면 관개 시설과 경작지가 파괴되었다. 영국은 19세기 말에 이곳에 엄청난 양의 물이 필요한 목화를 대규모로 심게 했다. 그러고는 물을 확보하기 위해 1900년에 아스완 옆에 댐을 최초로 건설했다. 이집트도 1960년대의 계획과 대규모 건설이 유행하는 분위기 속에서 더 큰 댐을 완성했다. 그 이후부터 나일강은 더 이상 범람하지 않았다. 댐 수위가 변하기는 했지만, 물은 카이로 방향으로 일정하게 흘러갔다. 일 년 내내 강의 흐름이 조정되었다. 이전에 카이로의 홍수가 나던 지역에 지금은 사람이 살고 있다.

이집트에서 교역과 관개농업은 이미 파라오 시대 때 일을 분배하고 사회적 서열을 정하는 데 중요한 역할을 했다. 상인과 경작지 소유주는 대부분 도시에서 살았다. 이곳에는 화려한 예배당과 궁전, 정원, 종교 단체, 교육기관, 그리고 시장이 있었다. 농부들은 노동과 조세라는 짐을 지었고, 국가 감독관과 조직 관리자의 통제를 받으며 세금 징수원과 세금 징수 청부인에게 착취당했다. 모든 사람이 잘사는지의 여부가 농부의 노동으로 정해졌기 때문에 감독이 있었고, 봉기가 일어났다. 새로운 칙령은 지속적으로 농부가 너무 고된 노동과 지나치게 높은 세금 탓에 도망가는 것을 막아야만 했다. 도시와 농촌, 부자와 가난한 사람, 권력과 무력 사이의 대립은 이집트에서 이미 오래전부터 존재했다. 하지만 네트워크와 측근 정치 때문에 대립이 약해진 지도 마찬가지로 상당히 오래되었다.

로마 시대 때부터 현재 카이로 지역에 사람이 살기 시작했었다. 그 후로 새로운 도시 중심 지역이 계속 발전했는데, 기존의 거주지가 바뀌지 않고 더해지는 형태였다. 19세기의 마지막 300년 동안에는 빌라가 쭉 늘어서 있는 새로운 '유럽식' 도시가 형성되었다. 낡고 비좁은 인상을 주었던 옛날의 중심지는 낙후된 반면에, 새로운 중심지에는 이제 수도와 가스가 공급된다. 제2차 세계 대전이 끝난 후에 이집트는 국가를 근대화하고자 하는 열의로 아스완댐 외에도 많은 시설을 건설했다. 250제곱킬로미터에 이르는 나스르 시티(Nasser City, '승자의 도시')와 같은 거대한 도시 구역이 새롭게 조성되었다. 2000년부터는 중심지에서 동쪽으로 멀리 떨어진 사막 위에 뉴카이로(New Cairo)가 생겼다. 뉴카이로는 인구 5백만 명을 수용할 수 있다. 샤자하나바드나 장안, 베를린 혹은 상트페테르부르크와 마찬가지로 카이로에서도 도시의 역사와 지배자의 역사가 전체적으로 연관되어 있다.

형식적으로 오스만이나 아랍의 토착 왕조, 술탄 혹은 왕의 통치가 계속 유지되기는 했지만, 19세기 말에 카이로에 생겨난 유럽식 도시는 카이로와 이집트, 아랍 지역이 전체적으로 유럽의 강한 영향권에 있다는 것을 보여주었다. 이집트 섭정 역시 영국 총영사의 동의 없이는 더 이상 아무런 행동을 할 수 없었다. 제1차 세계대전이 끝난 후에 유럽의 승자였던 영국과 프랑스는 독립을 원하던 아랍 일부 민족의 저항에 반대하면서 자기네끼리 아랍 지역을 나누어 가졌다. 두 나라는 국제연합의 의뢰를 받아 공식적으로 아랍인들에게 정치를 가르치고 독립을 준비시키겠다는 이유를 내세웠다. 하지만 아랍의 엘리트들은 더 이상 이런 식으로 고급스럽게 포장된 유럽인의 동기를 믿을 수 없었다. 아라비아 엘리트 중에는 유럽식 사고방식과 관례를 수용하고, 유럽의 (농업) 경제 혁신을 통해 전적으로 이익을 본 사람이 많기는 했다. 몇몇은 유럽을 통해 엄청난 부를 쌓고 영향력을 얻기도 했다. 하지만 엘리트들은 이제 자신의 미래를 직접 결정하고 싶어 했다. 필요하다면 유럽에 저항도 해야 한다고 마음먹었다. 본국의 하류층 사람들은 유럽 문명의 혜택을 크게 중요하지 않다고 여겼고

고통스러운 경험으로 이집트 출신의 엘리트조차 믿지 못했다.

따라서 유럽의 주도권에 반대하는 지식층의 사조와 민중의 반대 운동이 서로 합쳐지는 듯하면서도 대치를 이루며 일어났다. 이들은 이슬람교를 믿는 아랍인이며, 민족적 성격을 띤 아랍의 역사에 오늘날까지 영향을 미친다. 아랍의 역사를 이집트와 카이로를 중심으로 좀 더 자세히 살펴보면 이집트가 예로 들기에 적합한 곳임을 알 수 있다. 카이로는 아랍 세계에서 유일한 메가시티이며 갈등과 분쟁의 해답이 응축되어 있는 도시다. 이 밖에도 이집트에서는 아랍 세계의 커다란 세 지역이 서로 만난다. 첫 번째 지역으로는 유럽의 식민 통치에 큰 영향을 받은 북아프리카인 모로코에서 홍해, 두 번째 지역은 풍부한 석유 매장량을 통해 완전히 변한 아라비아반도, 그리고 팔레스타인과 페르시아만 사이의 지역이다. 예전의 서아시아 고도 문명이 번창했던 비옥한 반달 모양의 지형인 이곳은 앞서 소개한 3장 '바빌론' 편에서 살펴보았다. 1945년부터 카이로가 이 모든 영향력이 교차하는 곳에서 계속 아랍 국가의 자치 기구인 아랍연맹(Arab League)의 거점이 된 것은 우연이 아니다.

아랍 세계

아랍어를 쓰는 지역이 아랍이라고 정의한다면 현재 크기에 이르는 아랍은 겨우 이슬람 시대 때부터 존재해 왔다. 아랍어는《코란》의 언어로서 이슬람과 함께 전파되었고, 예수가 제자들과 대화를 나눌 때 썼던 더 오래된 아람어(Aramaic language)를 점점 밀쳐냈다. 이때 지역에 따라 차이가 생겼다. 지역 방언은 서로 달라도 너무 달랐다. 1800년경에 이라크의 바그다드와 이집트의 카이로, 사우디아라비아의 메카 혹은 모로코의 마라케시(Marrakesh)에서 온 사람들은 마치 독일의 오버바이에른(Oberbayern)과 프리젠(Friesen) 사람이 혹은 이탈리아의 베네치아와 나폴리 사람이 서로를 이해하지 못하는 만큼 상대방의 언어를 이해하지 못했다. 표준 아랍어가 종교와 고대 텍스트의 언어로 남긴 했지만, 일상에서는 거의 사용되지 않았다. 19세기부터 지식층은 표준 아랍어를 다시 많이 사용하게 하려고 노력했다. 하지만 유럽과는 달리 정치적 권력가가 나서서 학교와 관청을 통해 지역 방언의 사용에 반대하거나 국가 공용어를 널리 쓰도록 하는 데 힘을 기울이지 않았다. 1800년경에는 이탈리아 인구의 2.5 퍼센트만이 오늘날의 이탈리아어와 같은 말을 했고, 프랑스에서는 10퍼센트만이 현재 프랑스어를 사용했다. 하지만 그 뒤에 탄생한 이탈리아 및 프랑스 민족국가는 학교와 관청, 군대, 정치, 대중 매체에 자국의 공용어를 쓰도록 명령했다. 이 두 나라와는 달리 아랍 세계에서는 식민 통치자가 그들의 식민 통치자의 언어인 영어와 프랑스어를 쓰도록 주도했다. 현지의 새로운 엘리트는 이런 정책을 받아들였다. 하지만 일반 사람들은 일상에서 자신들의 방언을 계속 사용했다. 이런 까닭에 20세기에 일어난 식민 반대 운동에서 아랍 국가는 언어를 중심 주제로 삼지 않았다. 하지만 학교 교육이 표준 아랍어로 이루어지고, 신문에 표준어가 쓰이고, 라디오와 텔레비전에 아랍어 방송이 나오며, 1980년대부터는 이슬람과 '이슬람' 언어의 중요성이 다시 부각된 까닭에 오늘날 표준 아랍어는 1백 년 전보다 더 큰 의미를 얻었다. 방언은 점차 공통 언어의 변형된 형태로 여겨졌다. 아랍어는 공동 문화를 이어주는 끈과 표현 방식으로 이해된다.

아랍 세계를 사용 언어 공간을 기준으로 구분한다면 터키와 이란은 아랍 세계에 속하지 않는다. 터키어는 11세기부터 아나톨리아에서 널리 사용되었고 1500년경에 오스만 제국과 함께 영향력이 막강해졌다. 제1차 세계대전이 끝난 후 오스만 제국이 멸망하자 터키어는 새로운 터키 민족국가의 언어가 되었다. 아랍 세계와는 다르게 터키에서는 온 힘을 다해서 '자기' 언어를 지키고 쓰려 했다. 터키에서는 아랍과 페르시아의 영향에서 벗어나 로마 알파벳을 써야 했다. 터키어는 단합과 근대성을 상징해야 했다.

페르시아어는 터키어와는 다르게 아랍 문자로 표기한다. 이는 《코란》의 언어를 접하면서 생긴 결과다. 아랍어나 주변 지역의 다른 많은 언어와 다르게 페르시아어는 이슬람이 승리했음에도 사라지지 않았다. 페르시아어는 이미 로마와 경쟁을 벌이던 이슬람 이전의 사산 왕조의 통치자의 언어로서 위력을 지 닌 찬성자와 지식인층에게 큰 지지를 받았다. 페르시아어는 아랍의 영향 및 문 자 기호를 받아들였다. 아랍어에서 온 개념은 물론이고, 훗날 터키어, 그리고 좀 더 이후에 유럽 언어에서 온 개념이 '페르시아어화'하기도 했다. 페르시아 어는 이렇게 해서 이란과 인도 사이에서 사용되는 가장 중요한 언어로 자리 잡 았다. 페르시아어는 12장 '샤자하나바드' 편에서 살펴본 인도 무굴 제국의 지 배자가 사용하던 언어였다. 페르시아어는 아랍의 이슬람이 기원한 세계와 오 늘날의 인도네시아까지 이르는 남아시아와 동남아시아의 넓은 지역 사이에서 가교 역할을 했다.

즉, 아랍 세계는 북쪽과 동쪽에서는 터키와 페르시아의 세계로 막힘없이 계 속된다. 반대로 서쪽과 남쪽에서는 바다(대서양, 아덴만, 페르시아만)와 사막(사하라) 으로 말미암아 경계가 분명해진다. 그러나 11장 '킬와' 편에서 보았듯이, 사막 과 바다 건너 다른 쪽인 남쪽에서도 아랍의 영향을 느낄 수 있다. 예로, 마다 가스카르와 모잠비크 사이에 있는 인도양의 작은 섬인 코모로(Comoros)는 현재 아랍연맹의 회원국이다. 18세기와 19세기에 이곳에서는 아랍의 뱃사람과 이 주민들이 중요한 역할을 했다. 아랍 지역은 과거에도 그랬지만, 지금도 크기 나 내용 면에서 다양하며 변화가 많다.

유럽은 인도와 가나에서처럼 아랍 세계를 근본적으로 바꾸어놓았다. 유럽 인들은 이곳에 철도와 도로, 항구, 운하를 건설했다. 당연히 단기간에 스스로 사용하기 위한 목적이었지만, 이런 시설은 아랍 지역에 장기간에 걸쳐 영향을 미쳤다. 그중에서도 홍해와 지중해 사이에 건설된 수에즈 운하는 가장 오랫동 안 영향을 끼친 건축물이다.

1869년부터 수에즈 운하는 유럽인이 인도, 중국 혹은 동남아시아로 갈 때 아프리카를 멀리 돌아서 가야 하던 길을 단축해 주었다. 인도양으로 가야 하는 대영 제국에 운하는 생명줄과 같았다. 대영 제국은 수에즈 운하를 지키기 위해 가능한 모든 외교적·군사적 수단을 동원했다. 이를 위해 운하를 따라 항만과 군대 막사가 생겨났다. 인근 나라들은 대영 제국에 스스로 머리를 숙이든지 그

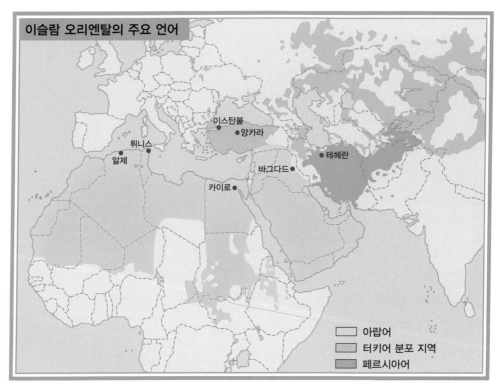

이슬람 오리엔탈의 주요 언어

렇지 않으면 강제로 복종해야만 했다. 이집트 섭정은 운하를 지키기 위해 영국의 속국이 되도록 강요당했다.

　유럽 국가는 식민지를 정치적으로 가능한 한 저렴하고 효과적으로 지배하기 위해 현지 엘리트와 협력했다. 유럽인은 대체로 알제리에서만 거주했다. 식민지 통치자들은 경제적 분야에서는 주로 농업에 집중했다. 공산품은 본국에서 스스로 생산하고 판매하고자 했다. 따라서 이집트의 섬유 산업은 영국이 섬유 시장을 점유하기 시작하자 위기에 처했다. 인도의 벵골 지역도 같은 상황이었다. 그 대신에 영국은 면과 같은 농산물을 수출 품목으로 장려했다. 이를 통해 수익을 얻은 사람은 다시금 인도의 벵골에서처럼 이집트에서도 농촌에 사는 엘리트였다. 농부들은 첫 번째 아스완댐과 댐에 연결된 관개시설과 같은 기술적 혁신을 일으켰다. 하지만 나라가 영국의 속국이라는 상황이나 가난한 삶은 조금도 변하지 않았다.

20세기 초에 들어 석유라는 새로운 수출품이 아랍 지역의 상황을 변화시키기 시작했다. 제3의 산업혁명의 핵심 요소인 화학 산업은 석유를 바탕으로 이루어졌다. 하지만 무엇보다 배, 자동차, 게다가 비행기와 같은 20세기의 이동 수단은 석유로만 움직였다. 이미 영국은 제1차 세계대전이 발발하기 전에 군함의 연료를 석탄에서 석유로 바꾸었다. 1920년대에 먼저 미국에서, 그다음으로는 유럽에서 자동차 산업의 개선 행렬이 시작되었다. 제2차 세계대전이 끝난 후에 석유는 점점 더 많은 분야에서 석탄을 밀어냈다.

　최초의 유전은 코카서스와 미국에서 발견되었다. 제1차 세계대전이 발발하기 얼마 전에 이란의 남쪽에서 석유가 발견되었다. 그 후 제1차 세계대전이 끝난 후에 아랍 지역에 전체적으로 석유가 풍부하게 매장되어 있다는 사실이 알려지기 시작했다. 석유 채굴을 위한 접근은 오늘날까지 영국과 미국의 국제 정책의 핵심 요소다. 영국과 미국의 기업은 처음에는 산유국에 일체 이익을 나눠주지 않은 채 유전을 약탈했다. 1951년에 이란이 석유 장려 산업을 국영화하려고 하자 영국과 미국이 간섭해

왔다. 결과적으로 국제적 위기가 찾아왔다. 하지만 권력관계에 곧 변화의 바람이 불어왔다. 1960년에 석유수출국기구(OPEC, Organization of Petroleum Exporting Countries, 오펙)가 출범했다. 이를 통해 이라크, 이란, 쿠웨이트, 사우디아라비아, 베네수엘라가 예전에 자국에 영향을 행사했던 열강의 어떤 제지도 받지 않은 채 자국의 석유산업을 국영화했다.

석유가 여러 곳에 불균등하게 분산, 매장되어 있기 때문에 아랍 지역 내에서도 힘의 관계가 변했다. 극소수의 사람만이 거주하는 아라비아반도는 1900년까지 특히 메카와 메디나에 있는 이슬람의 신성한 장소라는 이유로 특별한 의미가 있는 곳이었다. 이집트는 아라비아반도의 상태가 너무나 불안정했기 때문에 이 신성한 장소를 일정 기간 지켜 왔다. 그러다가 1902년과 1932년 사이에 막강한 권력을 자랑하고 강경 보수파 이슬람 선교사와 관련된 가문의 후손인 이븐 사우드(Ibn Sa'ūd, 1880?~1953)가 교묘한 방법과 무력을 이용해 아라비아반도의 큰 지역을 점령했다. 이어서 이븐 사우드는 자신을 사우디아라비아라는 새로운 왕국의 통치자로 임명했다. 이곳에서 엄청난 양의 석유가 발견되자 강경 보수파 이슬람의 대표자들은 사우디 가문과 함께 부유해지고 막강한 권력을 얻었다. 이집트나 페르시아의 도시에 살던 지식층들은 이를 매우 놀랍고 기이하다고 생각했다.

아랍 역사에서 또한 별로 중요한 위치를 차지하지 못했던 다른 지역 역시 풍부한 석유 덕에 혜성처럼 빨리 성장했다. 아랍에미리트 연합국과 쿠웨이트, 바레인, 카타르와 같은 나라가 이에 속한다. 특히, 1970년대부터는 이곳에 휘황찬란한 신도시들이 들어서기 시작했다. 아랍의 다른 지역이나 인도 아대륙에서 온 외국인 노동자가 모든 일을 떠맡아서 하는 반면에, 현지 주민들은 일하지 않고 석유 사업에서 나오는 수익만으로도 살 수 있는 경우가 종종 있다. 아라비아반도의 빈국은 예멘이다. 수도 사나(Sanaa)와 아덴 항구가 있는 예멘은 수에즈 운하 덕에 성장의 반열에 올랐다. 하지만 이곳에서는 극히 적은 양의 석유만 발견되었기 때문에 아라비아반도의 나머지 나라와는 다르게 분단되고 통일된 후 다시 분단되는 등 폭력의 역사가 가득하다. 비참한 삶의 조건도 역시 변함이 없다.

　아라비아반도의 다른 편에서도 석유는 불평등한 조건을 이루었다. 처음에는 페르시아만에 매장된 석유에 관심이 집중되었다. 이로 말미암아 이란과 이라크는 세계 정치의 격전이 벌어지는 무대가 되었고, 지금도 그러하다. 리비아와 알제리에서도 풍부한 양의 석유가 매장된 곳이 발견되었다. 하지만 이집트와 시리아는 그렇지 못했다. 이 두 나라는 아랍 세계의 중심지로 통하며 메트로폴리스와 같은 성격을 지닌 카이로와 다마스쿠스라는 전통 깊은 수도가 있다. 그렇긴 해도 아라비아반도에 있는 석유 산유국과 비교했을 때 물질적으로 많이 뒤처졌다.

팔레스타인을 둘러싼 분쟁

　1970년대까지 아랍 세계는 모든 경제적·종교적 차이점을 떠나 이스라엘이라는 나라를 거부하는 데 동조했다. 이스라엘은 1948년에 유엔의 결정에 따라 생겨났다. 대략 50년에 걸쳐 아랍 세계 한가운데에 집중적으로 유대인 거주지를 세워 이룩한 결과물이었다. 1896년에 오스트리아-헝가리의 언론인이었던 헤르츨(Theodor Herzl, 1860~1904)은 《유대인 국가, Der Judenstaat》라는 책에서 유대인이 러시아와 프랑스, 독일에서 혐오스러운 국수주의와 인종차별주의에 대항해, 일부는 조롱 같고 일부는 삶에 위협적인 공격을 어떻게 해결해야 하는지의 문제를 다루었다. 그의 해답은 이랬다(완전히 새로운 방법이 아님). 유대인들은 스스로 모든 다른 민족처럼 본인의 국가를 가진 민족이 되어야 한다. 가장 좋은 것은 예전에 이미 유대인들의 고향이었던 곳, 바로 팔레스타인(Palestine)에 나라를 세우는 것이다. 유대인의 신성한 장소이자 성경에 나오는 시온(Zion)인 예루살렘은 지금 바로 유대인을 위한 완전한 현세의 국가의 중심지가 되어야 한다. 이런 '시온주의자'들은 그런 나라를 세움으로써 유대인이 상인과 지식인뿐만 아니라, 수공업자와 농부, 공장 노동자도 될 수 있다는 것

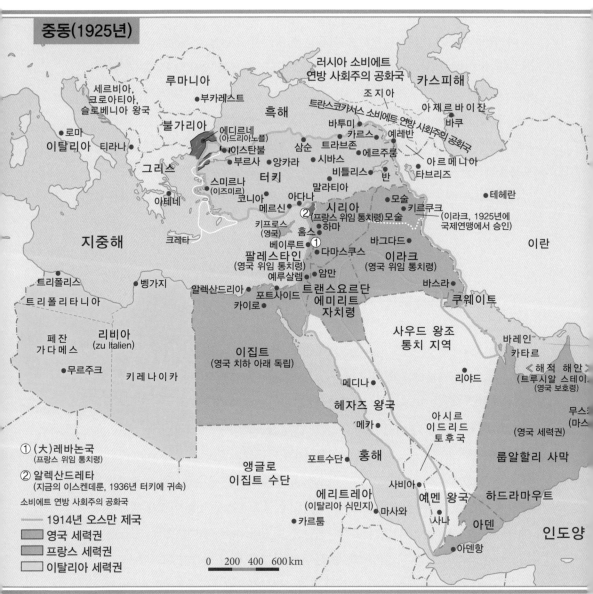

중동(1925년)

① (大)레바논국
　(프랑스 위임 통치령)
② 알렉산드레타
　(지금의 이스켄데룬, 1936년 터키에 귀속)
소비에트 연방 사회주의 공화국
　── 1914년 오스만 제국
　▨ 영국 세력권
　▨ 프랑스 세력권
　▢ 이탈리아 세력권

0　200　400　600 km

을 보여주고자 했다. 시온주의는 시작부터 매우 다양한 면을 지녔다. 노동자
자치 행정조직과 협동을 기본으로 모범 국가를 세우려는 좌파가 있었다. 성경
에서 유래한 팔레스타인을 상대로 유대인의 역사적 권리를 주장하는 국가 종

교인들도 있었다. 유럽의 박해에서 벗어나 방해받지 않고 살기 위해 시온주의를 이용한 사람들도 많았다. 또한, 유대인의 국가를 완전히 거부하는 초정통파 신자들도 있었다. 자신들이 기다리는 메시아보다 국가가 앞질러 와서는 안 되기 때문이다.

헤르츨의 시대에는 신앙심이 깊은 유대인 소수민이 팔레스타인에, 특히 예루살렘에 조금밖에 살지 않았다. 유대 소수 민족은 기독교와 무슬림 아랍인들과 오스만인과 함께 매우 평화로운 삶을 살았고, 유대인을 바탕으로 나라를 세워야겠다는 생각으로 시간을 허비하지 않았다. 팔레스타인의 일부 지역에 사람이 얼마 살지 않는 곳이 있기는 했어도 국가를 세우려는 일부 유대인 선동가들이 믿게 하고 싶어 하던 것처럼 아예 사람이 없거나 토지 소유자가 없던 것은 아니었다. 유대인 이주민은 토지를 사야만 했고, 유대인 단체를 통해 지원을 받아 땅을 샀다. 처음에는 러시아에서 일어난 유대인 박해 때문에 이주민이 파도처럼 밀려왔다. 1920년대에는 유대인 거주지의 규모가 증가해서 아랍인 사이에 근심이 퍼지고 시온주의에 반대하는 아랍 국수주의가 일어났다. 그러나 동시에 아랍인들은 커져가는 불안한 긴장 상태에서도 계속 유대인에게 땅을 팔고, 유대인과 기독교인, 이슬람교도와 함께 일했다.

제1차 세계대전 때부터 오스만 제국의 자리를 대신해 지배자로 등극한 영국은 변덕스러운 입장을 취했다. 영국은 전쟁 중에 일어난 사건의 압력 때문에 여러 편이 합의할 수 없는 약속을 해댔다. 제2차 세계대전 때에는 약속한 사항을 다시 바꾸는 바람에 갈등을 더 부추겼을 것이다. 그사이에 영국은 관련된 모두의 긴장 상태를 완화하기 위해 애썼다. 유대인과 아랍인, 특히 양쪽의 강경파는 영국을 좀스럽고 신뢰할 수 없는 대상으로 인지했다.

1930년대 초부터 유대인 이주민의 수가 다시 한번 늘어났다. 독일의 유대인이 나치즘을 피해 점점 더 많은 집단을 이루어 피난길에 올랐다. 팔레스타인에 감돌던 갈등은 결국 1936년부터 1939년까지의 아랍 반란으로 이어졌다. 영국은 독일이 집단 학살을 시작하는 동안 팔레스타인으로 이주하려는 유대인을 막았다. 그러자 유대인은 불법으로 이민을 꾀했다. 팔레스타인에서조차 때로는 아랍인이, 때로는 유대인이 같이 섞여 살던 마을에서 추방되기도 했다. 양쪽의 테러 집단은 서로를 적대시하며 싸웠고, 영국과도 싸웠다. 1948년에 완전히 지칠 대로 지친 영국은 유엔에 이 문제를 떠넘겼다. 유엔은 유대인과 아랍인이 거주할 영역을 정하고 각각 국가의 지위를 인정해주면서 땅을 분할했다. 그러자 아랍의 이웃 나라는 물론 유대인 영토에 살던 아랍 주민들이 봉기를 일으켰다. 전쟁은 짧았고 아랍인의 실패로 끝이 났다. 이스라엘은 자기에게 주어진 영역을 통합하고 지금까지 아랍 영역이었던 곳을 빼앗아가면서 영역을 넓혀갔다. 이와 동시에 계속해서 추방이 이어졌다. 팔레스타인 밖의 아랍 도시에 살던 유대인은 압력을 받았다. 카이로에 살던 유대인 대부분은(이미 이곳에서는 오래전부터 수만 명이 살고 있었다) 1940년대와 1950년대에 이루어진 폭력적인 공격을 피해 도시를 떠났다. 1912년에 일어난 발칸전쟁 이후에 20세기 유럽 역사에 기록되어 온 도주와 추방은 아랍 세계로 옮겨져 계속 이어졌다.

나세르, 아랍연맹과 현대

　　제2차 세계대전이 지난 후에 아랍 세계는 새로 건국된 국가 이스라엘과의 전쟁과 유럽 식민지 열강과의 투쟁, 엘리트층과 하급 계층 간의 불화, 그리고 석유 기업과의 격전을 겪으면서 정체성을 찾아갔다. 아랍 세계가 영국과 프랑스 식민지 왕국에서 많은 분쟁을 겪으며 떨어져 나온 것은 우리가 18장 '볼타호' 편에서 살펴보았던 여섯 개의 탈식민화 물결 중 네 번째 물결의 일부였다. 가장 큰 희생을 치르며 식민지에서 벗어난 곳은 알제리였다. 1930년에 알제리에는 80만 명이나 되는 프랑스인이 살고 있었다. 반면에 프랑스에서 일하는 알제리인은 10만 명에 지나지 않았다. 알제리는 이미 행정 단위로 나뉘었고, 프랑스 본국의 일부로 취급받았다. 이곳에서 발발한 독립전쟁은 마치 내전 비슷한 양상을 띠며 프랑스 본국에 매우 강한 영향을 끼쳤다. 가장 극적인 역사는 가말 압델 나세르(Gamal Abdel Nasser, 1918~1970, 유럽에서는 나세르라는 이름으로 잘 알려짐)의 출세와 몰락을 함께 겪은 이집트가 장식했다. 나세르는 근대적이며 승리를 이루는 아랍 국가를 형성하기 위해 혁명을 일으키고자 했다.

나세르는 제2차 세계대전이 끝난 후에 많은 아랍 국가에서 창설한 군대를 통해 출세의 길을 걸었다. 군대는 기술과 현대, 독립, 민족적 자긍심과 돈과 영향력이 있는 친구 가운데 아무것도 가진 것이 없어도 실력과 용기 하나만으로도 성공할 수 있다는 가능성을 상징했다. 20세기 중반의 아랍의 많은 정치가는 중류층 하위 출신으로, 군대라는 신분 상승의 등용문이 없었더라면 출중한 지위에 오르지 못했을 것이다. 이것은 아랍 세계에서 경탄할 만한 일이었다. 군대가 혁명을 불러오기도 했지만, 군대 자체가 사회적·기술적·정치적 혁명이었다.

1952년에 나세르는 '자유장교단'과 손잡고 이끈 쿠데타를 통해 권력을 장악했다. 그는 이와 함께 이집트의 '자유 진영의 시대'를 끝냈다. 자유 시대는 1919년 이후부터 약해져 가는 영국 식민지 통치권과 자유롭게 선출되고 종종 분쟁으로 진영이 갈리는 의회, 그리고 자신을 '왕'이라 일컫는 이집트 총독 사이에서 권력이 새로 개편되던 시대였다. 전반적으로 자유로운 언론이 참여하면서 문화적·정치적 논쟁이 벌어졌다. 유럽식 복장과 태도의 기준이 일상에서 통용되었다. 첫눈에 보기에 꽤 좋은 시대였다. 하지만 카이로와 알렉산드리아에서도 좀 더 가난한 지역의 주민들은 마을이든, 나일강 옆 지역이든 어디에 사는지와 상관없이 아무런 혜택도 받지 못했다. 이곳에 사는 사람들은 점점 더 잘 작동하는 이슬람 네트워크의 도움을 받아 불안감과 가난에 맞서 싸웠고, 영국인과 오랜 기간 존재해 온 엘리트층이 없는 미래를 꿈꾸었다. 이들은 무슬림형제단(Muslim Brothers), 이집트 청년연합 혹은 공산주의운동과 같은 그 지역의 매우 급진적인 집단에 큰 관심을 가졌다.

나세르는 이런 보통 사람 중 한 명으로서 처음부터 폭넓은 지지층을 얻었다. 나세르는 1918년생으로 젊고, 쿠데타를 일으켰을 당시에 34세밖에 되지 않았다. 그는 외교적으로 성공을 거두었다. 1954년에 영국은 1956년까지 이집트에서 군대를 철수할 것을 약속했다. 1956년에 나세르는 수에즈 운하를 국영화했다. 이후 영국과 프랑스가 이스라엘과 연합하여 해 온 공격은 미국과 소비에트 연방이라는 강대국에 막혔다. 가나에서 이미 보았듯이, 냉전을 주도하던 국가들은 자기편으로 만들기 위해 (미국 혹은 소비에트 연방이 신생 국가를 지원함) 신생 국가의 독립운동을 지원했다. 당시 식민 열강들은 뒤로 물러나야만 했다. 이런 상황이 영국과 프랑스에는 수치였지만, 아프리카와 아시아 신생 자유 국가의 대변인으로 등장한 나세르에게 엄청난 명성을 가져다준 큰 이익이었다. 나세르는 거대한 아스완댐을 완공했다. 그는 가나의 콰메 은크루마처럼 저렴한 융자를 얻기 위해 세계열강의 경쟁 관계를 이용했다. 나세르는 가나처럼 국가의 투자와 기술 성장을 통해 지중해 건너편에 있는 유럽과 동등한 수준으로 나라를 발전시켜야만 했다. 토지 개혁을 벌여 기존 엘리트층의 권력을 빼앗고, 이용 가능한 땅을 많은 사람의 손에 넘겨주었다. 더 나아가 외국 기업과 토지 소유권을 국영화했다. 유대인과 영국인, 프랑스인이 이집트를 떠난 뒤에 다른 많은 유럽인도 나라를 떠났다. 이집트는 더욱더 이집트화하였다. 기존의 엘리트 자리는 군대 대표자와 민간인이 대신했다. 이들은 한 번도 외국에 나가본 일이 없고 영어가 아닌 아랍어를 쓰는 사람이었지만, 민중의 고통을 잘 파악했다.

하지만 나라를 근대화해야만 할 제철소와 종종 너무 큰 노력을 쏟아부어야 하는 다른 산업 분야의 프로젝트가 가나에서처럼 제대로 기능하지를 못했다. 은크루마가 그랬던 것처럼 나세르는 점차 인내심이 약해지고, 정치적 정당 결성을 금지하고, 언론과 예술, 문화에 더 강한 영향을 끼치게 되었다. 부패와 족벌주의가 뚜렷해졌다. 그래도 나세르는 카리스마를 지닌 민중의 대변인으로서 정치에 발을 들여놓았기 때문에 많은 것이 허용되었다. 하지만 1967년에 이스라엘과의 6일 전쟁에서 패한 것은 나세르 개인에게는 재앙과도 같았다. 나세르는 이집트와 아랍연맹의 지도자로 앞에 나섰다. 그리고 1958년에는 심지어 시리아와 함께 '아랍연합공화국(U.A.R, United Arab Republic)'을 수립했다. 아랍연합공화국은 아랍연맹 제국의 출발점 역할을 해야만 했다. 하지만 1961년에 시리아 군대가 쿠데타를 일으킨 후 아랍연합공화국은 실패로 끝났다.

1967년에 나세르는 이스라엘과의 갈등 상황을 악화시키고, 다른 전방 국가인 시리아, 요르단과 함께 연합을 이루었다. 하지만 유대 국가인 이스라엘이 모든 전선에서 승리를 거두고 이집트 시나이반도와 요르단강 서안 지구(West Bank), 동예루살렘 및 시리아 남서부의 골란고원(Golan Heights)을 점령했다. 나세르는 군대와 민족의 명예를 상징하는 그의 독보적인 분야에서 마력을 뺏기고 말았다. 그가 아랍 세계에서 누렸던 명성은 사라졌다.

　나세르는 엄청난 전쟁 비용으로 경제를 불안정하게 하고 사회 개혁에 부담을 주었지만, 국내에서는 여전히 높은 인기를 누렸다. 나세르는 이집트를 경제적으로 개방하고 이슬람이며 극단적이어서 세상 물정에 어둡다고 여겼던 사우디로부터 재정적 원조를 받아들여야만 했다. 그 당시 사우디는 부유한 나라였고, 나세르는 10년 전에 아스완댐을 지었을 때와는 달리 앞뒤 가릴 상황이 아니었다. 1970년 9월 28일에 국가 수장이었던 나세르는 심장마비로 죽었다. 그의 장례식에 이집트 민족이 대거 참석했다. 세계 역사상 가장 많은 수의 조문객이 찾아왔다(세계 기록을 담은 기네스북이 이렇게 주장한다). 하지만 그가 죽기 이전에 이미 그가 추구했던 아랍-사회주의적 근대화 독재에 대한 매력적 생각이 죽었다. 식민주의와 새로운 슈퍼 열강의 다른 편에서 미래로 향하는 본인만의 길을 찾으려는, '제3세계'에 대한 희망이 퇴색해 갔다.

　카리스마를 갖춘 통치 방식과 이집트와 아랍의 국수주의, 보통 사람의 사회주의가 하나로 섞인 혼합물이 나세르를 특별하게 만들었다. 반대로 군대를 통해 신분 상승을 이루고 식민지 제도와 깊이 연관된 기존의 엘리트를 밀어내는 일은 아랍 세계에서 종종 일어났다. 1960년대부터 시리아와 이라크에서는 군사 지도자와 바트당(Ba'ath Party)의 당원이 결속했다. 이는 아랍 민족 사회주의의 비밀 결사체였는데, 쿠데타에 성공한 후에 일종의 국가 정당으로 바뀌었다. 시리아와 이라크 두 나라에서는 군대가 지배하는 아랍-국가 독재가 일어났다. 이 국가들은 나라를 근대화하고자 모든 수단을 총동원했다. 하지만 이곳에서도 이집트에서처럼 식민 지배 이후에 희망을 이루지 못했다. 사회주의로 향하는 아랍의 길은 시리아와 이라크에서도 찾지 못했다. 단지 독재자만 남앉다. 사람들은 이전의 엘리트처럼 자기 민족이 군사와 민중 운동을 통한 근대화 프로젝트에 실패할까 봐 두려움에 떨었다. 유럽이 전혀 도움이 안 된다는 사실은 이미 증명되었다. 범아랍주의와 유럽식, 사회주의적 근대화가 실패한 후에 모든 공동의 희망 중 가장 오래되고 기본적인 것만 남겨졌다. 바로 이슬람이다.

이슬람이 해답일까?

《코란 *Koran*》이라는 같은 근본에서 출발한 이슬람은 기독교만큼이나 매우 다양한 방향으로 발전했다. 벌써 초기 이슬람 시대에 수니파(Sunni, 아랍 지역에서 지배적)와 시아파(Shi'a, 이란과 이라크의 남부 및 페르시아만 지역의 몇몇 국가)가 나아갈 기본 방향이 정해졌고, 훗날 좀 더 작은 규모의 종교 공동체가 추가로 생겼다. 종교를 행하는 다양한 형식이 번성했는데, 그중에는 신비적이며 금욕적인 수피파(Sufi)도 있었다. 일반적으로 인정된 교리 당국이 존재하지는 않지만, 종교적 문제에서는 인정받은 권위자들이 있다. 그중에는 19세기 후기부터 카이로의 알아즈하르대학교(al-Azhar University)가 주도적인 역할을 하고 있는데, 이 대학은 수니파 이슬람 지도자를 선출할 수 있다.

어쩌면 이슬람은 전통적으로 기독교보다 훨씬 더 많이 다른 종교와 공존해 왔다. 이미 선지자 무함마드는 하인들이 자기 신념대로 기독교나 유대교를 믿도록 허용했다. 12장 '샤자하나바드' 편에서 살펴본 것처럼, 세금 징수 시에 세액의 차이가 나고 비상시에는 무력을 사용해 견제하긴 했어도 일반적으로는 관용이 바탕에 깔려있었다. 그래서 5세기부터 기독교의 다수 교리와는 거리가 있는 콥트교회(Coptic Church, 이집트 그리스도교의 일파)가 이집트에서 살아남을 수 있었다. 콥트교회는 무슬림이 대부분인 이집트에서 어느 정도 숨어서 활동하면서 '진정한' 기독교로 전향하는 것을 모면할 수 있었다. 19세기 중반에 이집트 인구의 7~8퍼센트가 기독교도였는데, 그중 대부분이 콥트교회 신자였다.

1950년대 후반에 이슬람은 아랍 세계에서 거의 독립적인 위치에 있지 못했다. 나세르는 때때로 아랍 사회주의에 토대를 마련하기 위해 이슬람을 참조했다. 아라비아반도에서 이슬람은 친미 경향으로 흘러가는 외교 정책을 가려야만 했다. 모든 이슬람 권위자의 발언은 사실 정치적인 의도가 숨어 있는 듯한 것으로 의심되었다. 하지만 이런 공식적 이슬람 외에 일반 사람들이 믿는 이슬람도 존재했다. 그런데 이런 보통 사람들의 이슬람이 점점 중요해져 갔다. 시민의 이슬람은 유럽식이 아니며 엘리트나 혁명가가 아닌 사람들의 종교였다. 따라서 가르침을 주는 이론으로서가 아니라, 실질적 일상의 종교로, 예식과 형제애, 잘 이루어진 네트워크로서 다가왔다. 서민들의 이슬람은 유럽인과 아랍의 혁명가 혹은 기존의 엘리트가 이루지 못한 사회 국가와 정치적 대화 공간, 이 두 가지를 보충해 주었다.

 무슬림형제단은 "이슬람이 해답이다."라는 약간은 순진하게 들리는 문구를 내세웠다. 그런데 6일 전쟁과 나세르가 제시했던 희망의 불이 꺼진 후부터 이 구호는 매우 큰 효과를 내기 시작했다. 민족국가와 국제적인 힘의 관계, 그리고 정치 제도의 다른 편에 《코란》에 적혀 있고, 또 《코란》에서 발전한 이슬람의 사고방식 속에 보물이 준비되어 있다. 그 보물은 약탈당한 아랍 세계에 미래로 향하는 새로운 길을 제시할 것이다. 누구나 그 보물을 들어 올릴 수 있다. 1970년대부터 이집트의 도시에서도 점점 더 많은 여성이 머리에 다시 수건이나 베일을 쓰고 다니기 시작했다. 자긍심에 가득해서 일상이 이슬람화하기 시작했다. 금요일 예배를 위해 이슬람 사원에 가는 일이 유행하였다. 서민들은 이제 자신의 새로운 형제애로 가득하고 보수적인 이미지를 자랑스럽게 내보였다. 국가는 빠르게 성장하는 이집트 인구 중 점점 많은 사람에게 어떤 영향력도 끼치지 못했다. 좋은 학교와 대학 교육을 누리고 현세에서 자기 자리를 찾고자 하는 사람들에게도 역시 국가는 아무런 영향을 끼치지 못했다. 이런 사람 중 많은 이는 진정 이슬람이 답이라고 생각했다. 하지만 몇몇은 여기에서 더 나아가 극단적이고 배타적인 모습을 보이며 이슬람이 아닌 다른 모든 것을 거부했다.

1970년대 말부터 극단주의자들의 권력이 눈에 띄기 성장하기 시작했다. 1979년에 이란에서 일어난 무슬림 혁명은 미국이 후원하던 레자 샤 팔레비(Reza Shah Pahlavi, 1878~1944) 정부를 전복했다. 같은 해에 소비에트 군대가 공산주의 정부를 지원하기 위해 아프가니스탄을 침공했다. 그 후에도 동서 반대 진영의 시대에 미국은 돈과 무기를 앞세우며 소비에트의 가장 막강한 적인 젊은 이슬람 신의 전사를 지원했다. 병사 중에는 아프가니스탄과 파키스탄 출신만 있던 것이 아니라, 아랍 지역에서 멀리 떨어진 곳에서 온 군인도 있었다. 전통적으로 극단 이슬람 교리와 결속되고 동시에 미국의 믿음직한 우방인 사우디아라비아가 전쟁에서 핵심 역할을 맡았다. 신의 전사들은 소비에트 연방이 결코 승리를 거둘 수 없도록 지루할 정도로 오랜 게릴라 전쟁을 펼쳤다. 1981년에 이집트에서 나세르의 후임자인 이슬람주의자 안와르 사다트(Muhammad Anwar Sadat, 1918~1981)가 암살당했다. 1987년에 팔레스타인에서는 이슬람주의를 표방하는 하마스(HAMAS, 이스라엘에 저항하는 팔레스타인 무장 단체), 즉 이슬람 저항 운동이 벌어졌다. 이들도 역시 우호적으로 조직되었다. 이런 네트워크는 1967년부터 계속된 이스라엘 점령 이후 극단적이고 근본주의 성향을 띠었다.

　　세 차례의 걸프전(Gulf War)과 장기적인 팔레스타인 문제는 이슬람이 더욱 극단적으로 되도록 부추겼다. 1980년에 이라크의 대통령이자 훗날 아랍 군대와 경제 개발 독재자의 끔찍한 대표자였던 사담 후세인(Saddam Hussein, 1937~2006)이 이란을 침공하며 전쟁이 발발했다. 후세인은 이슬람 혁명이 이웃 나라를 약하게 만들었다고 믿었다. 이라크는 미국과 걸프 국가, 이집트의 지원에도 전쟁에서 승리하지 못했다. 이란은 무기 기술 측면에서 뒤떨어지는 단점을 이슬람에 대한 군인들의 열의로 대신 보완하고, 시리아, 리비아 그리고 남예멘에서 지원을 받아 끝까지 버텼다. 1988년에 휴전 협정으로 이라크는 전쟁 전에 존재하던 국경 대부분을 재확인했다. 이것이 제1차 걸프전이었다.

　　전쟁으로 생긴 터무니없을 정도로 높아진 빚을 갚기 위해 사담 후세인은 1990년에 작은 이웃 나라인 쿠웨이트를 공격한다. 쿠웨이트의 모래 바닥에는 페르시아만 전체 석유 매장량의 20퍼센트가 있다고 추정되었다. 아랍 세계는 이번에는 몇몇 나라를 제외하고는 의견의 일치를 보아 이라크의 공격이 유죄라고 판결했다. 아랍 국가는 대부분 유엔에서 승인하고 미국이 이끈 쿠웨이트 구조 작전에 참여했다. 이것이 1990년과 1991년에 일어난 두 번째 걸프전이다. 전쟁으로 사담 후세인은 참패했지만, 이라크에서만은 여전히 지위를 유지했다.

미국 군대가 사우디아라비아의 청탁과 종교적 지도자들의 동의를 받아 신성한 장소인 메카와 메디나에 주둔한 것을 놓고 극단주의자들은 격분했다. 오사마 빈 라덴(Osama bin Laden, 1957~2011)은 건설회사 사업가의 평화로운 삶을 접고 지하조직을 꾸려 비이슬람교도와 전쟁을 벌이기로 했다. 빈 라덴의 명령에 따라 전 세계에서 테러 공격이 일어났다. 그중에서도 가장 끔찍했던 테러 공격은 2001년 9월 11일에 비행기가 뉴욕의 세계무역센터(WTC, World Trade Center) 쌍둥이 건물로 날아들어 건물이 산산이 무너져 내린 일이었다. '나인일레븐(911)'은 미국이 아프가니스탄에 전쟁을 선포하고 2003년에 다시 이라크를 공격할 동기가 되었다(세 번째 걸프전). 미국은 두 전쟁에서 승리를 거두었다. 사담 후세인은 몰락했지만, 평화는 오지 않았다.

최근에 이슬람 극단주의자들의 양상이 근본적으로 변화했다. 이슬람에 대한 새로운 해석에서, 전통과 인정받은 이슬람의 권위에 반대하며 몇몇은 1970년대 후반부터 전투 수단과 지하드(jihād, 聖戰)의 완성된 모습으로, 그리고 신의 공적에 대한 열의로서 자기를 희생하는 일이 신성한 행위라고 이해했다. 레바논이 희생을 치를 첫 장소로 선정되었다. 그다음에는 이스라엘이 표적이 되었다. 아랍의 몇몇 국가는 그사이에 이스라엘과 평화롭게 지낼 것을 약속했다. 우선은 1977년에 이집트가 모든 다른 아랍 국가의 반대를 무릅쓰고, 그다음에는 1994년에 요르단이 이스라엘과 평화협정을 맺었다. 세 번째 국경을 맞대고 있는 시리아도 더 이상은 이스라엘과 전쟁을 벌일 생각이 없었다. 그러자 팔레스타인은 고립감을 느꼈고 1967년부터 이스라엘이 점령한 가자(Gaza) 지구와 남안 지구에서 더 이상 미래를 꿈꾸지 못했다. 야세르 아라파트(Yāsir ʿArafāt,

1929~2004)의 통치하에 있던 이슬람주의라기보다는 아랍식이며 사회주의적인 오랜 전통을 지닌 대표 조직인 팔레스타인해방기구(PLO)는 아랍 세계와 유엔에서 인정받는 데 중점을 두었다. PLO도 비공식적으로 역시 이스라엘과의 평화를 구했다. 1995년에 평화가 가까이 깃드는 듯했다. 하지만 2000년에 더이상 평화가 계속되지 못했다. 극단적 평화 반대자가 등장하면서 팔레스타인과 이스라엘에서 두려움이 너무나 커졌기 때문이었다. 이스라엘의 총리인 이차하크 라빈(Yitzhak Rabin, 1922~1995)이 극우파 청년 유대인에게 암살당했다.

많은 젊은 팔레스타인인이 미래에 대한 보장과 영혼의 구원을 약속하는 하마스의 이슬람 극단주의 네트워크에 동참했다. 어쩌면 이스라엘, 특히 예루살렘이 성지이기 때문에 영향을 끼쳤을지도 모른다. 예루살렘에서는 무슬림과 기독교인, 유대교인들이 바위 사원(Dome of the Rock, 바위의 돔)이나 통곡의 벽(Wailing Wall)에 대고 말 그대로 옆에 나란히 서서 각자의 신을 예찬한다. 이곳에는 많은 기회가 있지만, 협상을 위한 자리는 너무 작다. 2000년에서 2003년까지 1백 명이 넘는 젊은 무슬림이 이스라엘에서 자살 폭탄 테러를 저질렀다. 희생자 대부분은 버스 승객과 커피숍에 앉아 있던 사람이었다. 자살 테러범은 더는 군인과 민간인을 구분하지 않고 공격의 목표로 삼았다. 이스라엘은 장벽을 쌓는 것으로 테러에 대응했다. 이로 말미암아 특히, 가자 지구에 사는 팔레스타인인은 이때부터 아무런 미래도 없이 갇히게 되었다. 이들은 동시에 스스로 자처한 극단주의라는 장벽에도 갇혀있다.

이스라엘, 다시 말해 팔레스타인인이 시작한 자살 공격은 아랍 세계로 퍼져나갔다. 자살 테러는 처음에는 아프가니스탄과 이라크의 전쟁 지역에서 무기가 되었다. 희생자 대부분은 무슬림이었다. 점차 극단주의자들이 모든 다른 이슬람 종교관을 가진 사람에게 자신들이 믿는 순수성을 요구했기 때문이다. 무조건적으로 극단주의자를 이해하는 이슬람을 따르지 않으려는 사람은 누구나 비신도로 낙인찍혔다.

2011년에 아랍 지역 전역에서 '아랍의 봄(Arab Spring)'으로 불리는 혁명의 물결이 밀려왔다. 혁명은 튀니지의 시장 상인이었던 모하메드 부아지지(Muhammad

Bouazizi, 1984~2011)의 분신에서 시작되었다. 이것은 테러 공격이나 극단주의자가 아닌 젊은이의 절망에서 나온 행위였다. 부아지지의 분신은 부패한 독재자와 아랍 세계의 왕조를 더 이상 참고 싶어 하지 않는, 휴대폰과 페이스북으로 연결된 젊은 세대에게 신호탄이 되었다. 부아지지의 희생은 이슬람 극단주의 안에서 답을 찾을 수 없었다. 새로운 매체를 통해 실시간 전파된 환상적인 반대와 데모는 튀니지와 리비아, 이집트, 그리고 예멘의 국가 수장을 퇴위시키고 다른 이들도 궁극적으로 압박했다. 하지만 튀니지만 어느 정도 민주주의 구조로 변화하는 데 성공했다. 다른 나라의 혁명가들이 너무 약했다는 평가가 나오기도 했다. 이들은 보수적 이슬람과 극단적 이슬람주의 군대에 저항해서 새로운 모습의 국가를 실현할 수 없었다. 리비아와 시리아에서는 내전이 빠르고 과격하게 일어났다. 서유럽과 미국, 러시아가 개입하기 시작했지만, 단기간에 빠른 승리를 이끌어낼 수 없었다. 극단주의자는 유럽과 미국에서 자살 테러 공격을 저지르며 이들의 개입에 대응했다. 유럽과 미국에서는 사람들이 극단주의자의 테러 행위와 이슬람 전체를 연계하여 생각하기 때문에 갈등이 더욱 커졌다.

아랍 세계는 희망을 이루는 데 완전히 실패하며 20세기를 보냈다. 21세기가 시작할 무렵에도 이곳은 폭력으로 가득 차 있었다. 그 속에서 국가적 권위는 사라져갔다. 하지만 폭력이 만연하는 공간 외에 완전히 다른 공간도 있다. 바로 아라비아반도의 석유 제국의 가장자리에 서 있지만, 거대한 영향력을 미치는 '친척'인 터키와 이란이다. 그리고 21세기의 젊은 도시 문화의 일원으로 주목받는 세계적 메가시티 카이로가 있다. 카이로에서는 이슬람의 젊은 남성(점차 여성도 같은 추세)의 살인적 극단주의화의 문제보다 빠르게 성장하는 많은 청년층 인구가 국가의 영향력 아래에서 국가를 위한 인재가 될 수 있는지의 문제를 중요하게 다룬다.

20장:
세계

세계의 메가시티

아랍의 혁명가와 이슬람 테러리스트들이 지역을 벗어나 세계적으로 네트워크화된 것은 21세기가 시작될 무렵 일반적 현상이 되었다. 1990년대부터 '글로벌'과 '글로벌화'라는 단어는 중대한 역할을 한다. 세계 지도를 보면 전 세계가 연결된 것이 확실히 보인다. 점점 더 많은 곳에서 비행기를 타고 여행하는 사람과 선박 운항, 전기 경로, 페이스북 이용자 수가 점점 증가하는 추세다. 온 세계가 마치 모두가 모두와 연결되고, 모든 물건과 탈것을 공유하는 하나의 마을처럼 된 듯하다.

그러나 다시 세계 지도를 들여다보면 우리가 불공평하게 연결되어 있다는 것이 눈에 띈다. 아프리카가 유럽보다 더 크고 인구도 많지만, 유럽에 훨씬 많은 비행기가 착륙한다. 한 명당 전기 사용량은 가나와 비교했을 때 미국이 20배나 많고, 독일도 거의 11배에 이른다. 오늘날 세계 무역 선박이 항해하는데, 인도양의 항구는 대서양이나 태평양의 항구에 비해 덜 중요해졌다. 따라서 이렇게 보면 우리가 사는 곳이 반드시 지구촌이라고 할 수는 없다. 세계를 연결

하는 망은 얇고 두꺼운 실과 작고 큰 구멍으로 이루어져 있다. 이 책의 첫 부분에서 그림을 그려보기 위해 사용했던 양탄자는 모든 곳이 똑같이 짜여 있지 않다. 21세기에 실이 모이는 중심은 19세기와 20세기와는 다르게 더 이상 유럽이 아니다.

지금 보았듯이 19세기에 유럽이 실을 쥐기도 전에 이런 불공평한 네트워크는 이미 오래전부터 존재했다. 지구의 모든 지역에서 유목민과 정착민은—오스트레일리아는 제외하고— 어느 정도 안정된 교역 관계를 유지했다. 교역은 가끔 분쟁과 전쟁으로 중단될 뿐이었다. 메소포타미아 지역의 아수르(Assur) 출신 상인은 4천 년 전에 당나귀에 짐을 싣고 타지키스탄과 우즈베키스탄, 아프가니스탄, 이란, 바빌로니아와 지중해 사이를 돌아다니며 장사했다. 2천 년 전에는 중국, 인도, 아라비아, 동아프리카와 지중해 지역의 물건이 배에 실려 인도양을 지나 유럽으로 건너왔다. 몽골족이 세상을 정복한 뒤에 찾아온 평화로운 13세기와 14세기에는 유럽과 중국 사이의 육로를 통해 원거리 교역이 이루어졌다. 이슬람은 인도네시아와 지브롤터 사이에 사는 사람들을 연결했다. 5백 년 전에 잉카는 기반 시설(도로)과 지배를 통해 남미 동쪽의 많은 종족과 지리적 · 문화적으로 이어졌다. 1500년부터 1800년 사이에는 대서양을 건너 사람과 물건의 왕래가 이루어졌다. 이 모든 연결망은 한동안 지속되었고 많은 사람에게 영향을 미쳤다. 가끔 약해지거나 무력으로 사라지기도 하고 다시 새로운 연결망을 통해 대체될 때도 있었다. 21세기에 우리는 다시 때로는 많이, 또 때로는 적게 연관된 많은 대륙의 수많은 중심지로 이루어진 하나의 세계에서 다시 살게 될까? 19세기에 유럽이 우세권을 갖고, 1914년에서 1945년까지 폭력의 과장 속에 유럽이 패망하며, 1945년 후에 세계가 첫 번째(자본주의), 두 번째(사회주의), 그리고 세 번째(발전하는) 세계로 분할되기 전에 세계를 주름잡았던 질서로 돌아갈까? 아니면 지배와 교역, 폭력의 여러 중심지가 새로 생기거나 다시 사라지기 때문에 다시 무질서하고 전망하기 어려운 사회가 올까?

21세기가 이전의 시대와 구분되는 큰 요소는 지배와 군대, 경제, 사회, 문화 속에서 가능성이 커졌다는 것이다. 여러 차례에 걸쳐 일어난 기술 혁명은

1800년경에 있던 모든 것을 능가하는 도구를 제공했다. 우리는 세상의 모든 사람이 죽기 전까지 평화롭게 나이 들 수 있게 공급하기에 충분한 식량과 의약품을 갖추고 있다. 우리는 상상할 수 있는 거의 모든 것을 만들고, 운반하며, 사고팔 수 있다. 우리는 시차에 구애받지 않고 세상과 대화할 수 있다. 우리는 세계 기후를 변화시킬 수 있다. 우리는 이 세상의 혹은 세상 일부의 모든 사람을 몇 초 안에 완전히 제거할 수도 있다. 그렇다고 모두가 이렇게 증가한 가능성을 같은 방식으로 누릴 수 있는 것은 아니다. 우리는 모두 모든 것을 공유하는 지구촌에 살고 있지 않다. 하지만 우리는 더 이상 비밀에 싸인 벽감과 빈곳이 존재하는 알 수 없는 커다란 세계에서 살고 있지도 않다. 우리가 사는 세계는 19세기 이전의 다극적인 세계와 비슷하면서도 완전히 다르다. 250년 전에 그랬던 것처럼 특정한 대륙이나 지역이 세상을 지배하지 않는다. 하지만 캡틴 쿡이 살던 때와는 다르게 자급자족하거나 고립된 곳도 더는 없다. 사람들은 스스로 세계를 관찰할 수 있다. 우리는 진정 원한다면 지구의 어떤 지점에라도 갈 수 있다. 불공평하긴 해도 우리는 연결되어 있고, 아직 연결되지 않았다면 최소한 연결될 수 있는 가능성이 있다. 우리는 글로벌한 메가시티에 살고 있다.

이런 글로벌한 메가시티의 중심지에는 휘황찬란한 건축물과 멋지게 완성된 공항, 도로, 전차, 항구 등이 있다. 학교와 병원, 전기 공급, 정부, 관리, 그리고 안전 보장을 위해 치안 시설도 마련되어 있다. 메가시티의 중심지를 벗어나면 이 모든 것이 다소 적게 공급된다. 세계적인 메가시티의 슬럼가에는 중심지에서의 삶을 가치 있게 만드는 요소 중 거의 아무것도 존재하지 않는다. 인터넷을 바탕으로 하는 사회 네트워크와 뉴스는 어느 곳이든 다 있으며, 도시의 중심지와 변두리가 어떤 모습인지를 다 보여준다. 하지만 세계 무역이 어디서나 이루어지지는 않을뿐더러, 이루어지고 있는 곳에서는 사람들이 불공평한 영향권에 놓여 있다. 극소수의 사람만 형편이 매우 좋은 반면에 다른 많은 사람은 비참한 삶을 산다. 오늘날 다른 나라에서 들여와야 하는 값비싼 공산품과 비교했을 때, 볼타호 다른 편에서 가나 농부가 생산한 코코아는 1950년대보다 가치가 훨씬 낮다. 중앙에서 슬럼가까지 지원해주는 경우는 드물고 불확실하다. 질서가 무너지고 정치적 지도자와 관리, 경찰, 공립학교가 더 이상 존재하지 않는 곳에서 사람들은 공생과 안전을 스스로 책임져야 한다. 아니면 다른 곳으로 이주한다. 그러면 중심지에 사는 사람들은 이 같은 이주를 막기 위해 안전조치를 취한다. 이들은 영역을 넘어오지 못하게 울타리를 치거나 문을 걸어 잠그고 경비를 세운다.

사람들 간의 불평등이 점점 커지는 동시에 기술적, 의학적 발전은 점차 양질의 삶을 가능하게 했다. 이러한 사실을 바탕으로 19세기부터 모든 사람이 더 많은 혜택을 받도록 복지를 개선하려는 시도가 일어났다. 어떤 사람은 독재를 통해 가능한 한 많은 사람을 행복하게 하려고 했다. 하지만 앞서 보았듯이 오히려 이런 시도의 끝에는 끔찍하게도 더 많은 희생이 요구되었다. 그 외에도 협정과 단체를 통해 세계를 점차 단계적으로 좀 더 평화롭고 살 가치가 높은 곳으로 만들려는 시도가 이루어졌다. 국가 간의 협력과 많은 사람의 자발적인 협동이 이런 시도를 이끌었다.

국가 간의 협력을 조직하는 기구들을 정부 기구(IGOs, Intergovern-mental Organizations, 정부 간 국제기구)라고 부른다. 예로, 유엔(UN, United Nations)이 여기에 속한다. 그 외에도 비국가적인 기구(NGOs, Non-Governmental Organizations, 비정부 조직)가 있다. 누구나 함께 참여할 수 있는 국제사면위원회(Amnesty International, 국제앰네스티)와 그린피스(Green Peace)가 이에 속한다. 이 밖에도 정부 기구도 아니며 누구에게나 개방되어 있지도 않은 막강한 기구들이 역할을 하기도 한다. 이런 단체는 비국가활동세력(NSAs, Non-States Actors)이라고 부른다. 예로, '빌&멀린다 게이츠 재단(Bill&Melinda Gates Foundation)'을 손꼽을 수 있는데, 마이크로소프트사의 창립자이자 억만장자인 빌 게이츠의 헤아릴 수 없는 자산으로 이루어졌다. 이 책의 마지막 장에서는 세계의 미래를 위한 국가적, 비국가적 정책에 관해 다루고자 한다.

19세기의 국제화: 빈 회의에서 올림픽 위원회까지

1814년과 1815년에 개최된 빈 회의로 국가를 초월한 새로운 정치 형태가 탄생했다. 프랑스혁명과 유럽 대륙에서 잇달아 일어난 전쟁으로 약 5백만 명에 이르는 사람이 목숨을 잃었다. 이는 전쟁 외에 배고픔과 질병으로 희생된 사람의 수는 아예 반영하지도 않고 낸 숫자다. 그 시대에 살았던 프리드리히 폰 겐츠(Friedrich von Gentz, 1764~1832)는 전쟁을 "사회를 몽땅 흔들어대고 갈기갈기 찢어놓은 가장 끔찍했던 세계 전쟁"이라고 묘사했다. 이런 연유로 영국과 오스트리아, 프로이센, 러시아, 그리고 전쟁에 패했음에도 나폴레옹의 퇴위 후에 곧바로 동등한 자격을 얻어 협상 테이블에 앉았던 프랑스 같은 유럽의 5대 열강은 장기적인 평화를 갈구했다. 빈 회의는 수많은 파티를 열어 많은 방문객을 매혹했기 때문에 사교적 행사와 '춤을 추는 회의'라는 나쁜 평판을 얻었다. 매춘부들이 바쁘게 왕래했고 합스부르크 제국은 빚더미에 앉았다. 하지만 다방면에서 협정을 이끌어내면서 '유럽 협조(Concerts of Europe, 1815년의 영국, 러시아, 프로이센, 오스트리아가 맺은 4국 동맹에 1818년에 프랑스가 가입함-역주)'라는 아이디어를 발전시켰다. 5대 열강은 공동으로 책임을 졌다. 이들은 초기에는 회의를 자주 개최했지만, 나중에는 뜸하게 소집된 회의와 회의 밖에서 이루어진 협정을 통해 유럽이 마주한 문제를 해결할 규칙을 공동으로 정했다. 약소국에게 이런 결정은 반가운 소식일 수가 없었다. 1820년대 초에 이탈리아와 스페인에서 일어난 혁명 운동은 처참하게 실패로 끝났다. 하지만 어쨌든 빈 회의는 장기간에 걸쳐 유럽 지역에 평화를 보장했다. 좀 더 큰 규모의 전쟁은 1850년대(크림 전쟁)와 1860년대(이탈리아와 독일의 민족 통일에 관한 전쟁)에만 발발했다. 하지만 이런 전쟁은 약소국 간의 짧은 분쟁으로 그쳤다. 유럽의 식민 열강은 아시아와 아프리카 국가를 점차 더 무분별하게 대했다. 유럽의 5대 열강 간 무력 충돌이 발생한 것은 빈 회의가 개최된 지 1백 년이 지나서였다. 바로 제1차 세계대전이다. 결과는 1789년과 1815년까지 프랑스혁명과 빈 회의가 있었던 기간에 발발했던 그 어느 전쟁보다 훨씬 처참했다.

'유럽 협조'는 열강의 내부 구조에서 벌어진 변화를 견뎌냈다. 프랑스는 1830년에 왕정 체제를 폐지했다. 프랑스는 어떤 협상 능력도 잃지 않은 채 1848년에서 1851년까지는 공화국이, 1852년에서 1870년까지는 황제가 다스리는 제국이, 그다음에는 다시 공화국이 되었다. 프로이센은 1871년에 독일 제국의 일부가 되었다. 오스트리아 제국은 1867년에 황제와 왕(K&K)을 갖춘 오스트리아–헝가리 왕정이 되었다. 19세기 후반에는 열강 내에 더 많은 긴장이 감돌았다. 세계 권력에 대한 각 열강의 관심이 유럽 정치에 그대로 반영되었기 때문이다. 이렇게 되자 유럽 협조를 유지했던 균형이 권력 경쟁으로 바뀌었다. 그런데도 1900년경에는 아직 서로 얽혀있는 분쟁과 수많은 문제를 협상을 통해 해결할 수 있었다. 1899년과 1907년 두 차례에 걸쳐 네덜란드의 헤이그(Hague)에서 평화 회의가 열리기도 했다. 그 당시 습관적으로 실행된 국제법의 효력을 강화하고 법의 일부를 협약에서 엄수하게 하는 것이 평화 회의의 목적이었다. 제1차 세계대전은 유럽의 열강들이 협상을 통해 분쟁을 평화적으로 해결하려는 규칙을 지키지 않은 예외 사례였다. 하지만 이 전체 제도를 무너뜨리기 위해서는 이 한 번의 예외로 충분했다.

　빈 회의는 원래 목적인 평화 보장 외에 다른 문제까지도 다루었다. 국가 차원을 넘어 문제를 해결하기 위해 국가를 넘어선 정치를 시도하기도 했다. 영국에서 일어난 노예 반대 운동의 압력으로 의회는 노예무역에 유죄 판결을 내렸다. 라인강의 배 운항도 국제적으로 통제하기 시작했다. 세부적 규칙이 이른바 라인강 선박 운항 서류라는 계약서에 명시되었고 통제 활동을 진척시키기 위해 위원회가 발족하였다. 오늘날까지도 활동하고 있는 '라인강운항중앙위원회(CCNR)'는 세계적으로 가장 오래된 국제기구다.

　선박 운항에 관한 문제는 19세기를 지나면서 국제적 협력이 국경을 넘나드는 교통과 의사소통의 경로를 위해 얼마나 중요했는지를 보여준다. 8세기에 유럽 국가들은 대부분 배로 강을 지나다닐 수 있게 하고 운하도 건설하기 시작했다. 강이 반드시 국경에서 끊기는 것이 아니므로, 라인강뿐 아니라 다뉴브 강에도 국제적 규칙을 적용해야 했다. 19세기 때의 기술적 발명으로 국제적 협력의 기회가 많아지기도 했지만, 이는 새로운 도전으로 다가오기도 했다. 철도 운영을 위해 나라마다 동일한 선로 폭과 운항 시간표를 갖춰야 했고, 이와 함께 시간대도 일치시켜야만 했다. 증기선은 석탄을 싣기 위한 정박장이 필요했다. 전보를 보내려면 전선과 한 가지로 통일된 기술이 있어야 했다. 이 모든 것을 위해 국제기구가 설립되었다. 이런 기구들은 유럽과 유럽 밖으로까지 교통과 의사소통의 망이 작동할 수 있게 활동했다. 무역과 여행, 세계를 경험할 수 있다는 새로운 가능성에 사람들이 얼마나 매혹되었는지는 쥘 베른(Jules Verne, 1828~1905)의 소설 《80일간의 세계 일주 *Le Tour du monde en quatre-vingts jours*》가 절찬리에 판매된 것에서 드러난다.

빈 회의에서는 노예제도를 다룬 것을 시작으로, 19세기 들어 점점 더 많은 사람이 책임을 느끼며 관심을 두게 된 인권과 인도주의적 지원이라는 주제까지 다루었다. 1863년에 전쟁 부상자를 돕기 위한 구호 단체인 적십자가 건립되었다. 전염병 방지, 건강 증진, 고용 보호, 빈민 구제를 위한 국제 조약과 기구도 생겼다. 1910년에 벨기에 브뤼셀에서는 점점 더 많아지는 국제기구를 한눈에 망라할 수 있도록 '국제기구 중앙사무소'라는 기관이 문을 열었다. 1912년에는 〈라 비 앵테르나시오날 *La vie internationale*〉(국제적 삶)이라는 잡지가 창간되었다. 잡지 발행인들은 국제 정치가 있다면 국제 사회도 있다고 믿었다. 국제 사회는 초기 비정부 기구가 다루던 주제를 훨씬 뛰어넘는 활동을 했다. 노동자와 노동조합, 교회와 선교 활동에서도 국제적인 협력이 이루어졌다. 1894년에 국제올림픽위원회(IOC)와 1904년에 국제축구연맹(FIFA)이 설립되었다. 경제 분야에서는 가족 구성원이 경영에 널리 참여한 국제 상사들이 중요했다. 19세기 중반부터는 전 세계를 상대로 원료와 공산품 시장에서 사업을 한 독일의 크루프사나 록펠러의 스탠더드오일(Standard Oil Co.)과 같은 기업들이 생겨났다.

이런 많은 국제적인 기업체가 한자리에서 만날 수 있는 만국박람회가 열렸다. 1851년에 런던에서 영국의 빅토리아 여왕이 최초로 만국박람회를 개최했다. 박람회의 중심 건물은 하이드파크(Hyde Park) 안에 세워진 크리스털팰리스

(Crystal Palace, 수정궁)라는 유리 궁전으로 큰 주목을 받았다. 크리스털팰리스는 박람회가 끝난 후에 루이셤(Lewisham) 지역으로 옮겨졌다. 도시 구역 전체가 아예 궁전의 이름을 그대로 따서 불리기 시작했을 정도로 깊은 인상을 남겼다. 하지만 수정궁은 안타깝게도 1936년에 완전히 불타 없어졌다. 지역 이름과 축구팀인 크리스털팰리스 F.C.에서만 아직 크리스털팰리스라는 이름을 기억할 수 있다.

만국박람회는 1851년 처음 개최된 이후에 정기적으로 열렸다. 첫 번째로 개최되었을 때부터 경이로운 건축물이 사람들의 감탄을 자아냈다. 에펠탑도 1889년에 파리에서 열린 만국박람회의 일환으로 세워진 것이다. 사람들의 이목을 끄는 발명과 엔지니어의 기술 능력은 전 세계 관람객을 끌어모았다. 박람회 행사장은 런던과 파리, 빈, 브뤼셀, 암스테르담, 뉴욕, 필라델피아, 세인트루이스와 같이 모두 서부 유럽과 중부 유럽 혹은 북아메리카의 메트로폴리스였다. 1879년과 1880년, 그리고 1888년에 오스트레일리아에서 세 차례 세계박람회가 개최되긴 했지만, 그 외에는 1969년까지 모든 박람회가 유럽과 북아메리카 지역에서만 열렸다. 그러다가 1970년에 일본 오사카에서 만국박람회가 열렸다. 2017년에 카자흐스탄에서 만국박람회가 개최되었고, 2021년에는 아랍 국가 최초로 아랍에미리트에서 열릴 계획(두바이 엑스포, 2020년 개최 예정이었으나, 코로나19 사태로 연기됨)이다.

만국박람회는 처음부터 사회적인 행사였다. 세계에서 온 많은 기업가와 예술가, 학자 그리고 기타 분야의 VIP가 이곳에서 만났다. 국제기구는 이와 같은 기회를 회의장으로 활용한다. 새로운 기구들이 만국박람회에서 영향을 받아 설립되었다. 1900년(파리)과 1904년(세인트루이스)의 올림픽 경기가 만국박람회 행사로서 개최되었다. 국제 시민 단체가 한곳에 모였다. 이들은 함께 모여 이곳에서 경제와 사회의 현안을 토론하거나 자축하기도 했다. 유럽이 우세했던 세기에 국제 시민 단체는 백인 남성의 귀족과 부르주아를 위한 행사를 개최했다. 하지만 1914년 전에 이미 영국의 정착민 식민지인 캐나다와 오스트레일리아, 뉴질랜드의 대표뿐 아니라 일본과 인도의 지식인들도 시민 단체에서 한

역할을 맡았다. 여성은 새로운 국제여성협회의 대표자로 등장하거나, 비정부 단체에서 지도자 역할을 맡았다. 오스트리아의 여류 작가이자 평화주의자인 베르타 폰 주트너(Bertha von Suttner, 1843~1914)는 1905년에 여성 최초로 노벨평화상을 받았다.

어쩌면 국제적 교류의 빠른 성장을 첫 번째 '글로벌화'라고 부를 수 있겠다. 국제 교류를 위해 힘쓰던 희망에 가득 찬 학자들은 1900년 이후에 큰 전쟁이 발발하는 일은 절대 없을 것이라고 믿었다. 하지만 이런 생각은 16장 '베를린' 편에서 봤듯이 착오였다. 예를 들어, 독일의 위대한 사회과학자인 막스 베버(Max Weber, 1864~1920)는 1904년에 세인트루이스에서 개최된 만국박람회를 방문하고 석 달에 걸쳐 미국을 여행하면서 강연하며 많은 곳을 둘러보고는 매료되어 독일로 돌아왔다. 하지만 그는 여행을 통해 다른 모든 다른 사람처럼 세계주의자가 되지는 않았다. 베버는 독일의 세계 정치를 지지하는 독일인으로 머물렀다. 세계 전쟁이 일어났을 때 베버는 전 세계 노동자 대부분과 기업가, 학자, 지식인처럼 조국에 충성을 다했다.

세계 정부로서의 국제연맹(1919~1946년)

제1차 세계대전의 종말은 100년 전 나폴레옹 전쟁이 끝났을 때와 똑같이 어려운 과제를 남겼다. 전쟁에서 승리한 미국, 영국, 프랑스와 같은 열강의 책임자들은 이 과제를 해결하는 일이 얼마나 어려울지 알았다. 그래서 이들은 전쟁이 채 끝나기도 전에 파리 근교의 베르사유에서 개최될 협상의 본보기를 구하려고 빈 회의를 역사적으로 연구했다. 하지만 베르사유는 빈이 아니었다. 베르사유 회의장에서 사람들은 춤을 덜 추는 대신 토론과 기록에 더 많은 시간을 할애했다. 국제 여론이 민주주의 방식을 따르는 전승국에서 훨씬 더 중요한 역할을 했다. 정치인은 이 점을 고려해야만 했고, 이것은 패전국을 어떻게 다룰지의 판단 여지를 변화시켰다. 훨씬 더 많은 국가가 베르사유 회의에 참가했다. 폴란드부터 그리스에 이르는 중부 유럽과 동부 유럽 국가, 과테말라에서 페루에 이르는 중남미 국가가 베르사유 조약에 서명했다. 영국의 식민지였던 오스트레일리아와 캐나다, 인도는 적극적으로 회의에 참가했다. 베르사유 회의에서 일본은 열강으로 인정받았다. 그러나 1920년에 미국 의회는 조약을 비준하는 것을 거절했다. 이것은 미국의 우드로 윌슨(Thomas Woodrow Wilson, 1856~1924) 대통령에게 치명타를 안겼다. 윌슨 대통령이 실현하고자 했던 정의로운 세계 질서를 위한 계획을 포함한 14개 조항은 민족의 자결권에 바탕을 두며, 국가 연합 전체적 이념의 정점을 이루었다. 그리고 1917년 제1차 세계대전에 미국이 참전하는 것을 정당화했다. 윌슨 대통령의 계획은 베르사유 조약에 영향을 주었다. 베르사유 회의에서 '유럽 협조'의 유산을 물려받아 글로벌하며 조직화되고 법으로 규정된 '국제연맹(League of Nations, 국제연합의 전신)'이 설립되었다. 그러나 가장 막강한 나라가 아니고서야 이런 기구에서는 아무런 이득을 얻지 못했다.

1815년 빈에서와는 달리 1918년과 1919년 베르사유 회의에 열강 전체 나라가 참여하지는 않았다. 독일은 이른바 전쟁을 일으킨 책임자로서 회의 참여 자격을 얻지 못했다. 독일은 1926년이 되어서야 국제연맹의 회원국이 되었다. 신생 소비에트 연방은 국가로 인정받지 못했고 국가 세계에 대한 혁명적 도전이라고 여겨졌다. 소비에트 연방은 스탈린이 통치했던 1934년에야 비로소 국제연맹에 가입했다. 그사이에 나치즘에 빠진 독일과 국수주의 성향을 띠던 일본이 이미 다시 국제연맹에서 탈퇴했다. 1937년에는 이탈리아가 연맹을 떠났다. 세계 정부라는 위대한 생각은 세상을 지배하고 자신의 국가를 지배하려는 모든 참가국의 의견을 따라야 한다는 것에 고달파했다.

국제연맹은 그래서 아무런 쓸모도 없이 그림 같은 제네바 본부에서 많은 시간과 돈을 허비하는 이상주의적 탁상공론에 지나지 않는다는 비판을 종종 받았다. 하지만 이런 견해는 옳지 않다. 물론 제1차 세계대전이 끝난 지 20년 뒤에 제2차 세계대전이 발발하긴 했다. 국제연맹은 민중에게 협의를 통해 지속적으로 평화를 보장한다는 주요 과제를 실천하지 못했다. 하지만 어떤 다른 조직이라도 히틀러와 무솔리니, 일본의 과대망상 국수주의자를 멈추게 할 수는 없었을 것이다. 게다가 1920년대에 무능력이 팽배했던 시기에 국제연맹은 베르사유 조약을 실제로 실행하는 데 중요한 과제를 맡았다. 국제연맹은 독일 바이마르공화국이 이전의 서부 전선의 적이었던 프랑스와 영국과 화해할 수 있는 틀을 제시했다. 국제연맹은 특히, 아시아와 북아프리카가 식민 상태를 벗어날 수 있도록 첫 단계를 조정했다. 그것도 신생 민족국가의 국수주의자들이 훗날 주장했던 것보다 훨씬 더 좋게 말이다. 하지만 국제연맹은 무엇보다 이미 1815년 빈 회의에서 서명한 일종의 세계 정부를 구성한다는 과제를 넘겨받았다. 그리고 국제연맹은 19세기 후반부터, 특히 1900년부터 급속도로 성장한 비정부단체들에게 고향을 마련해 주었다.

국제연맹에는 국제노동기구(ILO, International Labour Organization)가 속해 있다. 국제노동기구는 노동법과 노동자 보호를 위한 규범을 발전시켰다. 규범을 정하기 위해 종종 전쟁 이전 시대 때의 이상주의적인 사전 작업이 있었는데, 지금은 팽팽한 협상 과정에서 이런 사전 작업의 사항이 채택되거나 혹은 그대로 버려졌다. 난민 문제를 다루는 어느 고등 판무관은 유럽에서 고향을 잃은 수많은 사람이 법적으로 안전을 보장받을 수 있도록 돌보았다. 국제연맹 고등 판무관을 지냈던 노르웨이의 프리디쇼프 난센(Fridtjof Nansen, 1861~1930)은 국적이 없는 사람과 난민이 체류 국가에서 기본 권리를 보장받을 수 있게 하는 신분증인 '난센 여권(Nansen passport)'을 도입한 업적으로 1922년에 노벨평화상을 받았다. 보건과 학술적 협동 연구, 어린이의 권리를 위해 일하는 단체도 있다. 이런 조직에서는 당시에 아직 국제연맹에 가입하지 않았거나 혹은 더 이상 공식적으로 연맹에 속하지 않은 나라들도 함께 일했다. 이곳에서는 해당 비정부단체가 정부 대리인들과 함께 일하는 경우도 있었다. 제1차 세계대전 이전의 시대에서 발전한 이상주의적 선언이 실제로 이루어졌다. 국제연맹 산하 기구 대부분이 1945년이 지난 후에 국제연합으로 옮겨진 것은 우연이 아니다. 이러한 산하 기구들은 매우 중요했다. 유엔을 지휘하거나 1950년대의 유럽연합(EU)에 속한 이들 중에도 국제연맹에서 첫 경력을 쌓은 사람이 많다.

1920년대에는 국제연맹과 함께 비정부 단체의 수도 계속 증가했다. 1929년에 《국제기구편람》에서 작성한 목록에는 478개 단체가 등록되어 있었는데, 두 번째 판이 나온 1932년에는 82개 단체가 추가되었다. 세계 전쟁은 국제기구를 파괴하지 못했다. 단지 변화시켰을 뿐이다. 국제기구들은 더욱 실무적으로 일을 했고(실제 상황에 맞게) 관청과 국가, 국가 간의 기구 및 국제연맹과 연계했다. 비정부 기관들 또한 더욱 글로벌화되었다. 아프리카와 아시아, 그리고 라틴아메리카가 회원으로 등록된 기구들도 많았다. 때로는 제1차 세계대전이 '늙은 유럽의 침몰'이라고 불릴 때도 있다. 하지만 이를 좀 더 긍정적으로 표현할 수 있지 않을까? 1918년 이후에 유럽은 세계 사회의 이념을 좀 더 진지하게 받아들이기 시작했다. 제2차 세계대전이 발발했을 때 국제연맹의 직원 대부분과 많은 NGO 대표자들은 독일이 스위스를 침공할 것이라는 두려움에 제네바를 떠났다. 대부분 사람들이 미국으로 건너갔다.

제2차 세계대전 이후:
국제연합(유엔)에서 그린피스까지

아직 일본이 항복하기 전인 1945년 7월 26일에 샌프란시스코에서는 국제연합 헌장이 조인되었다. 1만 명이나 되는 사람들이 2500만 달러의 비용을 들여 개최한 유엔 창설을 위한 회의에 참석했다. 특히, 추축국인 독일, 이탈리아, 일본에 선전포고를 했던 나라들이 헌장 서문에서 "우리 연합국 국민들은 우리 일생 중에 두 번이나 말할 수 없는 슬픔을 인류에 가져온 전쟁의 불행에서 다음 세계를 구할 것을 결의한다."라고 다짐했다. 이들은 '인간의 기본 권리와 존엄성, 개인의 가치, 남녀 및 대소 각국의 평등권'을 재확인했다. 이들의 의무는 '정의와 조약 및 기타 국제법 원전에서 나온 의무를 존중할 것을 보장하는 조건을 확립하고, 더욱 많은 자유 속에서 사회적 발전과 생활 수준의 향상을 촉진하는 것'이었다. 평화를 지키고, 인권을 존중하고, 국제법을 준수하

며, 마지막으로 모두를 위해 발전과 더 낫고 더 많은 자유가 주어진 삶을 제공하는 것은 국제연합이 처음에 삼았던 네 가지 목표였다. 이 목표는 국제연맹의 목표와도 근본적으로 다르지 않다.

국제연합은 국제연맹의 직원과 총회, 위원회, 비서 및 국제노동기구(ILO) 등의 기구와 같은 조직을 넘겨받았다. 하지만 국제연합 설립자들은 더 적극적이며 실행력이 강한 조직을 원했다. 그래서 현재 '안전보장이사회'라고 불리는 위원회는 총회와 모든 국가가 한 표를 갖는 의회보다 상대적으로 권한이 더 강하다. 전쟁의 주요 승전국인 미국, 소비에트 연방, 영국, 프랑스, 중국이 안전보장이사회의 상임 자리와 거부권을 얻었다. 이런 방법으로 국제연합은 열강들이 연합에서 탈퇴하는 것을 막았다. 열강 국가들이 공동으로 평화와 인권, 국제법에 대한 책임을 지고 슬그머니 책임을 회피하지 못하게 하는 장치가 필요했다.

경제적, 사회적 발전을 장려하기 위해 국제연합경제사회이사회(United Nations Economic and Social Council)가 설립되었다. 경제사회이사회는 세계은행과 국제통화기금, 세계무역기구를 감독해야 했다. 하지만 이 세 기구는 곧 비교적 독립적으로 활동하기 시작했다. 경제사회이사회는 또한 아동구호기금인 유니세프(UNICEF)와 세계보건기구(WHO)를 관리한다. 두 단체 역시 마찬가지로 전반적으로 독자적 활동을 펼친다. 경제사회이사회는 그 밖에도 국제연합과 비정부 단체와의 관계를 조정한다. 경제사회이사회는 비정부 단체의 국제적 승인과 법적 보장성을 마련해주기 때문에 비정부 단체에 매우 중요한 존재다.

국제연합 본부는 뉴욕에 있다. 많은 나라가 국제연맹에서 벗어나 새로운 시작을 강조하고자 국제연합 본부가 제네바로 돌아오는 데 반대했다. 그 밖에도 미국이 1919년에 그랬듯 세계 정치에서 뒤로 물러서는 것을 막아야만 했다. 미국은 본부 소재지를 지정하는 투표에 참석은 안 했지만, 그래도 책임을 넘겨받고 국제연합을 지키려는 준비가 되어 있었다. 하지만 국제연합은 얼마 지나지 않아 자본주의 입장에 선 미국과 공산주의인 소비에트 연방(USRR) 사이에 일어난 냉전의 소용돌이에 휘말리고 말았다. 소비에트 연방이 1991년에 해체

국제기구와 활동

□ 국제연합 본부(1945)
▨ 진행 중인 UN 평화 유지 활동
▭ 완료된 UN 평화 유지 활동
■ 10대 난민 피난처(2015년 기준)

배핀만

알래스카만

허드슨만

워싱턴●　□뉴욕
◇◆

태평양

멕시코만

아이티

카리브해

대서양

국제기구 본부
[괄호부는 설립 연도]
● 유럽의회 [1962]
○ 국제사법재판소 [1945]
○ 국제연합인권위원회 [2006]
◆ 국제연합 [1945]
◇ 유엔아동기금(UNICEF) [1946]
🏛 유네스코(국제연합교육과학문화기구) [1946]
◎ 세계보건기구 [1947]
◉ 세계식량계획 [1961]
● 아프리카연합 [2002]
● 북대서양조약기구 [1949]
● 국제통화기금 [1945]
● 석유수출국기구 [1960]
◉ 영연방 [1931/1949]
○ 동남아시아국가연합 [1967]
◎ 아랍연맹 [1945]
☉ 국제적십자 [1863]

될 때까지 국제연합 내의 이러한 상황은 계속되었다. 미국과 소비에트 연방 두 국가 모두 안전보장이사회의 상임이사국으로서 거부권을 행사해 의결을 방해할 수 있었다. 두 국가는 실제로 거부권을 꽤나 자주 사용했다. 하지만 다행히 안전보장이사회 회원국이 모든 분야에서 거부권을 행사할 수 있는 것은 아니다. 국제원자력기구(IAEA)는 놀라울 정도로 잘 운영되었다. IAEA는 원자력을

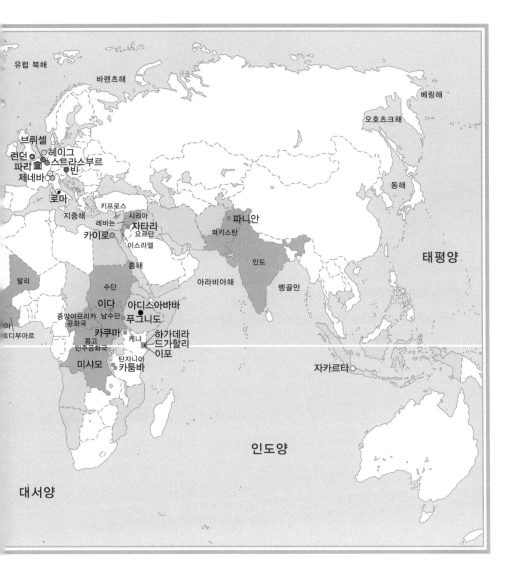

평화롭게 사용하도록 장려하는 동시에 핵무기의 확산을 막는 업무를 수행해야 했기 때문이다. 거부권은 1950년대부터 유일한 공식적 핵심 권력이며 또 계속해서 유지되어야 한다. 마찬가지로 5개 강대국의 공동 관심 아래 원래 계획된 참모 위원회는 설치되지 않았다. 참모 위원회는 군사적 행동을 계획하고 실행하기 위한 것이었다. 이를 통해 국제연합 자체 내에 군대를 설치할 수 있었을 것이

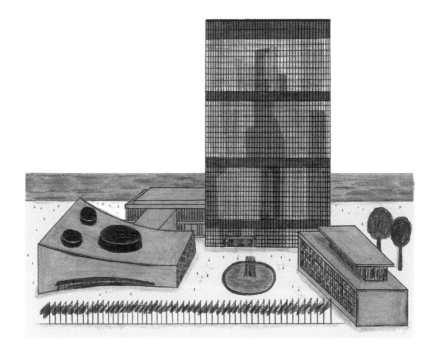

다. 하지만 열강 중 그 어느 나라도 군사 권력을 원하지 않았다. 지금도 유엔은 군사적 행동을 취하려면 회원국에 병사를 파견해 달라고 요청해야만 한다. 유엔이 파견한 군인은 동일하게 '파란 헬멧'을 써서 알아볼 수 있다.

유엔이 이런 활동을 협동하여 펼치기는 해도 미국과 소비에트 연방은 안전보장이사회와 총회를 갈등을 완전히 해결하는 곳이 아니라 갈등을 조정하는 조직으로 만들었다. 유엔 사무총장직은 합의점을 찾아야 하는 과제를 떠안으므로 결코 부러움을 살 만한 직업이 아니다. 더욱이 점점 더 많은 기구가 특히 경제사회이사회로 편입되었다. '유엔-가족(UN-Family)'은 뉴욕의 본부와 제네바, 빈, 나이로비 등 세 군데에 지점을 둔 커다란 덩어리라고 불리는 데서 알 수 있듯이, 점점 커지고 있으며 한눈에 다 조망할 수 없다. 그런 이유로 유엔을 한눈에 통찰하고 5대 열강의 비위를 죄다 맞춰야 하는 유엔 사무총장의 일은 '세계에서 가장 하기 까다로운 일'이라는 평판을 얻었다. 그래서 많은 유엔 사무총장은 외부에 큰 영향력을 발휘하지 않는다. 1990년대 동서 진영의 대립이 끝난 후에야 비로소 안전보장이사회는 더 많은 움직임을 보이고, 유엔은 정치적으로 새롭게 조직을 구성할 수 있었다. 이에 맞추어 유엔 사무총장인 이집트 출신의 부트로스 부트로스 갈리(Boutros Boutros Ghali, 1922~2016)와 가나 출신의 코피 아난(Kofi Annan, 1938~2018)은 세계 정치계에서 높은 위치에 오를 수 있었다.

안전보장이사회의 소극적 활동은 1980년대까지 비정부 조직에 그리 중요한 영향을 끼치지 않았다. 비정부 단체들은 유엔-가족에 소속된 다양한 기구와 함께 큰 정책 아래서 일을 했다. 국제아동구호기금인 유니세프와 세계보건기구는 물론, 특히 국제연합교육과학문화기구인 유네스코와 국제난민기구인 IRO 및 그의 후임 단체인 유엔난민고등판무관실(UNHCR, Office of the United Nations High Commissioner for Refugees) 등이 유엔과 협력하고 있다. 국제연합도 국제연맹처럼 이런 실무적인 차원에서 가장 강한 역량을 선보인다. 유엔이 여러 제도의 대립에 의해 늘 완벽하게 파악되는 것은 아니기 때문이다.

1950년대부터 국제연합은 더 이상 유럽이 아니라 아시아와 아프리카, 특히 유럽의 식민 통치가 끝난 지역에 집중적으로 관심을 보였다. 이런 지역을 위한 '개발 원조'는 18장 '볼타호'에서 살펴보았듯이, 1940년대 후반에 유럽을 위한 긴급 구조 정책보다 더 오랫동안 구상되었다. 하지만 열강들은 이런 개발 원조를 자신의 영향력을 넓히는 데 이용했다. 아프리카와 아시아 출신의 미래가 촉망되는 젊은이들이 미국 및 소비에트 연방 혹은 이들의 연합국에 머물도록 초대받았다. 그러나 이러한 초대는 아시아인과 아프리카인의 입장에서 더욱 다양한 의미로 해석할 수 있다. 초강대국의 대표자 외에 국제연합의 대표자와 비정부단체가 있고, 어떤 조직은 종교적이고 어떤 단체는 종교와 아무런 관계가 없었다. 이 모든 단체는 아시아와 아프리카인의 미래를 두고 자기들만의 계산이 있었다. 동맹은 임시로 이루어졌다가 다시 사라졌다. 아프리카와 아시아에서의 식민 경험은 유럽과 북미를 바꾸었다. 1950년대부터 유럽과 북미에도 다양한 인종이 살기 시작했다.

1960년대에 국제적 정부 기구와 비정부 기구의 수가 급속히 늘어났다. 기구의 증가는 냉전 속에서 수립한 긴장 완화 정책과 관련이 있다. 이러한 정책은 경직된 전선을 넘어선 교류를 가능하게 했다. 그 밖에 국제연합은 1961년에 '발전의 세기'라는 슬로건을 걸고 자발적 단체들이 늘어나게 했다. 일본에서는 국제선진산업정신문화기구(OISCA)이라는 기구가 설립되었다. 이 기구는 박애주의 성격의 (친인류주의) 기구로, 일본과 다른 아시아 나라에서 저개발국을 원조할 준비를 하도록 돕는 것이 목표다. 오이스카는 1964년에 '무역개발회의'를 처음으로 개최했다. 이로부터 제네바에 사무실을 둔 또 다른 중요한 유엔 소속 기구인 유엔무역개발회의(UNCTAD, United Nations Conference on Trade and Development)가 발족되었다. 유엔무역개발회의의 목적은 개발 정도가 다른 나라 간의 무역을 장려하고 새로운 경제 질서를 마련하는 것이다. 1961년에는 국제사면위원회(앰네스티 인터내셔널, Amnesty International)가 창립되었다. 영국의 변호사인 피터 베넨슨(Peter Benenson, 1921~2005)이 처음에 런던에서 정치범을 돕는 일을 시작했는데, 이 일이 다음 20년 동안 국제적이며 전문적인 활동으로 발전했다. 국제사면위원회는 각각 정치범들을 보살피고 있던 지역 단체의 풀뿌리 운동과 더불어 세계 전역으로 퍼졌다. 동시에 국제사면위원회는 인권을 다루는 국제적 · 정치적 로비 단체다. 이러한 단체가 나타난 것은 경제 발전이라는 주제 다음으로 인권을 중요하게 여기는 시대에 당연한 것이었다. 때로 경제와 인권 이 두 가지는 서로 연관되어 있다. 아프리카와 아시아 국가는 1972년에 경제를 개발하는 것 역시 인권을 위한 것이라고 인정해주기를 요구했다. 그리고 이 두 가지 주제는 문명사회에서도 중요했다. 국제사면위원회 외에도 인권을 주제로 한 많은 단체와 자발적 모임이 결성되었다.

　1971년에 밴쿠버에 환경 보호 단체인 그린피스(Greenpeace)가 창립되었다. 캐나다와 미국의 환경 보호 활동가들은 특히 핵 실험에 반대했고, 이후에는 다른 환경 문제에도 개입했다. 그린피스는 국제사면위원회와 달리 적은 수의 활동 단체가 대중 매체를 통해 큰 효과를 얻는 활동을 하면서 시작되었다. 이들은 고기잡이배와 요트를 타고 핵 실험을 막기 위해 군사 금지 구역에 침입하려고 했다. 희산을 북해에 버리려는 배를 고무보트를 타고 방해하기도 했다. 이런 활동은 엄청난 반향을 불러일으켰다. 그린피스는 국제적으로 발전했지만, 계속해서 직접적이고 스펙터클한 활동을 이어갔다. 환경과 원자력, 평화는 1970년대에 전체적으로 급성장하던 비정부단체들이 중요하게 다루던 주제였다. 그러나 새로운 많은 단체는 여성, 동성연애자, 원주민(인디언, 인디오, 애버리지니, 마오리, 사미), 장애인과 환자 등의 권리 등을 주장하며 인권 평등을 위해 활동하기도 했다. 하지만 인권과 시민권을 주제로 활동했다는 것은 지금까지 사회를 바라보는 엘리트의 시선이 얼마나 제한적이었는지를 대신 말해준다.

1970년대에 유럽과 북미에서는 국가와 정치, 경제 분야의 세력가에 대한 강한 불신을 표출했다. 많은 사람이 무의미하다고 판단했던 베트남전쟁에 미국이 참여하여 큰 손실을 낸 일이 계기가 되었다. 또한, 특히 미국에서 정권을 남용했기 때문이기도 했다. 새로운 단체들은 그린피스처럼 지도층에 반대하여 여론을 끌어들이거나 새로운 신문이나 출판사 혹은 라디오 방송을 통해 새로운 여론을 형성하고자 노력했다. 새로운 언론 매체 가운데 몇몇은 아직까지도 명맥을 이어가고 있다. 예로, 독일에는 1978년에 서베를린에서 창간된 〈타게스차이퉁 *Die Tageszeitung*〉과 1977에 창간된 페미니즘 잡지인 〈에마 *Emma*〉가 여전히 발간된다.

1970년대의 신생 비정부 기구들이 서유럽과 북미에서만 생겨난 것은 아니었다. 17장 '상트페테르부르크'에서 보았듯이 인권 운동가들은 동유럽에서도 정부를 압박했다. 라틴아메리카와 아시아, 아프리카에서는 실질적 도움을 주려는 자발적인 지역 단체가 많이 생겼다. 1950년대와 1960년대에 많은 사람이 꿈꾸던 미래를 향한 큰 도약은 일어나지 않았다. 세계 경제는 예상을 빗나갔다. 가난과 폭력이 늘어났다. 난민의 이동이 있기도 했지만, 현지에서의 삶을 개선하려는 풀뿌리 운동도 전개되었다.

1970년대부터 다국적 기업의 수가 늘어나고 국경을 넘는 관광객의 물결도 커졌다. 국제 관계를 맺는 것은 이제 더 이상 국가의 특권이 아니라, 많은 단체와 개인의 삶에 속했다. 이런 새롭고 복잡한 상황에 직면하여 1980년대에 국가와 비정부 기구 간의 불신이 사그라진 것은 놀라운 일도 아니다. 이런 변화는 세계와 지역, 국가, 지방 차원에서 활동하며 항상 갈등이 없지만은 않은 다수의 국가와 IGOs(국경을 넘어선 정부 간 기구), NGOs(국제적 비정부 간 기구), 경제 기업, 종교 단체, 조합을 위해 자리를 마련해 주었다.

글로벌 커뮤니티

2002년에 일본의 역사학자 아키라 이리예(入江 昭, 1934~)는 1980년대부터 세계가 '글로벌 커뮤니티', 세계 공동체로 가는 길 위에 있다고 보았다. 이리예의 관찰은 비정부 기구가 국가와 기업과 연계되는 것이 점점 중요해진다는 사실에 근거했다. 이런 연계는 냉전의 종결과 함께 새로운 규모를 지닐 수 있게 했다

1997년부터 유엔 사무총장인 코피 아난이 형성되는 글로벌 커뮤니티의 대변인이 되었다. 2000년에 아난은 유엔 총회에서 여덟 가지 밀레니엄 시대의 목표에 관한 법안을 통과시켰다. 앞으로 15년 이내에 극심한 가난과 기근과의 전쟁에서 반드시 승리한다는 목표였다. 그 목표는 모든 이에게 초등교육을 시행한다. 남성과 여성을 평등하게 대한다. 유아 사망률을 낮춘다. 산모들의 건강관리를 개선한다. 에이즈나 말라리아와 같은 큰 질병을 근절하도록 힘쓴다. 환경의 지속성을 보장하고 경제 개발을 위한 세계적 동맹을 이룩한다 등이었다. 유엔은 커다란 목표를 달성하기 위해 시간을 계획하고 목표 수치를 정했다. 약 2015년까지 극도로 빈곤한 사람들의 수를 절반으로 줄여야 했다. 세계는 놀랐다. 국제연합이 다시 돌아와 무엇인가를 하려고 하다니! 유엔 헌장의 의미에 맞게 이들은 정말 사회적, 경제적 개발을 중심 목표로 삼고 1945년의 서문에 적힌 것처럼 "모든 나라의 경제적 그리고 사회적 발전을 장려하기 위해 국제적 기구를 설치할" 준비가 되어 있었다. 코피 아난은 가난과 질병과 싸워 이기려면 국가와 경제 기업, 비정부 기구가 국제연합의 지휘 아래 함께 힘을 모아야 한다고 설명했다. 하지만 세기가 바뀔 무렵에 품었던 큰 소망들이 모두 이루어지지는 않았다. 밀레니엄 목표를 이루기 위해 진지하게 노력했고,

성공을 거두었다. 하지만 목표가 완전하게, 한결같은 방식으로 도달되지는 못
했다. 아프리카에서는 아시아의 넓은 지역에서 얻은 성과에 비해 훨씬 좋지 않
은 성과를 거두었다.

　세기가 바뀌기 바로 이전의 마지막 10년 동안 국제연합은 다시 집중적으로
평화 유지 활동에 매진했다. 유엔의 파란 헬멧을 쓴 군인들이 남미의 엘살바도
르와 모잠비크, 나미비아 같은 아프리카 국가에서 피비린내 나는 내전을 끝내
는 데 성공적으로 기여했다. 하지만 몇 차례 심각한 오류로 평화유지군의 성과
가 가려질 때도 있었다. 1994년에 유엔 파란 헬멧(평화유지군)은 아프리카의 르
완다에서 수십 만 명이 상상하기도 끔찍한 민족적 학살을 당했는데도 이를 손
놓고 보고만 있어야 했다. 1년이 지난 후에 이들은 스레브레니차(Srebrenica)에
서 8천 명의 보스니아인이 집단 살해당했을 당시에도 아무런 조치도 취하지
않은 채 증인이 되었다. 소말리아에서는 유엔 병사가 두 번에 걸쳐 전투에 배
치되었지만, 사람들을 안전하게 해주지 못했다. 그래서 국제연합 내에서 유엔
이 개입하는 일의 한계를 놓고 즉시 열띤 토론이 벌어졌다. 파란 헬멧은 적의
군대가 휴전할 준비가 되어 있을 때만 한해서 적들의 군대를 떼어놓을 수 있는
듯 보였다. 이들은 대부분의 폭력 행위자가 동의할 때만 평화를 보장하는 것을
도울 수 있다. 이런 '평화 유지'보다 더 어려운 일은 만약 당사자가 둘 이상이
연관되어 있을 때 전쟁을 일으킨 당사자들의 의지와 다르게 전쟁이 끝날 경우
다. 이런 평화 유지를 위해서는 돈과 훌륭한 군대, 그리고 분명하고 실행 가능
한 임무가 주어져야 한다. UN 안전보장이사회가 모든 것을 확실히 해낼 수는
없고 유엔도 스스로 방법을 알지 못한다. 더욱 어려운 것은 장기간에 걸쳐 평
화를 수호하는 일이다. 이런 '평화 건설'을 위해 갈등의 분쟁 결과가 유해져야
하고, 무엇보다 갈등의 원인을 없애야 한다.

　밀레니엄 목표와 유엔 평화유지군의 배치는 냉전 종식으로 국제연합이 더
욱 중요한 존재이며, 더욱 적극적인 활동 가능성을 지녔다는 것을 보여준다.
안전보장이사회에서 거부권을 행사한 봉쇄는 예외가 되었다. 하지만 안전보장
이사회가 해결해야 할 무력 분쟁의 수는 반대로 증가했다. 안타깝게도 세계는

동서 분쟁이 끝난 뒤에도 좀 더 평화로운 곳으로 바뀌지 않았다. 2001년에 국제연합과 사무총장인 코피 아난이 노벨평화상을 받았다. 아난은 감사 인사말에서 미래를 위해 빈곤 해결, 분쟁 방지, 그리고 민주주의 장려와 같은 우선적으로 중요한 세 가지 과제를 거론했다. 유엔이 넓은 범위에서 영향력을 행사하는 것을 두고 개별 국가가 반대할 경우 이에 대응하기 위해 아난은 "평화는 국가와 민족만이 아닌 공동체에 속한 각각의 일원에 속한다. 국가의 주권이 중대한 인권 침해를 위한 보호 방패 이상으로 오용되어서는 안 된다"는 점을 강조했다. 하지만 그 이듬해에 제시된 비상시에 국가의 주권을 넘는 모두를 위한 일종의 세계 정부를 설치하자는 안건이 이미 뉴욕에서부터 실패로 돌아갔다.

여기에는 다양한 원인이 있다. 우선 미국이 조지 W. 부시 대통령 통치 아래 유일하게 남은 초강대국으로서 2001년부터 국가 공동체를 위한 작업보다 미국의 관심사에 더 큰 의미를 두었기 때문이다. 러시아와 중국은 미국의 사례를 따랐다. 2001년 9월 11일에 뉴욕과 워싱턴이 공격당한 이후 테러와의 전쟁은 다른 많은 나라의 문제보다 우선시되었다. 아프가니스탄, 이라크, 시리아에서 일어난 전쟁은 콩고와 아프리카의 다른 지역에서 일어난 전쟁처럼 난민 행렬을 유발했다. 이들은 유엔과 민족국가, 비정부 기구와 세계의 시민 사회에 도전으로 다가왔다. 그런데 유엔의 자금 부족이 이들의 활동 가능성을 제한하기도 했다. 그 밖에 활동 구성원이 작업에 필요한 능력도 갖추지 못했을 때도 있다. 이것은 평화유지군을 배치하기 위해 회원국에 군인과 돈을 요청하는 상황에서 매번 일어난다. 유엔은 종종 활동에 제약을 주는 수많은 개별 기구로 구성되어 있다. 하지만 늘 충분히 존재하지는 않지만, 회원국의 긍정적인 의도에 의지한다.

이런 모든 어려움에도 여하튼 국제연합이 존재한 이래로 세계 전쟁은 다시는 일어나지 않았다. 또 국제연맹이 있던 때와는 달리 모든 막강한 국가들이 탈퇴하지 않고 그대로 회원으로 남아있다. 하지만 우리가 최근 접하는 21세기의 글로벌한 문제들(기후 변화, 사회적, 경제적 불평등, 국가 붕괴, 전쟁과 테러주의)을 국제연합 하나만으로는 해결할 수 없다.

독자들은 책의 마지막 부분에서 어쩌면 이런 점에 놀라지 않을 수도 있다. 항상 불리한 조건 아래 앞으로 헤치고 나가야 하는 다수가 있고, 또 권력을 쥔 소수가 있다. 하지만 아무리 권력이 있는 사람이라도 대부분은 자신이 얻고자 하는 것을 다 이루지는 못한다. 이들이 생각하는 것 이상으로 세계가 복잡하기 때문이다. 역사는 이어달리기도 아니고 영웅을 위한 장애물 경주 트랙도 아니다. 미래에도 역시 영웅이 세상을 구하는 일은 일어나지 않을 수 있고, 분명한 방향과 규정이 권력자가 약속했던 성공을 거두는 일도 드물 것이다. 실패한 꿈과 미래에 대한 전망, 계획, 권력자들의 지시로 말미암아 발생하는 다수의 끝없는 고난이 책의 처음부터 끝을 관통하고 있다.

사람들은 늘 서로 연결되어 있었다. 지난 2세기 동안 세계는 좀 더 공정하게 발전하지 못했고, 이런 연결망은 더 많이 증가했다. 다른 경험과 역사를 지닌 사람들이 21세기의 세상에서 살고 있다. 모든 사람에게 다 통용되는 발전이나 현대화의 역사는 존재하지 않는다. 나가사키와 베이징, 델리, 시데바이, 킬와, 아이티 혹은 카이로에 사는 사람의 역사는 뉴욕이나 베를린에 사는 사람의 역사와는 다르게 설명될 것이다. 이런 다른 역사를 아는 일은 중요하다. 이런 다양한 역사가 바로 미래를 만드는 많은 사람의 소망과 계획, 다음 단계에 영향을 주기 때문이다.

21세기를 위해 통일된 세계 역사를 이야기할 과제가 아직 우리 앞에 놓여있다. 이 책은 다채롭고 서로 얽힌, 짧고 긴 이야기의 실이 마치 역사의 양탄자처럼 짜인 듯 여기도록 쓰였다. 많은 역사에 대해 아직 아는 것이 너무 적고, 개요를 만들려는 시도는 다양한 지역과 문화가 역사학자들에게도 영향을 끼치는 전통과 세계상에 의해 크게 영향을 받기 때문에 이야기를 더 많이 한다는 것은 지금으로서는 거의 불가능하다. 하지만 어쩌면 이것은 단점이 아닐 수 있다. 우리가 사람들이 생겨나고 돌아볼 수 있는 근본적으로 다른 과거를 알지 못한다면 오해가 생길 수 있다. 과거를 연구하고, 이야기하고, 비교한다면 과거는 기회가 될 수 있다. 이런 기회는 역사가 우리 살아있는 사람들에게 도움이 될 풍부한 가능성을 더 풍족하게 해 줄 것이다.

맺음말

세계에만 역사가 있는 것이 아니다. 책에도 역사가 있다. 이 책의 역사는 전자 메일 한 통에서 시작했다. C. H. 베크(Beck) 출판사가 내게 연락해서 젊은 독자층을 위해 세계 역사에 관한 책을 쓸 시간과 흥미가 있는지 물어 온 것이다. 매우 흥미로운 일이라고 생각했다. 출판사가 초안을 받아보기를 원해서 보내주었다. 나는 네 개의 시대로 구분해서 세계 역사를 서술할 계획이었다. 첫 번째로 기원전 500년까지의 '사냥꾼과 채집인, 그리고 농부', 두 번째로 '도시와 지배, 종교(기원전 500년부터 서기 1000년까지)', 세 번째로 '세계(1000년부터 1750년까지)', 그리고 마지막 네 번째로 1750년부터 현재에 이르는 '근대'를 다루는 구성이었다. 각 장의 앞뒤, 그리고 사이마다 인간, 시간, 공간, 에너지, 그리고 커뮤니케이션이라는 다섯 가지 주제를 덧붙일 생각이었다. 내가 생각하기에 시간과 주제 면에서 역사를 설명하기에 괜찮은 구성이었다. 출판사는 나의 구상이 복잡하다고 생각했지만, 나를 믿어주었다.

늘 그렇지만 어려움은 생각에서부터 시작했다. 관련 책을 읽기 시작하자 내가 아는 지식이 상상할 수 없을 정도로 짧다는 것을 깨달았다. 역사학자들은 우리가 아는 과거에 대한 지식이 어디에서 유래하는지를 아는 전문가다. 이런 지식의 출처는 기록 보관소와 도서관에 놓인 서적이 될 수도 있지만, 그림과 가구, 박물관에 보관되어 있는 다른 물품, 혹은 아직 실제로 남아 있거나, 어딘가에 그림으로 남아 있거나 기록되어 있는 건축물이 될 수도 있다. 나는 18세기에서 20세기까지의 프로이센과 독일의 역사와 20세기의 오스트레일리아 역사를 기록한 몇 가지 자료의 출처를 알았다. 이런 자료의 출처에 대해 방대한 양의 책과 논문을 읽고 썼다. 다른 대부분 학자들처럼 나는 너무 적은 것에 대해 상당히 많이 알고 있다. 인간의 역사와 비교해 본다면? 아는 것이 너무 너무 적다.

우리는 당연히 예로 책을 읽음으로써 무지와 싸워 이길 수 있다. 하지만 이렇게 하는 데는 한계가 있다. 이 세상에는 세계 역사를 이해하기에 중요한 책과 논문이 상상할 수 없을 정도로 많다. 오스트레일리아인 동료 한 명은 내가 선택의 기로에 서 있는 것을 보자 중요하다고 생각되는 모든 것을 읽으려면 책 쓰는 일을 끝내지 못할 테고, 아예 아무 책도 안 읽으면 형편없는 책을 쓰게 될 것이라며 조롱했다.

게다가 역사에 관한 책들이 중국어, 러시아어, 스페인어, 핀란드어 등 대부분 내가 읽을 수 없는 언어로 쓰여 있다는 어려움에도 부딪혔다. 그런데 언어는 역사를 기록하는 데 중요한 역할을 한다. 내가 지닌 관점이 아닌 세계를 바라보는 그곳 사람들의 관점이 각 언어 안에 들어있기 때문이다. 모두가 '시간', '공간', '에너지', '의사소통', '사람'이라는 단어를 말한다고 해도 모두 같은 것을 의미하지는 않는다. '근대', '근대화', '역사'와 '전통'을 말한다고 해도 마찬가지다. 다양한 문화에 각자 고유의 역사가 있다. 다양한 언어는 자신과 자신의 역사를 파악하는 고유의 방식이 있다. 나는 희망이 사라지는 것을 느꼈다. 세상의 다양한 지역에서 '사람', '시간', '공간', '에너지', '의사소통'라는 개념을 어떻게 이해하는지 알지 못한다면 어떻게 책 사이사이에 다섯 가지 주제를 집어넣어 다룰 수 있을까?

시대별로 커다랗게 나누어 쓸 네 가지 장의 상황도 썩 좋지 않았다. 중간에 어느 곳에 쉼표를 둘지 적절한 곳을 찾지 못했다. 콜럼버스 때까지도 세상은 두 개의 커다란 세계와 수많은 작은 세계로 이루어졌고, 또 그 이후에도 그러한 세계들이 오랫동안 동일하지도 않고 촘촘히 연결되지도 않았는데, 모든 곳에서 하나의 동일한 박자에 맞추어 시간이 흘렀을 리 없다. 세계 역사를 기술할 때 여러 지역을 가로질러 연결하기 위한 고전적인 방법이 여러 가지 있기는 하다. 예컨대, 지구 곳곳에서 세계 종교의 창시자들이 일제히 등장했던 축의 시대라는 개념이 있다. 또 세계 역사적으로 완전한 변혁을 가져온 신석기혁명이나 산업혁명과 같은 혁명이라는 개념 아래 역사를 설명하는 방법도 있다. 하지만 좀 더 자세히 살펴보려고 하면 이런 훌륭하게 명백한 개념에 문제가 있다는 점이 나타난다. 세계 종교의 창시자들은 자신들이 세계적인 종교를 창시했다는 사실(대부분은 몇백 년이 지나서야 비로소 점차 밝혀졌다)을 몰랐을뿐더러 서로 알지 못했다. 사실 역사 속에는 이들 외에도 운이 조금밖에 없거나 수완이 좋지 못했던 다른 선지자들도 많았다. 이들은 역사에서 잊혔다. 세계를 계몽하려는 축의 시대가 존재했다기보다는 서로 독자적으로 세상을 깨우치려 했지만, 실패한 사람들이 많았다. 혁명의 역사도 별로 나은 것이 없다. 사람들은 지구상의 각각 다른 곳에 정착해서 농사를 지었다. 이런 '신석기혁명'은 이미 발생지에서만도 수천 년이 걸렸고 혁명은 더욱 더디게 진행되었다. 산업혁명은 빠른 속도로 진행되긴 했지만, 포괄적이지 못했고 세계의 여러 곳을 다른 방식으로 변화시켰다. 하지만 아예 산업혁명이 미치지 못한 곳도 있다.

축의 시대와 혁명에 치중하는 세계 역사의 고전적 방법 외에 몇 년 전부터 '빅 히스토리(Big History)' 이론을 옹호하는 사람이 많아졌다. 이들은 지구의 대폭발을 역사의 출발점으로 보고 이때부터의 전체 역사를 쭉 훑는 것이 적절하다고 생각한다. 이런 이론에서는 신석기혁명이나 산업혁명을 식물과 동물 세계에서도 등장하는 경제적 순환 제도의 변형으로 본다. 특히, 인간의 삶이 기후적인 면에서 행성을 변화시키는 시대를 충적세와 홍적세로 연결되는 새로운 지질학적 시대인 인류세(Anthropocene, 인류가 다른 종의 멸종을 일으키는 원인이 되는 시대-역주)라고 말한다. 그럴싸하게 들리지만 '빅 히스토리'에는 구체적인 인류가 거의 등장하지 않는다. 그래서 누가 변형을 초래했는지와 또 이런 변형이 인류에게 무엇을 의미하는지가 분명하지 않다.

크게 생각하는 다른 역사학자들은 현재의 문제에서 출발해서 복잡한 과거로 향하는 진입로로 들어간다. 식민지 근대화 이론가는 흥미를 가지고 19세기부터 일어난 큰 변화의 원인을 찾는다. 그러고는 중간 정도의 기간과 장기간에 걸친 원인을 발견한다. 과거로의 진입로는 중세와 고대까지 뻗어있다. 하지만 시야의 축으로부터 오른쪽과 왼쪽에 놓인 덤불숲은 아예 관심을 받지 못하고, 상호 연결도 거의 다루어지지 않는다. 그 대신 진입로 자체에 밝은 시야와 좋은 길이 마련되어 있다. 다양한 사회는 이들이 오늘로 향하는 길을 어떻게 관리했는지를 비교한다. 막스 베버는 이런 관심사를 고전적으로 정의했다.

> "근대 유럽 문명 세계의 자손은 보편적 역사의 문제를 필연적이며 정당하게 제기할 것이다. 어떤 많은 상황이 다름 아닌 유럽의 지반에, 바로 서구에서만 (이렇게 생각하고 싶지 않지만) 보편적인 의미와 타당성을 지닌 발전 방향에서 볼 수 있는 여러 문화 현상이 발생하게 했는가?"

이는 마치 어떤 사람들이 아침마다 거울 앞에서 던지는 질문처럼 들린다. '왜 나는 이렇게 예쁘고 다른 사람들은 못생겼을까?' 결과는 당연히 러시아, 미국, 유럽 혹은 중국 등 누가 거울을 들여다보는지에 따라 달라진다. 접근 방법 자체도 과거로의 진입로에서 멀리 떨어진 곳에서 움직이는 사람에게는 매우 조악해 보인다. 이 길은 잘 보이지 않는다. 보이더라도 단지 희미하고 낯설기만 하다.

나는 고전주의자나 '빅 히스토리', 혹은 진입로에 들어선 위대한 계획가에게 나를 맡기고 싶은 생각이 없었기 때문에 곧 어찌할 바를 몰랐다. 내가 생각했던 연대별로 나눈 장과 전 세계적으로 딱 들어맞는 전체 유효한 연대를 고집할 수 없었다. 내게 있던 수단으로는 각 장 사이사이마다 추가해서 좀 더 장식해보려던 전 세계의 주제를 다룰 수 없었다. 우리가 왜 지금 이런지, 우리가 어떤 상태인지를 설명하고 다른 것에는 거의 공간을 내어 주지 않는 근대화 역사를 별로 쓰고 싶지 않았다. 내가 생각했던 훌륭한 구상 계획이 흐트러졌다. 그렇다고 새로운 계획이 있지도 않았다. 더 이상 출판사에 전화를 걸 용기가 나지 않았다. 시간이 점점 촉박해졌다.

그런데 나를 구해줄 기사들이 독일 연구 공동체의 모습으로 등장했다. 독일 연구 공동체는 '우리' 튀빙겐대학교가 다양한 분야의 학자가 공동으로 하나의 연구 주제를 놓고 특별 연구 분야를 할 수 있도록 승인했다. 당시 연구에서는 심각한 압력 아래 놓여 있다고 느끼고 출구를 찾고자 하는 사회와 사회 집단의 '위협받는 질서'를 주제로 다루었다. 고대 역사학과 중세 역사학, 근대 역사학, 독문학, 고대 그리스어학, 아메리카학, 인류학, 사회학, 정치학, 신학 그리고 심지어 의학 분야의 전문가가 연구에 참여했다. 우리는 우리가 면한 문제에 관해 말하고 싶어 하는 사람을 전 세계에서 연구에 초대할 수 있었다. 나는 연구 집단의 사회를 맡았다. 훌륭한 인문학 예술가들이 펼치는 서커스단의 단장이 된 셈이다. 각 학자들은 다른 학자들이 여태 전혀 생각해보지 못했던 많은 것을 알고 있었다. 우리는 3세기 때 살았던 박학다식한 철학자이자 기독교를 적대시하던 포르피리오스(Porphyrios, 232?~305?)를 알 기회를 얻었다. 1570년대에 페루에 살았던 크리오요(Creole) 마리아 피사로와 밥 딜런(잘 알려지긴 했지만)도 좀 더 가깝게 관찰했다. 하지만 밥 딜런과 포르피리오스와 마리아 피사로가 서로 연관되어 있다는 건 좀 특이하게 여겨졌다.

인문학자들은 특별 연구가 진행될 수 있도록 각각의 주제를 다른 사람에게 이해시켜야만 했다. 왜 포르피리오스와 마리아 피사로, 그리고 밥 딜런이 우리 연구에 중요할까? 이들은 어떤 '위협받는 질서'를 경험했으며, 이 개념에 어떤 내용을 포함했을까? 우리는 각 주제를 연결하기 위해 대화를 나누면서 실을 짰다. 그리고 '위협받는 질서'를 전체적으로 묘사할 수 있도록 각 연구 대상의 공통점을 찾았다. 또 다양한 상황에 맞는 개념을 만들어냈다. 우리는 이따금 역사에서 연관성을 발견했다. 예로, 남미의 여선지자들과의 경험은 유럽의 정치 상황을 변화시켰다. 21세기의 정치인들은 로마 후기 때의 상황(정치인들은 여기에 대해서 잘 알지 못하겠지만)을 경고했다. 워크숍에서 이런 대화 몇 편의 사회를 진행하는 동안에 머릿속에서 반짝하고 불이 켜졌다. 왜 진작 세계 역사책을 이런 식으로 쓸 생각을 하지 못했을까? 작고 구체적인 것에서 시작해서 다른 작은 것과 사건으로 연결할 수 있는 길을 찾으면 어떨까?

자신을 글로벌 역사학자라고 소개하는 많은 학자가 이미 나와 비슷한 생각을 했었다. 이들은 한 장소와 한 시대를 집중해서 파고들었다. 이런 접근 방법을 통해 풍부한 정보와 관심으로 무장한 후 깊이 파고들어 간 구멍에서 다시 나와 역사적 사건의 연관성과 유사점, 차이점 등을 찾았다. 마치 여행길에 오른 두더지와 같은 모습이다. 대규모 농장과 설탕, 목화 농장, 그리고 선교, 여성의 참정권, 인권의 세계 역사를 다룬 훌륭한 책들이 이런 과정을 거쳐 탄생했다. 중세 역사학자인 볼프람 드레브스(Wolfram Drews)는 세계 역사란 "마이크로적으로 시작한 역사 조사를 포괄적 맥락으로 파악한 것"이라고 쓴 적이 있다. 사물과 사건, 그리고 연결점을 작은 것에서부터 생각해 점차 넓어지는 원처럼 그려나가면 새로운 관점이 펼쳐진다. 미국 역사학자인 알프레드 크로즈비(Alfred W. Crosby, 1931~2018)는 에르난 코르테스(Hernan Cortes, 1485~1547)가 홍

역 덕에 아즈텍 왕국을 점령할 수 있었는지, 아니면 홍역이 코르테스 덕에 아즈텍 왕
국을 정복했는지, 어느 쪽이 맞는지 확신이 서지 않는다고 말한 적이 있다.

책을 쓰기로 출판사와 약속한 빚을 갚으려면 이 방법을 제한적으로밖에 사용하지
못할 것 같았다. 한 가지 주제나 한 종류의 종교 행위 혹은 법적 보호에 관한 세계 역
사가 아니라, 세계 역사 전체를 쓰겠다고 약속했기 때문이다. '빅 히스토리'와 다른 위
대한 이야기를 계획하려는 것이 아니라면 굳이 여행길에 오른 두더지가 도움이 될 것
같지 않았다. 내게 절실히 필요했던 것은 여행하는 여러 마리의 두더지가 모여 여는
회의였다. 닐 맥그리거(Neil MacGregor, 1946~)의 《100대 유물로 보는 세계사 *A
History of the World in 100 Objects*》라는 책을 아주 훌륭한 예로 소개할 수 있겠
다. 맥그리거는 대영박물관 관장으로서 주먹도끼, 조각품, 기와, 지도, 그리고 신용카
드 등 100가지 소품을 선별해서 서술하고 현재와 연결했다. 맥그리거는 세계 역사를
마치 세계 역사와 연대별과 주제별로 각 장을 꾸미고 다양성으로 공들여 장식한 마술
상자로 만들었다. 책은 다양하고 반짝거렸다. 각각의 유물에 관한 세세한 묘사는 하나
의 유희였다. 하지만 많은 이야기를 모아둔 것 이상이 되어야 하는 전체 역사의 흐름
이 세세한 묘사 때문에 뒤에 가려졌다. 책을 쓰려면 마치 여러 두더지가 서로 만나는
것에 그쳐서는 안 되는 듯했다. 하나의 주제나 문제 제기가 처음부터 끝까지 일관적으
로 이어져야 했다.

고전과 '빅 히스토리', 그리고 긴 역사의 계획 저편에서 발견된 모든 학문의 경이로
움의 분쟁 속에서, '특별 연구 영역'이라는 학문의 서커스를 통해 영감을 받은 채, 그리
고 가끔 원고가 어느 정도 진행되고 있는지 친절하게 물어오는 출판사를 통해 역사를
마치 어지럽게 짠 양탄자처럼 그려봐도 좋겠다는 생각이 떠올랐다. 무늬는 알아볼 수
있겠지만, 동시에 구멍과 뜯어진 곳이 들어 있는 그런 양탄자 말이다. 무늬는 서로 전
혀 연관이 없는 이야기들만 있는 것이 아니라, 하나의 역사가 있다고 말해준다. 사건
은 서로 관련이 있다. 규칙이 아예 존재하지 않는 것은 아니지만(규칙이 없다면 양탄자는
풀어지고 말 것이다), 그렇다고 완전히 규칙적(너무 규칙적이면 실제라고 하기에 너무 예쁠 것이
다)이지는 않다. 우리가 각각의 모든 실을 쫓아갈 수는 없을뿐더러, 전체 연관성을 설
명해 줄 공식도 존재하지 않는다. 하지만 양탄자 뒷면에서 실의 길이와 여러 중요한
곳의 연관성과 양탄자의 한쪽 끝에서 다른 쪽으로 향하는 길을 살펴보려면 여러 곳에
서 양탄자를 들어 올려볼 만하다. 각각의 위치를 자세히 관찰해보면 우리는 언어와 문
화가 멀리 떨어져 있더라도 시간과 공간의 고유한 논리를 파악할 수 있다. 한 장소에
서 출발해 역사적 사건들의 연관성을 추적한다면 각 장소의 고유 시간과 중간에 언제
쉼표를 찍을 수 있을지를 결정할 수 있다.

　　그러나 오리엔트에서부터 유럽에까지 이르는 '고도 문명'으로 구성된 목적의식이 뚜렷한 통행로가 있는 고전과 '빅 히스토리'의 조망, 그리고 식민지 근대화 역사의 숲 속 길과 결별하는 것에도 역시 희생이 따른다. 첫 번째로 무엇이 연관되어 있는지 더 이상 말하기가 쉽지 않다. 우리는 어떤 역사도 전근대적이며 비유럽적이고, 비문명적이거나 비정치적이라고 더 이상 거부할 수 없다. 우리는 오히려 양탄자 곳곳마다 이곳에 어떤 의미가 있으며, 어떤 실이 다른 사건으로 우리를 이끄는지 혹은 연결된 방식이 전형적인 흐름을 따르는지 질문해야 한다. 두 번째로 쭉 연결되는 실이 없다. 어떤 지역과 문화, 정치 제도라도 역사 전체에서 통틀어 볼 수는 없다. 그 대신 예로 인도양 조금, 중앙아시아 몇백 년, 생도맹그 혹은 아이티에서 2백 년처럼만 보일 뿐이다. 이와 연관해서 세 번째로 전체에 방향과 목표를 제시하는 하나의 커다란 명제를 포기하는 것이다. 이런 커다란 명제라는 마스터키는 저자, 독자, 그리고 출판사를 만족시킬 수는 있겠지만, 다른 한편으로는 잘못된 확신을 준다. 이곳에서는 유럽이나 서양이 역사의 목표와 중심이라거나, 혹은 일련의 문화나 문명이 바빌론에서 베를린까지 이어진다는 것을 의미하지는 않는다. 오히려 패배자가 되는 승리자가 있고, 또 그 반대이기도 하다. 어느 기간 성공을 누리지만, 이후에는 결국 다시 실패로 돌아가는 계획이 있다. 유럽이 세계를 지배한 것이 역사의 목표가 아니라, 19세기에 지나가는 현상으로 비친다. 유럽이 문명적으로 다른 곳보다 천 년이나 앞섰기 때문에 세계를 지배할 수 있던 것은 아니다. 제1차 세계대전에서 회복할 수 없을 정도로 약해지기 전에 유럽은 상호 호의를 베풀지 못하고 힘을 앞세워 유럽 외 지역을 점령했다. 그 후에 유럽은 유라시아의 가장 서쪽 끝에서부터 출발해 점령한 곳에서 자신의 이익을 위해 무력 전쟁을 벌이고 경제적으로도 성공을 거두었다. 이것이 바로 유럽이 세계를 지배할 수 있게 한 원동력이 되었다. 그렇기 때문에 '서구' 혹은 '근대'와 같은 20세기의 주요 개념이 영원히 지속될 가능성은 거의 희박하다.

　　희생은 역시 이득으로도 나타난다. 아무런 연관이 없다고 어떤 역사를 거부할 수는 없기 때문에 우리는 카시트족(Kassites)이나 퉁구스족(Tungus), 수족(Sioux)을 이들의 역사와 더불어 진지하게 관찰할 수 있다. 우리는 문자 고전적 방식대로 역사학에서 다루는 문자 문명과 역사학자가 지역학과 인류학, 고고학에서 맡아 연구하는 비문자 문명 간의 경계를 없앨 수 있다. 우리는 선원과 여자 노예, 군인, 주부, 그리고 커피 농장 인부와 같이 사회적 신분이 다소 낮은 위치에 있는 사람들의 의견을 들어볼 수 있다. 우리는 단순히 '고도 문명'이 어떻게 널리 퍼졌는지를 묻는 대신에 서로의 생활 방식이 얼마나 다른지 깨달을 수 있다. 우리는 유럽의 중세와 초기 근대 외에도 다른 공간과 시간 속에서 현재 살고 있는 세계에 대한 근본을 이해할 수 있다. 우리가 더 이상 쭉 이어지는 역사를 이야기할 수 없기 때문에 세계 역사는 통제된 '미래가 있는 유희(위르겐 오스터하멜)'가 되고 만다. 이것은 역사와 공모했다는 권력자의 모든 주장에 비판적 간격을 둘 수 있게 한다. 우리가 더 이상 유럽이나 서구를 중심에서 보지 못하기 때문에 우리는 21세기의 다극적인 세상을 더 잘 이해하고 이를 통해 역사를 잘 다루어갈 수 있다.

모든 것이 충분하지 않다는 느낌이 남아 있다. 여행하는 두더지 무리가 연 회의는 내 머릿속에서만 일어났다. 나는 장안과 카프 프랑세 혹은 이슬람교도 사원에 대해 얻을 수 있는 자료를 읽었다. 그렇다고 해도 중국과 아이티 혹은 식민지 이전의 남아메리카 역사 전문가가 되지는 못했다. 이 책에서 다룬 인도양, 중앙아시아, 중부 아메리카, 동아프리카와 서아프리카, 그리고 다른 지역에 대해서는 더 말할 필요도 없다. 지치지 않고 흥미로운 문장을 써 내려가던 내 조력자와 특별 연구 분야의 동료들은 세계적으로 그리고 시간상으로 여러 분야를 포괄적으로 파악하는 능력이 있지만, 늘 도움이 되지는 못했다. 그러한 점에서 무엇보다 어떤 전문가 독자 앞에서 내가 전체 연구 능력을 갖추었다고 거짓말하지 않고 많은 독자를 위해 이 책을 쓸 수 있었다는 것은 행운이었다. 이것은 또 다른 가능성을 보여주었다. 소피아 마르티네크(Sophia Martineck)가 일러스트를 그려준 덕에 독자들은 책의 주제에 예술적으로 접근할 수 있게 되었다. 역사적 사건이 벌어졌던 곳에 실제로 있지 않고도, 역사 전체의 기록을 검사하거나 혹은 고고학적 발굴을 했다고 주장할 필요도 없이 말이다. 페터 팜은 역사적 공간을 새롭게 열어준 지도를 그려주었다. 세계 역사책을 쓸 수 있도록 계획해 주고 기쁨을 준 소피아 마르티네크와 페터 팜, 직장 동료, 특별 연구 분야 팀의 동료들, 나의 은사이신 울리히 놀테(Ulrich Nolte)에게 감사드린다. 우리는 이런 역사에 쉽게 접근할 수 있도록 다른 문자 체계를 갖춘 언어에서 나온 지명과 인명 표기 방식이 각기 가장 새로운 표기법 규칙보다는 우리에게 익숙한 표기 방식을 따르려고 신경 썼다. 참고 문헌에는 오랜 시간을 내 책상 위에서 보내고 장마다 커다란 흔적을 남긴 자료 제목을 실었다. 세계 역사책을 쓸 때 전형적인 방법은 아니다.

이 책이 물론 연구 대상으로서의 세계 역사를 바꾸지는 못할 것이다. 하지만 연관성을 고려하며 짠 각기 스무 장과 각 장 사이의 구성은 어쩌면 내 아이들과 나처럼 학교에서 메소포타미아, 이집트, 그리스, 로마, 기사, 콜럼버스와 루터, 루이 14세, 프리드리히 2세, 프랑스혁명, 1848년 독일혁명, 비스마르크, 제국주의, 제1차 세계대전, 제2차 세계대전, 베를린 장벽, 헬무트 콜(Helmut Kohl, 우리 애들만 콜에 관해 역사 시간에 배웠다)과 같이 평준화된 역사 이야기에 익숙해진 사람들의 머릿속에 있는 세계 역사의 그림을 바꿀 수 있을지도 모른다. 우리가 배웠던 평준화된 역사를 밝은 곳에서 관찰해

보면 모험이 가득한 서술 방식으로, 유럽과 특히 독일이 중앙에 오도록 구성되었다. 이런 역사는 현재 살아있는 사람들의 미래보다는 후세 사람의 기대에 부응한다. 세계 역사는 사회나 문화의 단순한 연속이 아니기 때문이다. 세계는 서로 연관된 다양한 역사를 지닌 사람으로 꽉 차 있다. 그래서 우리는 늘 자신의 역사와 다른 사람의 역사를 공유할 수밖에 없다. 그렇지 않다면 우리는 거의 분명하게 경계가 그어진 적이 없었던 곳을 국가와 문화, 사회를 기준으로 인위적으로 분리하고 만다. 역사를 공유할 수밖에 없기 때문에 우리는 인도양에서 이루어진 교역의 역사와 중국과 인도의 도시 역사, 북아메리카 개혁의 역사, 아이티에서 일어난 혁명의 역사와 미국의 산업화 역사에 관해 이야기할 수 있다. 유럽 중심의 세계 역사에서 좋아했던 부분이 새로운 관점에서는 다르게 나타날 수도 있다. 역사학자는 지금 이 순간 이런 관점의 이동이 우리를 얼마나 멀리 데려갈지, 얼마나 정확하게 서로 연결되고 이동이 이루어졌는지, 어떤 실이 이런 역사의 구성을 위해 특히 중요했는지를 연구하고 있다. 21세기에 역사와 현재는 빠르게 변하고 있다. 이 책은 하나의 결과이자 시작일 뿐이다.